PRÁTICA JURÍDICA PENAL

GUILHERME MADEIRA **DEZEM**
GUSTAVO OCTAVIANO **DINIZ JUNQUEIRA**
PATRICIA **VANZOLINI**
PAULO HENRIQUE **ARANDA FULLER**

PRÁTICA JURÍDICA **PENAL**

21ª EDIÇÃO
Revista, ampliada
e atualizada

2025

EDITORA JusPODIVM
www.editorajuspodivm.com.br

EDITORA *Jus*PODIVM
www.editorajuspodivm.com.br

Rua Canuto Saraiva, 131 – Mooca – CEP: 03113-010 – São Paulo – São Paulo
Tel: (11) 3582.5757
• Contato: https://www.editorajuspodivm.com.br/central-de-relacionamento

Copyright: Edições *Jus*PODIVM

Diagramação: Lupe Comunicação e Design (*lupecomunicacao@gmail.com*)

Capa: Maitê Coelho *(maitescoelho@yahoo.com.br)*

D532p Dezem, Guilherme Madeira.
Prática Jurídica Penal – 43º Exame de Ordem / Guilherme Madeira Dezem... [et. al.] – 21.ed., rev., ampl. e atual. – São Paulo: Editora Juspodivm, 2025.

592 p.

ISBN: 978-85-442-5977-1

1. Direito Penal. I. Dezem, Guilherme Madeira. II. Junqueira, Gustavo. III. Vanzolini, Patricia. IV. Fuller, Paulo Henrique Aranda. V. Título.

CDD 341.5

BIBLIOTECÁRIA RESPONSÁVEL
Ana Carolina Ribeiro Mois – CRB7 – RJ 007348/0

Nota dos Autores

Apresentar uma obra baseada em conhecimento e experiência, além de nossa paixão pelo estudo e pela prática junto ao sistema penal, é muito gratificante. Nós, os autores desta obra, somos referência nas matérias de Direito Penal, Direito Processual Penal, Legislação Penal Especial, Estatuto da Criança e do Adolescente e Direito Constitucional e lecionamos em cursos preparatórios para concursos públicos e para o exame da OAB há mais de 15 anos.

O conteúdo deste livro é destinado aos candidatos na preparação para a prova do Exame de Ordem. Reflete o que temos observado ao longo de todos esses anos como sendo objeto de efetiva incidência nessas provas.

Este material contempla teoria e prática de modo sistematizado e objetivo. Com linguagem simples e de fácil compreensão, o leitor encontrará na parte teórica os principais temas exigidos na 2ª fase do Exame da OAB, e na parte prática o método para a elaboração da peça, além de dicas e observações que o ajudarão na sua preparação.

A obra traz também questões do Exame da OAB com gabarito nos critérios exigidos pela banca, proporcionando ao leitor uma melhor compreensão de como o assunto é cobrado nas provas. O leitor conta com uma ferramenta de estudo indispensável para alcançar a aprovação no Exame de Ordem.

Esperamos que esta obra seja útil e aprazível. Ela foi idealizada com toda humildade e, ao mesmo tempo, com muito orgulho de proporcionarmos um material de excelência a nossos leitores.

Bons estudos!

Os Autores

Principais dúvidas sobre as peças penais e suas respostas

Baseados em nossa experiência, acabamos por selecionar as principais dúvidas dos candidatos sobre as peças penais. Seguem abaixo as principais dúvidas e suas respostas.

1. Tenho dificuldades na identificação das teses, como posso fazer para melhorar?

Esta é a maior dificuldade de todos, profissionais ou não. A sua velocidade para encontrar as teses depende tanto de seu domínio sobre a matéria, vale dizer, o seu conhecimento de Direito Penal e Direito Processual Penal, quanto da sua habilidade para unir a teoria ao caso prático. Leia e releia, com atenção, o capítulo "teses de defesa" e depois aplique os conceitos apreendidos à solução dos problemas constantes deste livro ou naqueles que você encontra na obra *Caderno Revisão e Treino*.

2. Tenho dificuldades na identificação das peças, como posso fazer para melhorar?

Procure ler o primeiro capítulo e identificar adequadamente os procedimentos e suas fases. Depois, aplique os conhecimentos aos problemas constantes deste livro.

3. A nulidade vem sempre antes da tese de mérito? Mas a tese de mérito não é melhor para o meu cliente?

Ainda que por vezes não pareça a melhor conduta do ponto de vista estratégico, do ponto de vista técnico, o correto é que a nulidade seja alegada antes. Somente virá depois quando a nulidade decorrer do acolhimento de tese de mérito, por exemplo, acolhida a desclassificação do crime de tráfico para o de uso, o processo deve ser anulado *ab initio* e remetido para o Juizado Especial Criminal.

4. O que posso pedir na resposta à acusação?

Pode arrolar testemunhas, pedir nulidade do processo, absolvição sumária (art. 397 do CPP). Também poderá ser pedida a rejeição da denúncia (artigo 395 do CPP) e a desclassificação. Esta última (a desclassificação) só pode ser requerida nas seguintes hipóteses: (a) quando gerar nulidade (por exemplo, uma desclassificação que provoque alteração da competência); (b) quando gerar absolvição sumária (por exemplo, a desclassificação do crime de falsidade ideológica para o de sonegação fiscal, sendo que o tributo sonegado enquadra-se no princípio da insignificância); ou (c) quando gerar direito antes inexistente (por exemplo, quando se pede desclassificação para crime que admita suspensão condicional do processo).

5. O que posso pedir nos memoriais dos procedimentos em geral com exceção do júri?

Podem ser feitos os seguintes pedidos, dependendo do caso concreto: (a) nulidade; (b) extinção da punibilidade; (c) absolvição; (d) desclassificação; (e) pedidos relativos à dosimetria da pena; (f) pedidos relativos ao regime inicial; (g) substituição de pena privativa de liberdade por restritiva de direito ou suspensão condicional da pena privativa de liberdade; (h) direito de recorrer em liberdade; (i) fixação do valor mínimo da indenização.

6. No procedimento da primeira fase do júri, o que posso pedir na resposta à acusação?

Poderá pedir nulidade do processo, extinção da punibilidade e arrolar testemunhas. Há controvérsia sobre a possibilidade de pedir absolvição sumária do art. 397 do CPP. Note que não poderão ser feitos os pedidos típicos do final da primeira fase do júri (impronúncia, absolvição sumária, pronúncia, desclassificação).

7. Nos memoriais do júri, o que pode ser pedido?

Nos memoriais do júri, os pedidos podem ser: (a) nulidade; (b) extinção da punibilidade; (c) absolvição sumária (art. 415); (d) impronúncia (art. 414); (e) desclassificação (art. 419); (f) pronúncia (art. 413); e (g) recorrer em liberdade.

8. Há diferença de pedidos entre a apelação da primeira fase do júri e dos demais procedimentos?

Sim. Nos demais procedimentos, pode pedir o que entender de direito, nos termos do artigo 593, I, do CPP. Pode-se, portanto, pedir absolvição, desclassificação, mudança de pena etc. No entanto, na primeira fase do júri, somente poderá fazer os pedidos específicos daquela fase (nulidade; extinção da punibilidade; absolvição sumária [art. 415]); impronúncia (art. 414); desclassificação (art. 419); pronúncia (art. 413); e permanecer em liberdade.

9. Na segunda fase do júri, quais as peças que podem cair?

O normal é que caia apelação (art. 593, III), mas também podem ser cobrados embargos ou mesmo recurso extraordinário ou especial.

10. Posso usar o artigo 386 na segunda fase do júri? Se não posso usá-lo, o que posso fazer?

Em peças escritas, você nunca poderá usar o artigo 386 no júri. Somente poderá usá-lo quando do manejo de revisão criminal. Note ainda que você não pode confundir as teses e os pedidos da primeira fase com a segunda fase.

Primeira fase do júri (memoriais escritos, RESE e apelação): (a) nulidade; (b) extinção da punibilidade; (c) absolvição sumária (art. 415); (d) impronúncia (art. 414); (e) desclassificação (art. 419); (f) pronúncia (art. 413); e (g) recorrer em liberdade.

Na segunda fase do júri, na apelação, somente podem ser feitos os pedidos expressamente previstos no artigo 593, III, letras "a" a "d" do CPP e também poderá ser feito o pedido de extinção da punibilidade.

Um alerta importante, aliás, a letra "d" gera pedido de submissão a novo julgamento e ela pode ser identificada pelo artigo 483 do CPP. As matérias decididas pelos jurados são objeto dos quesitos e, dessa forma, não pode o Tribunal interferir, cabendo simplesmente determinar a realização de novo julgamento nos termos do artigo 593, § 3º, do CPP.

Assim, em resumo, na segunda fase do júri poderão ser feitos os seguintes pedidos em sede de apelação: (a) nulidade; (b) submissão a novo julgamento; e (c) retificação da pena ou da sentença. Pode-se pedir também a extinção da punibilidade.

11. Na revisão criminal, o que pode ser alegado?

Basicamente, podem ser alegadas todas as teses estudadas nas demais peças: nulidade, extinção da punibilidade, teses de mérito (absolvição, desclassificação). É importante notar que na revisão criminal poderá ser alegado tudo o que se pode alegar em uma apelação do rito comum (593, I, do CPP), por exemplo. Apenas não se poderá alegar o "direito de apelar em liberdade", pois não há sentido, uma vez que já houve condenação.

12. Na revisão criminal do júri, há alguma especificidade a ser observada?

Não. Você seguirá as mesmas teses e pedidos da revisão criminal comum. Note que, nessa situação, é a única peça escrita em que poderá ser utilizado o artigo 386 no júri.

13. Nos embargos infringentes e de nulidade, posso alegar matéria não constante do voto vencido?

O tema não é pacífico. Por via de regra, somente poderá ser alegado o que constar do voto vencido (é o chamado efeito devolutivo restrito). No entanto, há posicionamentos que admitem que sejam alegadas matérias que podem ser conhecidas de ofício (como é o caso da nulidade absoluta, por exemplo).

14. Como faço para diferenciar o cabimento do recurso extraordinário do recurso especial?

A questão é tormentosa. Em regra, são cabíveis ambos os recursos. Contudo, na prova somente será possível fazer um deles. Tente identificar no problema qual é a questão mais fortemente suscitada: constitucional (recurso extraordinário) ou legal (recurso especial).

15. É verdade que *habeas corpus* não pode ser cobrado em prova da OAB, pois não se trata de peça privativa de advogado?

Não, não é verdade. Pode ser cobrado, pois está no rol de peças previstas e possíveis de caírem na segunda fase. No entanto, não tem sido objeto comum de questionamentos em sede de peça prática. É importante que o candidato saiba quais são as teses e pedidos do *habeas corpus*, pois podem ser cobrados nas questões, ou mesmo como parte integrante do recurso em sentido estrito ou do recurso ordinário constitucional.

16. Quais peças posso fazer quando estiver pela acusação?

Quando você estiver pela acusação, poderá propor a Queixa-Crime, memoriais, apelação, recurso em sentido estrito bem como contrarrazões aos recursos apresentados pela defesa.

17. Quando eu posso fazer contrarrazões e o que posso alegar?

Você deverá apresentar contrarrazões quando a parte contrária ao seu cliente recorrer. As teses que podem ser apresentadas são o não conhecimento do recurso (quando apresentado fora do prazo), bem como a manutenção da decisão ou da sentença recorrida. Aqui o aluno deverá identificar o que a parte requer em seu recurso e rebater ponto a ponto nas contrarrazões.

Sumário

PRIMEIRA PARTE: TEÓRICA

1

SEGUNDA PARTE
PEÇAS PRÁTICAS
MODELOS

1

TERCEIRA PARTE
PEÇAS PRÁTICO--PROFISSIONAIS E QUESTÕES DISCURSIVAS

ANEXOS

PRIMEIRA PARTE

Teórica

1

Noções de Processo Penal

1.1. CONSIDERAÇÕES GERAIS: REGRA DE IDENTIFICAÇÃO DE PEÇA

1.1.1. Peças práticas em provas da OAB e em concursos públicos

A experiência tem nos mostrado que uma das grandes dificuldades dos candidatos a exames da OAB e a concursos públicos em geral refere-se à temida prova prático-profissional.

Sentem os candidatos dificuldade em elaborar essas peças, e a frase normalmente ouvida em salas de aula é "não sei nem por onde começar".

Por outro lado, há outra parcela de candidatos que, por trabalharem, se sentem absolutamente confiantes e, às vezes, o preço dessa excessiva confiança é a falha em algum detalhe, que acaba por comprometer todo o estudo, e o resultado final termina não sendo o esperado. Afinal de contas, é sabido: o que se faz na prática não é necessariamente aquilo que se espera do candidato em concursos dessa natureza.

O que sentimos ao longo destes anos lecionando em cursos voltados para essas provas é que tanto o excesso de confiança quanto a falta dela são prejudiciais aos candidatos.

Assim, desenvolvemos método que, seguido passo a passo, facilitará em muito a identificação das peças a serem apresentadas pelo candidato.

Esse método divide-se em:

a) regras para a identificação da peça adequada; e

b) as teses a serem desenvolvidas pelo candidato.

Vejamos cada um desses temas de maneira separada.

1.1.2. Regras para identificação da peça adequada

Para que o candidato possa identificar a peça cabível, é preciso que extraia adequadamente alguns dados constantes do problema que lhe é apresentado.

Assim, inicialmente, o candidato deve organizar na sua folha de rascunhos os dados essenciais para a correta solução do problema, sob a forma de uma lista de perguntas. Todas essas perguntas devem ser respondidas com cuidado e atenção. A partir delas e, sobretudo, a partir da correta identificação do momento processual que o candidato terá condições de elaborar corretamente a peça cabível. Pela sua extrema importância, passemos então a aprofundar o estudo das diversas etapas do processo e das medidas cabíveis em cada uma delas.

1) **nome do cliente**: anote aqui se você está atuando em favor do acusado ou da vítima e também, se for o caso, quem é a parte contrária no processo.

2) **crime que é imputado**: anote aqui o tipo penal atribuído ao cliente ou por ele sofrido e a respectiva pena. Atenção, ainda que você discorde da capitulação dada pela acusação, é preciso saber qual o crime está sendo imputado, pois ele é que vai determinar o rito que está sendo seguido. Por exemplo, se o crime imputado é um homicídio doloso, é esse delito que você deve anotar nesse momento, pois só assim saberá que o processo tramita segundo o rito do júri. Por isso, mesmo que você entenda que o homicídio praticado não foi doloso e sim culposo, deverá, nesse momento, anotar que o réu está sendo acusado de homicídio doloso.

3) **ação penal**: verifique, de acordo com o crime imputado, se a ação penal é pública incondicional, pública condicionada ou privada. Essa informação pode ser encontrada no próprio tipo penal (ex.: art. 147, parágrafo segundo, CP) ou em disposições gerais atinentes àquele tipo

(ex.: art. 167, CP). Se não houver nada em contrário no próprio tipo ou em disposições gerais a ele atinentes, a ação penal é pública incondicionada. A exceção é o crime de lesão corporal leve e culposa (art. 129, CP) em que a ação penal pública condicionada à representação não está prevista no próprio tipo nem em disposições gerais do CP, e sim em uma lei extravagante (art. 88, Lei n. 9.099/95). Ainda sobe esse tema é preciso lembrar da Súmula 542 do STJ, segundo a qual, "*a ação penal relativa ao crime de lesão corporal resultante de violência doméstica contra a mulher é pública incondicionada.*"

4) **rito**: verificar o rito processual relativo ao crime imputado, segundo o seguinte esquema:

Crimes dolosos contra a vida	Rito do Júri (previsão constitucional)
Contravenções ou crimes cuja pena máxima seja menor ou igual a 2 anos	Rito sumaríssimo (previsão constitucional), salvo se o crime ou contravenção envolver violência doméstica ou familiar contra mulher (ressalva expressa da Lei n. 11.340/2006 – art. 41)
Crimes • contra a honra (arts. 138 a 145, CP) • funcionais (arts. 312 a 327, CP) • contra a propriedade imaterial (art. 184, CP) – • da Lei de Drogas (Lei n. 11.343/2006)	Rito especial, salvo se se enquadrarem no item anterior, quando então seguirão o sumaríssimo • rito de crimes contra a honra • rito de crimes funcionais contra a administração • rito de crime contra propriedade imaterial • rito da lei de drogas (Obs.: o rito sumaríssimo prevalece sobre os especiais, exceto o do júri)
Crimes cuja pena máxima seja • menor do que 4 anos • maior ou igual a 4 anos	Rito sumário ou ordinário, salvo se já tiverem sido enquadrados nos dois itens anteriores • sumário • ordinário

5) **acordo de não persecução penal e suspensão condicional do processo:** o acordo de não persecução penal está previsto no artigo 28-A do CPP e a suspensão condicional do processo está prevista no artigo 89 da Lei n. 9.099/95.

6) **momento**: em que se encontra o feito do cliente. Aqui sugerimos que o candidato elabore uma linha do tempo em sua folha de rascunhos

colocando os dados que se encontram no problema. No tópico 1.4, serão apresentados exemplos de linhas do tempo possíveis.

7) **peça:** a partir da resposta de todas as questões anteriores, especialmente sobre o cliente, o crime, o rito e o momento, já tendo colocado no papel a linha do tempo relativa àquele procedimento, você encontrará a peça processual cabível. Exemplo: você está defendendo o acusado, o crime é de peculato, o rito é especial e o momento é aquele em que a denúncia foi oferecida e o denunciado foi notificado. A partir desses dados, a única peça cabível é a defesa preliminar prevista no artigo 514 do CPP.

8) **Competência**: a partir da identificação da peça e do rito, descobre-se a competência. Exemplo: no caso acima, a competência é do juiz da Vara Criminal. Caso o crime fosse contra a vida, a competência seria do júri.

9) **Teses:** Cada peça comporta determinadas teses específicas. Por sua grande relevância, as teses de defesa serão objeto do próximo capítulo.

10) **Pedidos:** Da mesma forma, cada peça comporta determinadas teses específicas. Por sua grande relevância, as teses de defesa serão objeto do próximo capítulo.

1.1.3. Regras para identificação do momento processual

Entre as dez perguntas expostas, a mais importante para a correta identificação da peça é aquela relativa ao momento processual.

Para identificar o momento processual, deve-se seguir a seguinte linha de raciocínio:

1ª pergunta: Há ação penal em andamento?

Três respostas são possíveis a essa pergunta:

(1) Ainda não há ação em andamento; (2) Sim há ação em andamento; e (3) Já houve ação penal, mas terminou.

A depender da resposta a cada uma dessas perguntas, outras podem ser necessárias, até que se chegue à peça correta. Vejamos cada uma das situações possíveis.

Primeira resposta possível: Ainda não há ação penal em andamento

A primeira resposta possível para a pergunta se há ação penal em andamento é "Ainda não. Não há ação penal em andamento". Ora, nessa situação, é possível saber que a ação penal ainda não fora iniciada.

Não tendo sido ainda iniciada a ação penal, significa que estamos em fase pré-processual, ou seja, no inquérito policial. Nessa situação, caso estejamos atuando em favor do suspeito/indiciado da prática do crime, devemos fazer nova pergunta:

a) O indiciado/suspeito está preso?

a.1) Ainda não, embora tenha sido determinada a sua prisão. Nesse caso, alguma medida tem que ser tomada para evitar a concretização da prisão. Partindo dessa premissa, duas respostas são possíveis:

a.1.1) *O indiciado/suspeito ainda não está preso, embora já tenha sido decretada a sua prisão e nenhuma medida fora tomada em seu favor*: nesse caso, significa que fora decretada prisão preventiva ou prisão temporária em desfavor do cliente e que ele se encontra foragido.

Nessa situação há duas possibilidades: (a) relaxamento da prisão preventiva ou temporária. A ser feito quando essas prisões tiverem sido decretadas em situação de absoluta impossibilidade legal (exemplos: preventiva, decretada em crime culposo – art. 313 do CPP; temporária, decretada em inquérito que apure crime excluído do rol da lei); (b) revogação da prisão preventiva ou temporária. Quando tais prisões forem decretadas em situação fática em que não havia necessidade cautelar de privação da liberdade (exemplos: temporária decretada sem que houvesse necessidade para a investigação; preventiva decretada sem que houvesse necessidade para garantia da ordem pública – art. 312 do CPP). No caso de prisão preventiva, o pedido de revogação pode ser ainda cumulado com o pedido subsidiário de concessão de liberdade provisória, com imposição, se for o caso, de outra medida cautelar diversa da prisão, nos termos do artigo 321 do CPP. Qualquer dessas peças pode ser feita por meio de simples pedido diretamente dirigido ao magistrado (pedido de relaxamento ou de revogação de prisão preventiva ou temporária), requerendo-se ao final o relaxamento ou a revogação da prisão e a expedição do contramandado de prisão. Considerando que o Magistrado, ao decretar a prisão ilegal ou desnecessária, já figura como autoridade coatora, seria possível também a impetração da ação constitucional adequada, ou seja, *habeas corpus*.

a.1.2) *O indiciado/suspeito ainda não está preso, embora já tenha sido decretada a sua prisão e já fora tomada medida em seu favor, mas a medida foi negada*: nesse caso, significa que fora decretada prisão preventiva ou prisão temporária em desfavor do cliente e que ele se encontra foragido, tendo sido tomada medida em seu favor (pedido de relaxamento ou revogação), que fora negada pelo magistrado.

Aqui, o cliente deverá apresentar medida que reforme a decisão negativa do magistrado ou tribunal e relaxe ou revogue a prisão preventiva ou temporária: tal medida pode ser feita por meio de recurso próprio contra a decisão do magistrado ou tribunal ou por meio da ação constitucional adequada, ou seja, *habeas corpus*. Para tanto, deve identificar qual o órgão que negou a medida. Assim, por exemplo: (a) foi impetrado *habeas corpus* em favor do cliente, que foi negado pelo juiz de primeiro grau. Deve ser apresentado recurso em sentido estrito, com fundamento no artigo 581, X, do CPP; (b) foi impetrado *habeas corpus* em favor do cliente, que foi negado pelo Tribunal de Justiça. Deve ser apresentado recurso ordinário constitucional com fundamento no artigo 105, II, "*a*", da CF.

a.2) *O indiciado/suspeito já está preso*:

a.2.1) *O indiciado/suspeito já está preso e nenhuma medida fora tomada em seu favor*: nesse caso, o aluno deve se perguntar qual a prisão a que está submetido seu cliente, já que pode haver prisão em flagrante, prisão preventiva ou prisão temporária.

a.2.1.1) *Prisão em flagrante*: caso seja prisão em flagrante, duas são as peças possíveis nessa hipótese: (a) pedido de relaxamento de prisão em flagrante. Caso a prisão em flagrante do indiciado tenha sido ilegal (ou seja, fora das hipóteses do artigo 302 do CPP ou caso não tenham sido cumpridas as formalidades legais dessa prisão), então deverá ser feito pedido de relaxamento de prisão em flagrante. Esse pedido deverá ser dirigido ao juiz, enquanto ainda não tiver tomado nenhuma das decisões previstas no artigo 310 do CPP; (b) pedido de liberdade provisória com imposição, se for o caso, de outra medida cautelar substitutiva da prisão. A liberdade provisória ou outra medida cautelar substitutiva da prisão será pedida quando a prisão em flagrante for legal, mas desnecessária a privação da liberdade do investigado, havendo outros meios menos gravosos de garantir o seu comparecimento ao processo. Ambos pedidos, relaxamento de prisão em flagrante e pedido de liberdade provisória, devem ser diretamente dirigidos ao magistrado por meio de simples petição. Ressalte-se que é possível, na mesma peça, cumularem-se os dois pedidos, sendo o segundo subsidiário ao primeiro; vale dizer, caso o Magistrado entenda não se tratar de hipótese de relaxamento da prisão em flagrante, que conceda a liberdade provisória. De toda sorte, deve-se ao final requerer seja expedido alvará de soltura em favor do requerente.

a.2.1.2) *Prisão preventiva ou prisão temporária*: nessa situação, o indiciado está preso preventivamente ou por meio de prisão temporária.

Nessa situação, valem as mesmas observações feitas em a.1.1: (a) relaxamento da prisão preventiva ou temporária. A ser feito quando essas prisões tiverem sido decretadas em situação de absoluta impossibilidade legal (exemplos: preventiva, decretada em crime culposo – art. 313 do CPP; temporária, decretada em inquérito que apure crime excluído do rol da lei); (b) revogação da prisão preventiva ou temporária. Quando tais prisões forem decretadas em situação fática, em que não havia necessidade cautelar de privação da liberdade (exemplos: temporária, decretada sem que houvesse necessidade para a investigação; preventiva, decretada sem que houvesse necessidade para garantia da ordem pública – artigo 312 do CPP). No caso de prisão preventiva, o pedido de revogação pode ser ainda cumulado com o pedido subsidiário de concessão de liberdade provisória com imposição, se for o caso, de outra medida cautelar diversa da prisão, nos termos do artigo 321 do CPP. Qualquer dessas peças pode ser feita por meio de simples pedido diretamente dirigido ao Magistrado (pedido de relaxamento ou de revogação de prisão preventiva ou temporária), requerendo-se, ao final, o relaxamento ou a revogação da prisão e a expedição do alvará de soltura. Considerando que o Magistrado, ao decretar a prisão ilegal ou desnecessária, já figura como autoridade coatora, seria possível também a impetração da ação constitucional adequada, ou seja, *habeas corpus*.

a.2.2) *O indiciado/suspeito já está preso, fora tomada medida em seu favor que foi negada*: nessa hipótese, é preciso que o candidato identifique quem foi que negou a medida em favor do cliente para, então, elaborar a medida cabível.

Assim, por exemplo, temos as seguintes hipóteses (que não são as únicas, mas são significativas): (a) o problema narra que o magistrado negou pedido de liberdade provisória com fiança, formulado em favor do cliente. Nessa hipótese, deve apresentar recurso em sentido estrito, nos termos do artigo 581, V, do CPP; (b) o tribunal negou *habeas corpus* formulado em favor do cliente. Nessa situação, deve ser interposto recurso ordinário constitucional, com fundamento no artigo 105, II, "*a*", da CF/88.

Segunda resposta possível: Há ação penal em andamento

Nesse caso, o candidato deve ficar muito atento para o esquema procedimental a ser seguido. Isto significa que a ação penal ainda existe e devemos identificar qual o procedimento a ser seguido, bem como qual a fase em que ele se encontra. Assim, deve o candidato fazer mais duas perguntas:

a) Qual o procedimento seguido?

b) Em qual fase se encontra o procedimento?

Identificada a fase do procedimento em que se encontra o feito, deve ser feita a peça própria daquela fase. Neste ponto, é fundamental que o candidato elabore linha do tempo para que possa adequadamente situar-se no problema e poder identificar adequadamente a peça a ser apresentada. Vejamos alguns exemplos.

b.1) O problema diz que um acusado de roubo acaba de ser citado e que procura você para apresentar a medida adequada. Nesta situação, o candidato deve usar o seguinte raciocínio esquemático:

b.1.1) roubo: crime que segue o procedimento comum ordinário;

b.1.2) o cliente acabou de ser citado;

b.1.3) o próximo ato é a resposta a acusação pela defesa. É a peça a ser elaborada.

Veja abaixo exemplo de linha do tempo para este caso:

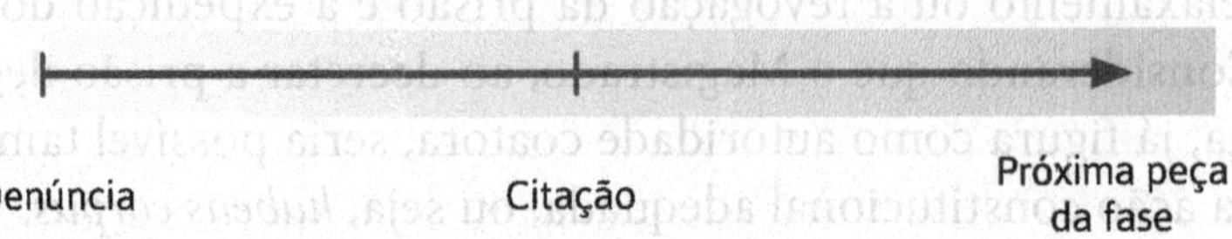

Note novamente o raciocínio desenvolvido: identificou-se o crime (roubo), identificou-se que ele segue o procedimento comum ordinário e que o último ato havido foi a citação. Ora, neste caso, qual ato vem após a citação? Trata-se da resposta à acusação, peça a ser apresentada. Vamos ver outro exemplo abaixo.

b.2) O problema diz que acusado de homicídio foi denunciado e pronunciado pelo crime de homicídio e que você é procurado como seu advogado para elaborar a medida cabível. Vejamos novamente o esquema procedimental:

b.2.1) homicídio: rito especial do júri;

b.2.2) cliente acabou de ser pronunciado;

b.2.3) próximo ato: recurso em sentido estrito da decisão de pronúncia.

Vejamos o esquema procedimental:

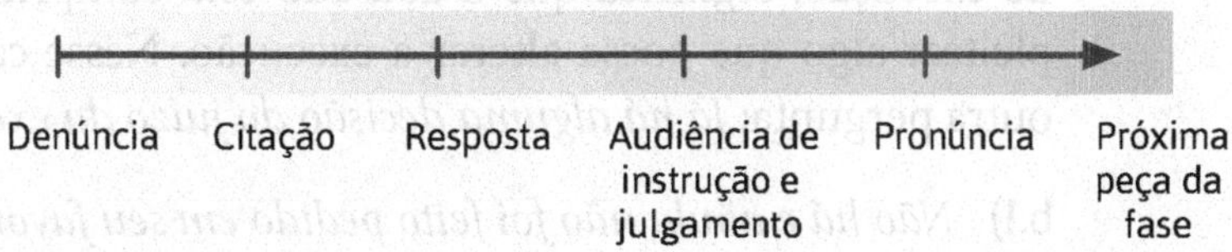

Note o raciocínio desenvolvido: identificou-se que se trata de crime de homicídio e que esse crime segue procedimento especial do Júri. Identificou-se ainda que o cliente fora pronunciado. Ora, contra a pronúncia, a medida cabível é o recurso em sentido estrito, próximo ato do feito nesse caso. Vejamos mais um exemplo.

b.3) O problema diz que houve sentença e que o Ministério Público apresentou recurso. Diz ainda que você está patrocinando os interesses do acusado e que deve apresentar a medida cabível.

Ora, nesse contexto é preciso que se entenda que, se houve sentença, o recurso apresentado pelo MP foi o de apelação e então o próximo ato é a apresentação de contrarrazões de apelação. Contrarrazões é uma peça que tem sido cobrada e o candidato deve ter em mente que seu objetivo fundamental é se contrapor ao recurso interposto pelo adverso:

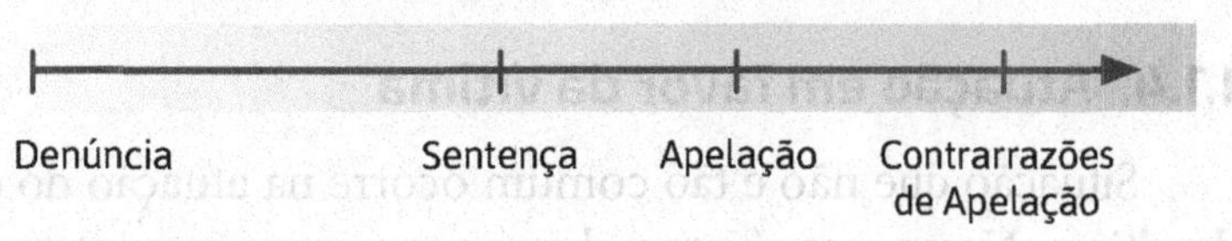

⊙ Terceira resposta possível: Já houve ação penal

Nessa hipótese, significa que houve ação penal e que já ocorreu o trânsito em julgado da decisão. Aqui há uma pergunta determinante a ser feita: o que pretende o condenado? A depender da sua resposta serão diferentes peças possíveis.

a) A primeira possibilidade é que o acusado pretende alterar o resultado do processo de conhecimento: o condenado pretende anular o processo de conhecimento, reformar a decisão para alcançar a absolvição ou redução da pena, por exemplo. Aqui, a medida adequada é, por excelência, a revisão criminal.

b) A segunda possibilidade é que o acusado pretende alterar o processo de execução. Significa que o acusado está cumprindo pena e deseja pleitear algo que possa alterar a execução. Nesse caso, deve ser feita outra pergunta: *Já há alguma decisão do juízo da execução?*

b.1) *Não há e ainda não foi feito pedido em seu favor*: nesse caso, deve ser feito o pedido em favor do acusado (livramento condicional, progressão de regime, unificação de penas etc.);

b.2) Sim, já há decisão do juízo da execução que contraria os interesses do condenado (o juiz negou o pedido de progressão, revogou o livramento condicional etc.). *Nesse caso, deve ser feito o recurso cabível que é o agravo em execução.* Evidentemente, se há decisão em favor do acusado e o Ministério Público recorreu, o recurso será de contrarrazões de agravo em execução.

É relativamente comum identificarmos que os alunos confundem essas três peças. A respeito do que normalmente é apresentado em provas damos as seguintes sugestões. Transitada em julgado, se a questão nada falar sobre temas da execução penal, mas sim sobre temas do conhecimento, é muito provável que a peça seja a Revisão Criminal. Por outro lado, se o problema tratar essencialmente de temas da execução penal, ou será feito simples pedido para o juiz da execução penal ou, caso tenha sido feito pedido e negado, será cabível o agravo em execução.

1.1.4. Atuação em favor da vítima

Situação que não é tão comum ocorre na atuação do candidato em favor da vítima. Nesse caso, é normal que ocorram as seguintes peças:

a) cautelares patrimoniais: atuação em favor da vítima no sentido de se obter o sequestro dos bens do indiciado/acusado;

b) apresentação de queixa-crime em face do indiciado que praticou crime de ação penal privada em face do ofendido ou mesmo ação penal privada subsidiária da pública;

c) memoriais da acusação;

d) recursos: apelação da vítima no sentido de se obter a condenação do acusado que foi absolvido em primeiro grau de jurisdição;

e) contrarrazões de recursos apresentados pelo acusado.

Passemos agora ao estudo mais detalhado de cada uma das etapas da persecução penal para que o candidato possa formar um quadro claro de qual a atuação possível ao advogado em cada uma delas.

1.2. DO INQUÉRITO POLICIAL

1.2.1. Investigação criminal

O inquérito policial consiste em uma das formas preliminares de investigação. Tem caráter informativo, e a sua finalidade é fornecer ao órgão da acusação fundamentos para a propositura da ação penal.

A ação penal, por implicar natural constrangimento ao *status libertatis* do indivíduo, requer, para sua propositura, a existência de elementos mínimos de convicção, sob pena de configurar constrangimento ilegal. Note-se, ainda, que o indivíduo não esteja preso, nem tenha sido emitida qualquer ordem de prisão contra ele, o simples fato de existir investigação, já pode, em tese, constituir-se em elemento de indevido constrangimento, que pode ser sanado pela via do *habeas corpus.*

A ação penal, portanto, depende da reunião de elementos de convicção que proporcionem suporte fático e demonstrem a viabilidade da acusação (indícios de autoria e prova da materialidade), não bastando, para sustentar o constrangimento do processo, a singela descrição na denúncia/queixa de um fato revestido de tipicidade, despido de qualquer indício de prova. Trata-se do que se convencionou chamar de suporte probatório mínimo para o oferecimento da denúncia ou queixa ou justa causa para a ação penal. Não haverá justa causa para a ação penal, por exemplo, se não houver testemunha que indique que o sujeito cometeu o delito.

Desse modo, conclui-se que o inquérito policial é um instrumento de investigação cuja finalidade é propiciar a existência de justa causa para a propositura e instauração da ação penal. Trata-se de um procedimento administrativo de caráter inquisitivo de cunho investigatório, realizado pela polícia judiciária, visando apurar a infração penal e a sua respectiva autoria, subsidiando a ação penal.

1.2.2. Destinatários do inquérito policial

O inquérito policial destina-se de forma imediata ao Ministério Público, nos casos de ação penal pública, e ao titular do direito de queixa, nos casos de ação privada. Destina-se ainda, de forma mediata, ao Magistrado, que utilizará o seu conteúdo para decidir sobre o recebimento ou rejeição da denúncia ou queixa, ou, ainda, para verificar a viabilidade de decretação de medidas cautelares, tais como prisão temporária, prisão preventiva, interceptação telefônica etc. No que tange à decisão final de mérito, no entanto, é de se notar que o juiz não poderá fundamentar sua convicção exclusivamente nos elementos normativos colhidos na investigação, ressalvadas as provas cautelares, irrepetíveis e antecipadas, conforme disposição expressa do artigo 155 do CPP.

1.2.3. Características do inquérito policial

O inquérito policial é inquisitivo (razão pela qual não há falar, nessa fase, em contraditório ou ampla defesa), obrigatório (no caso de ação penal pública incondicionada, o delegado, tendo conhecimento da suposta ocorrência da ação penal, não pode deixar de instaurá-lo), indisponível (após a instauração, deve ser devidamente concluído pela autoridade policial, com o relatório), dispensável (pois não é condição indispensável para propositura da ação penal, desde que já existam elementos de prova suficientes, como é o caso do relatório votado em CPI) e sigiloso (visando-se assegurar tanto o resguardo à imagem e à privacidade do investigado, quanto o sucesso da investigação).

Apesar de inquisitivo, há atenuação desse caráter prevista pela modificação ocorrida no artigo 7º do Estatuto da OAB. Assim, por exemplo, a disposição contida no artigo 7º, inciso XXI: "XXI – assistir a seus clientes investigados durante a apuração de infrações, sob pena de nulidade absoluta do respectivo interrogatório ou depoimento e, subsequentemente, de todos os elementos investigatórios e probatórios dele decorrentes ou derivados, direta ou indiretamente, podendo, inclusive, no curso da respectiva apuração: a) apresentar razões e quesitos [...]".

Temos no inquérito policial, após a edição do Pacote Anticrime, a introdução de defesa obrigatória para os casos do artigo 14-A do CPP. Nos casos ali especificados deverá ser o investigado citado para a constituição de advogado no prazo de até 48 horas e caso não o faça a instituição da qual a pessoa faça parte será intimada para nomear advogado ao investigado.

Atenção à peculiaridade da Lei n. 9.099/95, que "substitui" o inquérito policial pelo termo circunstanciado. No sistema do Juizado Especial Criminal, não há inquérito policial. Nos termos do artigo 69 da Lei n. 9.099/95, o termo circunstanciado substitui o inquérito policial.

1.2.4. Vícios no inquérito policial

Não se pode falar em nulidades na fase de inquérito policial, pois nessa fase não se vislumbra um processo, mas, sim, um procedimento de caráter preliminar e informativo, cujos vícios são considerados meras irregularidades, que não afetam a ulterior ação penal que nele porventura se basear.

Contudo, um detalhe mostra-se importante: o fato de os vícios do inquérito policial não contaminarem a ação penal não significa ausência de sanções para esses vícios. Vejamos três casos emblemáticos:

a) vício na lavratura do auto de prisão em flagrante: caso a autoridade policial não observe as formalidades previstas nos artigos 304 a 306 do CPP, a consequência será a ilegalidade da prisão efetivada e, então, deverá ser relaxada a prisão em flagrante;

b) vício na realização da prova pericial: caso não se observe alguma regra técnica da perícia, a consequência é que esta prova será imprestável como fundamento para a propositura da ação penal e ainda mais para condenação futura do acusado;

c) vício na realização do reconhecimento: se não é observado o procedimento previsto no artigo 226 do CPP quanto ao reconhecimento, o vício faz que não haja força probatória no ato. Dessa forma, a ação penal proposta com alicerce apenas ou principalmente nessa prova carecerá de justa causa.

1.2.5. Formas de instauração do inquérito policial

Quando houver infração penal de ação penal pública incondicionada, o inquérito policial será instaurado pelo delegado de polícia por um instrumento denominado "portaria", *ex officio*, por requisição do Ministério Público ou do juiz, requerimento do ofendido/representante legal ou, então, por auto de prisão em flagrante.

Nos casos de infração penal de ação penal pública condicionada, o inquérito policial será instaurado por representação do ofendido ou seu representante legal (requisito indispensável).

Quando se tratar de ação privada, o inquérito policial será instaurado mediante requerimento do ofendido ou de seu representante legal (escrito ou verbal, porém sempre reduzido a termo).

É importante observar que, de acordo com a jurisprudência atualizada do STF e do STJ, a denúncia anônima (*delatio criminis* inqualificada) não permite a instauração de inquérito policial. A autoridade policial, ao receber denúncia anônima, pode fazer diligências e, a partir delas, instaurar o inquérito policial.

1.2.6. Prazos para encerramento do inquérito policial

A regra geral, com relação ao prazo para encerramento do inquérito policial, encontra-se no artigo 10, *caput*, do CPP, variando conforme o *status libertatis* do indiciado. Vejamos:

a) *indiciado preso:* 10 dias, contados da data da prisão em flagrante, ou efetivação da prisão preventiva. Com a vigência do art. 3º-B, §2º do Código de Processo Penal, o juiz de garantias poderá, mediante representação da autoridade policial e ouvido o Ministério Público, prorrogar a duração do inquérito;

b) *indiciado solto:* 30 (trinta) dias, contados do dia em que foi instaurado o inquérito policial. Esse prazo é prorrogável, a pedido fundamentado da autoridade policial.

Exceções à regra supraestabelecida:

a) pela Lei de Drogas (Lei n. 11.343/2006), o prazo para encerramento do inquérito policial é de 30 (trinta) dias, se preso o indiciado, e 90 dias, se solto. A lei prevê possibilidade de prorrogação nas duas hipóteses, em seu artigo 51;

b) crimes de competência da Justiça Federal (Lei n. 5.010/66): indiciado preso: 15 (quinze) dias, prorrogável por igual período, se a polícia apresentar ao juiz o indiciado preso, em seu artigo 66;

c) crimes hediondos com prisão temporária decretada: nesse caso, poderá o inquérito policial durar 30 (trinta) dias, prorrogáveis por mais 30, nos termos do artigo 2º, § 4º, da Lei n. 8.072/90.

ATENÇÃO

O excesso de prazo para o encerramento do inquérito policial, no caso de indiciado preso, torna a prisão ilegal e passível de relaxamento. A prisão inicia-se legal e, com o excesso de prazo de duração do inquérito policial, torna-se ilegal, e, assim, deve ser relaxada.

1.2.7. Encerramento do inquérito policial

Nos casos de ação penal pública, o promotor poderá:

a) oferecer denúncia;

b) requerer novas diligências imprescindíveis ao oferecimento da denúncia;

c) requerer o arquivamento.

Em relação à ação penal privada, os autos do inquérito policial serão remetidos ao juízo competente, em que será aguardada a iniciativa do legitimado para oferecimento da queixa-crime dentro do prazo decadencial de seis meses, podendo, ainda, serem entregues, mediante traslado, ao ofendido, se assim requerer.

Atente-se ao fato de que a instauração do inquérito policial *não* interrompe *nem* suspende a contagem do prazo decadencial para a propositura da queixa-crime. Essa tese costuma ser comum em provas.

Imagine-se a seguinte situação: toma-se conhecimento da autoria de um fato criminoso de ação penal privada no dia 11.04. Ora, o prazo para oferecimento da queixa-crime é de seis meses (prazo penal, ou seja, inclui-se o dia do início e exclui-se o do final). Assim, o prazo final seria 10.10. Imagine ainda que seja feito pedido de instauração de inquérito policial no dia 09.10 e oferecida queixa-crime no dia 13.10. Uma vez que o pedido de instauração de inquérito policial não altera o prazo decadencial de seis meses, já houve extinção da punibilidade, pois oferecida queixa-crime fora do prazo legal de seis meses.

1.2.8. Arquivamento do inquérito policial

Se o Ministério Público entender que não há elementos suficientes para o oferecimento da denúncia, e impertinentes novas diligências, deverá promover o arquivamento do inquérito cientificando a vítima, o investigado e a autoridade policial. Cientificados, e vencido prazo de 30 dias, o MP encaminha os autos à instância de revisão ministerial para homologação (art. 28 do CPP). Se a vítima ou seu representante legal não concordar com o arquivamento, poderá, no prazo de 30 dias contados do recebimento da comunicação, submeter a ordem de arquivamento à instância competente do Ministério Público (art. 28§1º do CPP). Se o crime for praticado contra ente federativo, a revisão do arquivamento do inquérito policial poderá ser provocado pela chefia do órgão a quem couber sua representação judicial, ou seja, nos Estados e Municípios, em regra as respectivas procuradorias, e no caso da União a AGU.

No julgamento das ADIs 6298, 6299, 6300 e 6305 o STF decidiu que, a se manifestar pelo arquivamento do inquérito, o juiz "submeterá sua manifestação ao juiz competente e comunicará a vítima, ao investigado e à autoridade policial (...)". Possível concluir que, apesar do silêncio da lei, a manifestação ministerial pelo arquivamento deverá ser submetida ao juiz.

Arquivado o inquérito, enquanto não extinta a punibilidade, pode haver o desarquivamento, caso existam novas provas (art. 18 do CPP e Súmula 524 do STF).

Novas provas são aquelas material ou substancialmente novas, ou seja, as provas que trazem dado novo para o feito. Não basta que a prova não tivesse sido colhida anteriormente, é preciso que ela traga elemento que não estivesse contido na investigação anterior.

Imagine-se a seguinte situação: Peter é investigado por matar Parker. No inquérito policial foram ouvidas três testemunhas (Huguinho, Zezinho e Luizinho): os três dizem que viram Peter sair da casa de Parker logo após o cometimento do crime. Apesar desses depoimentos, o inquérito foi arquivado por falta de provas.

Agora, passado um ano do arquivamento, aparece nova testemunha, Maria Jane, que afirma ter visto Peter saindo da casa de Parker, logo após o cometimento do crime. Seria esta testemunha nova prova para fins de desarquivamento do inquérito policial?

A resposta é negativa. O depoimento de Maria Jane constitui-se em prova formalmente nova (pois não existia antes), mas não em prova substancialmente nova (pois repete as mesmas informações já constantes anteriormente).

1.2.9. Trancamento do inquérito policial

Entende-se que a existência de um inquérito policial, *de per si*, implica um constrangimento ao investigado ou indiciado, de modo que sua instauração exige duas circunstâncias mínimas: o fato revestir-se de tipicidade e não estar extinta a punibilidade.

Para a instauração de um inquérito policial prevalece o entendimento de que é considerada a tipicidade do fato objeto da investigação e, a par disso, não estar extinta a punibilidade, sob pena de a existência desse procedimento administrativo consubstanciar uma coação ilegal ao investigado/indiciado.

Para rechaçar constrangimentos ilegais, a jurisprudência criou o mecanismo do trancamento do inquérito policial a ser pleiteado pela via de ação de *habeas corpus*. Julgados procedentes os pedidos, deve o juiz ou o tribunal determinar a imediata paralisação das investigações, encerrando o inquérito policial indevidamente instaurado.

O comum nas provas, nessa situação, refere-se à instauração de inquérito policial por fato atípico ou mesmo de ação penal em igual situação. Imagine, por exemplo, a instauração de inquérito policial pelo crime de prostituição (inexistente em nosso ordenamento) ou por crime contra a ordem tributária já estando extinta a punibilidade pelo pagamento do tributo. Nos exercícios serão encontradas questões a serem desenvolvidas nesse tema.

1.3. DA AÇÃO PENAL

1.3.1. Condições da ação

A ação penal, para poder nascer e se desenvolver, está submetida a condições. Embora o direito de ação seja constitucional, ele não é amplo e ilimitado.

O Código de Processo Penal brasileiro e a maioria da doutrina acabam por aceitar a doutrina de Liebman de que a ação é um direito autônomo e abstrato, mas sujeito a condições – as chamadas condições da ação, previstas no artigo 395 do CPP.

No processo penal, as condições da ação são ligeiramente diferentes do processo civil, apresentando peculiaridades. São elas:

a) possibilidade jurídica do pedido;

b) interesse de agir;

c) legitimidade *ad causam*: significa a chamada pertinência subjetiva para a ação. Ou seja, em tese, as partes podem adequadamente ocupar os polos da relação jurídica;

d) justa causa para a ação penal: significa a existência de suporte probatório mínimo para o oferecimento da denúncia ou da queixa-crime.

No momento em que é oferecida a denúncia, o juiz deverá rejeitar a acusação de plano, nos termos do artigo 395 do CPP, quando faltar condição da ação (exemplo: legitimidade *ad causam*) ou pressuposto processual.

Se, no entanto, mesmo que faltante condição da ação ou pressuposto processual, o juiz receber a denúncia ou queixa, caberá ao réu, em resposta à acusação, requerer a anulação do recebimento, vale dizer, a anulação do processo *ab initio*.

A partir de 2013, o STJ passou a admitir a possibilidade de rejeição da denúncia após a resposta à acusação. Trata-se da chamada rejeição tardia da denúncia. Dessa forma, em resposta à acusação, poderá ser pedida também a rejeição da denúncia nos termos do artigo 395 do CPP. Assim, em resposta à acusação, podem ser feitos os seguintes pedidos: (a) rejeição da denúncia – artigo 395 do CPP; (b) nulidade – artigo 564 do CPP; (c) absolvição sumária – artigo 397 do CPP; e (d) desclassificação.

ATENÇÃO

É muito importante que se tome cuidado com um erro muito comum entre os estudantes que costumam desenvolver o seguinte raciocínio: o cliente não cometeu o crime, logo, ele é parte ilegítima na ação, então, pede-se a nulidade do processo.

Cuidado! O raciocínio acima está equivocado. A negativa de autoria é matéria de mérito, que somente pode gerar absolvição sumária ou absolvição definitiva (art. 386 do CPP). Ilegitimidade de parte ocorre em três situações: (a) Ministério Público promovendo ação penal privada; (b) acusado menor de idade à época do cometimento do crime; e (c) ofendido promovendo ação penal pública. Nessas três hipóteses, a consequência será a mesma: ilegitimidade de parte nos termos do artigo 564, II, do CPP, que gera nulidade e também rejeição da denúncia nos termos do artigo 395, II, do CPP.

1.3.2. Condições de procedibilidade

Parte da doutrina também reconhece a existência de condições específicas da ação penal, chamadas de condição de procedibilidade. São elas:

a) representação do ofendido, nos casos de ação penal de iniciativa pública condicionada à representação; e

b) requisição do Ministro da Justiça.

A ausência de tais condições também implica, em um primeiro momento, a rejeição da ação e, caso haja o recebimento, a sua anulação *ab initio*.

1.3.3. Espécies de ação penal

A ação penal pode ser, basicamente, de três modalidades:

a) de iniciativa pública incondicionada;

b) de iniciativa pública condicionada; e

c) de iniciativa privada.

A regra é que, no silêncio do Código, a ação seja de iniciativa pública incondicionada. Apenas se o legislador ou a jurisprudência mencionarem algum aspecto distinto é que a ação penal será distinta. Vejamos alguns exemplos:

a) lesão corporal culposa ou leve: ação penal de iniciativa pública condicionada à representação, nos termos do artigo 88 da Lei n. 9.099/95, em regra, salvo se o crime envolver violência doméstica ou familiar contra mulher (súmula 542, STJ);

b) crime contra a honra de funcionário público em razão do exercício de suas funções: ação penal privada, mediante queixa, ou pública condicionada à representação do ofendido, nos termos da Súmula 714 do STF;

c) estelionato: nos termos do artigo 171, § 5º, do CP o estelionato depende de representação salvo se a vítima for a Administração Pública, direta ou indireta, criança ou adolescente, pessoa com deficiência mental ou maior de 70 anos ou incapaz.

A indevida promoção da ação por aquele que não é parte poderá gerar a ilegitimidade de parte e a consequente nulidade *ab initio* do processo, nos termos do artigo 564, II, do CPP, bem como rejeição da denúncia, quando se tratar de resposta à acusação nos termos do artigo 395, II, do CPP.

1.3.3.1. Ação penal de iniciativa pública

Trata-se da ação promovida pelo Ministério Público sem qualquer forma de limitação a seu exercício.

Tem como princípios:

a) obrigatoriedade (ou legalidade);

b) indisponibilidade;

c) oficialidade;

d) intranscendência da sanção penal; e

e) divisibilidade para o concurso de agentes.

O prazo para oferecimento da denúncia (art. 46 do CPP), se o indiciado estiver preso: cinco dias; se o indiciado estiver solto: 15 (quinze) dias. Mas há prazos em leis especiais, como é o caso da Lei Antidrogas, que dispõe no artigo 54 que o prazo é de 10 dias para o oferecimento da denúncia.

Esse prazo é contado do dia em que o Ministério Público recebeu os autos do inquérito policial ou as peças de informação.

1.3.3.2. Ação penal de iniciativa pública condicionada

Nessas hipóteses, há necessidade da presença da condição de procedibilidade (representação ou requisição do Ministro da Justiça) para que possa existir, seja o inquérito policial, seja a ação penal. A lei traz expressa a rubrica "somente se processa mediante representação", como no exemplo do parágrafo segundo do artigo 147 do CP.

Entenda-se por representação a manifestação de vontade do ofendido ou de seu representante legal no sentido de ter a punição do autor do crime autorizando o Ministério Público a iniciar a ação penal. Pode ser escrita ou oral, hipótese em que deve ser reduzida a termo.

Ressalte-se que a representação pode ser dirigida ao *Juiz*, ao membro do Ministério Público ou então à *autoridade policial* (art. 39, *caput*, do CPP). Se houver morte ou ausência do ofendido, o direito de representação passa ao cônjuge, ascendente, descendente e irmão (art. 24, § 1º, do CPP).

O prazo decadencial para exercício do direito de representação, em regra, é de seis meses, contados do conhecimento da autoria (art. 38 do CPP). Por ser de natureza penal, inclui-se o dia do começo, mas é excluído o dia do final. Exemplificando: se se tomou conhecimento da autoria no dia 11.04, o prazo final para o exercício do direito de representação é o dia 10.10.

1.3.3.3. Ação penal de iniciativa privada

Consiste no meio em que o Estado transfere ao ofendido, ou seu representante legal, a legitimidade para a propositura da ação penal. Atente-se ao fato de que não se transfere o dever de punir, mas tão somente a legitimidade para promover a ação penal.

Inicia-se por meio da queixa-crime, proposta por advogado habilitado pela OAB e com procuração com poderes especiais (art. 44 do CPP). Por poderes especiais significa que a queixa-crime deve trazer descrito o fato que se imputará ao acusado. Caso o querelante assine a queixa-crime em conjunto com o advogado, estará suprida eventual falha da representação.

Com a morte ou ausência do ofendido, o direito de queixa passará ao cônjuge, ascendente, descendente ou irmão (art. 31 do CPP), observada a ordem de preferência do artigo 36 do CPP.

O prazo decadencial para o exercício de queixa em regra será de seis meses, contados da data em que for conhecido o autor do crime (art. 38 do CPP e art. 103 do CP).

Exceções:

a) Crime de induzimento a erro essencial e ocultação de impedimento ao casamento, em que o prazo será de seis meses a partir do trânsito em julgado da sentença que anule o casamento (art. 236, parágrafo único, do CP).

b) Crimes contra a propriedade imaterial: 30 (trinta) dias a contar da homologação do laudo pericial, nos termos do artigo 529 do CPP.

A ação penal de iniciativa privada pode ser:

a) Propriamente dita ou exclusivamente privada: pode ser proposta pelo ofendido ou seu representante legal e processa-se mediante queixa (art. 145 do CP).

b) Personalíssima: é aquela cujo exercício compete exclusivamente ao ofendido, não havendo sucessão processual em caso de morte do ofendido. Está prevista para apenas um crime, induzimento a erro essencial e ocultação de impedimento ao casamento (art. 236 do CP).

c) Privada subsidiária da pública: tal modalidade é cabível nos casos de crimes de ação penal pública condicionada ou incondicionada, em razão da inércia do Ministério Público em oferecer a denúncia no prazo legal. O prazo será de seis meses, contados do dia em que esgotar o prazo para oferecimento da denúncia, restando caracterizada a inércia do Ministério Público (art. 29 do CPP).

1.3.4. Requisitos da queixa-crime e da denúncia

A queixa-crime ou a denúncia tem, basicamente, os mesmos requisitos, previstos no artigo 41 do CPP. O aluno deve ficar sempre atento a esses requisitos na medida em que pode surgir tese relativa a eles. Vejamos cada.

a) Exposição do fato (chamada de imputação): deve-se atribuir ao acusado o fato, com todas as circunstâncias descritas minuciosamente. Ressalte-se que, no caso de concurso de agentes, deve-se pormenorizar a conduta de cada um dos acusados, exceto se as condutas forem homogêneas. Em regra, não se admite acusação alternativa (atribuição de mais de uma conduta criminosa), sob o argumento de que tal fato impossibilitaria a defesa do réu. Porém, há doutrina que aceita a acusação alternativa. A questão relativa à denúncia genérica é muito importante nas provas de concursos e OAB em peças da defesa. A denúncia não pode ser genérica a ponto de impedir o pleno exercício do direito de defesa. Caso impeça o exercício do direito de defesa, então há tese de nulidade do processo *ab initio.*

b) Qualificação do acusado ou esclarecimentos que possibilitem sua identificação: trata-se da individuação do acusado, ou seja, não há necessidade de que conste da acusação todos os dados qualificativos dos réus, mas devem constar os dados que permitam a sua identificação.

c) Classificação jurídica do crime: o autor da ação penal deverá indicar o dispositivo legal em que se enquadra a conduta do acusado. Tal tipificação poderá ser alterada até a sentença pelo autor da ação, mas o magistrado somente poderá alterar tal qualificação jurídica nas hipóteses e se valendo dos procedimentos previstos nos artigos 383 ou 384 do CPP (*emendatio* ou *mutatio libelli*). É importante notar que o juiz não pode alterar a classificação do crime no momento do recebimento da denúncia.

d) Rol de testemunhas da acusação: as testemunhas devem ser apresentadas na petição inicial.

e) Requisito específico da queixa-crime: constituição de advogado, munido de procuração com poderes específicos, que deverá ser anexada à queixa-crime. Esses poderes especiais previstos no artigo 44 do CPP somente são exigíveis na queixa-crime, não se aplicando no caso de ação penal pública. Estará sanada eventual deficiência da procuração se o querelante assiná-la junto com o advogado.

1.3.5. Hipóteses de rejeição da denúncia ou queixa (art. 395 do CPP)

Oferecida a denúncia ou queixa, pode ela ser rejeitada liminarmente pelo juiz. A decisão de não recebimento da ação extingue o processo sem resolução do mérito, de modo que é possível a propositura de uma nova ação, quando sanado o vício que ensejou a rejeição. As hipóteses de rejeição liminar estão previstas no artigo 395 do CPP. São elas:

a) *quando for manifestamente inepta*;

A acusação será considerada apta quando elaborada em conformidade com o artigo 41 do CPP, devendo conter os seguintes itens: exposição do fato criminoso com todas as suas circunstâncias, qualificação do acusado ou esclarecimentos pelos quais se possa identificá-lo, classificação do crime e rol de testemunhas. De modo que é inepta a denúncia que não narre, mas apenas descreva o dispositivo legal, a denúncia genérica, que não impute conduta determinada, e também aquela que não individualize as condutas dos réus em caso de concurso de agentes.

b) *faltar pressuposto processual ou condição para o exercício da ação penal;*

São condições da ação: possibilidade jurídica do pedido, interesse processual, legitimidade *ad causam*. A ausência de qualquer uma delas conduz à rejeição liminar por carência da ação.

Os pressupostos processuais são habitualmente divididos entre pressupostos de existência do processo e pressupostos de validade. Os primeiros incluem: demanda, jurisdição e partes. Os segundos são: competência e imparcialidade do juiz e legitimidade *ad processum*.

c) *faltar justa causa para o exercício da ação penal.*

O conceito de justa causa para a ação penal nunca foi unívoco na doutrina, mas, na acepção em que agora é empregada no texto legal, significa a ausência de um mínimo suporte fático que dê lastro à acusação.

Observações:

a) da decisão que rejeitar a denúncia ou queixa, cabe Recurso em Sentido Estrito – RESE (art. 581, I, do CPP). Mas, se o feito for da competência do Juizado Especial Criminal, caberá apelação, nos termos do artigo 82 da Lei n. 9.099/95;

b) da decisão que receber a denúncia ou queixa, não há previsão de recurso cabível, sendo admitida apenas a impetração de *habeas corpus*.

A importância do conhecimento das modalidades de ação penal para fins de peça prática reside na identificação da legitimidade *ad causam*. Embora haja autores que reconheçam que a ilegitimidade *ad causam* gera a extinção do processo, o fato é que normalmente fala-se em nulidade do processo nos termos do artigo 564, II, do CPP.

Dessa forma, quando o Ministério Público promove ação penal privada, deverá ser alegada nulidade *ab initio* do processo nos termos do artigo 564, II, do CPP. Essa nulidade, normalmente nas provas, não vem apresentada de maneira tão simples.

O normal é ela vir apresentada como tese que surge após a desclassificação do crime. Exemplo muito comum é o acusado ter sido denunciado pelo crime de dano qualificado previsto no artigo 163, parágrafo único, III, do CP (ação penal pública) e desclassificar-se para aquele dano do artigo 163, parágrafo único, IV, do CP (ação penal privada – artigo 167 do CP). Com a desclassificação, surgirá a tese de nulidade *ab initio* do processo, pois a ação passa a ser privada.

1.4. PROCEDIMENTOS

1.4.1. Generalidades

Os procedimentos vêm previstos no artigo 394 do CPP, que dispõe em seu § 1º que o procedimento comum poderá ser ordinário, sumário ou sumaríssimo, nos seguintes termos:

a) ordinário, quando tiver por objeto crime cuja sanção máxima cominada for igual ou superior a 4 (quatro) anos de pena privativa de liberdade;

b) sumário, quando tiver por objeto crime cuja sanção máxima cominada seja inferior a 4 (quatro) anos de pena privativa de liberdade;

c) sumaríssimo, para as infrações penais de menor potencial ofensivo, na forma da lei, mais especificamente o disposto no artigo 61 da Lei n. 9.099/95, ou seja:

c.1) crimes com pena máxima menor ou igual a 2 anos, cumulada ou não com multa; e c.2) contravenções penais. Aqui independem da quantidade de pena, ou seja, qualquer contravenção penal será julgada pelo Juizado Especial Criminal.

Para o cálculo feito acima, alguns questionamentos surgem acerca do que normalmente o integra. Vejamos:

a) qualificadoras e figuras privilegiadas: **integram o cálculo** tanto a figura qualificada quanto a figura do privilégio. Isto porque se trata de delitos com delimitações próprias de pena, diferenciadas do tipo simples.

b) causas de aumento e causas de diminuição de pena: **integram o cálculo**, na medida em que alteram os limites da pena em quantidade fixa. Se for causa de aumento de pena, aumenta-se do máximo, caso seja causa de diminuição de pena, a diminuição se dará pelo mínimo. Isto porque o artigo 394 do CPP fala em pena máxima: ora, a pena máxima somente se obtém do máximo aumento ou da mínima diminuição.

c) agravantes e atenuantes: **não integram o cálculo**. Como não há patamar fixo de aumento e de diminuição, não se tem margem segura para a operação matemática. Ademais, elas não integram o crime, apenas são circunstâncias que agravam ou atenuam a pena, mas sempre dentro dos limites mínimo e máximo em abstrato.

É importante notar que o cálculo dessa pena é sempre feito em abstrato. Vale dizer, o acusador e o julgador fazem a análise a partir da tipificação constante da denúncia ou da queixa para identificar qual o rito a ser seguido.

Dizemos isso, pois erro muito comum é o que se apresenta no seguinte raciocínio: o crime tem pena de 1 a 4 anos, e na sentença o juiz condenou o acusado a 2 anos, então, tendo em vista o montante da pena, deve o processo ser anulado para ser remetido ao Juizado Especial Criminal.

Esse raciocínio é equivocado! Se o crime tem pena de 1 a 4 anos, não sendo objeto de rito especial, deverá seguir o rito ordinário pelo montante da pena, independentemente da quantidade de pena que venha a ser aplicada na sentença.

Tendo em vista a regra de peça desenvolvida no Capítulo 1, é muito importante que o candidato tenha fortemente estabelecidos os parâmetros para a fixação dos ritos indicados, especialmente para a identificação do momento processual em que se encontra o feito para identificação da peça correta.

Para a identificação do procedimento, sugerimos que sejam seguidos estes passos pelo leitor:

a) Em primeiro lugar, o leitor deve se questionar se é caso de crime doloso contra a vida. Se a resposta for afirmativa, então deverá seguir o rito do júri.

b) Caso não se trate de crime doloso contra a vida, então deve o leitor se perguntar se é hipótese de Juizado Especial Criminal. Em caso afirmativo, deverá seguir o rito previsto no Juizado Especial Criminal.

c) Caso não se trate de infração de menor potencial ofensivo, então deve ser questionado se é hipótese de rito especial. Em sendo crime com rito especial, deverá ser este o seguido.

d) Caso não seja hipótese de crime doloso contra a vida, nem do Juizado Especial Criminal nem do rito especial, então seguirá o rito comum ordinário ou sumário.

1.4.2. Suspensão condicional do processo (art. 89 da Lei n. 9.099/95)

A suspensão condicional do processo é um dos muitos institutos despenalizadores da Lei n. 9.099/95. Visa introduzir o consenso no processo penal e, dessa forma, evitar a sentença penal condenatória.

O grande equívoco dos que estudam este tema está em pensar que a suspensão condicional do processo se aplica somente ao rito do JECrim. Cuidado, pois a suspensão condicional do processo é benefício que se aplica também fora do Juizado Especial Criminal, desde que preenchidos seus requisitos. Em suma, todos os crimes que preencham os requisitos objetivos e subjetivos fazem jus à suspensão, salvo os praticados com violência doméstica ou familiar contra a mulher, por força do artigo 41 da Lei n. 11.340/2006 e da súmula 536 do STJ.

Os requisitos para concessão de suspensão condicional do processo são:

a) pena mínima igual ou inferior a um ano. Para tanto, devem ser levadas em consideração, na imputação em abstrato, as causas de aumento e diminuição de pena (*vide* Súmula 243 do STJ);

b) sujeito não tenha sido anteriormente condenado;

c) sujeito não esteja sendo processado por outro crime;

d) demais requisitos pessoais favoráveis.

Caso o juiz entenda cabível a suspensão condicional do processo e o promotor não, deverão os autos serem enviados para o Procurador-Geral por aplicação analógica do artigo 28 do CPP, nos termos da Súmula 696 do STF.

O período de prova será de 2 (dois) a 4 (quatro) anos e as condições serão: reparar o dano, proibição de frequentar determinados lugares, proibição de ausentar-se da comarca sem autorização e comparecimento mensal em juízo para justificar as atividades.

O juiz, porém, poderá fixar outras, desde que compatíveis com a dignidade da pessoa humana e adequadas ao caso concreto.

Findo o período de prova, sem revogação, estará extinta a punibilidade. A revogação é obrigatória quando o réu passa a ser processado por novo crime ou deixa de reparar o dano de forma injustificada. A revogação é facultativa se o réu é processado por contravenção ou então deixa de cumprir alguma das condições impostas.

O acordo sobre a suspensão condicional do processo não significa admissão de culpa. Sobre o tema, o STJ editou a Súmula 667: "A eventual aceitação de proposta de suspensão condicional do processo não prejudica a análise do pedido de trancamento da ação penal".

É importante que não se confunda a suspensão condicional do processo (art. 89 da Lei 9.099/95) com a suspensão condicional da pena (art. 77 do CP). A suspensão condicional da pena pressupõe que haja sentença penal condenatória, já a suspensão condicional do processo ocorre, como regra, antes da sentença. Excepcionalmente, em caso de desclassificação, no momento da sentença condenatória, poderá o acusado fazer jus a ela nos termos da Súmula 337 do STJ e do artigo 383, § 1º, do CPP.

1.4.2.1. *Acordo de não persecução penal (art. 28-A do CPP)*

O acordo de não persecução, do ponto de vista legal, é criação da Lei 13.964/19. O acordo de não persecução penal consiste na aceitação e cumprimento de medidas por parte do investigado havendo, ao final, extinção da punibilidade caso não tenha sido rescindido.

Os requisitos para a elaboração do acordo de não persecução penal estão previstos no artigo 28-A, *caput* e § 2º. A lei prevê requisitos positivos e requisitos negativos.

Apresentam-se como requisitos positivos: a) confissão formal e circunstanciada da prática de infração penal; b) infração penal cometida sem violência ou grave ameaça; c) crime com pena mínima menor do que 4 anos.

A lei também estabelece que não será cabível a proposta de acordo de não persecução penal se (requisitos negativos): a) não for caso de arquivamento; b) se for cabível transação penal de competência dos Juizados Especiais Criminais, nos termos da lei; c) se o investigado for reincidente ou se houver elementos probatórios que indiquem conduta criminal habitual, reiterada ou profissional, exceto se insignificantes as infrações penais pretéritas; d) ter sido o agente beneficiado nos 5 (cinco) anos anteriores ao cometimento da infração, em acordo de não persecução penal, transação penal ou suspensão condicional do processo; e e) nos crimes praticados no âmbito de violência doméstica ou familiar, ou praticados contra a mulher por razões da condição de sexo feminino, em favor do agressor.

Podemos organizá-los em uma tabela:

Requisitos positivos – para haver o ANPP é preciso	Requisitos negativos – não se admite o ANPP
confissão formal e circunstanciada da prática de infração penal;	se for caso de arquivamento;
infração penal cometida sem violência ou grave ameaça;	se for cabível transação penal de competência dos Juizados Especiais Criminais, nos termos da lei;
crime com pena mínima menor a 4 anos;	se o investigado for reincidente ou se houver elementos probatórios que indiquem conduta criminal habitual, reiterada ou profissional, exceto se insignificantes as infrações penais pretéritas;
	ter sido o agente beneficiado nos 5 (cinco) anos anteriores ao cometimento da infração, em acordo de não persecução penal, transação penal ou suspensão condicional do processo; e nos crimes praticados no âmbito de violência doméstica ou familiar, ou praticados contra a mulher por razões da condição de sexo feminino, em favor do agressor.

Analisemos cada um dos requisitos acima indicados, primeiro os positivos e respectivos questionamentos e depois os negativos.

Primeiro requisito para o ANPP é a confissão. O investigado deve confessar a prática do delito e esta confissão deve ser formal e circunstanciada. Caso ao final do inquérito policial o promotor verifique que não tenha havido confissão por parte do investigado e também perceba que haja elementos para o oferecimento da denúncia, nada obsta que o promotor devolva os autos à delegacia para que apresente a possibilidade de confissão ao investigado e formulação desta proposta.

O crime deve ter sido cometido sem violência ou grave ameaça. É da tradição dos sistemas jurídicos em geral que não sejam concedidos benefícios para infrações penais praticadas com violência ou grave ameaça.

Há a exclusão da aplicação no Juizado Especial Criminal: não se aplica se for cabível transação penal de competência dos Juizados Especiais Criminais, nos termos da lei (art. 28-A, § 2º, I, do Código de Processo Penal).

Para as hipóteses envolvendo Lei Maria da Penha por expressa disposição prevista no artigo 28-A, § 2º, IV e também nos casos em que haja discriminação contra mulher, não se aplica o ANPP.

Quanto à pena, é de se observar que a lei fala em pena mínima menor do que 4 anos. No cálculo desta pena levam-se em conta causas de diminuição e de aumento de pena.

Aqui certamente surgirá a mesma discussão que havia em relação à suspensão condicional do processo nos casos envolvendo procedência parcial do pedido (artigo 383 do CPP e Súmula 337 do STJ).

Entendemos aqui que, da mesma forma que na suspensão condicional do processo, se na hipótese de desclassificação ou procedência parcial do pedido houver a possibilidade de aplicação de proposta de acordo de não persecução penal, deverá o juiz abrir vista para o Ministério Público fazer a proposta do acordo de não persecução penal.

A lei também estabelece que não será cabível a proposta de acordo de não persecução penal se (requisitos negativos):

a) se for caso de arquivamento;

b) se for cabível transação penal de competência dos Juizados Especiais Criminais, nos termos da lei;

c) se o investigado for reincidente ou se houver elementos probatórios que indiquem conduta criminal habitual, reiterada ou profissional, exceto se insignificantes as infrações penais pretéritas;

d) ter sido o agente beneficiado nos 5 (cinco) anos anteriores ao cometimento da infração, em acordo de não persecução penal, transação penal ou suspensão condicional do processo; e

e) nos crimes praticados no âmbito de violência doméstica ou familiar, ou praticados contra a mulher por razões da condição de sexo feminino, em favor do agressor.

O acordo é firmado entre o Ministério Público, o investigado e seu defensor. Caso o investigado não tenha defensor, deverá ser nomeado defensor a ele, seja Defensor Público, seja dativo.

E quais são os termos do acordo? Eles estão previstos no parágrafo 1º do artigo 28-A:

a) reparar o dano ou restituir a coisa à vítima, exceto na impossibilidade de fazê-lo;

b) renunciar voluntariamente a bens e direitos indicados pelo Ministério Público como instrumentos, produto ou proveito do crime;

c) prestar serviço à comunidade ou a entidades públicas por período correspondente à pena mínima cominada ao delito diminuída de um a dois terços, em local a ser indicado pelo juízo da execução, na forma do art. 46 do Código Penal;

d) pagar prestação pecuniária, a ser estipulada nos termos do art. 45 do Código Penal a entidade pública ou de interesse social, a ser indicada pelo juízo da execução, que tenha, preferencialmente, como função proteger bens jurídicos iguais ou semelhantes aos aparentemente lesados pelo delito; ou

e) cumprir, por prazo determinado, outra condição indicada pelo Ministério Público, desde que proporcional e compatível com a infração penal imputada.

Conforme se depreende da letra e acima, trata-se de rol não taxativo de medidas que podem ser aplicadas. Estas medidas serão objeto de negociação entre o Ministério Público, o advogado e o defensor.

Em audiência pode ocorrer que o juiz considere inadequadas, insuficientes ou abusivas as condições dispostas no acordo de não persecução penal. Nestes casos ele devolverá os autos ao Ministério Público para que seja reformulada a proposta de acordo, com concordância do investigado e seu defensor. Esta concordância significa que na nova proposta devem o acusado e seu defensor concordar com os termos refeitos.

Também poderá o juiz se recusar à homologação da proposta quando ela não atender aos requisitos legais ou quando não for realizada a adequação acima mencionada.

Da decisão do juiz que recusa a homologação caberá recurso em sentido estrito nos termos do artigo 581, XXV do CPP. Quem poderá opor este recurso? Tanto o Ministério Público, quanto a defesa. Não tem o assistente de acusação legitimidade para interpor este recurso por ausência de legitimidade e também de interesse processual.

1.4.3. Procedimento comum ordinário (art. 394, § 1º, I, do CPP)

O procedimento comum ordinário é aplicado aos crimes cuja pena máxima seja igual ou superior a quatro anos, desde que não haja previsão de rito especial. Em termos de fluxograma para melhor compreensão do procedimento, pode ele ser estruturado da seguinte forma:

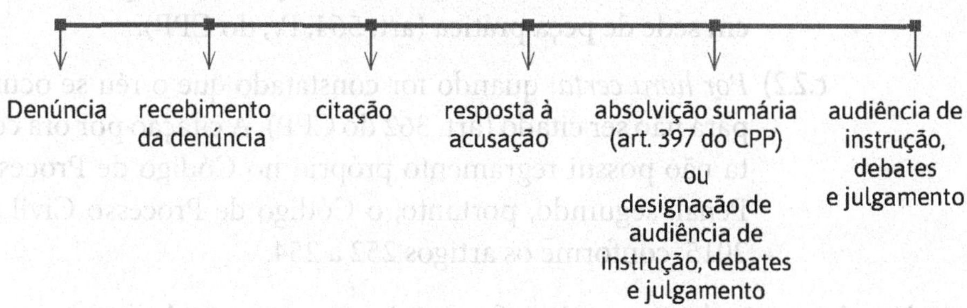

Vejamos cada uma das etapas do procedimento comum ordinário:

a) *Oferecimento da denúncia ou queixa-crime*: no prazo de 15 (quinze) dias, para acusado solto, e cinco dias, se preso. A inicial deve estar em conformidade com os requisitos do artigo 41 do CPP, contendo, necessariamente, o rol de testemunhas (em número máximo de oito), sob pena de preclusão da possibilidade de arrolar outras testemunhas.

b) *Recebimento da denúncia ou queixa-crime*: não admite recurso, porém o acusado poderá impetrar *habeas corpus*. Se estiverem presentes as situações do artigo 395 do CPP (inépcia da inicial, falta de condição da ação ou pressuposto recursal ou falta de justa causa), o juiz deverá rejeitar a denúncia ou queixa, cabendo recurso em sentido estrito dessa decisão. No rito sumaríssimo que tramita perante o Juizado Especial Criminal, o recurso é o de apelação.

c) *Citação do réu para a apresentação de defesa escrita*: ato pelo qual se dá ciência ao réu da ação penal promovida contra ele. O réu será citado para, no prazo de 10 dias, responder por escrito à acusação. A citação poderá ser:

c.1) *Pessoal ou real*: efetivando-se por meio de mandado judicial (oficial de justiça – regra), por carta precatória (comarca diversa), por carta de ordem (determinada pelos tribunais em processos de competência originária) ou carta rogatória (outro país).

c.2) *Ficta ou presumida*:

c.2.1) *Por edital*: efetiva-se por edital e ocorre quando o réu não puder ser encontrado, por estar em lugar incerto ou não sabido. Aqui é de se destacar que a citação por edital é a última hipótese. Devem ser esgotados todos os meios de localização do réu, sob pena de ser possível alegar nulidade em sede de peça prática (art. 564, IV, do CPP).

c.2.2) *Por hora certa*: quando for constatado que o réu se oculta para não ser citado (art. 362 do CPP). A citação por ora certa não possui regramento próprio no Código de Processo Penal, seguindo, portanto, o Código de Processo Civil de 2015, conforme os artigos 252 a 254.

Além da citação, há outras duas formas de comunicação dos atos processuais às partes:

Intimação e notificação: a intimação é a ciência de ato processual praticado; já a notificação é a comunicação para comparecimento em determinado ato processual. Essa distinção doutrinária, contudo, tem sido pouco aplicada na técnica processual diária do contencioso.

d) *Resposta à acusação*: no prazo de 10 dias. Se a citação tiver sido pessoal ou por hora certa, o prazo começa a correr da data do seu recebimento, nos termos da Súmula 710 do STF, observando-se que se trata de prazo processual.

Dessa forma, se o acusado foi citado no dia oito, por se tratar de prazo processual, exclui-se o dia de início e inclui-se o dia do final, de forma que o último dia do prazo será dia 18. Caso caia em sábado, domingo ou feriado, esse prazo será prorrogado para o primeiro dia útil seguinte ao término do prazo.

Se a citação tiver sido realizada por edital, o prazo se inicia a partir do comparecimento do acusado ao processo ou de seu defensor constituído. Da resposta escrita devem constar todas as teses defensivas e, além disso, o rol de testemunhas (sob pena de preclusão) no número máximo de oito. É nesse momento também que devem ser apresentadas, em apartado, eventuais exceções. Importa notar que a resposta escrita é peça essencial do processo, de modo que deve ser obrigatoriamente apresentada.

Se o réu for citado pessoalmente ou por hora certa e a defesa escrita não for apresentada no prazo, tenha ou não defensor constituído nos autos, o juiz nomeará defensor dativo para apresentá-la.

Se o réu for citado por edital, não comparecendo ao processo no prazo determinado no edital, será suspenso o processo e o curso do prazo prescricional. Se posteriormente vier a ser encontrado, o acusado terá, a partir de então, o prazo de 10 dias para oferecer a defesa escrita.

Nessa situação de incidência do artigo 366 do CPP, é importante que se observe o disposto nas Súmulas 415 e 455 do STJ, comumente cobradas em provas.

e) *Julgamento antecipado* pro reo: em face dos argumentos expendidos na defesa escrita o juiz poderá:

e.1) *Absolver sumariamente o réu (art. 397 do CPP)*: quando verificar: (a) que o fato evidentemente não constitui crime; (b) a existência manifesta de excludente de ilicitude; (c) a existência manifesta de excludente de culpabilidade, salvo inimputabilidade; (d) extinção da punibilidade. Caso o juiz não absolva sumariamente o acusado, então designará audiência de instrução, debates e julgamento.

Deve-se ficar atento e não confundir as hipóteses e o momento de rejeição da denúncia (art. 395 do CPP), absolvição sumária (art. 397 do CPP) e absolvição sumária da primeira fase do júri (art. 415 do CPP).

O STJ entendeu ser possível a chamada "rejeição tardia da denúncia". Trata-se da possibilidade de o magistrado, após a resposta à acusação, rejeitar a denúncia quando estiverem presentes as hipóteses do artigo 395 do CPP.

Dessa forma, o juiz pode rejeitar a denúncia em dois momentos: logo após o oferecimento pela acusação ou após a resposta à acusação. Esses são os dois momentos em que poderá ser utilizado o artigo 395 do CPP.

Já o STF entendeu ser possível a aplicação da *emendatio libelli* (art. 383 do CPP) no momento do recebimento da denúncia por parte do magistrado, quando essa alteração provocar um efeito processual imediato, tal como a modificação da competência O STJ ampliou as possibilidades de desclassificação incluindo também a hipótese em que, com a desclassificação, surge direito antes inexistente, como é o caso da suspensão condicional do processo, por exemplo.

Desse modo, de acordo com os tribunais superiores, é possível a desclassificação desde o início ou após a resposta à acusação em três hipóteses:

a) quando com a nova tipificação houver alteração processual (da competência, por exemplo, desclassificando-se o delito de moeda falsa, – competência federal – para estelionato – competência estadual);

b) quando a nova tipifica permitir absolvição sumária de plano (por exemplo, desclassificando de crime de falso para crime de sonegação tributária, aplicando-se a este o princípio da insignificância);

c) quando, com a nova tipificação, houver o surgimento de direito antes inexistente (por exemplo, quando se pede a desclassificação de roubo consumado para furto tentado em que este último admite a possibilidade de suspensão condicional do processo).

Assim, na resposta à acusação, o candidato poderá alegar rejeição da denúncia (art. 395 do CPP), nulidade do processo (art. 564 do CPP), absolvição sumária e desclassificação.

f) *Audiência de instrução, debates e julgamento*: no prazo de 60 dias. Não estabelece a lei qual o termo inicial deste prazo de 60 dias ou mesmo qual a sanção para seu descumprimento. Mais importante é observar a sequência de atos desta audiência, prevista no artigo 400 do CPP: (a) declarações do ofendido; (b) inquirição das testemunhas da acusação; (c) inquirição das testemunhas arroladas pela defesa (a testemunha

– da acusação ou defesa que residir fora da comarca, no entanto, será ouvida mediante carta precatória); (d) esclarecimentos dos peritos (se houver prévio requerimento das partes); (e) acareações; (f) reconhecimentos; (g) interrogatório; (h) possibilidade de requerimento de diligências que tenham se tornado necessárias em face da prova colhida na instrução. Caso não haja requerimento de diligências ou tendo sido indeferido, (i) alegações finais orais por 20 minutos para cada parte, prorrogáveis por mais 10 a critério do juiz (se houver mais de um réu, o tempo de cada um será individual; se houver assistente da acusação, terá 10 minutos para falar depois da manifestação do Ministério Público, prorrogando-se por igual período o tempo da defesa); (j) sentença.

Caso haja requerimento de diligências que tenha sido deferido, a audiência será finalizada nesse momento (não haverá alegações finais orais). Após a diligência ter sido realizada, as partes apresentarão, no prazo sucessivo de cinco dias, suas alegações finais, na forma de memoriais e, após 10 dias, o juiz deverá proferir sentença.

Ainda que não haja a determinação de diligências o juiz poderá, considerando a complexidade do caso ou o número de acusados, conceder às partes o prazo de cinco dias sucessivamente para a apresentação de memoriais escritos, tendo depois 10 dias para proferir a sentença.

Se, no momento da prolação da sentença, o juiz perceber ser o caso de definição jurídica diversa da constante na denúncia ou queixa, poderá condenar o acusado, sem necessidade de aditamento pela acusação ou manifestação da defesa, ainda que em consequência seja aplicada pena mais grave. Trata-se do instituto da *emendatio libelli*.

Se, no entanto, em decorrência de definição jurídica diversa, houver possibilidade, em tese, de suspensão condicional do processo, o juiz procederá de acordo com o disposto na lei (ou seja, abrirá vista à acusação para que se manifeste sobre a possibilidade ou não da proposta). Tratando-se de infração da competência de outro juízo, a este serão encaminhados os autos.

Por outro lado, caso, no término da instrução probatória, o órgão do Ministério Público entenda cabível nova definição jurídica do fato, em consequência de prova existente nos autos de elemento ou circunstância da infração penal não contida na acusação, deverá aditar a denúncia ou queixa (apenas no caso de ação privada subsidiária da pública), no prazo de 5 (cinco) dias, reduzindo-se a termo o aditamento, quando feito oralmente. É a chamada *mutatio libelli.*

Destaque-se que, com a mudança implementada pela Lei n. 11.719/2008, não há mais qualquer possibilidade de *mutatio libelli* sem que haja o aditamento da denúncia, mesmo que a pena a ser aplicada seja menor. Após o aditamento, deverá se manifestar o defensor do acusado, também no prazo de 5 (cinco) dias, e admitido o aditamento, cada parte poderá arrolar até três testemunhas. Feito isso, o juiz, a requerimento de qualquer das partes, designará dia e hora para continuação da audiência, com inquirição de testemunhas, novo interrogatório do acusado, realização de debates e julgamento. E se o Promotor se negar a aditar a denúncia? Aplica-se o disposto no artigo 28 do CPP (o juiz remete os autos ao Procurador-Geral de Justiça para que decida se é caso de aditamento – quando então deverá ele mesmo realizá-lo ou designar outro órgão para fazê-lo – ou não). Assim, se o Promotor aditar e o juiz discordar, não recebendo o aditamento, o processo prossegue, sendo que da decisão do juiz cabe recurso em sentido estrito. Não é cabível *mutatio libelli* em crime de ação penal privada, salvo se for subsidiária da pública. Também não é possível a *mutatio libelli* em 2ª Instância, salvo no caso processo de competência originária. Por fim, tal como acontece na *emendatio libelli,* se houver possibilidade de suspensão condicional do processo, o juiz abrirá vista à acusação para que se manifeste sobre a possibilidade, ou não, da proposta e, em se tratando de infração da competência de outro juízo, a este serão encaminhados os autos.

Assim, para melhor compreensão dos institutos, organizamos a seguinte tabela:

⦾ ***Emendatio Libelli* – artigo 383 do CPP**	⦾ ***Mutatio Libelli* – artigo 384 do CPP**
Fato está descrito na denúncia	Fato não está descrito na denúncia
Aplica-se em 1° e 2° Graus	Aplica-se apenas em 1° Grau – Súmula 453 do STF
Aplica-se para a ação penal de iniciativa pública ou privada	Aplica-se à ação penal pública e, quanto à privada, apenas à subsidiária da pública
Não precisa ouvir as partes	Precisa ouvir as partes
Não precisa de aditamento	Precisa de aditamento

Os requisitos da sentença (art. 381 do CPP) são: relatório ou exposição (resumo do processo), fundamentação ou motivação (exposição dos motivos que levaram ao convencimento do juiz), dispositivo ou *decisum* (é a conclusão do processo) e autenticação (data e assinatura do juiz).

Ressalte-se que a sentença poderá apresentar defeitos, tais como: obscuridade, omissão, ambiguidade ou contradição. Tais defeitos serão sanados por meio do instrumento de embargos de declaração, interpostos em dois dias contados da intimação da sentença (art. 382 do CPP).

A publicação da sentença ocorre no momento em que for recebida pelo escrivão no cartório, porém, a intimação ocorre no momento em que é dada ciência às partes do conteúdo da sentença. Proferida a sentença o recurso cabível, para aquele que foi prejudicado por ela, será a apelação. Caso a parte contrária tenha interposto a apelação a peça cabível serão as contrarrazões de apelação.

1.4.4. Procedimento comum sumário (art. 394, § 1º, II, do CPP)

O procedimento sumário é aplicado aos crimes punidos com pena máxima privativa de liberdade superior a dois anos e inferior a quatro, desde que não haja previsão de rito especial. Os crimes cuja pena máxima seja menor ou igual a dois anos serão processados segundo o rito sumaríssimo. E aqueles cuja pena máxima seja igual ou superior a quatro, seguirão o rito ordinário.

O procedimento é bastante similar ao rito ordinário, com pequenas alterações:

a) *Oferecimento da denúncia ou queixa-crime*: no prazo de 15 (quinze) dias, para o réu solto, e cinco dias, para o réu preso (prazo similar ao do procedimento comum ordinário). O número máximo de testemunhas é de cinco (no ordinário, serão 8 testemunhas).

b) *Recebimento da denúncia ou queixa-crime*: não admite recurso, porém o réu poderá impetrar *habeas corpus*. Se estiverem presentes as situações do artigo 395 do CPP (inépcia da inicial, falta de condição da ação ou pressuposto recursal ou falta de justa causa), o juiz deverá rejeitar liminarmente a denúncia ou queixa, cabendo recurso em sentido estrito dessa decisão.

c) *Citação do réu para apresentação de defesa escrita*: pessoal, por hora certa ou por edital.

d) *Defesa escrita*: no prazo de 10 dias, com rol de testemunhas (no máximo de cinco).

e) *Julgamento antecipado* pro reo: absolvição sumária ou recebimento da ação.

f) *Audiência de instrução, debates e julgamento*: no prazo de 30 (trinta) dias: (a) declarações do ofendido; (b) inquirição das testemunhas da acusação (salvo as que residirem fora da comarca, que serão ouvidas por precatória); (c) inquirição das testemunhas arroladas pela defesa (ressalvadas também as ouvidas por precatória); (d) esclarecimentos dos peritos (se houver prévio requerimento das partes); (e) acareações; (f) reconhecimentos; (g) interrogatório; (h) alegações finais orais por 20 minutos para cada parte, prorrogáveis por mais 10 a critério do juiz (se houver mais de um réu, o tempo de cada um será individual; se houver assistente da acusação, terá 10 minutos para falar depois da manifestação do Ministério Público, prorrogando-se por igual período o tempo da defesa); (i) sentença.

Não há, tal como existe no procedimento ordinário, previsão da possibilidade de requerimento de diligências, ao término da instrução, nem previsão da possibilidade de conversão das alegações finais orais em memoriais escritos. No entanto, vez que o procedimento ordinário tem aplicação subsidiária a todos os outros, a maioria da doutrina tem se manifestado favoravelmente à possibilidade de conversão, como, aliás, já acontecia no antigo procedimento sumário, tudo com a aplicação do artigo 394, § 5º, do CPP.

Nas infrações penais de menor potencial ofensivo, quando o juizado especial criminal encaminhar ao juízo comum as peças existentes para a adoção de outro procedimento, deverá ser observado rito sumário supradescrito, a menos que haja a previsão de rito especial, como é o caso dos crimes contra a honra.

Dessa forma, podemos estabelecer o seguinte quadro de diferenças entre o procedimento comum ordinário e o procedimento comum sumário:

Critério	Ordinário	Sumário
número máximo de testemunhas	oito	cinco
prazo da audiência de instrução, debates e julgamento	60 dias	30 dias
possibilidade de pedido de provas ao final da audiência	há previsão expressa	não há previsão expressa
conversão dos debates orais em memoriais	há previsão expressa	não há previsão expressa

1.4.5. Procedimento comum sumaríssimo (Lei n. 9.099/95)

O procedimento previsto na Lei n. 9.099/95 será aplicado aos delitos apenados com pena máxima abstrata igual ou inferior a dois anos e às contravenções penais.

Atualmente, *há exceção*, eis que, conforme o artigo 41 da Lei n. 11.340/2006 (Lei Maria da Penha), aos crimes praticados com violência doméstica e familiar contra a mulher, independentemente da pena prevista, não se aplica a Lei n. 9.099, de 26.09.1995.

O procedimento da Lei n. 9.099/95 obedecerá aos princípios da oralidade, informalidade, simplicidade, celeridade e economia processual.

O objetivo é promover a reparação dos danos causados, aplicando-se pena não privativa de liberdade, por meio da composição e da transação.

A competência será determinada pelo local em que foi praticada a infração. Ressalte-se ainda que a Lei n. 10.259/2001 instituiu os Juizados Especiais Federais, tendo referida lei adotado o procedimento já previsto pela Lei n. 9.099/95.

ATENÇÃO

É possível que um crime seja de competência do JECrim e a lei preveja rito especial. É importante notar que, uma vez no Juizado Especial Criminal, sempre seguirá o rito do Juizado, independentemente de possuir rito especial ou não. Este, o rito especial, somente será seguido se houver afastamento da competência do JECrim.

Em termos de fluxograma, os atos do procedimento comum sumaríssimo são os seguintes:

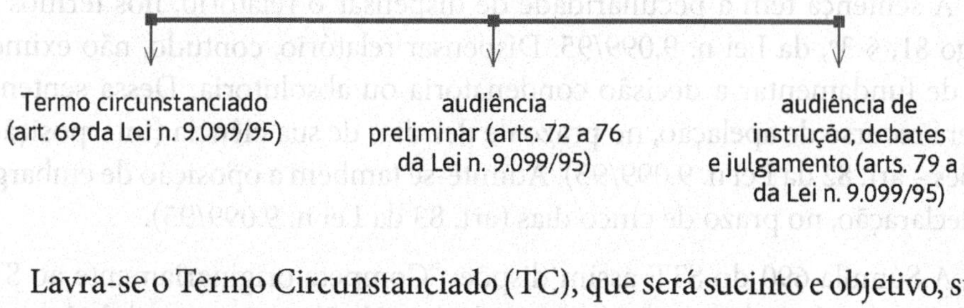

Lavra-se o Termo Circunstanciado (TC), que será sucinto e objetivo, substituindo o Inquérito Policial (IP), encaminhado ao Juizado Especial e sendo as partes intimadas para a audiência preliminar. Atenção, pois, no juizado, a prova da materialidade pode ser suprida por laudo médico, dispensando o exame de corpo de delito.

Na audiência preliminar, comparecendo partes, advogados e MP, o juiz elucidará a respeito da possibilidade de conciliação pela composição civil de danos e transação (aplicação de pena alternativa, não privativa de liberdade). Se houver composição, após homologação do juiz, será irrecorrível, tendo eficácia de título executivo.

É importante ressaltar que o acordo acarreta a extinção da punibilidade, pela renúncia ao direito de queixa ou representação, no caso de, respectivamente, ação penal privada e pública condicionada.

A decisão não gera reincidência, efeitos civis, maus antecedentes ou lançamento do nome do réu no rol de culpados.

Não havendo composição civil, é possível a ocorrência de transação penal se os requisitos assim admitirem, conforme o artigo 76 da Lei n. 9.099/95. Se aceita a transação penal e não for cumprida, o processo voltará a correr nos termos da Súmula Vinculante 35 do STF. Caso não seja aceita a transação penal ou não faça o autor do fato jus a ela, então será oferecida a denúncia ou queixa.

Oferecida a denúncia ou queixa, será designada a audiência de instrução, debates e julgamento. Aberta a audiência e antes do recebimento da ação, será dada a palavra ao defensor para responder à acusação após o que o juiz receberá ou não a denúncia ou queixa. O não recebimento da inicial desafia recurso de apelação no prazo de 10 dias. Recebida, o juiz fará a análise da proposta de suspensão condicional do processo (art. 89 da Lei n. 9.099/95), se houver; caso esta não seja aceita, prosseguir-se-á à audiência, sendo ouvidas a vítima e as testemunhas de acusação e defesa, passando-se ao interrogatório do acusado, aos debates orais e à sentença.

A sentença tem a peculiaridade de dispensar o relatório, nos termos do artigo 81, § 3º, da Lei n. 9.099/95. Dispensar relatório, contudo, não exime o juiz de fundamentar a decisão condenatória ou absolutória. Dessa sentença, caberá recurso de apelação, no prazo de dez dias de sua ciência (interposição e razões – art. 82 da Lei n. 9.099/95). Admite-se também a oposição de embargos de declaração, no prazo de cinco dias (art. 83 da Lei n. 9.099/95).

A Súmula 690 do STF assim dispõe: "Compete originariamente ao STF, o julgamento de *habeas corpus* contra decisão de Turma recursal de Juizados Especiais Criminais". No entanto, o próprio Supremo Tribunal Federal alterou sua posição, passando a entender que a competência, no caso, é dos Tribunais de Justiça ou dos tribunais Regionais Eleitorais. Assim, **a Súmula 690**

foi declarada como superada pelo Plenário do STF no julgamento do HC 86.834, de 09.03.2007, de forma que *habeas corpus* em face de decisão do colégio recursal é de competência do Tribunal de Justiça ou Tribunal Regional Federal caso se trate de Juizado Especial Criminal Federal.

Das decisões da Turma Recursal não caberá recurso especial, cabendo reclamação ao Tribunal de Justiça e/ou recurso extraordinário para o STF. Não são cabíveis embargos infringentes no âmbito das Turmas Recursais. A Revisão Criminal será proposta perante a Turma Recursal.

1.4.6. Procedimentos especiais do Código de Processo Penal

1.4.6.1. Procedimento para crimes de responsabilidade cometidos por funcionário público (arts. 513 a 518 do CPP)

Os crimes praticados por funcionário público contra a Administração estão previstos nos artigos 312 a 326 do CP. Dentre eles, há alguns que possuem pena máxima igual ou inferior a dois anos e, para esses, o rito será o sumaríssimo, já comentado. Para esses crimes, sendo a pena máxima não superior a dois anos, segue-se o rito do JECrim, e não o rito especial ora comentado.

Não sendo caso de rito do JECrim, segue-se o procedimento especial previsto nos artigos 513 a 518 do CPP para os crimes que forem afiançáveis.

Antes da mudança pela Lei n. 12.403/2011, havia grande interesse neste tema, pois somente seriam afiançáveis os crimes com pena mínima menor ou igual a dois anos. Agora, porém, não há mais que se falar neste critério, pois os artigos 323 e 324 do CPP estabelecem outros critérios para a inafiançabilidade.

Dessa forma, não sendo caso do disposto nos artigos 323 e 324 do CPP, nem sendo hipótese do JECrim, todos os crimes de responsabilidade de funcionário público seguirão este rito.

Para este procedimento, tem-se o seguinte fluxograma:

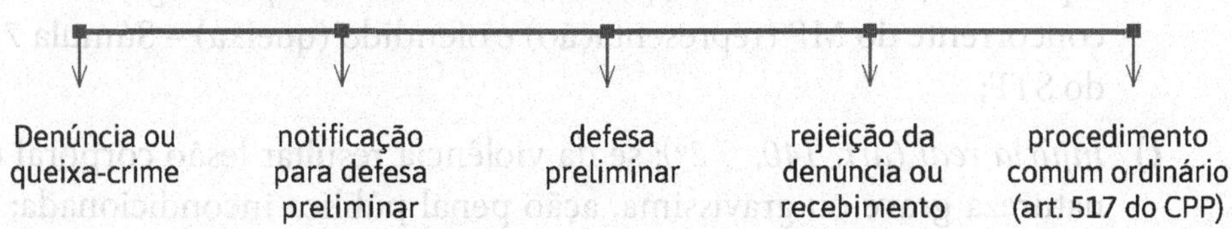

É importante notar que o STJ editou a Súmula 330, cujo teor diz: "É desnecessária a resposta preliminar de que trata o art. 514 do CPP, na ação penal instruída por inquérito policial." Assim, entende o STJ que, havendo inquérito policial, não há necessidade de defesa preliminar.

Por outro lado, o STF entende que sempre é necessária a defesa preliminar, independentemente da existência de inquérito policial conforme se verifica do seguinte julgado: "1. É pacífica a jurisprudência desta Corte no sentido de que, para o reconhecimento de nulidade decorrente da inobservância da regra prevista no art. 514 do CPP, é necessária a demonstração do efetivo prejuízo causado à parte. Improcede, pois, pedido de renovação de todo o procedimento criminal com base em alegações genéricas sobre a ocorrência de nulidade absoluta. 2. Ademais, se a finalidade da defesa preliminar está relacionada ao interesse público de evitar persecução criminal temerária contra funcionário público, a superveniência de sentença condenatória, que decorre do amplo debate da lide penal, prejudica a preliminar de nulidade processual, sobretudo se considerado que essa insurgência só foi veiculada nas razões de apelação" (STF, HC 128109/MG, 2ª T., Rel. Min. Teori Zavascki, j. 08.09.2015).

Dessa forma, há duas posições diversas na jurisprudência, uma do STJ e outra do STF. Pode ser que o leitor precise se valer de uma ou de outra posição a depender da peça que tenha que fazer em sua prova.

1.4.6.2. Procedimento especial dos crimes contra a honra (arts. 519 a 523 do CPP)

Constituem crimes contra a honra: calúnia, injúria e difamação. Em regra, a ação é privada, procedendo-se mediante queixa. São exceções:

a) *Ofensa contra Presidente da República ou Chefe de Governo Estrangeiro*: ação penal pública condicionada à requisição do ministro de Justiça;

b) *Ofensa contra funcionário público*: ação penal pública condicionada à representação do ofendido, porém, o STF entende que a legitimidade é concorrente do MP (representação) e ofendido (queixa) – Súmula 714 do STF;

c) *Injúria real (art. 140, § 2º)*: se da violência resultar lesão corporal de natureza grave ou gravíssima, ação penal pública incondicionada; se da violência resultar lesão corporal de natureza leve, ação penal pública condicionada à representação;

d) *Injúria por preconceito (art. 140, §3º)*: ação penal pública condicionada à representação.

A atual redação do artigo 61 da Lei n. 9.099/95, modificado pela Lei n. 11.313/2006, passou a considerar infração de menor potencial ofensivo aquela cuja pena máxima abstrata seja igual ou inferior a dois anos, não fazendo restrições quanto ao rito para caracterização.

Portanto, passou a ser entendimento amplamente majoritário o de que os crimes contra a honra com pena máxima abstrata não superior a dois anos (todos, menos calúnia em concurso com o art. 141 do CP) seguem o rito sumaríssimo e não mais o especial.

O rito especial previsto no CPP (arts. 519 e ss. do CPP) toma por base o rito ordinário, com duas alterações: (a) audiência prévia de conciliação, anterior ao próprio recebimento da queixa; (b) possibilidade de exceção da verdade e exceção da notoriedade do fato, quando cabíveis.

Aqui, portanto, há menos problemas quanto à aplicação da fase processual comum aos procedimentos penais de 1ª Instância (arts. 395 a 397 do CPP), visto que, por determinação do próprio artigo 519 do CPP, a base do procedimento há de ser o rito ordinário. A sequência do rito será, portanto, a seguinte:

a) *Oferecimento da denúncia ou queixa-crime*: no prazo de 15 (quinze) dias, em caso de réu solto, e cinco dias, em caso de réu preso;

b) *Audiência de conciliação*: cabível apenas quando a ação for privada, trata-se de oportunidade, anterior ao recebimento da denúncia ou queixa, em que, intimados a comparecer em juízo querelante e querelado, o juiz verifica a possibilidade de eventual conciliação. Importante salientar que tal audiência não ocorrerá nos casos de ação penal pública, tendo em vista o princípio da indisponibilidade da ação penal;

c) *Recebimento da denúncia ou queixa-crime*: não admite recurso, porém o réu poderá impetrar *habeas corpus*. Se estiverem presentes as situações do artigo 395 do CPP (inépcia da inicial, falta de condição da ação ou pressuposto recursal ou falta de justa causa), o juiz deverá rejeitar liminarmente a denúncia ou queixa, cabendo recurso em sentido estrito dessa decisão;

d) *Citação do réu para a apresentação de defesa escrita*: pessoal, por hora certa ou por edital;

e) *Defesa escrita*: no prazo de 10 dias, com rol de testemunhas. É também o momento oportuno à apresentação da exceção da verdade ou da notoriedade. Admite-se a exceção da verdade em todos os casos de calúnia, exceto:

e.1) nos crimes cometidos contra o Presidente da República ou Chefe de Governo Estrangeiro;

e.2) se o fato imputado for crime de ação penal privada e o ofendido não tiver sido condenado por sentença condenatória irrecorrível;

e.3) se o fato imputado for crime de ação penal pública e o ofendido tiver sido absolvido por sentença irrecorrível.

No crime de difamação, só é cabível quando o crime for praticado contra funcionário público no exercício das funções.

No crime de injúria, não será cabível a exceção da verdade.

f) *Contestação da exceção da verdade*: no prazo de dois dias, podendo ser arroladas testemunhas em substituição àquelas arroladas na queixa ou em complemento a elas, se o número legal ainda não tiver sido atingido;

g) *Julgamento antecipado* pro reo: com absolvição sumária, nas hipóteses do art. 397 do CPP ou recebimento da ação;

h) *Audiência de instrução, debates e julgamento*: (a) declarações do ofendido; (b) inquirição das testemunhas da acusação (tanto as arroladas na denúncia ou queixa quanto aquelas constantes da contestação à exceção da verdade, se houve); (c) inquirição das testemunhas arroladas pela defesa; (d) esclarecimentos dos peritos (se houver prévio requerimento das partes); (e) acareações; (f) reconhecimentos; (g) interrogatório; (h) alegações finais orais por 20 minutos para cada parte, prorrogáveis por mais 10 a critério do juiz (se houver mais de um réu, o tempo de cada um será individual; se houver assistente da acusação, terá 10 minutos para falar depois da manifestação do Ministério Público, prorrogando-se por igual período o tempo da defesa); (i) sentença. Admite-se a retratação até a sentença e independerá da aceitação do ofendido para extinguir a punibilidade.

1.4.6.3. Procedimento especial do júri

Devem seguir o rito do júri os crimes dolosos contra a vida, na forma tentada ou consumada, bem como as infrações que tenham com aqueles crimes relação de conexão (art. 5º, XXXVIII, da CF/88, e art. 78, III, do CPP). São crimes dolosos contra a vida: homicídio, aborto, infanticídio, induzimento, instigação ou auxílio ao suicídio.

O tribunal do júri é órgão de primeira instância (justiça comum), heterogêneo e temporário. É composto pelo juiz de direito e 25 jurados, sorteados para formação do conselho de sentença. Existe, aqui mais uma vez, controvérsia sobre a aplicabilidade da fase processual comum a todos os processos penais em primeiro grau ao rito do júri, sobretudo à admissibilidade da absolvição sumária, se presentes as hipóteses do artigo 397 do CPP. Há duas posições: (a) não é possível em face do artigo 394, § 3º, do CPP; (b) é possível, em face do que determina o artigo 394, § 4º, do CPP. É a posição que tem atualmente prevalecido e a que adotaremos.

O procedimento subdivide-se em duas fases:

a) *Judicium accusationis*: nesta fase, que é relativamente similar ao procedimento ordinário, ocorre o exame de admissibilidade da acusação (sumário de culpa).

a.1) *Oferecimento da denúncia ou queixa-crime*: no prazo de 15 (quinze) dias em caso de réu solto, e cinco dias em caso de réu preso.

a.2) *Recebimento da denúncia ou queixa-crime*: não admite recurso, porém o réu poderá impetrar *habeas corpus*. Embora não conste expressamente no trecho da Lei referente ao procedimento do júri, não parece haver dúvidas sobre a possibilidade de rejeição da inicial nas hipóteses previstas no artigo 395 do CPP (inépcia da inicial, falta de condição da ação ou pressuposto recursal ou falta de justa causa). Da decisão de rejeição liminar cabe recurso em sentido estrito.

a.3) *Citação do réu para a apresentação de defesa escrita*: pessoal, por hora certa ou por edital.

a.4) *Defesa escrita*: no prazo de 10 dias (art. 406 do CPP). Nela, o acusado deverá arguir toda a matéria de defesa, além de arrolar testemunhas, no número máximo de 8 (oito). Não apresentada no prazo legal, o juiz deverá nomear defensor para oferecê-la, concedendo-lhe vista dos autos.

a.5) *Manifestação da acusação sobre a defesa escrita*: no prazo de cinco dias, deve ser ouvido o Ministério Público ou o querelante.

Note-se que no procedimento ordinário não é prevista a possibilidade de contraditório após a apresentação da resposta escrita. De outra mão, e como já mencionado, não há no júri previsão da possibilidade de absolvição sumária nesse momento do processo.

a.6) *Decisão do juiz sobre a possibilidade de absolvição sumária e, não sendo o caso, sobre as diligências requeridas pelas partes*: em 10 dias. É importante observar que, nessa fase, há discussão doutrinária sobre a aplicabilidade da absolvição sumária do artigo 397 do CPP, não havendo consenso na doutrina. O que se pode afirmar, contudo, é que não se aplica o artigo 415 do CPP. Essa absolvição sumária somente será aplicada ao final da primeira fase do júri, pois demanda dilação probatória.

a.7) *Audiência de instrução, debates e julgamento*: (a) declarações do ofendido; (b) inquirição das testemunhas da acusação; (c) inquirição das testemunhas arroladas pela defesa; (d) esclarecimentos dos peritos (se houver prévio requerimento das partes); (e) acareações; (f) reconhecimentos; (g) interrogatório; (h) alegações finais orais por 20 minutos para cada parte, prorrogáveis por mais 10 a critério do juiz (se houver mais de um réu, o tempo de cada um será individual; se houver assistente da acusação, terá 10 minutos para falar depois da manifestação do Ministério Público, prorrogando-se por igual período o tempo da defesa); (i) sentença, que deve ser proferida em audiência ou no prazo de 10 dias. Não há previsão da substituição dos debates orais pelas alegações escritas, em caso de complexidade ou de ser necessária, ao fim da instrução, alguma diligência ulterior, mas, uma vez que o procedimento ordinário se aplica subsidiariamente, prevalece que é possível a substituição.

A decisão que encerra o *judicium accusationis* pode ser de: pronúncia (art. 413 do CPP); impronúncia (art. 414 do CPP); absolvição sumária (art. 415 do CPP) ou desclassificação (art. 419 do CPP).

Impronúncia – artigo 414: quando ausentes os indícios de autoria ou prova da materialidade do crime. Decisão meramente terminativa, não analisa mérito da causa (coisa julgada formal). Dessa sentença caberá apelação.

Desclassificação – artigo 419: ocorre quando o juiz se convence da existência de crime, porém não doloso contra a vida. O juiz não deve capitular o delito, mas tão somente dizer que não é de sua competência. Da desclassificação caberá recurso em sentido estrito.

Absolvição sumária – artigo 415: quando o juiz se convencer da inexistência do fato, negativa de autoria, de que o fato não constitui crime, de excludente de ilicitude ou de excludente de culpabilidade. Dessa decisão deverá haver recurso de ofício, não prejudicando a interposição de apelação.

Pronúncia – artigo 413: quando presentes os indícios da autoria e prova da materialidade do crime. Trata-se de decisão interlocutória não terminativa. Dessa sentença, caberá recurso em sentido estrito.

a.8) Teses e pedidos ao final da primeira fase do Júri: ao final da primeira fase do júri temos, basicamente, três peças: memoriais, recurso em sentido estrito e apelação. Desde já, seja qual for a tese, é importante que se verifique importante observação: *não* se usa o artigo 386 do CPP nesta fase do Júri, seja qual for a peça. Vejamos.

Em memoriais, o candidato poderá requerer, em princípio: (a) nulidade; (b) extinção da punibilidade; (c) absolvição sumária (art. 415); (d) impronúncia (art. 414); (e) desclassificação (art. 419); (f) pronúncia (art. 413); e (g) recorrer em liberdade.

Não se poderá neste momento utilizar os artigos 395 (rejeição da denúncia) e 386 (absolvição que, no procedimento do júri, somente será utilizada em peça prática quando se tratar de revisão criminal).

Se a peça for o recurso em sentido estrito ou apelação, podem ser repetidos todos os pedidos dos memoriais, com especial enfoque para a nulidade por violação do artigo 413, § 1º, do CPP.

Neste artigo do Código de Processo Penal, tem-se a chamada "eloquência acusatória", em que o magistrado se excede na fundamentação da decisão de pronúncia, adentrando matéria que é de competência de análise do Conselho de Sentença. Assim, por exemplo, caso o magistrado coloque termos como "a tese de defesa é absurda" ou "os réus são frios", haverá nulidade da decisão de pronúncia nos termos do artigo 413, § 1º, c/c artigo 564, IV, ambos do CPP.

Nessa fase também caberá apelação contra as decisões de absolvição sumária ou impronúncia (art. 416). Da decisão de impronúncia caberá apelação com fundamento no artigo 416 c/c o artigo 593, II, ambos do CPP. Da decisão de absolvição sumária caberá apelação com fundamento no artigo 416 c/c o artigo 593, I, ambos do CPP. Se o leitor estiver atuando como assistente de acusação, fica simples imaginar que deverá apelar dessas decisões para requerer a pronúncia do acusado.

Se estiver atuando pela defesa, também poderá apelar dessas decisões desde que pretenda obter situação processual mais favorável ao réu o que dependerá da situação concreta. Assim, por exemplo, se for impronunciado, o acusado (a decisão de impronúncia não faz coisa julgada material), deverá a defesa apelar para pedir, por exemplo, a absolvição sumária prevista no artigo 415 do CPP (que faz coisa julgada material). Da mesma sorte, se houve absolvição sumária imprópria (com aplicação de medida de segurança), a defesa pode apelar para pleitear absolvição sumária própria (sem aplicação de medida de segurança).

ATENÇÃO

Não se utiliza o art. 386 do CPP ao final da primeira fase do júri, seja em memoriais, seja em recurso em sentido estrito, seja em apelação. Quando se tratar de procedimento do júri, em peça escrita, somente se utiliza o artigo 386 quando se tratar de revisão criminal ou de recursos contra decisão da revisão criminal.

b) *Judicium causae:* fase que se passa efetivamente no tribunal do júri.

b.1) Intimação do Ministério Público, ou do querelante, e do defensor para, no prazo de cinco dias, apresentarem rol de testemunhas que irão depor em plenário, no número máximo de cinco.

b.2) Saneamento do processo: o juiz ordenará as diligências necessárias para sanar eventual nulidade ou esclarecer fato de interesse para o julgamento da causa; a seguir fará um breve relatório do caso e determinará sua inclusão na pauta.

b.3) Possibilidade do desaforamento (art. 427 do CPP): decretado pelo Tribunal de Justiça a requerimento das partes ou então do juiz. Tal decisão submete-se ao crivo do contraditório (Súmula 712 do STF: "É nula a decisão que determina o desaforamento de processo de competência do júri sem audiência da defesa").

b.4) Convocação do júri: sorteio de 25 jurados, contidos em uma lista geral, com intimação pessoal quando da realização do julgamento.

b.5) Julgamento: (a) chamada dos jurados; (b) instalação dos trabalhos; (c) pregão; (d) recolhimento das testemunhas; (e) formação do conselho de sentença (as partes poderão recusar até três jurados sem justificativa); (f) exortação; (g) distribuição aos jurados de cópias da pronúncia; (h) declarações do ofendido; (i) inquirição das testemunhas da acusação; (j) inquirição das testemunhas da defesa; (k) interrogatório; (l) manifestação da acusação (uma hora e meia); (m) manifestação da acusação (uma hora e meia);

(n) réplica (uma hora); (o) tréplica (uma hora); (p) quesitação; (q) sentença. Da sentença caberá apelação, prevista no artigo 593, III, "a", "b", "c" ou "d", do CPP.

É importante que se observe:

a) não pode ser requerida absolvição com base no artigo 386 do CPP nesta fase.

b) os únicos pedidos possíveis são: nulidade, retificação da pena ou submissão a novo julgamento, previstos nos parágrafos do artigo 593 do CPP. Eventualmente, poderá ser requerida a extinção da punibilidade.

c) no momento da interposição, deve ser colocado todo o fundamento da apelação a teor da Súmula 713 do STF: "O efeito devolutivo da apelação contra decisões do Júri é adstrito aos fundamentos da sua interposição."

1.4.7. Procedimentos especiais previstos em legislação extravagante: rito da Lei de Drogas (Lei n. 11.343/2006)

Para os crimes de menor potencial ofensivo (incluído o de porte de drogas – art. 28 da Lei n. 11.343/2006), será aplicada a Lei dos Juizados Especiais Criminais. Para os demais crimes, o procedimento é o previsto na Lei especial.

Questão intensamente tormentosa, na atualidade, é a da aplicabilidade ou não da fase comum aos procedimentos penais de 1ª Instância (arts. 395 a 397 do CPP) ao rito especial descrito na Lei n. 11.343/2006. Duas posições podem ser sustentadas, restando à jurisprudência acomodar as indagações levantadas pela nova legislação. Há duas posições, abaixo mencionadas por "a" e "b". Vejamos o rito com cada uma delas:

a) *Não é aplicável*: a legislação sobre drogas prevê todo um procedimento próprio que já conta, inclusive, com a oportunidade de defesa antes mesmo do recebimento da denúncia ou queixa (tal como ocorre no rito sumaríssimo e no rito especial para processo dos crimes praticados por funcionário público contra a Administração). Dessa forma, é desnecessária e inconveniente a adoção dos procedimentos previstos no Código de Processo Penal. Nesse caso, o procedimento será:

a.1) *Oferecimento da denúncia ou queixa*: recebidos os autos pelo Ministério Público, terá 10 dias para requerer o arquivamento, requisitar diligências ou oferecer denúncia, arrolando até cinco testemunhas;

a.2) *Notificação do acusado para oferecer defesa prévia*: antes de receber a denúncia, o juiz ordenará a notificação do acusado para oferecer defesa prévia em 10 dias;

a.3) *Defesa prévia*: no prazo de 10 dias. Em tal resposta, o acusado poderá arguir preliminares e invocar todas as razões de defesa, oferecer documentos e justificações, especificar as provas que pretende produzir e arrolar até cinco testemunhas. Se não houver resposta no prazo, será nomeado defensor para apresentá-la em dez dias;

a.4) *Recebimento da denúncia*: apresentada a resposta, o juiz decidirá sobre o recebimento da denúncia em cinco dias. Se entender necessário, antes mesmo do recebimento, pode determinar a apresentação do preso, diligências e perícias em 10 dias;

a.5) *Citação do réu para comparecimento à audiência*: recebida a denúncia, o juiz designa a audiência, manda citar o réu e, se for o caso, requisita laudos periciais. Se houver exame de dependência, a audiência será marcada no máximo em 90 dias. Se não houver, deve ser marcada em 30 (trinta) dias;

a.6) *Audiência de instrução, debates e julgamento*: segundo o texto legal, na audiência, após o interrogatório, serão ouvidas as testemunhas da acusação, e então as de defesa. Após, será dada a palavra para a acusação e para a defesa, sucessivamente, por 20 minutos, prorrogáveis por mais 10 minutos, a critério do juiz. No entanto, pacificou-se tanto na doutrina quanto na jurisprudência posição no sentido da aplicação subsidiária do rito ordinário no tocante à ordem da audiência de modo que o interrogatório deverá deslocar-se para o final da instrução probatória.

A par do rito procedimental específico, há ainda particularidades processuais que devem ser observadas.

Para a prisão em flagrante, bem como para o oferecimento da denúncia, basta um laudo de constatação da natureza e quantidade da droga, elaborado por perito ou pessoa idônea.

O inquérito deve findar em 90 dias se solto o réu, e em 30 (trinta) dias se preso. Os prazos podem ser duplicados pelo juiz, ouvido o Ministério Público, se houver pedido justificado da autoridade policial.

Em qualquer fase da persecução penal a lei permite, mediante autorização judicial: (a) a infiltração de agentes da polícia, e (b) a não atuação policial sobre os portadores de drogas ou produtos químicos utilizados em sua produção, para conseguir alcançar um maior número de envolvidos.

Findo o inquérito policial, será remetido a juízo, sem prejuízo de diligências complementares nos termos do artigo 52 da Lei n. 11.343/2006. Também é importante notar que nos crimes previstos nos artigos 33, *caput* e § 1º, e 34 a 37 da Lei n. 11.343/2006, nos termos do artigo 59, o sentenciado só poderá recorrer em liberdade se primário e com bons antecedentes, assim reconhecidos na sentença. Tal dispositivo, no entanto, deverá ser interpretado sistematicamente, em face do novo texto do parágrafo único do artigo 387, § 1º, do CPP ("O juiz decidirá, fundamentadamente, sobre a manutenção ou, se for o caso, a imposição de prisão preventiva ou de outra medida cautelar, sem prejuízo do conhecimento de apelação que vier a ser interposta") e da revogação do artigo 594 do mesmo diploma ("O réu não poderá apelar sem recolher-se à prisão, ou prestar fiança, salvo se for primário e de bons antecedentes, assim reconhecido na sentença condenatória, ou condenado por crime de que se livre solto"). De modo que, segundo defendemos, não se pode mais considerar legítimo qualquer dispositivo que condicione o direito ao duplo grau de jurisdição à privação da liberdade.

1.4.8. Crimes hediondos e assemelhados

Os crimes hediondos são taxativamente definidos no art. 1° da Lei n. 8.072/90.

Os crimes de tráfico de drogas, terrorismo e tortura não são crimes hediondos, mas sim equiparados a hediondos pela própria Constituição (art. 5°, XLIII, da CF/88).

Tais delitos são insuscetíveis de anistia, graça, indulto e fiança.

A redação do artigo 2° da Lei n. 8.072/90, conferida pela Lei n. 11.464/2007, suprimiu a vedação à liberdade provisória sem fiança, de modo que é ela permitida, bem como as demais medidas cautelares pessoais diversas da prisão, previstas nos artigos 319 e 320 do CPP (com exceção apenas da fiança, naturalmente).

Segundo a Lei n. 8.072/90, a pena deveria ser cumprida em regime inicial fechado, admitindo-se, no entanto, a progressão, por força de previsão legal expressa trazida pela Lei n. 11.464/2007, que veio a consagrar entendimento já encampado pelo STF (HC 82.959-7/SP), no sentido da inconstitucionalidade do regime integral fechado (tornou-se inaplicável, portanto, a Súmula 698 do STF). No entanto, o texto legal, no sentido de impor regime inicial obrigatoriamente fechado, independentemente da pena imposta, apenas pelo fato de se tratar de crime hediondo, foi igualmente considerado inconstitucional, tanto pelo STF quanto pelo STJ, também por violar o princípio constitucional da individualização da pena.

De forma que, por força do entendimento jurisprudencial explicitado, o regime inicial para os crimes hediondos deve obedecer a regra geral do artigo 33 do Código Penal.

Também o livramento condicional é permitido, salvo para o reincidente em crime também hediondo ou equiparado e para o condenado por crime hediondo ou equiparado com resultado morte praticado após 23 de janeiro de 2020 (pacote anticrime - art.112, VI, *a*, e VIII, da LEP), exigindo-se, para a sua concessão, o cumprimento de mais de 2/3 (dois terços) da pena, além dos outros requisitos previstos no artigo 83 do CP.

A prisão temporária terá seu prazo dilatado em 30 (trinta) dias, prorrogável por igual período.

Segundo o texto legal, é possível, por decisão fundamentada do juiz, a concessão do direito de o réu apelar em liberdade. No entanto, em face da já comentada alteração dos artigos 386 e 594 do CPP, passou a prevalecer o entendimento de que a regra geral agora consagrada no ordenamento jurídico brasileiro é a de que a prisão em decorrência de sentença condenatória recorrível sempre há de ser motivada, com fundamento nas hipóteses de cabimento da prisão preventiva e, por outro lado, o direito de apelar jamais pode ser condicionado pela privação da liberdade.

1.5. COMPETÊNCIA

Competência pode ser sucintamente definida como o limite dentro do qual determinado órgão exerce a jurisdição. Certo é que os juízes e tribunais, regularmente investidos e constituídos, têm como poder-dever solucionar conflitos, aplicando a lei ao caso concreto.

No entanto, esse poder-dever, que vem a ser a jurisdição, não é exercido ilimitadamente, mas, ao contrário, é limitado pelas regras que fixam a competência.

Em suma: ainda que todo juiz de direito possua jurisdição, só pode julgar os casos que estiverem inseridos em sua competência.

A fim de determinar a competência, deve-se, antes de tudo, conhecer os órgãos e a estrutura que compõem a organização judiciária vigente no país (observadas, inclusive, as peculiaridades na organização judiciária de cada Estado da Federação). Depois, devem-se observar as regras de determinação de competência previstas no Código de Processo Penal.

1.5.1. Organização judiciária

A organização judiciária, no direito pátrio, divide-se entre a Justiça Especializada e a Justiça Comum.

A Justiça Especializada é composta pela Justiça do Trabalho, Justiça Eleitoral e Justiça Militar.

A Justiça do Trabalho, em 1ª Instância, conta com Varas do Trabalho e, em 2ª Instância, com Tribunais Regionais do Trabalho. A Instância Superior da Justiça do Trabalho é representada pelo Tribunal Superior do Trabalho. Acima deste, há apenas o Supremo Tribunal Federal.

A Justiça Eleitoral, em 1ª Instância, conta com Juízes Eleitorais e, em 2ª Instância, com os Tribunais Regionais Eleitorais. A Instância Superior da Justiça Eleitoral é representada pelo Tribunal Superior Eleitoral. Acima dele está o Supremo Tribunal Federal.

A Justiça Militar divide-se em Justiça Militar Federal (ou da União) e Justiça Militar Estadual.

Na Justiça Militar Federal, a 1ª Instância cabe aos Conselhos de Justiça que funcionam nas auditorias militares, distribuídas pelas Circunscrições Judiciárias Militares. O órgão de 2º Grau da Justiça Militar Federal é o Superior Tribunal Militar, localizado em Brasília.

Na Justiça Militar Estadual, o julgamento dos processos em 1ª Instância cabe aos Conselhos de Justiça (Conselhos Permanentes e Conselhos Especiais), compostos por um juiz auditor (que, com a EC 45/2004, passou a chamar-se Juiz de Direito do Juízo Militar) e quatro juízes militares. A segunda instância é representada pelo Tribunal de Justiça Militar, nos Estados que o tenham criado (como é o caso de São Paulo e Minas Gerais, por exemplo) ou pelo próprio Tribunal de Justiça Estadual.

A Justiça Comum, por sua vez, compõe-se da Justiça Federal e da Justiça Estadual.

A Justiça Federal tem, em 1ª Instância, Varas Federais Cíveis e Criminais e, em 2ª Instância, os Tribunais Regionais Federais. Ao todo, são 5 (cinco) os Tribunais Regionais Federais, cada um abrange mais de um Estado da Federação, segundo o exposto no quadro ao final deste tópico.

Como Instância Superior, há o Superior Tribunal de Justiça e depois o Supremo Tribunal Federal. Há também, no âmbito da Justiça Federal, Juizados Especiais Criminais, com competência para o julgamento das infrações de menor potencial ofensivo. O órgão com competência para rever as decisões dos Juizados é a Turma Recursal.

Por fim, a Justiça Estadual tem, em 1ª Instância, Varas Estaduais Cíveis e Criminais em 2ª Instância, o Tribunal de Justiça. Cada Tribunal de Justiça tem jurisdição sobre todo o Estado em que está localizado. Nos Estados de São Paulo, Paraná e Minas Gerais, havia também Tribunais de Alçada, com competência criminal. No entanto, em face da EC n. 45, de 08.12.2004, os referidos Tribunais de Alçada foram extintos.

Também no âmbito da Justiça Estadual existem os Juizados Especiais Criminais, responsáveis pelo julgamento dos crimes de menor potencial ofensivo, cujas decisões serão revistas pelas Turmas Recursais.

Quadros sinópticos de Organização judiciária

Justiça Especializada

Supremo Tribunal Federal			
TST	TSE	STM	STJ
TRT	TRE		TJM/TJ
Varas do Trabalho	Juízes Eleitorais	Conselhos de Justiça	

Justiça Comum

Supremo Tribunal Federal	
Superior Tribunal de Justiça	
TJ	**TRF**
Varas Cíveis e Criminais	Varas Federais, Cíveis e Criminais

Juizados Especiais Criminais

Supremo Tribunal Federal	
Superior Tribunal de Justiça	
TJ	**TRF**
Turmas Recursais Estaduais	Turmas Recursais Federais
Juizados Especiais Criminais Estaduais	Juizados Especiais Criminais Federais

Tribunais Regionais Federais	
TRF – 1ª Região	Acre, Amazonas, Rondônia, Roraima, Pará, Amapá, Mato Grosso, Tocantins, Maranhão, Piauí, Goiás, Bahia e Minas Gerais
TRF – 2ª Região	Rio de Janeiro e Espírito Santo
TRF – 3ª Região	São Paulo e Mato Grosso do Sul
TRF – 4ª Região	Rio Grande do Sul, Santa Catarina e Paraná
TRF – 5ª Região	Alagoas, Ceará, Paraíba, Pernambuco, Rio Grande do Norte e Sergipe

É importante notar aspecto específico do Juizado Especial Criminal para que se entenda adequadamente o quadro acima apresentado:

a) julgado um feito pela Turma Recursal, somente caberá recurso extraordinário para o Supremo Tribunal Federal, não sendo admitido recurso especial;

b) julgado um feito pela Turma Recursal, o *habeas corpus* contra esta decisão irá para o Tribunal de Justiça ou para o Tribunal Regional Federal, caso se trate de infração de menor potencial ofensivo federal (a Súmula 690 do STF foi tornada sem efeito em 2007). Negado este *habeas corpus* nos tribunais locais, caberá novo *habeas corpus* para o STJ e, então, novo *habeas corpus* para o STF (ou, a depender do caso, caberá recurso ordinário constitucional).

1.5.2. Fixação de competência

As regras para a fixação de competência vêm definidas nos artigos 69 e ss. do CPP. No caso concreto, a determinação do juiz ou tribunal competente para determinada causa passa pela verificação de cinco critérios:

a) competência de justiça;

b) competência por prerrogativa de função;

c) competência de foro;

d) competência de juízo;

e) existência de situação modificadora da competência: conexão ou continência.

1.5.2.1. Competência de Justiça

Cuida-se, numa primeira etapa, de determinar a Justiça perante a qual deverá ser proposta a ação, ou seja, se a infração deve ser julgada pela justiça especializada ou pela Justiça Comum.

a) Competência da Justiça Especializada

a.1) Justiça do Trabalho: não tem jurisdição penal. Observe-se que os crimes contra a organização do trabalho são, em regra, de competência da Justiça Federal (art. 109, VI, da CF/88).

a.2) Justiça Eleitoral: é competente para processar e julgar os crimes eleitorais (arts. 289 e ss. da Lei n. 4.737/65) e os que lhes forem conexos.

a.3) Justiça Militar: quanto ao objeto, cabe à Justiça Militar o julgamento dos crimes militares definidos em lei (Dec.-lei n. 1.001/69 – Código Penal Militar) bem como, a partir da Lei n. 13.491/2017, também dos crimes comuns, desde que praticados no contexto descrito no artigo 9º do Código Penal Militar. Quanto ao sujeito, a Justiça Militar Federal pode julgar tanto militar quanto civil, enquanto a Justiça Militar Estadual só é competente quando o autor do crime for militar.

Observe-se que não compete à Justiça Militar julgar crimes dolosos contra a vida praticados por militar contra civil.

b) Competência da Justiça Comum

É importante notar que tanto a Justiça Federal quanto a Justiça Estadual são integrantes da Justiça Comum. A Justiça Federal não é justiça especializada.

b.1) Justiça Federal. A competência da Justiça Federal está estabelecida pelo artigo 109 da CF/88. Trataremos a seguir apenas dos incisos que versam especificamente sobre matéria penal.

Inciso IV, primeira parte: crimes políticos: são aqueles com motivação política ou que visem a ofender a estrutura política, tais como os crimes contra a soberania nacional (arts. 359-I a 359-K do CP) e os crimes contra as instituições democráticas (arts. 359-L e 359-M do CP). Da decisão que julga o crime político caberá recurso ordinário constitucional para o STF e não apelação, nos termos do artigo 102, II, "b", da Constituição Federal.

Inciso IV, segunda parte: crimes cometidos em detrimento de bens, serviços ou interesse da União, autarquia federal (INSS, Banco Central, Agências Reguladoras – Anatel –, Cade, fundação pública federal [CNPq, Fundação Universidade de Brasília etc.] ou empresas públicas federais (Correios, Radiobrás).

Incluem-se, também, na competência federal, os crimes cometidos contra funcionário público federal, quando relacionados com o exercício da função, e os praticados por funcionário público federal no exercício das funções ou com essas relacionadas (Súmula 254 do TFR e 147 do STJ).

Quanto a esse ponto, confusão muito comum entre os estudantes refere-se à competência do crime doloso contra a vida. Em primeiro lugar, ignoram os alunos a possibilidade da existência de Júri Federal.

Existe o Júri Federal que, nos termos das súmulas mencionadas, ocorrerá quando o móvel do crime estiver relacionado com a função federal.

Dessa forma, por exemplo, se fiscais do trabalho vão até a uma fazenda para fiscalizar denúncia de trabalho escravo e lá são assassinados por conta de seu trabalho, a competência será da Justiça Federal para este júri.

Por outro lado, se um funcionário público federal é assassinado em uma briga de bar por motivos ligados a time de futebol, por exemplo, a competência será da Justiça Estadual.

Estão excluídos da competência federal os crimes praticados contra sociedade de economia mista federal (Petrobras, Banco do Brasil, Docas – Súmula 42 do STJ) e as contravenções penais. Quanto a estas últimas, além de serem expressamente excluídas pelo texto constitucional, também são contempladas pela Súmula 38 do STJ, que prevê, para seu julgamento, a competência da Justiça Estadual. Observe-se que a Súmula 22 do TFR, que dispunha em contrário, não se encontra mais em vigor.

Inciso V: crimes previstos em tratado ou convenção internacional, quando iniciada a execução no país, o resultado tenha ou devesse ocorrer no estrangeiro ou reciprocamente. Cuida da hipótese de crimes à distância ou de espaço máximo. Exemplo típico da competência da Justiça Federal baseada no dispositivo em estudo é o tráfico internacional de entorpecentes, previsto na Convenção de Viena de 1988, ratificada pelo Brasil em 1991.

Tráfico de droga é de competência da Justiça Estadual, mas, se for crime transnacional, a competência será da Justiça Federal. Conforme a Lei de Drogas (art. 70 da Lei n. 11.343/2006), os crimes praticados nos Municípios que não sejam sede de Vara Federal serão processados e julgados na Vara Federal da circunscrição respectiva. O tráfico interno de entorpecentes, no entanto, é de competência da Justiça Estadual (Súmula 522 do STF).

Aqui também tem-se importante causa moderna de competência federal: nos casos de crimes em que haja tratado, quando for ele praticado na internet em site, a competência também será da Justiça Federal pelo mesmo motivo.

Assim, um crime de pornografia infantil ou de racismo praticado em *site* da internet gera competência federal. No entanto, uma ofensa individual contra uma pessoa gera simplesmente competência estadual, pois não há tratado protegendo a pessoa.

Para ser competência federal, neste caso de crime praticado em site, é preciso que, além do crime ser praticado em site, haja também tratado relativo ao crime. Normalmente, nas provas, são cobrados dois tratados nesses crimes: pornografia infantil e racismo.

Inciso V-A: causas relativas a direitos humanos. Inovação introduzida na Constituição Federal pela EC n. 45, de 08.12.2004, o dispositivo determina a competência da Justiça Federal para o processo e julgamento dos crimes que impliquem grave violação aos direitos humanos. Ainda sobre o tema, a mesma EC n. 45 acrescentou ao artigo 109 um § 5º, vazado nos seguintes termos: "art. 109. (...). § 5º Nas hipóteses de grave violação de direitos humanos, o

Procurador-Geral da República, com a finalidade de assegurar o cumprimento de obrigações decorrentes de tratados internacionais de direitos humanos dos quais o Brasil seja parte, poderá suscitar, perante o Superior Tribunal de Justiça, em qualquer fase do inquérito ou processo, incidente de deslocamento de competência para a Justiça Federal".

Inciso VI, primeira parte: crimes contra a organização do trabalho, considerados assim os delitos previstos nos artigos 197 a 207 do CP. No entanto, entende a jurisprudência que serão de competência da Justiça Federal apenas os crimes que atinjam os direitos dos trabalhadores considerados coletivamente (Súmula 115 do TFR). Há exceção, contudo, a esse entendimento: caso se trate do crime de redução à condição análoga à de escravo a competência será sempre da Justiça Federal, ainda que haja uma única vítima.

Inciso VI, segunda parte: crimes contra o Sistema Financeiro ou contra a ordem econômica ou financeira, nos casos determinados por lei. Cuida-se dos delitos previstos nos artigos 2º a 23 da Lei n. 7.492/86. Não se incluem, entretanto, os crimes contra a ordem econômica previstos na Lei n. 8.137/90 (a menos que se trate de tributo federal) e os crimes contra a economia popular da Lei n. 1.521/51 (Súmula 498 do STF).

Inciso VII: *habeas corpus* em matéria criminal de sua competência ou quando a autoridade coatora estiver sob sua jurisdição. Portanto, se a autoridade coatora for delegado da Polícia Federal, o *habeas corpus* deve ser dirigido ao juiz federal. Se for este a praticar a coação, o *writ* será para o Tribunal Regional Federal.

Inciso VIII: mandados de segurança contra ato de autoridade federal.

Inciso IX: crimes cometidos a bordo de navios ou aeronaves. Observe-se que não estão incluídas as contravenções penais cometidas nas mesmas circunstâncias, que permanecem de competência da justiça estadual.

Inciso X: crime de ingresso ou permanência irregular de estrangeiro. São os delitos previstos nos artigos 309 e 338 do CP.

Inciso XI: disputa sobre direitos indígenas. Incluem-se apenas os que atinjam a coletividade indígena, como o genocídio contra silvícolas, excluídos os crimes em que o indígena isoladamente figure como autor ou vítima. Vale saber, então, que, como regra, a competência nesses casos será da Justiça Estadual consoante a Súmula 140 do STJ.

b.2) Justiça Estadual

A competência da Justiça Estadual comum não é taxativa, mas residual. Ou seja, tudo o que não for de competência das Justiças Especializadas ou da Justiça Federal deverá ser julgado pela Justiça Estadual.

1.5.2.2. Competência por prerrogativa de função

Fixada a competência de Justiça, cumpre verificar perante qual órgão deverá ser proposta a ação. Em tese, as ações devem ser propostas em 1ª Instância, com recurso aos Tribunais de 2ª Instância e aos Tribunais Superiores. Mas, excepcionalmente, certas pessoas, em virtude do cargo que exercem, têm o direito de ser julgadas originariamente pelos tribunais. A seguir, encontram-se relacionados (em rol exemplificativo) os agentes e seus respectivos foros por prerrogativa de função (são de interesse para o presente estudo apenas os crimes comuns e não os de responsabilidade).

ATENÇÃO

Quando o prefeito, no entanto, cometer crime em detrimento de bem ou interesse da União, a competência para seu julgamento é do Tribunal Regional Federal, nos termos da Súmula 702 do STF.

Presidente da República, Vice-presidente e Ministros de Estado	**STF**
Membros do Congresso Nacional	**STF**
Ministros do STF	**STF**
Ministros dos outros Tribunais Superiores	**STF**
Procurador-Geral da República	**STF**
Governadores	**STJ**
Desembargadores	**STJ**
Procurador-Geral de Justiça	**TJ**
Prefeitos	**TJ**
Juízes de 1º Grau	**TJ**
Membros do Ministério Público	**TJ**

Deve-se observar que os vereadores não possuem foro por prerrogativa de função, devendo ser julgados perante o Juiz de 1ª Instância. Quanto aos deputados estaduais, embora a Constituição Federal não lhes garanta a prerrogativa, as Constituições Estaduais podem fazê-lo. É o que ocorre no Estado de São Paulo, em que os deputados devem ser julgados perante o Tribunal de Justiça.

Por fim, suponhamos que determinado agente, beneficiário do foro por prerrogativa de função, cometa crime doloso contra a vida. Qual o órgão competente para o julgamento? Depende: se a prerrogativa de foro encontrar assento na Constituição Federal, ela é que deve prevalecer. Portanto, se um promotor de justiça cometer um homicídio, deve ser julgado pelo Tribunal de Justiça e não pelo tribunal do júri. Mas, se a prerrogativa está prevista apenas na Constituição estadual, prevalece a competência do júri (Súmula 721 do STF), posteriormente transformada na Súmula Vinculante 45.

1.5.2.3. Competência de foro

Cuida-se aqui de determinar em qual foro (lugar) deve ser proposta a ação, ou seja, a competência territorial para a causa.

a) Lugar da infração

A regra é que a competência seja fixada pelo lugar em que a infração se consumou (teoria do resultado). Se o delito não chegou a consumar-se, será competente o Juízo do local em que foi realizado o último ato de execução. A Lei n. 9.099/95 e o Estatuto da Criança e do Adolescente excepcionam a regra geral, prevendo a fixação da competência segundo o lugar em que foi praticada a infração (teoria da atividade).

Prevalece na jurisprudência que, nos casos envolvendo crimes plurilocais a competência é do local em que o resultado se projetou, ou seja, se esboçou. Assim, se o crime começa em um local e se consuma em outro, a competência será dada pelo local em que o crime se projetou.

No caso de homicídio doloso ou culposo, vale também o lugar da ação e não o do resultado morte. Quando se tratar de crime permanente ou continuado, cometido em território de mais de uma jurisdição, a competência será fixada pela prevenção. Da mesma forma, quando incerto o limite entre duas ou mais jurisdições ou quando a infração tiver sido consumada ou tentada na fronteira entre duas ou mais jurisdições.

No tocante aos crimes à distância, quando, iniciado no Brasil, o delito consumar-se no estrangeiro, será competente o lugar em que foi praticado o último ato de execução em território nacional. Se, ao contrário, foi iniciado no estrangeiro, a competência será do lugar em que, no Brasil, produziu ou devesse produzir o resultado.

b) Domicílio do réu e da vítima

Em regra, apenas no caso de não ser conhecido o lugar da infração a ação penal poderá ser proposta perante o foro de domicílio do réu, nos termos do artigo 72 do CPP. No entanto, nas ações exclusivamente privadas, o querelante pode optar entre ambos, nos termos do artigo 73 do CPP.

Ainda, quando o crime for praticado inteiramente no estrangeiro e o processo deva transcorrer no Brasil, em virtude da aplicação do princípio da extraterritorialidade, a competência será do juízo da capital do Estado onde por último tiver residido o acusado. Se o réu nunca tiver residido no país, será competente o juízo da capital da República.

Se o réu tiver mais de um domicílio será fixada a competência pela prevenção, da mesma forma se o réu não tiver residência ou for ignorado o seu paradeiro.

Nos casos envolvendo o crime de estelionato é possível que seja utilizado o domicílio da vítima como regra de fixação da competência nos termos do artigo 70, § 4º, do CPP, apenas para os estelionatos especificamente ali indicados.

1.5.2.4. Competência de juízo

Urge, por fim, determinar perante qual juiz deve ser proposta a ação. Inicialmente, deve-se verificar se, em razão da matéria, o crime é da competência do júri. Caso contrário, deve-se observar se há algum juiz prevento para a causa. Sendo negativa a resposta, e se houver, na comarca, mais de um juiz competente para a mesma causa, cabe fixar a competência pela livre distribuição.

a) Competência material do júri

São de competência do Tribunal do Júri os crimes dolosos contra a vida, tentados ou consumados (homicídio, induzimento, instigação e auxílio ao suicídio, infanticídio e aborto). O Júri também será competente para julgar os crimes conexos aos dolosos contra a vida. Frise-se: apenas os dolosos contra a vida são de competência material do Júri. Portanto, não se incluem outros crimes, tais como o latrocínio, o homicídio culposo, as lesões corporais seguidas de morte, o estupro seguido de morte e as lesões corporais gravíssimas por terem resultado em aborto.

> **ATENÇÃO**
> A respeito da conexão, que é forma de modificação da competência, verificar próximo tópico.

b) Prevenção

No caso de haver, no mesmo foro, mais de um juiz competente para a causa, será competente o que tenha primeiro praticado algum ato do processo ou medida a esse relativo, mesmo que anterior à denúncia ou à queixa. São exemplos: decretação da prisão preventiva ou temporária, concessão de liberdade provisória, recebimento do pedido de explicações em juízo, determinação de sequestro de bens etc.

c) Distribuição

Caso não haja juiz prevento, a competência será fixada por livre distribuição.

1.5.2.5. Modificação da competência: conexão e continência

Não obstante devam ser atendidas as regras precedentes, que trazem os critérios fixadores da competência, é possível a ocorrência de circunstância que modifique a competência natural de determinado delito. Essas circunstâncias são a conexão ou a continência. Assim, é possível encontrar, por exemplo, um crime contra o patrimônio sendo julgado pelo júri (se for conexo a um homicídio) e um cidadão comum sendo julgado originariamente pelo STF (se tiver cometido um crime em concurso com o Presidente da República). Analisaremos brevemente os casos de conexão e de continência, e, a seguir, trataremos das regras que determinam, nesses casos, em qual foro devem ser reunidos os processos (foro prevalente) e, por fim, das hipóteses em que a reunião não é possível.

a) Conexão – artigo 76 do CPP

Ocorre a conexão quando são cometidas várias infrações penais, de alguma forma, inter-relacionadas. A seguir, apresentamos quadro comparativo das diversas espécies de conexão:

conexão intersubjetiva	por simultaneidade: duas ou mais infrações praticadas ao mesmo tempo, por várias pessoas reunidas
	por concurso: duas ou mais infrações praticadas por várias pessoas em concurso, embora diverso o tempo e o lugar
	por reciprocidade: duas ou mais infrações praticadas por várias pessoas, umas contra as outras
conexão objetiva, material, lógica ou teleológica	duas ou mais infrações, tendo sido umas praticadas para facilitar ou ocultar as outras, ou para conseguir a impunidade ou vantagem em relação a qualquer delas
conexão probatória ou instrumental	quando a prova de uma infração ou de qualquer de suas circunstâncias elementares influir na prova de outra infração

b) Continência – artigo 77 do CPP

No caso de continência, é cometido apenas um crime, por mais de uma pessoa, ou é realizada apenas uma conduta, que dá origem a mais de um resultado.

continência por cumulação subjetiva	duas ou mais pessoas acusadas da mesma infração
continência por cumulação objetiva	quando, com apenas uma conduta, são praticados dois ou mais crimes (concurso formal, erro na execução e resultado diverso do que o pretendido)

c) Foro prevalente

Na eleição do foro prevalente para o julgamento dos crimes e agentes ligados pela conexão ou continência, devem-se observar as seguintes regras, nos termos do artigo 78 do CPP:

c.1) no concurso entre a justiça comum e a especial, prevalecerá a especial;

c.2) no concurso entre órgãos de categorias diversas, prevalecerá o de maior graduação;

c.3) no concurso entre a competência do júri e outro órgão, será prevalente o primeiro;

c.4) no concurso entre jurisdições de mesma categoria, prevalecerá a jurisdição do lugar em que foi praticada a infração, à qual é cominada pena mais grave. Se forem de igual gravidade, prevalecerá a do lugar em que foi praticado o maior número de infrações. Se o número for igual, firmar-se-á a competência pela prevenção.

d) Exceções à unidade de julgamento

Não serão reunidos os processos, nos termos do artigo 79 do CPP, quando:

d.1) houver concurso entre jurisdição comum e militar;

d.2) houver concurso entre jurisdição comum e jurisdição de menores;

d.3) houver a suspensão do processo em virtude de doença mental do réu;

d.4) no procedimento do júri, quando um dos réus recusar jurado e o outro o aceitar.

2

Teses de defesa

Toda atuação no processo deve se basear no interesse da parte, uma vez que é a partir do conflito de interesses que se desenvolverá o feito. Em regra, no processo penal, o interesse da parte acusatória é a condenação do acusado, e, na maioria dos casos, a imposição da pena mais grave possível.

A defesa busca a absolvição do acusado, ou, no mínimo, a imposição de pena mais branda. Outros interesses, mais específicos – como medidas cautelares assecuratórias ou alguns dos incidentes previstos na lei processual –, serão examinados em separado, no momento oportuno.

Para a acusação, a tese fundamenta-se na existência dos elementos do injusto penal (tipicidade e antijuridicidade), de culpabilidade e punibilidade. Ou, dito de forma mais simples, é interesse da acusação a condenação do acusado. Hoje prevalece que há também interesse no incremento da pena, em busca da "pena justa".

É também interesse da acusação a prestação célere, uma vez que a demora para a instrução criminal costuma redundar no desaparecimento das provas, e a dúvida sobre matéria fática deve ser resolvida, sempre, em favor da defesa (*in dubio pro reo*).

A demora no julgamento provoca, ainda, o relaxamento – pelo excesso de prazo – da prisão processual imposta, o que ora se reforça com a garantia individual do julgamento célere (art. 5º, LXXVIII, da CF/88). Por fim, também deve fugir a acusação da demora em razão da prescrição, que extingue a punibilidade por conta do decurso do tempo, nos termos dos artigos 107 e ss. do

CP. A busca pelo processo célere implica, necessariamente, cuidado redobrado para a regularidade processual, uma vez que o efeito das nulidades, qual seja, a invalidade dos atos nulos e daqueles que dele se originaram, pode implicar sensível retardo do processo, dada a necessária repetição dos atos.

Daqui partiremos à análise mais detida das teses a serem adotadas (também comentaremos os momentos acusatórios, que, aliás, poderiam ser deduzidos a *contrario sensu* das manifestações defensivas).

Para a defesa, interessa demonstrar que não houve fato típico e antijurídico e/ou que não há culpabilidade ou não é possível punição, quer pela existência de dirimente, quer pelas causas extintivas da punibilidade.

Nos limites da boa-fé, o decurso do tempo pode interessar à defesa, pois há causas extintivas da punibilidade diretamente relacionadas com a demora na realização de ônus por parte do Estado ou do querelante, como prescrição e decadência; daí por que, muitas vezes, é importante perceber e pleitear o reconhecimento de nulidade, que provocará a repetição dos atos processuais. Não há má-fé ou pouca ética na indicação das nulidades, pois há interesse público em um processo regular, premissa de credibilidade.

Não se deve esquecer que as normas processuais são, na sua grande maioria, asseguradoras da ampla defesa e do contraditório, por esse motivo, seu enfraquecimento não pode ser aceito em um Estado Democrático, e o advogado/defensor deve estar atento a tal defesa.

A tese se reporta ao fato concreto e, por meio da argumentação, amolda-se à norma que traz as consequências desejadas pela parte. O pedido será (e deverá ser) a decorrência lógica da tese. Quanto mais coerente o conjunto tese *x* pedido, maior poder de persuasão o pleito da parte.

Pela dimensão do próprio direito penal, são possíveis inúmeras teses em busca de uma infinidade de pedidos, e nenhuma obra poderia esgotar as possibilidades. No presente trabalho, buscaremos elencar teses e pedidos mais comuns, bem como categorizá-los, compondo preocupações didáticas e dogmáticas.

2.1. RELACIONADAS COM NULIDADES

A regularidade processual é a premissa que permite a validade da prestação jurisdicional do Estado. Ou seja, a avaliação da culpa ou inocência de quem quer que seja só pode dar-se no bojo do devido processo legal, respeitadas as regras previstas tanto na Constituição Federal quanto no Código de Processo Penal e na legislação extravagante. Por isso, as teses que atacam a nulidades processuais são usualmente chamadas de preliminares, uma vez que a sua apreciação antecede exame do mérito.

Sabe-se que o processo é regulado por inúmeras normas que buscam permitir às partes igualdade e equilíbrio na postulação, produção de provas e argumentação perante o órgão julgador. São princípios informadores do nosso processo penal o "devido processo legal", o "contraditório" e a "ampla defesa".

Quando determinadas regras são descumpridas, normalmente há desequilíbrio na relação processual, pelo que o ato irregular deve ser refeito, para que o referido equilíbrio se restabeleça. Como a marcha processual é formada por atos sem solução de continuidade, um é consequência do outro e, assim, é muito frequente que o reconhecimento da invalidade de um resulte na invalidade daqueles que se seguiram. É o que se chama princípio da causalidade/consequencialidade dos atos processuais.

As nulidades podem ser classificadas em absolutas e relativas. Absolutas quando o prejuízo decorre da própria violação, podendo ser alegadas a qualquer momento, com primazia do interesse público. Há posição doutrinária no sentido de que, sempre que for violada norma constitucional, há nulidade absoluta. Nas nulidades relativas, é possível convalidação quando, não alegadas a tempo, prevalece o interesse particular e o prejuízo deve ser demonstrado.

Caberá à defesa, assim, demonstrar que, no caso concreto, houve afronta à Constituição (o que pode ser facilitado com a invocação da cláusula constitucional do devido processo legal, pois, se alguma norma foi descumprida, significa que o devido processo legal formal foi violado), ou seja, a nulidade foi absoluta, ou, ainda, que o prejuízo é evidente, afastando, assim, a discussão sobre a natureza da nulidade, mas tornando necessário seu reconhecimento. A acusação sempre buscará demonstrar, com base no princípio da instrumentalidade das formas, que o ato atingiu seu objetivo, ainda que descumprida a regra processual, que já se ultrapassou o prazo para alegar a irregularidade ou que não houve/não foi suficientemente demonstrado o prejuízo. Vale lembrar que quem dá causa à nulidade não pode alegá-la, em se tratando de nulidade relativa.

Dúvida muito comum refere-se ao momento na peça em que deve ser alegada a nulidade: normalmente, o candidato exibe o seguinte raciocínio: "A absolvição é melhor para meu cliente, logo devo pedi-la em primeiro lugar para, somente se rejeitada, pedir a nulidade". Embora do ponto de vista pragmático esse raciocínio esteja correto, não está, do ponto de vista tradicional, que considera a regularidade do processo uma premissa para a decisão sobre culpa do réu.

Do referido ponto de vista que chamamos de "tradicional", o Magistrado somente poderia analisar o mérito de processo que esteja formalmente correto, vale dizer, deve o processo não possuir qualquer nulidade para que somente então possa ser analisado o mérito.

Por isso, a regra é que a nulidade seja pedida em primeiro lugar e o mérito depois. Insista-se: primeiro deve ser pedida a nulidade e, subsidiariamente, deve ser feito o pedido de absolvição. Em esquema genérico, o pedido ficaria assim: "(...) que seja anulado o processo ou, caso não seja este o entendimento, que seja absolvido nos termos do artigo (...)".

Contudo, há hipótese em que a nulidade deve ser arguida somente após o pedido de mérito. Trata-se de situação em que a nulidade decorre do acolhimento do pedido principal. À primeira vista, pode parecer confuso, mas pensemos em um exemplo concreto:

O réu se vê acusado pelo crime de moeda falsa (crime de competência da Justiça Federal). No entanto, não se trata de falsificação apta a gerar o crime de moeda falsa. Nesta situação, entende a jurisprudência que o crime é de estelionato, de competência da Justiça Estadual.

Ora, o pedido da defesa deve ser a desclassificação para o crime de estelionato. Acolhido esse pedido, haverá a necessidade de anulação do processo *ab initio*, pois há incompetência absoluta, devendo os autos serem remetidos para a Justiça Estadual.

O pedido ficaria assim, neste caso: "(...) que seja desclassificada a imputação para a de estelionato e, então, que seja anulado *ab initio* o processo, remetendo-se os autos para a Justiça Estadual (...)".

Podemos, então, organizar o seguinte quadro:

	Nulidade	Mérito
Regra	Antes do mérito	Depois da nulidade
Exceção	Depois do mérito (a nulidade decorre do acolhimento do mérito em casos como desclassificação)	Antes da nulidade

Quanto à suspensão condicional do processo e ao acordo de não persecução penal podemos organizar o raciocínio da seguinte forma: caso haja a indicação clara de que houve omissão da acusação em fazer a proposta, então devemos requerer a anulação do processo e remessa dos autos ao Ministério Público para que faça a proposta de suspensão condicional do processo ou de acordo de não persecução penal.

Por outro lado, caso se trate de recusa por parte do promotor e não de mera omissão, então será requerida a anulação do processo e remessa dos autos ao Procurador Geral de Justiça nos termos do art. 28-A, §14, para o acordo de não persecução penal ou da súmula 696 do STF no caso de suspensão condicional do processo.

Caso o direito à suspensão condicional do processo ou ao acordo de não persecução penal surja decorrente de desclassificação do crime, então será requerida a anulação do processo e remessa dos autos ao MP para que faça a proposta de suspensão condicional do processo ou o acordo de não persecução penal.

2.1.1. Nulidades mais comuns

2.1.1.1. Incompetência (art. 564, I, do CPP)

A competência, que é delimitação da jurisdição, está intimamente relacionada ao princípio do juiz natural, que tem égide constitucional (art. 5º, LIII e XXXVII, da CF/88), e, por isso, sua violação pode gerar nulidade dos atos.

A incompetência absoluta (*ratione materiae* e *ratione personae*) pode ser arguida a qualquer tempo e grau de jurisdição. A chamada incompetência relativa (*ratione loci*) tem momento oportuno para alegação, mas poderá ser reconhecida de ofício pelo juiz até a sentença, eis que, no processo penal, vigora o entendimento de que a competência territorial também é matéria de ordem pública. Determina o artigo 567 do CPP que serão considerados nulos os atos decisórios emanados de juízo incompetente, que poderão ser ratificados pelo juiz competente. Para parte da doutrina, o artigo 567 do CPP só poderia ser aplicado no caso de incompetência relativa, eis que, na incompetência absoluta, é incontornável a violação ao princípio constitucional do juiz natural.

Normalmente, nas provas são cobradas teses ligadas à competência da Justiça Federal, prevista no artigo 109 da CF/88. Para maior compreensão do tema, remete-se o leitor para o quanto mencionado no capítulo anterior.

2.1.1.2. Ilegitimidade de parte (art. 564, II, do CPP)

Como já visto no tópico atinente à ação penal, como regra a legitimidade para a propositura da demanda criminal é do Ministério Público. Por vezes, no entanto, o legislador transfere à legitimidade ao particular, prevendo crimes de ação penal privada. Caso, portanto, o particular ingresse com queixa-crime em delito de ação penal pública, ou o inverso, o Ministério Público denuncie por crime de ação penal privada, haverá nulidade *ab initio* por ilegitimidade *ad causam*.

Também haverá um problema de ilegitimidade, mas dessa vez *ad processum* se a queixa-crime formulada por advogado sem mandato com poderes especiais – a procuração para que o advogado possa propor queixa-crime é específica, para evitar abusos do mandatário que, de alguma forma, poderiam restar sobre o mandante. Assim, para que seja proposta queixa-crime, a procuração deve conter poderes específicos para tanto, inclusive com a narração do fato. Sem a narrativa do fato, não está aperfeiçoado o mandato, pelo que a inicial deve ser rejeitada. Há posição majoritária de que a assinatura por parte do mandante (querelante) na inicial, ladeada com a do advogado, supre a deficiência na elaboração da procuração.

Até o prazo decadencial, é possível sanar o vício com a juntada de procuração regularmente elaborada. Depois do prazo decadencial, para a corrente majoritária, como já extinta a punibilidade, não há mais nada a ser feito.

2.1.1.3. Ausência de representação (art. 564, III, "a", do CPP)

A peculiaridade da ação penal pública condicionada é, exatamente, a necessidade da condição objetiva de procedibilidade, que é a representação. Assim, sem representação, a denúncia não pode ser aceita. Se irregularmente aceita, a referida decisão deve ser fulminada com a declaração de nulidade.

Importante destacar que, em alguns casos, a tese de mérito pode levar à nulidade pela ausência de representação. É o caso de uma acusação por lesão corporal grave – que é crime de ação penal pública incondicionada – na qual a defesa busca a desclassificação para lesão corporal leve. Se admitida a tese de mérito da desclassificação, a nova imputação será lesão leve e, na ausência de representação – que será a regra, pois a vítima sequer foi orientada a representar, uma vez que a capitulação inicial era de lesão grave – deverá ser reconhecida a nulidade da ação penal e, então, a defesa deverá verificar a possibilidade de decadência.

2.1.1.4. *Denúncia inepta (art. 564, IV, do CPP)*

A denúncia deve qualificar de forma suficiente o acusado (ao menos para individualizá-lo) e narrar de forma circunstanciada a conduta imputada, e individualizá-la em relação a cada colaborador (coautor ou partícipe).

Apenas com a imputação detalhada será possível a regular compreensão da acusação, a correta formulação da defesa e até mesmo um julgamento coerente.

Uma acusação genérica dificulta o trabalho da defesa e, com isso, desequilibra a relação processual, pois diminui as possibilidades de demonstrar a inviabilidade da versão acusatória. Se a denúncia simplesmente atribui ao acusado o furto de bens de uma determinada casa, sem narrar como entrou e saiu, onde estavam os bens etc., de nada adianta demonstrar que o sujeito não tem um dos braços, pois ainda assim poderia ter furtado, desde que a porta estivesse aberta. Mas se desde logo se sabe que a acusação imputa ao réu ter adentrado a casa pulando muro alto e depois escalado muro de um jardim de inverno, a defesa pode se orientar pela suficiência da demonstração de que o réu não tem um dos braços.

Também é necessária a descrição individualizada da conduta, para que seja possível a cada um desenvolver regularmente sua defesa e, ainda, para que cada qual seja punido na medida de sua culpabilidade. O sujeito não pode sofrer restrição em sua ampla defesa, simplesmente porque é acusado de crime praticado em concurso de agentes, ou seja, sua individualizada colaboração deve ser narrada para que seja possível a já referida demonstração da inviabilidade da versão acusatória (mesmo exemplo do sujeito que não tem um braço, mas em concurso de agentes...). Por outro lado, sabe-se que o artigo 29 do CP diz que cada um deve ser punido de acordo com sua culpabilidade, e que o § 1º do referido artigo permite a redução de pena na participação de menor importância. Ora, se não é individualizada a acusação, não é possível aferir a específica culpabilidade de cada um, tampouco orientar o contraditório sobre eventual participação de menor importância.

Assim, a inicial acusatória (denúncia ou queixa) que não cumpre seus requisitos deve ser rejeitada por inépcia, conforme previsão do artigo 395, I, do CPP. Se indevidamente aceita, é possível buscar a nulidade da decisão que a recebeu.

2.1.1.5. A inexistência de exame de corpo de delito nas infrações que deixam vestígios (art. 564, III, "b", do CPP)

O Código de Processo Penal é claro ao exigir o exame de corpo de delito (direto ou indireto) nas infrações que deixam vestígios (art. 158 do CPP).

Se não há tal exame, qual a consequência?

Prevalece na doutrina e na jurisprudência mais conservadoras que sequer a inicial acusatória pode ser recebida, pois a única forma de provar a materialidade seria pela referida via pericial, e tal prova não foi produzida. Sem prova suficiente da materialidade, não pode haver recebimento da denúncia. Para essa posição, o resultado da ausência de exame de corpo de delito é a nulidade do processo.

Para a jurisprudência mais moderna, é possível o recebimento da inicial acusatória mesmo sem o exame de corpo de delito nos crimes que deixam vestígios. O que será inviável é a condenação pelo referido ilícito, pois a única prova capaz de demonstrar nos termos da lei processual a materialidade seria a referida perícia. Assim, em vez de anular o processo, o sujeito deve ser, desde logo, absolvido (no caso de crime de lesão corporal grave, pode haver simples desclassificação).

A segunda orientação é a que tem prevalecido e, no argumento majoritário, favorece a defesa, pois permite que desde logo seja prolatada decisão absolutória, mesmo não tendo sido cumprida a regra processual ora comentada (exigência do exame).

Na prática forense, a defesa costuma seguir a seguinte linha de ação: na resposta à acusação, como ainda é impossível o pleito absolutório pela falta de provas, a ausência do exame de corpo de delito gera pedido de nulidade *ab initio*, pois a denúncia não deveria ser recebida. Após a resposta à acusação, a mesma tese (ausência do exame) irá provocar pleito de absolvição por falta de prova de materialidade nos memoriais, na apelação e assim por diante. Se a perícia se referir à qualificadora ou majorante, o pedido será de afastamento de qualificadora ou majorante.

2.1.1.6. Falta dos devidos atos de comunicação (art. 564, III e/ou IV, do CPP)

O réu tem o direito de ser citado regularmente. Se ausente ou irregular a citação, o processo é nulo, pois prejudicada a ampla defesa em sua fase de autodefesa. A nova redação do artigo 360 do CPP determina que mesmo o réu preso deve ser citado pessoalmente.

Da mesma forma, o advogado deve ser intimado para que tome ciência e participe do processo, dando assim impulso à regular marcha processual.

Quando é expedida carta precatória para oitiva de testemunhas, prevalece que é necessária a intimação do advogado acerca da expedição, sob pena de nulidade, mas é dispensável a intimação, pelo juízo deprecado, acerca da data da audiência deprecada.

No caso de réu citado por edital, que não comparece e não constitui advogado, o processo deve ser suspenso. Se prosseguir, está nulo o processo. Nesse caso, o legislador preferiu suspender o processo a permitir que pessoas pudessem vir a ser condenadas com base na frágil citação ficta (por edital), sendo que a suspensão do processo só termina quando o réu se apresenta, constitui advogado para a causa ou é encontrado para citação pessoal. É possível, mesmo com o processo suspenso, a produção antecipada de prova se justificada a necessidade de sua produção com o concreto risco de perecimento, como a testemunha que está morrendo ou vai viajar para o exterior sem previsão de retorno. Sem tal justificativa, a antecipação é inválida, e a prova colhida deve ser desprezada (e para alguns até desentranhada dos autos por ilícita, uma vez que violou o contraditório).

Na execução criminal, antes de qualquer medida contra o reeducando, devem ser resguardados o contraditório e a ampla defesa, com a oitiva do próprio reeducando (autodefesa) e a defesa técnica, feita pelo advogado, com especial atenção para o pedido de regressão, previsto no art. 118, §2º, da LEP.

2.1.1.7. Descumprimento de fases processuais necessárias

O devido processo legal é garantia constitucional, conforme o artigo 5º, LIV, da CF/88. O devido processo legal abrange o direito às garantias materiais mínimas de defesa (devido processo legal material) e o direito às fórmulas processuais previstas em lei, que trazem possibilidades de defesa, participação no processo e soluções benéficas às partes. Daí que, se privado o acusado da oportunidade de defesa preliminar nos casos em que a lei a prevê (como na Lei de Drogas, que exige defesa preliminar), o processo é nulo desde o início. Aqui, vale lembrar a Súmula 330 do Superior Tribunal de Justiça, segundo a qual, "É desnecessária a resposta preliminar de que trata o art. 514 do CPP, na ação penal instruída por inquérito policial."

Outro procedimento que prevê fase especial e o rito para processo e julgamento de crimes contra a honra, previsto nos artigos 519 e ss. do CPP. Assim, no procedimento dos crimes contra a honra, se não é marcada audiência preliminar, deve ser reconhecida a nulidade, pela afronta ao devido processo legal.

A ausência de apresentação da resposta à acusação, dos artigos 396 e 396-A também gera nulidade, por tratar-se de peça obrigatória.

2.1.1.8. *Desobediência às formalidades no momento do interrogatório (art. 564, IV, do CPP)*

As Leis ns. 11.900/2009 e 10.792/2003 alteraram o interrogatório no processo penal. A partir delas, é necessário que o acusado tenha direito a contato prévio com seu defensor. O acusado será, ainda, informado de seu direito de permanecer calado e tal opção não poderá ser interpretada em seu desfavor. O Código traz uma série de perguntas que devem ser feitas pela autoridade judicial, de modo a permitir ao acusado fornecer informações relevantes não apenas para a acusação, mas, também, para sua autodefesa, bem como informes subjetivos capazes de orientar eventual fixação da pena no caso de condenação. Acusador e defensor devem estar presentes na audiência (seja presença física ou virtual, no caso da videoconferência), e, ao final, podem pedir que sejam esclarecidos pontos que restaram obscuros durante as declarações do acusado.

As regras assinaladas, que garantem o exercício regular da ampla defesa e asseguram garantias ao acusado diante do poder persecutório do Estado, não podem ser desobedecidas, sob pena de nulidade. Deve-se destacar, por fim, que a partir da entrada em vigor da Lei n. 11.719/2008, a instrução criminal deverá ser concentrada em uma audiência única, na qual serão ouvidas a vítima e as testemunhas da acusação, seguidas das testemunhas da defesa e, por último, o acusado em interrogatório, de modo que a inversão dessa ordem (como, por exemplo, a realização do interrogatório antes da oitiva das testemunhas) também configurará nulidade.

2.1.1.9. *Ausência do réu preso na audiência de instrução (art. 564, IV, do CPP)*

A ampla defesa é formada pela combinação da autodefesa e da defesa técnica. Ausente algum de seus elementos, ela se torna deficiente, atingindo o direito constitucional previsto no artigo 5º, LV, da CF/88.

No momento da audiência de instrução, o acusado tem o direito de estar presente, quer porque seria desumano deixá-lo à margem de ato que pode resolver os rumos de sua vida, quer para orientar a defesa técnica acerca de perguntas e estratégias de defesa.

Sob a égide da Lei n. 11.719/2008, que estabeleceu a concentração da instrução criminal em uma única audiência, deverá o réu, necessariamente, estar presente, pois é nesse momento que deverá ser interrogado. Mas, se por qualquer razão, houver o desmembramento da audiência, para a oitiva extemporânea, por exemplo, de testemunha faltante, será imprescindível conceder-se ao réu a oportunidade de estar presente, acompanhando a realização do ato.

Quando em liberdade, o acusado deve ser informado (intimado) sobre a data da audiência de instrução, para que possa exercer seu direito de estar presente. Quando preso, tem o direito de estar presente, ou seja, o Estado deve providenciar seu transporte até a sala de audiências.

Na ausência do réu preso, se o defensor discordar sobre a realização da audiência sem a presença do acusado, é pacífico que a realização do ato irá gerar nulidade, pois tangenciada a garantia constitucional da ampla defesa. Se o defensor, no entanto, concordar com a realização, mesmo na ausência do acusado, há controvérsia na jurisprudência, havendo corrente no sentido de o ato poder ser realizado, pois é a defesa técnica que deve apreciar a conveniência (estratégia de defesa) da presença do acusado, e há corrente no sentido de que, mesmo com a concordância do defensor, o ato não deve se realizar, sob pena de nulidade, pois o direito a estar presente suplanta a defesa técnica à medida que é essencial à autodefesa. Majoritário que o defensor *ad hoc* (nomeado apenas para o ato) não pode dispensar a presença do réu.

2.1.1.10. *Sentença que não cumpre o sistema trifásico de fixação da pena (art. 564, IV, do CPP)*

O artigo 68 do CP deixa claro que foi adotado, no Brasil, o sistema trifásico de fixação da pena. Na primeira fase, com os limites máximos fixados pelo tipo fundamental ou pelo tipo qualificado, deve ser fixada a pena-base, norteada pelas circunstâncias judiciais (art. 59 do CP). Na segunda fase, devem incidir as circunstâncias legais agravantes e atenuantes (arts. 61, 62, 65 e 66, do CP). Na terceira fase, incidem causas de aumento e diminuição de pena; as da parte especial precedem as da parte geral. Apenas na terceira fase é que a pena pode extrapolar os limites mínimos e máximos trazidos pelo tipo fundamental ou qualificado.

Ocorre que é bastante frequente a desobediência, por parte dos julgadores, ao sistema trifásico. O prejuízo é evidente, pois a falta de padrão na fixação da pena impede o tratamento igual a situações iguais, resultando em iniquidade e falta de segurança jurídica. Daí que os tribunais reagem a tais falhas, com três entendimentos:

a) a sentença é nula e assim deve ser reconhecida. Por se tratar de ato indivisível, deve ser refeita em sua integralidade;

b) a sentença é nula apenas no capítulo da fixação da pena, que deve ser refeito;

c) o aumento irregular deve ser afastado, sem necessidade de anular a sentença, pois, desprezando o aumento irregular, não haverá prejuízo para o indivíduo.

Prevalece, atualmente, o segundo entendimento, por uma questão de economia e eficiência processual.

2.1.1.11. *Desobediência ao art. 384 do CPP: mutatio libelli (art. 564, IV, do CPP)*

Durante a instrução, é possível que seja revelado fato criminoso diverso daquele descrito na inicial, ou seja, com base nos novos fatos, se percebe que houve crime, mas não aquele narrado (faticamente) na inicial acusatória. Pelo princípio da correlação imputação-sentença, não é possível ao magistrado, desde logo, condenar o acusado pelo novo fato, pelo que será necessário obedecer ao disposto no artigo 384 do CPP, que rege o instituto da *mutatio libelli.*

De acordo com a nova redação do artigo 384 (conferida pela Lei n. 11.719/2008), a *mutatio libelli* sempre implica o aditamento da denúncia. Dessa forma, se, encerrada a instrução criminal, o Ministério Público entender cabível nova definição jurídica do fato, deverá aditar a denúncia ou queixa (no caso de ação penal privada subsidiária) no prazo de 5 (cinco) dias. Se não houver o aditamento, o juiz, caso entenda ser mesmo caso de *mutatio libelli*, deverá enviar os autos para o Procurador-Geral de Justiça, para que decida (art. 28 do CPP). Não poderá, de forma alguma, proferir condenação por crime não contido na denúncia e, se o fizer, a decisão deverá ser anulada.

2.1.1.12. *Nulidade por falta de fundamentação na decisão (art. 564, IV, do CPP)*

A sentença pode ser dividida em três partes: relatório, fundamentação e decisão. A fundamentação deve conter a descrição do raciocínio do juiz, para que seja possível às partes e à sociedade compreender seu conteúdo, bem como aos órgãos superiores avaliar o acerto do raciocínio que o levou à decisão. Aliás, muitas vezes, é na fundamentação que consta a comunicação da vigência e significado da lei à sociedade, pelo que esta deve ser a mais clara e completa possível.

Na fundamentação, deve o julgador arrolar as provas produzidas, selecionando de forma justificada quais acolhe para formar sua convicção sobre como ocorreram os fatos alegados pelas partes. Após declarar como ocorreram os fatos, discorre, se for o caso, sobre as normas jurídicas de possível aplicação, escolhendo de forma fundamentada qual aquela que, em sua visão, melhor regula a situação fática já determinada.

As várias versões dos fatos e as várias normas aplicáveis são, no mais das vezes, apontadas pelas partes, pelo que com a disposição das possibilidades e escolha fundamentada de uma das hipóteses resta cumprido o dever de analisar as teses das partes. O julgador deve analisar as teses das partes como corolário do princípio do contraditório e da ampla defesa, pois de nada adianta ter o direito de produzir prova e arrazoar pleitos se os elementos trazidos pelas partes forem desprezados pelo julgador, que sequer se dá ao trabalho de examiná-los.

Assim como a sentença, os demais atos jurisdicionais devem ser fundamentos sob pena de nulidade. Desse modo, se não fundamentada decisão que determina prisão cautelar ou medida de busca e apreensão, deverá ser, também, reconhecida sua nulidade.

Havendo falha na fundamentação, haverá, necessariamente, violação do disposto no artigo 93, IX, da CF/88, que estabelece o sistema do livre convencimento motivado para os magistrados.

2.1.1.13. *Teses relacionadas ao procedimento do júri*

Quanto à primeira fase do procedimento júri, normalmente haverá nulidade na decisão de pronúncia por excesso de motivação por parte do juiz naquilo que se chama eloquência acusatória. Assim, quando o juiz se utiliza, por exemplo, de adjetivações na pronúncia (o réu é frio, o réu é um monstro) ou, ainda, quando usa de juízos absolutos (a tese de defesa é impossível), haverá nulidade por eloquência acusatória (art. 564, IV, c/c o art. 413, § 1º, ambos do CPP).

Quanto à segunda fase do júri, as principais nulidades que podem ocorrer são:

a) julgamento do desaforamento sem oitiva da defesa, em violação à Súmula 712 do STF;

b) participação no plenário de jurados que não poderiam ter participado, em violação ao disposto nos artigos 448 e 449 do CPP;

c) violação das vedações contidas nos artigos 478 e 479 do CPP;

d) elaboração dos quesitos fora da ordem do artigo 483 ou em forma negativa.

2.2. RELACIONADAS COM A EXTINÇÃO DA PUNIBILIDADE

Há rol não taxativo das causas extintivas da punibilidade no artigo 107 do CP: morte do agente, *abolitio criminis*, anistia, indulto, graça, decadência, perempção, prescrição, perdão do ofendido, renúncia, retratação e perdão judicial. Fora daí, há outras causas extintivas, como o cumprimento do período de prova do *sursis* da pena e do *sursis* processual sem revogação.

2.2.1. Morte do agente

Como a pena não passará da pessoa do condenado (art. 5º, XLV, da CF/88), a morte do sujeito extingue a punibilidade. A morte somente pode ser comprovada com a certidão de óbito nos termos do artigo 62 do CPP. E se a extinção da punibilidade for declarada com base em certidão/informação falsa, já tendo transitado em julgado?

Duas posições:

a) a sentença é inexistente e, assim, o processo pode continuar normalmente (majoritária);

b) sentença existe desde que proferida por juiz investido no cargo e, assim, gera efeitos até que outra decisão a rescinda ou declare nula. No processo penal brasileiro, não há instrumento processual para atacar a coisa julgada contra o réu (consequência do direito de não ser julgado duas vezes pelo mesmo fato), uma vez que a revisão criminal só é possível em sentença condenatória, e o *habeas corpus* tem como função exclusiva a proteção da liberdade. Assim, diante da inexistência de instrumento hábil ao reconhecimento do vício da sentença (independentemente de se tratar de vício de mérito ou suficiente para causar nulidade), a coisa julgada deve prevalecer, não havendo como reformar a extinção da punibilidade.

2.2.2. *Abolitio criminis*

É a norma penal que revoga o tipo incriminador, determinando o imediato reconhecimento da extinção da punibilidade do processo na fase em que estiver. Faz desaparecer todos os efeitos penais em caso de já existir sentença condenatória.

2.2.3. Anistia, graça e indulto

Anistia: é a lei que promove o esquecimento jurídico-penal do fato. Todos os efeitos penais são afastados, devendo ser imediatamente reconhecida a extinção da punibilidade.

Indulto e graça: são formas de indulgência soberana. É poder (que pode ser delegado a determinadas autoridades) do Presidente da República, mediante decreto, que pode "perdoar" condenados. As diferenças entre graça e indulto são: a graça é individual e provocada; o indulto é espontâneo e coletivo. O indulto parcial é chamado de comutação. A Súmula 535 do STJ pacificou que "A prática de falta grave não interrompe o prazo para fim de comutação de pena ou indulto."

A Súmula 631 do STJ esclarece que o indulto extingue os efeitos primários da condenação, mas não os efeitos secundários penais ou extrapenais. Em outras palavras, extingue a pena, mas não afasta a reincidência, os maus antecedentes (efeitos penais secundários) ou mesmo o dever de reparar o dano (efeito extrapenal secundário da condenação).

O alcance de cada decreto de indulto pode oscilar bastante, razão pela qual é importante verificar, a cada ano, quais são os termos e quem são os beneficiados.

2.2.4. Renúncia e perdão

Renúncia ao direito de queixa: a ação penal privada se inicia com a queixa. Se o ofendido ou seu representante legal renuncia ao direito de oferecer a queixa, está extinta a punibilidade. A renúncia pode ser expressa ou tácita (prática de ato incompatível com a vontade de processar), e se comunica a todos os querelados (ainda que oferecida apenas para um, está extinta a punibilidade em relação a todos).

Perdão do ofendido: após o início da ação penal privada, não é mais possível a renúncia, mas ainda é possível ao ofendido, agora querelante, oferecer o perdão. O perdão pode ser expresso ou tácito, e também se comunica a todos os querelados. Ao contrário da renúncia, que é unilateral, o perdão apenas extingue a punibilidade quando aceito pelo querelado. A aceitação pode, também, ser expressa ou tácita.

2.2.5. Retratação

O sujeito "desdiz" o que disse, ou seja, "retrata-se" de suas declarações anteriores. Extingue a punibilidade, se ocorre até a sentença nos crimes de calúnia, difamação e falso testemunho. No caso de processo perante o tribunal do júri, é possível a retratação até o veredicto dos jurados.

A retratação é unilateral, ou seja, não precisa ser aceita pela parte contrária para que surta o efeito de extinguir a punibilidade.

2.2.6. Perdão judicial

Desde que haja previsão legal, o juiz pode declarar extinta a punibilidade em razão do perdão judicial. Normalmente, são casos em que a pena já não teria função, como no homicídio culposo, em que as consequências do fato foram tão graves ao agente que a pena perde, desde logo, seu sentido retributivo-preventivo.

Nos termos da Súmula 18 do STJ, a decisão que declara o perdão judicial não absolve nem condena: tem natureza de decisão extintiva da punibilidade.

2.2.7. Perempção, decadência e prescrição

Perempção: sanção ao querelante desidioso, que deixa de cumprir com os mínimos ônus processuais cujas hipóteses estão previstas no artigo 60 do CPP: (a) deixa de dar andamento ao processo por mais de 30 (trinta) dias; (b) não há sucessor em caso de morte do querelante por mais de 60 dias; (c) deixa de estar presente a ato processual em que deveria comparecer; (d) não pede a condenação nas alegações finais (memoriais); (e) morte do querelante, se a ação penal privada é personalíssima; e (f) sendo o querelante pessoa, jurídica que se extingue sem deixar sucessor.

Decadência: na ação penal privada, se o ofendido ou seu representante legal deixa de oferecer a queixa-crime no prazo legal, resta extinta a punibilidade. Da mesma forma, se na ação penal pública condicionada não se oferece a representação no prazo determinado em lei, ocorre a decadência. O prazo geral do CP nos dois casos é de seis meses, a partir do conhecimento da autoria (art. 103 do CP).

Prescrição: é a perda do poder de punir do Estado em razão do decurso do tempo. É dividida em *Prescrição da Pretensão Punitiva (PPP)* e *Prescrição da Pretensão Executória (PPE)*.

A PPP começa a correr, em regra, da consumação do crime. Nos crimes tentados, do último ato de tentativa. Nos crimes permanentes e habituais, do momento em que cessa a permanência ou habitualidade. Nos crimes de bigamia e falsificação de assentamento do registro civil, do dia em que o fato se tornou conhecido. Por fim, nos crimes (praticados após 17 de maio de 2012) contra a dignidade sexual de crianças e adolescentes, do dia em que a vítima completar 18 anos, salvo se a esse tempo já houver sido proposta a ação penal. A PPE começa a correr do trânsito em julgado para a acusação.

Os prazos prescricionais podem ser suspensos e interrompidos. Suspender o prazo significa que, a partir do marco suspensivo, o prazo deixa de fluir, e cessando a causa suspensiva, o prazo volta a correr do ponto em que foi suspenso. Interromper significa que o prazo deixa de correr e volta a correr do início (zero). As principais causas suspensivas da PPP são: cumprimento de pena no exterior, enquanto é resolvida em outro processo questão prejudicial, pendência de embargos de declaração ou de recursos aos tribunais superiores, quando inadmissíveis, período enquanto não cumprido ou não rescindido o acordo de não persecução penal, durante o período de prova da suspensão condicional do processo, no caso de carta rogatória, e, ainda, durante o período em que fica suspenso o processo em razão da citação por edital em que o acusado não comparece nem nomeia advogado (art. 366 do CPP). Os principais marcos interruptivos da PPP são o recebimento da denúncia ou queixa, a publicação da sentença ou acórdão condenatórios recorríveis, a decisão de pronúncia e o acórdão que confirma a pronúncia. Há apenas uma causa suspensiva da PPE, que é a prisão por outro motivo. Interrompem a PPE a reincidência e o início ou continuação do cumprimento da pena. A Súmula 220 do STJ estabelece que a reincidência não interfere na prescrição da pretensão punitiva.

PPP: A partir da ocorrência do fato, o Estado tem um prazo para alcançar a certeza da culpa. Se não conseguir, ocorrerá a PPP. O prazo está no artigo 109 do CP (vinte anos, se o máximo da pena é superior a doze; dezesseis anos, se o máximo da pena é superior a oito anos e não excede a doze; doze anos, se o máximo da pena é superior a quatro anos e não excede a oito; oito anos, se o máximo da pena é superior a dois anos e não excede a quatro; quatro anos quando a pena máxima não supera dois; três anos, quando a pena máxima prevista para o crime é inferior a um ano. O prazo, no entanto, não corre de forma livre. Pode ser suspenso e interrompido, conforme já comentado.

Partindo de tais premissas, na ausência de causas suspensivas, a partir do momento do fato, é necessário verificar se, até o primeiro marco interruptivo, foi ultrapassado o prazo previsto no artigo 109 do CP, tendo como base a pena máxima prevista para o crime. Se não foi, inicia-se novamente o prazo, até o marco interruptivo seguinte. Se foi ultrapassado o prazo, está extinta a punibilidade, pela PPP. Como não se sabe ainda a pena que seria realmente aplicada ao sujeito (se é que seria), classifica-se tal prescrição como PPP com base na pena em abstrato.

Se não houve PPP em abstrato, havendo condenação com trânsito em julgado para a acusação, é possível calcular a prescrição com base na pena em concreto, pois não é mais possível a piora da situação do indivíduo, em razão do *non reformatio in pejus*. Assim, com base na pena em concreto, é possível novamente conferir os prazos entre os marcos interruptivos anteriores à sentença (os mesmos que já tinham sido verificados na PPP em abstrato), para verificar se, com base na pena realmente aplicada, normalmente inferior à pena máxima, houve prescrição. Se houver, está extinta a punibilidade. Como já se trata de pena realmente aplicada e o prazo levado em consideração é anterior à sentença, classifica-se como PPP com base na pena em concreto retroativa. Hoje não mais se admite o reconhecimento da prescrição retroativa entre o fato e a denúncia, nos termos do artigo 2º da Lei n. 12.234/2010.

Se, havendo trânsito em julgado para a acusação, não houve PPP retroativa, mas da data da sentença condenatória até o trânsito em julgado definitivo da condenação para as partes foi percorrido o prazo prescricional, também resta extinta a punibilidade. Como o cálculo se faz com base na pena em concreto e a prescrição ocorreu após a sentença, classifica-se como PPP com base na pena em concreto superveniente.

PPE: após o trânsito em julgado para a acusação, o Estado deve tornar efetivo o cumprimento da pena no prazo determinado em lei, sob pena de prescrição da pretensão executória, extinguindo-se a punibilidade. O prazo é contado a partir do trânsito em julgado para a acusação, e flui até que se dê início ao cumprimento da pena. O cálculo do prazo prescricional é feito com base na pena em concreto.

No caso de fuga, nos termos do art. 113 do CP, começa a correr novamente a PPE, com base na pena que resta a cumprir.

O prazo da PPE é aumentado em um terço se o sujeito é reincidente.

Observações gerais sobre a prescrição:

1) A prescrição nas penas restritivas de direito ocorre no mesmo prazo das penas privativas de liberdade substituídas, ou seja, aplica-se o mesmo raciocínio das penas privativas de liberdade, com a mesma tabela do artigo 109 do CP para o cálculo;

2) A pena de multa, cumulada com outra pena, prescreve no prazo desta, pois, conforme o artigo 118 do CP, as penas mais leves prescrevem no prazo das penas mais graves. Se isolada, prescreve em dois anos;

3) Se o sujeito é menor de 21 anos na data do fato ou maior de 70 anos na data da sentença, o prazo prescricional é reduzido pela metade.

Extinta a punibilidade, o juiz deve reconhecer e declarar imediatamente a extinção de ofício, sob pena de provocar constrangimento ilegal.

Contra a decisão que reconhece ou deixa de reconhecer extinta a punibilidade cabe, ordinariamente, recurso em sentido estrito (se na fase da execução da pena, prevalece que o recurso cabível é, como manda a regra, o agravo em execução).

O rol de causas extintivas da punibilidade do artigo 107 do CP não é taxativo: há outras causas extintivas da punibilidade previstas na parte especial do Código Penal (reparação do dano até a sentença definitiva no peculato culposo – artigo 312, § 3º, do CP) e em leis especiais, como nas hipóteses de apropriação indébita previdenciária (art. 168-A do CP), sonegação de contribuição previdenciária (art. 337-A do CP)e os Crimes contra a Ordem Tributária que consistam em sonegação fiscal (Lei n. 8.137/90), nos quais a reparação do dano a qualquer tempo extingue a punibilidade

A partir do julgamento do HC 85.942, pelo STF, prevalece que o pagamento do tributo também extingue a punibilidade no crime de descaminho.

2.3. TESES DE MÉRITO EM SENTIDO ESTRITO (TESES RELACIONADAS COM A EXISTÊNCIA DO CRIME OU A IMPOSIÇÃO DE PENA)

Relacionadas à existência de crime, temos teses referentes à ausência de fato típico, antijuridicidade e culpabilidade. Ademais acrescente-se como tese de mérito as situações de isenção de pena, ou, em outras palavras exclusão (da punibilidade – não confundir com extinção da punibilidade), também chamadas pela doutrina de escusas absolutórias.

Utilizamos aqui a expressão "teses de mérito" em um sentido não científico, com cunho exclusivamente pedagógico, assinalando que é possível falar-se de "mérito" em outros sentidos, como nas decisões que tratam da extinção da punibilidade e mesmo nas questões cautelares.

2.3.1. Fato típico

"Fato típico" costuma designar o conjunto conduta e tipicidade. Nos chamados crimes materiais, também inclui a relação de nexo de causalidade e resultado naturalístico.

2.3.1.1. Conduta

É a ação ou omissão consciente e voluntária dirigida a uma finalidade. Afasta-se a existência de conduta com a coação física ou com a inconsciência. Assim, por exemplo:

a) *Força física*: ocorre nos casos em que uma força física atua diretamente sobre o corpo do sujeito, transformando-o em massa corpórea não controlável, como no caso de homem forte que segura o braço de moça frágil, e com o uso da mão dela agride a pessoa que está ao lado. Da mesma forma, o exemplo clássico em que um jovem é lançado, por força de movimentação repentina de pessoas em estádio de futebol, em direção à criança que assistia ao jogo junto ao alambrado, sufocando-a. Nos dois casos, não há conduta. Em uma imagem grosseira, poderíamos dizer que, nos exemplos apresentados, o braço da moça e o corpo do jovem foram movimentados por terceiros, como se fossem "pedaços de carne", coisas que não podem ser orientadas ou concebidas como manifestações de uma personalidade e, assim, não podem ser objeto do juízo de tipicidade (lembrando que o juízo de tipicidade significa "proibição *a priori*").

b) *Inconsciência*: estado em que não há o reino dos sentidos, como no sono profundo ou no ato reflexo. Mesmo durante o sono, a pessoa pode lesar terceiros com movimentos "involuntários"/inconscientes. Da mesma forma, um espirro pode denunciar ao assassino a localização da vítima, quando o irresistível ato vem de terceiro que a acompanha em seu esconderijo. Em tais casos, também se entende inexistente a própria conduta, e também seria impossível juízo de tipicidade penal.

A conduta pode ser comissiva ou omissiva. Na maioria dos casos criminais, a conduta é comissiva, ou seja, o sujeito faz o que não deveria ter feito. Em alguns casos, no entanto, é relevante também a conduta omissiva. Aqui, além dos crimes omissivos próprios, nos quais a omissão está diretamente prevista no tipo (como no crime de omissão de socorro), deve ser dada especial atenção aos crimes omissivos impróprios, nos quais o sujeito está na *posição de garante*.

Posição de garante: a conduta omissiva pode ganhar especial relevo se o sujeito está na posição de garante, ou seja, se tem o dever de agir para impedir o resultado. As hipóteses estão previstas no artigo 13, § 2º, do CP, e as comentaremos com mais atenção no tópico "nexo de causalidade".

2.3.1.2. Resultado naturalístico

É a alteração no mundo exterior, diversa da conduta, causada por ela.

Vale lembrar que a existência de resultado naturalístico é relevante, a princípio, nos crimes materiais apenas, ou seja, naqueles em que há resultado previsto no tipo, necessário para a consumação. Em casos raros, o resultado posterior à consumação (exaurimento) poderá ter relevância na dosagem da pena.

A ocorrência de resultado naturalístico, na imensa parte dos casos, será importante não apenas para a configuração do crime, mas, sim, para o reconhecimento da forma tentada, qualificadoras ou causas de aumento de pena.

2.3.1.2.1. Tentativa

Considera-se consumado o tipo se o agente pratica todos os elementos de sua definição legal, ou seja, considera-se consumado o homicídio que traz como descrição típica "matar alguém" (art. 121 do CP), se o sujeito efetivamente aperfeiçoa todas as elementares ao subsumir a conduta penal descrita no tipo, ou seja, se ele *mata alguém*. O furto, no mesmo diapasão, estará consumado se o sujeito efetivamente subtrair, para si ou para outrem, coisa alheia móvel (art. 155 do CP), e assim por diante.

No entanto, os crimes podem ser punidos mesmo quando não consumados, em razão da norma do artigo 14, II, do CP, que determina a punição também nos crimes tentados.

Há tentativa quando, iniciada a execução, o sujeito não alcança a consumação por circunstâncias alheias à sua vontade.

O primeiro requisito para que haja tentativa é que já tenha se iniciado a execução. Quando se inicia a execução? Ao menos duas correntes devem ser lembradas.

Prevalece, na doutrina, a teoria do "verbo nuclear", segundo a qual a execução apenas se inicia quando o sujeito pratica o verbo nuclear do tipo, ou seja, apenas se inicia o furto, uma vez iniciada a realização do verbo "subtrair" – tirada clandestina da coisa. Até o momento em que não há "tirada" da coisa, não há que se falar em início da execução, ou seja, há apenas atos preparatórios que, a princípio, são impuníveis. É claro que se com a prática de atos preparatórios de um crime, outro crime já estiver consumado, como, por exemplo, no caso do furto, a invasão de domicílio (assim, por exemplo, temos o caso do sujeito que ingressa na casa alheia para furtar determinado objeto), poderá haver punição por este ato.

Essa primeira corrente tem uma "dissidência": se o tipo for qualificado, o aperfeiçoamento da qualificadora, mesmo sem a realização do verbo nuclear, já é considerado como início da execução (por exemplo, o rompimento de obstáculo no furto – art. 155, § 4º, I, do CP).

A primeira corrente (teoria do verbo nuclear), a princípio, favorece a defesa, pois restringe o sentido de "início da execução", dificultando, assim, a punição pela tentativa.

A segunda corrente, a nosso ver majoritária na jurisprudência, despreza a teoria do "verbo nuclear", ao adotar a chamada teoria "objetivo-material", ou seja, considera-se iniciada a execução no momento em que são praticados atos anteriores à realização do verbo nuclear e que, desde logo, colocam em risco o bem jurídico, ou, ainda, se a ação é desde logo objetivamente orientada para a prática delitiva. Assim, quem realiza qualificadora inequivocamente está objetivamente orientado à prática do crime.

Essa teoria busca ser mais justa, alcançando com maior correção atos que, evidentemente, deveriam ser considerados no início da execução do injusto, mas, por detalhes descritivos do tipo, assim não eram considerados pela primeira teoria. No entanto, acaba sendo, também, mais imprecisa, tanto que, dependendo da argumentação acerca da orientação "inequívoca" do ato praticado, pode ser utilizada pela acusação ou pela defesa.

É possível perceber sua orientação acusatória no exemplo do sujeito que é apanhado após adentrar o quintal cercado de uma determinada residência. Há diversas denúncias, no caso, por tentativa de furto qualificado pela escalada. O argumento é que, se não há outra justificativa para que o sujeito entre no quintal, significa que a ação se dirigia ao furto de algo, ou seja, ao entrar na residência, praticou ato objetivamente inequívoco no sentido de furtar. A presunção, que parte da experiência comum, apenas é afastada com forte prova em sentido contrário e, a princípio, é suficiente a caracterizar a tentativa de furto.

A defesa também pode usar os argumentos da teoria. No exemplo anterior, poderia argumentar que não foi praticado ato inequívoco, pois, ao entrar na casa, o sujeito talvez quisesse guarida para uma noite fria, ou poderia querer observar os donos da casa em momentos íntimos e tantas outras possibilidades. Partindo de tais premissas argumentativas, não há ato inequívoco, e sem este, não há que se considerar iniciada a execução e, assim, inviável a tentativa. Mais ainda, no exemplo do sujeito que entrou em casa alheia, já separou diversos objetos em determinada sacola e é apanhado quando caminhava com ela na direção do muro, é possível argumentar que ainda não há ato inequívoco de furto, pois nada impede que o agente buscasse o quintal apenas para destruir os objetos, em razão de inveja, por não ter condições de possuí-los (o real crime, ainda não iniciado, poderia ser de dano, com pena muito menor). Percebe-se que, nesse exemplo, a primeira corrente já daria como iniciada a execução, porque há início de "tirada" da coisa, e a defesa, utilizando a ideia do ato inequívoco, poderia argumentar que não houve início de execução, partindo da teoria objetivo-material.

Na verdade, a pouca precisão da teoria objetivo-material permite muitas interpretações sobre o mesmo fato, e por tal razão, sofre a crítica de se prestar, em muitos casos, ao arbítrio. De volta ao conceito de tentativa, ou seja, de que "iniciada a execução, o sujeito não atinge a consumação por circunstâncias alheias à sua vontade", percebe-se ser impossível a tentativa nos crimes unissubsistentes, ou seja, naqueles em que o momento do início da execução coincide com o da execução (ex.: injúria verbal direta: na presença da vítima, enquanto não articulada a palavra injuriosa de forma idônea a ofender, impossível falar em início da execução. Terminada a verbalização, está consumado o crime. Não há intervalo entre o início da execução e a consumação). Os crimes omissivos próprios, sempre unissubsistentes, logo, não aceitam tentativa.

Também com base no conceito de tentativa, percebe-se que não é possível tentativa nos crimes culposos, pois o conceito de tentativa exige vontade de alcançar o resultado ou aceitar o risco de sua produção (dolo direto/eventual), incompatível com o crime culposo, em que o sujeito não quer o resultado. Da mesma forma, a tentativa não será possível em crimes preterdolosos, conforme dispõe o artigo 19 do CP, pois não seria possível tentar o resultado culposo que qualifica o crime.

Não é possível, ainda, punibilidade na tentativa de contravenção penal, conforme expressa previsão do artigo 4º da LCP.

Prevalece ser inadmissível a tentativa nos crimes de atentado, também chamados de empreendimento. Em tais casos, a conduta de tentar atingir o resultado vem descrita diretamente no tipo como um crime consumado. Ora, se tentar alcançar o resultado desde logo consuma o crime, inviabiliza-se a incidência da tentativa como causa de diminuição da pena (ex.: art. 352 do CP).

No mesmo diapasão, predomina o entendimento sobre a impossibilidade de tentativa em crime habitual (casa de prostituição, rufianismo), pois não se tenta ter hábito, sem o qual não há relevância penal em tais crimes.

A punição da tentativa, conforme regra geral do artigo 14, II, do CP, se faz com a aplicação da pena do crime consumado, reduzida de um a dois terços. Quanto mais próximo da consumação, menor será a redução. Cabe à defesa, assim, argumentar e demonstrar que o sujeito ainda estava distante da consumação, em busca da redução máxima/pena mínima.

2.3.1.2.2. Desistência voluntária e arrependimento eficaz

Para muitos, não seria necessária a previsão legal das figuras citadas. É que, a partir do conceito de tentativa, seria possível perceber que, nos casos de desistência voluntária e arrependimento eficaz, o sujeito não pode ser punido nem pelo crime tentado nem pelo crime consumado. Para outros, tratar-se-ia de causa pessoal de isenção de pena. De qualquer forma, a consequência do reconhecimento da desistência voluntária ou do arrependimento eficaz é que o autor não responde pela tentativa, mas apenas pelos atos já praticados.

Na desistência voluntária, o sujeito inicia a execução, mas, antes de atingir a consumação, resolve voluntariamente interromper o plano executório. Ex.: sujeito quer matar outro. Possui seis projéteis no tambor da arma de fogo e planeja descarregar a arma no inimigo. Dispara dois tiros e, então, resolve livremente parar com o plano executório. Responderá apenas pelos atos já praticados, que podem configurar lesão gravíssima, grave, leve...

E se, no exemplo referido, não houver lesão? Duas são as posições:

- Para a acusação, é possível argumentar que ao menos um resultado de perigo se concretizou, ou seja, é possível punição por crime de periclitação da vida e da saúde ou disparo de arma de fogo. É a posição que atualmente prevalece.
- Para a defesa, é possível argumentar que não deve responder por nada, pois não há ato praticado relevante, não há resultado, e o dispositivo legal trata de uma medida de política criminal que visa a estimular o sujeito que já iniciou a execução a frear sua empreitada e, assim, evitar lesões, que têm sempre maior repercussão negativa na sociedade. Dessa forma, a oferta do Estado seria: "pare enquanto não provocou qualquer lesão e não será punido". Com isso, o estímulo à parada do processo executório seria maior e a finalidade protetiva do Direito Penal seria realmente alcançada – o crime de perigo não quer simplesmente punir a situação de perigo, mas, sim, evitar a lesão. Se a ausência de punição no crime de perigo pode impedir a lesão, a pena deve ser afastada para que o ordenamento atinja seu objetivo.

A desistência deverá ser espontânea, ou basta que seja voluntária? Basta que seja voluntária, ou seja, necessita, apenas, que o sujeito deixe de continuar no plano executório, mesmo podendo prosseguir. O conselho de terceiro ou o pedido da vítima não afastam a voluntariedade da desistência. A regra de Frank, famosa, é: "na tentativa, quero, mas não posso (prosseguir na execução para alcançar a consumação). Na desistência voluntária, posso, mas não quero".

Aqui, a acusação tentará demonstrar que o sujeito não desistiu do plano executório, mas, sim, que a isso foi coagido (chegada de terceiros, polícia...), ou que simplesmente imaginou já ter alcançado o resultado (como acertou dois disparos, imaginou já ter matado e não descarregou a arma); a defesa buscará demonstrar que houve desistência (apesar de ter acertado dois disparos, a vítima estava viva, e ele poderia descarregar a arma se, mesmo depois dos primeiros tiros, quisesse mesmo matar) e que ela foi voluntária (a simples chegada de terceiros, desarmados e incapazes de impedir a execução ou mesmo reconhecer o atirador, não impede o prosseguimento da execução).

No arrependimento eficaz, o mesmo raciocínio deve ser empregado. A diferença é que, aqui, o sujeito, após completar o seu plano criminoso mas antes de atingir a consumação, atua de forma voluntária e eficaz a impedir que ela ocorra. É o caso do sujeito que, após descarregar a arma em terceiro, o leva voluntariamente ao hospital, colabora em seu tratamento e, assim, impede que a vítima morra. Como já referido, restará afastada a tentativa, e o autor responderá apenas pelos atos já praticados.

2.3.1.2.3. *Arrependimento posterior*

Se o arrependimento eficaz é assim chamado porque é eficaz para impedir a consumação, o arrependimento posterior, ora estudado, tem esse nome por ser posterior à consumação.

É causa de diminuição de pena prevista no art. 16 do Código Penal, que exige 3 requisitos:

a) Crime sem violência ou grave ameaça;

b) Voluntária reparação do dano ou restituição da coisa;

c) Que a reparação ou restituição ocorra antes do recebimento da denúncia ou queixa.

Presentes os requisitos, a pena deverá ser diminuída de 1/3 a 2/3, mesma fração da tentativa. Prevalece que a diminuição será tão mais intensa quanto mais rápida a reparação ou restituição.

A legislação traz casos especiais de arrependimento posterior, que podem afastar a relevância penal do fato ou mesmo extinguir a punibilidade, dentre os quais destacamos:

i) No crime de estelionato por meio da emissão de cheque sem fundos, a reparação do dano até o recebimento da denúncia afasta a relevância penal do fato – Súmula 554 do STF;

ii) No peculato culposo (art. 312 §2 do CP), a reparação do dano até o trânsito em julgado da sentença condenatória extingue a punibilidade e, se posterior, diminui a pena em metade (art. 312 §3º do CP).

iii) Nos crimes contra a ordem tributária que consistam em sonegação fiscal, o pagamento integral do débito a qualquer tempo extingue a punibilidade (art. 9 §2º da Lei 10684/03).

2.3.1.3. *Nexo de causalidade*

É a ligação de causa e efeito entre conduta e resultado, tendo relevância, também, para os chamados crimes materiais quanto ao resultado.

Para avaliar se um determinado evento pode ou não ser considerado causa de um resultado, utiliza-se o critério da eliminação hipotética, ou seja, afasta-se mentalmente o evento da cadeia causal e verifica-se se, também hipoteticamente, o resultado teria ocorrido nas mesmas circunstâncias. Se a resposta for positiva, significa que o evento afastado não era causa do resultado. Se há alteração do resultado ou de suas circunstâncias, o evento pode ser considerado causa.

> Ex.: "A" dispara com arma de fogo contra "B", e este morre em razão dos ferimentos. Exclua o disparo mentalmente da cadeia causal e o resultado, hipoteticamente, não ocorreria. Assim, o disparo pode ser considerado causa.

O critério, suficiente para resolver a maioria das situações, é consequência da adoção da teoria da equivalência dos antecedentes pela nossa legislação penal, que traz, no entanto, uma exceção (art. 13, § 1º, do CP). No caso de superveniência de causa relativamente independente, considera-se rompida a relação causal entre conduta e resultado. Mas o que é uma causa superveniente relativamente independente? É aquela que ocorre após a conduta e, apesar de precisar da conduta para gerar o resultado, não se encontrava em sua (da conduta) linha de desdobramento previsível e esperada.

> Ex.: "A" atravessa sinal vermelho com seu veículo e vem a atropelar "B", que atravessava a rua de forma regular. O atropelamento gera fratura da perna de "B". Chamado o resgate, a ambulância vem a se chocar, no caminho, com outro veículo, tendo como resultado um incêndio, que causa a morte de "B". Com o critério da eliminação hipotética, bastaria eliminar mentalmente a conduta de atravessar o sinal vermelho e verificar que o resultado morte não ocorreria, pois "B" sequer estaria na ambulância. A princípio, assim, a conduta de atravessar o sinal vermelho é causa da morte. No entanto, aqui, aplica-se a exceção da causa superveniente relativamente independente: o incêndio é posterior ao atropelamento, ou seja, é causa superveniente. É causa independente, pois um incêndio não está na linha de desdobramento previsível de um atropelamento em razão de transgressão do semáforo. É apenas relativamente independente, pois, sem a conduta de atropelar "B", o resultado morte por queimadura não teria ocorrido (sem o atropelamento, "B" não estaria na ambulância). Assim, como a causa superveniente relativamente independente rompe o nexo causal, o atropelamento não poderá, nesse caso, ser considerado causa

do resultado ("A" poderá responder, no máximo, pelas lesões culposas já aperfeiçoadas antes do transporte pela ambulância).

Em suma, em matéria de nexo de causalidade, enquanto a acusação buscará argumentar com a amplitude da equivalência dos antecedentes, trabalhando argumentos sobre o critério da eliminação hipotética, a defesa buscará demonstrar a inexistência de nexo de causalidade, com (con)causas absolutamente independentes ou supervenientes relativamente independentes, que rompem o nexo causal.

O conceito de concausa já não é tão utilizado pela doutrina, eis que a concausa não deixa de ser considerada "causa". Ainda assim, vale considerar que concausa é a causa que concorre paralelamente à conduta para gerar o resultado.

Nem toda ligação de causa e efeito é, no entanto, natural. A lei penal traz, ainda, a ligação normativa no caso dos crimes omissivos impróprios, ou seja, hipóteses em que o sujeito é responsável pela produção de um resultado, ainda que não o tenha causado naturalisticamente, ou seja, ainda que se omita de qualquer ação em relação ao resultado, como já havíamos comentado sobre o crime omissivo. Para parte da doutrina, no lugar do nexo de casualidade entra o "nexo de evitação". São as situações em que a lei atribui ao sujeito o dever de agir para impedir determinados resultados, ou seja, atribui ao sujeito a condição de garante. As hipóteses estão no artigo 13, § 2º, do CP:

a) dever legal (a lei civil manda os pais alimentarem os filhos);

b) o chamado dever contratual (babá que aceita tomar conta de criança pequena e a deixa brincar com facas e garfos, vindo a ferir-se);

c) dever de ingerência: aquele que, com conduta anterior, provoca o risco da geração do resultado (sujeito que acende fogueira em acampamento, criando o risco de que o fogo se alastre).

Demonstrada existência da ligação normativa do artigo 13, § 2º, o "sujeito garantidor" torna-se conectado ao resultado que deveria evitar, ou seja, sua conduta se torna, a princípio, penalmente relevante (não significa que necessariamente será responsabilizado por isso, pois podem estar afastados o dolo e a culpa, ou pode, ainda, estar sob o manto de uma excludente de antijuridicidade).

2.3.1.4. Tipicidade

Tipo é sinônimo de modelo. Os tipos penais trazem modelos de condutas reguladas pelo direito penal. A maior parte são tipos incriminadores, mas também há os tipos permissivos, como no caso das descriminantes, e explicativos (como o que traz o conceito de funcionário público). Trataremos aqui da tipicidade incriminadora.

2.3.1.4.1. *Tipicidade formal*

O juízo de tipicidade tecnicamente é avaliado como o grau de adequação da conduta à moldura típica em abstrato. Apenas há tipicidade se a adequação é perfeita, ou seja, nenhuma das elementares pode deixar de ser "preenchida" pelo fato. A falta de qualquer das elementares leva à irrelevância penal do fato, uma vez que a tipicidade incriminadora é reflexo do princípio maior da legalidade, ou seja, apenas conduta previamente descrita como criminosa pode ser assim considerada. Trata-se da garantia máxima do direito penal, que permite ao indivíduo conhecer o exato espaço de sua liberdade.

Assim, no tipo do furto, faltando alguma das elementares (por exemplo, se faltar a elementar "para si ou para outrem", ou seja, se a subtração foi apenas para uso e devolução em seguida, e não para que a coisa ingressasse no patrimônio alheio), o fato é atípico, pela inadequação da conduta à descrição legal (tratamos no exemplo do chamado furto de uso, que é fato formalmente atípico).

Importante discussão sobre a realização de elementar do tipo ficou consagrada nos embates sobre os efeitos do não exaurimento da via administrativa sobre a existência de tributo nos crimes contra a ordem tributária, os quais resultam em sonegação de tributo. Para boa parte da doutrina, enquanto não esgotada a via administrativa, não está aperfeiçoada a tipicidade, pois o Estado não tem certeza se presente a elementar "tributo", eis que a existência da obrigação ainda está sendo discutida. Para outra corrente doutrinária, a tipicidade existe desde a prática da conduta pelo réu, e é a punibilidade que só se aperfeiçoa a partir do término do procedimento administrativo. De qualquer forma, é pacífica a orientação sobre a inviabilidade de persecução penal antes do término do procedimento administrativo nos crimes contra a ordem tributária do artigo 1º, I ao IV, da Lei n. 8.137/90, como esclarece a Súmula Vinculante 24 do STF: "Não se tipifica crime material contra a ordem tributária, previsto no art. 1º, incisos I a IV, da Lei 8.137/1990, antes do lançamento definitivo do tributo".

2.3.1.4.2. *Tipicidade material*

A tipicidade pode, ainda, ser considerada sob seu aspecto material, ou seja, a partir da investigação de que condutas a norma queria proibir. É certo que, ao prever a conduta de "subtrair coisa alheia móvel para si ou para outrem", o legislador não quis incriminar a conduta daquele que subtrai palito de fósforo do sujeito que abriu uma caixa e espalhou os palitos no chão para brincar com seus filhos. Indiscutível que houve a subtração (tirada) de uma coisa alheia móvel (palito) para si, mas certamente não foi tal conduta ínfima aquela que o legislador quis tratar com pena mínima de um ano de privação de liberdade. Sendo assim, surgem os princípios da insignificância e da adequação social como limitadores da tipicidade material.

Pelo princípio da insignificância, os fatos que não causarem sensível ruptura no tecido social não podem ser considerados típicos, pois não é intenção do ordenamento punir bagatelas. Assim, o furto de quantia irrisória, a ofensa ínfima à integridade física, o porte irregular de um único projétil de arma de fogo comum, devem ser considerados fatos irrelevantes para o direito penal, pela atipicidade material. Quanto ao presente tema, a acusação tenta demonstrar que há necessidade de pena no caso em concreto, enquanto a defesa aponta a desproporcionalidade da reação, bem como a insignificância do fato para o tecido social.

Ainda sobre a insignificância, há argumento acusatório hoje reconhecido nas cortes superiores defendendo que a reincidência afasta a insignificância, pois a repetição da conduta torna necessária a intervenção penal, que poderia ser afastada em fato isolado. O argumento crítico (tese de defesa) é que, ao se considerar a reincidência como fator para aferir a tipicidade material, se leva o exame da vida pregressa do autor à tipicidade, privilegiando o sempre repudiado direito penal do autor.

Por fim, três importantes súmulas do STJ relacionam-se ao princípio da insignificância:

Segundo a Súmula 589 "*É inaplicável o princípio da insignificância nos crimes ou contravenções penais praticados contra a mulher no âmbito das relações domésticas.*"

Já a Súmula 599 diz que "*O princípio da insignificância é inaplicável aos crimes contra a administração pública.*"

A Súmula 606 do STJ consolida que "Não se aplica o princípio da insignificância aos casos de transmissão clandestina de sinal de internet via radiofrequência que caracterizam o fato típico previsto no artigo 183 da lei 9.472/97".

Pelo princípio da adequação social, que é um dos inspiradores da moderna teoria da imputação objetiva, não deve ser considerada relevante para o direito penal a conduta que, apesar de incidir formalmente em algum tipo penal, é considerada normalmente adequada. Assim, furar a orelha de uma menina recém-nascida para colocar brinco pode parecer, a princípio, conduta típica de lesão corporal, mas na verdade é atípica, porque se trata de conduta socialmente aceita. A venda de produto "pirata", nos termos da Súmula 502 do STJ, não é socialmente adequada e configura crime. Da mesma forma, a criação de riscos permitidos (adequados), como o ato de oferecer viagens de avião para pretensa vítima, em situação na qual o avião se envolve em acidente fatal para os passageiros, incorrendo no resultado morte. Viajar de avião é arriscado, mas o risco é permitido, sendo certo que a criação de tal risco não pode ser considerada conduta típica. Em uma sociedade sofisticada e que convive com tantos riscos, como a nossa, os exemplos se avolumam.

2.3.1.4.3. Tipicidade subjetiva: dolo e culpa

O tipo pode ser considerado em seu aspecto objetivo e subjetivo. Objetivo, ao se referir aos aspectos exteriores ao sujeito; e subjetivo, quanto aos aspectos internos ao agente. Sem dolo ou culpa, o fato se torna irrelevante penal, pois não há responsabilidade objetiva no direito penal brasileiro. A tipicidade, em seu aspecto subjetivo, pode ser dividida em dolosa e culposa. A regra é a tipicidade dolosa, e, a princípio, todos os tipos incriminadores são dolosos. Apenas em casos excepcionais, em que há previsão expressa de relevância da culpa (ex.: "se o crime é culposo"), é que se torna relevante a tipicidade culposa.

2.3.1.4.3.1. Tipicidade dolosa

Dolo significa consciência (aspecto cognitivo) e vontade (aspecto volitivo). Quem age com consciência e vontade age com dolo. A ausência de consciência acerca das elementares do tipo afasta o dolo e, necessariamente, a tipicidade dolosa (erro de tipo sobre elementar do tipo incriminador).

O dolo é normalmente classificado em direto e eventual. Direto se o sujeito age para alcançar o resultado (atira para matar), e eventual se o sujeito prevê o resultado e, embora não o queira, assume o risco de sua produção (atira perto da vítima, aceitando o risco de acertá-la de forma fatal). É muito importante conhecer o conceito de dolo eventual para diferenciá-lo da culpa consciente, o que faremos em tópico seguinte.

A prova do dolo é sempre bastante difícil. A partir das circunstâncias, será feita a conclusão da existência do dolo. A acusação sempre parte da premissa de que o homem, racional, tem total consciência de tudo o que faz, e faz porque quer (consciência e vontade = dolo). Ex.: sujeito que adquire carteira de habilitação sem se submeter aos exames oficiais sabe que o documento é falso, pois todos sabem que é impossível adquirir o documento sem tais exames. A defesa partirá da dificuldade em demonstrar a consciência dos fatos, bem como do favor da dúvida, e, ainda, que a diversidade de cultura e sofisticação social dificultam a correta compreensão dos fatos (ausência de consciência = ausência de dolo). Ex.: sujeito que adquire carteira de habilitação sem se submeter aos exames oficiais, mas, embora sabendo que faz algo "errado", acredita que a pessoa que ofereceu o documento tem condição de providenciar documento verdadeiro. Assim, possível argumentar que o sujeito não tem consciência de que usa documento falso, o que permite concluir que não tem o dolo necessário do artigo 304 do CP. Como o artigo 304 não é punido na forma culposa, a ausência de dolo implica atipicidade, com a necessária absolvição do acusado.

2.3.1.4.3.2. Tipicidade culposa

Culpa é a quebra de um dever de cuidado esperado, ou seja, um descuido. Se é previsível que determinada atitude gerará um risco proibido para determinados bens jurídicos, devemos nos abster de tais condutas (lembrar que há riscos aceitos, adequados; como no caso de prosseguir com o semáforo na luz amarela, há risco de colidir com veículo que passa no sinal vermelho, mas é permitido correr tal risco). Exemplos de condutas que devemos evitar, pois rompem o dever geral de cuidado: ultrapassar o semáforo com sinal vermelho, trafegar em alta velocidade com automóvel em local incompatível, deixar recipientes de material de limpeza em fácil acesso de crianças.

A quebra do dever de cuidado imposto a todos é o núcleo da culpa. Como critério para facilitar a instrumentalização da teoria, surge a ideia da previsibilidade objetiva, partindo da conduta tida como descuidada, o resultado lesivo deve ser um desdobramento esperado, previsível. Se imprevisível, não há que se falar em culpa, mas em caso fortuito.

As circunstâncias especiais da pessoa, como nível de instrução, sexo ou condição social, devem ser levadas em consideração? Prevalece que não, sendo o critério utilizado o homem médio, ou seja, o *normal*. Há posição no sentido de que o homem normal/médio não existe e que a ideia de igualdade deve ser respeitada com o tratamento desigual aos desiguais. Assim, apenas pode ser punido por não ter previsto determinado evento aquele que, em suas próprias condições pessoais, tinha condições de prever a situação lesiva. Como reforço da argumentação, vale assinalar que de nada adianta cobrar de alguém que não tenha condições de prever determinada situação, que o faça sob pena de sanção, ou seja, a aplicação da pena em tais casos será desarrazoada e inútil, pela inexistência de fatores retributivos e preventivos.

Assim, na prática, enquanto a acusação buscará demonstrar que o evento era previsível do ponto de vista objetivo (normal, esperado), a defesa buscará demonstrar que era inesperado, incomum, ou, ainda, que o risco criado era permitido/aceito pela comunidade ou pelo ordenamento. Da mesma forma, a condição pessoal do sujeito, capaz de indicar uma anormal capacidade de prever a lesão (para mais ou para menos), pode ser utilizada como instrumento argumentativo pelas partes.

Um novo critério para auxiliar no juízo de previsibilidade das lesões é o princípio da confiança, o qual prevê que aquele que cumpre seus próprios deveres de cuidado terá o "direito" de confiar que terceiros irão corresponder às respectivas expectativas no convívio social, inclusive no cumprimento de suas obrigações e respeito aos respectivos deveres de cuidado. Se eu cumpro meus deveres, não posso ser obrigado a prever que terceiros agirão de forma descuidada, ou seja, em tais casos, o evento deve ser considerado imprevisível do ponto de vista jurídico-penal. Ex.: É previsível que pessoas venham a desrespeitar o sinal vermelho do semáforo nas noites paulistanas? Sim, pois todos sabem que muitos desrespeitam, pelos mais variados motivos. No entanto, do ponto de vista jurídico-penal, sou obrigado a fazer tal previsão e parar meu carro em todos os semáforos com sinal verde, podendo ser responsabilizado se houver choque e lesar motorista que desrespeitou a sinalização? Não, pois tenho o direito de confiar que terceiros irão cumprir seus deveres de cuidado, respeitando a sinalização, e não posso ser responsabilizado pela quebra da expectativa (trazida pela norma, que manda frear com sinal vermelho) por parte de terceiros. A tese pode ser considerada predominantemente defensiva, pois traz critério restritivo da previsibilidade objetiva.

A culpa é classificada como consciente e inconsciente. Será consciente, se o sujeito prevê o resultado, mas acredita que não ocorrerá, confia que é capaz de evitá-lo. Inconsciente, quando o sujeito sequer prevê o resultado, que era objetivamente previsível.

Dolo eventual e culpa consciente são idênticos no que tange à previsão do resultado lesivo, pois em ambos o agente faz tal previsão. A diferença é que no dolo eventual, o sujeito aceita, tolera o resultado lesivo, enquanto na culpa consciente, o agente acredita que irá evitá-lo, ou seja, que não ocorrerá. Ex.: no caso de uma morte advinda de um "racha", a acusação buscará argumentar sobre o notório conhecimento de risco de morte em tais disputas, e quem aceita adentrar em tais competições, necessariamente, tolera seus riscos, proibidos pelo ordenamento. A defesa argumentará que não foi aceito o risco, ainda que previsível o resultado, assinalando que o competidor dos "rachas" tem, a princípio, demasiada confiança em sua capacidade de controlar o veículo, de efetuar manobras complicadas, e acredita realmente ser capaz de evitar colisões e, assim, de afastar eventual lesão. Apesar de prever o resultado, acredita ser capaz de evitá-lo (culpa consciente) por confiar, ainda que de forma injustificada, em sua excepcional habilidade. Apesar da tênue diferença, mais voltada ao aspecto afetivo que ao volitivo ou cognitivo, tratamos de infrações com gravidade bastante diversas: homicídio doloso (com dolo direto ou eventual – pena de 6 a 20 anos, possivelmente qualificado pelo motivo fútil, que leva a pena para 12 a 30 anos), enquanto o crime de competição automobilística não autorizada (racha) com resultado morte traz penas de reclusão de 5 a 10 anos (art. 308, § 2º, do CTB – Lei n. 9.503/97).

2.3.1.4.3.3. *Crime qualificado pelo resultado*

Crime preterdoloso – é aquele em que o legislador fez previsão de uma conduta dolosa com ampliação da pena decorrente de um resultado culposo. Há que se lembrar, nos termos do artigo 19 do CP, sobre a impossibilidade de agravação da pena, mesmo se o resultado não foi provocado ao menos culposamente.

Voltando ao crime preterdoloso, o tema merece atenção, na prática forense, pela difícil produção de prova sobre a previsibilidade objetiva do resultado, ou seja, a necessidade de que o resultado seja realmente culposo. Vale criticar o exemplo, usualmente trazido pela doutrina, de lesão corporal seguida de morte: sujeito desfere soco na vítima, que vem a cair e bater a cabeça contra pedra casualmente encontrada no chão, de tal forma a provocar lesão letal. Será realmente possível considerar objetivamente previsível que, ao bater com a mão no rosto de alguém, a pessoa venha a se desequilibrar e, ainda, a cair no chão, diretamente com a cabeça, em local que haja uma pedra e, ainda, que o choque seja de tal forma grave suficiente a provocar resultado letal? Ora, se a resposta é negativa, o resultado não era objetivamente previsível, não foi produzido por culpa e, assim, não haveria realmente crime preterdoloso. Ainda assim, é exemplo comum de crime preterdoloso na doutrina tradicional.

Em suma, crime preterdoloso é aquele em que, após descrever de forma completa um crime doloso, o legislador prevê um resultado culposo capaz de influir na dosagem da pena, ou seja, dolo no antecedente e culpa no consequente (dolo + culpa). Há, na doutrina, outras categorias de crimes qualificados pelo resultado, como nos casos de dolo + dolo e culpa + culpa. Não oferecem, no entanto, mais peculiaridades, bastando para a análise a aplicação dos ensinamentos relacionados à tipicidade subjetiva em geral.

2.3.1.5. Erro de tipo sobre elementar de tipo incriminador e descriminantes putativas por erro de tipo

"Erro" é a equivocada percepção de uma realidade. Elementar do tipo incriminador é o dado essencial da figura típica, sem o qual ela não persiste como tal (no crime de homicídio, por exemplo, são elementares "matar" e "alguém", pois se elas forem excluídas, o fato deixa de ser homicídio).

Se dolo é consciência acrescida de vontade, aquele que age em erro quanto à elementar, ou seja, aquele que não tem consciência de que está realizando a elementar, tem afastado seu dolo. Assim, o erro de tipo sobre elementar afasta o dolo (ex.: sujeito que pensa atirar em tronco de árvore, mas na verdade acerta terceiro que se encontrava "fantasiado" de árvore para assustar um amigo – nesse caso, o sujeito não sabe que mata alguém, pois imagina disparar contra uma árvore, ou, em outras palavras, não tem consciência de que mata alguém, e, assim, não tem dolo, pois dolo é consciência + vontade). Se o erro for inevitável, ou seja, um erro que qualquer um praticaria, no qual não houve quebra do dever geral de cuidado, ficará também afastada a culpa. Se for evitável, ou seja, se o sujeito foi pouco diligente ao agir e gerou lesão por descuido, responderá por crime culposo, se houver previsão (ex.: sujeito pega aparelho celular de terceiro, que é de outra marca e característica, pensando que é seu. Não tem consciência de que subtrai coisa alheia, ou seja, fica afastado o dolo necessário para o furto. Como foi descuidado, poderia ser punido por furto culposo, se houvesse previsão. Como não há, não responderá por nada).

Descriminantes putativas: descriminantes são as normas que tornam o fato típico desde logo não criminoso, ou seja, são as chamadas excludentes de antijuridicidade. Assim, são descriminantes a legítima defesa, o estado de necessidade, o estrito cumprimento do dever legal e o exercício regular de direito.

A expressão "putativa" vem do latim *putare*, que traduzimos como errado, imaginário. Assim, descriminante putativa é a descriminante errada, imaginária. Dizemos que o sujeito incide em uma descriminante putativa por erro de tipo quando imagina situação de fato que, se existisse, excluiria a antijuridicidade de sua ação típica. Exemplo consagrado é aquele em que o sujeito se encontra com antigo inimigo e, ao perceber que este busca algo dentro do casaco, imagina erroneamente que está na iminência de ser agredido, ou seja, que está em situação de legítima defesa e, por isso, "reage", disparando contra o referido inimigo. Percebe-se, após, que ele apenas buscava um bilhete de reconciliação em seu casaco, ou seja, o atirador não estava em legítima defesa, ainda que assim imaginasse. Para doutrina majoritária, as consequências da descriminante putativa por erro de tipo são semelhantes às do erro de tipo sobre elementar, já estudado: se o sujeito age acobertado por uma descriminante putativa por erro de tipo, fica afastado seu dolo. Se seu erro for inevitável, ficará também afastada a culpa. Se evitável, poderá responder por culpa, se houver previsão legal.

2.3.1.6. Error in persona *(erro sobre a pessoa)* e aberratio ictus *(erro na execução)*

No erro sobre a pessoa, o agente, por equivocada identificação da vítima, atinge pessoa diversa da pretendida. O erro incide sobre "quem é quem", ou seja, o sujeito vê "A" e pensa ser "B", que pretendia atingir. Nesse caso, nos termos do artigo 20, § 3º, do CP, deverá responder como se tivesse atingido a vítima pretendida. No erro na execução, o problema está na imprecisão do golpe, na má pontaria do sujeito. O autor sabe "quem é quem", ou seja, não há erro na identificação da vítima, mas, sim, na direção do golpe, que acaba por atingir vítima diversa da pretendida. A consequência, nos termos do artigo 73 do CP, dependerá de quem foi atingido: se atingido apenas terceiro, as consequências serão idênticas às do erro sobre a pessoa, ou seja, responderá como se tivesse atingido a vítima pretendida. No entanto, se além de atingir terceiro, também atinge quem pretendia, a pena será aplicada de acordo com a regra do artigo 70 do CP (concurso formal).

Importante lembrar, no erro na execução, que suas consequências alcançam, também, a situação excludente de ilicitude: se "A" avança sobre "B" com uma faca para matá-lo, e "B" reage com um disparo de revólver, mas por imprecisão no golpe, atinge "C", responderá, nos termos do artigo 73 do CP, como se tivesse atingido a vítima pretendida, ou seja, como se tivesse acertado seu agressor "A", tendo como desenlace a absolvição pela legítima defesa.

2.3.1.7. Crime impossível

O tema "crime impossível" tem íntima relação com o conceito material de crime, ou seja, com a ideia de que só pode ser considerada criminosa aquela conduta que lesa ou expõe a risco de grave lesão um bem jurídico tutelado. Sem risco ao bem jurídico, não há crime "possível".

A doutrina destaca três categorias de crime impossível:

a) *Por impropriedade absoluta do objeto*: se o objeto material não reveste o bem jurídico, ou seja, quando a atitude do sujeito se dirige a um objeto que não reveste um bem jurídico, como, por exemplo, desferir tiros em um corpo sem vida para matá-lo ou subtrair sacola cheia de lixo, imaginando que continha valores econômicos.

Como não havia bem jurídico protegido (vida e propriedade, respectivamente) nos objetos atingidos, não há que se falar em crime. É que qualquer reação penal, aqui, seria desproporcional, diante da inexistência de ruptura relevante no tecido social.

b) *Ineficácia absoluta do meio*: se o meio escolhido para alcançar o resultado é absolutamente inidôneo. Nesse caso, como o bem não pode ser atingido pelo meio escolhido, há que se considerar impossível o crime. É o caso da pessoa que quer matar terceiro usando os "poderes da mente", ou seja, desejando seu mal intensamente. Por mais que confie no meio escolhido, não atingirá o resultado e, assim, sua atitude não ganha relevância penal.

E se o sujeito ingressa em determinado hipermercado e tenta subtrair objeto colocando-o no bolso? É filmado o tempo todo e abordado na saída pela forte equipe de segurança. A defesa buscará demonstrar a inidoneidade absoluta do meio, ou seja, que ele não tinha mínima chance de conseguir sucesso na empreitada, que o bem jurídico não sofreu risco, ou seja, que o crime era impossível por inidoneidade absoluta do meio. A acusação buscará demonstrar que, no caso concreto, por determinada falha na segurança, era possível a fuga com o objeto, ou seja, que o bem jurídico sofreu risco.

c) *Obra do agente provocador*: se o agente estatal participa do mecanismo causal do crime, tendo tomado providências anteriores, visando a impedir que o bem jurídico seja colocado em risco. No processo penal, as hipóteses são tratadas como flagrantes provocados ou preparados. Exemplo clássico é o do policial que, disfarçado, consegue a confiança de suspeito de roubos na região, e é chamado para participar de empreitada criminosa. Ciente dos detalhes da empreitada, avisa as possíveis vítimas que deixam o local com seu patrimônio, restando apenas grande quantidade de policiais prontos para a prisão em flagrante. Com a chegada do grupo, não há o que roubar, e todos são presos. Ausente o risco ao bem jurídico, não há crime, mas apenas uma ação que pode contribuir para a busca de provas sobre roubos anteriores. A defesa deve tentar demonstrar que o bem jurídico não correu risco, enquanto a acusação buscará o contrário. Vale lembrar que nos termos da Súmula 145 do STF: "Não há crime, quando a preparação do flagrante pela polícia torna impossível a sua consumação." Vale lembrar que o flagrante preparado ou provocado é inválido, exatamente porque trata de crime impossível por obra do agente provocador, ou seja, um fato atípico, que obviamente não legitima prisão em flagrante.

2.3.2. Antijuridicidade

Todo fato típico é, a princípio, antijurídico. Apenas deixará de ser se presente causa excludente da antijuridicidade. As causas excludentes de ilicitude são legítima defesa, estado de necessidade, estrito cumprimento do dever legal e exercício regular de direito.

Além das referidas causas legais, previstas no artigo 23 do CP, são aceitas na doutrina e na jurisprudência causas extralegais excludentes de antijuridicidade, entre as quais se consagra o consentimento do ofendido.

Requisito subjetivo das excludentes de ilicitude: para ser beneficiado por uma excludente de ilicitude, prevalece que o sujeito deve conhecer a situação de fato que justifica sua conduta. Assim, se "A" vislumbra seu inimigo "B" pela fresta da janela e efetua disparo letal, sem saber que, naquele momento, "B" se encontrava na iminência de matar "C", não será absolvido pela legítima defesa de "C", ainda que objetivamente tenha salvado sua vida. Como não conhecia a situação de fato e a iminente agressão de "B" em "C", não poderá ser beneficiado com a legítima defesa de terceiro.

2.3.2.1. Legítima defesa

Há cinco requisitos:

a) Injusta agressão

Agressão é a conduta lesiva humana. Injusta, desde que não acobertada por excludente de antijuridicidade. A princípio, toda agressão é injusta, desde que na situação o agressor não esteja protegido por uma excludente.

b) Atual ou iminente

Atual é a que está acontecendo, e iminente, a que está para acontecer.

c) Bem jurídico próprio ou de terceiro

É preciso que o bem tenha proteção por parte do ordenamento, podendo ser próprio ou de terceiro. É, ainda, necessário que haja proporcionalidade, razoabilidade entre o bem protegido e o atingido na reação defensiva.

d) Meios necessários

São os menos lesivos ao alcance do agente, suficientes para afastar a agressão.

Deve ser levada em consideração a perspectiva humana, ou seja, não é necessária exatidão na avaliação da necessidade, ou, ainda, na expressão consagrada, é desnecessária a precisão da balança de farmácia, ou do ourives. Basta que o meio não seja evidentemente desnecessário para que o requisito esteja satisfeito. Se houver excesso, o sujeito responderá por ele, a título de dolo ou culpa, conforme o caso.

e) Uso moderado

É o emprego dos meios necessários da forma menos lesiva suficiente a afastar a agressão. Da mesma maneira que nos meios necessários, o sujeito responderá pelo excesso.

Presentes os requisitos ora arrolados, não haverá injusto penal e, assim, não haverá crime, pois excluída a antijuridicidade.

Com a Lei 13.964/19, ressalta-se que, que, presentes os requisitos da legítima defesa, deve ser reconhecida a legítima defesa na ação do agente de segurança que repele agressão ou risco de agressão a vítima mantida refém durante a prática de crime.

2.3.2.2. Estado de necessidade

Para salvar de perigo atual não criado voluntariamente pelo agente, bem jurídico próprio ou de terceiro, é necessário sacrificar outro bem, desde que razoável o sacrifício.

Importante a ponderação sobre a existência de perigo atual não criado pelo agente, até porque quem cria o perigo tem o dever de evitar o dano que dele decorre.

Se for possível, sem risco pessoal, salvar os dois bens, não será possível alegar estado de necessidade.

A ponderação sobre razoabilidade do sacrifício também é importante, pois, se evidentemente o sacrifício não era razoável, ou seja, foi sacrificado bem de grande valor para salvar outro de menor valor (sacrifício de vida em prol do patrimônio), não há estado de necessidade, embora o juiz possa diminuir a pena.

É comum a alegação de estado de necessidade para afastar a ilicitude em situações como a do furto famélico, em que o sujeito subtrai bem que permite a satisfação imediata (sacia a fome, o frio etc.) de sua necessidade.

2.3.2.3. Estrito cumprimento do dever legal

Quem atua no estrito cumprimento de um dever "jurídico" não pode contrariar a ordem "jurídica", ou seja, não pode praticar fato considerado pela lei antijurídico. São exemplos clássicos o oficial de justiça que arresta e remove um bem, e o policial que dá cumprimento a mandado de prisão. O primeiro não está praticando crime de furto, embora subtraia coisa alheia para outrem, e o segundo não está praticando crime de sequestro, embora prive alguém de sua liberdade. Há, nos dois casos, estrito cumprimento do dever legal.

2.3.2.4. Exercício regular de direito

Da mesma forma que, no estrito cumprimento do dever legal, quem atua de acordo com a ordem jurídica não pode praticar fato antijurídico. São atividades reguladas e, muitas vezes, fomentadas pelo ordenamento, como o caso dos tratamentos médicos e das atividades esportivas. O lutador de boxe, apesar de desferir socos no rosto de seu oponente, não responderá pelas lesões causadas, desde que se mantenha dentro dos limites regulados do esporte. Se, em vez de desferir socos, chutar ou morder o adversário, estará se excedendo ao regular exercício da atividade e, assim, responderá pelo excesso na forma culposa ou dolosa, conforme o caso.

2.3.3. Culpabilidade

É o juízo de reprovabilidade sobre aquele que poderia e deveria agir de acordo com o direito. É a censurabilidade do comportamento, levando-se em consideração as peculiaridades do sujeito e de suas circunstâncias.

Há três causas que excluem a culpabilidade arroladas na doutrina brasileira: inimputabilidade, falta de potencial consciência da ilicitude (sinônimo de erro de proibição inevitável) e inexigibilidade de conduta diversa.

Além de tais causas, que serão examinadas a seguir, são reconhecidas também na jurisprudência causas supralegais que excluem a culpabilidade, como o estado de necessidade exculpante, sempre relacionados com a aplicação por analogia da inexigibilidade de conduta diversa.

2.3.3.1. *Inimputabilidade*

Considera-se inimputável aquele que, em razão de doença mental ou desenvolvimento mental incompleto ou retardado, não tinha ao tempo da ação ou omissão condições de compreender o caráter ilícito de sua conduta ou portar-se de acordo com tal entendimento. O inimputável, assim, não entende que o que faz é proibido, ou, ainda que o entenda, não consegue se controlar. É preciso que tal falta de autodeterminação seja causada por doença mental ou desenvolvimento mental incompleto ou retardado.

Se o inimputável pratica injusto penal, ou seja, fato típico e antijurídico, é absolvido de forma imprópria e recebe medida de segurança. Se sequer pratica fato típico, ou se age acobertado por excludente de antijuridicidade, será absolvido normalmente (propriamente), não recebendo qualquer sanção.

O semi-imputável é aquele que, em razão de doença mental ou desenvolvimento mental incompleto ou retardado, perde parcial capacidade de compreender o caráter ilícito de sua conduta e porta-se de acordo com tal entendimento. Nesse caso, se praticar injusto penal, receberá pena reduzida ou medida de segurança (jamais as duas sanções cumulativas, uma vez que não se adota mais o sistema duplo-binário, mas, sim, o vicariante, em que as sanções são alternativas).

Conforme o artigo 27 do CP, o menor de 18 anos é inimputável, mas não recebe medida de segurança, uma vez que está sujeito à lei especial (Estatuto da Criança e do Adolescente). No entanto, para efeitos práticos, se o menor de 18 anos é processado em uma Vara Criminal comum, a tese não será de mérito e sim de nulidade por absoluta ilegitimidade do polo passivo da ação.

2.3.3.2. *Embriaguez*

A embriaguez preordenada – sujeito se embriaga para praticar o crime – é circunstância agravante. É muito difícil de ser provada, dependendo normalmente da confissão do acusado. Cabe à defesa evitar tal confissão, e à acusação encontrar outros meios de prová-la, como, por exemplo, quando o sujeito propala que está se embriagando para matar sua esposa.

A embriaguez voluntária ou culposa – sujeito que se embriaga intencionalmente por motivos vários ou que se deixa embriagar por negligência – não influi na culpabilidade, ou seja, o sujeito responde pelo delito normalmente, como se estivesse sóbrio, nos termos do artigo 28, II, do Código Penal. Na verdade, isso ocorre pela ficção jurídica de que responde como se tivesse praticado o crime no momento em que começou a se embriagar, quando era absolutamente livre para escolher entre uma e outra conduta. Trata-se de uma ficção contra o réu, e por isso bastante criticada pela doutrina garantista, ainda que pacífica na jurisprudência, que se apoia na redação do artigo 28, § 2º, do CP, uma vez que o referido dispositivo afasta a culpabilidade apenas no caso de embriaguez advinda de caso fortuito ou força maior (*vide* abaixo). Na doutrina, há forte posição no sentido de que a embriaguez pode afastar o dolo, lembrando que no finalismo o dolo está na conduta típica.

A embriaguez acidental (também chamada involuntária) – sujeito que se embriaga por caso fortuito ou força maior – afasta a culpabilidade, se completa, e diminui a pena, se incompleta, nos termos do mencionado artigo 28, § 2º, do Código Penal.

A embriaguez patológica é doença mental e, assim, afasta a imputabilidade, sendo resolvido o problema por meio das regras da inimputabilidade.

2.3.3.3. Ausência de potencial consciência da ilicitude – Erro de proibição inevitável

Erra sobre a proibição aquele que imagina ser proibido o permitido, bem como aquele que pensa ser permitida a conduta proibida.

O erro de proibição pode ser classificado como inevitável e evitável.

Aquele que não sabe, nem poderia saber nas circunstâncias em que vive, que sua conduta era proibida pelo ordenamento, age em erro de proibição inevitável, que afasta a culpabilidade. A defesa, nesse caso, deve demonstrar que as circunstâncias de vida do sujeito impediam que ele tivesse conhecimento sobre a proibição de seu comportamento, mormente quando se trata de crime previsto em lei recente, especial (alguns crimes ambientais), ou mesmo em lei antiga, mas pouco aplicada (manutenção de casa de prostituição). A acusação buscará demonstrar que o sujeito tinha condições de saber da proibição de sua conduta, valendo-se de indícios como o agir de forma clandestina e dissimulada, pois apenas se esconde aquele que sabe agir de forma errada. Também os meios de comunicação que, informando direta ou indiretamente sobre as proibições, tornam bastante difícil a verossimilhança do erro de proibição.

Se o erro de proibição era evitável, ou seja, se, apesar de ter condições de saber sobre a proibição, se demonstra que o sujeito efetivamente não conhecia a ilicitude de seu comportamento, a pena será reduzida, nos termos do artigo 21 do CP.

2.3.3.4. Inexigibilidade de conduta diversa

A doutrina traz duas causas legais de inexigibilidade de conduta diversa: coação moral irresistível e obediência hierárquica.

a) Coação moral irresistível

Já foi dito que a coação física afasta a própria existência de conduta. Quando, no entanto, a coação é apenas psicológica (moral), se irresistível, afasta-se apenas a culpabilidade. Nesse caso, o coator responderá pelos atos do coagido.

b) Obediência hierárquica

Se há ordem não manifestamente ilegal de superior para inferior, sendo o vínculo público, aquele que obedece tem sua culpabilidade afastada. Só responderá pelo crime o autor da ordem.

Além das causas legais referidas, doutrina e jurisprudência aceitam, como já referido, causas supralegais dirimentes de culpabilidade, seguindo a fórmula genérica da inexigibilidade de conduta diversa.

2.3.4. Causas de isenção de pena

Há casos em que, ainda que reconhecido o fato típico, antijurídico e culpável, a lei traz causas que isentam, desde logo, o poder punitivo do Estado. Exemplos clássicos são as escusas absolutórias do artigo 181 do CP: nos crimes patrimoniais sem violência ou grave ameaça praticados contra ascendentes, descendentes ou cônjuges, apesar de haver fato típico, ilícito e culpável, não há punição, porque desde logo a lei isenta de pena.

A isenção de pena, nesse caso, deriva da conclusão do legislador de que a punição apenas causaria ruptura ainda maior no tecido social, a partir da dissolução definitiva da entidade familiar. Sem a aplicação da pena, a chance de reconstrução da família é maior, daí a isenção de pena. Como o fundamento é a conservação da família, o terceiro que participa da empreitada não é alcançado pela isenção de pena.

Depois do Estatuto da Pessoa Idosa, não há isenção de pena se a vítima conta com 60 anos ou mais na data do fato.

Também há isenção de pena na hipótese do artigo 348, § 2º, do CP (favorecimento pessoal), ou seja, quando quem presta auxílio para que autor de crime consiga se subtrair da ação da justiça for ascendente, descendente, irmão ou cônjuge do criminoso. Possível defender que o companheiro também tem isenção de pena, pela analogia *in bonam partem*.

Se há, desde logo, isenção de pena, não há motivo para que a investigação se inicie, ou seja, até mesmo o mero indiciamento pode ser compreendido como constrangimento ilegal.

2.3.5. Falta de provas

É vedado ao juiz, no processo penal, deixar de decidir pela ausência de provas que demonstrem a culpa ou inocência do acusado. Na incerteza, prevalece a sentença absolutória por falta de provas, na forma do artigo 386, II (falta de prova suficiente sobre a existência do fato), V (falta de prova da autoria ou participação) e VII (falta de prova "em geral"), do CPP.

A acusação, na inicial acusatória, imputa ao denunciado (querelado) a prática de crime. Conforme a regra constante do artigo 156 do CPP, a prova será ônus de quem fizer a alegação. Ora, a partir desse singelo raciocínio, é possível perceber que o ônus da prova pesa sobre a acusação e, dessa maneira, a dúvida é considerada em favor da defesa (*in dubio pro reo*).

O *in dubio pro reo*, no entanto, tem raízes mais profundas: é garantia constitucional que ninguém será considerado culpado até o trânsito em julgado de sentença condenatória, o que implica ampla regra de tratamento, pois não "considerar culpado" não pode ter outro significado de que "não será tratado como culpado". Conjugando a regra com o postulado da dignidade da pessoa humana (art. 1º, III, da CF/88), influenciada, ainda, a compreensão do tema pela Declaração Universal de Direitos Humanos ("art. 11. Toda pessoa acusada de um ato delituoso tem o direito de ser presumida inocente, até que a sua culpa tenha sido provada de acordo com a lei, em julgamento público, no qual lhe tenham sido asseguradas todas as garantias necessárias à sua defesa") e pelo Pacto de São José da Costa Rica – Convenção Interamericana de Direitos Humanos ("art. 8º, 2. Toda pessoa acusada de um delito tem direito a que se presuma sua inocência, enquanto não for legalmente comprovada a sua culpa [...]"), não há como negar o *in dubio pro reo*, resultado inafastável da evolução do Direito Penal no sentido da democracia.

Assim, quer pela força da norma constitucional, quer pelo regulamento da legislação processual penal, cabe à acusação provar que houve o crime e, se não se livrar de seu ônus a ponto de afastar a dúvida razoável, ou seja, se não houver certeza da prática de crime, o réu deve ser absolvido.

Daí a necessidade de argumentos persuasivos por parte da acusação (é certo que houve crime..., é evidente que o acusado foi o autor da agressão...) e da estratégia da defesa de apontar as falhas do quadro probatório (a prova não foi suficiente..., a principal testemunha não foi arrolada por negligência do acusador..., a perícia não foi realizada, apesar de ser crime que deixa vestígio..., as testemunhas são contraditórias...).

Os elementos de convicção obtidos na fase de inquérito policial não podem ser considerados suficientes para a condenação (art. 155 do CPP). Tais elementos têm como destinatário o titular da ação, para que tenha apoio (justa causa) à propositura da denúncia ou queixa, e não se submetem ao contraditório, que é garantia constitucional. A defesa tem o direito de participar da produção da prova, produzindo-a, impugnando-a, o que não é possível na fase inquisitiva, mas apenas na judicial. Daí o entendimento da jurisprudência de que, na ausência de provas obtidas em juízo, mediante contraditório, deve ser o réu absolvido, ou, no mínimo, anulada a sentença: "Nulidade da sentença condenatória fundamentada exclusivamente em elementos colhidos em inquérito policial e em procedimento administrativo" (STF, HC 83.864-DF, rel. Min. Sepúlveda Pertence).

Controvérsia: a defesa admite que houve a prática de fato típico, mas alega que o acusado agiu em legítima defesa. Cabe à acusação demonstrar que não incidiu a excludente, ou à defesa demonstrar, sem dúvidas, que ela ocorreu? A dúvida sobre a legítima defesa aproveita ao acusado. É que a acusação deve demonstrar que houve crime e, para que haja crime, a ação deve ser, além de típica, também antijurídica. Mais, e ainda, os princípios constitucionais referidos é que devem orientar a compreensão da norma legal, e não o contrário. Assim, havendo dúvida (razoável) sobre a existência ou não de excludente de legítima defesa, como não há prova suficiente de que houve crime, o acusado deve ser absolvido por força do *in dubio pro reo,* nos termos do artigo 386, VI, *in fine,* do CPP: "O juiz absolverá o réu, mencionando a causa na parte dispositiva, desde que reconheça: (...) VI – existirem circunstâncias que excluam o crime ou isentem o réu de pena (ou seja, arts. 20, 21, 22, 23, 26 e § 1º do art. 28, todos do Código Penal), ou mesmo se houver fundada dúvida sobre sua existência."

Sobre a inexistência de exame de corpo de delito nas infrações que deixam vestígios, *vide* tópico específico em "nulidades".

Até mesmo para o indiciamento ou para a propositura da ação, é necessário o mínimo de elementos probatórios (justa causa), sem os quais o indiciamento não se aperfeiçoará, e a ação penal não pode ser proposta; uma vez que a simples existência de indiciamento já é suficiente para trazer constrangimento ao indivíduo. Maior ainda o constrangimento gerado pelo início da ação. Daí que a denúncia/queixa oferecida sem respaldo de elementos de convicção deve ser rejeitada, e, se não o for, deve ser a ação trancada, pela ausência de "justa causa".

Caso atualmente comum de trancamento de ação por falta de justa causa é a propositura de ação por crime contra a ordem tributária com base em informação provisória da receita federal, ou seja, enquanto há recurso administrativo no qual se discute a existência do tributo. Ora, se a própria existência do tributo ainda é controversa perante o Estado-Administração, não pode ser considerada criminosa a conduta de não recolher o suposto tributo, como manda a Súmula Vinculante 24 do STF: "Não se tipifica crime material contra a ordem tributária, previsto no art. 1º, incisos I a IV, da Lei 8.137/1990, antes do lançamento definitivo do tributo".

2.3.6. Teses "subsidiárias de mérito"

Sabe-se que o Estado busca a certeza da prática de infração penal para a imposição da pena. A defesa, no processo penal, além do pleito absolutório, visa a impedir exatamente a aplicação de pena, sendo a sanção penal a mais grave forma de ingerência estatal na liberdade do indivíduo. Curioso, assim, que tão pouca importância seja dada à aplicação da pena, quando comparada com o estudo da teoria da lei penal ou teoria do crime.

A pena deve estar prevista em lei (princípio da legalidade das penas) e, se há margem de liberdade ao juiz na fixação de determinados patamares (está ao prudente arbítrio do juiz quantificar, na pena, a influência de uma circunstância judicial, uma agravante, uma atenuante) punitivos, também é verdade que toda manobra decisória deve ser suficientemente fundamentada, e sempre com apoio na lei. Especial relevo merece a decisão que agrava a situação do condenado, ou seja, impõe pena superior ao mínimo previsto na legislação. Nesses casos, é ainda mais consagrada a necessidade de suficiente motivação. Se a causa de aumento de pena foi revogada, retroage em favor do réu, ainda que já haja trânsito em julgado em seu desfavor, pela regra do artigo 2º, parágrafo único, do CP.

Possível arguir tal tese nas seguintes hipóteses, entre outras:

a) **Desclassificação**: Nesse caso, o condenado pratica fato típico, mas não aquele descrito na inicial. Pratica, sim, um fato menos grave, mas o Ministério Público recusa-se a aditar a denúncia, sobrevindo condenação (é de se ver que a partir da Lei n. 11.719/2008 todas as espécies de *mutatio libelli* requerem o aditamento da denúncia). Nesse caso, a partir das premissas já referidas sobre a tipicidade, deverá ser requerida a correta classificação do fato. Dois casos (exemplificativos) em que há peculiar ocorrência de desclassificação:

a.1) Quando, apesar de presente a tipicidade objetiva, está ausente a tipicidade subjetiva necessária para o crime mais grave, ou seja, o sujeito não tinha a "intenção" necessária para que sua conduta fosse classificada em determinada infração, mas, sim, em outra mais leve. É o caso do sujeito que ofende a integridade corporal de terceiro, mas sem dolo, ou seja, se processado por lesão corporal dolosa, deve ser desclassificado para culposa. O mesmo com o sujeito que adquire coisa que é produto de crime, mas sem saber da origem espúria. Nesse caso, ainda que denunciado pelo crime de receptação doloso, deverá haver desclassificação para receptação culposa, se presente a culpa.

a.2) Cooperação dolosamente distinta: no caso de concurso de agentes, se resta demonstrado na instrução criminal que um dos acusados apenas aceitou participar de infração de menor gravidade, conforme a regra do artigo 29, § 2º, do CP, responderá nos limites de seu dolo, no máximo com aumento de pena no caso de ser previsível a infração mais grave. Assim, se o sujeito aceitou participar de um furto, colaborando com o transporte (leva os comparsas até o local do crime), mas no local vem a ocorrer um latrocínio pela inesperada chegada da vítima, não poderá responder pelo latrocínio, mas, sim, pelo furto, limite de seu dolo. No caso, ainda que denunciado por latrocínio, não há justa causa para tal excessivo rigor punitivo, devendo ser o fato desclassificado para sua correta adequação típica, qual seja, furto.

b) **Dosimetria da pena**: discute-se a existência de figura qualificada ou privilegiada, a pena-base, os agravantes, os atenuantes, as causas de aumento e diminuição de pena, além da espécie de concurso de crimes.

As qualificadoras são circunstâncias que alteram os limites mínimo e máximo da pena-base, como é o motivo torpe no homicídio e o rompimento de obstáculo no crime de furto. Aqui, a argumentação pesa sobre a ocorrência ou não da circunstância narrada na qualificadora, e o reconhecimento ou afastamento pode ter consequências drásticas, como é o caso do homicídio que, simples, não é (a princípio) hediondo, mas ganha tal gravame se incide a qualificadora. As figuras privilegiadas em sentido estrito funcionam da mesma forma, ou seja, têm limites mínimo e máximo menores do que o tipo-base.

Na primeira fase do sistema trifásico, deve o juiz considerar eventuais circunstâncias judiciais. Circunstâncias judiciais são aquelas previstas no artigo 59 do CP (culpabilidade, antecedentes, motivos, personalidade etc.). Não é possível aqui, por determinação legal, que o cotejo das circunstâncias leve a pena acima ou abaixo dos limites previstos no preceito secundário do tipo. Também não há previsão legal sobre o *quantum* do incremento ou abrandamento da pena decorrente do reconhecimento das circunstâncias, o que fica ao prudente arbítrio do juiz, embora o STJ recomende, majoritariamente, o uso da fração de 1/6 da pena para cada circunstância desfavorável. No entanto, se não houver circunstância judicial especialmente desfavorável, caberá à defesa requerer que a pena-base seja fixada no mínimo.

Nessa fase, inquéritos em andamento ou processos sem condenação com trânsito em julgado podem ser levados em consideração em prejuízo do indivíduo? Não, nos termos da Súmula 444 STJ: "*É vedada a utilização de inquéritos policiais e ações penais em curso para agravar a pena-base.*"

Na segunda fase do sistema trifásico, o juiz deverá considerar eventuais agravantes e atenuantes. Agravantes são aquelas previstas nos artigos 61 (reincidência, o fato de o crime ter sido praticado contra ascendente, descendente, cônjuge etc.) e 62 (relacionadas ao concurso de agentes) do CP, e atenuantes as previstas no art. 65 (menoridade relativa, confissão espontânea etc.) do CP, com a ressalva da previsão genérica do art. 66 do CP. Não há determinação legal para o *quantum* de acréscimo ou diminuição no caso de agravantes e atenuantes (e o próprio STJ flexibiliza o critério jurisprudencial de incremento ou minoração de 1/6 por circunstância), e o artigo 67 do CP traz critérios para a solução do conflito de circunstâncias. Assim, é sempre possível argumentar excesso de rigor ou brandura na valoração das circunstâncias, buscando o incremento ou a amenização da pena. É amplamente majoritário que, nessa fase, a pena não pode vir aquém, nem ir além, dos limites previstos para a pena-base, mas é possível argumentar a possibilidade com base na dicção da lei, que manda "sempre" atenuar a pena. Ora, se a pena-base é fixada no mínimo e há atenuante, a única forma de cumprir o preceito da lei é permitir que a pena seja levada abaixo do limite da pena-base. Outro argumento é que não se pode punir da mesma forma aquele que não tem a seu favor nenhuma atenuante e aquele que as tem em abundância. A defesa deve buscar que sejam reconhecidas atenuantes e afastadas agravantes, de acordo com o caso concreto.

Nessa fase, merece especial destaque o tema da reincidência. Para caracterizá-la o artigo 63 do CP, exige que o sujeito pratique novo crime após o trânsito em julgado de sentença condenatória por crime anterior. Frisando: a prática do novo crime deve ser posterior ao trânsito em julgado da condenação anterior. No entanto, é comum o erro de considerar que toda condenação definitiva pode gerar reincidência, ainda que a prática do novo crime seja anterior ao trânsito em julgado da condenação anterior.

Importante lembrar, também, que a reincidência não é eterna. Nos termos do artigo 64, I, do CP, passados 5 (cinco) anos da extinção da pena, contado o período de prova do *sursis* e do livramento condicional, o sujeito volta a ser primário.

Além de influenciar, como agravante na dosimetria da pena, o tema merece especial atenção dadas as suas inúmeras consequências, já que a reincidência pode impedir a conversão da pena em restritiva de direitos, impedir o *sursis* e aumentar o lapso necessário para o livramento condicional.

Na terceira fase do sistema trifásico, o juiz deverá considerar eventuais causas de aumento e diminuição de pena. Causas de aumento são aquelas que incrementam a pena em fração, e causas de diminuição aquelas que, da mesma maneira, diminuem a pena. É causa de aumento o emprego de arma de fogo (aumento de 2/3) no roubo (art. 157, § 2°-A, I, do CP), e é causa de diminuição o arrependimento posterior, que manda reduzir a pena de 1/3 a 2/3 (art. 16 do CP). Além de argumentar quanto à existência da majorante, também é o caso de discutir sobre o *quantum* do aumento, quando variável, como é o caso do roubo. Da mesma forma, havendo minorante, a defesa deverá pleitear que seja aplicada no seu grau máximo.

No caso do crime de roubo, foi famosa a controvérsia sobre a intensidade do aumento no caso da presença de mais de uma das causas previstas no artigo 157, § 2º. Para a primeira corrente, o aumento de 1/3 a 1/2 (um terço à metade) deveria ter como critério o número de causas de aumento, ou seja, se presente apenas uma causa, o aumento seria o mínimo de 1/3 (um terço), e se presentes 3 ou mais causas, o aumento seria 1/2 (metade). Esse entendimento, que normalmente era prejudicial ao réu, foi afastado pela Súmula 443 do STJ: "O aumento na terceira fase de aplicação da pena no crime de roubo circunstanciado exige fundamentação concreta, não sendo suficiente para a sua exasperação a mera indicação do número de majorantes."

Por fim, no concurso de pessoas, deve ser considerado que a dosimetria da pena será individualizada para cada um dos concorrentes. Por força da comunicabilidade de dados típicos, regida pelo artigo 30 do CP, se há concurso de pessoas, as elementares sempre se comunicam e é por tal razão que todos os colaboradores respondem pelo mesmo crime (quem colabora com funcionário público para a prática de peculato responde, também, por peculato, ainda que não seja funcionário público, desde que tenha conhecimento da qualidade funcional de seu comparsa). No entanto, ao fixar a pena no concurso de pessoas e considerar as circunstâncias (qualificadoras, agravantes e atenuantes e causas de aumento e diminuição de pena), é necessário ponderar se tais circunstâncias podem ser classificadas como objetivas ou subjetivas. Objetivas são as que se referem a dados externos ao sujeito, ao fato "em si", como o local do crime, o instrumento do crime, as condições de tempo; subjetivas são as que se referem ao sujeito e à sua especial reprovabilidade, como os motivos, as finalidades, relações de parentesco etc. Apenas as objetivas se comunicam, não as subjetivas. Assim, se um roubo em concurso de pessoas é praticado com emprego de arma, como a arma é instrumento do crime (circunstância objetiva), todos que sabem de sua existência vão responder pelo roubo com a causa de aumento, pois ela se comunica. No entanto, se o roubo é praticado contra o pai de um dos agentes do delito, a circunstância de ser o crime praticado contra ascendente é subjetiva, e, assim, não incidirá sobre todos os colaboradores, mas apenas àquele que efetivamente tem a referida relação de parentesco.

Por fim, a última etapa da quantificação da pena consiste no exame de eventual concurso de crimes.

Sabe-se que a regra geral, no caso de concurso de crimes, é o concurso material, ou seja, no caso de prática de mais de um crime, as penas devem ser somadas. No entanto, para evitar distorções, há previsão de outras espécies de concurso, em que a pena é simplesmente exasperada.

Há concurso formal próprio se, mediante uma só ação ou omissão, o sujeito alcança mais de um resultado criminoso, tendo apenas um desígnio (só uma representação de resultado, ou, majoritariamente, só buscava atingir um dos resultados produzidos). Nesse caso, em vez de ter as penas somadas, a lei permite que seja aplicada apenas a pena do crime mais grave, acrescida de um sexto à metade.

No caso de crime continuado, uma sequência de crimes é punida como se fosse um só, com a pena exasperada, desde que presentes os seguintes requisitos:

i. Crimes de mesma espécie: prevalece que são aqueles que estão no mesmo tipo legal, mas há entendimento ampliativo, aceitando aqueles que violam o mesmo bem jurídico;

ii. Semelhantes condições de tempo: embora não haja previsão legal, a jurisprudência fixou até 30 (trinta) dias de limite entre um crime e outro. É claro que o limite pode ser flexibilizado em prol da razoabilidade;

iii. Semelhantes condições de lugar: até cidades vizinhas costumam ser consideradas mesmas condições de lugar na jurisprudência;

iv. Semelhante modo de execução: para os tribunais superiores, é esse o principal critério legal para distinguir o crime continuado da simples habitualidade delitiva, pois é necessário que o meio escolhido seja semelhante na série de crimes (uso de determinada arma, de determinada abordagem...), revelando a verdadeira continuidade. Em muitos casos, no entanto, flexibilizando o mandamento legal, esse critério não é levado em consideração.

Violando a letra da lei, é comum que os Tribunais exijam, ainda, um requisito subjetivo para o crime continuado, que seria a unidade de plano criminoso, ou, seja, unidade de desígnios, com a necessidade que o autor veja a série de atos criminosos como um só, pois um ato seria a continuação do outro. Enquanto a acusação busca sustentar tal requisito, que muito dificulta o reconhecimento do crime continuado (é muito difícil provar a unidade de plano criminoso), a defesa normalmente critica o requisito, que seria ilegal, pois é invenção dos tribunais e não consta do art. 72 do CP.

Como o critério da exasperação apenas foi criado para beneficiar o condenado, quando sua aplicação resultar em situação mais gravosa (o que é raro), as penas devem ser somadas, pelo que se denomina "concurso material benéfico".

c) Regime inicial de cumprimento de pena: Para a fixação do regime inicial de cumprimento de pena, a primeira medida é notar qual espécie de pena privativa de liberdade será aplicada, uma vez que apenas a reclusão admite regime inicial fechado. A detenção e a prisão simples não admitem.

O principal critério orientador na fixação do regime inicial de cumprimento de pena é a quantidade de pena, nos termos do artigo 33, § 2º e alíneas, do CP. No caso de reclusão, se a pena não supera 4 (quatro) anos, são possíveis os regimes aberto, semiaberto ou fechado, apenas admitindo-se regime mais grave que o aberto em razão de excepcional circunstância do crime ou em caso de reincidência. Se supera 4 (quatro), mas não excede 8 (oito), podem ser impostos os regimes iniciais semiaberto e fechado, mais uma vez só prevalecendo o fechado em razão de circunstâncias de específica gravidade do crime ou reincidência. Se a pena supera 8 (oito) anos, apenas poderá ser estabelecido regime fechado.

A reincidência implicaria, pela lei, a fixação do regime mais severo possível para a espécie de pena (no caso da reclusão, regime fechado, independentemente da quantidade da pena). Apesar da dicção da lei, a Súmula 269 do STJ permite a aplicação de regime semiaberto aos reincidentes condenados à pena igual ou inferior a 4 (quatro) anos de reclusão, quando favoráveis as circunstâncias judiciais.

Na detenção, se a pena não supera 4 (quatro) anos, são exequíveis os regimes aberto e semiaberto iniciais de cumprimento de pena, prevalecendo o aberto no caso de inexistência de circunstância que aponte a especial gravidade do fato concretamente analisado ou reincidência. Jamais o regime inicial será fechado, repita-se, embora seja viável no caso de regressão. Se a pena supera 4 (quatro) anos, apenas aplicar-se-á o regime semiaberto, mais grave para a espécie de pena. No caso de reincidência, a lei manda aplicar o regime mais severo possível, qual seja, o semiaberto.

A lei abre uma exceção que permite ao juiz fixar regime inicial mais gravoso, mesmo ao primário, desde que as circunstâncias do crime, em concreto, indiquem tal gravame. No entanto, apenas as circunstâncias do crime concretamente considerado é que podem legitimamente fundamentar tal operação, não bastando considerações sobre o crime em abstrato. Assim, em crime de roubo, por exemplo, não basta ao juiz repetir que o crime de roubo é grave porque cometido mediante violência, eis que nada fala do caso concreto, mas sim do crime em abstrato. Há até mesmo súmulas do STF no sentido da insuficiência dos argumentos lançados sobre a gravidade em abstrato do crime: Súmula 719 do STF: "A imposição do regime de cumprimento mais severo do que a pena aplicada permitir exige motivação idônea." E, ainda, Súmula 718 do STF: "A opinião do julgador sobre a gravidade em abstrato do crime não constitui motivação idônea para a imposição de regime mais severo do que o permitido segundo a pena aplicada."

Muito comum uma contradição interna da sentença condenatória na fixação da quantidade e do regime inicial de cumprimento da pena: é que o juiz, muitas vezes, fixa a pena no mínimo legal, por entender que são favoráveis as circunstâncias, e no momento seguinte, fixa regime mais grave do que o permitido pela lei, interpretando que as circunstâncias são desfavoráveis. Para evitar tal contradição, o STJ editou a Súmula 440: "Fixada a pena-base no mínimo legal, é vedado o estabelecimento de regime prisional mais gravoso do que o cabível em razão da sanção imposta, com base apenas na gravidade abstrata do delito."

Repita-se: é preciso motivação com base em dados concretos do fato. A edição das súmulas foi necessária porque muitos julgados aplicavam (especialmente) ao crime de roubo regime mais gravoso que o admitido na lei, com base na gravidade em abstrato do roubo, ou seja, porque entendia o julgador que o regime admitido na lei era brando demais.

A atual redação da Lei de Crimes Hediondos impõe regime inicial fechado de cumprimento de pena, independentemente da quantidade de pena aplicada. No HC 111.840, o STF entendeu ser inconstitucional tal previsão, por ferir o princípio constitucional da individualização da pena.

Vale lembrar que, nos termos do artigo 387, § 2º, do CPP, o juiz deverá computar (descontar) o tempo de prisão provisória ou internação provisória antes de fixar o regime inicial de cumprimento de pena.

d) **Substituição da pena privativa de liberdade por restritiva de direitos ou suspensão condicional da pena**: Os institutos previstos nos arts. 44 e 77 do Código Penal abrandam a condenação e, portanto, devem ser requeridos pela defesa, nas peças cabíveis, desde que preenchidos os seus respectivos requisitos.

2.4. O PROBLEMA DA PROVA ILÍCITA

Em um Estado Democrático de Direito, os fins não justificam os meios: em busca de provas para a condenação, o Estado não pode ferir os limites impostos pela legislação, sob pena de derrocada de toda a estrutura constitucional. Por tal razão, provas ilícitas não são admitidas.

A Constituição Federal proclama serem inadmissíveis, no processo, as provas obtidas por meios ilícitos (art. 5º, LVI, da CF/88). A lei estende a inadmissibilidade, também, para as provas derivadas, em razão da consagrada teoria dos frutos da árvore envenenada. Exceção legal: no caso de provas derivadas, o Código de Processo Penal as admite quando provêm de uma fonte independente, mal definida no artigo 157, § 2º, do CPP, como "(...) aquela que por si só, seguindo os trâmites típicos e de praxe, próprios da investigação ou instrução criminal, seria capaz de conduzir ao fato objeto da prova".

As provas ilícitas devem ser desentranhadas dos autos (art. 157, *caput*, do CPP), e não poderão influir no convencimento do juiz. Por essa razão, o reconhecimento da ilicitude de dados/provas colhidos durante o inquérito policial pode resultar em ausência de justa causa da ação penal, pois deverão ser desconsiderados. Da mesma forma, o reconhecimento da ilicitude da prova de acusação poderá permitir desate absolutório, eis que a suposta prova da culpa foi desconsiderada. Normalmente, a prova ilícita irá gerar como tese, na peça, a de falta de prova. Assim, o candidato dever requerer seu desentranhamento e inutilização (efeitos previstos no art. 157 do CPP) e então a consequência da falta de prova (por exemplo, a absolvição por falta de prova do art. 386, VII, do CPP, em caso de memoriais ou de apelação do procedimento comum).

Dentre os mais comuns exemplos de prova ilícita, podemos arrolar:

a) Prova obtida mediante tortura;

b) Oitiva do suspeito detido pela polícia, sem informá-lo de seu direito constitucional de permanecer calado, bem como avisar a família e ter assistência de um advogado;

c) Prova obtida mediante busca e apreensão irregular, como aquela que viola o domicílio sem ordem judicial ou desrespeita a proibição de ingresso na casa do sujeito durante a noite, ainda que com ordem judicial, ressalvadas as hipóteses de flagrante ou acidente. Embora muito comum, é também ilícita a busca e apreensão em local diverso daquele que consta do mandado;

d) Infiltração de agentes para investigação de crimes previstos na Lei de Drogas, sem atendimento aos requisitos do artigo 53 da Lei n. 11.343/2006, como a prévia autorização judicial após oitiva do Ministério Público;

e) Interceptação telefônica ilegal: o artigo 5º, XII, da CF/88 estabelece como regra a inviolabilidade do sigilo das comunicações telefônicas, salvo para fins de investigação criminal e instrução processual penal, na forma da lei. A Lei n. 9.296/96 regulamenta o assunto e determina diversas restrições à interceptação telefônica, como (I) prévia autorização do juiz competente; (II) indícios razoáveis de autoria e participação; (III) inviabilidade de produção das provas por outros meios; (IV) crime punido com reclusão; (V) descrição clara do objeto da investigação, e, se possível, identificação dos investigados. Se qualquer uma das referidas condições for violada, a interceptação é irregular e a prova obtida será considerada ilícita (*lato sensu*).

Peças em Espécie

3.1. AGRAVO EM EXECUÇÃO PENAL

3.1.1. Cabimento – Artigo 197 da Lei n. 7.210/84

Na sistemática do direito brasileiro, a partir da reforma realizada em 1984, separou-se, no âmbito do processo penal, a ação penal de conhecimento da ação de execução penal.

A ação penal de conhecimento vai da denúncia até o trânsito em julgado da decisão penal condenatória. Tramita, em primeira instância, perante uma das varas criminais e se submete, em regra, às normas estabelecidas no Código de Processo Penal e na legislação extravagante.

O processo de execução penal, por sua vez, inicia-se com a recepção da guia de execução (guia de recolhimento, em caso de penas privativas de liberdade) pela vara de execução e vai até o fim do cumprimento ou extinção da pena, de acordo com o disposto nos arts. 105 a 109 da Lei de Execução Penal (Lei n. 7.210/84).

> **ATENÇÃO**
>
> Observe-se que, embora não tenha havido revogação expressa, entende-se que a maior parte (mas não a totalidade) do Livro IV do CPP foi revogada tacitamente pela Lei de Execução Penal, que passou a disciplinar a matéria. As matérias que não foram tratadas pela Lei de Execução Penal continuam disciplinadas pelo CP ou CPP.

O legislador, ao promover a separação do processo de execução, criou também um novo recurso no processo penal, cabível especificamente para as decisões proferidas pelo juiz da execução. É o que consta expressamente do artigo 197 da Lei n. 7.210/84: "*Das decisões proferidas pelo Juiz caberá recurso de agravo, sem efeito suspensivo.*"

Ao contrário do que acontece com o recurso em sentido estrito, a lei não prevê um rol taxativo das decisões que desafiam o agravo em execução penal. Assim, toda e qualquer decisão proferida pelo juiz da execução enseja a interposição do recurso em questão.

É muito importante que o candidato observe as seguintes regras:

- decisão do juiz da execução pode ser impugnada por recurso de agravo em execução penal, não por RESE;
- o prazo para a interposição do agravo em execução penal é de 5 dias (Súmula 700 do STF), pois prevalece que a ele se aplica o procedimento do recurso em sentido estrito (art. 586, *caput*, do CPP), em face da ausência de previsão específica na Lei de Execução Penal.

Portanto, basta que a decisão emane do juiz da execução para desafiar agravo em execução. Assim, a título meramente ilustrativo e exemplificativo, arrolaremos a seguir uma série de decisões que, por serem de competência do juiz da execução (conforme o disposto no art. 66 da Lei de Execução Penal), ensejam o recurso de agravo em execução.

a) Decisão que aplicar ou deixar de aplicar lei posterior mais favorável

A possibilidade da *novatio legis in mellius* está prevista no artigo 2°, parágrafo único, do CP e beneficia até mesmo o réu condenado por decisão já transitada em julgado. O pedido de aplicação de lei nova mais benéfica, depois do trânsito em julgado da decisão condenatória, deve ser feito, em regra, por petição ao juiz da execução e, se for negado o pedido, interpõe-se agravo em execução penal, conforme o disposto na Súmula 611 do STF.

b) Decisão que declarar ou deixar de declarar extinta a punibilidade

Trata-se aqui, evidentemente, da hipótese de causa de extinção da punibilidade já na fase de execução. Das decisões sobre extinção da punibilidade proferidas durante o processo de conhecimento, como já se viu, cabe recurso em sentido estrito (art. 581, VIII e IX, do CPP) ou apelação (art. 593, § 4º, do CPP), dependendo do caso.

As causas de extinção da punibilidade que atingem o processo de execução são: morte do agente (art. 107, I, do CP); anistia, graça ou indulto (art. 107, II, do CP, sendo que as duas últimas só podem ocorrer na execução); *abolitio criminis* (art. 107, III, do CP); prescrição da pretensão (art. 107, IV, do CP); término de cumprimento da pena; fim do prazo do *sursis* (art. 82 do CP) e do livramento condicional (art. 90 do CP) sem que tenha havido revogação. Em todos esses casos, o pedido deve ser feito ao juiz da execução e, se este o negar, caberá recurso de agravo em execução penal.

c) Decisão que conceder ou negar unificação das penas

Poderá haver unificação das penas em duas hipóteses: na prevista no artigo 75 do CP (quando a soma das penas ultrapassar 40 anos) e na prevista nos artigos 70 e 71 do mesmo diploma (concurso formal de infrações e crime continuado).

Na hipótese de concurso formal, determina a lei processual (art. 77 do CPP) que os vários crimes que o formam sejam, na fase de conhecimento, reunidos em um só processo, em virtude da continência por cumulação objetiva. Já o crime continuado, por uma ficção jurídica, é considerado uma unidade delitual, de modo que todos os eventos que compõem a cadeia de continuação delitiva devem ser objeto de um mesmo processo, firmando-se a competência, quando envolvidas duas ou mais jurisdições, pela prevenção (art. 71 do CPP). Se assim for feito, tanto no concurso formal próprio quanto no crime continuado, o juiz da causa, na sentença, irá desde logo dosar a pena por exasperação: aplica-se a pena de um só dos crimes, se idênticas, ou da mais grave, e eleva-se de um sexto até metade (concurso formal próprio) ou de um sexto a dois terços – ou, em caso de crime continuado específico ou qualificado, eleva-se até o triplo (art. 71, parágrafo único, do CP).

Mas o fato é que, nessas situações, se por qualquer razão forem instaurados processos distintos e que já tenham sentença, a unificação das penas (ou seja, o reconhecimento do concurso formal ou do crime continuado, bem como a fixação da pena por exasperação) será feita pelo juiz das execuções (art. 82 do CPP).

d) Decisão que conceder ou negar progressão ou regressão de regime

A progressão de regime é corolário do princípio constitucional da individualização da pena (art. 5°, XLVI, da CF/88). Seus requisitos estão contidos no artigo 112 da Lei de Execução Penal (cumprimento de um percentual da pena e boa conduta carcerária).

Ainda sobre o tema da progressão de regime, é interessante conhecer o teor de duas outras súmulas do STJ. A de número 491 consolidou o entendimento de que é inadmissível a progressão por saltos, ou seja, a passagem direta do regime fechado ao aberto. A Súmula 534 firmou posição de que a prática de falta grave interrompe a contagem do prazo para a progressão de regime.

A regressão, por sua vez, encontra assento no artigo 118 da Lei de Execução Penal e só pode ser determinada quando o condenado "praticar fato definido como crime doloso ou falta grave", ou "sofrer condenação, por crime anterior, cuja pena, somada ao restante da pena em execução, torne incabível o regime". Além disso, o condenado será transferido do regime aberto para outro mais rigoroso se frustrar os fins da execução ou não pagar a multa cumulativamente imposta.

e) Decisão que conceder ou negar detração ou remição da pena

A detração está prevista no artigo 42 do CP e consiste no cômputo, na pena privativa de liberdade e na medida de segurança, do tempo de prisão provisória ou de internação. Já a remição tem previsão nos artigos 126 e ss. da Lei de Execução Penal e trata do abatimento de parte do tempo de execução da pena por meio do trabalho ou do estudo.

Caso o juiz decrete a revogação (perda) de até um terço do tempo remido (art. 127 da Lei de Execução Penal), também poderá a parte agravar da decisão (art. 197 da Lei de Execução Penal).

f) Decisão que revogar o *sursis* (arts. 77 a 82 do CP)

Como já exposto, em regra, o *sursis* será concedido ou negado no momento da sentença condenatória e, nesse caso, da decisão cabe apelação (art. 593, § 4°, do CPP). A revogação do benefício, no entanto, é da competência do juiz da execução. Dessa decisão, portanto, cabe agravo em execução penal. As hipóteses de revogação da suspensão condicional da pena estão previstas no artigo 81, *caput*, e § 1°, do CP (revogação obrigatória e facultativa, respectivamente). Caso o condenado entenda não estarem presentes as causas que ensejam a revogação, deve interpor agravo em execução penal.

g) Decisão que conceder, negar, revogar ou deixar de revogar livramento condicional

O livramento condicional é disciplinado pelos artigos 83 e ss. do CP e 131 e ss. da Lei de Execução Penal. Preenchidos os requisitos estabelecidos no citado artigo 83, impõe-se a concessão do livramento, que é direito subjetivo do condenado. No entanto, pode este ser revogado nas hipóteses dos artigos 86 e 87 do CP. Contra qualquer dessas decisões, necessariamente proferidas pelo juiz da execução, cabe o recurso de agravo em execução penal (e não recurso em sentido estrito, como consta do art. 581, XII, do CPP, dispositivo que foi revogado tacitamente pelo art. 197 da Lei de Execução Penal).

A respeito do tema, merece destaque a Súmula 441 do STJ, segundo a qual a prática de falta grave não interrompe a contagem do prazo para o livramento condicional.

Insista-se no que já foi dito: a decisão do juiz da execução desafia recurso de agravo em execução penal, e não recurso em sentido estrito. As hipóteses de recurso em sentido estrito para a execução penal estão revogadas tacitamente pelo artigo 197 da Lei de Execução Penal.

3.1.2. Competência

A Lei n. 7.210/84, ao criar o agravo em execução penal, não estabeleceu qualquer rito para o processamento desse recurso. Destarte, séria controvérsia instaurou-se na doutrina, parte entendendo que o processamento deveria ser o mesmo do agravo de instrumento (do processo civil), parte defendendo que deveria ser o mesmo do recurso em sentido estrito. Esta última posição é a que prevalece, sendo acolhida de forma pacífica pela jurisprudência. Portanto, todos os comentários feitos no capítulo relativo ao procedimento do recurso em sentido estrito se aplicam, de forma idêntica, ao agravo em execução penal. Resumindo: o agravo deve necessariamente ser interposto perante o juiz da execução, que proferiu a decisão recorrida, no prazo de cinco dias (art. 586, *caput*, do CPP, e Súmula 700 do STF). Depois de recebido o recurso, deverão ser intimados agravante e agravado, tendo cada qual o prazo de dois dias para apresentar suas razões e contrarrazões (embora o agravante possa apresentá-las já no ato da interposição), sucessivamente (art. 588 do CPP).

Assim como ocorre com o recurso em sentido estrito, no agravo em execução penal o juiz pode reformar a sua própria decisão (juízo de retratação) e, por isso, não há a possibilidade de juntada das razões diretamente em segunda instância. Se o juiz decidir manter a decisão, deve remeter os autos ao tribunal competente. Caso se retrate e a nova decisão cause prejuízo a alguma das partes, cabe a ela recorrer, por simples petição, independentemente do oferecimento de novas razões ou contrarrazões, se couber recurso (art. 589, *caput*, e parágrafo único, do CPP).

É importante notar que, em sede de execução, ainda que se trate de crime de competência federal, caso o preso esteja cumprindo pena em presídio estadual, sua execução estará sob a competência da vara das execuções criminais estadual. Se no entanto a pena for restritiva de direitos, a execução será na vara das execuções criminais federal.

Sintetizando, o quadro é o seguinte:

Interposição	endereçada ao juiz da execução – juízo de retratação
Razões	a) dirigidas ao tribunal ad quem b) anexas à petição de interposição, endereçada ao juiz a quo c) anexas à petição de juntada, endereçada ao juiz a quo
Contrarrazões	a) dirigidas ao tribunal ad quem b) anexas à petição de juntada, endereçada ao juiz a quo

3.1.3. Legitimidade

Podem interpor o agravo em execução o Ministério Público e o próprio condenado (por meio de advogado, evidentemente). Ainda que a ação penal de conhecimento tenha sido privada, como já visto, a execução inaugura nova relação jurídica processual e desta o querelante não faz parte; portanto, ele não tem legitimidade para pleitear perante o juiz da execução e muito menos para recorrer de suas decisões.

Também não há, na execução, a figura do assistente da acusação. Ainda, o Conselho Penitenciário, embora seja órgão da execução, não tem legitimidade recursal. Em suma: só podem agravar o Ministério Público e o condenado, desde que haja, evidentemente, interesse, ou seja, desde que a decisão cause prejuízo ao Estado ou ao sentenciado, respectivamente.

3.1.4. Prazo

Como já exposto, pacificou-se na jurisprudência o entendimento de que o agravo em execução penal deve seguir rito idêntico ao do recurso em sentido estrito. Tanto é assim que o Supremo Tribunal Federal editou a Súmula 700, da qual consta que "é de cinco dias o prazo para interposição de agravo contra decisão do juiz da execução penal" (art. 586, *caput*, do CPP), pondo fim a qualquer eventual controvérsia que se pudesse criar em face da omissão legislativa. Quanto às razões e contrarrazões, da mesma forma que acontece com o recurso em sentido estrito, têm as partes dois dias para apresentá-las. O fundamento legal da petição de interposição é o artigo 197 da LEP, conjugado com a Súmula n. 700 do STF. O fundamento legal da petição de juntada das razões e das contrarrazões também será o artigo 197 da LEP, cumulado com o artigo 588 do Código de Processo Penal.

É importante notar que a acusação poderá recorrer e, nesse caso, o candidato atuar em favor do condenado. Nesse quadro, interposto o agravo em execução penal por parte da acusação, deverá a defesa apresentar contrarrazões.

As contrarrazões são manifestação do princípio do contraditório e deverá o condenado rebater, ponto a ponto, a argumentação apresentada pelo recorrente. Além disso, é comum que nas provas o recurso tenha sido apresentado fora do prazo legal, de forma que deverá ser requerido, em primeiro lugar, o não conhecimento do recurso. As contrarrazões de qualquer recurso seguem a estrutura geral: (a) petição de juntada; e (b) as contrarrazões propriamente ditas.

A petição de juntada das contrarrazões de agravo em execução penal deve ser endereçada ao juiz da execução. O fundamento legal será o artigo 197 da LEP, combinado com o artigo 588 do CPP.

Já as contrarrazões serão direcionadas ao Tribunal *ad quem* e terão a mesma estrutura que as razões. No pedido das contrarrazões, o candidato poderá requerer que não seja conhecido o recurso (em caso de intempestividade, por exemplo) e, caso seja conhecido, que não seja provido. Assim, teríamos o seguinte exemplo: "Ante o exposto, requer não seja conhecido o recurso da acusação e, caso o seja, requer seja improvido, mantendo-se inalterada a decisão impugnada".

3.1.5. Teses e requerimentos

Na interposição, devem-se requerer: (a) o recebimento e o processamento do recurso; (b) o juízo de retratação, nos termos do artigo 589 do CPP, e, caso mantida a decisão; (c) a remessa do recurso ao Tribunal de Justiça ou ao Tribunal Regional Federal.

Quanto às razões, o recurso de agravo em execução presta-se à reforma de decisões pontuais proferidas pelo juiz das execuções. A parte, portanto, irá sempre alegar o equívoco da decisão agravada, por contrariar princípio ou dispositivo de lei, e requerer a sua reforma, com a concessão do que havia sido antes negado ou a revogação do que havia sido indevidamente determinado.

É importante anotar que se o magistrado negar seguimento ao agravo em execução então o recurso cabível será a carta testemunhável prevista no artigo 639 do Código de Processo Penal.

3.2. APELAÇÃO

3.2.1. Cabimento – Artigo 593 do CPP; artigos 76, § 5º, e 82 da Lei n. 9.099/95

As hipóteses de cabimento estão previstas, na sua maioria, nos incisos I, II e III do artigo 593, além do artigo 416 do CPP. Há também previsão do recurso de apelação no artigo 82 na Lei n. 9.099/95 (que instituiu os juizados especiais criminais). Analisaremos a seguir cada um dos casos.

a) Sentenças definitivas de condenação ou absolvição proferidas pelo juiz singular (art. 593, I, do CPP)

Se o juiz acolher, no todo ou em parte, a pretensão punitiva, impondo pena ao responsável pela infração penal, a sentença será condenatória. Quando, ao contrário, julgar improcedente o pedido da acusação, a sentença será absolutória. Será ainda absolutória a sentença que, reconhecendo a inimputabilidade do acusado (por doença mental), impuser medida de segurança (sentença de absolvição imprópria).

De todas as sentenças condenatórias ou absolutórias cabe apelação, inclusive da absolvição sumária, tanto dos ritos ordinário e sumário (art. 397 do CPP), como do júri (arts. 415 e 416 do CPP). Há apenas duas exceções: A primeira são as decisões absolutórias ou condenatórias proferidas pelos Tribunais nos casos de competência originária (nesses casos, serão cabíveis outros recursos, como o extraordinário, o especial, os embargos etc.). A segunda é a sentença que julga o crime político (art. 109, IV, da CF), da qual caberá recurso ordinário constitucional para o Supremo Tribunal Federal, nos termos do artigo 102, II, "*b*", da CF/88.

b) Decisões definitivas ou com força de definitivas, proferidas por juiz singular, nos casos em que não caiba recurso em sentido estrito (art. 593, II, do CPP)

A classificação dos atos praticados pelo juiz é um dos temas mais controversos entre os autores de processo penal. No entanto, podemos resumir de maneira relativamente consensual os atos do juiz da seguinte forma:

Atos do Juiz	Objetivo	Cabimento de Recurso
Meros despachos	Pronunciamentos do juiz para o regular andamento do feito Ex.: expedição de precatória	Não cabe recurso
Decisões interlocutórias Tem conteúdo valorativo mas não decidem o mérito da causa	- Simples: Solucionam questões relativas à regularidade e à marcha processual sem entrar no mérito da causa ou pôr fim ao processo Ex.: recebimento da denúncia Ex.: decretação de preventiva	Em regra, não cabe recurso
	- Mistas: (chamadas com força de definitivas) Encerram etapa do procedimento ou o próprio processo sem julgamento do mérito da causa Ex.: pronúncia Ex.: rejeição da denúncia ou queixa, impronúncia	Cabe apelação, só se não couber recurso em sentido estrito

Sentenças: Solucionam a lide julgando o mérito da causa	- Absolutórias ou condenatórias	Cabe apelação
	- Terminativas de mérito: (chamadas de "decisões definitivas") Põem fim ao processo, julgam o mérito, mas não condenam nem absolvem o acusado Ex.: extinção da punibilidade	Cabe apelação, só se não couber recurso em sentido estrito

O dispositivo em estudo refere-se às decisões definitivas ou com força de definitivas. Quais são elas?

Decisões definitivas	=	decisões terminativas de mérito.
Decisões com força de definitivas	=	decisões interlocutórias mistas.

Assim, além das sentenças condenatórias ou absolutórias, também desafiam o recurso de apelação as decisões interlocutórias mistas e as terminativas de mérito, contanto que não seja cabível, na espécie, o recurso em sentido estrito. Os casos de adequação do recurso em sentido estrito, por sua vez, estão taxativamente previstos no artigo 581 do CPP. Conclui-se, portanto, que, na sistemática do processo penal, o recurso de apelação é residual. Ou seja, no caso de decisão definitiva ou com força de definitiva é preciso primeiro verificar se não seria cabível o recurso em sentido estrito.

São exemplos de *decisões definitivas* (terminativas de mérito) das quais cabem *apelação*:

a) sentença que julga o pedido de restituição de coisas apreendidas (caso se trate de decisão do delegado, a medida cabível será o mandado de segurança);

b) sentença que acolhe o pedido de sequestro ou especialização de hipoteca legal;

c) sentença que autoriza ou nega o pedido de levantamento de sequestro;

d) sentença que homologa ou não o laudo pericial de pedido de busca e apreensão em crimes contra a propriedade imaterial;

e) sentença que julga o pedido de explicações em juízo;

f) sentença que concede reabilitação.

São exemplos de *decisões com força de definitivas (interlocutórias mistas)* das quais cabe *apelação*:

a) sentença de impronúncia (por força de disposição expressa do art. 416 do CPP);

b) decisão que indefere o pedido de levantamento de sequestro;

c) decisão que remete as partes ao juízo cível no pedido de restituição de coisas apreendidas.

Por fim, os despachos de mero expediente e as decisões interlocutórias simples são irrecorríveis, salvo, neste último caso, quando houver previsão expressa de recurso em sentido estrito (exemplo: decisão que concede liberdade provisória).

c) Decisões do tribunal do júri (art. 593, III, do CPP)

As decisões às quais se refere a lei são as sentenças proferidas pelo tribunal do júri ao final do julgamento da causa em plenário. Assim, tendo o conselho de sentença dado o veredicto, cabe ao juiz presidente, com base naquele, prolatar sentença, fixando a espécie e quantidade da pena, o regime inicial de cumprimento, e decidindo sobre a substituição da pena privativa de liberdade por outra espécie e sobre a concessão do *sursis*. O Juiz decide também sobre agravantes e atenuantes.

Ocorre que, em atendimento ao princípio constitucional da soberania dos veredictos, o tribunal *ad quem* não pode reformar o julgamento firmado pelos jurados, substituindo-o por outra decisão de mérito.

Seu âmbito de atuação é restrito e a própria lei processual se encarrega de traçar seus limites. A apelação de decisão do tribunal do júri é assim chamada recurso de fundamentação vinculada, pois é admissível apenas nos casos expressamente previstos, como passaremos a estudar. Não pode haver ampliação da fundamentação nas razões, nos termos da Súmula 713 do STF: "O efeito devolutivo da apelação contra decisões do júri é adstrito aos fundamentos da sua interposição."

Vale dizer: enquanto na apelação do inciso I podem-se discutir todas as matérias que forem do interesse do recorrente, nesta apelação do inciso III somente se pode discutir os limites do que permitem cada uma das letras do inciso III.

Também se deve ficar atento a aspecto de forma: caso o apelante pretenda recorrer com base em mais de um fundamento, sua interposição deve conter mais de um fundamento. Por exemplo: se quer discutir nulidade e decisão manifestamente contrária à prova dos autos, sua apelação deve se fundamentar nas letras "a" e "d".

É importante que o leitor entenda que não é possível o uso do artigo 386 do CPP em sede de júri, seja na primeira fase, seja na segunda fase do júri. O artigo 386 somente poderá ser utilizado em sede de revisão criminal, quando se tratar de júri.

É comum que se queira, nesta segunda fase do júri, realizar os pedidos da primeira fase (pronúncia, impronúncia, desclassificação e absolvição sumária). Não é possível fazer esse tipo de pedido. Somente serão admitidos os pedidos expressamente previstos no artigo 593, III, abaixo mencionados, sendo possível, além deles, que também seja pedida a extinção da punibilidade (cabível em qualquer peça e a qualquer tempo no processo). Vejamos cada um dos pedidos.

Artigo 593, III, "a", do CPP – As nulidades anteriores à pronúncia, bem como aquelas constantes da própria sentença de pronúncia, deverão ser arguidas em recurso em sentido estrito (com prazo de cinco dias, após a intimação da sentença de pronúncia), sob pena de preclusão temporal. Ressalte-se, entretanto, que, sendo absoluta a nulidade, não se opera em relação a ela a dita preclusão e, dessa forma, pode ser alegada na apelação, devendo-se interpretar extensivamente a alínea "*a*" do inciso III do artigo 593 do CPP.

As nulidades processuais encontram assento no artigo 564 do CPP, que contém inúmeras hipóteses especificamente referidas ao rito do júri (note-se, no entanto, que alguns dispositivos do artigo em questão tornaram-se inaplicáveis em virtude da alteração do procedimento do júri, promovido pela Lei n. 11.689/2008). Normalmente, em sede de exames, as nulidades ocorrerão durante o Plenário ou em falha na elaboração dos quesitos. Deve o candidato ficar atento a isso. Nesses casos, o pedido será de anulação do processo a partir do ato nulo (caso ele ocorra na sessão plenária, haverá a nulidade de toda a sessão plenária). Assim, por exemplo, o pedido seria: que seja anulado o processo a partir da sessão plenária, com fundamento no artigo 564, IV, do CPP.

Artigo 593, III, "b", do CPP – Sentença do juiz presidente contrária à lei expressa ou à decisão dos jurados – Após os jurados que compõem o conselho de sentença terem votado todos os quesitos a eles submetidos, emitindo assim seu veredicto (decisão sobre o mérito da causa), cabe ao juiz presidente do tribunal do júri, com base naquele, proferir a sentença.

Dessa forma, se a sentença é lavrada em desconformidade com o veredicto, cabe, para a correção do erro, recurso de apelação. Suponhamos que os jurados reconheçam o homicídio privilegiado, respondendo positivamente ao quesito relativo ao relevante valor moral, e o juiz condene o réu por homicídio simples. Ou, ainda, que os jurados afastem uma determinada qualificadora e o juiz condene o réu por crime qualificado, ou que os jurados desclassifiquem a infração para crime culposo e o juiz presidente condene por crime doloso.

Também é passível de apelação a sentença do juiz presidente que é contrária à lei expressa. Por exemplo: o juiz nega a suspensão condicional da pena ao réu que preenche todos os requisitos para merecê-la (art. 77 do CP). Assim, por exemplo, o pedido seria, nesse caso: que retifique a sentença, para que seja concedida a suspensão condicional da pena, nos termos do artigo 593, § 1°, do CPP.

Artigo 593, III, "c", do CPP – Erro ou injustiça na aplicação da pena ou da medida de segurança – Cuida-se de combater especificamente a aplicação da pena feita pelo juiz presidente, porque equivocada ou injusta. Suponhamos que, na segunda fase da dosimetria da pena, o magistrado, considerando as agravantes reconhecidas pelos jurados, eleve a pena acima do máximo legal ou que, embora respeitando o limite, aumente a pena além do que seria devido no caso. Pode-se ainda mencionar a hipótese de o juiz presidente, no momento de dosar a pena, reconhecer o concurso material de infrações, aplicando a pena por cúmulo material (soma das penas), enquanto o correto seria reconhecer o crime continuado e aplicar a pena por exasperação (tomar apenas a pena mais grave, ou qualquer das penas, se forem todas idênticas, e elevá-la de 1/6 até o triplo). Frise-se, nesse ponto: a matéria relacionada ao concurso de crimes (concurso material, formal ou crime continuado) é de competência do juiz presidente, e não dos jurados.

Quanto às qualificadoras, causas de aumento e diminuição, sendo matérias de apreciação do conselho de sentença (ao qual serão formulados os quesitos a elas pertinentes – art. 483 do CPP), não podem sofrer modificação direta pelo tribunal, por meio de recurso de apelação. Assim, se os jurados reconheceram o homicídio qualificado e por esse crime foi lavrada sentença condenatória, não pode a defesa apelar sob o fundamento de erro na dosimetria da pena, pleiteando ao tribunal que exclua a referida qualificadora.

Deve, ao contrário, apelar, combatendo a decisão dos jurados que reconheceu a qualificadora (decisão dos jurados contrária à prova dos autos), e requerer que o réu seja submetido a novo julgamento (art. 593, § 3°, do CPP).

Embora caiba aos jurados reconhecer a existência de causa de aumento ou diminuição de pena (art. 483, IV e V), no caso de majorante e minorantes com intervalos variáveis, compete ao Juiz Presidente do Tribunal do Júri quantificá-las.

Então, em relação à sua quantificação pode a parte descontente interpor apelação com fulcro na alínea *c*. Ex.: os jurados reconhecem que o réu teve participação de menor importância (art. 29, § 1º, do CP), o que implica a redução de pena de 1/3 a 1/6. O Juiz Presidente, no entanto, no momento de sentenciar, aplica a redução mínima (1/6) sem explicar motivação idônea. O réu poderia apelar, com fundamento na alínea "c", requerendo ao Tribunal que aplique a causa de aumento no patamar de um terço.

Assim, por exemplo, o pedido seria, nesse caso: que seja retificada a pena para fixar a diminuição em 1/3, por força do artigo 29, § 1º, do CP, nos termos do artigo 593, § 2º, do CPP.

Artigo 593, III, "d", do CPP - Decisão dos jurados manifestamente contrária à prova dos autos - Quando determinada tese, provada nos autos do processo, não for acolhida pelos jurados, é cabível o recurso de apelação com supedâneo na alínea "*d*", em estudo. Assim, por exemplo, se estiver cabalmente demonstrado nos autos que o réu agiu em legítima defesa e o conselho de sentença votar negativamente o quesito relativo à absolvição, ensejando sua condenação, estará decidindo de forma manifestamente contrária à prova dos autos. Também no caso de os jurados não reconhecerem a atipicidade da conduta, negativa de autoria, excludente de culpabilidade, causa de diminuição de pena.

Em suma, toda vez que a parte quiser questionar a decisão dos jurados (art. 483 do CPP), a apelação terá que ser fundamentada na alínea "*d*" e, em atendimento ao princípio constitucional da soberania dos veredictos, o Tribunal de Justiça, acolhendo o recurso, não poderá reformar a decisão substituindo-a por outra, mas apenas conceder à parte o direito a um novo julgamento (art. 593, § 3°, do CPP).

As matérias a respeito das quais cabe ao conselho de sentença decidir são precisamente aquelas arroladas no artigo 483 do CPP.

Dispositivo	Quesitos
483, I	Materialidade do fato
483, II	Autoria do fato
483, III	Qualquer circunstância que conduz à absolvição do réu: – atipicidade (ex.: crime impossível) – excludente de ilicitude (ex.: legítima defesa) – excludente de culpabilidade (ex.: coação moral irresistível) – escusa absolutória (ex.: art. 181 do CP)
483, IV	Causa de diminuição de pena (ex.: o crime de homicídio ter sido praticado por relevante valor moral – art. 121, § 1°, do CP)
483, V	Circunstância qualificadora (ex.: o crime de homicídio ter sido praticado por motivo torpe – art. 121, § 2°, I, do CP) Causa de aumento de pena (ex.: o crime de homicídio ter sido praticado por milícia privada ou grupo de extermínio – art. 121, § 6°, do CP)
483, § 4°	Desclassificação (ex.: o réu é pronunciado por homicídio doloso, mas alega a existência de homicídio culposo, ou o réu é denunciado por tentativa de homicídio, mas alega desistência voluntária e, portanto, a existência de lesão corporal)

Assim, se a defesa ou mesmo a acusação discordar de qualquer dessas decisões por parte dos jurados, deverá haver apelação, para que seja submetido o acusado a novo julgamento. Assim, nesse caso, o pedido seria: requer seja o acusado submetido a novo julgamento, nos termos do artigo 593, § 3º, do CPP.

d) Decisões no rito sumaríssimo (arts. 76 e 82 da Lei n. 9.099/95)

A Lei n. 9.099/95 previu, ainda, mais duas hipóteses de cabimento do recurso de apelação.

Decisão que rejeitar a denúncia ou a queixa – No caso específico do rito sumaríssimo, tal decisão não é atacável por meio de recurso em sentido estrito, e sim de apelação (art. 82 da Lei n. 9.099/95).

Sentença que aplica a transação penal – Prevista no artigo 76, §§ 4º e 5º, da Lei n. 9.099/95, a transação penal consiste na proposta de imposição antecipada de pena não privativa de liberdade. Homologada por sentença a transação, tal decisão é recorrível por via da apelação, no prazo de dez dias.

e) As contrarrazões de apelação

É importante notar que poderá a acusação recorrer e o candidato, nesse caso, estar atuando em favor da defesa. Nesse quadro, manifestada a apelação por parte da acusação deverá a defesa apresentar contrarrazões.

As contrarrazões são manifestações do princípio do contraditório e deverá o acusado rebater, ponto a ponto, a argumentação apresentada pelo recorrente. Além disso, é comum que nas provas o recurso tenha sido apresentado fora do prazo legal, de forma que deverá ser requerido, em primeiro lugar, o não conhecimento do recurso. As contrarrazões de qualquer recurso seguem a estrutura geral: (a) petição de juntada; e (b) as contrarrazões propriamente ditas.

A petição de juntada deve ser endereçada ao juiz da causa. O fundamento legal da petição de juntada das contrarrazões de apelação é o mesmo das razões, ou seja, o artigo 600, *caput*, do Código de Processo Penal (no JECrim, o fundamento legal seria o art. 82, § 2°, da Lei n. 9.099/95).

Já as contrarrazões serão direcionadas ao Tribunal *ad quem* e, até a parte do pedido, terão a mesma estrutura que as razões. No pedido das contrarrazões, o candidato poderá pedir que não seja conhecido o recurso (em caso de intempestividade, por exemplo) e, caso seja conhecido, que não seja provido. Assim teríamos o seguinte exemplo: Ante o exposto, requer não seja conhecido o recurso da acusação e, caso o seja, requer seja improvido, mantendo-se inalterada a decisão impugnada.

f) Observação final sobre o cabimento da apelação: apelação x recurso em sentido estrito

Como já visto, no caso das decisões definitivas ou com força de definitivas, a apelação é residual em relação ao recurso em sentido estrito. É o que prevê o inciso II do artigo 593 do CPP, ao dispor que cabe apelação "das decisões definitivas, ou com força de definitivas, proferidas por juiz singular nos casos não previstos no capítulo anterior" (o qual, por sua vez, estabelece as hipóteses que desafiam o recurso em sentido estrito). O § 4º do mesmo artigo 593, no entanto, determina que, "quando cabível a apelação, não poderá ser usado o recurso em sentido estrito, ainda que somente de parte da decisão se recorra". São incompatíveis os dois dispositivos? Certamente, não. Não obstante a aparente contradição entre eles, o fato é que tratam de situações distintas.

A regra do inciso II cuida apenas da hipótese em que a decisão atacada é definitiva ou com força de definitiva, e consta integralmente entre os casos para os quais está previsto o recurso em sentido estrito.

Já a norma do § 4º aplica-se aos casos em que a decisão atacada é condenatória ou absolutória. Ocorre que é possível que o juiz, ao condenar ou absolver, decida também sobre questão que enseja recurso em sentido estrito. Ex.: na sentença condenatória, o juiz nega o *sursis*. Sendo sentença condenatória, o recurso próprio para seu reexame é a apelação. No entanto, consta do artigo 581, XI, do CPP que da decisão que nega o *sursis* caberia o recurso em sentido estrito. Suponhamos que o condenado queira recorrer da sentença, mas apenas no tocante à negação do *sursis*. Que recurso deve escolher: a apelação ou o recurso em sentido estrito? Apelação, que é o meio próprio para atacar uma sentença condenatória. Da mesma forma, a sentença condenatória que não acolhe a alegação de extinção da punibilidade, que cassa a fiança, que concede o *sursis*. De todas essas, o recurso cabível é a apelação. Teremos, portanto, o seguinte quadro:

art. 593, II, CPP: decisões definitivas ou com força de definitivas	se couber recurso em sentido estrito, utiliza-se este; caso contrário, utiliza-se apelação
art. 593, I, e § 4º, CPP: decisões condenatórias ou absolutórias	utiliza-se sempre a apelação, ainda que somente de parte da decisão se recorra

3.2.2. Competência

O recurso de apelação deve necessariamente ser interposto perante o juiz de primeiro grau que proferiu a sentença ou a decisão apelada. Satisfeitos os pressupostos recursais, o juiz receberá a apelação, mandará processar o recurso e intimará as partes a apresentar, sucessivamente, as razões e as contrarrazões do recurso. Oferecidas, enviará os autos à superior instância para julgamento. Nada impede, entretanto, que a parte recorrente anexe, já no momento da interposição, as suas razões, prescindindo de ulterior intimação. Dessa forma, a petição de interposição deve ser sempre endereçada ao juiz de primeiro grau. Já as razões e contrarrazões, embora juntadas perante o juízo *a quo*, deverão ser dirigidas ao tribunal *ad quem*, que é o órgão competente a examiná-las. Como se juntam as razões e contrarrazões? As razões podem vir anexas à petição de interposição. Caso a parte recorrente prefira interpor o recurso e aguardar a intimação para a apresentação de razões, estas deverão ser precedidas de uma petição de juntada, endereçada ao juiz de primeira instância. Já no caso das contrarrazões, deverão sempre vir anexadas a uma petição de juntada, dirigida ao juiz da causa.

É possível, outrossim, excepcionalmente e apenas caso o recorrente assim o requeira, a juntada das razões diretamente perante o tribunal *ad quem* (art. 600, § 4°, do CPP). Nessa hipótese, também perante o tribunal, serão juntadas as contrarrazões de apelação. Em ambos os casos, a peça deverá ser precedida de petição de juntada, endereçada ao desembargador relator do recurso interposto.

Interposição	endereçada ao juiz *a quo*
Razões	a) dirigidas ao tribunal ad quem b) anexas à petição de interposição c) anexas à petição de juntada endereçada ao juiz a quo d) anexas à petição de juntada endereçada ao relator do recurso no tribunal ad quem
Contrarrazões	a) dirigidas ao tribunal ad quem b) anexas à petição de juntada endereçada ao juiz a quo c) anexas à petição de juntada endereçada ao relator do recurso no tribunal ad quem

3.2.3. Legitimidade

Segundo dispõe o artigo 577 do CPP, o recurso de apelação "poderá ser interposto pelo Ministério Público, ou pelo querelante, ou pelo réu, seu procurador ou seu defensor". Acrescente-se a esta, a regra do artigo 598 do mesmo diploma, segundo a qual, se da sentença não for interposta apelação pelo Ministério Público no prazo legal, o ofendido, ou quaisquer das pessoas enumeradas no artigo 31, ainda que não tenha se habilitado como assistente, poderá interpor apelação, que não terá, porém, efeito suspensivo.

a) Apelação do Ministério Público

O Ministério Público poderá apelar sempre que houver sentença total ou parcialmente desfavorável à acusação nos crimes de ação penal pública. Interposto o recurso, não poderá o Ministério Público dele desistir, nos termos do artigo 576 do CPP.

b) Apelação do querelante

Poderá apelar sempre que for a parte sucumbente em processo de ação privada. Em face do princípio da disponibilidade, poderá também desistir do apelo que houver interposto.

c) Apelação do assistente da acusação

Como já visto, da mesma forma que a lei permite ao ofendido mover a ação penal privada em caso de crime de ação pública, quando o Ministério Público não o faz no prazo legalmente assinalado, assim também faculta a ele o recurso de apelação, caso o Ministério Público não apele de sentença favorável ao réu. Destarte, pode o ofendido (ou, no caso de estar morto ou ausente, seu cônjuge, ascendente, descendente ou irmão) apelar, mas apenas supletivamente (subsidiariamente), ou seja, apenas se o Ministério Público não tiver apelado.

É preciso que o ofendido tenha previamente se habilitado como assistente da acusação? Não. Mesmo aquele que até então não havia integrado a relação processual é parte legítima para a interposição do recurso subsidiário.

Pode o assistente da acusação apelar de sentença condenatória, para elevar a pena imposta na sentença ou revogar a concessão de determinado benefício? Embora haja divergência doutrinária, prevalece que sim, mas desde que haja inércia do Ministério Público.

Importante notar é que o prazo para a apelação do assistente de acusação irá variar conforme esteja ele habilitado formalmente no processo ou não. Caso esteja habilitado, caberá o recurso no prazo de 5 (cinco) dias (posição do STF); caso contrário, no prazo de 15 (quinze) dias (art. 598, parágrafo único, do CPP). O prazo inicia-se imediatamente após o término do prazo para o Ministério Público (Súmula 448 do STF).

d) Apelação do réu

É parte legítima para interpor apelação, sempre que a sentença ou decisão lhe tenha gerado sucumbência. Pode o réu apelar de sentença absolutória? Excepcionalmente sim, mas apenas para mudar a fundamentação da absolvição para outra que lhe seja mais favorável.

De acordo com o artigo 65 do CPP, "faz coisa julgada no cível a sentença penal que reconhecer ter sido o ato praticado em estado de necessidade, em legítima defesa, em estrito cumprimento do dever legal ou no exercício regular de direito".

Quer dizer que, absolvido no juízo criminal sob algum desses fundamentos, ficará o réu a salvo de eventuais repercussões cíveis ou administrativas do ato praticado, já que a inteligência do artigo 66 significa que se a absolvição reconhecer a inexistência do fato, também impedirá a propositura de ação civil ou consequências administrativas.

Caso o acusado seja absolvido por falta de provas ou por atipicidade da conduta, poderá recorrer objetivando a mudança no fundamento da absolvição para que ela se dê pelos incisos I, IV ou VI, primeira parte, do artigo 386 do CPP, o que irá fazer que haja a produção de efeitos civis da sentença penal.

3.2.4. Prazo

O prazo para a interposição do recurso de apelação é de 5 (cinco) dias (art. 593, *caput*, do CPP). Isso quer dizer que a parte tem 5 (cinco) dias para manifestar o desejo de recorrer. O termo inicial do prazo é a data da audiência, se a sentença for aí proferida e a parte estiver presente (o que, com o procedimento instituído pela Lei n. 11.719/2008, passou a ser a regra), a data em que a parte manifestar nos autos ciência inequívoca da decisão ou a data da intimação.

A contagem do prazo deve seguir a regra do artigo 798 do CPP, ou seja, exclui-se o dia do começo e inclui-se o do final. A Súmula 310 do STF determina que, se a intimação tiver lugar na sexta-feira, o prazo terá início na segunda-feira imediata, salvo se não houver expediente, caso em que começará no primeiro dia útil a seguir.

O prazo do Ministério Público também é de 5 (cinco) dias ou conta-se em dobro? É de 5 (cinco) dias. Inicia-se a partir da audiência, se a decisão for aí proferida, ou da intimação.

No caso de acusação privada, o querelante tem também 5 (cinco) dias para apelar. Caso haja necessidade de intimação, esta pode ser realizada pessoalmente ou na pessoa do advogado da parte. Se nenhum deles for encontrado na sede do juízo, no entanto, a intimação será feita mediante edital com prazo de 10 (dez) dias, nos termos do artigo 391 do CPP (não há expedição de precatória ou rogatória para esta finalidade, ainda que seu paradeiro seja conhecido).

Quanto ao ofendido em ação penal pública, o Estatuto Processual Penal prescreve o prazo de 15 (quinze) dias para o apelo subsidiário ou supletivo, que correrá do dia em que terminar o prazo do Ministério Público (art. 598 do CPP).

Esse prazo vale tanto para o assistente já habilitado quanto para o não habilitado? Aparentemente sim, uma vez que a lei não faz qualquer distinção. A dicção do referido artigo sugere que o prazo de 15 (quinze) dias vale para ambos os casos ("Art. 598. Nos crimes de competência do Tribunal do Júri, ou do Juiz singular, se da sentença não for interposta apelação pelo Ministério Público no prazo legal, o ofendido ou qualquer das pessoas enumeradas no art. 31, ainda que não se tenha habilitado como assistente, poderá interpor apelação, que não terá, porém, efeito suspensivo. Parágrafo único. O prazo para interposição desse recurso será de quinze dias e correrá do dia em que terminar o do Ministério Público").

O Supremo Tribunal Federal, entretanto, a partir do HC 59.668, passou a distinguir essas situações, decidindo que, se o ofendido já estiver habilitado como assistente no processo, deverá ser intimado da sentença condenatória e, a partir de tal data, tem o prazo de 5 (cinco) dias para apelar, posto que não há razão alguma para o assistente da acusação ter o triplo do prazo do Ministério Público.

Em suma: se o assistente já estiver habilitado, o prazo é de 5 (cinco) dias, e se não estiver habilitado, o prazo passa a ser de 15 (quinze) dias, nos termos da Súmula 448 do STF. Como já observado, em qualquer caso, a apelação do assistente é supletiva, ou seja, apenas pode ser interposta no caso de o Ministério Público não recorrer. Por isso, o prazo só pode fluir a partir do dia em que terminar o prazo do membro do *parquet*.

No tocante à defesa, prevê a lei que, estando o réu preso, deve ser intimado pessoalmente (art. 360 c/c o art. 370, ambos do CPP). Caso esteja solto, a intimação pode ser pessoal, na pessoa de seu advogado ou ainda mediante edital.

Entretanto, a jurisprudência é pacífica no sentido de que, em obediência ao princípio da ampla defesa, esteja preso ou solto o réu, sejam sempre intimados da sentença condenatória tanto este quanto o seu defensor, devendo correr o prazo para apelação a partir da última intimação.

Frise-se, entretanto, que, no caso de réu preso, a intimação deve ser sempre pessoal, contudo, se estiver solto e não for encontrado, será possível sua intimação por edital, com prazo de 90 (noventa) dias, se tiver sido imposta pena privativa de liberdade igual ou superior a um ano, e 60 dias, nos outros casos, nos termos do artigo 392, § 1º, do CPP.

O prazo para razões e contrarrazões é de 8 (oito) dias, a partir da intimação da parte. Se o Ministério Público tiver apelado, como já visto, o assistente da acusação não poderá oferecer recurso. Mas poderá arrazoar a apelação ministerial no prazo de três dias (art. 600, § 1°, do CPP). Quando forem dois ou mais os apelantes ou apelados, os prazos serão comuns. Resumindo:

Acusação (Ministério Público)	5 (cinco) dias	a) da audiência, se estiver presente b) da intimação pessoal
Acusação (querelante)	5 (cinco) dias	a) da audiência, se estiver presente • pessoal ou, • do advogado • edital – 10 dias (se não encontrados) b) da intimação
Assistente da Acusação não habilitado	15 (quinze) dias	do dia em que terminar o prazo do MP
Assistente da acusação habilitado	5 (cinco) dias	do fim do prazo do MP
Defesa	5 (cinco) dias	a) da audiência, se estiver presente b) da intimação • pessoal: se estiver preso • pessoal/defensor/edital: solto (é pacífico na jurisprudência que, esteja preso ou solto, é imprescindível a intimação tanto do réu como do defensor)

3.2.5. Teses e requerimentos

Na interposição, o apelante deve requerer: (a) o recebimento e processamento do recurso; e (b) a remessa do recurso ao Tribunal de Justiça, ao Tribunal Regional Federal ou à Turma Recursal.

Quanto às razões, para maior clareza do tema, estudaremos separadamente teses e requerimentos possíveis em cada uma das espécies de apelação: de sentença condenatória ou absolutória (art. 593, I); de decisão definitiva ou com força de definitiva (art. 593, II); e da sentença absolutória ou condenatória no tribunal do júri (art. 593, III).

3.2.5.1. Apelação de sentenças condenatórias ou absolutórias (art. 593, I, do CPP)

a) Apelação de sentença condenatória

a.1) *Da acusação*

A acusação pode apelar da sentença condenatória, desde que haja sucumbência, ou seja, sempre que a sanção penal imposta tenha sido mais branda do que o pleiteado na denúncia. Podem ocorrer, basicamente, três situações:

a) ter o réu sido condenado por crime mais leve do que a capitulação constante da inicial. Caso a acusação não concorde com a nova classificação, pode, após a sentença, interpor recurso de apelação;

b) ter o réu sido condenado a pena mais leve do que o pleiteado na denúncia. É o caso de ter sido excluída causa de aumento de pena ou agravantes, contidas na inicial, ter sido acolhida causa de diminuição de pena ou atenuante não constantes na denúncia, ou ainda ter o juiz reconhecido o crime continuado, quando deveria ter reconhecido o concurso material de infrações;

c) ter o réu recebido indevidamente algum benefício para o cumprimento da pena. É o caso de ter sido concedido o *sursis*, a substituição da pena privativa de liberdade por restritiva de direitos, o regime inicial aberto para início de cumprimento da pena.

Sintetizando, exsurge o seguinte quadro:

Teses	Pedido
condenação por crime mais leve do que deveria	alteração da classificação do delito
condenação à pena mais leve do que deveria	majoração da pena
concessão indevida de benefício	cassação do benefício

Por fim, embora não seja pacífico, posicionamento majoritário admite a legitimidade para o assistente da acusação apelar de sentença condenatória, sob esses mesmos fundamentos.

a.2) *Da defesa*

A defesa, evidentemente, terá sempre interesse em apelar da sentença condenatória. Vejamos a seguir as teses de defesa que podem ser arguidas e os respectivos requerimentos (para uma compreensão mais profunda do tema, recomenda-se a leitura da segunda parte do livro, referente às teses de defesa). Note que a sequência em que estão apresentadas é também (em regra) a ordem em que deverão ser alegadas nas razões, vale dizer, é a ordem em que aparecerão tanto no "Direito" quanto no "Pedido".

a.2.1) *Nulidade processual*

Havendo, no curso do processo ou na própria sentença, alguma nulidade, deve esta ser alegada em recurso de apelação. A regra é a seguinte: se a nulidade é até o recebimento da inicial, inclusive, pede-se a anulação *ab initio* do processo; se o ato nulo for posterior, pede-se anulação a partir do ato viciado. Se a nulidade estiver contida na própria sentença (como no caso de falta de fundamentação ou dosimetria da pena confeccionada com desobediência ao sistema trifásico), deve-se simplesmente pedir a anulação da sentença.

Conforme já ressaltado, as nulidades do processo devem ser sempre alegadas antes do mérito, bem como o pedido de anulação do processo deve ser sempre formulado antes do pedido referente ao mérito, salvo se a nulidade decorrer do acolhimento de algum pedido de mérito (como no caso da desclassificação, por exemplo).

a.2.2) *Extinção da punibilidade*

É possível arguir a presença de causa de extinção da punibilidade que, embora tivesse de ser reconhecida de ofício durante o processo, não o foi, sobrevindo sentença condenatória. Nesse sentido, pode-se alegar, por exemplo: *abolitio criminis*, anistia, renúncia, perdão do ofendido, retratação, prescrição, decadência, perempção, o cabimento do perdão judicial, reparação do dano no caso de peculato culposo, pagamento da dívida no caso de crimes tributários e previdenciários.

a.2.3) *Tese de mérito*

Cuida-se aqui de contestar os fundamentos do pleito condenatório, argumentando-se a inexistência de base para a condenação. A tese de mérito contempla: falta de tipicidade, incluindo-se aí a falta de prova da autoria e materialidade do delito; excludente de antijuridicidade; excludente de culpabilidade e presença de escusa absolutória.

Em todos esses casos, o pedido deve ser de absolvição do apelante, com fundamento em um dos incisos do artigo 386 do CPP, conforme já esclarecido no capítulo referente às alegações finais, que ora, resumidamente, se reproduz.

Inciso I	estar provada a inexistência do fato*
Inciso II	não haver prova da existência do fato
Inciso III	ser o fato atípico
Inciso IV	estar provado não ter o réu concorrido para a infração penal *
Inciso V	não haver prova de ter o réu concorrido para a infração (hipótese de concurso de pessoas)
Inciso VI	existir circunstância que exclua o crime* ou isente de pena o réu, ou se houver fundada dúvida sobre sua existência
Inciso VII	falta de prova

O sinal de "asterisco" na tabela, indica as hipóteses em que a absolvição criminal repercute fora da esfera penal, impedindo o ajuizamento de ação civil ou permitindo, por exemplo, a reintegração no serviço público, se for o caso. São elas: estar provada a inexistência do fato ou haver excludente de ilicitude (arts. 65 e 66 do CPP).

No caso do inciso IV ("estar provado que o réu não concorreu para a infração penal"), é questionável se este produz o efeito de impedir o ajuizamento de ação cível. Embora não haja menção expressa a essa hipótese nos artigos referentes ao tema previstos no CPP (arts. 63 a 68), é defensável tal entendimento conforme decisões do STJ.

É possível, ainda, em sede de apelação, deduzirem-se teses subsidiárias de mérito. Ou seja, embora conformando-se com a condenação, insurge-se o réu contra a sanção penal imposta, seja porque foi condenado por crime mais grave do que deveria, seja por ter sido imposta pena mais grave do que deveria. As teses subsidiárias de mérito podem ser divididas (para fins meramente pedagógicos e não científicos) em quatro categorias: relativas à classificação do delito, relativas à dosimetria da pena e ao sistema trifásico, relativas ao regime de cumprimento da pena privativa de liberdade e, por fim, relativas à possibilidade de substituição ou suspensão da pena privativa de liberdade.

No primeiro caso, o apelante foi condenado por delito mais grave do que efetivamente praticou.

Ex.: o réu é condenado pelo crime do artigo 289 do CP, quando, na verdade, verifica-se que a falsificação era grosseira. O crime em tese praticado não é o de moeda falsa e, sim, o de estelionato (Súmula 73, STJ).

No segundo caso, foram consideradas indevidamente circunstâncias judiciais desfavoráveis, agravantes ou majorantes, e não foram consideradas atenuantes ou minorantes, devidamente comprovadas, ou, por fim, foi aplicado concurso de crime mais gravoso do que aquele ao qual faz jus o apelante.

Ex.: o juiz considera na sentença que o réu possui maus antecedentes apenas por responder a outro processo em tramitação (Súmula 444, STJ).

Ex.: o juiz aplica a agravante da reincidência quando já havia se passado o período depurador (art. 64, I, do CP).

Ex.: o juiz aplica a majorante do emprego de arma de fogo ao roubo, mas a arma era um mero simulacro sem qualquer potencial lesivo (entendimento doutrinário e jurisprudencial majoritário).

Ex.: o réu, tendo confessado espontaneamente o crime, não recebe a atenuação de pena correspondente (Súmula 545, STJ).

Ex.: o réu é condenado por furto qualificado pelo rompimento de obstáculo e, apesar de ser primário e de pequeno valor a coisa subtraída, o Magistrado não aplica o privilégio sob o argumento de ser incompatível com a forma qualificada (Súmula 511, STJ).

Ex.: o réu atropela e mata, culposamente, três pessoas em um mesmo acidente, e o juiz aplica o concurso material de crimes, somando as penas, em vez de aplicar o concurso formal perfeito (art. 70, do CP).

No terceiro caso, o juiz fixa na sentença regime mais gravoso do que o permitido, segundo a pena aplicada ao crime.

Ex.: o juiz condena o réu, primário e de bons antecedentes, pelo crime de roubo, a uma pena de 4 (quatro) anos de reclusão, e fixa regime inicial fechado em virtude da gravidade do crime (Súmula 718, STF).

No quarto caso, o juiz se recusa injustificadamente a conceder a substituição da pena privativa de liberdade por restritiva de direitos ou a conceder o *sursis* (art. 77 do CP).

Ex.: o réu é condenado a pena de 1 (um) ano, pelo crime de furto, e o Magistrado indefere o pedido de substituição da pena privativa de liberdade por restritiva de direitos sob o argumento de que ele é reincidente, tendo sido anteriormente condenado por estelionato, e que o benefício não é aplicável ao reincidente em crime doloso (art. 44, § 3º, do CP).

a.2.4) *Teses conjugadas*

É possível alegar conjuntamente tese de mérito para a condenação e subsidiária de mérito? Sim. Suponhamos que o réu tenha lesionado a vítima em legítima defesa, causando-lhe ferimentos leves. Não obstante, foi condenada por lesões corporais de natureza grave. Deverá arguir primeiro a tese de mérito para a condenação (excludente de antijuridicidade) e, subsidiariamente, a tese de mérito para a imposição de pena (o fato adapta-se tipicamente à infração de menor gravidade). Ao final, deve-se requerer absolvição do réu ou, caso contrário, a desclassificação da infração para o crime de lesões leves.

É possível alegar conjuntamente nulidade processual e tese de mérito para a condenação? Sim. Suponhamos que o réu tenha sido processado, perante a Justiça Estadual, por ter mantido conjunção carnal, com consentimento da vítima, dentro de aeronave; ao final tenha sido condenado pelo crime de estupro. Deverá alegar, primeiramente, nulidade, por incompetência absoluta do juízo, posto que o feito deveria ter corrido perante a Justiça Federal. E, no mérito, atipicidade da conduta, uma vez que é elementar do estupro o dissenso da vítima. Ao final deve ser requerida, primeiramente, a anulação *ab initio* do processo ou, caso não seja esse o entendimento, a absolvição do apelante.

É possível alegar-se conjuntamente extinção da punibilidade e tese de mérito? Sim. Suponhamos que o réu foi processado por furto de coisa comum. No entanto, a coisa subtraída era fungível e a subtração recaiu apenas sobre a cota-parte do agente. Além disso, a vítima só ofereceu representação um ano após o conhecimento da autoria. Deverá alegar, primeiramente, a decadência e, a seguir, a atipicidade do fato.

É possível alegar-se conjuntamente nulidade processual e extinção da punibilidade? Sim e, em regra, a nulidade deve ser arguida antes.

É possível alegar conjuntamente nulidade processual e tese subsidiária de mérito? Sim. Suponhamos que o réu tenha sido condenado, no curso de ação penal pública incondicionada, pelo crime de dano qualificado pelo considerável prejuízo para a vítima, sem que o prejuízo tenha ficado efetivamente comprovado. Deverá alegar, primeiramente, a nulidade por ilegitimidade de parte, posto que o crime em questão é de ação penal privada. A seguir, deverá arguir a tese subsidiária de mérito, posto que a conduta subsuma-se ao dano simples. Ao final, deverá requerer, em primeiro lugar, a anulação *ab initio* da ação penal. Caso não seja este o entendimento dos julgadores, deverá postular a redução da pena, excluindo-se a qualificadora.

ATENÇÃO

A mudança na classificação do delito pode gerar nulidade ou extinção da punibilidade até então inexistentes, ou mesmo o direito ao acordo de não persecução penal (art. 28-A do CPP) ou ao sursis processual (art. 89 da Lei n. 9.099/95).

Digamos que o réu seja condenado pelo crime de lesões corporais graves e, em apelação, peça a desclassificação para lesões leves. Ora, se for concedida a pretendida desclassificação, torna-se nulo o processo. Isso porque, ao contrário das lesões graves, as lesões leves são crime de ação pública condicionada à representação do ofendido. Sem a representação, não pode haver ação penal. Portanto, caso o tribunal desclassifique a infração, não poderá simplesmente condenar pelo crime mais leve. Deve, sim, anular o processo, *ab initio*, por falta de representação. Além disso, não seria desarrazoado concluir que já se passaram seis meses a contar do conhecimento da autoria e então poderia ser pedida também a extinção da punibilidade pela decadência, diante do decurso do prazo de seis meses.

Outro exemplo: o réu é condenado, perante a Justiça Federal, pelo crime de lesões leves cometidas a bordo de aeronave. Em apelação, pleiteia o réu a desclassificação para vias de fato. Se for concedida a desclassificação, é nulo o processo, não podendo haver condenação, uma vez que a Justiça Federal é absolutamente incompetente para processar contravenções penais. Portanto, nesses casos, a defesa, após pedir a desclassificação, deve pedir a consequente anulação do processo.

Frise-se: em regra, a nulidade é arguida antes da tese de mérito e o pedido de anulação vem em primeiro lugar. Porém, nas situações antes exemplificadas, apenas após a desclassificação é que surge uma nulidade, que antes não existia. O provimento do pedido de desclassificação é, assim, condição lógica para a apreciação do pedido de anulação. Portanto, excepcionalmente, nessa hipótese, deve-se pedir antes a desclassificação e apenas depois a anulação do processo (decorrente da desclassificação).

Quadro sinóptico – teses e requerimentos em apelação

Teses	Pedidos
nulidade processual	anulação do processo
extinção da punibilidade	declaração de extinção da punibilidade
tese de mérito	absolvição
subsidiária de mérito	Desclassificação/redução da pena/regime mais brando/substituição ou suspensão da pena

b) Apelação de sentença absolutória

b.1) *Da acusação*

A acusação, em regra, sempre pode apelar de sentença absolutória, argumentando a existência de justa causa, cabalmente comprovada, para a condenação.

Embora não seja pacífico, parte da doutrina entende que a acusação não pode apelar de sentença absolutória, no caso de haver pedido, em debates orais ou memoriais, a absolvição, uma vez que nesse caso não haveria a sucumbência, imprescindível para a admissibilidade de qualquer recurso. Como se sabe, o Ministério Público pode, em debates orais, opinar pela absolvição do réu. Se seu pedido for integralmente atendido pelo juiz, não se pode falar em prejuízo advindo da sentença. É cristalino que a parte que tem seu pleito acolhido não tem interesse em recorrer da decisão que o acolheu.

b.2) *Da defesa*

Como já visto, a defesa tem, excepcionalmente, legitimidade para recorrer de sentença absolutória, desde que ela lhe gere alguma sucumbência, ou seja, desde que seja possível obter um provimento jurisdicional ainda mais favorável, que é o caso da sentença penal absolutória que faz coisa julgada nas esferas cível e administrativa. Portanto, os fundamentos da apelação da defesa são bastante restritos. Só pode recorrer alegando a tese de mérito especificamente por:

a) estar provada a inexistência do fato (art. 386, I);

b) estar comprovado que não foi o autor da infração (art. 386, IV);

c) existir circunstância excludente de ilicitude (art. 386, VI, primeira parte).

3.2.5.2. Apelação de decisões definitivas ou com força de definitivas (art. 593, II, do CPP)

A apelação de decisões definitivas ou com força de definitivas é chamada residual, exatamente porque não se aplica a um rol de decisões taxativo ou determinado. É, portanto, impossível também arrolarem-se de maneira específica todas as teses que podem ser alegadas nesse recurso. Certo é, no entanto, que a tese irá coincidir com a própria hipótese de cabimento que ensejou a interposição do recurso. E o pedido será a reforma da decisão recorrida. Assim, exemplificativamente, da decisão que indefere o pedido de restituição de coisas apreendidas cabe recurso de apelação. A tese a ser arguida é o direito à restituição e o pedido é o deferimento da restituição.

3.2.5.3. Apelação de sentença condenatória ou absolutória no tribunal do júri (art. 593, III, do CPP)

A apelação no tribunal do júri é recurso de fundamentação vinculada, ou seja, só cabe nas hipóteses expressamente previstas na lei. As teses que podem ser alegadas, portanto, são precisamente aquelas contidas nas alíneas do artigo 593, III. Por sua vez, os §§ 1º, 2º e 3º estabelecem os pedidos referentes a cada uma das hipóteses de cabimento.

A alínea "*a*" trata de nulidade posterior à pronúncia, cujas hipóteses já foram objeto de estudo em momento oportuno. O pedido que se deve fazer, no caso, é a anulação e que seja o réu submetido a um novo julgamento.

A alínea "*b*" cuida do caso em que a sentença do juiz presidente é contrária à lei ou à decisão dos jurados. Aqui, deve-se requerer ao tribunal *ad quem*, segundo o disposto no § 1º do mesmo dispositivo, que faça a devida retificação.

A alínea "c" versa sobre o erro ou injustiça na aplicação da pena ou medida de segurança. Determina o § 2º do dispositivo em estudo que o tribunal retifique a aplicação da pena ou medida de segurança.

Por fim, a alínea "d" contempla a hipótese de a decisão dos jurados ser contrária à prova dos autos. Nesse caso, segundo dispõe o § 3º, deve ser o réu submetido a novo julgamento.

Repita-se, só é possível a apelação no júri com fundamento em uma dessas quatro alíneas, portanto, só é possível arguir uma dessas quatro situações e formular um dos quatro pedidos.

Normalmente, tem-se dificuldade com a letra "d". Nessa situação, mecanismo importante para identificar quais as matérias afetas à letra "d" consiste em verificar o artigo 483 do CPP.

Esse artigo refere-se aos quesitos, e as matérias ali apresentadas serão objeto de apelação dessa letra "d".

Imaginemos que o acusado seja condenado por homicídio qualificado por recurso que dificultou a defesa da vítima, e a defesa não se conforma com o reconhecimento da qualificadora. Qual deverá ser o pedido?

Ora, qualificadora é matéria constante do artigo 483 do CPP e, dessa forma, é quesitada aos jurados. Se a defesa entende que a decisão dos jurados foi errada, ou seja, manifestamente contrária à prova dos autos, deverá requerer a realização de novo julgamento nos termos do artigo 593, § 3º, do CPP.

É possível que esteja presente mais de uma dessas situações? Sim. Vejamos as hipóteses.

Nulidade posterior à pronúncia e sentença do juiz presidente contrária à lei: deve-se pedir a anulação do julgamento e, subsidiariamente, a retificação da sentença.

Nulidade posterior à pronúncia e erro na aplicação da pena: deve-se pedir a anulação do julgamento e, subsidiariamente, a retificação da pena.

Nulidade do julgamento e decisão dos jurados contrária à prova dos autos: deve-se pedir, unicamente, que o réu seja submetido a novo julgamento, visto que ambas as teses conduzem ao mesmo pedido.

Sentença do juiz presidente contrária à lei e erro na aplicação da pena: deve-se pedir, unicamente, a retificação da sentença.

Decisão dos jurados contrária à prova dos autos e sentença do juiz contrária à lei: deve-se pedir que seja o réu submetido a novo julgamento e, subsidiariamente, a retificação da sentença.

Decisão dos jurados contrária à lei e erro na aplicação da pena: deve-se pedir que seja o réu submetido a novo julgamento e, subsidiariamente, a retificação da pena.

Em suma, é possível delinear-se o seguinte quadro:

Quadro sinóptico – teses e requerimentos em apelação do júri

Teses	Pedidos
alínea "a": nulidade posterior à pronúncia	Anulação do processo a partir do ato viciado
alínea "b": sentença do juiz presidente contrária à lei expressa ou à decisão dos jurados	seja retificada a sentença (§ 1º)
alínea "c": erro ou injustiça no tocante à aplicação da pena	seja retificada a pena (§ 2º)
alínea "d": decisão dos jurados manifestamente contrária à prova dos autos	seja submetido o réu a novo julgamento (§ 3º)

3.3. CARTA TESTEMUNHÁVEL

3.3.1. Cabimento – Artigo 639 do CPP

É recurso contra o não conhecimento ou não seguimento, pelo juiz de primeiro grau, do recurso em sentido estrito e do agravo em execução, no juízo prévio de admissibilidade (art. 639 do CPP).

Embora a dicção legal possa trazer confusão, não cabe mais carta testemunhável contra a decisão do Presidente do Tribunal que deixa de conhecer recurso extraordinário, recurso especial ou recurso ordinário constitucional.

3.3.2. Competência

O recurso deve ser endereçado ao escrivão-chefe do cartório do juízo onde tramita o processo, com razões dirigidas ao Tribunal competente. As contrarrazões também serão endereçadas a ele e o fundamento legal será o artigo 643 do Código de Processo Penal.

3.3.3. Legitimidade

Pode manejar a carta testemunhável a parte cujo recurso foi anteriormente denegado.

3.3.4. Prazo

O prazo é de 48 horas a partir da ciência da decisão que indeferiu ou negou seguimento ao recurso (art. 640 do CPP).

3.3.5. Teses e pedidos

O processamento da carta é o mesmo do recurso denegado (ou seja, recurso em sentido estrito ou agravo em execução). Na interposição, o testemunhante deve requerer: (a) a extração da carta testemunhável ao escrivão; (b) o juízo de retratação nos termos do artigo 589 do CPP, e caso o Magistrado entenda que deve manter a decisão; e (c) a remessa do recurso ao tribunal de justiça ou Tribunal Regional Federal.

Nas razões, o testemunhante deverá demonstrar a regularidade do recurso (recurso em sentido estrito ou agravo em execução) que havia sido interposto e pugnar pelo seu recebimento e processamento. Ocorre que, se estiver suficientemente instruída a carta, o testemunhante pode também requerer que seja julgado desde logo o mérito do recurso antes denegado (art. 644 do CPP).

3.4. CORREIÇÃO PARCIAL

3.4.1. Cabimento

A correição parcial, para alguns doutrinadores, sequer deveria ser considerada no estudo do processo penal comum pela ausência de lei federal prevendo o referido instituto (no Código de Processo Penal Militar, há previsão expressa, no art. 498, ainda que se delegue a previsão do rito ao regimento do STM).

É que a Constituição Federal, em seu artigo 22, I, estabelece como competência privativa da União a elaboração de leis processuais penais, ou seja, a correição parcial apenas poderia ser aceita se prevista em lei federal e o Código de Processo Penal não traz tal previsão.

De qualquer forma, os tribunais aceitam a correição parcial, com base em previsões regimentais, apesar da referida crítica doutrinária. É que, mormente no processo penal, a ausência de previsão de recurso para decisões interlocutórias acaba por demandar instrumento capaz de permitir a correção, mesmo antes da decisão definitiva, de atos que claramente resultariam no reconhecimento de nulidade processual.

Muitas vezes, tais irregularidades poderiam ceifar a ampla defesa de forma irremediável, ou conduzir o processo para prescrição quando reconhecida a nulidade. Mais, e ainda, o caminhar de processo já eivado de nulidade se contrapõe aos ensejos de eficiência e efetividade da tutela jurisdicional, resultando em despesas desnecessárias e perda de credibilidade do Estado.

Admitida a possibilidade de correição parcial, ela deve ser restrita aos casos de *error in procedendo*, ou seja, casos em que há "inversão tumultuária" do processo (melhor dizer procedimento). Fica excluída assim a possibilidade de correição parcial para os erros *in judicando*, ou seja, a apreciação de mérito feita pelo juiz não pode ser atacada por esse meio. Exemplos de correição parcial: juiz que indefere diligência requerida pelo Ministério Público quando se manifesta ao receber o inquérito policial, designação de oitiva de testemunhas de defesa antes da oitiva das testemunhas de acusação etc.

É fato que, se cabível outro recurso, este deve ser preferido, e a correição parcial, assim, apenas pode ser utilizada quando não cabível outra medida. Na prática, muitas vezes esse equívoco acaba por não causar prejuízo, em razão da já comentada fungibilidade recursal.

Quanto ao procedimento, a matéria gera as mais vivas controvérsias nos mais variados Estados. Cada regimento faz previsão específica do procedimento. Na doutrina, prevalece amplamente que deve ser adotado o rito do agravo (Fernando da Corta Tourinho Filho, Fernando Capez, Pacelli, Heráclito Mossin, Julio Fabbrini Mirabete, Ada Pellegrini Grinover, Antonio Magalhães Gomes Filho, Antonio Scarance Fernandes), a ser interposto em dez dias diretamente ao tribunal.

3.4.2. Competência

A competência para julgamento da correição parcial depende do rito adotado para processamento do recurso, o que, como já visto, varia nos diversos Estados da Federação.

Entendendo-se, por exemplo, que o rito a ser seguido é o mesmo do recurso em sentido estrito, a correição deve ser apresentada ao juiz que proferiu a decisão atacada, o qual terá oportunidade de se retratar. Não o fazendo, deve encaminhar a correição a superior instância com as inclusas razões.

3.4.3. Legitimidade

Quaisquer das partes da relação jurídico-processual é legítima para a interposição da correição parcial, desde que tenha sido prejudicada pela decisão atacada.

3.4.4. Prazo

Mais uma vez, também o prazo da correição parcial depende do rito adotado para o processamento do recurso. A entender que o rito é o do recurso em sentido estrito, o prazo para interposição é de 5 (cinco) dias.

3.4.5. Teses e requerimentos

Caberá ao corrigente demonstrar, nas razões de recurso, o erro ou abuso cometidos, bem como o prejuízo daí advindo, e, ao final, requerer a reforma da decisão de forma a corrigir o defeito apontado.

3.5. RESPOSTA PRELIMINAR – FUNCIONÁRIO PÚBLICO

3.5.1. Cabimento – Artigo 514 do CPP

Os crimes cometidos por funcionários públicos contra a Administração (inclusos no Capítulo I do Título XI da Parte Especial do Código Penal) obedecem a rito especial, desde que sejam afiançáveis. Atualmente, todos os crimes ali previstos são afiançáveis.

Há, contudo, importante observação a ser feita: parte dos crimes mencionados é de competência do Juizado Especial Criminal e, uma vez no juizado, deverá ser seguido o rito do juizado. Não se segue rito especial perante o juizado especial criminal, mas, sim, o próprio rito da Lei n. 9.099/95.

A principal diferenciação do rito especial para crimes praticados por funcionários públicos contra a Administração é a possibilidade de oferecimento de resposta preliminar (escrita), antes mesmo do recebimento da denúncia ou da queixa.

O artigo 514 do CPP determina que, estando a denúncia ou a queixa em devida forma, o juiz mandará autuá-la e ordenará a notificação do acusado para responder por escrito, dentro do prazo de 15 (quinze) dias, estabelecendo ainda que, se não for conhecida a residência do acusado, ou esta achar-se fora da jurisdição do juiz, será nomeado defensor, a quem caberá apresentar a resposta preliminar (não haverá, portanto, a expedição de precatória).

Caso o juiz, em face da resposta apresentada, se convença da improcedência da ação, deverá rejeitar a denúncia ou a queixa, em despacho necessariamente fundamentado. Caso contrário, deverá recebê-la, citando o acusado e prosseguindo nos termos do procedimento comum ordinário.

São importantes ainda algumas observações sobre o cabimento da resposta preliminar:

a) a oportunidade da resposta preliminar não se estende ao corréu que não seja funcionário público;

b) é dispensável a resposta preliminar quando a denúncia ou queixa foram precedidas de inquérito policial (Súmula 330 do STJ). No entanto, apesar dessa posição do STJ, o STF entende que sempre haverá necessidade de resposta preliminar, sob pena de nulidade relativa (esse entendimento é exposto em julgados, e não em súmulas);

c) prevalece que é dispensável a resposta preliminar quando o funcionário público responde por crime funcional conexo a crime comum, embora haja jurisprudência em contrário;

d) embora o tema seja controverso, prevalece que não é necessária a resposta preliminar quando o acusado, no momento do processo, não é mais funcionário público.

A falta de resposta preliminar enseja nulidade absoluta ou relativa? Há posição nos dois sentidos, uns entendendo que é relativa e que, portanto, preclui caso não seja alegada até o momento dos debates orais; outros, que acarreta nulidade absoluta, por tratar-se de prerrogativa da defesa que não pode ser dispensada.

3.5.2. Competência

A resposta preliminar deve ser oferecida ao próprio juiz da causa ao qual foi distribuída a ação.

3.5.3. Prazo

O prazo é de 15 (quinze) dias, a partir da notificação.

3.5.4. Legitimidade

A resposta preliminar deve ser apresentada pelo acusado, pessoalmente ou por advogado constituído ou dativo.

3.5.5. Teses e pedidos

Caberá ao acusado, nesse momento, arguir tudo o quanto for possível em sua defesa, visando convencer o juiz da inadmissibilidade da ação, podendo instruir a peça com documentos e justificações. Os pedidos poderão ser os seguintes:

(i) para tese de nulidade processual – Pedido: rejeição da denúncia ou da queixa, nos termos dos artigos 516 e 395 do CPP (se alegada a incompetência, o pedido seria a remessa dos autos ao juízo competente);

(ii) para teses de extinção da punibilidade ou de mérito – Pedido: absolvição sumária, nos termos dos artigos 516 e 397 do CPP;

(iii) desclassificação (apenas se dela decorrer nulidade, extinção da punibilidade, incompetência ou o cabimento da proposta de acordo de não persecução penal ou de suspensão condicional do processo);

(iv) rol de testemunhas, com requerimento para intimação e inquirição.

Há controvérsia a respeito da existência, no rito funcional, de resposta à acusação após a citação (arts. 396 e 396-A do CPP). É que a oportunidade para o réu se manifestar antes do recebimento da ação tornaria desnecessária a manifestação posterior. Embora não seja questão pacificada, por cautela, recomenda-se que, no momento da resposta preliminar, o acusado cumule aqueles pedidos que seriam cabíveis na fase da resposta à acusação.

3.6. DEFESA PRÉVIA – DROGAS (LEI N. 11.343/2006)

3.6.1. Cabimento – Artigo 55 da Lei n. 11.343/2006

A Lei de Drogas contempla a previsão de oportunidade para manifestação da defesa antes mesmo do recebimento da denúncia (defesa prévia). A previsão vem insculpida no artigo 55, segundo o qual, "oferecida a denúncia, o juiz ordenará a notificação do acusado para oferecer defesa prévia, por escrito, no prazo de 10 (dez) dias". Destaque-se que a defesa deve ser apresentada, e, se não for, o juiz nomeará defensor para apresentá-la no mesmo prazo de 10 (dez) dias (§ 3°).

3.6.2. Competência

A defesa prévia deve ser oferecida ao próprio juiz da causa ao qual foi distribuída a ação.

3.6.3. Prazo

O prazo é de 10 (dez) dias, a partir da notificação.

3.6.4. Legitimidade

Deve ser apresentada pelo acusado.

3.6.5. Teses e pedidos

Trata-se de situação similar à resposta preliminar do artigo 514 do CPP (que concerne aos crimes funcionais), pois aqui também o acusado, antes de se ver processado, pode pleitear pela rejeição da denúncia. Deve, para tanto, deduzir toda a matéria de defesa, juntando documentos e eventuais justificações, de molde a convencer o juiz a decidir desde logo pela inadmissibilidade da ação. É esse, ademais, o momento oportuno para apresentar eventuais exceções (que devem, no entanto, ser opostas em peça autônoma e autuadas em apartado), especificar as provas que pretende produzir e arrolar testemunhas (sob pena de preclusão), no número máximo de cinco.

Os pedidos poderão ser os seguintes:

(i) para tese de nulidade processual – Pedido: rejeição da denúncia, nos termos do artigo 395 do CPP (se alegada a incompetência, o pedido seria a remessa dos autos ao juízo competente);

(ii) para teses de extinção da punibilidade ou de mérito – Pedido: absolvição sumária, nos termos do artigo 397 do CPP;

(iii) desclassificação (apenas se dela decorrer nulidade, extinção da punibilidade, incompetência ou o cabimento da proposta de acordo de não persecução penal ou de suspensão condicional do processo);

(iv) rol de testemunhas, com requerimento para intimação e inquirição.

Assim como vimos acima, na resposta preliminar para os crimes de responsabilidade afiançáveis, há controvérsia a respeito da existência, no rito especial da Lei de Drogas, de resposta à acusação após a citação (arts. 396 e 396-A do CPP).

É que a oportunidade para o réu se manifestar antes do recebimento da ação (defesa prévia) tornaria desnecessária a manifestação posterior. Embora não seja entendimento pacificado, por cautela, recomenda-se que, no momento da defesa prévia, o acusado cumule aqueles pedidos que seriam cabíveis na fase da resposta à acusação.

3.7. EMBARGOS DE DECLARAÇÃO

3.7.1. Cabimento – Artigos 382 ou 619 do CPP; artigo 83 da Lei n. 9.099/95

Os embargos de declaração são o recurso cabível sempre que determinada sentença ou acórdão for obscuro, ambíguo, contraditório ou omisso. Obscuridade significa falta de clareza, dificultando o entendimento do que foi declarado; ambíguo é aquilo que tem duplo sentido, que pode conduzir a diversas interpretações; contradição acontece quando, num mesmo contexto, uma proposição é inconciliável com outra.

Quanto à omissão, relaciona-se à falta de algo que deveria ter sido contemplado pelo provimento jurisdicional. É o caso, por exemplo, da sentença *citra petita*, ou seja, que deixa de decidir sobre determinado ponto suscitado pelas partes. Suponhamos que o juiz, na sentença, não se pronuncie acerca do direito do réu de apelar em liberdade ou da concessão do *sursis* (art. 77 do CP), requerida pela defesa em debates orais. Cabem os embargos de declaração. Note-se, no entanto, que, se o juiz na sentença tivesse expressamente negado o direito ao *sursis*, o recurso correto seria a apelação.

Os embargos oponíveis de decisões de segunda instância estão previstos no artigo 619 do CPP, e aqueles oponíveis de sentenças de primeira instância encontram assento no artigo 382 do mesmo diploma. A Lei n. 9.099/95, em seu artigo 83, também prevê a possibilidade de oposição dos embargos de declaração, de sentença ou acórdão, quando houver obscuridade, contradição ou omissão.

3.7.2. Competência

Os embargos em questão deverão ser sempre opostos, em petição única, perante o órgão que prolatou a decisão embargada. Em caso de acórdão, serão endereçados ao respectivo relator. No de sentença, devem ser apresentados ao magistrado.

3.7.3. Legitimidade

Os embargos de declaração podem ser opostos tanto pela defesa quanto pela acusação.

3.7.4. Prazo

No caso de embargos de declaração de sentença, o prazo é de dois dias, contados da intimação da sentença, da audiência em que foi proferida (se a parte estiver presente), do dia em que o embargante manifestar nos autos ciência inequívoca da decisão, ou da data da intimação (art. 382 do CPP).

Quando forem opostos embargos de declaração de acórdão proferido pelos tribunais estaduais, o prazo é também de dois dias, a contar da publicação do acórdão (art. 619 do CPP).

Por fim, na sistemática estatuída pela Lei n. 9.099/95, para o processo das infrações de menor potencial ofensivo junto aos juizados especiais criminais e respectivas turmas recursais, o prazo para os embargos, de sentença ou acórdão, é de 5 (cinco) dias, contados da ciência da decisão (art. 83, § 1º, da Lei n. 9.099/95).

3.7.5. Teses e requerimentos

Os embargos de declaração destinam-se unicamente a aclarar o provimento jurisdicional, tornando-o completo e inteligível. Não se prestam, nem poderiam, a modificar o conteúdo decisório da sentença ou acórdão. Portanto, cabe à parte embargante explicitar, tão somente, os pontos em que a decisão é obscura, omissa, contraditória ou ambígua e pleitear que sejam sanados os vícios apontados.

3.8. EMBARGOS INFRINGENTES E DE NULIDADE

3.8.1. Cabimento – Artigo 609 do CPP

O artigo 609, parágrafo único, do CPP estabelece que, "quando não for unânime a decisão de segunda instância, desfavorável ao réu, admitem-se embargos infringentes e de nulidade (...)".

De início, cabe diferenciar os embargos infringentes dos embargos de nulidade. Os primeiros são oponíveis quando a matéria de divergência versar sobre o mérito da causa e os segundos, quando versar sobre nulidade processual.

Quanto às hipóteses de cabimento, são as mesmas para ambos os recursos. São admissíveis os embargos em questão das decisões de segunda instância, proferidas em julgamento de apelação, recurso em sentido estrito ou agravo em execução, quando desfavoráveis ao réu, mas com voto divergente que lhe seja favorável. Analisando detidamente os termos dessa definição, encontram-se os seguintes requisitos, que devem estar presentes, cumulativamente:

a) Decisão proferida em segunda instância

Só são cabíveis os recursos em estudo de decisões proferidas pelas câmaras ou turmas dos tribunais de segunda instância (Tribunal de Justiça e Tribunal Regional Federal). Das decisões proferidas em primeira instância pelo juízo monocrático, não cabem os embargos infringentes ou de nulidade. Das decisões proferidas pelo STF, estão previstos embargos infringentes, mas não com fundamento no dispositivo antes mencionado, e sim no artigo 333 do Regimento Interno daquele tribunal.

b) Decisão proferida em julgamento de apelação, recurso em sentido estrito e agravo em execução

Embora a matéria não seja absolutamente pacífica, prevalece que os embargos infringentes e de nulidade só são oponíveis das decisões dos tribunais de segunda instância quando no exercício de sua competência recursal e não originária. De fato, o artigo 609 insere-se no Capítulo V, cujo título é "do processo e do julgamento dos recursos em sentido estrito e das apelações, nos tribunais de apelação". Portanto, depreende-se da inteligência do texto legal que só cabem os embargos em questão do julgamento, em segunda instância, desses dois recursos.

Ocorre que, como mencionado, a Lei n. 7.210/84, que criou o agravo em execução, não previu para este qualquer rito, motivo pelo qual é atualmente pacífico que o rito a ser adotado é o do recurso em sentido estrito. Como em relação a esse cabem os embargos infringentes e de nulidade, é entendimento hoje majoritário (embora não pacífico) que da decisão oriunda de julgamento de agravo em execução também cabem.

Quanto à decisão proferida em *habeas corpus*, revisão criminal e mandado de segurança, por não se tratarem de recursos e sim verdadeiras ações, prevalece que não cabem os embargos infringentes e de nulidade. O que seria então cabível nesse caso? Ora, nos casos envolvendo *habeas corpus* e mandado de segurança poderá caber recurso ordinário constitucional (conforme o disposto nos artigos 102, II e 105, II, ambos da Constituição Federal) e no caso envolvendo revisão criminal poderá caber recurso extraordinário ou recurso especial (conforme o disposto nos artigos 102, III e 105, III, ambos da Constituição Federal).

c) Decisão desfavorável ao réu

Os embargos infringentes e de nulidade são recursos privativos da defesa, ou seja, só podem ser opostos pelo réu. E este, evidentemente, só tem interesse em recorrer das decisões que lhe sejam desfavoráveis, total ou parcialmente. Portanto, é preciso que, ao julgar a apelação, o recurso em sentido estrito ou o agravo em execução, o tribunal tenha decidido de forma prejudicial à defesa, gerando-lhe algum tipo de sucumbência. Note-se que não é necessário que o recurso julgado (apelação, recurso em sentido estrito e agravo) tenha sido interposto pela defesa. Cabem embargos, mesmo quando o recurso anterior foi interposto pela acusação. Assim, por exemplo, se o réu é absolvido e o Ministério Público interpõe apelação pedindo a condenação, o que vem a ser acolhido por maioria de votos no tribunal, cabem embargos infringentes.

d) Decisão não unânime

O último requisito para o cabimento dos recursos em estudo é ter sido a decisão proferida em votação não unânime. Ou seja, ainda que a decisão final venha a ser desfavorável ao réu, é preciso que um dos votos divirja e favoreça a defesa. Assim, quando a decisão for unânime, não cabem os embargos infringentes ou de nulidade. A divergência pode ser total ou parcial, não importa, em qualquer situação serão cabíveis os embargos.

Suponhamos o seguinte caso: a maioria dos votos mantém a condenação do réu por furto qualificado, enquanto o voto divergente também mantém a condenação, mas por furto simples, excluindo a qualificadora. É possível a oposição de embargos?

Certamente. Há que se ressaltar, por fim, que no caso de o réu ser condenado por mais de um crime, para efeito de embargos a decisão a respeito de cada um deles deve ser considerada isoladamente. Exemplificando: o acusado é condenado por furto e formação de quadrilha. Apela de ambos: quanto ao furto, a condenação é mantida por unanimidade, e quanto ao crime de formação de quadrilha, também é mantida a condenação, mas por maioria de votos, havendo voto divergente. São oponíveis embargos? Sim, apenas da decisão quanto ao segundo crime.

e) Contrarrazões

Pode acontecer, em ação penal privada, do querelado opor os embargos infringentes. Nesse caso, caberiam contrarrazões por parte do querelante. Embora não haja previsão expressa, estas contrarrazões devem existir, pois são manifestações do princípio do contraditório. Seu fundamento será o artigo 609, parágrafo único, do CPP.

Deverá ser feita petição de juntada dirigida ao relator (como é, de resto, a estrutura básica de todas as contrarrazões) e na petição de contrarrazões deverá o querelante/embargado se manifestar pela manutenção do acórdão. Da mesma forma, como nas contrarrazões em geral, deve ser verificado se os embargos foram opostos no prazo legal. Caso isso não tenha ocorrido, haverá pedido de não conhecimento dos embargos. Assim, seria o seguinte pedido: Ante o exposto, requer não seja conhecido o presente recurso e, caso seja, que não seja provido, mantendo-se o acórdão tal como lançado, como medida de justiça.

3.8.2. Competência

O processamento dos embargos infringentes e de nulidade atende, em grande parte, ao regimento interno dos diversos tribunais estaduais e federais. Em todo e qualquer caso, no entanto, valem as seguintes regras:

- Os embargos ora tratados devem ser opostos por petição endereçada ao relator do acórdão embargado, ao qual caberá verificar a admissibilidade recursal e, a seguir, ordenar o recebimento e processamento do feito.
- As razões recursais devem vir desde logo anexas à petição de interposição, posto que não se prevê a abertura de vista em momento posterior para sua juntada.

Sintetizando, o quadro é o seguinte:

Interposição	endereçada ao relator do acórdão embargado
Razões	anexadas à petição de interposição e dirigidas genericamente ao tribunal competente

Existem contrarrazões de embargos? Sim. Se a ação for privada, após recebido o recurso, será dada vista para o querelante para oferecer contrarrazões. Se for pública, será dada vista ao Ministério Público e, se houver, ao assistente da acusação.

3.8.3. Legitimidade

Sendo recurso privativo da defesa, só o réu pode opor embargos infringentes e de nulidade.

3.8.4. Prazo

O prazo de oposição dos embargos é de 10 (dez) dias, contados da publicação do acórdão embargado. Como já exposto, não há prazo para razões, que devem vir, desde logo, anexadas à interposição.

3.8.5. Teses e requerimentos

Na petição de interposição, o embargante deve requerer apenas o recebimento e processamento do recurso. Não há juízo de retratação. E não se pede a remessa a superior instância, já que os embargos são julgados pela mesma câmara do tribunal que julgou a apelação, o recurso em sentido estrito ou o agravo.

Quanto às razões, os embargos infringentes e de nulidade devem obrigatoriamente, por força de dispositivo legal, restringir-se à matéria de divergência (art. 609, parágrafo único, do CPP). Portanto, a tese a ser defendida em embargos é exatamente aquela já expendida pelo voto dissidente. Ressalte-se: o voto divergente fixa os limites dos embargos do réu. É o chamado efeito devolutivo restrito. Portanto, se a divergência for parcial, os embargos estarão limitados à matéria de divergência.

Repetindo o exemplo já comentado: a maioria dos votos manteve a condenação do réu por furto qualificado, enquanto o voto divergente também manteve a condenação, mas por furto simples, excluindo a qualificadora. São oponíveis os embargos? Certamente, mas o embargante pode defender apenas a tese de desclassificação do crime, da forma qualificada para a simples, e nunca a tese de mérito para a condenação, ainda que possua argumentos para tanto. Quanto ao pedido, segue-se a mesma regra. Deve o embargante requerer que prevaleça o voto vencido para que seja levada a efeito a decisão por ele expendida.

3.9. *HABEAS CORPUS*

3.9.1. Cabimento – Artigo 5º, LXVIII, da CF/88 e artigos 647 e 648 do CPP

O *habeas corpus* é a ação cabível sempre que alguém estiver sofrendo ou na iminência de sofrer constrangimento ilegal em sua liberdade de locomoção. É o remédio para fazer cessar a injustificada coação ou ameaça ao direito de ir e vir de alguém. A doutrina nomeia *liberatório* o *habeas corpus* impetrado quando já há coação ilegal. E *preventivo* quando a liberdade ambulatória está apenas ameaçada.

Segundo o artigo 647 do CPP, não é cabível o *habeas corpus* nos casos de punição disciplinar. Prevalece, no entanto, na doutrina, que mesmo nessa hipótese é apropriada a impetração do *writ*, mas somente para questionarem-se os aspectos formais da prisão (competência da autoridade que a determinou, por exemplo) e não o mérito da medida.

Não cabe também o *habeas corpus* quando a atividade punitiva estatal não representar qualquer risco, imediato ou remoto, à liberdade de locomoção do indivíduo. Nesse sentido, foram editadas as Súmulas 693 e 695 do Supremo Tribunal Federal, vazadas nos seguintes termos:

> "Súmula 693: Não cabe *habeas corpus* contra decisão condenatória a pena de multa, ou relativo a processo em curso por infração penal a que a pena pecuniária seja a única cominada."
>
> "Súmula 695: Não cabe *habeas corpus* quando já extinta a pena privativa de liberdade."

As hipóteses de impetração de *habeas corpus* estão previstas no artigo 648 do CPP, cujos incisos, a seguir, passa-se a estudar.

3.9.1.1. Quando não houver justa causa para a coação (art. 648, I, do CPP)

Cumpre de início esclarecer que a expressão empregada pelo Código tem sentido abrangente: a rigor, todos os outros incisos do artigo em estudo estão contidos neste primeiro, posto que coação ilegal é exatamente aquela sem causa legítima. De fato, quando há uma causa justa para a coação, evidentemente ela não pode ser considerada ilegal. Por outro lado, sempre que for ilegal é porque não possui nenhum motivo justo.

Em sentido mais estrito, o inciso em questão corresponde àquilo que denominamos nesta obra de *tese de mérito* e refere-se à ausência dos elementos que possibilitam a persecução penal, quais sejam: que o fato imputado ao agente seja previsto em lei como crime ou contravenção (fato típico), e que não exista, na hipótese, qualquer circunstância que exclua o crime (excludente de antijuridicidade) ou isente de pena (excludente de culpabilidade ou escusa absolutória). Então, e apenas então, é possível impor sanção penal. Caso contrário, não.

Ora, a persecução penal (inquérito policial e ação penal) é a atividade estatal voltada, em última análise, à imposição de pena. Se, no caso concreto, não houver justa causa para a imposição da pena, por certo também não haverá justa causa para a instauração ou prosseguimento de inquérito policial e da ação penal.

Concluindo, quando o fato narrado for atípico, não há justa causa para a ação penal, que deve ser trancada. É possível trancar-se também o inquérito policial por falta de justa causa? Sendo o inquérito um procedimento investigatório cujo escopo é justamente descobrir sobre a ocorrência ou inocorrência do crime, a jurisprudência é bastante restritiva quanto às possibilidades de trancamento, admitindo-o apenas quando a própria atividade investigatória do estado não se justifica, como, por exemplo, quando o fato narrado é já, em tese, atípico, ou quando está evidente situação de escusa absolutória.

Vale, no entanto, ressaltar, como já foi feito de início, que a dicção do Código ("a coação considerar-se-á ilegal quando não houver justa causa") tem largo alcance e comporta, em regra, todas as situações em que o constrangimento é injustificado.

Representa, por assim dizer, um fundamento residual e, portanto, quando houver situação de coação não enquadrável em nenhum dos demais incisos do artigo 648 (mais específicos), ainda assim é cabível a impetração do *habeas corpus*, com fulcro nesse inciso I. É o caso, por exemplo, da prisão processual (flagrante, temporária, preventiva) decretada fora das hipóteses autorizadas por lei, entre outros.

3.9.1.2. Quando alguém estiver preso por mais tempo do que determina a lei (art. 648, II, do CPP)

O dispositivo em comento trata dos casos de prisão provisória. São elas: prisão em flagrante, prisão preventiva e prisão temporária. É importante notar que a prisão em flagrante tem sido vista por alguns como pré-cautela e, para estes, somente há duas prisões provisórias: preventiva e temporária. Nenhuma delas pode durar mais tempo do que determina a lei. Justamente para fixar limite ao tempo de prisão cautelar, o legislador estabeleceu prazos para a realização dos atos processuais quando o acusado estiver preso. Ultrapassado o lapso temporal assinado sem a realização do ato, passa a ser considerada ilegal a coação, impondo-se a soltura do preso. O excesso de prazo deve ser considerado relativamente a cada prazo autonomamente ou ao prazo total? Embora não seja posição unânime, prevalece que deve ser considerado o prazo total do processo.

3.9.1.2.1. Excesso de prazo na prisão preventiva

Estando o réu preso preventivamente, o inquérito policial tem de ser relatado no prazo máximo de 10 (dez) dias, a contar da data da prisão, conforme o artigo 10, *caput*, do CPP.

Pense-se no seguinte exemplo: é instaurado inquérito policial, com o réu solto para apurar-se o crime de furto. Deve, em tese, o inquérito do réu solto durar 30 (trinta) dias, mas esse prazo é prorrogável pelo juiz, caso haja necessidade. Quando o inquérito já conta com seis meses, é decretada a preventiva do indiciado. A partir daí, tem o delegado de polícia 10 (dez) dias para encerrá-lo.

O prazo da prisão temporária inclui-se nesses 10 (dez) dias? Prevalece que não. Ou seja, a pessoa pode ficar presa pelo prazo da prisão temporária e, caso decretada a prisão preventiva, conta-se então mais 10 (dez) dias de prazo para encerramento do inquérito policial.

No âmbito da Justiça Federal, o prazo para término do inquérito policial é de 15 (quinze) dias. Na Lei n. 11.343/2006, o prazo é de 30 (trinta) dias, se o indiciado estiver preso, e de 90 (noventa) dias, se estiver solto (art. 51 da Lei de Drogas), podendo ser duplicados pelo juiz, ouvido o Ministério Público, mediante pedido justificado da autoridade de polícia judiciária.

3.9.1.2.2. Excesso de prazo na prisão temporária

A prisão temporária pode durar no máximo 5 (cinco) dias, prorrogáveis por mais 5 (cinco) (art. 2º da Lei n. 7.960/89), ou, para os crimes hediondos ou equiparados, 30 (trinta) dias, prorrogáveis por igual período (art. 2º, § 4º, da Lei n. 8.072/90). Extrapolando esse prazo, cabível o pedido de relaxamento e caso indeferido, o *habeas corpus*.

3.9.1.3. Quando quem ordenar a coação não tiver competência para fazê-lo (art. 648, III, do CPP)

Cuida o presente dispositivo tão somente das hipóteses de prisão temporária ou preventiva decretadas no curso do inquérito policial. É que se a preventiva for decretada durante o processo, significa que a autoridade era incompetente não apenas em relação ao ato da prisão, mas que toda a ação está tramitando perante juiz incompetente, o que corresponde à situação de nulidade processual, prevista no inciso VI do artigo 648.

Portanto, o caso não será o do inciso III (prisão decretada por autoridade incompetente), e sim o do inciso VI (nulidade processual, *ab initio*). Da mesma forma quando juiz incompetente, ao receber a ação ou no curso desta, decretar a preventiva. A tese será a nulidade *ab initio* do processo, e o *habeas corpus* impetrado com supedâneo no artigo 648, VI, do CPP.

3.9.1.4. Quando houver cessado o motivo que autorizou a coação (art. 648, IV, do CPP)

O dispositivo pressupõe a existência prévia de prisão legal. No entanto, desaparecida a razão que a autorizava, sua manutenção torna-se ilegal. Suponhamos que o réu tenha sido condenado a 6 (seis) anos de reclusão em regime fechado. Encerrado o cumprimento da pena, não há mais qualquer razão para que continue privado de sua liberdade.

Portanto, se, reconhecida a extinção da pena pelo juiz, a autoridade penitenciária recusar-se a libertar o condenado, torna-se autoridade coatora e sua decisão passível de *habeas corpus* (certo é que o cumprimento da pena é causa de extinção da punibilidade e esta, caso o juiz não a reconheça, deve ser arguida em sede de *habeas corpus* com fulcro no artigo 648, VII, do CPP). São ainda casos de cessação do motivo que autorizou a coação: a revogação da prisão preventiva, o relaxamento do flagrante e a concessão do livramento condicional ou do *sursis* (art. 77 do CP).

3.9.1.5. Quando não for alguém admitido a prestar fiança nos casos em que a lei a autoriza (art. 648, V, do CPP)

O art. 5º, LXVI, da CF, estabelece que "ninguém será levado à prisão ou nela mantido, quando a lei admitir a liberdade provisória, com ou sem fiança".

O art. 321 do CPP esclarece que, "ausentes os requisitos que autorizam a decretação da prisão preventiva, o juiz *deverá* conceder liberdade provisória, impondo, se for o caso, as medidas cautelares previstas no art. 319 deste Código e observados os critérios constantes do art. 282 deste Código".

Assim, a liberdade provisória com fiança (a simplesmente denominada "fiança") consistiria na imposição da medida cautelar pessoal diversa da prisão contida no art. 319, VIII, do CPP.

A liberdade provisória com fiança poderá ser concedida, apenas, para os crimes afiançáveis. O Código não estabelece quais são as infrações penais afiançáveis. Estabelece, em verdade, quais são os delitos inafiançáveis, previstos nos artigos 323 e 324 do CPP. Assim, por exclusão, o que não constar nesse rol será considerado delito afiançável. Assim, não é concedida fiança:

a) nos crimes de racismo;

b) nos crimes de tortura, tráfico ilícito de entorpecentes e drogas afins, terrorismo e nos definidos como crimes hediondos;

c) nos crimes cometidos por grupos armados, civis ou militares, contra a ordem constitucional e o Estado Democrático;

d) aos que, no mesmo processo, tiverem quebrado fiança anteriormente concedida ou infringido, sem motivo justo, qualquer das obrigações a que se referem os artigos 327 e 328 desse Código;

e) em caso de prisão civil ou militar;

f) quando presentes os motivos que autorizam a decretação da prisão preventiva (art. 312).

É importante notar que a prisão em flagrante deve ser comunicada ao juiz que, em audiência de custódia (art. 310, *caput*, do CPP), poderá relaxar a prisão em flagrante (se houver ilegalidade), conceder liberdade provisória (com ou sem fiança) ou, excepcionalmente, converter a prisão em flagrante em prisão preventiva.

Quem pode arbitrar a fiança? Atualmente, a autoridade policial poderá conceder liberdade provisória com fiança nas hipóteses do artigo 322 (pena máxima não superior a 4 anos). O juiz poderá conceder liberdade provisória com fiança nas mesmas hipóteses em que o delegado e também em qualquer outro caso que esteja fora do rol dos artigos 323 e 324. Na hipótese de liberdade provisória sem fiança, esta só pode ser concedida pelo juiz (art. 310, § 1º, do CPP).

Quando o arbitramento da fiança for atribuição da autoridade policial, contra sua recusa cabe apenas a impetração de *habeas corpus*, com fundamento no dispositivo em estudo. E se a autoridade policial arbitra a fiança em valor injustificadamente elevado? Cabe também o *habeas corpus*, pois arbitrar a fiança de forma a impossibilitar o seu pagamento equivale a negá-la. No entanto, quando for o juiz que se negar a concedê-la, além da possibilidade do uso do *writ* constitucional, o Código de Processo Penal também prevê para a hipótese a interposição de recurso em sentido estrito (art. 581, V, do CPP – decisão que negar fiança). Portanto, por previsão expressa da lei processual, essa mesma decisão pode ser combatida por via de duas medidas: ou *habeas corpus* ou recurso em sentido estrito.

Os casos de liberdade provisória sem fiança são os previstos no artigo 310, § 1º, e 321 do CPP (em que o juiz tenha aplicado medida cautelar pessoal diversa da prisão dos arts. 319, I a VII, IX, e 320 do CPP). Em todos esses casos, sendo o delito afiançável ou não, deve ser requerida ao juiz a liberdade provisória independentemente do pagamento de fiança. E se for negada a liberdade provisória sem fiança? Cabe *habeas corpus*, mas não com fundamento nesse inciso V, e sim com fundamento no inciso I (tese de mérito para a prisão) do art. 648 do CPP.

Também podem ser cumulados os pedidos de relaxamento com liberdade provisória. Assim, o advogado pode sustentar a ilegalidade da prisão e, subsidiariamente, sustentar o cabimento da liberdade provisória (desnecessidade da prisão).

3.9.1.6. *Quando o processo for manifestamente nulo (art. 648, VI, do CPP)*

A obtenção do provimento jurisdicional válido, seja para acolher, seja para desacolher o pleito acusatório, depende, em primeiro lugar da regularidade do processo penal no qual se discute a causa. O processo viciado, inapto a conduzir a uma solução amparada pelo direito, gera, de *per si*, constrangimento ilegal para o réu. O certo é que ninguém será privado de sua liberdade ou de seus bens sem o devido processo legal (art. 5º, LIV, da CF/88). Violado o devido processo legal, o constrangimento representado pela ação penal, que tolhe ou ameaça a liberdade de locomoção do acusado, constitui coação ilegal a ser sanada pela via do *habeas corpus*. As nulidades processuais estão previstas no artigo 564 do CPP (para compreensão mais aprofundada do tema, ver capítulo referente às teses de defesa – nulidades processuais). Insta ressaltar que descabe a alegação de nulidade na fase de inquérito policial, posto que o dispositivo em apreço cuide tão somente de *processo manifestamente nulo*.

3.9.1.7. Quando extinta a punibilidade (art. 648, VII, do CPP)

O cometimento de infração penal por agente culpável faz nascer para o Estado o *jus puniendi* em concreto. Portanto, o constrangimento imposto ao autor do delito, representado pela atribuição da sanção penal, só se justifica enquanto o Estado conserva o direito de punir. Este, no entanto, não é eterno ou incondicionado. Em determinadas situações, o Estado perde o *jus puniendi*, sendo, a partir daí, impossível a concretização do direito de punir. Nessas situações, a persecução penal, que tem por objetivo último a imposição de sanção penal, torna-se constrangimento ilegal, sanável por via de *habeas corpus*.

As causas de extinção da punibilidade concentram-se, majoritariamente, no artigo 107 do CP. Entretanto, o rol não é taxativo, sendo possível outros dispositivos legais preverem diferentes hipóteses de extinção (para compreensão mais aprofundada do tema, ver capítulo referente às teses de defesa – extinção da punibilidade). A explanação pormenorizada das hipóteses legais já foi realizada no capítulo referente às teses de defesa. Aqui apenas nomearemos, resumidamente, as principais causas de extinção da punibilidade:

a) morte do agente (art. 107, I, do CP);

b) anistia, graça e indulto (art. 107, II, do CP);

c) *abolitio criminis* (art. 107, III, do CP);

d) prescrição, decadência e perempção (art. 107, IV, do CP);

e) renúncia e perdão do ofendido (art. 107, V, do CP);

f) retratação do agente, nos casos em que a lei a admite (art. 107, VI, do CP);

g) perdão judicial, nos casos previstos em lei (art. 107, IX, do CP);

h) pagamento do tributo (art. 9°, § 2°, da Lei n. 10.684/03, e art. 83, § 4°, da Lei n. 9.430/96);

i) reparação do dano, antes da sentença irrecorrível, no peculato culposo (art. 312, § 3º, do CP);

j) morte do ofendido nos casos de ação penal privada personalíssima (art. 236 do CP).

3.9.2. Competência

O *habeas corpus* deve ser impetrado perante a autoridade imediatamente superior à coatora. Deverá, portanto, ser endereçado a juiz de direito, a Tribunal de segunda instância ou a Tribunal superior, conforme o caso.

Autoridade coatora	Competência para o HC
Delegado de polícia estadual	Juiz de direito da vara criminal
Delegado de polícia quando o crime for doloso contra a vida	Juiz de direito da vara do júri
Delegado da polícia federal	Juiz federal
Delegado de polícia quando o crime for de menor potencial ofensivo	Juiz de direito do juizado especial criminal
Particular	Juiz de direito da vara criminal
Promotor de justiça	Tribunal de Justiça
Juiz de direito	Tribunal de Justiça
Juiz da vara do júri	Tribunal de Justiça
Juiz presidente do tribunal do júri	Tribunal de Justiça
Juiz federal	Tribunal Regional Federal
Juiz do Juizado Especial Criminal	Turma recursal
Turma Recursal Estadual	Tribunal de Justiça

Autoridade coatora	Competência para o HC
Turma Recursal Federal	Tribunal Regional Federal
Tribunal de Justiça	Superior Tribunal de Justiça
Tribunal Regional Federal	Superior Tribunal de Justiça
Superior Tribunal de Justiça	Supremo Tribunal Federal

ATENÇÃO

A Súmula 690 do STF, que previa a competência do STF contra ato de Turma Recursal, foi superada a partir do julgamento do HC 86.834, pelo Plenário do STF, em 23.08.2006. A competência para julgar habeas corpus define-se em função da autoridade coatora. Uma vez que o artigo 96, III, da CF/88 estipula competir ao TJ o julgamento de juízes estaduais, decorre daí que o julgamento do HC deve ser atribuído ao TJ.

Por fim, quando o *habeas corpus* for impetrado perante Tribunal, qualquer que seja, deverá ser endereçado, em peça única, ao seu respectivo presidente.

3.9.3. Legitimidade

3.9.3.1. Paciente

É aquele que sofre a coação.

3.9.3.2. Impetrante

É quem impetra a ordem. Dispõe o artigo 654 do CPP que "o *habeas corpus* poderá ser impetrado por qualquer pessoa, em seu favor ou de outrem, bem como pelo Ministério Público". Ainda, segundo determina o § 2º do mesmo dispositivo, "os juízes e os tribunais têm competência para expedir de ofício ordem de *habeas corpus*, quando no curso do processo verificarem que alguém sofre ou está na iminência de sofrer coação ilegal".

Das normas processuais supratranscritas depreende-se que o *habeas corpus* pode ser impetrado:

a) pela própria pessoa que sofre a coação ilegal, ainda que não possua capacidade postulatória e independentemente da representação por advogado;

b) por terceiro, em favor da pessoa que sofre a coação. Este pode, eventualmente, ser advogado, mas não é necessário que o seja. Também não é necessária a outorga de procuração;

c) pelo Ministério Público, possibilidade expressamente consignada no Código de Processo Penal e corroborada pelo artigo 32 da Lei Orgânica Nacional do Ministério Público (Lei n. 8.625/93).

Quanto ao juiz de direito, o texto legal em comento não o legitima a impetrar *habeas corpus*, sendo também esse o entendimento que prevalece na doutrina e na jurisprudência. Admite-se, no entanto, que o Magistrado impetre o *habeas corpus* em nome próprio, quando sofrer o constrangimento ilegal, na qualidade de cidadão comum. Também autoriza a lei processual o juiz de direito a expedir de ofício ordem de *habeas corpus*, nos processos de sua competência, desde que não seja a autoridade coatora.

3.9.3.3. Autoridade coatora

É a autoridade responsável pelo constrangimento ilegal que se quer atacar. Normalmente, é a autoridade policial (delegado de polícia) ou judiciária (juiz de direito ou tribunal).

Pode o particular ser considerado autoridade coatora? Prevalece que sim.

Pode o Ministério Público ser autoridade coatora? Sim. Suponhamos que o promotor de justiça, estribado na faculdade que lhe confere o artigo 5º, II, do CPP, requisite ao delegado de polícia a instauração de inquérito policial. Quem será considerado autoridade coatora? Prevalece que é o promotor, uma vez que o delegado não poderia recusar se a atender à requisição.

E quando o juiz de direito requisita a instauração de inquérito policial a autoridade coatora, é o Magistrado ou o delegado de polícia? Pela mesma razão, o *habeas corpus* deve ser impetrado contra o juiz.

3.9.4. Prazo

Não há qualquer limitação de prazo para a impetração de *habeas corpus*, podendo a medida ser utilizada enquanto se mantiver a ameaça ou o efetivo constrangimento à capacidade de locomoção.

3.9.5. Teses, requerimentos e recursos

Deve-se, antes de mais nada, observar a natureza do *habeas corpus*: se liberatório ou preventivo. Como já explanado, o *writ* será chamado *liberatório* quando for impetrado para fazer cessar uma coação já existente. Será *preventivo* quando, por escopo, evitar a ocorrência de uma coação que ainda não se verifica. Isso quer dizer que sempre que o réu estiver solto o *habeas corpus* é preventivo? Certamente que não. Ainda que o réu esteja solto, e mesmo que ainda não haja mandado de prisão expedido, o mero indiciamento em inquérito policial, quanto mais a instauração de ação penal, já constituem constrangimento atual, que merece ser sanado por meio de *habeas corpus* liberatório. Caberá, portanto, *habeas corpus* preventivo quando não houver sequer indiciamento ou, em certos casos, sequer a instauração de inquérito policial.

No *habeas corpus* preventivo, seja qual for a tese a ser deduzida, o pedido será sempre o mesmo, a expedição de salvo-conduto em favor do paciente, com fulcro no artigo 660, § 4º, do CPP.

Vejamos, pois, a seguir, quais as teses e pedidos cabíveis no *habeas corpus* liberatório.

Observando-se as hipóteses de cabimento do *habeas corpus*, pode-se vislumbrar, esquematicamente, quatro teses de defesa: o inciso I refere-se à tese de mérito; o inciso VI cuida da tese de nulidade; o inciso VII corresponde à extinção da punibilidade e os incisos II, III, IV e V versam todos sobre o que se pode chamar de autoridade arbitrária, posto que constituem casos em que é violado o direito subjetivo do réu de não ser submetido à prisão indevida. O pedido em *habeas corpus* está estreitamente ligado à tese que o embasou. Assim, cada argumento defendido deverá conduzir a um diferente requerimento. Denominaremos, pois, apenas para fins didáticos, o pedido vinculado a cada tese determinada de *pedido específico*, uma vez que é o corolário lógico, especificamente, daquele determinado argumento.

Se a tese for tese de mérito para a persecução penal, três poderão ser os pedidos: na fase de inquérito policial, deve-se pedir o seu trancamento. Se já houver ação penal, pede-se também o trancamento dela. E se já tiver sido proferida sentença, deve-se pedir a sua cassação.

Se a tese for nulidade processual, deve-se pedir a anulação do processo. Esta pode ser pedida *ab initio*, quando o vício apontado situar-se até o recebimento da inicial, ou apenas a partir do ato nulo, se este for posterior àquele momento.

Caso a tese seja extinção da punibilidade, pede-se pura e simplesmente que seja declarada extinta a punibilidade dos fatos imputados ao paciente.

Se houver direito subjetivo negado do paciente, o que se pretende, como remédio constitucional, é que seja ao paciente concedido o direito que lhe foi negado. Especificamente, colocam-se as seguintes situações:

- Quando houver coação ilegal por excesso de prazo, é preciso observar a qual espécie de prisão está o paciente submetido. Se for prisão em flagrante, deve-se pedir seu relaxamento e após a expedição do alvará de soltura, para que seja efetivamente o preso colocado em liberdade. Se a prisão for preventiva ou temporária, deve-se requerer o relaxamento destas, bem como a expedição do alvará de soltura ou do contramandado de prisão (caso ainda não efetivada a ordem judicial).
- Quando a prisão for ilegal por ter sido decretada por autoridade incompetente, deve-se pedir o relaxamento da prisão preventiva ou temporária (lembremo-nos de que essa tese só se aplica a esses dois tipos de prisão) e a expedição do alvará de soltura. E se, embora a prisão ilegal já tenha sido decretada e expedido o respectivo mandado, este não tiver sido cumprido e, portanto, o paciente ainda estiver solto? Nesse caso, após o relaxamento da prisão, deve-se pedir a expedição de contramandado de prisão.
- Quando a prisão for ilegal por ter cessado o motivo que autorizou a coação, deve-se pedir, em regra, tão somente o alvará de soltura. Isso porque, na maioria dos casos contemplados por esse dispositivo, o juiz já reconheceu a extinção da pena ou já revogou ou relaxou a prisão e, não obstante, o paciente continua preso.
- Quando a coação for ilegal por não ter sido alguém admitido a prestar fiança, deve ser requerida a concessão da liberdade provisória com arbitramento da fiança e após a expedição do alvará de soltura.

Entretanto, independentemente da tese deduzida, sempre que o paciente estiver preso, ou na iminência de sê-lo, deve ser feito o requerimento pertinente para cessar ou evitar o constrangimento. Chamaremos a esse de *pedido genérico*, porquanto pode ser formulado qualquer que seja a tese específica que se defenda.

Assim, quando o réu estiver preso, seja qual for a tese alegada, deve-se ao final requerer a desconstituição da prisão (relaxamento do flagrante, relaxamento/revogação da preventiva ou relaxamento/revogação da prisão temporária, conforme o caso) e a expedição do alvará de soltura ou do contramandado de prisão (caso ainda não efetivada a ordem judicial de prisão preventiva ou temporária).

E se a prisão ocorrer em virtude de pena já imposta por sentença transitada em julgado? Nesses casos, é aconselhável pedir-se tão somente a expedição do alvará de soltura com a tese de mérito anterior. Assim, por exemplo, se o paciente está preso definitivamente e está extinta a punibilidade, pede-se a declaração de extinção da punibilidade e a consequente expedição de alvará de soltura.

Ainda, quando o réu estiver na iminência de ser preso (mandado de prisão expedido), seja qual for a tese expendida, deve-se ao final requerer o relaxamento ou a revogação da prisão (preventiva ou temporária) e a expedição do contramandado de prisão. E se se trata de prisão-pena? Nesses casos, é aconselhável pedir-se tão somente a expedição do contramandado.

Por fim, urge analisar brevemente a possibilidade de pedido de liminar, que encontra previsão legal, ainda que indireta, no art. 9°, parágrafo único, inciso III, da Lei n. 13.869/19, que define como crime de abuso de autoridade a conduta da autoridade judiciária que, dentro de prazo razoável, deixar de *deferir liminar* ou ordem de *habeas corpus*, quando manifestamente cabível.

O pedido de liminar em *habeas corpus* é hoje largamente aceito pela doutrina e pela jurisprudência, desde que presentes os requisitos do *fumus boni iuris* e do *periculum in mora*.

Admite-se, portanto, o pedido liminar quando estiver patente que a demora no julgamento do *writ* irá incrementar ainda mais a coação imposta ao paciente. Três são as situações em que se vislumbra nitidamente esse incremento: quando o réu já estiver preso, quando tiver sido expedido mandado de prisão e quando, no processo, estiver marcado ato ao qual deva comparecer o réu. Nesses três casos, portanto, incontestável a possibilidade do pedido de liminar.

Por fim, é importante notar que da decisão do juiz que julgar o *habeas corpus*, concedendo ou negando, caberá a interposição de recurso em sentido estrito com fundamento no artigo 581, X, do CPP. Por outro lado, se o *habeas corpus* for negado pelo Tribunal de Justiça ou pelo Tribunal Regional Federal, caberá recurso ordinário constitucional para o STJ, com fundamento no artigo 105, II, *a*, da Constituição Federal. Por fim, se o *habeas corpus* for negado em única instância pelo Superior Tribunal de Justiça, caberá recurso ordinário constitucional para o STF, com fundamento no artigo 102, II, *a*, da Constituição Federal (remete-se o leitor para cada um destes recursos explicados especificamente nesta obra).

Quadro sinótico – teses e pedidos em *habeas corpus* liberatório

Tese	Pedido liminar	Pedido definitivo
Tese de mérito para a persecução penal	a) relaxamento da prisão em flagrante e expedição de alvará de soltura ou b) relaxamento/revogação da prisão preventiva e expedição de alvará de soltura/contramandado de prisão ou c) relaxamento/revogação da prisão temporária e expedição de alvará de soltura/contramandado de prisão ou d) expedição de alvará de soltura ou e) expedição do contramandado de prisão ou f) sustação do ato marcado	a) trancamento do inquérito policial ou b) trancamento da ação penal ou c) cassação da sentença e d) confirmação da liminar
Nulidade processual	Idem	a) anulação do processo ab initio ou b) a partir do ato viciado e c) confirmação da liminar

Tese	Pedido liminar	Pedido definitivo
Extinção da punibilidade	Idem	a) declaração de extinção da punibilidade e b) confirmação da liminar
Excesso de prazo da prisão	a) relaxamento da prisão em flagrante e expedição de alvará de soltura ou b) relaxamento da prisão preventiva e expedição de alvará de soltura/contramandado de prisão ou c) relaxamento da prisão temporária e expedição de alvará de soltura/contramandado de prisão	confirmação da liminar
Autoridade incompetente	a) relaxamento da prisão preventiva e expedição de alvará de soltura/contramandado de prisão ou b) relaxamento da prisão temporária e expedição de alvará de soltura/contramandado de prisão	confirmação da liminar
Cessado o motivo da prisão	expedição do alvará de soltura	confirmação da liminar
Negação de fiança	arbitramento da fiança e expedição do alvará de soltura	confirmação da liminar

3.10. MANDADO DE SEGURANÇA

3.10.1. Cabimento – Artigo 5º, LXIX, da CF/88 e Lei n. 12.016/2009

O mandado de segurança é uma ação impugnativa, prevista na Constituição (art. 5º, LXIX, da CF/88), que visa à proteção de direito líquido e certo não amparado por *habeas corpus* ou *habeas data*, desde que haja ilegalidade ou abuso de autoridade. No caso de mandado de segurança na esfera penal, a possibilidade se restringe aos casos em que não há sequer ameaça indireta à liberdade, pois, de outra forma, o remédio constitucional adequado será o *habeas corpus*. A Lei n. 12.016/09 disciplina o mandado de segurança.

É necessário que haja violação de direito líquido e certo, ou ao menos ameaça ou perigo de lesão. E o que é direito líquido e certo? É aquele que pode ser demonstrado por prova pré-constituída, ou seja, aquele que não necessita de dilação probatória para ser comprovado.

Note-se que o mandado de segurança só é cabível contra ato de autoridade ou agente público, ou seja, não é possível impetrar o *mandamus* contra ato de particular.

Atualmente, é tranquilo o cabimento de mandado de segurança contra decisão judicial. Será sempre cabível, sendo que a Súmula 267 do STF admite tal proceder desde que contra a decisão atacada não caiba recurso ou correição parcial. Mesmo cabendo recurso, o mandado é muito utilizado quando há necessidade de liminar ou para buscar efeito suspensivo (art. 5°, II, Lei n. 12.016/09, *a contrario sensu*). A Súmula 268 do STF, no entanto, veda a impetração de mandado de segurança contra decisão com trânsito em julgado.

O enunciado da Súmula 604 do STJ estabelece que:

> "O mandado de segurança não se presta para atribuir efeito suspensivo a recurso criminal interposto pelo Ministério Público".

Exemplificativamente, são hipóteses de cabimento de mandado de segurança no âmbito criminal:

a) ato de autoridade policial que impede o acesso do advogado aos autos do Inquérito Policial;

ATENÇÃO

Antes da edição da Súmula Vinculante 14, era pacífico esse entendimento. No entanto, agora, o descumprimento de súmula vinculante gera, em princípio, reclamação ao Supremo Tribunal Federal, embora não exclua a possibilidade do mandado de segurança.

b) ato do delegado que indefere ilegalmente a restituição de coisas apreendidas;

c) ato judicial que indefira o pedido de habilitação do ofendido como assistente da acusação;

d) ato judicial que indefere pedido de sigilo das informações sobre processo em que o indivíduo foi absolvido;

e) para antecipar os efeitos da tutela recursal a recurso que não tenha esta previsão, salvo na hipótese da Súmula 604 do STJ.

3.10.2. Competência

A competência para a apreciação do mandado de segurança é sempre da autoridade com poderes para desfazer o ato impugnado. Assim, configura-se o seguinte quadro:

Autoridade coatora	Autoridade competente
Autoridade policial	Juiz de Direito
Juiz de Direito	Tribunal de Justiça
Juiz Federal	Tribunal Regional Federal
Juiz do Juizado Especial Criminal	Turma Recursal
Tribunal de Justiça; Tribunal Regional Federal; Superior Tribunal de Justiça; Supremo Tribunal Federal	Pleno ou órgão especial desses Tribunais, conforme o caso

Observe-se que há posição no sentido de que só cabe mandado de segurança contra ato do Presidente do Tribunal, e não das Turmas.

Quanto ao cabimento do mandado de segurança contra ato do juiz dos Juizados Especiais Criminais, embora seja controvertida a questão, prevalece o entendimento de que a competência é da Turma Recursal (Súmula 376 do STJ).

3.10.3. Legitimidade

3.10.3.1. Impetrante (sujeito ativo)

Será sujeito ativo o titular do direto líquido e certo violado, que pode ser pessoa física ou jurídica. Ressalte-se, no entanto, que, ao contrário do que acontece com o *habeas corpus*, é indispensável a capacidade postulatória.

3.10.3.2. Autoridade coatora (sujeito passivo)

Como já aludido, o mandado de segurança só é cabível contra ato de autoridade ou agente público. Portanto, o sujeito passivo é, sempre, o Estado, sendo que a autoridade coatora é notificada (com força de citação) como representante da pessoa jurídica de direito público.

3.10.3.3. Litisconsorte passivo necessário

No âmbito criminal, quando o mandado de segurança for impetrado contra decisão judicial, a parte que se beneficiou com a decisão judicial ora contestada é litisconsorte passivo necessário (Súmula 701 do STF).

Para ser mais claro, imaginemos a seguinte situação: requerida a prisão preventiva pelo promotor, o juiz a indefere. Dessa decisão cabe recurso em sentido estrito, mas não há a previsão de liminar. Por isso, o promotor, além do recurso em sentido estrito, impetra, conjuntamente, mandado de segurança. Ora, nesse contexto, se o Tribunal conceder a segurança, o réu será preso. Daí por que a Súmula 701 do STF exige sua presença como litisconsorte no mandado de segurança.

3.10.4. Prazo

O prazo para a propositura da ação é de 120 (cento e vinte) dias, contados da ciência do ato ilegal (art. 23 da Lei do Mandado de Segurança). O prazo é decadencial. Transcorrido o prazo, dá-se a preclusão, fechando as portas do mandado de segurança.

3.10.5. Teses e requerimentos

A tese a ser arguida no mandado de segurança é justamente a ilegalidade do ato impugnado. O pedido deve revelar de forma clara a ilegalidade ou o abuso de poder, requerendo-se assim o desfazimento do ato. Observe-se que, embora a petição inicial deva obedecer aos requisitos do artigo 319 do CPC, não deve ser postulada a produção de prova, pois incompatível dilação probatória com o rito sumário do mandado de segurança. Quanto ao valor da causa, quando o mandado é contra ato jurisdicional penal, este é inestimável, mas deve ser expresso, sob pena de violação às determinações do artigo 319 do CPC.

Importa, ainda, a menção a determinadas peculiaridades:

Pedido de liminar: É admissível, em sede de mandado de segurança, a formulação de pedido de concessão liminar da ordem, que pode ter fundamento antecipatório ou cautelar. Antecipatório quando desde logo gera os efeitos pretendidos na ação, fundando-se no *periculum in mora* e na verossimilhança das alegações. Cautelar se, além de se fundamentar no *fumus boni iuris* e no *periculum in mora*, não antecipa os efeitos do provimento final, mas acautela-os, assegura, quando há risco (*periculum*) de que, quando julgada a ação, não tenha mais utilidade o provimento. Em regra, a liminar é concedida sem oitiva da parte contrária, mas pode ser concedida logo após. Pode ser revogada ou revigorada até o julgamento final da ação, desde que o órgão judicial se convença de que os requisitos passaram a estar ou não mais se encontram presentes. A Lei indica que a liminar deveria ter eficácia por 90 (noventa) dias, prorrogáveis por mais 30 (trinta), mas, diante da morosidade da Justiça, tais prazos vêm sendo sistematicamente descumpridos. Com o julgamento final, a liminar perde sua força.

O presidente do Tribunal (STJ, no caso de liminar concedida por tribunal estadual ou regional federal, e STF, no caso de Tribunais Superiores) poderá suspender o efeito da liminar, "(...) para evitar grave lesão à ordem, à saúde, à segurança e à economia públicas (...)" (art. 15 da Lei n. 12.016/09).

Notificação da autoridade coatora: é notificada a autoridade coatora para prestar informações em 10 (dez) dias.

As informações são obrigatórias ou facultativas? Facultativas: com ou sem elas, o mandado de segurança será julgado. Não há necessidade de carta precatória para que sejam colhidas informações, que são obtidas diretamente.

Participação do MP: sempre participa do mandado de segurança, em 1º ou 2º graus. Tem prazo de 10 (dez) dias para opinar (*custos legis*), nos termos do artigo 12 da Lei do Mandado de Segurança. Pode haver dois membros do MP participando do mandado de segurança? Sim, quando o MP entra com mandado de segurança em 2º grau, participa também como *custos legis*.

Provas: só são admitidas provas pré-constituídas. No entanto, se o documento estiver em repartição pública ou sob poder de autoridade, pode ser requerido ao juiz que determine a exibição dele, devendo haver no caso prova da a recusa da repartição/autoridade em fornecê-lo.

Sentença: o juiz tem 30 (trinta) dias (art. 12, parágrafo único, da Lei do Mandado de Segurança) e deve preencher todos os requisitos de qualquer sentença.

Honorários advocatícios: a Súmula 512 do STF veda a condenação em honorários advocatícios em mandado de segurança.

Recursos:

a) Contra decisão de 1º grau: cabe apelação (concessiva ou denegatória). Quando o juiz concede em 1º grau, há necessidade do reexame necessário.

b) Contra decisão de Tribunal, quando denegatória: recurso ordinário constitucional, em 15 (quinze) dias (art. 33 da Lei n. 8.038/90), diversamente do prazo de ROC previsto para o HC. Para onde? Depende:

b.1) se a denegação for de TJ ou TRF, quem julga é o STJ;

b.2) denegação em única instância pelos tribunais superiores: STF.

c) Cabem embargos de declaração, não importando se a decisão é concessiva ou denegatória.

d) Embargos infringentes: impossível (Súmula 597 do STF: Não cabe na decisão que julga mandado de segurança).

3.11. MEMORIAIS

3.11.1. Cabimento – Artigos 403, § 3º, ou 404, parágrafo único, do CPP

Os ritos comuns e os ritos especiais que adotam o rito ordinário como base, preveem, ao término da instrução probatória, a oportunidade para a acusação e a defesa se manifestarem oralmente, antes da decisão final.

Ocorre que essas alegações finais orais podem ser substituídas por memoriais (forma escrita), notadamente em duas situações (por disposição expressa dos arts. 403, § 3º, e 404, parágrafo único, do CPP, aplicáveis ao rito ordinário e, subsidiariamente, aos demais): (a) caso, ao término da instrução probatória, seja necessária a realização de novas diligências (determinadas de ofício pelo juiz ou a requerimento das partes), as quais, após concluídas, dão ensejo à apresentação, pelas partes, no prazo sucessivo de 5 dias, de suas alegações finais, na forma de memoriais; (b) quando o caso for complexo ou houver número excessivo de réus, o juiz poderá conceder às partes o prazo de 5 dias sucessivamente para a apresentação de memoriais escritos. Assim a depender da hipótese em questão, o fundamento dos memoriais poderá ser o art. 403, § 3º, ou 404, parágrafo único, do CPP.

O rito sumário segue procedimento próprio que não tem previsão de alegações finais escritas sob a forma de memoriais. Da mesma forma o rito sumaríssimo. Dentre os procedimentos especiais o rito do júri e o da lei de drogas também não trazem previsão de memoriais. No entanto, é entendimento unânime o de que cabem memoriais mesmo nesses ritos. Aplica-se, nesse caso, o art. 394, § 5º, CPP, segundo o qual as disposições do procedimento ordinário aplicam-se subsidiariamente ao sumário, sumaríssimo e aos especiais. Portanto, nesses casos, o fundamento da peça deverá ser: 403, § 3º c.c. 394, § 5º, ou 404, parágrafo único, c.c 394, § 5º, todos do CPP.

3.11.2. Competência

Os memoriais devem ser sempre dirigidos ao juiz da causa, em uma peça única.

3.11.3. Legitimidade

Tanto a acusação quanto a defesa devem apresentar memoriais. Da parte da acusação, tanto o Ministério Público como o querelante (no caso de ação privada).

Pode o assistente da acusação apresentar memoriais escritos? Sim, já que tem legitimidade para participar dos debates orais, manifestando-se logo após o órgão do Ministério Público. Ao contrário do que ocorre com legitimidade recursal, a legitimidade do assistente para apresentar memoriais não é supletiva. Em suma, na apelação vimos que o assistente só pode interpor o recurso caso o MP não tenha apelado (art. 598 do CPP). Aqui não. O assistente pode apresentar memoriais mesmo que o MP tenha também apresentado.

Qual a consequência da falta de apresentação dos memoriais escritos pela acusação? Na ação penal exclusivamente privada, o não oferecimento das alegações finais sob a forma de memoriais enseja perempção, que por sua vez é causa de extinção da punibilidade. Se a ação for privada subsidiária da pública, a falta de manifestação do querelante obriga o Ministério Público a retomar a ação, devendo este apresentar os memoriais. Se a ação for pública, não pode o Ministério Público deixar de apresentá-los, em face do princípio da indisponibilidade. A falta de apresentação de memoriais por parte do assistente não tem qualquer consequência.

E se a defesa não apresentar os memoriais escritos? Prevalece que é obrigatória, em obediência ao princípio da ampla defesa, a sua apresentação e, na falta dela, não pode o juiz proferir sentença, sob pena de nulidade por cerceamento de defesa. Havendo desídia do defensor, o que deve fazer o Magistrado? Considerar o réu indefeso e nomear advogado *ad hoc* para apresentar a peça. Caso não o faça e condene o réu, gera nulidade processual absoluta. Pela mesma razão, não poderia o juiz mandar desentranhar os memoriais do réu por terem sido oferecidos fora do prazo.

3.11.4. Prazo

O prazo para a apresentação dos memoriais é de 5 (cinco) dias, sucessivamente, para a acusação e depois para a defesa.

3.11.5. Teses e requerimentos

3.11.5.1. Memoriais no rito comum ou especial, com exceção do júri

a) *Teses e requerimentos dos memoriais da acusação* – A acusação, seja pública, seja privada, deve, em regra, oferecer memoriais apresentando a existência de justa causa para a condenação. Deve, assim, demonstrar a comprovação de autoria e materialidade do fato típico e requerer seja julgada procedente a ação e decretada a condenação do réu nas penas do tipo penal imputado na inicial.

Excepcionalmente, e apenas no caso de acusação pública, o Ministério Público, cuja função, mais do que simplesmente acusar, é fiscalizar o regular cumprimento da lei, pode opinar pela absolvição do acusado. Isso porque, embora tenha ajuizado a ação penal, é possível que, ao final da instrução probatória, a prova reunida não seja suficiente para ensejar a condenação, ou ainda que tenha o réu conseguido comprovar circunstância que exclui o crime ou a culpabilidade. A respeito do tema, o artigo 385 do CPP, indiretamente, autoriza o pedido absolutório formulado pelo *parquet* quando dispõe que nos crimes de ação pública o juiz pode proferir sentença condenatória, mesmo que o Ministério Público tenha opinado pela absolvição.

Já no caso de acusação privada, o querelante só pode, em memoriais, pugnar pela condenação do querelado, sob pena de perempção. Isso porque dispõe o artigo 60, III, do CPP que será considerada perempta a ação penal se o querelante deixar de formular pedido de condenação em alegações finais (orais ou na forma de memoriais). A perempção, por sua vez, é causa de extinção da punibilidade, prevista no artigo 107, IV, do CP. Assim, caso o querelante peça a absolvição do querelado numa ação exclusivamente privada, deve o juiz absolvê-lo ou pode condená-lo? Nenhum dos dois. Deve simplesmente declarar a extinção da punibilidade pela perempção. E se o querelante deixar de pedir condenação numa ação privada subsidiária da pública? Aqui não há perempção, devendo o Ministério Público retomar a ação.

b) *Teses e requerimentos dos memoriais da defesa* – A defesa, em memoriais, deve, em regra, pedir a absolvição do acusado. Os memoriais são o momento oportuno para a arguição de todas as teses de defesa, devidamente exploradas e demonstradas no curso da instrução criminal. É o momento de se apontar as falhas do processo, pleitear o reconhecimento de causa extintiva da punibilidade, atacar o mérito da ação, requerendo, subsidiariamente, no caso de eventual condenação, a concessão dos benefícios cabíveis.

Vejamos cada uma dessas teses e os respectivos requerimentos.

b.1) *Nulidade processual* – Os memoriais são o momento oportuno para se alegar eventuais vícios no processo. Nesse caso, cabe à parte, ao final, requerer a anulação do processo *ab initio* (se a nulidade for até o recebimento da denúncia ou queixa, inclusive) ou a anulação do processo a partir do ato viciado.

Ressalte-se que as nulidades do processo devem ser sempre alegadas antes do mérito, bem como o pedido de anulação do processo deve ser sempre formulado antes do pedido referente ao mérito. Isso porque a regularidade do processo é requisito essencial para que seja possível a prestação jurisdicional válida. Exemplifica-se: se o juiz é incompetente (nulidade), não pode decidir o mérito, seja pela absolvição, seja pela condenação. Portanto, o Magistrado tem que, em primeiro lugar, apreciar se é ou não competente. Se julgar que não é, anula-se o processo. Se julgar que é, apenas então deverá apreciar se o réu merece ser condenado ou absolvido.

b.2) *Extinção da punibilidade* – É possível arguir a presença de causa de extinção da punibilidade em que se pode alegar, por exemplo: *abolitio criminis*, anistia, renúncia, perdão do ofendido, retratação, prescrição, decadência, perempção, o cabimento do perdão judicial, reparação do dano – no caso de peculato culposo –, pagamento da dívida – no caso de crimes contra a ordem tributária.

b.3) *Tese de mérito* – Diz respeito ao mérito da ação, ou seja, é a ausência dos requisitos de ordem material, necessários à condenação ou à imposição da pena pleiteada pela acusação. Pode-se, portanto, para fins didáticos, subdividir a tese de mérito da seguinte forma (para a compreensão mais aprofundada do tema, *vide* o capítulo referente às teses de defesa):

b.3.1) *Tese de mérito para a absolvição*: refere-se às situações que impedem o acolhimento do pedido condenatório, impondo a absolvição do acusado. Para que o juiz julgue procedente o pleito acusatório, é necessário, antes de tudo, a existência de fato típico, devendo estar cabalmente comprovadas pela acusação autoria e materialidade delitiva. Além disso, é preciso que não estejam presentes circunstâncias que excluam a ilicitude da conduta ou a culpabilidade do agente. Por fim, não podem também existir escusas absolutórias, que por razão de política criminal impedem a imposição de sanção penal. Portanto, cabe justamente à defesa alegar: atipicidade do fato, falta de prova de autoria ou materialidade, excludente de ilicitude, excludente de culpabilidade ou escusa absolutória.

Em todos esses casos, o pedido deve ser a absolvição do réu, com fundamento no artigo 386 do CPP. Ressalte-se que é de fundamental importância precisar sob qual supedâneo deve ser absolvido o réu. Isso porque os vários incisos do supracitado dispositivo legal repercutem de forma diversa fora do âmbito penal. Portanto, é importante que a defesa explicite em seu pedido qual a base legal da absolvição que pleiteia; vale dizer, em qual dos incisos do artigo 386 do CPP, pretende que o juiz fundamente a absolvição. Exporemos brevemente a seguir os possíveis fundamentos do pedido absolutório.

Deverá ser requerida a absolvição com fulcro no inciso I quando estiver provada a inexistência do fato. O dispositivo refere-se à prova de que o fato narrado na denúncia não ocorreu, ou seja, ataca-se o suporte fático da acusação.

O inciso II do artigo386 contempla a hipótese de não haver prova da existência do fato. Trata-se aqui da falta de prova da materialidade delitiva. A diferença entre o dispositivo anterior e este é que, no primeiro, "há prova da inexistência do fato", enquanto no segundo apenas "não há prova da existência do fato".

O inciso III trata da hipótese de fato atípico. Aqui, não se questiona a existência material do fato, mas sim o seu enquadramento legal. O fato existiu, mas não encontra correspondência em qualquer tipo penal e, portanto, não constitui infração penal.

O inciso IV relaciona-se à questão da autoria. Nessa hipótese, há prova cabal de que o acusado não contribuiu para a ocorrência do crime. A defesa aqui não nega a existência de um fato criminoso, mas argumenta que o réu não teve com aquele qualquer envolvimento.

É comum a confusão entre os incisos I ou IV e o inciso III. No inciso I o fato não existiu, no inciso IV o fato existiu, mas não foi o acusado que o praticou. No inciso III o fato existiu, foi o autor que o realizou, mas ele não é um fato típico.

No inciso V, falta prova de ter o réu concorrido com a infração. Vale dizer, há dúvida sobre a autoria da infração penal, embora ele tenha existido.

O inciso VI menciona a absolvição quando existir circunstância que exclua o crime ou isente de pena o réu. É o caso das excludentes de ilicitude, excludentes de culpabilidade e escusas absolutórias.

Por fim, o inciso VII versa justamente sobre a falta de prova para a condenação, consagrando tanto o princípio do *in dubio pro reo*, quanto o preceito constitucional da presunção de inocência. Podem-se assim relacionar, exemplificativamente, situações comuns de aplicação do dispositivo: quando a única prova é a palavra da vítima (comum, sobretudo, em crimes contra os costumes realizados sem violência), quando o réu confessou na fase de inquérito, mas depois se retratou em juízo, quando não há testemunhas de quem iniciou a agressão, dentre muitas outras. Atualmente como as situações de falta de prova de materialidade e falta de prova de autoria já vem contempladas em incisos anteriores (II e V, respectivamente) o inc. VII será de pouca utilidade ou residual.

b.3.2) *Teses subsidiárias de mérito*: ainda no tocante ao mérito da ação, é possível para a defesa atacar a espécie da imputação ou a magnitude da sanção penal pleiteada pela acusação. Para fins meramente pedagógicos e não científicos, subdividimos essa tese em quatro pontos:

Primeiro ponto: *Tese relativa à classificação do crime*: o réu foi denunciado por crime mais grave do que de fato cometeu, devendo ser requerida a desclassificação do tipo penal descrito na inicial para outro mais leve. Ou, ainda, consta da inicial circunstância qualificadora inexistente na realidade ou não devidamente comprovada, devendo ser requerida a desclassificação do crime qualificado para o simples.

Segundo ponto: *Teses relativas à dosimetria da pena*: (i) Fixação da pena-base no patamar mínimo, caso não existam circunstâncias judiciais desfavoráveis a serem consideradas (1ª fase – art. 59 do CP); (ii) exclusão de eventuais agravantes inclusas na denúncia ou reconhecimento de eventuais atenuantes presentes no caso (2ª fase – artigos 61 a 66 do CP); (iii) exclusão de eventuais majorantes inclusas na denúncia ou reconhecimento de eventuais minorantes presentes no caso (3ª fase – artigos esparsos na Parte Geral e Parte Especial do CP); e iv) reconhecimento do concurso formal ou crime continuado em vez do concurso material (arts. 70 e 71 do CP).

Terceiro ponto – *Tese relativa ao regime inicial*: na fase de memoriais, ainda não há uma pena quantificada. Mas, no item anterior, o advogado formulou uma série de raciocínios (fixação da pena-base no mínimo, exclusão de agravantes etc.) que lhe permitiram requerer uma pena concreta. Caso o juiz acate esse pedido, cabe desde logo ao advogado defender qual o regime seria o adequado para o início de cumprimento dessa pena.

Ex.: X é processado pelo crime de furto. Em memoriais, o advogado pede que, em caso de condenação, na primeira fase da dosimetria, seja aplicada a pena-base no mínimo, uma vez que não há qualquer circunstância desfavorável a ser considerada, e que essa pena seja tornada definitiva, à mingua de qualquer agravante ou majorante a serem consideradas na 2ª e 3ª fases. Em suma, o advogado está requerendo que a pena seja fixada em um ano, que é a pena mínima para o furto. Caso ela realmente seja, o regime inicial compatível será o aberto (art. 33, § 2º, "c", do CP). Portanto o advogado também deve requerer nos memoriais que seja fixado o regime aberto.

Quarto ponto – *Teses relativas à substituição ou suspensão da pena*. Vale o mesmo raciocínio do item anterior. Embora ainda não haja uma pena aplicada pelo juiz, o advogado requereu uma determinada pena em concreto. Com base nessa pena, aliada ao tipo de crime e à situação subjetiva do réu (se primário, reincidente ou reincidente específico) o advogado deve avaliar se caberia a substituição por penas restritivas de direitos (art. 44 do CP) ou a suspensão da pena privativa de liberdade (art. 77 do CP) e desde logo requerê-las.

b.4) Conjugação de teses – *É possível alegar-se em conjunto tese de mérito para a absolvição e subsidiária de mérito?* Sim, e nessa ordem. Ao final, deve-se pedir em primeiro lugar a absolvição e, caso não seja este o entendimento do magistrado, a desclassificação da infração, exclusão de qualificadora, majorante ou agravante, ou ainda reconhecimento de privilégio ou atenuante.

É possível alegar em conjunto nulidade processual e tese de mérito para a absolvição? Sim, e neste caso deve a nulidade ser alegada antes e a tese de mérito depois. Ao final, deve-se pedir, em primeiro lugar, a anulação do processo e, caso não seja este o entendimento do magistrado, a absolvição do apelante.

É possível alegar em conjunto nulidade processual e tese subsidiária de mérito? Sim. Nesse caso deve-se alegar, em primeiro lugar, a nulidade. Em seguida a tese subsidiária de mérito. Ao final, deve-se requerer a anulação do processo e, caso não seja este o entendimento do magistrado, a desclassificação da infração, exclusão de qualificadora, majorante ou agravante, ou ainda o reconhecimento de privilégio ou atenuante.

De tudo quanto dito acima, é fundamental que o candidato compreenda importante detalhe: o foco do candidato é atacar a acusação e os aspectos que serão abordados em uma possível sentença condenatória (que pode vir a ser proferida depois dos memoriais) – p. ex.: caso o acusado venha a ser condenado, que a pena-base seja estabelecida no patamar mínimo legal etc. Neste caso, praticamente todas as teses apresentadas podem ser conjugadas, desde que hábeis para beneficiar o acusado no caso apresentado.

No entanto, nesse tópico, ainda uma observação se impõe, respeitante à tese envolvendo *desclassificação* e *as teses de nulidade processual* ou *extinção da punibilidade*. Ocorre que a mudança na classificação do delito pode gerar nulidade ou extinção da punibilidade até então inexistentes, ou mesmo o direito ao acordo de não persecução penal (art. 28-A do CPP) ou ao *sursis* processual (art. 89 da Lei n. Lei n. 9.099/95).

Ex.: O réu é acusado de furto qualificado e, em memoriais, pede a desclassificação para furto simples. Ora, se for concedida a pretendida desclassificação, passa a fazer jus ao *sursis* processual, já que a pena mínima do furto simples é de 1 (um) ano de reclusão. Portanto, caso o juiz desclassifique a infração, não poderá simplesmente condenar pelo crime mais leve, mas remeter os autos ao Ministério Público para que faça a proposta de suspensão condicional do processo, nos termos do artigo 89 da Lei n. 9.099/95 e da Súmula 337 do STJ.

Quadro sinóptico teses e requerimentos em memoriais

Teses	Pedidos
Nulidade processual	anulação do processo
Extinção da punibilidade	declaração de extinção da punibilidade
Tese de mérito	Absolvição (art. 386 do CPP)
Teses subsidiarias de mérito	desclassificação/redução da pena/regime mais favorável/substituição ou suspensão da pena privativa de liberdade

3.11.5.2. Memoriais no rito do júri

No rito do júri não há, tal como ocorre no comum ordinário, previsão expressa da possibilidade de substituição das alegações finais orais por memoriais. No entanto, a maioria da doutrina tem entendido tranquilamente pela possibilidade de substituição, vez que as regras do procedimento ordinário se aplicam subsidiariamente aos demais procedimentos especiais, no que forem compatíveis (art. 394, § 5°, do CPP), e, de resto, não seria lógica outra solução, no caso de haver a necessidade de realização de diligência, ao término da instrução criminal, ou quando a complexidade do processo tornar inviáveis os debates orais.

Aceitos os memoriais, são eles a última manifestação das partes antes do encerramento do sumário de culpa (primeira fase do procedimento do júri). Logo a seguir, deverá o juiz proferir sentença, que pode ser de pronúncia, impronúncia, absolvição sumária ou desclassificação, além de, evidentemente, poder também anular o processo ou reconhecer a extinção da punibilidade.

Cabe, por fim, lembrar que, entre todas as decisões, a sentença de absolvição sumária é a mais benéfica para o réu, uma vez que põe termo à ação penal e impede que o réu venha a ser novamente processado pelo mesmo crime (coisa julgada material). A decisão de impronúncia também encerra o processo, mas não obsta seja oferecida nova denúncia contra o réu pelo mesmo fato, enquanto não estiver extinta a punibilidade, desde que sejam descobertas novas provas de autoria e materialidade (art. 414, parágrafo único, do CPP). E a decisão de desclassificação não encerra o processo, apenas o desloca a competência para o juízo singular.

a) *Teses e Requerimentos dos memoriais da acusação* – Deverá alegar a existência do crime e de indícios de autoria e pleitear a pronúncia do acusado.

b) *Teses e requerimentos dos memoriais da defesa* – A defesa, em princípio, não tem qualquer interesse em pedir a pronúncia do réu. Pode, entretanto, formular pedido de desclassificação imprópria, quando entender que o réu deva ser pronunciado por crime menos grave. Pode ainda requerer a absolvição sumária do acusado, sua impronúncia ou mesmo a desclassificação da infração. No entanto, como cada uma dessas decisões só pode ser proferida na situação específica definida na lei, cabe ao defensor do réu avaliar, no caso concreto, qual o pedido possível. Podem ser deduzidas as seguintes teses (conforme a ordem de arguição) – é muito importante lembrar que não se utiliza o artigo 386 do CPP em sede de memoriais do júri:

<table>
<tr><th>Tese</th><th colspan="2">Pedido</th></tr>
<tr><td>Nulidade</td><td colspan="2">anulação</td></tr>
<tr><td>Extinção da punibilidade</td><td colspan="2">declaração de extinção da punibilidade</td></tr>
<tr><td rowspan="2">Tese de mérito</td><td>a) inexistência do fato; b) negativa de autoria; c) atipicidade; d) excludente de ilicitude; e) excludente de culpabilidade</td><td>absolvição sumária (art. 415)</td></tr>
<tr><td>falta de prova</td><td>impronúncia (art. 414)</td></tr>
</table>

	crime excluído da competência do júri	desclassificação (art. 419)
Tese subsidiária de mérito	Não se questiona a pronúncia, mas o seu conteúdo. Nesse caso, só se pode discutir aquelas matérias incluídas no artigo 413, § 1°, sobre as quais cabe ao juiz decidir nesse momento, quais sejam; – o dispositivo em que se achar incurso o acusado – qualificadoras – causas de aumento de pena	– desclassificação imprópria (pronúncia por crime menos grave) Ex.: de homicídio para infanticídio ou de homicídio qualificado para homicídio simples – Exclusão de causa de aumento de pena Ex.: exclusão da causa de aumento referente ao homicídio ter sido praticado por milícia privada

As teses subsidiárias de mérito podem ser arguidas? Depende. A desclassificação sim. No tocante à aplicação da pena, só se pode discutir a exclusão de qualificadora ou de causa de aumento. Causas de diminuição não são decididas nesse momento. Do mesmo modo, não se fala em agravantes, atenuantes nem de circunstâncias judiciais nessa etapa. As demais teses subsidiárias de mérito são absolutamente impertinentes em memoriais de júri. Não se discute aqui regime de cumprimento da pena, substituição da pena privativa de liberdade ou *sursis* penal.

ATENÇÃO

É muito importante que o operador do direito saiba quais são os principais equívocos cometidos neste momento. É comum aqui que se queira pedir absolvição com fundamento no artigo 386 ou no artigo 397, ambos do CPP. Não é possível esse pedido com fundamento nesses artigos. No caso do artigo 386, não se aplica na primeira fase do júri e, no caso do artigo 397, está superado o momento para sua aplicação.

3.12. PEDIDO DE HABILITAÇÃO COMO ASSISTENTE DA ACUSAÇÃO

3.12.1. Cabimento – Artigo 268 do CPP

O artigo 268 do CPP confere ao ofendido o direito de assistir o Ministério Público durante o processo crime. A assistência só é possível, portanto, nas ações de titularidade do Ministério Público, vale dizer, nas ações públicas, incondicionadas ou condicionadas. Não é possível, evidentemente, assistência em ação penal privada, já que nesta o ofendido figura como parte principal.

3.12.2. Competência

A competência para apreciar o pedido de habilitação como assistente da acusação é do juiz da causa. No caso de admissão em segunda instância, cabe ao relator a decisão.

3.12.3. Legitimidade

Pode funcionar como assistente da acusação o próprio ofendido, seu representante legal (caso seja incapaz) ou ainda, na ausência do ofendido, seu cônjuge, ascendente, descendente ou irmão. É possível a assistência do companheiro? Segundo Mirabete, a enumeração é taxativa e, portanto, não admite a inclusão de pessoas estranhas ao rol legal, mesmo após o reconhecimento da união estável como entidade familiar (*Processo penal*, 18. ed., p. 348). Pode o corréu funcionar como assistente da acusação? Imaginemos, por exemplo, que A e B provoquem lesões corporais um no outro. Poderia A, que é também réu, ser assistente da acusação contra B? O artigo 270 do CPP nega expressamente tal possibilidade, dispondo que: "O corréu no mesmo processo não poderá intervir como assistente do Ministério Público". Admite-se, no entanto, que o acusado já absolvido seja habilitado como assistente no processo em curso contra o ex-corréu. Pode o Poder Público ser assistente da acusação? Prevalece que não, pois sendo pública a acusação, haveria então uma superafetação prejudicial à defesa. Por fim, recorde-se que o assistente da acusação é a parte (ofendido, representante legal ou demais legitimados, e não o advogado). O caso é que se não tiver capacidade postulatória, o assistente precisa de representação por advogado, munido de poderes expressos nos moldes do artigo 44 do CPP.

3.12.4. Prazo

Segundo o artigo 269 do CPP, o assistente será admitido enquanto não passar em julgado a sentença. De modo que cabe o pedido de habilitação desde o início do processo (após o recebimento da denúncia) até o seu término definitivo (trânsito em julgado). Evidentemente, não se admite assistente da acusação na fase de inquérito policial, momento em que sequer existe acusação. Também não se admite o assistente no processo de execução, mesmo que tenha sido habilitado no processo de conhecimento. Admite-se, no entanto, a assistência mesmo após a prolação da sentença, desde que ainda não tenha havido o trânsito em julgado desta.

3.12.5. Teses e pedidos

O requerente deverá demonstrar simplesmente sua legitimidade para figurar no processo como assistente da acusação e requerer, após a oitiva do membro do Ministério Público, sua admissão no processo.

3.13. PEDIDO DE INSTAURAÇÃO DE INQUÉRITO POLICIAL

3.13.1. Cabimento – Artigo 5º, § 5º, do CPP

O artigo 5º, § 5º, do CPP estabelece que, nos crimes de ação penal privada, a autoridade policial somente poderá proceder a inquérito a requerimento de quem tenha qualidade para intentá-lo. Significa que, nessa espécie de crime, caso a vítima deseje promover a persecução penal, deverá, antes de mais nada, requerer ao delegado de polícia que instaure inquérito policial, que servirá, posteriormente, de base para a propositura de futura ação penal (poderá, no entanto, deixar de fazê-lo se possuir, desde logo, peças de informação suficientes para lastrear a queixa-crime). Nos crimes de ação penal pública, embora a autoridade policial deva agir de ofício, nada obsta que a vítima requeira a instauração do inquérito (art. 5º, II, do CPP), sendo que, desatendido o pedido, prevê a lei recurso para o chefe de polícia (art. 5º, § 2º, do CPP).

3.13.2. Competência

O pedido de instauração de inquérito policial deve, logicamente, ser dirigido ao delegado de polícia que tenha atribuição para a apuração do delito.

3.13.3. Legitimidade

Nos casos de crime de ação penal privada, pode requerer a instauração de inquérito policial quem tenha a qualidade para intentá-la, vale dizer, as pessoas previstas nos artigos 30 – o ofendido ou seu representante legal – e 31 do CPP – no caso de morte do ofendido, ou quando declarado ausente por decisão judicial, o direito caberá a seu cônjuge, ascendente, descendente ou irmão. Nos casos de crime de ação penal pública, só há previsão de requerimento do ofendido ou de quem tenha qualidade para representá-lo (art. 5º, II, do CPP).

3.13.4. Prazo

Quando o crime a ser apurado for de ação penal privada, deve ser observado o prazo decadencial de seis meses, contados do conhecimento da autoria. De fato, o prazo previsto no artigo 38 do CPP é para oferecimento da queixa-crime, mas, uma vez que a única finalidade do inquérito é servir como base para a propositura de futura ação penal, não há sentido em iniciá-lo quando já extinto, pela decadência, o direito de ação.

3.13.5. Teses e requerimentos

O fundamento do pedido de instauração de inquérito policial é a existência, ao menos aparente, de infração penal a ser apurada. E o pedido é simplesmente a instauração do procedimento. Com o fim de se demonstrar a ocorrência do ilícito e contribuir com as investigações, pode-se ainda requerer que o delegado determine a oitiva da vítima e de testemunhas, ou ainda a realização de outras provas pertinentes no caso concreto.

3.14. PEDIDO DE SUSPENSÃO DO PROCESSO EM VIRTUDE DE QUESTÃO PREJUDICIAL

3.14.1. Cabimento – Artigos 92 ou 93 do CPP

Questões prejudiciais são todas as questões de valoração jurídica, penais ou extrapenais, que devem ser decididas antes da questão principal e que repercutem sobre a existência do crime. Prejudiciais são, então, a mesma coisa que preliminares? Não. Prejudiciais são questões de direito material, que irão vincular o mérito da ação. Já as preliminares são questões de direito processual, relativas aos pressupostos processuais. Assim, enquanto a existência do casamento válido é questão prejudicial em relação ao crime de bigamia (natureza material), a existência de juiz competente é preliminar do processo válido (questão processual). Portanto, enquanto as preliminares só podem ser decididas pelo juiz penal e são vinculadas à causa principal (só o juiz daquela causa pode decidir se é ou não competente para ela), as prejudiciais são autônomas em relação à causa principal (a validade do casamento é prejudicial do crime de bigamia, mas pode ser objeto de processo autônomo no âmbito civil) e podem dizer respeito tanto à esfera penal (a existência de um crime anterior é prejudicial para a receptação) quanto à esfera extrapenal (a existência do casamento em relação à bigamia). Quando a prejudicial situa-se na esfera penal, ela se chama homogênea. Esta nunca conduz à suspensão do processo, visto que o juiz penal é competente para decidir sobre ela antes de julgar o fato objeto da ação. Quando a prejudicial se situa na esfera extrapenal ela se chama heterogênea (também chamada devolutiva, dado que o seu julgamento deve ser devolvido ao juiz competente e não ser realizado pelo juiz criminal). É ela que pode eventualmente provocar a suspensão do processo, a teor do que dispõe os artigos 92 e 93 do CPP.

a) Prejudiciais devolutivas absolutas: o artigo 92 do CPP trata das chamadas questões prejudiciais devolutivas absolutas, posto que estas sempre devem ser devolvidas ao juiz extrapenal, ou seja, nunca podem ser decididas pelo juiz criminal. Eis aqui os seus pressupostos e as suas consequências:

Pressupostos	a) ser questão séria e fundada b) envolvendo o estado civil das pessoas c) que afete a qualificação jurídico-penal do fato
Consequências	a) remessa das partes ao juízo cível (se já não houver processo instaurado) b) suspensão obrigatória do processo até o trânsito em julgado (ressalvada a possibilidade de produção de provas urgentes) c) suspensão do prazo prescricional
Recursos	a) não acolhimento: irrecorrível b) acolhimento: recurso em sentido estrito

A sentença civil que concluir pela não existência de uma infração penal tem força de coisa julgada na esfera penal, desaparecendo a justa causa para o processo, e a decisão atinge o MP ou o querelante, ainda que não tenham participado do processo prejudicial. Cabe ressaltar que, nesses casos, a sentença será nula quando, havendo prejudicial obrigatória, o juiz negar a suspensão do processo, visto que absolutamente incompetente para decidir a matéria.

b) Prejudiciais devolutivas relativas: o artigo 93 do CPP cuida das chamadas prejudiciais devolutivas relativas, já que eventualmente podem não ser devolvidas, ou seja, mesmo versando sobre questão extrapenal podem ser decididas pelo juiz penal.

Pressupostos	a) ser questão de difícil solução; b) não envolvendo o estado civil das pessoas; c) que afetar a qualificação jurídico penal do fato; d) desde que não verse sobre direito cuja prova a lei civil limite; e) desde que já tenha sido proposta ação civil.
Consequências	a) determinação facultativa da suspensão e estabelecimento de prazo após o qual o juiz penal deverá decidir a questão; b) suspensão do prazo prescricional.
Recursos	a) não acolhimento: irrecorrível; b) acolhimento: recurso em sentido estrito.

3.14.2. Competência

O pedido de suspensão do processo em virtude de questão prejudicial deve ser formulado ao juiz da causa.

3.14.3. Legitimidade

Em regra, o interesse na suspensão do processo é da defesa.

3.14.4. Prazo

Não há prazo.

3.14.5. Teses e requerimentos

É a existência da prejudicial e deve-se, portanto, requerer ao juiz a suspensão do processo até a sua solução.

3.15. QUEIXA-CRIME

3.15.1. Cabimento – Artigo 100, § 2º, do CP e artigos 30, 41 e 44 do CPP, ou artigo 100, § 3º, do CP e artigos 29, 41 e 44 do CPP e artigo 5º, LIX, da CF/88

Queixa-crime é o nome que se dá à petição inicial oferecida pelo particular, nos casos de ação penal privada. Como já se viu em momento oportuno, no âmbito criminal, a regra é que a ação seja pública, iniciada por meio de Denúncia feita pelo órgão do Ministério Público. No entanto, existem casos nos quais o legislador julgou que a instauração do processo poderia vulnerar ainda mais o ofendido, de modo que concedeu a esse o direito de, conforme sua vontade, propor ou não a ação.

Dessa forma é que, embora a regra seja a ação pública, existem crimes para os quais está expressamente prevista a ação privada, de titularidade ativa do ofendido. Há, no entanto, mais uma hipótese em que se defere ao particular o direito de ação: nos crimes de ação pública, se o órgão do Ministério Público não oferecer a denúncia no prazo legal, nasce para o ofendido ou demais legitimados o direito de propor ação penal privada subsidiária da pública.

O fundamento jurídico da ação penal privada são os artigos 100, § 2º, do CP ("A ação de iniciativa privada é promovida mediante queixa do ofendido ou de quem tenha qualidade para representá-lo") e 30 do CPP ("Ao ofendido ou a quem tenha qualidade para representá-lo caberá intentar a ação privada").

Já a ação privada subsidiária da pública tem fulcro nos artigos 100, § 3º, do CP ("A ação de iniciativa privada pode intentar-se nos crimes de ação pública, se o Ministério Público não oferece denúncia no prazo legal"), e 29 do CPP ("Será admitida ação privada nos crimes de ação pública, se esta não for intentada no prazo legal, cabendo ao Ministério Público aditar a queixa, repudiá-la e oferecer denúncia substitutiva, intervir em todos os termos do processo, fornecer elementos de prova, interpor recurso e, a todo tempo, no caso de negligência do querelante, retomar a ação como parte principal") bem como no artigo 5º, LIX, da CF/88 ("Será admitida ação privada nos crimes de ação pública, se esta não for intentada no prazo legal (...)").

3.15.2. Competência

Como petição inicial que é, a queixa-crime só pode ser oferecida ao juiz competente para o processo e julgamento da causa. No caso de infração de menor potencial ofensivo, a queixa-crime deverá ser feita oralmente ou por escrito, perante o Juiz do Juizado Especial Criminal.

É importante que o candidato leve em conta que uma das grandes dificuldades neste momento é identificar se a competência é do juízo comum estadual, federal ou do Juizado Especial Criminal. Deve o candidato ficar atento para identificar adequadamente cada uma destas competências e adequadamente endereçar sua queixa-crime.

3.15.3. Legitimidade

Pode propor a ação privada, em primeiro lugar, o próprio ofendido ou, no caso de incapaz, quem tenha qualidade para representá-lo (arts. 100, § 2º, do CP e 30 do CPP). No caso de morte do ofendido ou de ter sido declarado ausente por decisão judicial, o direito de oferecer a queixa ou de prosseguir na ação passa ao cônjuge, ascendente, descendente ou irmão (arts. 100, § 4º, do CP e 31 do CPP).

Se, no entanto, o ofendido incapaz não possuir representante legal ou, possuindo-o, seus interesses colidirem com os daquele, o direito de queixa será exercido por curador especial nomeado pelo juiz (art. 33 do CPP). Sendo o legitimado ativo pessoa pobre (que não possa prover as despesas do processo sem privar-se dos recursos indispensáveis ao sustento próprio ou de sua família), poderá requerer ao juiz a nomeação de advogado para a propositura da ação (art. 32 do CPP).

Se a vítima for pessoa jurídica, deve ser representada por quem o respectivo contrato ou estatuto designar ou, no silêncio destes, por seus diretores ou sócios-gerentes (art. 37 do CPP). Por fim, em qualquer hipótese o advogado que, em nome de legitimado ativo, oferecer a queixa em juízo, deverá estar munido de procuração com poderes especiais, na qual constem o nome do querelante e a menção do fato criminoso (art. 44 do CPP).

3.15.4. Prazo

Em regra, o direito de queixa decairá se não for exercido no prazo de 6 (seis) meses, contados, no caso da ação privada propriamente dita, da data em que o legitimado ativo veio a conhecer a autoria do fato e, no caso de ação privada subsidiária da pública, do fim do prazo concedido ao Ministério Público para oferecer denúncia (arts. 103 do CP e 38 do CPP). Quanto ao crime de induzimento a erro essencial ou ocultação de impedimento para o casamento (art. 236 do CP), o prazo de 6 (seis) meses só se inicia quando transitar em julgado a sentença que anulou o casamento na esfera civil.

3.15.5. Teses e pedidos

O conteúdo da queixa-crime vem determinado no artigo 41 do CPP, e é o seguinte: exposição do fato criminoso, classificação do crime, qualificação do acusado e, se necessário, rol de testemunhas. De fato, incumbe ao querelante, na petição inicial, demonstrar a materialidade e autoria do delito que pretende imputar ao querelado, requerendo, ao final, após regular citação e processo, a condenação do mesmo. É este também o momento oportuno para a acusação arrolar as testemunhas que deseja serem ouvidas.

3.16. RECURSO EM SENTIDO ESTRITO

3.16.1. Cabimento – Artigo 581 do CPP ou artigo 294, parágrafo único, do CTB

As hipóteses de cabimento do recurso em sentido estrito são taxativas e concentram-se, na maior parte, nos incisos do artigo 581 do CPP. Além desse, no entanto, outros dispositivos preveem o recurso em questão: o artigo 294, parágrafo único, do CTB, o art. 6º, parágrafo único, da Lei n. 1.508/51 e o artigo 2º, III, do Dec.-lei n. 201/67.

Por outro lado, uma série de hipóteses constantes do artigo 581 do CPP hoje não mais desafiam recurso em sentido estrito. Isso porque são decisões que atualmente competem ao juiz das execuções e, dessa forma, de acordo com o artigo 197 da LEP (Lei de Execução Penal – Lei n. 7.210/84), são combatidas por meio de agravo em execução, que terá o mesmo prazo do RESE por força da Súmula 700 do STF.

São, portanto, decisões previstas no artigo 581 do CPP que não mais comportam recurso em sentido:

a) que conceder, negar ou revogar *sursis* (art. 581, XI, do CPP);

b) que conceder, negar ou revogar livramento condicional (art. 581, XII, do CPP);

c) que decidir sobre a unificação das penas (art. 581, XVII, do CPP);

d) que decretar medida de segurança depois de transitar a sentença em julgado (art. 581, XIX, do CPP);

e) que impuser medida de segurança por transgressão de outra (art. 581, XX, do CPP);

f) que mantiver ou substituir a medida de segurança nos casos do art. 774 (art. 581, XXI, do CPP);

g) que revogar medida de segurança (art. 581, XXII, do CPP);

h) que deixar de revogar medida de segurança, nos casos em que a lei permita (art. 581, XXIII, do CPP);

i) que converter a multa em detenção ou em prisão simples (art. 581, XXIV, do CPP) – esta possibilidade não mais existe no Código Penal (art. 51 do CP).

Quanto ao inciso XI, que trata da decisão que conceder, negar ou revogar o *sursis*, as possibilidades são as seguintes:

a) *sursis* concedido ou negado na sentença condenatória: a decisão comporta recurso de apelação (art. 593, I, e § 4º, do CPP);

b) *sursis* concedido, negado ou revogado pelo juiz das execuções: a decisão comporta agravo em execução penal (art. 197 da LEP).

Isso posto, trataremos a seguir das decisões que comportam o recurso em sentido estrito.

a) Decisão que rejeitar a denúncia ou queixa (art. 581, I, do CPP)

Havendo, por qualquer razão, rejeição da denúncia ou queixa, nos termos do artigo 395 do CPP (falta de condição da ação ou pressuposto recursal), cabe à acusação interpor recurso em sentido estrito, buscando o seu recebimento. Vale observar que a lei penal não distingue *rejeição* (expressão utilizada pelo art. 395 supracitado) e *não recebimento* (expressão utilizada pelo art. 581 do CPP em estudo), motivo pelo qual a maioria da doutrina e da jurisprudência repudia tal distinção, admitindo recurso em sentido estrito tanto em uma como em outra hipótese.

E se o juiz recebe a denúncia ou queixa, mas alterando a classificação do crime contida inicialmente? Prevalece que tal decisão equivale à rejeição e, portanto, comporta recurso em sentido estrito.

Também cabe recurso em sentido estrito da decisão que rejeita o aditamento da denúncia.

Vale observar que, no rito sumaríssimo do JECrim, da decisão que rejeitar a denúncia ou queixa cabe apelação (art. 82 da Lei n. 9.099/95).

Em regra, da decisão que recebe a denúncia ou a queixa (decisão interlocutória simples) não cabe qualquer recurso, podendo, no entanto, ser impetrado *habeas corpus*.

Duas súmulas do STF merecem destaque neste tema:

- Súmula 707 – Constitui nulidade a falta de intimação do denunciado para oferecer contrarrazões ao recurso interposto da rejeição da denúncia, não a suprindo a nomeação de defensor dativo.
- Súmula 709 – Salvo quando nula a decisão de primeiro grau, o acórdão que provê o recurso contra a rejeição da denúncia vale, desde logo, pelo recebimento dela.

b) Decisão que concluir pela incompetência do juízo (art. 581, II, do CPP)

As regras de competência vêm consignadas nos artigos 69 e ss. do CPP. Resumidamente, para a verificação da competência do órgão jurisdicional para o julgamento de determinada causa, devem ser observados quatro critérios (a matéria é tratada com mais profundidade no capítulo referente à competência):

- competência de justiça;
- competência em razão da pessoa;
- competência por foro;
- competência de juízo.

O desrespeito aos critérios mencionados dá origem à situação de incompetência, que pode ser absoluta ou relativa. A competência de justiça, em razão da pessoa e a competência material do júri são absolutas. Já a competência de foro e a de juízo, quando fixadas pela prevenção ou distribuição, são relativas.

De acordo com a regra insculpida no artigo 109 do CPP, se em qualquer fase do processo o juiz reconhecer motivo que o torne incompetente, deverá declará-lo nos autos, haja ou não alegação da parte, remetendo o feito ao juiz competente. A decisão de incompetência, portanto, pode ser tomada de ofício (sem provocação) ou ser resultado de exceção de incompetência oposta pela parte. O presente dispositivo cuida apenas da situação em que o juiz se declara incompetente de ofício, sendo que a hipótese de oposição de exceção de incompetência está contemplada pelo artigo 110.

De decisão que conclui pela competência do juízo, não há recurso previsto. Caso a parte entenda ser incompetente o juízo, cabe alegá-lo em exceção de incompetência, *habeas corpus* ou mesmo em apelação, de acordo com o momento processual.

Cabe observar que, no rito especial do júri, da decisão que desclassifica a infração para outro crime não doloso contra a vida, a maioria da doutrina entende que cabe recurso em sentido estrito com fundamento neste dispositivo.

c) Decisão que julgar procedentes as exceções, salvo a de suspeição (art. 581, III, do CPP)

Segundo o disposto no artigo 95 do CPP, poderão ser opostas exceções de suspeição, incompetência de juízo, litispendência, ilegitimidade de parte e coisa julgada:

- suspeição: nos casos previstos no artigo 254 do CPP. Ressalte-se que, além da suspeição do juiz, pode ser oposta exceção de suspeição dos membros do Ministério Público, peritos, intérpretes, serventuários ou funcionários da justiça, e ainda dos jurados, no Tribunal do Júri. Atenção: em qualquer caso da decisão que acolhe a exceção de suspeição, não cabe qualquer recurso. É ressalva expressa do inciso em comento;
- incompetência: as hipóteses de incompetência já foram tratadas no tópico precedente. Cabe apenas ressaltar que se a incompetência for declarada de ofício, o recurso deve ter como fundamento o inciso anterior (inc. II). Mas, se a parte opuser exceção de incompetência e o juiz, acolhendo a exceção, declarar-se incompetente, o fundamento correto é o inciso em estudo (inc. III);
- litispendência: refere-se à pendência de outro processo, com as mesmas partes, causa de pedir e pedido. Entende a doutrina que, na seara penal, basta para caracterizar litispendência que o réu esteja sendo processado pelo mesmo fato;
- ilegitimidade de parte: refere-se à ilegitimidade *ad causam* ou *ad processum*. Em qualquer caso, oposta e julgada procedente a exceção, cabe recurso em sentido estrito;
- coisa julgada: refere-se à existência de decisão anterior, já transitada em julgado, em processo em que o mesmo réu foi julgado pelo mesmo fato.

Nos casos supra, se o juiz julgar procedente a exceção oposta pelo réu, poderá o autor da ação interpor recurso em sentido estrito. Ressalve-se que não há recurso da decisão que julga procedente a exceção de suspeição.

Da decisão que rejeita qualquer das exceções também não cabe qualquer recurso. É possível, no entanto, à defesa, alegar a matéria em *habeas corpus* ou ainda em apelação, conforme o momento processual.

d) Decisão que pronunciar o réu (art. 581, IV, do CPP)

A sentença de pronúncia tem lugar sempre que o juiz se convencer da existência do *crime* e de indícios suficientes de sua autoria. Sendo acolhida a acusação, o réu será levado a julgamento pelo Tribunal do Júri.

Quando, por outro lado, o juiz não se convencer da existência de crime e de indícios de autoria deverá proferir sentença de impronúncia, que desafia, no entanto recurso, de apelação, bem como a sentença de absolvição sumária (art. 416 do CPP).

e) Decisão que conceder, negar, arbitrar, cassar, julgar inidônea a fiança ou, ainda, que julgá-la quebrada ou perdido o seu valor, que indeferir requerimento de prisão preventiva ou revogá-la, que relaxar a prisão em flagrante ou que conceder liberdade provisória (art. 581, V e VII, do CP)

Os incisos V e VII serão abordados conjuntamente, posto que ambos dizem respeito a decisões relativas às prisões processuais e à liberdade provisória. Dividiremos o estudo em quatro tópicos: fiança; liberdade provisória sem fiança; prisão preventiva e prisão em flagrante. Cumpre destacar que a acusação terá interesse de recorrer da decisão que conceder ou arbitrar a fiança. Já a defesa recorrerá da decisão que negá-la, arbitrá-la em valor excessivamente elevado, julgá-la inidônea, quebrada ou perdida. Observe-se que, nas hipóteses de interesse da defesa, embora o recurso expressamente previsto para o caso seja o recurso em sentido estrito, é adequada também a impetração de *habeas corpus*, uma vez que, em todas elas há arbitrário prejuízo à liberdade de locomoção. A seguir, vejamos cada uma das hipóteses:

e.1) Casos relacionados à fiança serão recorríveis em sentido estrito as seguintes decisões:

- *que conceder* fiança (desde que seja concedida pelo juiz e não pela autoridade policial). Obs.: a autoridade policial pode conceder liberdade provisória com fiança, em caso de infração penal punida com pena máxima igual ou inferior a 4 anos (art. 322 do CPP). Contudo, se o fizer, a decisão é irrecorrível.

- *que arbitrar* fiança (desde que seja arbitrada pelo juiz e não pela autoridade policial). Tendo sido concedida a fiança, é possível às partes se insurgirem contra o valor arbitrado: a acusação por considerá-lo injustificadamente reduzido, e a defesa por julgá-lo demasiadamente elevado. Se a fiança for arbitrada pela autoridade policial, da decisão não cabe qualquer recurso. Se, no entanto, o delegado de polícia arbitrá-la em valor tão elevado que inviabilize o seu pagamento e, portanto, obrigue o agente a ser mantido na prisão, é possível a impetração de *habeas corpus* (com fundamento no art. 648, V, do CPP, pois arbitrá-la de forma a impossibilitar o seu pagamento equivale a negá-la). Já quando a fiança for fixada pelo juiz, admite-se a interposição de recurso em sentido estrito. E se juiz fixá-la em valor demasiadamente alto? Nesse caso, pode a defesa optar entre o recurso em sentido estrito e o *habeas corpus.*
- *que negar* fiança (desde que seja negada pelo juiz e não pela autoridade policial). Se a liberdade provisória com fiança for negada pela autoridade policial, não há recurso cabível, podendo o prejudicado impetrar *habeas corpus*, com base no artigo 648, V, do CPP, em face do injusto constrangimento à sua liberdade de locomoção. Se, por outro lado, o juiz negar ao preso o direito à liberdade provisória com arbitramento de fiança, aí sim o caso é de interposição de recurso em sentido estrito.
- *que cassar* a fiança. Conforme os artigos 338 e 339 do CPP, a fiança poderá ser cassada pelo juiz quando tiver sido concedida em situação que não a comporta, ou quando, em virtude da nova classificação do delito, for reconhecida a existência de crime inafiançável.
- *que julgar inidônea* a fiança. A fiança será julgada inidônea quando a autoridade tomar, por engano, fiança insuficiente; quando houver depreciação material ou perecimento dos bens hipotecados ou caucionados ou ainda quando for inovada a classificação do delito. Em todos esses casos, será exigido reforço da fiança, e dessa decisão cabe o recurso em sentido estrito.
- *que julgar quebrada* a fiança. A concessão da fiança gera para o afiançado a obrigação de comparecer perante a autoridade todas as vezes que for intimado. Caso deixe de fazê-lo, injustificadamente, será considerada quebrada a fiança. O mesmo acontecerá se mudar de residência, sem prévia autorização da autoridade

competente, ou ausentar-se por mais de 8 (oito) dias de sua residência sem comunicar à autoridade o lugar em que será encontrado, ou, ainda, se, na vigência da fiança, praticar nova infração penal dolosa (arts. 327, 328 e 341 do CPP). O quebramento da fiança só pode ser decretado pela autoridade judiciária, e contra tal decisão cabe recurso em sentido estrito.

- *que julgar perdida* a fiança. O valor da fiança será perdido, na sua totalidade, se, condenado, o acusado não se apresentar para o início do cumprimento da pena definitivamente imposta (art. 344 do CPP).

e.2) Casos relacionado à liberdade provisória sem fiança: no que se refere à *liberdade provisória sem fiança*, caberá recurso em sentido estrito da decisão que *conceder* liberdade provisória sem fiança. Observe-se que, se a liberdade provisória sem fiança for negada, não cabe recurso em sentido estrito, por falta de previsão legal, e sim *habeas corpus*.

e.3) Casos relacionados à prisão em flagrante: é cabível recurso em sentido estrito da decisão que *relaxar a prisão em flagrante*. Caso o pedido de relaxamento de prisão em flagrante seja negado, não é possível a interposição de recurso em sentido estrito, por falta de previsão, cabendo a impetração de *habeas corpus*.

e.4) Casos relacionados à prisão preventiva: é cabível recurso em sentido estrito da decisão que *indeferir requerimento* de decretação da preventiva ou da que *revogar* a preventiva já decretada. Da decisão que deferir o requerimento, vale dizer, que efetivamente decretar a prisão preventiva, não cabe recurso em sentido estrito por falta de expressa previsão legal. Também não cabe recurso da decisão que indeferir o pedido de revogação da prisão. Nos dois casos, no entanto, é possível a impetração de *habeas corpus*.

f) Decisão que julgar extinta a punibilidade ou indeferir o pedido de extinção da punibilidade (art. 581, VIII e IX, do CPP)

Ambos os incisos serão abordados conjuntamente, posto que versam sobre a mesma matéria, qual seja, a extinção da punibilidade.

As causas de extinção da punibilidade estão, em sua maioria, previstas no artigo 107 do CP e podem sobrevir tanto durante o processo de conhecimento quanto durante a execução da pena. Está claro que só caberá recurso em sentido estrito se a decisão relativa à extinção da punibilidade for proferida durante o processo de conhecimento, pelo juiz da causa, pois, caso o seja durante o processo de execução, o recurso cabível é o agravo em execução.

Tanto da decisão que indefere o pedido de extinção da punibilidade quanto da que declara extinta a punibilidade, cabe o recurso em sentido estrito. No entanto, há duas exceções: a primeira, quando, na sentença, o juiz ao mesmo tempo repudia o argumento de extinção da punibilidade e condena o réu. Nesse caso, há uma sentença condenatória da qual cabe recurso de apelação, por força do artigo 593, I, e § 4º, do CPP. Ou, então, na fase logo após o oferecimento, pelo réu, da resposta à acusação, o juiz, acolhendo a tese de extinção da punibilidade, absolve sumariamente o acusado (art. 397, IV, do CPP). Aqui, houve uma sentença de absolvição, que comporta, portanto, apelação (embora tal entendimento não seja pacífico).

g) Decisão que conceder ou negar *habeas corpus* (art. 581, X, do CPP)

Da concessão de *habeas corpus* o juiz deve, obrigatoriamente, recorrer de ofício, o que não impede, no entanto, o recurso voluntário, que pode ser tanto do Ministério Público quanto do ofendido ou seu representante legal (nos crimes de ação penal privada). Quando, por outro lado, o Magistrado denegar a ordem de *habeas corpus,* cabe recurso em sentido estrito a ser interposto pelo paciente, sempre por meio de advogado.

ATENÇÃO

Vale lembrar que o inciso em questão cuida apenas da hipótese de concessão ou negação de habeas corpus em primeira instância, ou seja, quando a autoridade coatora for a autoridade policial ou particular e a ordem tiver sido impetrada perante o juízo de primeiro grau. Caso o writ seja denegado pelos Tribunais dos Estados, pelos Tribunais Regionais Federais ou ainda pelos tribunais superiores, a peça cabível será o recurso ordinário constitucional. Caso o habeas corpus seja concedido por um dos tribunais mencionados, não há recurso previsto, podendo ser utilizados os recursos especial e extraordinário, se preenchidos os requisitos de admissibilidade.

h) Decisão que anular a instrução criminal, no todo ou em parte (art. 581, XIII, do CPP)

É cabível a interposição de recurso em sentido estrito da decisão que anular o processo da instrução criminal, no todo ou em parte. A nulidade pode ter sido declarada de ofício ou a requerimento de qualquer das partes.

Caso o juiz indefira o pedido de anulação do processo, não é cabível o recurso em questão. Nessa hipótese, pode o acusado impetrar ordem de *habeas corpus*, com fundamento no artigo 648, VI, ou, ainda, pode a parte prejudicada arguir a nulidade em recurso de apelação.

i) Decisão que incluir ou excluir jurado da lista geral (art. 581, XIV, do CPP)

Cabe recurso em sentido estrito da decisão que alterar a lista de jurados. A lista geral de jurados será publicada em outubro de cada ano e poderá ser alterada de ofício ou mediante reclamação de qualquer do povo ao juiz presidente até o dia 10 de novembro, data de sua publicação definitiva. Em face dessa possibilidade de reclamação, instituída pela Lei n. 11.689/2008, parte da doutrina vem entendendo que não cabe mais o recurso em sentido estrito nessa hipótese (por todos, Fernando Capez, *Curso de Processo Penal*, 19. ed., São Paulo: Saraiva, 2012, p. 792).

j) Decisão que denegar a apelação ou julgá-la deserta (art. 581, XV, do CPP)

A denegação da apelação refere-se à ausência dos requisitos de admissibilidade recursal, que são, basicamente:

- tempestividade: deve-se verificar se a apelação foi proposta dentro do quinquídio legal. Caso contrário, deverá ser denegada por intempestividade;
- adequação: deve-se verificar se a apelação era o recurso adequado para combater a decisão, lembrando que, de acordo com o princípio da fungibilidade recursal (art. 579 do CPP), a parte não será prejudicada pela interposição de um recurso por outro, salvo no caso de comprovada má-fé. Entende ainda a jurisprudência que, para ser admitido o recurso incorreto, é imprescindível que o prazo do recurso adequado tenha sido observado;
- legitimidade: deverá ser verificado se a parte recorrente tem legitimidade e interesse para tanto.

Será também cabível o recurso em sentido estrito da decisão que julgar deserta a apelação, o que ocorre quando o recorrente deixa de pagar o preparo. Observe-se que a necessidade de preparo varia entre os Estados da Federação. No Estado de São Paulo, segundo a Lei Estadual n. 11.608/2003, só se exige preparo para recorrer no caso de apelação da acusação nas ações privadas, e, ainda assim, exclusivamente para a apelação do querelante.

Até a entrada em vigor da Lei n. 11.719/2008, era pressuposto de admissibilidade da apelação o recolhimento do réu à prisão, salvo se fosse primário e de bons antecedentes. Além disso, o artigo 595 previa a hipótese de deserção da apelação quando o réu fugia após haver apelado. A jurisprudência, entretanto, já vinha afastando o texto da Lei, para pôr em relevo o princípio constitucional do duplo grau de jurisdição, que não pode ser limitado pela exigência da perda da liberdade, entendimento consolidado na Súmula 347 do STJ. A supracitada lei, pondo-se de acordo com a jurisprudência, revogou o artigo 594, que elevava o recolhimento à prisão à categoria de pressuposto recursal. De modo que, mesmo sendo legítima a prisão, não pode o juiz se negar a receber a apelação sob o argumento de que o condenado está foragido. Pela mesma razão também não pode mais subsistir a decretação de deserção quando o réu foge após haver apelado. Por fim, a Lei n. 12.403/2011 terminou por revogar expressamente o artigo 595 do CPP, eliminando por completo a possibilidade de deserção pela fuga.

k) Decisão que ordenar a suspensão do processo por questão prejudicial (art. 581, XVI, do CPP)

As questões prejudiciais são tratadas nos artigos 92 e 93 do CPP. O primeiro cuida das prejudiciais obrigatórias: se a decisão sobre a existência da infração depender da solução de controvérsia sobre o estado civil das pessoas, o curso da ação penal ficará suspenso até que no juízo cível seja a controvérsia dirimida por sentença passada em julgado. O segundo trata de prejudicial facultativa: se o reconhecimento da existência da infração penal depender de decisão sobre questão diversa da prevista no artigo anterior, da competência do juízo cível, e nesse houver sido proposta ação para resolvê-la, o juiz criminal poderá, desde que essa questão seja de difícil solução e não verse sobre direito cuja prova a lei civil limite, suspender o curso do processo.

Da decisão que determinar a suspensão cabe o recurso em sentido estrito.

Há entendimento doutrinário sustentando também ser possível a interposição do mencionado recurso quando for determinada a suspensão do processo por outra razão, como, por exemplo, para o cumprimento de carta rogatória e quando o réu, citado por edital, não apresenta resposta à acusação.

l) Decisão do incidente de falsidade (art. 581, XVIII, do CPP)

O incidente de falsidade encontra-se disciplinado nos artigos 145 e ss. do CPP e será instaurado sempre que qualquer das partes arguir, por escrito, a falsidade de documento constante dos autos. O juiz, então, mandará autuar em apartado a impugnação, ouvirá a parte contrária em 48 horas assinará o prazo de três dias, sucessivamente, para as partes provarem as suas alegações ordenará as diligências que julgar necessárias e, por fim, decidirá pela procedência ou não do pedido. Julgado procedente ou improcedente o pedido, caberá recurso em sentido estrito. Caso seja reconhecida a falsidade, após transitada em julgado a decisão, será o documento desentranhado dos autos e remetido, com o processo incidente, ao Ministério Público.

Observe-se que da decisão final nos demais processos incidentes (por exemplo, o pedido de restituição de coisas apreendidas, pedido de sequestro ou especialização de hipoteca legal) não cabe recurso em sentido estrito, por falta de expressa previsão legal.

m) decisão que recusar homologação à proposta de acordo de não persecução penal (art. 28-A do CPP)

O art. 28-A, § 7°, do CPP, estabelece que o juiz pode recusar homologação à proposta que não atender aos requisitos legais ou quando não for realizada a adequação a que se refere o § 5° ("Se o juiz considerar inadequadas, insuficientes ou abusivas as condições dispostas no acordo de não persecução penal, devolverá os autos ao Ministério Público para que seja reformulada a proposta de acordo, com concordância do investigado e seu defensor").

n) Decisão que suspender cautelarmente a permissão ou habilitação para dirigir ou proibição de sua obtenção ou indeferir o requerimento para suspensão (art. 294, parágrafo único, da Lei n. 9.503/97 – Código de Trânsito Brasileiro)

O dispositivo em epígrafe estabelece que, em qualquer fase da investigação criminal ou da ação penal, o juiz pode decretar a suspensão cautelar da permissão ou habilitação para dirigir veículo automotor ou a proibição de sua obtenção. A medida, entretanto, deve ser tomada apenas em caso de comprovada necessidade para garantia da ordem pública. Deve ainda o Magistrado obrigatoriamente motivar sua decisão, aludindo, no caso concreto, aos elementos que tornam necessária a providência, nos moldes preconizados pela lei. Caso contrário, é possível a interposição de recurso em sentido estrito. Também será interponível o recurso em apreço quando o Magistrado indeferir o requerimento do Ministério Público para suspensão.

o) Decisão de arquivamento da representação (art. 6º, parágrafo único, da Lei n. 1.508/51 – que regula as contravenções relativas a "jogo do bicho" e jogo sobre corrida de cavalo fora do hipódromo)

Reza o dispositivo supra que, quando qualquer do povo provocar a iniciativa do Ministério Público, a representação (na verdade, é mera *notitia criminis*) será enviada ao Promotor Público e, se for arquivada, cabe ao seu autor oferecer recurso em sentido estrito.

p) Despacho concessivo ou denegatório de prisão preventiva ou afastamento do cargo (art. 2º, III, do Dec.-lei n. 201/67 – que dispõe sobre os crimes de responsabilidade de prefeitos e vereadores)

Nos crimes previstos no diploma legal em epígrafe, o juiz, ao receber a denúncia, manifestar-se-á, obrigatória e motivadamente, sobre a prisão preventiva do acusado (no caso dos crimes de apropriação ou desvio de bens ou rendas públicas e no de utilização indevida de bens, rendas ou serviços públicos) e, em todos os casos, sobre o afastamento do exercício do cargo durante a instrução criminal. Dessas decisões caberá recurso em sentido estrito.

3.16.2. Competência

A regra é que o recurso em sentido estrito seja interposto perante o juízo de primeiro grau que proferiu a decisão recorrida. Recebido o recurso, serão intimados, sucessivamente, recorrente e recorrido para apresentarem razões ou contrarrazões. Nada obsta, entretanto, que o recorrente ofereça suas razões já no momento da interposição.

Quanto à necessidade de intimação do réu para apresentar contrarrazões do recurso em sentido estrito interposto contra a decisão que rejeita a denúncia ou a queixa, havia forte controvérsia na jurisprudência. Isso porque se defendia o entendimento de que, não havendo ainda relação processual regularmente instaurada (uma vez que não havia sido recebida a inicial), é descabida a manifestação daquele que sequer é parte do processo. No entanto, a Súmula 707 do STF pacificou a questão instituindo que: "constitui nulidade a falta de intimação do denunciado para oferecer contrarrazões ao recurso interposto da rejeição da denúncia, não a suprindo a nomeação de defensor dativo".

Como ocorre na apelação, as razões e contrarrazões do recurso em sentido estrito, embora juntadas em primeira instância, devem ser já dirigidas ao Tribunal competente para conhecer e julgar o recurso. No entanto, ao contrário do que acontece com o recurso de apelação, aqui não há possibilidade de juntarem-se as razões recursais diretamente em segunda instância. Isso porque o juiz de primeiro grau tem a oportunidade de retratar-se, ou seja, o juiz pode tanto manter quanto reformar o despacho recorrido. De fato, é o juízo de retratação a nota distintiva e específica do recurso em sentido estrito (art. 589 do CPP).

Se o juiz mantiver sua decisão, só então deve remeter os autos à superior instância para que seja novamente apreciado o mérito do recurso.

Se reformá-la, por outro lado, pode, com isso, causar prejuízo à parte contrária. Nesse caso, se a nova decisão comportar também recurso, cabe à parte prejudicada recorrer por simples petição que subirá independentemente de novos arrazoados.

Sintetizando, o quadro é o seguinte:

Interposição	endereçada ao juiz da Vara Criminal – juízo de retratação.
Razões	a) dirigidas ao tribunal ad quem; b) anexas à petição de interposição, endereçada ao juiz a quo; c) anexas à petição de juntada, endereçada ao juiz a quo.
Contrarrazões	a) dirigidas ao tribunal ad quem; b) anexas à petição de juntada, endereçada ao juiz a quo.

O recurso da decisão que incluir jurado na lista geral ou dela o excluir será interposto perante o juiz que promoveu a inclusão ou exclusão e as razões endereçadas ao Desembargador Presidente do Tribunal de Justiça.

É importante notar que poderá a acusação recorrer e o candidato, neste caso, atuar em favor da defesa. Nesse quadro, apresentado o recurso em sentido estrito por parte da acusação, deverá a defesa apresentar contrarrazões (com petição de juntada).

As contrarrazões são manifestação do princípio do contraditório e deverá o acusado rebater, ponto a ponto, a argumentação apresentada pelo recorrente. Além disso, é comum que nas provas o recurso tenha sido apresentado fora do prazo legal, de forma que deverá ser requerido, em primeiro lugar, o não conhecimento do recurso. As contrarrazões de qualquer recurso seguem a estrutura geral: (a) petição de juntada; e (b) as contrarrazões propriamente ditas.

A petição de juntada deve ser endereçada ao juiz da causa. O fundamento legal da petição de juntada das contrarrazões do recurso em sentido estrito é o mesmo das razões, ou seja, o artigo 588 do Código de Processo Penal.

As contrarrazões serão direcionadas ao Tribunal *ad quem* e, até a parte do pedido, terão a mesma estrutura que as razões. No pedido das contrarrazões, o candidato poderá pedir que não seja conhecido o recurso (em caso de intempestividade, por exemplo) e, caso seja conhecido, que não seja provido. Assim, teríamos o seguinte exemplo: Ante o exposto, requer não seja conhecido o recurso da acusação e, se o for, requer seja improvido, mantendo-se inalterada a decisão impugnada.

3.16.3. Legitimidade

Somente poderá interpor recurso em sentido estrito a parte prejudicada pela decisão recorrida. Assim, determinadas decisões são recorríveis somente pela acusação, outras apenas pela defesa, outras ainda das quais tanto defesa quanto acusação podem recorrer e, por fim, há casos expressamente definidos em que o assistente da acusação também pode interpor recurso em sentido estrito (art. 584, § 1°, do CPP).

Quanto a este último, cabem duas observações: à maneira do que acontece com o recurso de apelação, o assistente pode recorrer em sentido estrito, mesmo quando ainda não tenha se habilitado no processo.

Ademais, o recurso do assistente é sempre de caráter supletivo, ou seja, só pode ser interposto se o Ministério Público não tiver recorrido. Caso contrário, cabe ao assistente apenas arrazoar o recurso ministerial. Tomando-se como base as hipóteses de cabimento do recurso em sentido estrito e a respectiva titularidade ativa, configura-se o seguinte quadro:

Decisão	Legitimidade ativa
que rejeitar a denúncia ou queixa	Acusação
que concluir pela incompetência do juízo	acusação
que julgar procedentes as exceções	acusação

Decisão	Legitimidade ativa
que pronunciar o réu	defesa/acusação (no caso de ter sido pronunciado por crime mais leve)
que conceder fiança	acusação
que negar, cassar, julgar inidônea, quebrada ou perdida a fiança	defesa
que arbitrar fiança	acusação (fiança demasiado baixa) defesa (fiança demasiado alta)
que indeferir requerimento de prisão preventiva ou revogá-la	Acusação
que relaxar a prisão em flagrante	Acusação
que conceder liberdade provisória	Acusação
que julgar extinta a punibilidade	acusação/assistente da acusação
que indeferir o pedido de extinção da punibilidade	Defesa
que conceder habeas corpus	Acusação
que negar habeas corpus	Defesa
que anular a instrução criminal, no todo ou em parte	Acusação
que incluir ou excluir jurado da lista geral	qualquer do povo, inclusive o jurado excluído
que denegar a apelação ou julgá-la deserta	Apelante
que ordenar a suspensão do processo por questão prejudicial	Acusação
que decidir o incidente de falsidade	parte que arguiu a falsidade
que recusar homologação à proposta de acordo de não persecução penal	MP / defesa do investigado
que suspender cautelarmente a permissão ou habilitação para dirigir ou proibição de sua obtenção (Código de Trânsito)	defesa
que indeferir o pedido de suspensão supra	Acusação

Decisão	Legitimidade ativa
que negar a reabilitação (Lei de Falências)	Defesa
que arquivar a representação (Lei n. 1.508/51)	autor da representação, que pode ser qualquer do povo
que conceder prisão preventiva ou afastamento do cargo (Dec.-lei n. 201/67)	defesa
que denegar prisão preventiva ou afastamento do cargo (Dec.-lei n. 201/67)	acusação

3.16.4. Prazo

O prazo para a interposição do recurso em sentido estrito é, em regra, de 5 (cinco) dias (art. 586, *caput*, do CPP). As exceções são:

a) o recurso da decisão que incluir jurado na lista geral ou desta o excluir, cujo prazo é de 20 (vinte) dias (art. 586, parágrafo único, do CPP);

b) recurso interposto supletivamente pelo ofendido em ação penal pública: prazo de 15 (quinze) dias, a contar do final do prazo do Ministério Público (arts. 584, § 1°, e 598, parágrafo único, do CPP).

Quanto ao termo inicial do prazo e sua contagem, vale a regra geral do artigo 798 do CPP: inicia-se o prazo na data da audiência, se a decisão for aí proferida e a parte estiver presente; na data em que a parte manifestar nos autos ciência inequívoca da decisão ou na data da intimação. Conta-se excluindo o dia do começo e incluindo o do final. Reza ainda a Súmula 310 do STF que, se a intimação tiver lugar na sexta-feira, o prazo terá início na segunda-feira imediata, salvo se não houver expediente, caso em que começará no primeiro dia útil que se seguir.

As razões podem ser oferecidas dentro do prazo máximo de dois dias (art. 588 do CPP). É majoritário na doutrina e na jurisprudência o entendimento de que é imprescindível a intimação do recorrente para apresentar razões, correndo a partir daí o prazo assinado pela lei. Em seguida, deverá ser intimado o recorrido para, em igual prazo, apresentar suas contrarrazões.

3.16.5. Teses e requerimentos

Na interposição, deve-se requerer: (a) o recebimento e processamento do recurso; (b) o juízo de retratação nos termos do artigo 589 do CPP e, caso o magistrado entenda que deve manter da decisão; (c) a remessa do recurso ao Tribunal de Justiça ou Tribunal Regional Federal.

Quanto às razões, as possíveis teses a serem arguidas no recurso em sentido estrito correspondem precisamente às situações específicas que ensejam o recurso. Genericamente, o recorrente irá sempre trazer argumentos que demonstrem o equívoco da decisão recorrida e, ao final, requerer a reforma da mesma. Portanto, em verdade, são tantas as teses a serem defendidas quantas forem as hipóteses de cabimento. Vejamos, portanto, especificamente, todas as situações possíveis, suas respectivas teses e pedidos correspondentes. Ressalve-se que, devido à maior complexidade do tema, o recurso em sentido estrito da decisão de pronúncia (art. 581, IV, do CPP), proferida no tribunal do júri, será estudado em momento posterior:

Hipótese	Tese	Pedido
art. 581, I	a denúncia ou a queixa deve ser recebida	seja recebida a denúncia ou a queixa
art. 581, II	o juízo é competente	seja reconhecida a competência do juízo
art. 581, III	a exceção é improcedente	seja julgada improcedente a exceção
art. 581, V, fiança concedida	a fiança é inadmissível	seja cassada a fiança
art. 581, V, fiança negada	direito subjetivo a prestar fiança	seja concedida liberdade provisória com arbitramento de fiança
art. 581, V, fiança arbitrada	a) o valor é demasiado alto (defesa); b) o valor é demasiado baixo (acusação)	seja reduzido o valor da fiança – seja aumentado o valor da fiança
art. 581, V, fiança cassada	a fiança é cabível no caso	seja mantida a liberdade provisória com fiança
art. 581, V, fiança julgada inidônea	o valor da fiança está correto	seja mantida liberdade provisória com fiança
art. 581, V, prisão preventiva	há razões para a decretação ou manutenção da preventiva	seja a preventiva decretada ou mantida
art. 581, V, liberdade provisória	inadmissibilidade da concessão da liberdade provisória	seja negada a liberdade provisória sem fiança
art. 581, V, prisão em flagrante	não há razão para o relaxamento	seja mantido o flagrante

Hipótese	Tese	Pedido
art. 581, VII	não há motivo para o quebramento ou perdimento da fiança	seja mantida a liberdade provisória com fiança
art. 581, VIII	a punibilidade não está extinta	reforma da decisão que extinguiu a punibilidade
art. 581, IX	a punibilidade está extinta	seja declarada extinta a punibilidade
art. 581, X, 1ª parte	inadmissibilidade da concessão do habeas corpus	seja negado o habeas corpus
art. 581, X, 2ª parte	existência de coação ilegal passível de habeas corpus	seja concedido o habeas corpus
art. 581, XIII	inexistência de nulidade processual	seja reformada a decisão que anulou o processo
art. 581, XIV	inexistência de motivo para a modificação da lista geral	seja excluído ou incluído o jurado
art. 581, XV	preenchimento dos requisitos de admissibilidade da apelação ou inexistência de deserção	seja recebida e processada a apelação
art. 581, XVI	ausência de razão para a suspensão do processo	seja determinado o prosseguimento do processo
art. 581, XVIII	a) veracidade do documento; b) falsidade do documento	a) seja julgado improcedente o incidente ou b) seja julgado procedente
art. 581, XXV	atendimento dos requisitos legais, adequação, suficiência e proporcionalidade das condições ajustadas no acordo de não persecução penal	seja homologada a proposta de acordo de não persecução penal
art. 294 do CTB, 1ª parte	ausência de motivo para a suspensão	seja reformada a decisão que decretou a suspensão
art. 294 do CTB, 2ª parte	possibilidade e necessidade da suspensão	seja decretada a suspensão
art. 6º da Lei n. 1.508/51	pertinência da representação	remessa dos autos ao Procurador Geral, na forma do art. 28 do CPP

Hipótese	Tese	Pedido
art. 2º do Dec.-Lei n. 201/67, 1ª parte	ausência de motivos para decretação da preventiva ou afastamento do cargo	seja revogada a preventiva ou mantido no cargo
art. 2º do Dec.-Lei n. 201/67, 2ª parte	possibilidade e necessidade de decretação da preventiva ou afastamento do cargo	seja decretada a preventiva ou afastado do cargo

Quanto ao recurso em sentido estrito interposto da decisão de pronúncia, cabe aqui retomar os comentários já expendidos no capítulo referente aos memoriais do júri.

Nesse caso, o candidato deve ficar atento à específica nulidade que poderá surgir. Caso haja excesso de linguagem, por parte do magistrado, na decisão de pronúncia, com o uso de adjetivos (o réu é frio, por exemplo) ou o uso de termos peremptórios (a tese de defesa é impossível de ser acolhida, por exemplo), haverá nulidade por aquilo que se chama de eloquência acusatória. Tem-se então tese de nulidade por violação do artigo 413, § 1º, cumulado com o artigo 564, IV, ambos do CPP.

Cabe recordar que, ao final da primeira fase do procedimento especial do júri, depois dos debates orais (ou memoriais), o juiz pode proferir sentença de pronúncia, impronúncia, absolvição sumária ou desclassificação – dessas decisões, caberia recurso em sentido estrito apenas contra a pronúncia (art. 581, IV, do CPP) e contra a desclassificação (art. 581, II, do CPP). Resumidamente, essas decisões correspondem aos seguintes casos:

Pronúncia (art. 413)	quando se convencer da existência do crime e de indícios de que o réu seja seu autor ou partícipe
Impronúncia (art. 414)	quando não se convencer da existência do crime ou de indícios de que o réu seja seu autor
Desclassificação (art. 419)	quando se convencer da existência de crime que não seja da competência do júri
Absolvição sumária (art. 415)	quando: a) provada a inexistência do fato; b) provado não ser o acusado autor ou partícipe do fato; c) o fato não constituir infração penal; d) demonstrada causa de isenção de pena ou exclusão do crime – com exceção da inimputabilidade por doença mental, salvo se essa for a única tese defensiva

A acusação, excepcionalmente, pode recorrer em sentido estrito da sentença de pronúncia, quando o magistrado alterar a classificação para crime mais leve do que o descrito na denúncia.

Quanto à defesa, terá no mais das vezes grande interesse em recorrer da decisão de pronúncia, já que as outras decisões possíveis lhe são mais favoráveis. Para manter os parâmetros de raciocínio que temos empregado até aqui, tem-se que podem ser deduzidas, em recurso em sentido estrito, contra a decisão de pronúncia (art. 581, IV, do CPP), as seguintes teses (pela ordem de argumentação):

Tese	Pedido	
nulidade	anulação do processo	
extinção da punibilidade	declaração de extinção da punibilidade	
mérito	a) inexistência do fato; b) negativa de autoria; c) atipicidade; d) excludente de ilicitude; e) excludente de culpabilidade.	absolvição sumária (art. 415)
mérito	falta de prova	impronúncia (art. 414)
Subsidiária de mérito	crime excluído da competência do júri	desclassificação (art. 419)
Subsidiária de mérito	crime mais leve incluído na competência do júri	Desclassificação imprópria (pronúncia por crime menos grave, como de homicídio para infanticídio) ou exclusão de qualificadora / causa de aumento de pena

3.17. RECURSO ESPECIAL

3.17.1. Cabimento – Artigo 105, III, da CF/88

É cabível de decisão dos Tribunais de Justiça e Tribunais Regionais Federais, desde que esgotados todos os recursos ordinários e desde que se verifique uma das hipóteses previstas na Constituição Federal:

a) decisão que contrariar tratado ou lei federal, ou negar-lhe vigência (art. 105, III, "*a*", CF/88);

b) decisão que julgar válido ato de governo local contestado em face de lei federal (art. 105, III, "*b*", CF/88);

c) decisão que der a lei federal interpretação diversa da que lhe haja atribuído outro tribunal (art. 105, III, "*c*", CF/1988).

O procedimento do recurso se encontra estabelecido nos artigos 1.029 e seguintes do CPC, que prevê a estrutura com a qual deverá ser apresentado o recurso especial.

O enunciado da Súmula n. 203 do STJ esclarece não caber recurso especial contra decisão proferida por Turma recursal de Juizado Especial Criminal:

> "Não cabe recurso especial contra decisão proferida por órgão de segundo grau dos Juizados Especiais".

De acordo com a Resolução STJ/GP n. 3/2016, a decisão de Turma recursal que contrariar a jurisprudência do Superior Tribunal de Justiça (consolidada em incidente de assunção de competência e de resolução de demandas repetitivas, em julgamento de recurso especial repetitivo e em enunciados das Súmulas do STJ) pode ser impugnada por meio de reclamação constitucional, a ser apreciada por Tribunal de Justiça do Estado ou DF.

O art. 1º da aludida Resolução dispõe que: "Caberá às Câmaras Reunidas ou à Seção Especializada dos Tribunais de Justiça a competência para processar e julgar as Reclamações destinadas a dirimir divergência entre acórdão prolatado por Turma Recursal Estadual e do Distrito Federal e a jurisprudência do Superior Tribunal de Justiça, consolidada em incidente de assunção de competência e de resolução de demandas repetitivas, em julgamento de recurso especial repetitivo e em enunciados das Súmulas do STJ, bem como para garantir a observância de precedentes".

3.17.2. Competência

O recurso especial deve ser interposto perante o Presidente do Tribunal que proferiu a decisão recorrida. As razões são endereçadas ao Superior Tribunal de Justiça.

3.17.3. Legitimidade

Qualquer das partes que tenha sido prejudicada pela decisão recorrida é legítima para a interposição do recurso.

3.17.4. Prazo

O prazo para a interposição é de 15 (quinze) dias, nos termos do artigo 1.003, § 5º, do CPC.

A respeito da forma de contagem do prazo, embora haja divergência (art. 638 do CPP), prevalece que deve ser observada a contagem em dias corridos do processo penal, em face da norma especial contida no art. 798, *caput*, do CPP.

3.17.5. Teses e requerimentos

Na interposição, deve-se requerer: (a) o recebimento e processamento do recurso; (b) a remessa do recurso ao Superior Tribunal de Justiça.

Quanto às razões, deve-se arguir a violação à lei federal, ou, ainda, uma das outras hipóteses de cabimento recursal e requerer a reforma da decisão recorrida.

3.18. RECURSO EXTRAORDINÁRIO

3.18.1. Cabimento – Artigo 102, III, da CF/88

O recurso extraordinário igualmente pressupõe o prévio esgotamento da via recursal ordinária, tendo fundamentação vinculada às hipóteses expressamente previstas na Constituição Federal, quais sejam:

a) decisão que contrariar dispositivo constitucional (art. 102, III, "*a*", da CF/88);

b) decisão que declarar a inconstitucionalidade de tratado ou lei federal (art. 102, III, "*b*", da CF/88);

c) decisão que julgar válida lei ou ato de governo local contestado em face da Constituição Federal (art. 102, III, "*c*", da CF/88);

d) decisão que julgar válida lei local contestada em face de lei federal (art. 102, III, "*d*", CF/88).

A EC n. 45/2004 criou ainda um requisito específico de admissibilidade do recurso extraordinário, que é a demonstração da repercussão geral da questão discutida. Preceitua o § 3º do artigo 102 da CF/88: "No recurso extraordinário, o recorrente deverá demonstrar a repercussão geral das questões constitucionais discutidas no caso, nos termos da lei, a fim de que o Tribunal examine a admissão do recurso, somente podendo recusá-lo pela manifestação de dois terços de seus membros".

O requisito específico da repercussão geral encontra disciplina no art. 1.035 do CPC.

O procedimento do recurso se encontra estabelecido nos artigos 1.029 e seguintes do CPC, que prevê a estrutura com a qual deverá ser apresentado o recurso extraordinário.

O enunciado da Súmula n. 640 do STF admite a interposição de recurso extraordinário contra decisão proferida por Turma recursal de Juizado Especial Criminal:

> "É cabível recurso extraordinário contra decisão proferida por juiz de primeiro grau nas causas de alçada, ou por turma recursal de juizado especial cível e criminal".

3.18.2. Competência

O recurso extraordinário deve ser interposto perante o Presidente do Tribunal que proferiu a decisão recorrida. As razões são endereçadas ao Supremo Tribunal Federal.

3.18.3. Legitimidade

Qualquer das partes que tenha sido prejudicada pela decisão recorrida é legítima para a interposição do recurso.

3.18.4. Prazo

O prazo para a interposição é de 15 (quinze) dias (art. 1.003, § 5º, do CPC/2015).

A respeito da forma de contagem do prazo, embora haja divergência (art. 638 do CPP), prevalece que deve ser observada a contagem em dias corridos do processo penal, em face da norma especial contida no art. 798, *caput*, do CPP.

3.18.5. Teses e requerimentos

Na interposição, deve-se requerer: (a) o recebimento e processamento do recurso; e (b) a remessa do recurso ao Supremo Tribunal Federal.

Quanto às razões, deve-se arguir a violação à Constituição Federal, ou, ainda, uma das outras hipóteses de cabimento recursal e requerer a reforma da decisão recorrida.

3.19. RECURSO ORDINÁRIO CONSTITUCIONAL

3.19.1. Cabimento – Artigos 102, II, ou 105, II, da CF/88

O recurso ordinário constitucional não encontra previsão no Código de Processo Penal, e sim na Constituição Federal e na Lei n. 8.038/90, artigos 30 a 35.

O artigo 102, II, "*a*", da CF/88 estabelece as hipóteses de interposição de recurso ordinário constitucional perante o STF. Na seara criminal, são basicamente as seguintes situações:

a) decisões denegatórias de *habeas corpus* proferidas em única instância pelos Tribunais Superiores (Superior Tribunal de Justiça, Superior Tribunal Militar e Tribunal Superior Eleitoral);

b) decisões denegatórias de mandado de segurança, proferidas em única instância, pelos mesmos Tribunais.

A alínea "*b*" do inciso II do artigo 102 da CF/88 contempla a hipótese de recurso da decisão proferida em processo por crime político, chamado pela doutrina, nesse caso, de recurso criminal ordinário constitucional. Os crimes políticos aos quais se refere o dispositivo constitucional seriam, por exemplo, os crimes contra a soberania nacional (arts. 359-I a 359-K do CP) e os crimes contra as instituições democráticas (arts. 359-L e 359-M do CP). Segundo preceito inserto na própria Constituição Federal, tais crimes são da competência da Justiça Federal de primeira instância (artigo 109, IV, da CF/88). Embora haja certa divergência na doutrina, prevalece na jurisprudência que, da sentença prolatada no processo por crime político (condenatória ou absolutória), não cabe recurso de apelação ao Tribunal Regional respectivo, mas sim e diretamente, o presente recurso ordinário ao STF.

O artigo 105, II, "*a*" e "*b*", da CF/88, por sua vez, contempla as possibilidades de interposição de recurso ordinário constitucional perante o Superior Tribunal de Justiça. No âmbito criminal, são elas:

a) decisões denegatórias de *habeas corpus*, proferidas em única ou última instância pelos Tribunais Estaduais ou Tribunais Regionais Federais;

b) decisões denegatórias de mandado de segurança proferidas em única instância pelos mesmos Tribunais.

Sintetizando, são basicamente duas as espécies de decisão que ensejam o recurso em exame: denegatórias de *habeas corpus* e denegatórias de mandado de segurança, proferidas por Tribunal. Vejamos, pois, com mais detalhes, cada uma delas.

a) Decisão denegatória de *habeas corpus*

Caberá recurso ordinário constitucional da decisão que denegar *habeas corpus*, proferida em segunda instância ou por Tribunal Superior. Atente-se, de início, que é só contra a decisão denegatória que cabe o predito recurso e não da decisão que concede o *writ*, por falta de previsão legal, hipótese em que resta à acusação apenas a via recursal excepcional (recurso extraordinário ou especial, conforme o caso).

É de se notar, ainda, que, se o *habeas corpus* for concedido ou denegado pelo magistrado de primeira instância, cabe recurso em sentido estrito, com fulcro no artigo 581, X, do CPP.

Só é admissível o recurso ordinário constitucional ao STF quando o *habeas corpus* for impetrado diretamente perante Tribunal Superior e ali for denegado. Isso porque o texto constitucional é claro ao mencionar a decisão denegatória de *habeas corpus* proferida em única instância pelo Tribunal (art. 102, II, *a*, da CF).

Já o recurso ordinário constitucional ao STJ é mais abrangente. Note-se que a dicção do artigo menciona as decisões denegatórias de *habeas corpus* proferidas em única ou última instância pelos Tribunais Estaduais ou Tribunais Regionais Federais. A partir dessa redação, parte da doutrina passou a entender ser recorrível não apenas a decisão denegatória de *habeas corpus* impetrado diretamente perante o TJ ou TRF, mas também a decisão que nega provimento a recurso em sentido estrito interposto em decorrência de *habeas corpus* denegado em primeira instância. Explica-se: caso a autoridade coatora seja delegado de polícia ou particular, o *habeas corpus* deverá ser impetrado perante o magistrado de primeira instância. Se este o denegar, cabe à parte a interposição de recurso em sentido estrito, com fulcro no artigo 581, X, do CPP. Neste, o recorrente irá defender, agora perante o TJ ou TRF, as razões pelas quais entende que o *habeas corpus* deveria ter sido concedido. E, ao final, deverá requerer as providências visadas com a concessão da ordem. Ou seja, por meio do recurso em sentido estrito, a parte está, em verdade, requerendo ao Tribunal a concessão do *habeas corpus* que dantes fora denegado em primeiro grau. Portanto, caso o TJ ou TRF negue provimento ao recurso em sentido estrito, estará novamente denegando o *habeas corpus*. Portanto, nessa situação, temos um *habeas corpus* denegado, em última instância, pelo TJ ou TRF, o que autorizaria (segundo parcela da doutrina) a interposição de recurso ordinário constitucional para o Superior Tribunal de Justiça (art. 105, II, *a*, da CF).

No entanto, há decisões do STJ que não admitem o cabimento do recurso ordinário constitucional quando se trata de recurso em sentido estrito contra decisão de *habeas corpus* proferida originalmente em primeiro grau. O candidato precisa, nesta situação, estar ciente da orientação seguida pela banca da prova a que se submete.

É importante notar que os candidatos costumam confundir o cabimento do ROC e do RESE: enquanto o ROC caberá das decisões proferidas por Tribunal, o RESE somente caberá das decisões proferidas por juiz de primeiro grau.

Portanto, no tocante à denegação de *habeas corpus*, teremos o seguinte quadro:

Acórdão que denega habeas corpus proferido pelos Tribunais Superiores	o recurso ordinário constitucional será julgado pelo STF
Acórdão que denega habeas corpus proferido pelos Tribunais Estaduais ou pelos Tribunais Regionais Federais	o recurso ordinário constitucional será julgado pelo STJ
Acórdão que nega provimento a recurso em sentido estrito interposto em face de habeas corpus denegado em primeira instância	o recurso ordinário constitucional será julgado pelo STJ

b) Decisão denegatória de mandado de segurança

Caberá ainda recurso ordinário constitucional da decisão que denegar mandado de segurança, proferida em segunda instância (TJ ou TRF) ou por Tribunal Superior. Da mesma forma, não cabe o recurso ordinário constitucional da decisão que concede a segurança. Também, se o *mandamus* for concedido ou denegado em primeira instância, o recurso adequado é a apelação, com fundamento no artigo 14 da Lei n. 12.016/2009.

O recurso ordinário constitucional ao STF somente tem cabimento quando o mandado de segurança houver sido impetrado diretamente perante Tribunal Superior e ali for denegado. O texto constitucional fala em mandado de segurança denegado em única instância (art. 102, II, *a*, da CF).

E quanto ao recurso ordinário constitucional para julgamento no STJ? Aqui, a dicção constitucional também menciona apenas o mandado de segurança denegado em única instância pelos Tribunais Estaduais ou Tribunais Regionais Federais. Portanto, não é possível o recurso da decisão que, indiretamente (em última instância), denega o mandado de segurança (art. 105, II, *b*, da CF).

Assim, no tocante à denegação de mandado de segurança, teremos o seguinte quadro:

Acórdão que denega mandado de segurança proferido pelos Tribunais Superiores	o recurso ordinário constitucional será julgado pelo STF
Acórdão que denega mandado de segurança proferido pelos Tribunais Estaduais ou Tribunais Regionais Federais	o recurso ordinário constitucional será julgado pelo STJ

3.19.2. Competência

a) Recurso ordinário ao STF

O recurso ordinário constitucional da decisão denegatória de *habeas corpus* ou mandado de segurança, proferida por Tribunal Superior, deve ser interposto por petição endereçada ao Presidente do Tribunal que proferiu a decisão atacada. Quanto às razões recursais, devem ser apresentadas juntamente com a interposição, mas dirigidas ao STF.

b) Recurso ordinário ao STJ

Deve também ser interposto por petição endereçada ao Presidente do Tribunal que proferiu a decisão denegatória, já com as razões anexas, que deverão ser dirigidas ao STJ.

Sintetizando, o quadro é o seguinte:

Interposição	endereçada ao Presidente do Tribunal que proferiu a decisão atacada
Razões	anexadas à petição de interposição e dirigidas ao STF ou STJ, conforme o caso

3.19.3. Legitimidade

É legitimado para interpor o recurso ordinário constitucional de decisão denegatória de *habeas corpus* o paciente em favor do qual foi impetrada a ordem. Não obstante posicionamentos isolados em contrário, prevalece que é necessária a representação por advogado para a interposição do recurso. No caso de denegação de mandado de segurança, pode recorrer aquele que figurava como impetrante do *mandamus*.

3.19.4. Prazo

a) Recurso ordinário ao STJ

Os prazos para o recurso ordinário constitucional de competência do STJ estão disciplinados nos artigos 30 e 33 da Lei n. 8.038/90. O artigo 30 dispõe que o prazo para o recurso ordinário constitucional das decisões denegatórias de *habeas corpus* será de 5 (cinco) dias, já com as razões do pedido de reforma.

Quanto ao recurso da decisão denegatória de mandado de segurança, segundo o artigo 33 do mesmo diploma, o prazo de interposição será de 15 (quinze) dias.

b) Recurso ordinário ao STF

No tocante ao recurso ordinário ao STF, nada dispõe a Lei n. 8.038/90. Não obstante, o Regimento Interno do STF (art. 310) assina o prazo de 5 (cinco) dias para a interposição do recurso de decisão denegatória de *habeas corpus*.

E quanto à decisão denegatória em mandado de segurança? Embora a Súmula 319 do STF disponha ser o prazo do recurso ordinário ao Supremo Tribunal Federal de 5 (cinco) dias, é hoje pacífico, no próprio STF, que a referida súmula (de 1963) é inaplicável e que se deve usar, por analogia, o prazo de 15 (quinze) dias previsto na Lei n. 8.038/90 (art. 33).

3.19.5. Teses e requerimentos

Na interposição deve-se requerer: (a) o recebimento e processamento do recurso; (b) a remessa do recurso ao Superior Tribunal de Justiça ou ao Supremo Tribunal Federal, conforme o caso.

Quanto às razões, o recurso ordinário constitucional possibilita o reexame, por instância superior, de pedido de *habeas corpus* ou mandado de segurança. Deverá, portanto, o recorrente reproduzir a argumentação veiculada na ação denegada e requerer aquela mesma providência que deveria ter sido concedida.

3.20. REPRESENTAÇÃO

3.20.1. Cabimento – Artigo 24 do CPP

Há crimes em relação aos quais o legislador condiciona a persecução penal à manifestação explícita do ofendido, no sentido de permitir atuação estatal. São casos nos quais, ainda que o interesse na punição seja público, o ajuizamento da ação pode provocar danos ainda maiores à vítima, motivo pelo qual cabe a esta exarar um juízo de conveniência e oportunidade, autorizando o poder público a agir por meio de "representação". Sem ela, nem o inquérito policial pode ser iniciado (art. 5º, § 4º, do CPP), nem o Ministério Público pode oferecer denúncia (art. 24, *caput*, do CPP). Nesses casos, embora o Ministério Público seja o legitimado ativo para a ação penal (que não deixa de ser pública), a lei exige, para a válida propositura da demanda, condição específica de procedibilidade, consubstanciada pela representação do ofendido ou quem tenha qualidade para representá-lo.

3.20.2. Competência

Conforme explicita o artigo 39, *caput*, do CPP, o direito de representação poderá ser exercido mediante declaração, escrita ou oral, feita ao juiz, ao órgão do Ministério Público ou à autoridade policial. Quando endereçada ao Magistrado, este deverá encaminhá-la ao delegado, requisitando a instauração de inquérito policial (art. 39, § 4º, do CPP). Da mesma forma, deve proceder o promotor, salvo se, com a representação, forem oferecidos elementos que o habilitem a proceder a ação penal (art. 39, § 5º, do CPP), de modo que, no mais das vezes, oferecida a representação, deve ser instaurado inquérito policial para apuração do fato narrado, motivo pelo qual o mais comum é que seja feita diretamente à autoridade policial competente para fazê-lo.

3.20.3. Legitimidade

Posto que a ação condicionada à representação visa resguardar a privacidade do ofendido, que pode, para além do próprio crime, receber ainda outro golpe com a instauração do processo, é a ele que cabe, se lhe convier, autorizar a propositura da ação penal, por meio da representação. Poderá fazê-lo pessoalmente ou por seu procurador, mas se exige, nesse caso, que este esteja munido de procuração com poderes especiais para o ato (arts. 24 e 39 do CPP). Sendo incapaz, a legitimidade será transferida para seu representante legal, e no caso de morte do ofendido ou quando declarado ausente por decisão judicial, o direito de representação passará ao cônjuge, ascendente, descendente ou irmão (art. 24, § 1º, do CPP).

3.20.4. Prazo

Salvo disposição em contrário, o ofendido decairá do direito de representação se não o exercer dentro do prazo de 6 (seis) meses, contado do dia em que vier a saber quem é o autor do crime (art. 38 do CPP). Note-se que o prazo decadencial, nesse caso, é tão somente para o oferecimento da representação, e não para a propositura da própria ação penal pelo Ministério Público. Vale dizer, desde que o ofendido tenha representado, ainda que perante a autoridade policial, no curso dos 6 (seis) meses de prazo, pouco importa a data de encerramento do inquérito ou do oferecimento da denúncia (desde que, evidentemente, não tenha havido prescrição).

Uma vez tendo oferecido a representação, caso o ofendido desista de autorizar a movimentação da máquina estatal, poderá retratar-se, invalidando-a. A lei impõe, no entanto, como limite temporal para a retratação, o oferecimento da denúncia, após o que se torna irretratável (art. 25 do CPP).

3.20.5. Teses e pedidos

Como simples autorização que é, a representação não exige forma sacramental, podendo ser feita, inclusive, oralmente à autoridade (delegado de polícia, juiz ou Promotor de Justiça), sendo nesse caso reduzida a termo. O artigo 39, § 2º, do CPP determina apenas que a representação conterá todas as informações que possam servir à apuração do fato e da autoria. O representante pretenderá, evidentemente, demonstrar a ocorrência de crime de ação penal pública condicionada e, salvo se já possuir elementos probatórios suficientes, deverá requerer a instauração de inquérito policial para a sua apuração e futura instauração do processo respectivo. É possível também, com o escopo de auxiliar na comprovação da autoria e materialidade delitivas, requerer a oitiva da vítima e de testemunhas.

3.21. RESPOSTA À ACUSAÇÃO

3.21.1. Cabimento – Artigos 396 e 396-A do CPP

A teor do que dispõe o artigo 396, *caput*, do CPP, após oferecida a denúncia ou a queixa, deve o juiz analisar a possibilidade de rejeição liminar da inicial. Inexistindo causas de rejeição, deverá então ordenar a citação do acusado para apresentar resposta escrita à acusação, no prazo de 10 (dez) dias. Trata-se de peça obrigatória, pois se o réu, citado pessoalmente, não apresentá-la, o juiz nomeará advogado dativo para fazê-lo. Caso o réu seja citado por edital, no entanto, não há essa possibilidade, já que o prazo só começa a correr da data do seu comparecimento ao processo.

3.21.2. Competência

A resposta à acusação deve ser oferecida ao próprio juiz da causa ao qual foi distribuída a ação.

3.21.3. Legitimidade

Deve ser apresentada em nome do acusado, pelo defensor, constituído ou nomeado.

3.21.4. Prazo

O prazo para apresentação da resposta à acusação é de 10 (dez) dias. Qual é o *dies a quo*? Duas possibilidades:

a) se o réu tiver sido citado pessoalmente – a partir da citação (Súmula 710 do STF);

b) se o réu tiver sido citado por edital – a partir do seu comparecimento ao processo.

3.21.5. Teses e pedidos

Conforme preconiza o artigo 396-A, na resposta à acusação o acusado poderá arguir preliminares e alegar tudo o que interesse à sua defesa, oferecer documentos e justificações, especificar as provas pretendidas e arrolar testemunhas (em número de 8, se o rito for ordinário, ou 5, se for sumário), qualificando-as e requerendo a sua intimação, quando necessário.

Preliminares são as questões relativas às condições da ação e aos pressupostos processuais, vale dizer, a situações que deveriam ter conduzido à rejeição liminar da inicial. Caso o juiz não as tenha reconhecido de ofício, poderá nesse momento argui-las à parte, requerendo a nulidade do processo *ab initio*.

Ademais, devem aqui ser alegadas todas aquelas matérias sobre as quais tem o juiz a possibilidade de decidir, nesse momento processual, quais sejam:

a) atipicidade do fato narrado;

b) existência manifesta de causa excludente da ilicitude do fato;

c) existência manifesta de causa excludente de culpabilidade do agente, salvo inimputabilidade;

d) extinção da punibilidade.

Todas essas situações, se reconhecidas pelo juiz, conduzem a uma sentença de absolvição sumária (anterior à instrução probatória), nos termos do artigo 397 do CPP, de forma que esse é o pedido que deve ser formulado pela parte.

No entanto, alteração na jurisprudência do Supremo Tribunal Federal e do Superior Tribunal de Justiça acabou tornando possíveis mais duas teses que antes não eram possíveis.

O Superior Tribunal de Justiça entendeu que é possível ao magistrado rejeitar a denúncia após a resposta à acusação (REsp 1.318.180/DF, rel. Min. Sebastião Reis Jr., j. 16.05.2013).

O STF, no julgamento do HC 11.5831 (j. 22.10.2013), entendeu que é possível ao magistrado alterar a classificação do crime no momento do recebimento da denúncia. Dessa forma, é possível pedir a desclassificação do crime na resposta à acusação, quando a qualificação do crime repercute na competência (por exemplo, no caso de desclassificação que gere a remessa dos autos para o juizado especial criminal) ou quando, com a desclassificação, possa surgir algum direito, como é o caso do acordo de não persecução penal (art. 28-A do CPP) ou da suspensão condicional do processo (art. 89 da Lei n. 9.099/95), que pode surgir com a desclassificação.

Pela ordem, portanto, pode-se requerer:

a) *Tese de nulidade processual* – Pedido: anulação do processo (art. 564 do CPP) e, subsidiariamente, a rejeição da denúncia ou queixa (art. 395 do CPP) (em caso de incompetência, requerer a remessa ao juízo competente);

b) *Teses de extinção da punibilidade* e *de mérito* – Pedido: absolvição sumária (art. 397 do CPP);

c) *Tese subsidiária de mérito (desclassificação)* – Pedido: desclassificação para o crime de ..., com a consequente (remessa ao juízo competente, anulação do processo, absolvição sumária por extinção da punibilidade, vista dos autos ao MP para formular proposta de acordo de não persecução penal ou de suspensão condicional do processo, conforme o caso);

d) rol de testemunhas, com requerimento de intimação e inquirição.

Quadro sinóptico – teses e requerimentos em resposta à acusação

<table>
<tr><th>Teses</th><th colspan="2">Pedidos</th></tr>
<tr><td>nulidade processual</td><td colspan="2">anulação do processo (art. 564 do CPP) e, subsidiariamente, rejeição da denúncia ou queixa (art. 395 do CPP)</td></tr>
<tr><td>extinção da punibilidade</td><td colspan="2">absolvição sumária (art. 397, IV, CPP)</td></tr>
<tr><td>tese de mérito</td><td>– atipicidade
– excludente de ilicitude
– excludente de culpabilidade
– escusa absolutória</td><td>absolvição sumária (art. 397 do CPP)</td></tr>
<tr><td>subsidiária de mérito</td><td>desclassificação</td><td>– desclassificação e a consequente:
– anulação ou
– absolvição sumária ou
– remessa dos autos ao MP para que faça a proposta de acordo de não persecução penal ou de sursis processual</td></tr>
</table>

3.22. REVISÃO CRIMINAL

3.22.1. Cabimento – Artigo 621 do CPP e Justificação Criminal

Existem, na sistemática processual pátria, apenas duas formas de se desconstituir a decisão penal condenatória transitada em julgado: a ação de revisão criminal e, em casos excepcionais, o *habeas corpus*.

A revisão criminal encontra previsão nos artigos 621 e ss. do CPP, tendo como pressuposto de admissibilidade a existência de decisão condenatória passada em julgado. Caso ainda caiba recurso da decisão, ou ainda penda de julgamento o que tenha sido interposto, descabe o pedido revisional.

É possível a revisão criminal da sentença de absolvição imprópria? Sim. A decisão que reconhece a inimputabilidade do acusado e, ao absolvêlo, aplica-lhe medida de segurança, tecnicamente é absolutória por ausência de culpabilidade. No entanto, efetivamente tal decisão impõe sanção penal, tendo, portanto, caráter condenatório passível de revisão.

É possível a revisão criminal de sentença absolutória para mudança de fundamentação? Não, embora determinados fundamentos da absolvição possam provocar prejuízos ao réu nas esferas civil e administrativa, como a sentença de absolvição própria não impõe qualquer sanção penal, é amplamente majoritária a jurisprudência em não admitir a revisão nesse caso, por ausência de previsão legal.

É possível a revisão criminal da decisão que, no processo de conhecimento, extinguiu a punibilidade do acusado? Não, pela mesma razão expendida.

Como se disse, tanto a revisão criminal quanto o *habeas corpus* são, *a priori*, meios idôneos para a desconstituição do decreto condenatório transitado em julgado. Há, no entanto, de plano, uma série de situações em que é inadmissível a impetração de *habeas corpus*, restando ao réu inconformado apenas a via do pedido revisional. Exemplificativamente:

- quando o réu for condenado unicamente à pena de multa (Súmula 693 do STF);
- quando já estiver extinta a pena privativa de liberdade (Súmula 695 do STF);
- quando o réu pretender pleitear indenização por erro judiciário (art. 630 do CPP);
- quando a decisão condenatória tiver sido proferida ou confirmada pelo próprio Supremo Tribunal Federal;
- quando o fundamento do pedido revisional depender da colheita de prova e já houver sido realizado o procedimento de produção antecipada da prova (anteriormente denominado "justificação criminal"), disciplinado nos arts. 381 a 383 do CPC.

Vejamos a seguir, uma a uma, as situações que, segundo a lei, autorizam o pedido de revisão criminal.

a) Condenação contrária a texto expresso de lei ou à prova dos autos (art. 621, I, do CPP)

O dispositivo legal refere-se à lei considerada em sentido amplo: engloba-se a lei penal, a processual e a própria Constituição Federal. Por exemplo: réu acusado do crime de aborto é condenado sem que haja nos autos qualquer exame de corpo de delito. O artigo 158, *caput*, do CPP estabelece que, nos crimes que deixam vestígios, é indispensável o exame de corpo de delito. Portanto, a sentença contrariou texto expresso de lei. Observe-se, por fim, o seguinte caso: o réu é condenado com base em prova obtida por meio de interceptação telefônica não autorizada pelo juiz. Violou-se texto expresso da Constituição Federal, que em seu artigo 5º, LVI, dispõe serem inadmissíveis no processo as provas obtidas por meios ilícitos.

É possível ainda o pedido de revisão criminal quando a decisão condenatória afronta o conjunto probatório acostado aos autos. Por exemplo, quando a defesa tenha cabalmente comprovado a tese de mérito e, ainda assim, tenha sobrevindo condenação transitada em julgado.

b) Condenação fundada em depoimentos, exames ou documentos comprovadamente falsos (art. 621, II, do CPP)

Caso tenha sido determinante para a condenação prova de qualquer espécie que posteriormente se comprove falsa, é cabível o pedido de revisão criminal.

c) Quando se descobrirem novas provas de inocência do condenado ou de circunstância que determine ou autorize diminuição especial da pena (art. 621, III, do CPP)

É importante notar que não se produz prova durante a revisão criminal. A prova deverá ser previamente produzida e encartada junto da revisão criminal. Este procedimento, pelo qual se produz a prova, chama-se justificação criminal e tem natureza jurídica de cautelar de produção antecipada de provas, sendo processada em primeiro grau e de acordo com o procedimento estabelecido nos artigos 381 a 383 do CPC.

3.22.2. Competência

Em regra, compete aos Tribunais de segundo grau (Tribunal de Justiça e Tribunal Regional Federal) apreciar a revisão criminal. E isso independentemente de ter ou não havido recurso no processo originário. Suponhamos que o réu, condenado pelo juiz por crime de estupro, não tenha apelado, ensejando o trânsito em julgado em primeiro grau. Caso venha a propor revisão criminal, deverá fazê-lo diretamente no Tribunal de 2° grau. E se tiver apelado e o Tribunal mantido a condenação? Da mesma forma, a revisão deverá ser dirigida diretamente ao Tribunal de 2° grau.

Duas são as exceções. Se a condenação tiver sido imposta ou mantida pelo STF, em grau de recurso ou ação de competência originária, apenas a ele caberá apreciar a correspondente revisão criminal (art. 102, I, *j*, da CF). Se a condenação tiver sido imposta ou mantida pelo STJ, nas mesmas circunstâncias, é a esse que caberá conhecer a revisão criminal (art. 105, I, *e*, da CF). Cabe observar que a existência de julgamento de recurso extraordinário ou especial só atrai a revisão criminal à competência do STF ou do STJ, respectivamente, se o fundamento da ação revisional coincidir com a questão discutida em sede de recurso extraordinário ou especial.

O STJ entende que, quando se tratar de condenação oriunda de Juizado Especial Criminal, a revisão criminal deve ser julgada pela Turma recursal respectiva (e não por TJ ou TRF).

A ação revisional deve ser oferecida em uma única petição, endereçada ao presidente do tribunal competente para julgá-la, segundo os critérios antes referidos.

3.22.3. Legitimidade

Uma vez que inexiste a possibilidade, no direito pátrio, de revisão criminal *pro societate*, conclui-se que só a defesa pode requerê-la. De acordo com o artigo 623 do CPP, a revisão criminal poderá ser requerida pelo próprio condenado ou seu procurador legalmente habilitado ou, em caso de morte do réu, pelo seu cônjuge, ascendente, descendente ou irmão.

Acerca da capacidade postulatória do condenado para oferecer diretamente a revisão, divergem a doutrina e a jurisprudência. Por um lado, há o precitado dispositivo do Código de Processo Penal, calcado no princípio constitucional de defesa da liberdade e amplo acesso à justiça. Por outro lado, a Lei n. 8.906/94 (Estatuto da Ordem dos Advogados do Brasil), em seu artigo 1°, I, estabelece a imprescindibilidade do advogado para qualquer postulação em juízo, excepcionando apenas, o § 1° do mesmo dispositivo, o caso do *habeas corpus*.

De molde a compatibilizar essas contraditórias orientações legislativas, passou-se a defender posição intermediária: possibilita-se ao condenado postular diretamente a revisão criminal e, feito isso, deverá o tribunal nomear defensor para elaborar juridicamente a petição inicial da ação revisional.

No tocante ao pedido formulado pelo advogado constituído pelo condenado, exige-se apenas que ele seja legalmente habilitado, sendo desnecessária a outorga de procuração com poderes especiais.

Quanto ao Ministério Público, prevalece que não tem legitimidade para oferecer a revisão.

3.22.4. Prazo

Não há prazo para a propositura da ação revisional. A partir do trânsito em julgado da sentença condenatória, a qualquer momento pode ser pedida a revisão, antes ou após a extinção da pena e mesmo já tendo morrido o condenado (arts. 622 e 623 do CPP). Tal amplitude justifica-se, uma vez que o escopo da revisão criminal não é tão somente impedir o cumprimento da pena, mas gerar a mais completa reparação da injustiça, restaurando o *status dignitatis* do condenado e, em alguns casos, ensejando indenização a este ou seus familiares.

3.22.5. Teses e requerimentos

A revisão criminal possibilita a dedução, basicamente, de todas as teses de defesa cabíveis nos memoriais e na apelação. Recordando: nulidade, extinção da punibilidade, mérito e subsidiárias de mérito. Os pedidos também serão exatamente os mesmos, com a peculiaridade de que, na revisão criminal, acrescenta-se o artigo 626 do CPP. No caso de erro judiciário, poderá ainda ser requerido o reconhecimento do direito à indenização, com fundamento no artigo 630 do CPP.

3.22.5.1. Revisão criminal de sentença proferida pelo júri

A despeito do princípio constitucional da soberania dos veredictos, a revisão criminal é perfeitamente cabível para desconstituir o decreto condenatório proferido pelos jurados ao final do procedimento do júri. Ou seja, por via de revisão criminal, é possível ao tribunal modificar o que havia antes sido decidido pelo conselho de sentença, sendo inclusive admissível pedir-se aos desembargadores a absolvição direta do revisionando que fora condenado pelo tribunal do júri (posição minoritária entende que, na revisão criminal, o Tribunal poderia apenas submeter o condenado a novo julgamento, como forma de preservar a soberania dos vereditos).

Quadro sinóptico – teses e requerimentos em revisão criminal

Teses	Pedidos
nulidade processual	anulação do processo
extinção da punibilidade	declaração de extinção da punibilidade
tese de mérito	absolvição (art. 386 do CPP)
subsidiária de mérito	desclassificação ou redução da pena

SEGUNDA PARTE

PEÇAS PRÁTICAS MODELOS

1.1. AGRAVO EM EXECUÇÃO PENAL

EXCELENTÍSSIMO SENHOR DOUTOR JUIZ DE DIREITO DA VARA DE EXECUÇÕES CRIMINAIS DA COMARCA DE ____ (1)

(espaço de cinco linhas)

João Alberto, qualificado nos autos do processo de execução n.____, por seu advogado que esta subscreve, vem, respeitosa e tempestivamente, à presença de Vossa Excelência, não se conformando com a respeitável decisão que indeferiu o pedido de progressão do regime de cumprimento da pena, interpor AGRAVO EM EXECUÇÃO PENAL, com fundamento no art. 197 da Lei de Execução Penal e Súmula n. 700 do STF.

Requer seja recebido e processado o presente recurso, com a reforma da decisão impugnada no juízo de retratação, nos termos do art. 589 do CPP. Caso mantida a decisão, requer seja encaminhado, com as inclusas razões, ao Egrégio Tribunal de Justiça do Estado de ... (2)

Termos em que,
pede deferimento.

Local e data.
Advogado...
OAB n...

RAZÕES DE AGRAVO EM EXECUÇÃO PENAL

AGRAVANTE: Tício
AGRAVADO: Justiça Pública
EXECUÇÃO N.____

Egrégio Tribunal de Justiça, (3)
Colenda Câmara,
Douto Procurador de Justiça.

Em que pese o indiscutível saber jurídico do Meritíssimo Juiz a quo, impõe-se a reforma da respeitável decisão que indeferiu o pedido de progressão do regime de cumprimento da pena do Agravante, pelas razões de fato e de direito a seguir aduzidas.

I – DOS FATOS

O Agravante foi condenado à pena de 6 anos de reclusão, em regime inicial fechado. Cumpriu um ano e requereu ao MM. Juiz que fosse deferida sua progressão para o regime menos gravoso, qual seja, o regime semiaberto.

O MM. Juiz indeferiu o pedido, ao argumento de que não foram cumpridos os requisitos subjetivos para a progressão de regime.

II – DA TEMPESTIVIDADE

O presente recurso mostra-se tempestivo. Com efeito, o prazo é de 5 dias nos termos da Súmula 700 do STF e tendo em vista que fora intimado no dia ____ o último dia do prazo para sua interposição é o dia ____. Logo, o recurso é tempestivo.

III – DO DIREITO

A decisão proferida pelo MM. Juiz merece ser reformada, pois constitui arbitrária negação de direito do agravante, conforme a seguir restará demonstrado.

Com efeito, conforme a norma insculpida no art. 112 da LEP, a pena privativa de liberdade será executada em forma progressiva, com a transferência para regime menos rigoroso, a ser determinada pelo juiz, quando o preso tiver cumprido ao menos 16% da pena, se o apenado for primário e o crime tiver sido cometido sem violência à pessoa ou grave ameaça (inciso I), exigindo-se ainda que o apenado ostente boa conduta carcerária, comprovada pelo diretor do estabelecimento, respeitadas as normas que vedam a progressão (§ 1º).

Para que haja a progressão de regime, portanto, a LEP exige requisitos objetivos e subjetivos que, se estiverem presentes, conferem ao reeducando direito subjetivo ao benefício. Cumpre notar que o mecanismo de progressão de regime possui grande relevância, pois concede concretude ao mandamento constitucional da individualização da pena (art. 5°, XLVI, da CF/88) e da dignidade da pessoa humana (art. 1°, III, da CF/88).

No presente caso, conforme se nota dos documentos juntados nos autos, o agravante cumpriu mais de 16% da pena e, desta forma, não há que se falar em negativa do requisito objetivo.

Quanto ao requisito subjetivo, observa-se nos autos provas que demonstram a sua presença no caso concreto. Com efeito, consta dos autos atestado do diretor do estabelecimento dando conta do bom comportamento carcerário. Consta ainda do boletim informativo que o agravante não cometeu qualquer falta disciplinar durante o cumprimento da pena privativa de liberdade.

Deste modo, revela-se cristalino direito do agravante à progressão do regime prisional, sendo de rigor a reforma da respeitável decisão recorrida.

IV – DO PEDIDO

Diante do exposto, requer seja conhecido e provido o presente recurso, para que seja determinada a progressão do regime de cumprimento da pena privativa de liberdade, do regime fechado para o regime semiaberto.

Termos em que,
pede deferimento.

Local e data.
Advogado...
OAB n...

1. A competência para a interposição do agravo será, em regra, perante a Vara das Execuções da Justiça Estadual. Isto porque, ainda que tenha sido condenado pela Justiça Federal, se o cumprimento da pena transcorrer em presídio estadual (o que é a regra), o juiz competente será estadual. Na hipótese de pena cumprida em presídio federal, a competência será da Justiça Federal. O endereçamento seria ao "Excelentíssimo Senhor Doutor Juiz Federal da Vara de Execuções Criminais da Seção Judiciária de ____".
2. Pelas mesmas razões já explicitadas na nota anterior, a competência para apreciação das razões do agravo será, de regra, dos Tribunais de Justiça dos Estados. Se o presídio for federal, no entanto, a competência será da Justiça Federal (TRF).
3. *Vide* nota anterior.

1.2. ALEGAÇÕES FINAIS SOB A FORMA DE MEMORIAIS

EXCELENTÍSSIMO SENHOR DOUTOR JUIZ DE DIREITO DA____ VARA CRIMINAL DA COMARCA DE____ (1)

(espaço de cinco linhas)

Próspero, qualificado nos autos do processo-crime n.____, que lhe move a Justiça Pública, (2) por seu advogado que esta subscreve, vem, respeitosa e tempestivamente, à presença de Vossa Excelência, apresentar ALEGAÇÕES FINAIS SOB A FORMA DE MEMORIAIS, com fulcro no art. 403, § 3°, do CPP, (3) pelas razões de fato e de direito a seguir expostas.

I – DOS FATOS

O Acusado foi denunciado como incurso nas penas do art. 157, § 2°-A, I, do CP, porque supostamente teria subtraído R$ 500,00 da vítima Merlin, com o emprego de uma arma de brinquedo (simulacro de arma de fogo).

Ocorre que, durante a instrução criminal, o Acusado juntou prova de que estava em outro local no momento do crime.

Encerrada a instrução criminal, o Ministério Público, em seus memoriais, pediu a condenação do Réu.

II – DA TEMPESTIVIDADE

Os presentes memoriais são tempestivos. Com efeito, o prazo dos memoriais é de 5 dias nos termos do artigo 403, parágrafo 3° do Código de Processo Penal [também pode ser o artigo 404, parágrafo único, a depender do caso] e tendo em vista que fora intimado no dia ____ o último dia do prazo para sua apresentação é o dia ____. Logo, os memoriais são tempestivos.

III – DO DIREITO (4)

Não merece acolhida o pleito acusatório, pois a autoria delitiva não restou demonstrada nos autos.

Em nenhum momento, seja durante o inquérito, seja durante a fase processual, o acusado foi reconhecido pelas vítimas ou por qualquer testemunha. Ademais, em seus depoimentos, as testemunhas foram evasivas em suas respostas, afirmando verem apenas mera semelhança entre o acusado e a pessoa que teria cometido o crime, sem reconhecerem categoricamente que era a mesma pessoa.

O acusado ainda juntou prova documental de que estava fora da cidade no dia do crime, o que o isenta de qualquer possibilidade de participação no crime.

Assim, impõe-se a absolvição do acusado, com base no art. 386, IV, do Código de Processo Penal, dada a clara ausência de provas de autoria do delito.

Subsidiariamente, em caso de eventual condenação, observa-se a necessidade de afastamento da causa de aumento de pena imputada na denúncia.

O acusado foi denunciado como incurso nas penas do art. 157, § 2°-A, I, do CP, que determina a majoração de 2/3 se a violência ou ameaça é exercida com emprego de arma de fogo.

Ocorre que o objeto empregado na subtração não era uma arma de fogo, mas um mero simulacro ou imitação, ou seja, uma arma de brinquedo, conforme descrito pelo próprio ofendido Merlin.

Em suas declarações, o ofendido afirmou que, "depois de haver entregado o dinheiro, então percebeu que o objeto que estava na mão do agente era um brinquedo de plástico imitando uma pistola".

Assim, em face do princípio da estrita legalidade que incide no Direito Penal, não pode ser reconhecida a majorante do emprego de arma de fogo, sendo ainda vedada qualquer pretensão de analogia in malam partem.

Em caso de eventual condenação pelo crime de roubo simples (art. 157, caput, do CP), deve a pena-base ser aplicada no patamar mínimo legal, em face da ausência de qualquer circunstância judicial desfavorável ou negativa (art. 59, caput, do CP). Na segunda fase da dosimetria, a pena permanecer inalterada, por não haver circunstância agravante a ser considerada. Na terceira fase, deve ser afastada a majorante decorrente do emprego de arma de fogo, pelos motivos anteriormente analisados, fixando-se a pena definitiva em 4 anos.

Por conseguinte, o regime inicial a ser estipulado deve ser o aberto, com fundamento no art. 33, § 2°, c, do CP, em face da quantidade de pena (4 anos) e da primariedade do acusado, lembrando que a mera opinião do julgador sobre a gravidade em abstrato do crime não constitui motivação idônea para a imposição de regime mais severo (Súmula 718 do STF). Em reforço, cabe salientar que, fixada a pena-base no mínimo legal, afigura-se vedada a imposição de regime prisional mais gravoso do que o permitido segundo a pena aplicada (Súmula 440 do STJ).

Ainda em caso de condenação, não deve ser fixado valor mínimo para a reparação dos danos sofridos pelo ofendido (art. 387, IV, do CPP), tendo em vista a ausência de requerimento do Ministério Público e do ofendido nesse sentido, o que impossibilita o exercício das garantias do contraditório e da ampla defesa (art. 5°, LV, da CF) por parte do acusado, não podendo o juiz estabelecer tal valor de ofício, conforme orientação dos Tribunais Superiores.

Por fim, ausentes os requisitos para a prisão preventiva, estabelecidos nos arts. 312 e 313 do CPP, deve ser concedido ao acusado o direito de recorrer em liberdade (art. 387, § 1°, do CPP).

IV – DO PEDIDO

Diante do exposto, requer a improcedência do pedido, absolvendo-se o acusado, nos termos do art. 386, IV, (5) do CPP. (6)

Subsidiariamente, requer seja fixada a pena-base no mínimo legal, afastada a causa de aumento de pena do emprego de arma de fogo e determinado o regime inicial aberto.

Requer, ainda, a não fixação de valor para a reparação civil do ofendido (art. 387, IV, do CPP) e a concessão do direito de o acusado recorrer em liberdade (art. 387, § 1°, do CPP).

Termos em que,
pede deferimento.

Local e data.
Advogado...
OAB n...

1. Outros endereçamentos possíveis nos memoriais são:
   a) se o crime for da competência da justiça federal: "Excelentíssimo Senhor Doutor Juiz Federal da ___ Vara Criminal da Justiça Federal da Seção Judiciária de____";
   b) se o crime for da competência do júri: Excelentíssimo Senhor Doutor Juiz de Direito da____ Vara do Júri da Comarca de____".
2. Nesse caso, a ação é pública e, portanto, pode-se empregar a expressão "que lhe move a justiça pública". Se a ação fosse privada, o correto seria: "que lhe move____ (nome do querelante)".
3. No rito do júri, o fundamento seria o art. 403, § 3º, c.c. o art. 394, § 5º, do CPP.
4. Caso houvesse uma tese de nulidade, seria conveniente utilizar a seguinte divisão: Dos Fatos; Da Nulidade; Do Mérito, desde que isso não acarrete grande perda de espaço.
5. O fundamento da absolvição varia conforme a tese de defesa.
6. Em regra, a nulidade é requerida antes do pedido de mérito. No entanto, ela pode surgir depois. Assim, por exemplo, nos casos de desclassificação pode haver alteração da competência ou, até mesmo, mudança na legitimidade ativa. Da mesma forma, pode surgir o direito à suspensão condicional do processo, como é o caso, por exemplo, da desclassificação de furto qualificado para furto simples. Neste caso, teríamos um pedido da seguinte forma: "Subsidiariamente, requer a desclassificação da conduta para o delito de furto simples, previsto no art. 155, *caput*, do CP e, em consequência, requer a anulação do processo, remetendo-se os autos ao Ministério Público a fim de que seja formulada proposta de suspensão condicional do processo (art. 89 da Lei n. 9.099/95)".

1.3. APELAÇÃO

EXCELENTÍSSIMO SENHOR DOUTOR JUIZ DE DIREITO DA ____VARA CRIMINAL DA COMARCA DE____ (1)

(espaço de cinco linhas)

ALICIA F., qualificada nos autos do processo-crime n.____, que lhe move a Justiça Pública, (2) por seu advogado que esta subscreve, vem, respeitosa e tempestivamente, perante Vossa Excelência, não se conformando com a respeitável sentença que a condenou como incursa nas penas do art. 155, § 4°, I, do CP, interpor RECURSO DE APELAÇÃO, com fundamento no art. 593, I, do CPP. (3)

Requer seja recebido, processado e encaminhado o presente recurso, com as inclusas razões, ao Egrégio Tribunal de Justiça do Estado de ... (4)

Termos em que,
pede deferimento.

Local e data.
Advogado...
OAB n...

RAZÕES DE RECURSO DE APELAÇÃO

APELANTE: Alícia F.
APELADA: Justiça Pública
PROCESSO N.____

Egrégio Tribunal de Justiça, (5)
Colenda Câmara,
Douto Procurador de Justiça.

Em que pese o indiscutível saber jurídico do Meritíssimo Juiz a quo, impõe-se a reforma da respeitável sentença proferida contra a Apelante, pelas razões de fato e de direito a seguir expostas. (6)

I – DOS FATOS

Alícia F., ora apelante, viu-se processada pelo crime previsto no art. 155, § 4°, I, do CP. Segundo a denúncia, no dia dos fatos, Alícia F. foi vista saindo da residência da vítima com uma sacola, que conteria os objetos do crime.

O Ministério Público não formulou proposta de acordo de não persecução penal, em face da ausência de confissão formal e circunstancial da investigada, requisito legal estabelecido no art. 28-A, caput, do CPP.

Durante a instrução, foram ouvidas testemunhas de acusação, não sendo ouvida nenhuma testemunha de defesa, pois o juiz considerou que a resposta do art. 396 fora apresentada fora do prazo de 10 dias, tendo determinado o seu desentranhamento dos autos. Ao final, a apelante foi condenada à pena de 2 anos de reclusão, em regime inicial aberto, substituindo-se a pena privativa de liberdade por restritivas de direito.

II – DA TEMPESTIVIDADE

O presente recurso é tempestivo. Com efeito, o prazo da interposição da apelação é de 5 dias nos termos do artigo 593 do Código de Processo Penal e tendo em vista que fora intimado no dia _____ o último dia do prazo para sua interposição é o dia _____. Logo, a apelação é tempestiva.

III – DO DIREITO

A respeitável sentença foi proferida em processo manifestamente nulo, de forma que não pode subsistir.

De acordo com a norma contida no art. 396-A, § 2°, do CPP, caso a resposta à acusação não seja apresentada no prazo legal, o juiz deve nomear defensor para oferecê-la, concedendo-lhe vista dos autos por 10 dias.

Tal dispositivo deixa claro que a apresentação da resposta à acusação constitui fase indispensável do procedimento, que não pode ser suprimida sob circunstância alguma, tratando-se, portanto, de elemento essencial ao processo. A sua supressão viola não apenas o art. 564, IV, CPP, mas igualmente o art. 5°, LV, CF/88, que consagra, como cláusula pétrea, as garantias do contraditório e da ampla defesa, com os meios e recursos a ela inerentes.

No caso em apreço, o D. magistrado a quo determinou o desentranhamento da resposta à acusação apresentada pelo defensor constituído, obstando, com isso, não apenas a apreciação imediata das teses defensivas, mas ainda a produção de prova testemunhal em favor da acusada (direito à prova, que integra a garantia constitucional do contraditório).

Dessa forma, há evidente nulidade no procedimento do magistrado que determina o desentranhamento da resposta à acusação, por entendê-la intempestiva, impondo-se a anulação do processo a partir da fase para o oferecimento da resposta à acusação, devolvendo-se o prazo para a sua apresentação.

Ainda que não se acolha a tese de nulidade, no mérito, impõe-se a absolvição da apelante.

De acordo com o art. 386, V, do CPP, o juiz absolverá o réu quando não houver prova de ter ele concorrido para a infração penal. De fato, a absolvição por falta de prova é corolário lógico do princípio da presunção de inocência, que encontra lastro no art. 5°, LVII, da CF/88, uma vez que o cidadão deve necessariamente ser tido como inocente, até que se prove cabalmente o contrário.

No caso em testilha, a testemunha ouvida nos autos, que identificou a acusada como a pessoa que saía da casa da vítima, estava a cerca de 100 metros de distância do local dos fatos. Trata-se de local escuro e, como a própria testemunha Cristina afirma em seu depoimento, tem alguma dificuldade de visão, pois possui 70 anos de idade.

Em tais condições, não é crível que a testemunha pudesse afirmar o que disse em seu depoimento, sendo de rigor a reforma da decisão, com a absolvição da ré.

Caso assim não se entenda, deve ser afastada a qualificadora do rompimento de obstáculo à subtração da coisa (art. 155, § 4°, I, do CP).

Conforme a dicção do art. 171 do CPP, a qualificadora da destruição ou rompimento de obstáculo demanda exame pericial, incumbindo aos peritos descrever os vestígios, bem como indicar com que instrumentos, por que meios e em que época se presumem praticados os fatos.

No caso em análise, o laudo pericial elaborado é claro ao afirmar que não há elementos para que se identifique o cogitado rompimento de obstáculo.

Desta forma, deve ser desclassificada a infração para o crime de furto simples, previsto no art. 155, caput, do CP.

Em havendo a desclassificação, deve ser anulado o processo (art. 564, IV, do CPP) e remetidos os autos ao Ministério Público, para que formule proposta de suspensão condicional do processo, nos termos do art. 89 da Lei n. 9.099/95.

De fato, segundo o art. 89 da Lei n. 9.099/95, nos crimes em que a pena mínima cominada for igual ou inferior a 1 ano, o Ministério Público poderá propor a suspensão condicional do processo. Acrescente-se a isso o teor do enunciado da Súmula 337 do STJ, segundo o qual é cabível a suspensão condicional do processo na desclassificação do crime.

No caso em apreço, sendo acolhida a tese de desclassificação para o delito de furto simples, cuja pena mínima é de um ano, impõe-se a proposta de suspensão condicional do processo, nos termos da lei.

IV – DO PEDIDO

Diante do exposto, requer seja conhecido e provido o presente recurso, para a anulação do processo a partir do momento procedimental estabelecido para a apresentação de resposta à acusação, nos termos do disposto no art. 564, IV, c.c. o art. 396-A, § 2°, ambos do CPP.

Caso assim não entendam Vossas Excelências, requer a reforma da r. sentença, para a absolvição da apelante, com fundamento no art. 386, V, do CPP.

Subsidiariamente, requer a desclassificação da imputação para o crime de furto simples, definido no art. 155, caput, do CP, com a consequente anulação do processo (art. 564, IV, do CPP) e remessa dos autos ao Ministério Público, para a formulação de proposta de suspensão condicional do processo (art. 89 da Lei n. 9.099/95).

Requer, por fim, seja permitido que a apelante aguarde em liberdade até o trânsito em julgado de eventual decisão penal condenatória.

Termos em que,
pede deferimento.

Local e data.
Advogado...
OAB n...

1. Outros endereçamentos possíveis da petição de interposição são:

a) se a infração for de menor potencial ofensivo: "Excelentíssimo Senhor Doutor Juiz de Direito do ____ Juizado Especial Criminal da Comarca de ____";

b) se o crime for da competência da Justiça Federal: "Excelentíssimo Senhor Doutor Juiz Federal da____ Vara Criminal da Justiça Federal da Seção Judiciária de ____";

c) se o crime for da competência do júri, temos duas possibilidades:

- apelação do fim da primeira fase (art. 416 do CPP): "Excelentíssimo Senhor Doutor Juiz de Direito da____ Vara do Júri da Comarca de____ "
- apelação do fim da segunda fase (art. 593, III, do CPP): "Excelentíssimo Senhor Doutor Juiz-Presidente do____ Tribunal do Júri da Comarca de____".

2. Se a ação for privada, não se deve mencionar a justiça pública, e sim a parte contrária (querelante).

3. Se for infração de menor potencial ofensivo, o fundamento da apelação será o art. 82 da Lei n. 9.099/95. Se se tratar de decisão proferida pelo tribunal do júri, o fundamento legal será o art. 593, III, *a, b, c* ou *d,* do CPP.

4. Se a infração for de menor potencial ofensivo, a apelação deverá ser remetida à Turma Recursal. Se for crime da competência da Justiça Federal, a apelação será julgada pelo Tribunal Regional Federal.

5. Se a apelação for julgada pela Turma Recursal, a saudação deve ser feita da seguinte forma: "Egrégia Turma Recursal/Ilustre membro do Ministério Público". Se a apelação for julgada pelo Tribunal Regional Federal, a saudação deve ser feita da seguinte forma: "Egrégio Tribunal Regional Federal/Colenda Turma/Douto Procurador da República".

6. Se o enunciado informar que o recurso já foi interposto, não há necessidade de nova interposição. Nesta situação, bastará apresentar as razões. Estas são apresentadas por aquilo que se convencionou chamar de "petição de juntada" e seu fundamento encontra-se previsto no art. 600, *caput*, do CPP.

1.4. CARTA TESTEMUNHÁVEL

ILUSTRÍSSIMO SENHOR ESCRIVÃO DIRETOR DO____ OFÍCIO CRIMINAL DA COMARCA DE____ (1)

(espaço de cinco linhas)

A, já qualificado nos autos do Recurso em Sentido Estrito (2) n. ____, por seu advogado que esta subscreve, vem, respeitosa e tempestivamente, à presença de Vossa Senhoria, não se conformando com a respeitável decisão que negou seguimento ao recurso, requerer a extração de CARTA TESTEMUNHÁVEL, com fulcro no art. 639 do CPP.

Indica para traslado as seguintes peças, de acordo com o disposto no art. 640 do CPP:

a) decisão que ensejou o recurso denegado;

b) certidão de intimação dessa decisão;

c) interposição e razões do recurso denegado;

d) a decisão que denegou o recurso;

e) certidão de intimação da decisão que denegou o recurso.

Diante do exposto, requer seja extraída a presente carta testemunhável, bem como reformada a decisão impugnada em juízo de retratação, nos termos dos arts. 589 e 643 do CPP. Caso o Douto Magistrado entenda que deva manter a respeitável decisão, requer seja encaminhada a carta testemunhável, com as inclusas razões, ao Egrégio Tribunal de Justiça do Estado de ... (3)

Termos em que,
pede deferimento.

Local e data.
Advogado...
OAB n...

RAZÕES DE CARTA TESTEMUNHÁVEL

TESTEMUNHANTE: "A"

TESTEMUNHADO: PROC. N.____

Egrégio Tribunal de Justiça, (4)

Colenda Câmara,

Douto Procurador de Justiça.

Em que pese o indiscutível saber jurídico do Meritíssimo Juiz a quo, impõe-se a reforma da respeitável decisão que negou seguimento ao recurso em sentido estrito interposto pelo Testemunhante, pelas razões de fato e de direito a seguir expostas.

I – DOS FATOS

O Testemunhante, processado por violação ao art. 138 c/c art. 141 do CP, requereu que fosse declarada a extinção da punibilidade por decadência, uma vez que o ofendido não intentou a ação no prazo legal.

Referido pedido foi indeferido pelo Meritíssimo Juiz de 1º Grau, ocasião em que o Testemunhante interpôs recurso em sentido estrito, dentro do prazo legal, com fundamento no art. 581, IX, do CPP.

Ocorre que o Meritíssimo Juiz a quo negou seguimento ao recurso interposto, sob a alegação de que era intempestivo.

II – DA TEMPESTIVIDADE

O presente recurso é tempestivo. Com efeito, o prazo para a interposição da carta testemunhável é de 48 horas nos termos do artigo 640 do Código de Processo Penal e tendo em vista que fora intimado no dia ____ o último dia do prazo para sua interposição é o dia ____. Logo, o recurso é tempestivo.

III – DO DIREITO

Não merece prosperar a respeitável decisão do Meritíssimo Juiz, por ter sido proferida sem amparo legal.

Com efeito, segundo a regra insculpida no art. 586, caput, do CPP, o prazo para a interposição do recurso em sentido estrito, ressalvada a hipótese do inc. XIV do art. 581, é de cinco dias.

No presente caso, o recurso interposto pelo Testemunhante, ao contrário do que afirma a respeitável decisão, é plenamente tempestivo, pois foi interposto dentro do prazo legal de 5 (cinco) dias, nos termos do supracitado artigo, contados da intimação da respeitável decisão que indeferiu o pedido de extinção da punibilidade por decadência, conforme comprovam os documentos anexados à presente carta.

Dessa forma, porquanto preenchidos todos os requisitos de admissibilidade, deveria ter sido recebido e processado o recurso em sentido estrito.

IV – DO PEDIDO

Diante do exposto, requer seja conhecido e provido o presente recurso, determinando-se o recebimento e o processamento do recurso em sentido estrito, ou, caso Vossas Excelências entendam estar suficientemente instruída a carta testemunhável, que decidam de meritis, em face do disposto no art. 644 do CPP.

Termos em que,
pede deferimento.

Local e data.
Advogado...
OAB n...

1. Outros endereçamentos possíveis da petição de interposição são:
   a) se o crime for da competência da Justiça Federal: "Ilustríssimo Senhor Escrivão Diretor de Secretaria da ___ Vara Criminal da Justiça Federal da Seção Judiciária de____";
   b) se tratar-se de carta testemunhável contra a denegação de agravo em execução: "Ilustríssimo Senhor Escrivão Diretor do____ Ofício das Execuções Criminais da Comarca de____".
2. Poderia ser agravo em execução.
3. Se for crime da competência da Justiça Federal, a carta testemunhável será julgada pelo Tribunal Regional Federal.
4. Idem ao item anterior. Observar que, se o caso fosse de competência federal, a saudação seria: "Egrégio Tribunal Regional Federal; Colenda Turma; Douto Procurador da República."

1.5. CONTRARRAZÕES DE APELAÇÃO (1)

EXCELENTÍSSIMO SENHOR DOUTOR JUIZ DE DIREITO DO ____ JUIZADO ESPECIAL CRIMINAL DA COMARCA DE____ (2)

(espaço de cinco linhas)

A, qualificado nos autos do processo-crime n.____ que lhe move a Justiça Pública, (3) por seu advogado que esta subscreve, vem, respeitosa e tempestivamente, perante Vossa Excelência, requerer a juntada das inclusas CONTRARRAZÕES DE APELAÇÃO, (4) com fundamento no art. 82, § 2º, da Lei n. 9.099/95. (5)

Requer seja o presente recurso encaminhado, com as inclusas contrarrazões, para a Egrégia Turma Recursal da comarca de ...

Termos em que,
pede deferimento.

Local e data.
Advogado...
OAB n...

CONTRARRAZÕES DE RECURSO DE APELAÇÃO

APELANTE: Justiça Pública
APELADO: A
PROCESSO N.____

Egrégia Turma Recursal
Ilustre membro do Ministério Público (6)

Com a devida vênia, não merece prosperar o recurso interposto pela acusação, devendo ser mantida a respeitável sentença absolutória proferida em favor do Apelado, pelas razões de fato e de direito a seguir expostas.

I – DOS FATOS

O Apelado foi denunciado como incurso no art. 329 do CP, por haver resistido à ordem de policial à paisana, permanecendo dentro de seu automóvel, acompanhado de sua noiva. O policial exigia a presença do Apelado na 23ª Delegacia.

Ao final da instrução criminal e últimas diligências, o Meritíssimo Juiz a quo absolveu o Apelado, tendo o D. membro do Ministério Público recorrido dessa decisão.

II – DA TEMPESTIVIDADE

As presentes contrarrazões são tempestivas. Com efeito, o prazo para a apresentação das contrarrazões é de 8 dias nos termos do artigo 600 do Código de Processo Penal e tendo em vista que fora intimado no dia ____ o último dia do prazo para sua juntada é o dia ____. Logo, as contrarrazões são tempestivas.

III – DO DIREITO

Preliminarmente, é importante observar que o recurso foi interposto fora do prazo legal de 10 dias, estabelecido no art. 82, § 1°, da Lei n. 9.099/95. Ora, deveria ter sido interposto até o dia ____ e foi interposto no dia ____, portanto, depois de escoado completamente o prazo legal. Assim, o recurso interposto pela acusação não pode ser conhecido, ante a ausência do pressuposto recursal da tempestividade, que constitui requisito de admissibilidade recursal. (7)

Na remota hipótese de ser conhecido o recurso, deve a respeitável sentença absolutória ser mantida, uma vez que atípica a conduta do Apelado.

Com efeito, o art. 329, caput, do CP preceitua que o crime de resistência consiste em se opor à execução de ato legal, mediante violência ou ameaça a funcionário competente para executá-lo ou a quem lhe esteja prestando auxílio.

Insta salientar que o tipo penal do art. 329 do CP exige que a ordem do funcionário competente seja legal. Também exige que a conduta do agente seja praticada com o emprego de violência ou grave ameaça. Desse entendimento não destoa a jurisprudência de nossos tribunais, que são uníssonos em reconhecer a necessidade de ocorrência de violência física ou ameaça para a configuração do delito de resistência.

No presente caso, o ato do investigador foi manifestamente ilegal, por não ter sido acompanhado de mandado escrito e fundamentado da autoridade judiciária competente nem haver flagrante delito, nos termos do art. 5°, LXI, da CF/88. Ademais, não ocorreu, no caso vertente, o emprego de violência ou grave ameaça por parte do Apelado, elementares exigidas pelo tipo penal em questão.

Em suma, não houve, no caso vertente, perfeita adequação entre o fato concreto e a descrição legal contida no art. 329 do CP.

IV – DO PEDIDO

Diante do exposto, requer não seja conhecido o recurso e, se o for, requer seja improvido o recurso interposto pelo Ministério Público, mantendo-se a respeitável sentença absolutória.

Termos em que,
pede deferimento.

Local e data.
Advogado...
OAB n...

1. Tratando-se da apelação do CPP, o mesmo modelo serve para a juntada de razões de apelação, no caso de o enunciado informar que o recurso já foi interposto (porém, no CPP, o fundamento legal da petição de juntada seria o art. 600, *caput*).

2. Outros endereçamentos possíveis da petição de juntada de razões e contrarrazões são:
   a) se a infração for de menor potencial ofensivo, na Justiça Federal: "Excelentíssimo Senhor Doutor Juiz Federal do Juizado Especial Criminal Federal da Seção Judiciária de____";
   b) se o crime não for de menor potencial ofensivo, na Justiça Estadual: "Excelentíssimo Senhor Doutor Juiz de Direito da ___ Vara Criminal da Comarca de____";
   c) se o crime não for de menor potencial ofensivo, na Justiça Federal: "Excelentíssimo Senhor Doutor Juiz Federal da ___ Vara Criminal da Justiça Federal da Seção Judiciária de____";
   d) se o crime for da competência do júri, temos duas possibilidades:
   - apelação do fim da primeira fase (art. 416 do CPP): "Excelentíssimo Senhor Doutor Juiz de Direito da____ Vara do Júri da Comarca de____"
   - apelação do fim da segunda fase (art. 593, III, do CPP): "Excelentíssimo Senhor Doutor Juiz-Presidente do____ Tribunal do Júri da Comarca de____";
   e) se a juntada for feita diretamente em segunda instância: "Excelentíssimo Senhor Doutor Desembargador Relator da Apelação n.____ da____ Câmara Criminal do Egrégio Tribunal de Justiça do Estado de____".

3. Se a ação for privada, não se deve mencionar a justiça pública, e sim a parte contrária.

4. Ou "Razões de Apelação", na situação mencionada na observação n. 1.

5. Se a infração não for de menor potencial ofensivo, o fundamento das razões e das contrarrazões de apelação será o art. 600, *caput*, do CPP.

   Caso se trate de recurso em sentido estrito ou agravo em execução penal, a estrutura será a mesma da apelação, mas mudará o fundamento legal. Em ambos os casos, o fundamento das razões e das contrarrazões será o artigo 588 do CPP.

   Caso se trate de recurso especial ou extraordinário, o fundamento das contrarrazões será o artigo 1.030 do Código de Processo Civil. Terá a mesma estrutura acima, com a ressalva de que a petição de juntada deverá ser endereçada ao Desembargador Presidente do Egrégio Tribunal de Justiça (ou TRF, caso se trate de crime sendo processado perante a Justiça Federal).

6. Se o crime não for de menor potencial ofensivo, a saudação será: "Egrégio Tribunal de Justiça; Colenda Câmara; Douto Procurador de Justiça". Se a competência for federal, a

saudação será: "Egrégio Tribunal Federal; Colenda Turma; Douto Procurador da República".

7. É muito importante notar que, quando se trata desta peça, normalmente há preliminar de intempestividade do recurso. Assim, deve o candidato ficar muito atento com o prazo do recurso apresentado pela parte contrária e verificar se não há intempestividade a ser analisada e alegada como preliminar nas contrarrazões.

1.6. CONTRARRAZÕES DE RECURSO EM SENTIDO ESTRITO (1)

EXCELENTÍSSIMO SENHOR DOUTOR JUIZ DE DIREITO DA____VARA CRIMINAL DA COMARCA DE____(2)

(espaço de cinco linhas)

CLEÓBULO, já qualificado nos autos do processo-crime n.____ que lhe move a Justiça Pública, (3) por seu advogado que esta subscreve, vem, respeitosa e tempestivamente, perante Vossa Excelência, requerer a juntada das inclusas CONTRARRAZÕES DE RECURSO EM SENTIDO ESTRITO, (4) com fundamento no art. 588 do CPP. (5)

Requer a manutenção da decisão impugnada em juízo de retratação (art. 589 do CPP) (6) e o encaminhamento do presente recurso, com as inclusas contrarrazões, ao Egrégio Tribunal de Justiça do Estado de ... (7)

Termos em que,
pede deferimento.

Local e data.
Advogado...
OAB n...

CONTRARRAZÕES DE RECURSO EM SENTIDO ESTRITO

RECORRENTE: Justiça Pública
RECORRIDO: Cleóbulo
PROCESSO N.____

Egrégio Tribunal de Justiça, (8)
Colenda Câmara,
Douto Procurador de Justiça.

Com a devida vênia, não merece prosperar o presente recurso, devendo ser mantida a respeitável decisão proferida em favor do Recorrido, pelas razões de fato e de direito a seguir expostas.

I – DOS FATOS

O Recorrido foi denunciado pela prática de furto, por ter supostamente subtraído dois aparelhos de DVD da vítima Rogério, nas circunstâncias narradas na inicial.

Foi tentada sua citação pessoal pelo D. Oficial de justiça que, após procurá-lo em seu endereço residencial, sem sucesso, entendeu que o denunciado buscava se ocultar e, diante de tal certidão, foi determinada a citação por hora certa.

No entanto, após o oferecimento dos memoriais da defesa, o D. juízo dignou-se reconhecer nulo o processo desde a citação, pois a citação por hora certa era precipitada se ainda possível encontrar o réu para a ciência pessoal. Contra a decisão que reconheceu a nulidade, insurgiu-se o D. membro do Ministério Público, mediante a interposição do presente recurso em sentido estrito (art. 581, XIII, do CPP).

II – DA TEMPESTIVIDADE

As presentes contrarrazões são tempestivas. Com efeito, o prazo para a apresentação das contrarrazões é de 2 dias nos termos do artigo 588 do Código de Processo Penal e tendo em vista que fora intimado no dia ____ o último dia do prazo para sua juntada é o dia ____. Logo, as contrarrazões são tempestivas.

III – DO DIREITO

Não merece prosperar a pretensão recursal manifestada pelo Ministério Público.

Conforme a dicção do art. 5º, LV, da CF/88, o contraditório e a ampla defesa constituem garantias individuais. E a garantia do contraditório exige, por definição conceitual, a possibilidade de ciência e participação.

No caso em tela, a comunicação processual que daria ciência ao acusado e, assim, permitiria sua participação foi falha, eis que não foram esgotados os meios primários para a citação pessoal. Se há nos autos endereço em que possa ser encontrado o denunciado, é dever do Estado diligenciar para tanto, sob pena de minimizar as garantias constitucionais do contraditório e ampla defesa.

Desta forma, absolutamente correta a decisão do douto magistrado em reconhecer a nulidade processual.

IV – DO PEDIDO

Diante do exposto, requer seja negado provimento ao recurso em sentido estrito interposto pelo membro do Ministério Público, mantendo-se a respeitável decisão atacada.

Termos em que,
pede deferimento.

Local e data.
Advogado...
OAB n....

1. O mesmo modelo serve para a juntada de razões de recurso em sentido estrito, no caso de ele já ter sido interposto.
2. Outros endereçamentos possíveis da petição de juntada de razões e contrarrazões são:
   a) se o crime for de competência da Justiça Federal: "Excelentíssimo Senhor Doutor Juiz Federal da ___ Vara Criminal da Justiça Federal da Seção Judiciária de ____";
   b) se o crime for da competência do júri (RESE contra as decisões de pronúncia ou de desclassificação): "Excelentíssimo Senhor Doutor Juiz de Direito da____ Vara do Júri da Comarca de____".
3. Se a ação for privada, não se deve mencionar a justiça pública, e sim a parte contrária.
4. Ou "Razões de Recurso em Sentido Estrito".
5. O fundamento das razões de recurso em sentido estrito seria o mesmo art. 588 do CPP.
6. No caso de razões de recurso em sentido estrito, o pedido de reexame da decisão pelo magistrado (juízo de retratação) não deve ser feito na petição de juntada das razões, pois já foi feito na petição de interposição.
7. Se a competência for federal, deverá ser remetido o recurso ao Tribunal Regional Federal.
8. Idem item anterior. Lembrar que, se a competência for da Justiça Federal, a saudação será: "Egrégio Tribunal Regional Federal; Colenda Turma; Douto Procurador da República".

1.7. CORREIÇÃO PARCIAL

EXCELENTÍSSIMO SENHOR DOUTOR JUIZ DE DIREITO DA ___VARA CRIMINAL DA COMARCA DE___ (1)

(espaço de cinco linhas)

CARLOS, qualificado nos autos do processo-crime que lhe move a Justiça Pública, (2) por seu advogado que esta subscreve, vem, respeitosa e tempestivamente, perante Vossa Excelência, não se conformando com a respeitável decisão que determinou a oitiva das testemunhas de defesa antes da oitiva das testemunhas da acusação, interpor CORREIÇÃO PARCIAL, com fulcro no art. ___. (3)

Requer seja recebido e processado o presente recurso, que seja realizado o juízo de retratação e, caso Vossa Excelência entenda deva ser mantida a respeitável decisão, que seja encaminhado, com as inclusas razões, ao Egrégio Tribunal de Justiça do Estado de ...

Termos em que,
pede deferimento.

Local e data.
Advogado...
OAB n...

RAZÕES DE CORREIÇÃO PARCIAL

RECORRENTE: Carlos
RECORRIDO: Justiça Pública
PROCESSO N.___

Egrégio Tribunal de Justiça,
Colenda Câmara,
Douto Procurador de Justiça,

Em que pese o indiscutível saber jurídico do Meritíssimo Juiz a quo, impõe-se a reforma da respeitável decisão que determinou a oitiva das testemunhas da defesa antes das da acusação, pelas razões de fato e de direito a seguir expostas.

I – DOS FATOS

O Recorrente foi denunciado pela prática do crime previsto no art. 157, § 2°-A, I, do CP, pois supostamente teria subtraído a carteira de um motorista, mediante grave ameaça com emprego de arma de fogo.

Apresentou resposta à acusação, ocasião em que arrolou as testemunhas da defesa.

Ocorre que o Meritíssimo Juiz a quo determinou a oitiva das testemunhas da defesa antes da oitiva das testemunhas da acusação.

II – DA TEMPESTIVIDADE

O presente recurso é tempestivo. Com efeito, o prazo para a interposição da correição parcial é de 5 dias com fundamento no artigo 6°, I, da Lei 5.010/66, e tendo em vista que fora intimado no dia ____ o último dia do prazo para sua juntada é o dia ____. Logo, o recurso é tempestivo.

III – DO DIREITO

A respeitável decisão não pode prosperar, porque fruto de um erro que importa inversão tumultuária do processo.

Com efeito, o art. 400 do CPP dispõe que, na audiência de instrução e julgamento, proceder-se-á após a tomada de declarações do ofendido, à inquirição das testemunhas arroladas pela acusação e pela defesa, nesta ordem. Ou seja, impõe que, ressalvada a hipótese de expedição de carta precatória, as testemunhas da acusação sejam ouvidas sempre antes que as testemunhas da defesa.

No caso em tela, referido dispositivo não foi observado pelo Meritíssimo Juiz a quo, uma vez que as testemunhas de defesa serão ouvidas antes das de acusação, o que acaba por ferir o princípio constitucional do contraditório e ampla defesa (art. 5°, LV, da CF).

Em face do acima articulado, a respeitável decisão do Meritíssimo Juiz de 1° grau deve ser inteiramente reformada.

IV – DO PEDIDO

Diante do exposto, requer seja conhecida e provida a presente correição parcial, tornando-se sem efeito a decisão recorrida, para que as testemunhas da defesa sejam ouvidas após as da acusação.

Termos em que,
pede deferimento.

Local e data.

Advogado...

OAB n...

1. Outros endereçamentos possíveis da petição de interposição são:
   a) se o crime for de competência da Justiça Federal: "Excelentíssimo Senhor Doutor Juiz Federal da ___ Vara Criminal da Justiça Federal da Seção Judiciária de____";
   b) se o crime for da competência do júri, na primeira fase: "Excelentíssimo Senhor Doutor Juiz de Direito da____ Vara do Júri da Comarca de____";
   c) se o crime for da competência do júri, na segunda fase: "Excelentíssimo Senhor Doutor Juiz Presidente do____ Tribunal do Júri da Comarca de____".
2. Se a ação for privada, não se deve mencionar a justiça pública, e sim a parte contrária.
3. O fundamento da correição parcial pode ser encontrado no Regimento Interno dos Tribunais, na Lei de Organização Judiciária ou na Constituição dos Estados que a admitem.

1.8. RESPOSTA PRELIMINAR – RITO DE FUNCIONÁRIO PÚBLICO

EXCELENTÍSSIMO SENHOR DOUTOR JUIZ DE DIREITO DA____ VARA CRIMINAL DA COMARCA DE____ (1)

(espaço de cinco linhas)

JOSÉ, qualificado na denúncia oferecida pelo membro do Ministério Público, por seu advogado que esta subscreve (conforme procuração anexa), vem, respeitosa e tempestivamente, à presença de Vossa Excelência, apresentar RESPOSTA PRELIMINAR, com fulcro no art. 514 do CPP, pelas razões de fato e de direito a seguir expostas.

I – DOS FATOS

O Acusado, policial civil, foi denunciado como incurso nas penas do art. 312, caput, do CP, porque supostamente teria se apropriado de um relógio pertencente a um preso, que lhe confiara a guarda do bem.

II – DA TEMPESTIVIDADE

A presente resposta preliminar é tempestiva. Com efeito, o prazo para sua apresentação é de 15 dias nos termos do artigo 514 do Código de Processo Penal e tendo em vista que fora intimado no dia ____ o último dia do prazo para sua juntada é o dia ____. Logo, a defesa preliminar é tempestiva.

III – DO DIREITO

A conduta praticada pelo denunciado é atípica, ou seja, não há adequação da conduta à descrição legal do delito em tela.

Com efeito, o art. 312, caput, do CP descreve a conduta tipificada como peculato como o ato de apropriar-se, o funcionário público de dinheiro, valor ou qualquer outro bem móvel, público ou particular, de que tem a posse em razão do cargo.

Nota-se que o crime somente se configura quando o agente, após ter obtido de forma lícita a posse do bem em razão do cargo, passa a se comportar como dono do objeto, invertendo-se o ânimo sobre ele.

No caso em tela, o Acusado em nenhum momento passou a se comportar como dono do relógio, nem sequer colocando-o no pulso. O que de fato ocorreu foi que, após o preso ter sido algemado e pedido para o acusado guardar o seu relógio, este recebeu um telefonema da sua esposa, comunicando que o seu filho mais novo tinha sofrido um acidente de carro, razão pela qual, após efetuadas as diligências na delegacia, saiu apressado, com o relógio no bolso, esquecendo-se de devolvê-lo.

Importante ressaltar que foram juntados à colação documentos que comprovam as referidas alegações, como Boletim de Ocorrência referente ao acidente de carro (doc. 1), a ficha de internação do acidentado no Hospital das Clínicas (doc. 2) e a conta telefônica da casa do acusado, da qual consta o telefonema que sua mulher fez naquele horário para o seu celular (doc. 3).

Destarte, não há tipicidade na conduta do acusado, uma vez que não atuou com o necessário dolo para a configuração do delito. Portanto, restando configurada a atipicidade da conduta do Acusado, não há falar em crime.

IV – DO PEDIDO

Diante de todo o exposto, requer a absolvição sumária do acusado, com fundamento nos arts. 397, inciso III, e 516, ambos do CPP.

Subsidiariamente, em caso de eventual instrução, requer sejam intimadas e inquiridas as testemunhas do rol seguinte:

1. nome, qualificação, endereço;

(...)

8. nome, qualificação, endereço;

Termos em que,
pede deferimento.

Local e data.
Advogado...
OAB n...

1. Se o crime for da competência da Justiça Federal, o endereçamento será "Excelentíssimo Senhor Doutor Juiz Federal da ____ Vara Criminal da Justiça Federal da Seção Judiciária de ____".

1.9. EMBARGOS DE DECLARAÇÃO

EXCELENTÍSSIMO SENHOR DOUTOR DESEMBARGADOR RELATOR DO ACÓRDÃO N.___ DA___ CÂMARA CRIMINAL DO EGRÉGIO TRIBUNAL DE JUSTIÇA DO ESTADO DE____ (1)

(espaço de cinco linhas)

A, qualificado nos autos do processo-crime n.____ que lhe move a Justiça Pública, por seu advogado que esta subscreve, vem, respeitosa e tempestivamente, à presença de Vossa Excelência, opor EMBARGOS DE DECLARAÇÃO, com fulcro no art. 619 (2) do CPP, pelas razões de fato e de direito a seguir expostas.

I – DOS FATOS

O Embargante foi condenado à pena de 1 (um) ano e 2 (dois) meses de reclusão em primeira instância.

Após haver apelado da respeitável sentença condenatória, a Colenda Câmara Criminal do Egrégio Tribunal de Justiça deu provimento à apelação do Embargante para o fim de diminuir-lhe a pena.

Ocorre que consta da ementa do acórdão a condenação do Embargante à pena de 14 meses de reclusão, estando esta contraditória com o teor do acórdão, uma vez que não houve qualquer redução.

II – DA TEMPESTIVIDADE

O presente recurso é tempestivo. Com efeito, o prazo para a apresentação dos embargos de declaração é de 2 dias nos termos do artigo 619 do Código de Processo Penal e tendo em vista que fora intimado no dia ____ o último dia do prazo para sua juntada é o dia ____. Logo, o recurso é tempestivo.

III – DO DIREITO

Trata-se de decisão contraditória, pois caberia à Colenda Câmara reformar o venerando acórdão, diminuindo a pena aplicada ao Embargante, eis que foi dado provimento à apelação interposta.

Com efeito, o art. 619 do CPP dispõe que aos acórdãos proferidos pelos Tribunais de Apelação, câmaras ou turmas, poderão ser opostos embargos de declaração, no prazo de 2 dias contado da sua publicação, quando houver na sentença ambiguidade, obscuridade, contradição ou omissão.

No caso vertente, a contradição do venerando acórdão foi evidente, pois a Colenda Câmara apenas deu provimento à apelação, acolhendo o pleito de redução da pena, substituindo sanção de "1 (um) ano e 2 (dois) meses" por "14 (quatorze) meses", não provocando, portanto, qualquer alteração substancial.

Dessa forma, o referido erro material deverá ser corrigido pela medida ora requerida.

IV – DO PEDIDO

Diante do exposto, requer sejam conhecidos e providos os presentes embargos, corrigindo-se a referida contradição, aplicando-se a redução da pena imposta ao Embargante.

Termos em que,
pede deferimento.

Local e data.
Advogado...
OAB n...

1. Os embargos de declaração podem ser opostos tanto em primeira instância (art. 382 do CPP) quanto em segunda (art. 619 do CPP).
   Em primeira instância, o endereçamento poderá ser:
   a) se o crime não for de menor potencial ofensivo: "Excelentíssimo Senhor Doutor Juiz de Direito da____ Vara Criminal da Comarca de____";
   b) se o crime for de menor potencial ofensivo: "Excelentíssimo Senhor Doutor Juiz de Direito do Juizado Especial Criminal da Comarca de____";
   c) se o crime for de competência do júri, haveria duas possibilidades:
      - na primeira fase: "Excelentíssimo Senhor Doutor Juiz de Direito da____ Vara do Júri da Comarca de____";
      - na segunda fase: "Excelentíssimo Senhor Doutor Juiz Presidente do ___ Tribunal do Júri da Comarca de____";

d) se o crime for de competência da Justiça Federal: "Excelentíssimo Senhor Doutor Juiz Federal da____ Vara Criminal da Justiça Federal da Seção Judiciária de____";

e) se o crime for de menor potencial ofensivo e de competência da Justiça Federal: "Excelentíssimo Senhor Doutor Juiz Federal do Juizado Especial Criminal Federal da Seção Judiciária de____".

Em segunda instância, o endereçamento será ao relator do acórdão embargado. Se o crime for de competência da Justiça Federal, o endereçamento será: "Excelentíssimo Senhor Doutor Desembargador Federal Relator do Acórdão n.____ da____ Turma do Egrégio Tribunal Regional Federal da____ Região".

2. Se o crime for de menor potencial ofensivo, o fundamento dos embargos, tanto de sentença, quanto de acórdão, será o art. 83 da Lei n. 9.099/95. Nos demais casos, quando os embargos forem opostos de sentença, o fundamento legal será o art. 382 do CPP.

1.10. EMBARGOS INFRINGENTES (OU DE NULIDADE)

EXCELENTÍSSIMO SENHOR DOUTOR DESEMBARGADOR RELATOR DO ACÓRDÃO N.____ DA____ CÂMARA CRIMINAL DO EGRÉGIO TRIBUNAL DE JUSTIÇA DO ESTADO DE____ (1)

(espaço de cinco linhas)

Leon Próspero, qualificado nos autos da Apelação n.____, (2) por seu advogado que esta subscreve, vem, respeitosa e tempestivamente, à presença de Vossa Excelência, não se conformando com o venerando acórdão que, por votação não unânime, negou provimento ao recurso interposto pelo acusado, opor EMBARGOS INFRINGENTES (3), com fundamento no art. 609, parágrafo único, do CPP.

Requer seja recebido e processado o presente recurso, com as inclusas razões.

Termos em que,
pede deferimento.
Local e data.

Advogado...
OAB n...

RAZÕES DE EMBARGOS INFRINGENTES

EMBARGANTE: A EMBARGADA: Justiça Pública APELAÇÃO N.____ (4)

Egrégio Tribunal de Justiça, (5)
Colenda Câmara,
Douto Procurador de Justiça,

Em que pese o indiscutível saber jurídico dos Ínclitos Desembargadores dessa Colenda Câmara Criminal do Egrégio Tribunal de Justiça, impõe-se a reforma do venerando acórdão para que seja integralmente acolhido o entendimento estampado no voto vencido, pelas razões de fato e de direito a seguir expostas.

I – DOS FATOS

Leon Próspero, ora Embargante, foi condenado à pena de 2 (dois) anos de reclusão, por ter subtraído, para si, bens avaliados em R$ 500,00 (quinhentos reais).

O Embargante interpôs recurso de apelação, tendo a Colenda Câmara, por maioria de votos, negado provimento ao recurso.

O voto vencido (6) entendeu que a pena aplicada ao Embargante deveria ser de 8 (oito) meses de detenção, em razão do disposto no art. 155, § 2°, do CP, que leva em conta a primariedade do agente e o pequeno valor da coisa furtada.

II – DA TEMPESTIVIDADE

O presente recurso é tempestivo. Com efeito, o prazo para a apresentação dos embargos infringentes é de 10 dias nos termos do artigo 609, parágrafo único, do Código de Processo Penal, e tendo em vista que fora intimado no dia ____ o último dia do prazo para sua juntada é o dia ____. Logo, o recurso é tempestivo.

III – DO DIREITO

Assiste razão ao Meritíssimo Desembargador que proferiu o voto vencido.

Com efeito, o art. 155, § 2°, do CP preceitua que, se o criminoso é primário, e é de pequeno valor a coisa furtada, o juiz pode substituir a pena de reclusão pela de detenção, diminuí-la de um a dois terços, ou aplicar somente a pena de multa.

Preenchidos os requisitos objetivo (valor da res furtiva) e subjetivo (primariedade), a aplicação da figura privilegiada constitui direito subjetivo do réu, que não pode ser recusado. Calha recordar que, conforme entendimento já amplamente pacificado nos tribunais, o pequeno valor ao qual se refere o texto legal é aquele inferior a 1 salário mínimo.

No caso em tela, faz jus o Embargante ao benefício do supracitado dispositivo, em face de sua primariedade e também de ser a coisa furtada de pequeno valor, isto é, de apenas R$ 500,00 (quinhentos reais).

Portanto, com fundamento na nossa legislação e no entendimento doutrinário e jurisprudencial, é direito subjetivo do Embargante a aplicação do disposto no art. 155, § 2°, do CP, uma vez que é primário e a coisa furtada não alcançou o valor de um salário mínimo, sendo assim considerada de pequeno valor.

IV – DO PEDIDO

Diante do exposto, requer seja conhecido e provido o presente recurso para o acolhimento do voto vencido, reduzindo-se a pena para oito meses de detenção.

Termos em que,
pede deferimento.

Local e data.
Advogado...
OAB n...

1. Os embargos infringentes e os embargos de nulidade devem ser endereçados ao relator do acórdão embargado. Se o crime fosse de competência da Justiça Federal, o endereçamento seria: "Excelentíssimo Senhor Doutor Desembargador Federal Relator do Acórdão n.____ da___ Turma do Egrégio Tribunal Regional Federal da____ Região".
2. Podem ainda ser opostos embargos infringentes e de nulidade de acórdão proferido em julgamento de recurso em sentido estrito e agravo em execução penal.
3. Nesse caso, são embargos infringentes, pois a divergência versa sobre matéria de mérito (alteração na classificação do delito de furto simples para furto privilegiado). Caso se tratasse de matéria processual, o nome do recurso seria "embargos de nulidade".
4. Idem item 2.
5. Idem item 1. Lembrar que, se os embargos forem julgados pelo Tribunal Regional Federal, a saudação deve ser feita da seguinte forma:

   "Egrégio Tribunal Regional Federal
   Colenda Turma
   Douto Procurador da República"

6. Caso haja duas teses no voto vencido, uma de nulidade e uma de mérito, então deverão ser alegadas ambas nos embargos e a peça se chamará Embargos Infringentes e de Nulidade.

1.11. EXCEÇÃO DE INCOMPETÊNCIA

EXCELENTÍSSIMO SENHOR DOUTOR JUIZ DE DIREITO DA____ VARA CRIMINAL DA COMARCA DE____ (1)

(espaço de cinco linhas)

PAULO, qualificado nos autos do processo-crime n.____, que lhe move a Justiça Pública, (2) por seu advogado que esta subscreve, vem, respeitosamente, à presença de Vossa Excelência, opor EXCEÇÃO DE INCOMPETÊNCIA desse D. juízo, com fulcro nos arts. 95, II, 108 e 396-A, § 1°, todos do CPP, pelas razões de fato e de direito a seguir expostas.

I – DOS FATOS

O Excipiente, vendedor da relojoaria X, está sendo processado como incurso nas penas do art. 155, § 4°, II, do CP, porque supostamente teria subtraído, mediante abuso de confiança de seu patrão, uma joia da relojoaria onde trabalha.

Ocorre que a relojoaria se situa na Rua____, no centro da cidade Y, e o Acusado está sendo processado na cidade Z, onde fixou domicílio.

II – DO DIREITO

O presente Juízo é manifestamente incompetente para o processo e julgamento da causa.

Com efeito, segundo a norma inserta no art. 70, caput, do CPP, a competência territorial (ou de foro) será, de regra, determinada pelo lugar em que se consumar a infração, ou, no caso de tentativa, pelo lugar em que for praticado o último ato de execução.

No caso em tela, se tivesse ocorrido o crime de furto, o que se afirma apenas a título de argumentação, a sua consumação teria ocorrido no momento em que o objeto fosse tirado da esfera de disponibilidade da vítima, ou seja, no momento em que o agente, ainda que por breve espaço de tempo, conseguisse ter a posse da res furtiva. Logo, o furto, na hipótese, teria se consumado quando o Acusado estivesse na relojoaria, ou, no mínimo, na cidade Y, sendo esta a comarca competente para o processamento da presente ação, e não a comarca Z (domicílio do acusado).

Deste modo, de rigor o reconhecimento da incompetência territorial, remetendo-se os autos ao juízo competente. Convém salientar, ademais, que se trata, no caso, de incompetência relativa, que deve ser alegada no momento oportuno, sob pena de preclusão.

III – DO PEDIDO

Diante do exposto, requer seja a presente exceção autuada em apartado e, após a oitiva do Ministério Público, nos termos do art. 108, § 1°, do CPP, seja julgada procedente, anulando-se o processo ab initio e determinando-se a remessa dos autos ao juízo competente (da comarca Y).

Termos em que,
pede deferimento.

Local e data.
Advogado...
OAB n...

1. Outros endereçamentos possíveis da exceção de incompetência são:

a) se a infração for de menor potencial ofensivo: "Excelentíssimo Senhor Doutor Juiz de Direito do Juizado Especial Criminal da Comarca de____";

b) se o crime for da competência da Justiça Federal: "Excelentíssimo Senhor Doutor Juiz Federal da ___ Vara Criminal da Justiça Federal da Seção Judiciária de_____";

c) se o crime for da competência do júri (primeira fase): "Excelentíssimo Senhor Doutor Juiz de Direito da ___ Vara do Júri da Comarca de_____".

2. Se a ação for privada, deverá ser mencionado no nome da parte contrária.

1.12. EXCEÇÃO DE SUSPEIÇÃO

EXCELENTÍSSIMO SENHOR DOUTOR JUIZ DE DIREITO DA____ VARA CRIMINAL DA COMARCA DE____(1)

(espaço de cinco linhas)

A, qualificado nos autos do processo-crime n.____, que lhe move B, (2) por seu advogado que esta subscreve (conforme procuração com poderes especiais anexa – art. 98 do CPP), vem, respeitosamente, perante Vossa Excelência, opor EXCEÇÃO DE SUSPEIÇÃO, com fulcro no art. 95 e ss. e 396-A, § 1°, todos do CPP, pelas razões de fato e de direito a seguir expostas.

I – DOS FATOS

O Excipiente está sendo processado pelo crime de calúnia, previsto no art. 138, combinado com o art. 141, III, ambos do CP, porque supostamente teria ofendido a honra de B.

Ocorre que B é juiz de direito e está julgando um processo em que a cônjuge de Vossa Excelência figura como uma das partes, razão pela qual Vossa Excelência é tida por suspeita.

II – DO DIREITO

A situação narrada constitui violação ao princípio da imparcialidade, como a seguir restará demonstrado.

Com efeito, o art. 254, III, do CPP estipula que o juiz dar-se-á por suspeito, e, se não o fizer, poderá ser recusado por qualquer das partes se ele, seu cônjuge, ou parente, consanguíneo, ou afim, até o terceiro grau, inclusive, sustentar demanda ou responder a processo que tenha de ser julgado por qualquer das partes. Dessa forma, a suspeição é evidente quando configurada uma das hipóteses do supracitado dispositivo.

No caso em tela, conforme já mencionado, a cônjuge de Vossa Excelência está respondendo a processo que será julgado pelo suposto ofendido B, o qual figura, no presente processo, como parte contrária.

À luz do expendido, é de se concluir cabível e oportuna a presente exceção de suspeição.

III – DO PEDIDO

Diante do exposto, requer seja a presente exceção autuada em apartado e ao final julgada procedente, anulando-se o processo ab initio e ordenando-se a remessa dos autos ao substituto legal. Requer, outrossim, a notificação e oitiva das testemunhas a seguir arroladas:

1. Nome, endereço
2. Nome, endereço
3. Nome, endereço

Termos em que,
pede deferimento.

Local e data.
Advogado...
OAB n...

1. Outros endereçamentos possíveis da exceção de suspeição são:

a) se a infração for de menor potencial ofensivo: "Excelentíssimo Senhor Doutor Juiz de Direito do Juizado Especial Criminal da Comarca de____";

b) se o crime for da competência da Justiça Federal: "Excelentíssimo Senhor Doutor Juiz Federal da ___ Vara Criminal da Justiça Federal da Seção Judiciária de____";

c) se o crime for da competência do júri (primeira fase): "Excelentíssimo Senhor Doutor Juiz de Direito da ___ Vara do Júri da Comarca de____".

2. Nesse caso, a ação é privada. Se fosse pública, deveria ser mencionada a Justiça Pública.

1.13. EXCEÇÃO DE ILEGITIMIDADE DE PARTE

EXCELENTÍSSIMO SENHOR DOUTOR JUIZ DE DIREITO DA____ VARA CRIMINAL DA COMARCA DE____.

(espaço de cinco linhas)

JOÃO DA SILVA, qualificado nos autos do processo-crime n.____ que lhe move a Justiça Pública, por seu advogado que esta subscreve, vem, respeitosamente, perante Vossa Excelência, opor EXCEÇÃO DE ILEGITIMIDADE DE PARTE, nos termos dos arts. 95, IV, 110, 111 e 396-A, § 1°, todos do CPP, pelos motivos que passa a expor.

I – DOS FATOS

O Excipiente foi denunciado pela prática do crime previsto no art. 213 do CP, pois teria mantido conjunção carnal com Maria, que contava com 18 anos de idade, mediante grave ameaça.

II – DO DIREITO

A presente ação penal não pode prosseguir, pois a demanda foi ajuizada por parte ilegítima.

Rezava o art. 225 do CP que o crime de estupro tinha ação penal pública condicionada, salvo se a vítima fosse menor de 18 anos ou vulnerável. Era a norma que vigorava ao tempo do crime. Calha salientar que, posteriormente, a Lei n. 13.718 converteu o crime de estupro de delito de ação pública incondicionada. No entanto tal alteração configura novatio legais in pejus, de forma que não retroage. Nos crimes em que a ação for condicionada à representação, a ausência desta torna o Ministério Público parte ilegítima (ilegitimidade ad processum).

No caso em apreço, a vítima era maior de 18 anos e a imputação não se faz por vulnerabilidade, mas sim em razão de suposta grave ameaça, tanto que capitulada a conduta no art. 213 do CP, e não no art. 217-A do mesmo codex. Não há representação nos autos, e é clara a ausência de iniciativa da vítima que, a princípio, declara expressamente na delegacia de polícia sua intenção em não querer a instauração de processo.

Sob essas circunstancias, é de rigor o reconhecimento da ilegitimidade ativa do órgão ministerial.

III – DO PEDIDO

Diante do exposto, requer seja a presente exceção autuada em apartado e, após a oitiva do Ministério Público, nos termos do art. 108, § 1°, e art. 110, ambos do CPP, seja julgada procedente, reconhecendo-se a ilegitimidade da parte e anulando-se o processo ab initio, por ser medida de direito.

Termos em que,
pede deferimento.
Local e data.

Advogado...
OAB n...

1.14. EXCEÇÃO DE COISA JULGADA

EXCELENTÍSSIMO SENHOR DOUTOR JUIZ DE DIREITO DA ____ VARA CRIMINAL DA COMARCA DE____

(espaço de cinco linhas)

JOÃO DA SILVA, qualificado nos autos do processo-crime n.____, que lhe move a Justiça Pública, por seu advogado que esta subscreve, vem, respeitosamente, à presença de Vossa Excelência, opor EXCEÇÃO DE COISA JULGADA, com fulcro nos arts. 95, V, 110, 111 e 396-A, § 1°, todos do CPP, pelos motivos que passa a expor.

I. DOS FATOS

O Excipiente foi processado pela prática de furto simples por ter, no dia 10 de dezembro de 2004, furtado aparelho de som do veículo Gol pertencente a Henrique Aranda. Regularmente processado perante a 3ª Vara Criminal dessa Comarca, nos Autos 134/2004, foi absolvido por insuficiência de provas, com decisão transitada em julgado.

No entanto, vem novamente o Ministério Público processar o Excipiente, por fato idêntico, pelo que se percebe da sumária leitura da inicial acusatória de fls...

II. DO DIREITO

Inviável a presente ação, visto que já há coisa julgada em favor do Excipiente, que tem o direito de não ser processado duas vezes pelo mesmo fato.

A teor do que dispõe o art. 110, § 2°, do CPP a exceção de coisa julgada somente poderá ser oposta em relação ao fato principal, que tiver sido objeto da sentença.

Ocorre que o Excipiente já foi processado pelos mesmos fatos que são objeto do presente feito, tenho sido ao final proferida sentença absolutória transitada em julgado, conforme documentos em anexo.

Daí porque forçoso é o acolhimento do presente pedido.

III. DO PEDIDO

Diante do exposto, requer seja a presente exceção autuada em apartado e, após a oitiva do Ministério Público, nos termos do art. 108, § 1° e art. 110, ambos do CPP, seja julgada procedente, reconhecendo-se a existência de coisa julgada em favor do Excipiente, anulando-se o presente processo ab initio, com a extinção do feito.

Termos em que,
pede deferimento.

Local e data.
Advogado...
OAB n...

1.15. *HABEAS CORPUS*

EXCELENTÍSSIMO SENHOR DOUTOR DESEMBARGADOR PRESIDENTE DO EGRÉGIO TRIBUNAL DE JUSTIÇA DO ESTADO DE_____ (1)

(espaço de cinco linhas)

_____, advogado inscrito na Ordem dos Advogados do Brasil, Seção de_____, sob o n._____, com escritório nesta Comarca, na Rua_____, vem, respeitosamente, à presença de Vossa Excelência, impetrar ordem de HABEAS CORPUS, (2) com fulcro no art. 5°, LXVIII, da CF/88, e arts. 647 e 648, I, do CPP, em favor de Maria, (nacionalidade), (estado civil), (profissão), portadora da cédula de identidade RG n.

____, inscrita no Cadastro de Pessoas Físicas sob o n. ____, residente e domiciliada na Rua____, contra ato ilegal praticado pelo Excelentíssimo Senhor Doutor Juiz de Direito da ____ Vara Criminal da Comarca de____, pelas razões de fato e de direito a seguir expostas.

I. DOS FATOS

A Paciente foi denunciada pelo crime de furto, pois teria subtraído pacote de faldas avaliado em R$ 20,00 reais da Farmácia ____. Oferecida a resposta à acusação, foi indeferido o pleito absolutório pela atipicidade material, sob o argumento de que a questão seria analisada ao final, no momento da sentença. Tendo em vista a decisão do Douto magistrado, restou à Paciente o manejo do presente writ, para fazer cessar o claro constrangimento ilegal ao qual está sendo submetida.

II. DO DIREITO

A existência da ação penal, desde logo, viola princípios constitucionais penais e se revela arbitrária, porquanto a conduta imputada à Paciente é manifestamente atípica.

O princípio da intervenção mínima determina que o Estado deve interferir o mínimo possível na esfera de direitos do cidadão. O princípio da insignificância impõe a irrelevância penal de condutas que geram mínimo risco ou pequena lesão ao bem jurídico. Trata-se de critério de interpretação dos tipos penais que reduz a sua aplicação às condutas que provoquem lesão ou ameaça de lesão relevante ao bem jurídico, excluindo do âmbito de incidência do direito penal, como materialmente atípicas, aquelas condutas bagatelares ou insignificantes.

É o caso em tela. Um pacote de fraldas avaliado em R$ 20,00 (vinte reais) configura lesão absolutamente insignificante ao patrimônio da vítima, razão pela qual deve ser reconhecida a atipicidade material da conduta.

Inviável a manutenção da ação penal, em face da evidente atipia material da conduta.

III. DO PEDIDO

Diante do exposto, requer, depois de prestadas as informações pela autoridade apontada como coatora e de ouvido o Ministério Público, seja concedida a ordem de habeas corpus, determinando-se o trancamento da ação penal que tramita contra a Paciente. (3)

Termos em que,
pede deferimento.

Local e data.
Advogado...
OAB n...

1. O *habeas corpus* deve ser sempre endereçado à autoridade imediatamente superior à coatora. Portanto, outros endereçamentos possíveis são:
   No caso do problema, a autoridade coatora é o juiz estadual e, portanto, o *habeas corpus* deve ser endereçado ao Tribunal de Justiça estadual (Presidente).
2. O *habeas corpus* terá pedido de liminar nas seguintes situações:
   - réu preso ou na iminência de o ser (mandado de prisão expedido);
   - ato processual já marcado.

   Se for esse o caso, deve-se, desde logo, mencionar *habeas corpus* com pedido de liminar.
3. Se houver pedido de liminar, o requerimento deverá ser feito de outra forma: o que se pretende obter liminarmente, deve ser pedido antes, e apenas depois deve ser requerida a prestação definitiva.

   Daremos, a seguir, um exemplo de como deveria ser formulado o pedido nessa petição, caso a Paciente estivesse presa preventivamente:

   "Diante do exposto, estando presentes o *fumus boni iuris* e o *periculum in mora*, requer a concessão de medida liminar para a revogação da prisão preventiva e a consequente expedição de alvará de soltura em favor da Paciente, e, após as informações prestadas pela autoridade coatora e a oitiva do Ministério Público, requer seja definitivamente concedida a ordem, determinando-se o trancamento da ação penal, com a confirmação da medida liminar".

1.16. HABILITAÇÃO COMO ASSISTENTE DE ACUSAÇÃO

EXCELENTÍSSIMO SENHOR DOUTOR JUIZ DE DIREITO DA __ VARA CRIMINAL DA COMARCA DE____ (1)

(espaço de cinco linhas)

MARIA, (nacionalidade), (estado civil), (profissão), portadora da Cédula de Identidade n. ____, inscrita no Cadastro de Pessoas Físicas sob o número ____, residente e domiciliada na Rua____, por seu advogado que esta subscreve (conforme procuração anexa), vem, respeitosamente, à presença de Vossa Excelência, requerer a sua HABILITAÇÃO COMO ASSISTENTE DA ACUSAÇÃO (2) no processo-crime n.____, com fulcro no art. 268 e ss. do CPP, após manifestação do Ministério Público.

Termos em que,
pede deferimento.

Local e data.
Advogado...
OAB n...

1. Outros endereçamentos possíveis do presente requerimento são:
   - se a infração for de menor potencial ofensivo: "Excelentíssimo Senhor Doutor Juiz de Direito do Juizado Especial Criminal da Comarca de____";
   - se o crime for da competência da Justiça Federal: "Excelentíssimo Senhor Doutor Juiz Federal da ___ Vara Criminal da Justiça Federal da Seção Judiciária de____";
   - se o crime for da competência do júri, na primeira fase: "Excelentíssimo Senhor Doutor Juiz de Direito da ___ Vara do Júri da Comarca de____";
   - se o crime for da competência do júri, na segunda fase: "Excelentíssimo Senhor Doutor Juiz-Presidente do____ Tribunal do Júri da Comarca de____".

2. Já foi exigido em provas que o pedido de habilitação fosse feito na própria petição de interposição da apelação subsidiária ou supletiva (art. 598 do CPP). Nesta situação, deveria ser acrescido um parágrafo na petição de interposição, com requerimento de habilitação, bem como no pedido, nos seguintes moldes: "Requer seja recebida, processada e encaminhada a presente apelação, com as inclusas razões, ao Egrégio Tribunal de Justiça do Estado de ..., bem como seja deferida a habilitação do apelante como assistente de acusação, nos termos do art. 268 do CPP".

1.17. INSTAURAÇÃO DE INQUÉRITO POLICIAL

ILUSTRÍSSIMO SENHOR DOUTOR DELEGADO DE POLÍCIA TITULAR DO ___ DISTRITO POLICIAL DE____(1)

(espaço de cinco linhas)

____, (nacionalidade), (estado civil), comerciante, residente e domiciliado na Rua____, por seu advogado que esta subscreve (conforme procuração anexa), vem, respeitosamente, à presença de Vossa Senhoria, requerer a INSTAURAÇÃO DE INQUÉRITO POLICIAL, com fulcro no art. 5°, II, do CPP, pelas razões de fato e de direito a seguir expostas.

I. DOS FATOS

O Requerido comprou do Requerente mercadorias no valor de R$ 1.500,00 (mil e quinhentos reais), efetuando o pagamento por meio de cheque.

Ocorre que o cheque foi recusado após duas apresentações, por falta de fundos, configurando o delito de estelionato na modalidade de pagamento por meio de cheque sem provisão de fundos.

II. DO DIREITO

Com efeito, o art. 171, § 2°, VI, do CP assim descreve o crime de estelionato:

"Art. 171. Obter, para si ou para outrem, vantagem ilícita, em prejuízo alheio, induzindo ou mantendo alguém em erro, mediante artifício, ardil, ou qualquer outro meio fraudulento:

(...)

§ 2° Nas mesmas penas incorre quem:

(...)

VI – emite cheque, sem suficiente provisão de fundos em poder do sacado, ou lhe frustra o pagamento."

Note-se que houve perfeita adequação entre a conduta do Requerido e o disposto no supracitado dispositivo penal.

A emissão de cheque pelo Requerido, sem suficiente provisão de fundos, bem como o efetivo prejuízo para o Requerente encontram-se amplamente caracterizados. Desta feita, há indícios da prática de conduta que configura crime em tese, o que justifica o presente pedido de investigação policial.

III. DO PEDIDO

Diante do exposto, requer seja instaurado o competente Inquérito Policial para que, posteriormente, possa ser promovida a persecução penal contra o Requerido. Requer, outrossim, a notificação e oitiva das testemunhas a seguir arroladas:

1. Nome, endereço
2. Nome, endereço
3. Nome, endereço

Termos em que,
pede deferimento.

Local e data.
Advogado...

OAB n...

1. Se o crime for de competência da Justiça Federal, o endereçamento será: "Ilustríssimo Senhor Doutor Delegado Federal Titular da ___ Delegacia da Polícia Federal de____".

1.18. LIVRAMENTO CONDICIONAL

EXCELENTÍSSIMO SENHOR DOUTOR JUIZ DE DIREITO DA VARA DAS EXECUÇÕES CRIMINAIS DA COMARCA DE____

(espaço de cinco linhas)

MANOEL, qualificado nos autos do processo de execução n.____, por seu advogado que esta subscreve, vem, respeitosamente, à presença de Vossa Excelência, requerer LIVRAMENTO CONDICIONAL, com fulcro nos arts. 83 e ss. do CP, c.c. o art. 66, III, e, e arts. 131 e ss. da Lei de Execução Penal, (2) pelas razões de fato e de direito a seguir expostas.

I – DOS FATOS

O Requerente foi condenado à pena de 9 anos de reclusão, por crime de roubo circunstanciado pelo emprego de arma de fogo (art. 157, § 2°-A, I, do CP), tendo a respeitável sentença transitado em julgado.

II – DO DIREITO

O Requerente preenche todos os requisitos objetivos e subjetivos exigidos por lei para o gozo do benefício do Livramento Condicional, como a seguir restará demonstrado.

Segundo estabelece o art. 83 do CP, faz jus ao livramento condicional o condenado, mesmo por crime hediondo, que preencher os seguintes requisitos: a) comprovação de bom comportamento durante a execução da pena, não cometimento de falta grave nos últimos 12 (doze) meses, bom desempenho no trabalho que lhe foi atribuído e aptidão para prover a própria subsistência mediante trabalho honesto (inciso III); b) reparação, salvo efetiva impossibilidade de fazê-lo, do dano causado pela infração (inciso IV); c) cumprimento de mais de dois terços da pena, se o apenado não for reincidente específico em crimes hediondos, equiparados e tráfico de pessoas (inciso V).

Ocorre, no presente caso, que da referida pena, efetivamente, já foram cumpridos mais de 2/3 (doc. anexo). De acordo com a declaração do Diretor do Estabelecimento Prisional, o Requerente sempre demonstrou bom comportamento carcerário e condições de prover a própria subsistência (doc. anexo). O dano causado pela infração foi integralmente reparado pelo Requerente (doc anexo). (1)

Desta forma, preenchidos os requisitos legais a concessão do benefício é direito subjetivo do Reeducando.

III – DO PEDIDO (3)

Diante do exposto requer, depois de ouvido o Ministério Público, seja concedido o livramento condicional e expedido o alvará de soltura.

Termos em que,
pede deferimento.

Local e data.
Advogado...
OAB n...

1. Se não há dano a reparar, basta ressaltar tal informação ao juiz. Se o condenado é pobre e não tem condições de reparar o dano, é necessário demonstrar ao juízo a situação econômica do Requerente, por meio de declarações e outros documentos pertinentes.
2. Todas as petições para o juiz da execução criminal irão seguir este modelo. Bastará modificar o nome da peça e seu fundamento legal. Assim, por exemplo, se for caso de progressão de regime, teremos como nome da peça *progressão de regime* e como fundamento legal o art. 112 da Lei de Execuções Penais.
3. É muito importante que o candidato lembre-se: a princípio, deve ser feito pedido direto para o Juiz da Vara das Execuções Criminais e, caso negado, então interpõe-se agravo em execução penal. Somente poderá ser interposto agravo se houver decisão da qual se quer recorrer. Caso não haja, então deverá ser feita petição para o juiz, nos moldes aqui vistos.

1.19. MANDADO DE SEGURANÇA

EXCELENTÍSSIMO SENHOR DOUTOR JUIZ DE DIREITO DA____VARA CRIMINAL DA COMARCA DE____(1)

(espaço de cinco linhas)

ANTENOR, (nacionalidade), (estado civil), (profissão), portador da cédula de identidade RG n.____, inscrito no Cadastro de Pessoas Físicas (CPF) sob o n. ____, residente e domiciliado na Rua____, por seu advogado que esta subscreve (conforme procuração anexa), vem, respeitosa e tempestivamente, à presença de Vossa Excelência, impetrar MANDADO DE SEGURANÇA COM PEDIDO LIMINAR, com fulcro no art. 5°, LXIX, da CF/88 e na Lei n. 12.016/2009, contra ato do Excelentíssimo Senhor Doutor Delegado da Polícia Civil, pelas razões de fato e de direito as seguir expostas.

I – DOS FATOS

O Impetrante teve seu veículo subtraído e posteriormente localizado e apreendido em autos próprios, instaurando a Autoridade Policial regular inquérito.

Ocorre que o Impetrante requereu a liberação do seu veículo, o que foi indeferido pela Autoridade Policial, sob a alegação de que só seria possível a restituição depois de o processo penal transitar em julgado.

II – DA TEMPESTIVIDADE

O presente mandado de segurança foi impetrado dentro do prazo de 120 dias, contados da ciência, pelo interessado, do ato impugnado (art. 23 da Lei n. 12.016/2009). Com efeito, considerando que o conhecimento do ato impugnado ocorreu no dia ___, o último dia do prazo para a impetração de mandado de segurança é o dia ___.

III – DO DIREITO

Em que pese a indiscutível sabedoria do Ilustríssimo Senhor Delegado de Polícia, a decisão não encontra abrigo no ordenamento jurídico, por ferir frontalmente direito líquido e certo.

Primeiramente, convém salientar que o mandado de segurança é um remédio constitucional colocado à disposição dos indivíduos para a defesa de atos ilegais ou praticados com abuso de poder, que firam direito líquido e certo, constituindo, por isso, verdadeiro instrumento de liberdade civil e liberdade política.

Nesse sentido, o nosso texto constitucional estabelece, no seu art. 5°, LXIX:

"Conceder-se-á mandado de segurança para proteger direito líquido e certo, não amparado por habeas corpus ou habeas data, quando o responsável pela ilegalidade ou abuso de poder for autoridade pública ou agente de pessoa jurídica no exercício de atribuições do Poder Público".

Com efeito, o art. 5°, LIV, da nossa Carta Magna, preceitua:

"Ninguém será privado da liberdade ou de seus bens sem o devido processo legal".

Em consonância com a referida garantia constitucional, os arts. 118 a 120 do CPP são uníssonos em reconhecer que a restituição de coisas apreendidas será plenamente possível, quando não mais interessarem ao processo, pertencerem ao lesado ou terceiro de boa-fé e não existir dúvida quanto ao direito do reclamante.

Dessa forma, analisando-se o caso em comento, é evidente que o Impetrante teve o seu direito líquido e certo violado, uma vez que comprovou indiscutivelmente ser o proprietário do veículo, por meio de prova documental, consistente no certificado de registro e licenciamento de veículo automotor.

Portanto, o mandado de segurança é medida que se impõe, no presente caso, para a defesa do direito líquido e certo violado.

IV – DO PEDIDO

Diante do exposto, estando presentes o fumus boni iuris e o periculum in mora, requer a concessão de medida liminar para determinar a liberação do veículo e, após as informações prestadas pela autoridade coatora, bem como a manifestação do Ministério Público, requer seja definitivamente concedida a segurança, confirmando-se a liminar.

Atribui-se como valor da causa, para fins meramente fiscais, o de R$____.

Termos em que,
pede deferimento.

Local e data.
Advogado...
OAB n...

1. A competência para a apreciação do mandado de segurança é da autoridade com poder para desfazer o ato arbitrário. No caso, sendo a autoridade coatora o Delegado de Polícia, o mandado de segurança deve ser endereçado ao juiz de direito. Outros endereçamentos possíveis são:
Se a autoridade coatora for Câmara, Turma ou Presidente de Tribunal, o mandado de segurança deve ser impetrado para o Presidente do mesmo Tribunal, sendo que será julgado pelo Pleno/Órgão Especial. Exceção é feita ao STF, prevalecendo que só cabe mandado de segurança contra ato do Presidente, e não da Turma.

1.20. PEDIDO DE EXPLICAÇÕES EM JUÍZO

EXCELENTÍSSIMO SENHOR DOUTOR JUIZ DE DIREITO DA____ VARA CRIMINAL DA COMARCA DE____

(espaço de cinco linhas)

A, (nacionalidade), (estado civil), (profissão), residente e domiciliado na Rua____, por seu advogado que esta subscreve (conforme procuração anexa), vem, respeitosamente, à presença de Vossa Excelência, apresentar PEDIDO DE EXPLICAÇÕES de B, (nacionalidade), (estado civil), (profissão), residente na Rua______, com fulcro no art. 144 do CP, pelas razões de fato e de direito a seguir expostas.

O Requerente, morador de um conjunto residencial, localizado no endereço acima transcrito, participou da reunião de condomínio, realizada no dia_____, às 19h30min, em que se discutiram algumas questões referentes à convivência harmônica entre os condôminos.

Tendo apresentado algumas propostas referentes à proibição de animais no prédio, o Requerente foi surpreendido pelas agressões verbais do Requerido, que, sem ao menos deixar o Requerente acabar de falar, causou tumulto à reunião, encerrando-a.

Entre as agressões verbais proferidas pelo Requerido, foram ditas repetitivamente as seguintes afirmações:

"Você é um assassino de animais! Vai cuidar da sua mulher, que você ganha mais!!!"

Dessa forma, julgando-se ofendido em sua honra, deseja o Requerente esclarecimentos acerca das frases pronunciadas.

Diante do exposto, requer seja notificado o Ofensor para que preste explicações perante este Juízo, como medida de inteira Justiça.

Termos em que,
pede deferimento.

Local e data.
Advogado...
OAB n...

1.21. PEDIDO DE LIBERDADE PROVISÓRIA

EXCELENTÍSSIMO SENHOR DOUTOR JUIZ DE DIREITO DA_____ VARA DO JÚRI DA COMARCA DE_____ (1)

(espaço de cinco linhas)

A, (nacionalidade), (estado civil), (profissão), residente e domiciliado na Rua _______, por seu advogado que esta subscreve (conforme procuração anexa), vem, respeitosamente, à presença de Vossa Excelência, requerer a concessão de

LIBERDADE PROVISÓRIA, com fulcro no art. 5°, LXVI, da CF/88, bem como art. 310, III (2) do CPP, pelas razões de fato e de direito a seguir expostas.

I. DOS FATOS

Na data de ____, o Requerente foi preso em flagrante pela prática do crime de homicídio qualificado, encontrando-se recolhido no ___ Distrito Policial desta Comarca.

II. DO DIREITO

O Requerente faz jus ao benefício da liberdade provisória, uma vez que se observa a absoluta ausência dos requisitos que autorizam a decretação da prisão preventiva (desnecessidade da conversão da prisão em flagrante em prisão preventiva).

Conforme a norma insculpida no art. 5°, LXVI, da CF/88, ninguém será levado à prisão ou nela mantido, quando a lei admitir a liberdade provisória, com ou sem fiança.

O art. 310, III, do CPP admite a concessão de liberdade provisória, com ou sem fiança, assim que recebido o auto de prisão em flagrante.

De acordo com o disposto no art. 312, caput, do CPP a prisão preventiva poderá ser decretada pelo juiz, desde que haja certeza da materialidade e indícios suficientes de autoria (fumus commissi delicti), para garantir a ordem pública ou econômica, quando houver necessidade para a realização da instrução criminal ou para garantia da aplicação da lei penal (periculum libertatis).

Significa que a segregação cautelar só é possível na presença do periculum libertatis, vale dizer, jamais pode assumir a função de antecipação de cumprimento de pena (art. 313, § 2°, do CPP), o que seria de todo inadmissível em face do princípio constitucional da presunção de inocência (art. 5°, LVII, da CF), devendo a sua decretação se pautar pela efetiva e concreta necessidade. Por mais grave que seja o delito imputado, e até mesmo a hediondez, não são motivos que justifiquem a prisão preventiva ou impeçam a concessão da liberdade provisória.

No caso em testilha, o Requerente jamais obstou o curso das investigações, ao contrário, colaborou sempre que solicitado, tendo se submetido, sem resistência, à prisão e inclusive confessado a prática delitiva.

Destarte, não se justificaria a prisão preventiva seja por conveniência da instrução criminal, seja para assegurar a aplicação da lei penal. Outrossim, não há qualquer indício de que haja risco para ordem pública ou econômica, pois o requerente se mostra intensamente arrependido com o ato praticado. O Requerente ostenta bons antecedentes, é primário, trabalha e tem residência fixa. Desta forma, o mero fato de o crime ter sido amplamente noticiado pela mídia, causando relativo clamor público (comoção social), não é circunstância legalmente prevista como ensejadora da decretação da prisão preventiva.

Ademais, o fato de o crime ser considerado hediondo (art. 1°, I, da Lei n. 8.072/90) não impede a concessão de liberdade provisória. Isso porque o art. 5°, XLIII, da CF, não proibiu a liberdade provisória (como um todo) para crimes hediondos e equiparados, mas apenas a sua obtenção por meio da fiança (art. 319, VIII, do CPP). Assim, de acordo com o STF, os crimes hediondos e equiparados admitem a concessão de liberdade provisória sem fiança, com a imposição de outras medidas cautelares pessoais diversas da prisão (arts. 319, I a VII e IX, e 320 do CPP).

Portanto, e de acordo com o disposto no art. 321 do CPP, a ausência de todas as situações ou fundamentos que poderiam justificar a decretação da prisão preventiva (art. 312, caput, do CPP) impõe-se a concessão de liberdade provisória.

III. DO PEDIDO

Diante do exposto, requer seja concedida a Liberdade Provisória, nos termos dos arts. 310, III, e 321, ambos do CPP, expedindo-se o respectivo alvará de soltura em favor do Requerente.

Termos em que,
pede deferimento.

Local e data.
Advogado...
OAB n...

1. Outros endereçamentos possíveis do pedido de liberdade provisória são:
   - se o crime não for da competência do júri: "Excelentíssimo Senhor Doutor Juiz de Direito da ___ Vara Criminal da Comarca de_____".
   - se o crime for da competência da Justiça Federal: "Excelentíssimo Senhor Doutor Juiz Federal da ___ Vara Criminal da Justiça Federal da Seção Judiciária de_____".
2. O pedido de liberdade provisória também pode ter como base o artigo 310, § 1°, do CPP, ou seja, a ocorrência de situação que configure excludente de ilicitude (art. 23 do CP).

1.22. PEDIDO DE RELAXAMENTO DA PRISÃO EM FLAGRANTE

EXCELENTÍSSIMO SENHOR DOUTOR JUIZ DE DIREITO DA____ VARA DO JÚRI DA COMARCA DE____ (1)

(espaço de cinco linhas)

RÉGIS, (nacionalidade), (estado civil), (profissão), residente e domiciliado na Rua ______, por seu advogado que esta subscreve (conforme procuração anexa), vem, respeitosamente, à presença de Vossa Excelência, requerer o RELAXAMENTO DA PRISÃO EM FLAGRANTE, com fulcro no art. 5º, LXV, da CF/88 e no art. 310, I, do CPP, pelas razões de fato e de direito a seguir expostas.

I. DOS FATOS

O Requerente encontrava-se no interior de sua residência, quando ouviu um barulho no quintal.

Munido de um revólver (cuja posse e porte são legais) deparou-se com um ladrão, também armado, que, ao ser surpreendido, sacou sua arma, preparando-se para disparar em direção ao Requerente. No entanto, o Requerente, antes de ser atingido, desferiu dois tiros causando a morte do invasor.

Diante das circunstâncias, o Requerente dirigiu-se à Delegacia, comunicando à Autoridade Policial o ocorrido, ocasião em que foi preso em flagrante pelo crime de homicídio doloso.

II – DO DIREITO

Trata-se de prisão em flagrante ilegal, devendo ser imediatamente relaxada.

Com efeito, o nosso ordenamento jurídico não convive com prisões ilegais, estabelecendo o art. 5º, LXV, da CF/88 que a prisão ilegal será imediatamente relaxada pela autoridade judiciária.

Nesse passo, a prisão em flagrante só é legítima quando ocorrer nas situações de flagrância estabelecidas no art. 302 do CPP, quais sejam: a) quando o agente é apanhado cometendo a infração penal; b) quando o agente é apanhado tendo acabado de cometê-la; c) quando o agente é perseguido, logo após, pela autoridade, pelo ofendido ou por qualquer pessoa, em situação que faça presumir ser autor da infração; d) quando o agente é encontrado, logo depois, com instrumentos, armas, objetos ou papéis que façam presumir ser ele autor da infração.

No caso em apreço, não se verificou nenhuma dessas situações. O Requerente não foi encontrado, tampouco perseguido. Bem ao contrário, ele espontaneamente se apresentou, revelando assim, o ânimo de colaborar com a descoberta da verdade e com a aplicação da justiça.

No caso em tela, é evidente o constrangimento ilegal que o Requerente vem sofrendo, uma vez que, ao se dirigir espontaneamente à Delegacia, comunicando o ocorrido, o Requerente não tinha qualquer intenção de fugir.

À luz do expendido, é de se concluir que não merece prosperar a prisão em flagrante efetuada, em face da presença de vício substancial (ausência de qualquer das situações legais de flagrância).

Caso assim não se entenda, trata-se de clara hipótese de concessão de liberdade provisória.

Com efeito, de acordo com o art. 310, § 1°, do CPP, caso esteja presente uma das situações descritas no art. 23 do CP (excludentes de ilicitude) o juiz, ao tomar conhecimento do flagrante, concederá liberdade provisória, mediante termo de comparecimento a todos os atos do processo, sob pena de revogação.

No presente caso, é evidente ter o Requerente agido em legítima defesa, pois só agiu para defender-se de agressão iminente e injusta à sua integridade física, usando, para isso, moderadamente, os meios necessários.

Desta forma, bem caracterizado o direito do Requerente à Liberdade Provisória.

III – DO PEDIDO

Diante do exposto, requer o relaxamento da prisão em flagrante imposta ao Requerente, com fundamento no art. 5°, LXV, da CF, e art. 310, I, do CPP e, caso Vossa Excelência assim não entenda, requer seja concedida Liberdade Provisória, nos termos do art. 310, § 1°, do CPP, expedindo-se o respectivo alvará de soltura em seu favor.

Termos em que,
pede deferimento.

Local e data.
Advogado...
OAB n...

1. No caso presente, o crime era doloso contra a vida, e, por isso, o endereçamento foi feito ao juiz da vara do júri. Outros endereçamentos possíveis são:
   - se o crime não for doloso contra a vida e de competência da Justiça Estadual: "Excelentíssimo Senhor Doutor Juiz de Direito da ___ Vara Criminal da Comarca de____";
   - se o crime for da competência da Justiça Federal: "Excelentíssimo Senhor Doutor Juiz Federal da ___ Vara Criminal da Justiça Federal da Seção Judiciária de____".

1.23. PEDIDO DE REVOGAÇÃO DE PRISÃO PREVENTIVA

EXCELENTÍSSIMO SENHOR DOUTOR JUIZ DE DIREITO DA ___ VARA CRIMINAL DA COMARCA DE____

(espaço de cinco linhas)

A, (nacionalidade), (estado civil), (profissão), residente e domiciliado na Rua ____, por seu advogado que esta subscreve (conforme procuração anexa), vem, respeitosamente, à presença de Vossa Excelência, requerer a REVOGAÇÃO DA PRISÃO PREVENTIVA, com fulcro no art. 316, caput, do CPP, pelas razões de fato e de direito a seguir expostas.

I – DOS FATOS

A foi preso preventivamente por suspeita de haver praticado uma tentativa de roubo, tendo sido a prisão decretada para o fim de assegurar a instrução criminal, pois haveria o risco de o Requerente não comparecer à audiência de instrução e julgamento, prejudicando, assim, a produção da prova, na medida em que sua eventual ausência impossibilitaria o reconhecimento pessoal por parte da vítima.

II – DO DIREITO

A prisão preventiva carece de amparo legal, como a seguir restará demonstrado.

Conforme o art. 312, caput, do CPP, a prisão preventiva poderá ser decretada em face da necessidade para garantia da ordem pública ou econômica, por conveniência da instrução criminal ou para assegurar a aplicação da lei penal ao final do processo (periculum libertatis). Tudo isso, desde que haja certeza da materialidade e indícios firmes de autoria (fumus commissi delicti).

Ocorre que hoje, após a realização do procedimento de reconhecimento de pessoas, foi possível concluir que os motivos que ensejaram a custódia cautelar desapareceram. A vítima afirmou, com certeza, que o Acusado não foi um dos roubadores, desaparecendo, assim, tanto os indícios de autoria (fumus commissi delicti) como o periculum libertatis, em face do encerramento da instrução processual.

Dessa forma, ausentes os requisitos legais para a segregação cautelar, impõe-se a revogação da prisão preventiva.

III – DO PEDIDO

Diante do exposto, requer a revogação da prisão preventiva imposta ao requerente, nos termos do art. 316, caput, do CPP, e, caso Vossa Excelência assim não entenda, requer a concessão da Liberdade Provisória, nos termos do art. 321 do CPP, impondo, se for o caso, medidas cautelares pessoais diversas da prisão (arts. 319 e 320 do CPP), expedindo-se, em qualquer dos casos, o respectivo alvará de soltura.

Termos em que,

pede deferimento.

Local e data.

Advogado...

OAB n...

1.24. PEDIDO DE PRISÃO PREVENTIVA (IMPUGNAÇÃO)

EXCELENTÍSSIMO SR. DR. JUIZ DE DIREITO DA ________ VARA CRIMINAL DA COMARCA DE ________________

(espaço de cinco linhas)

JOÃO T, (nacionalidade), (estado civil), (profissão), residente e domiciliado na Rua ______, por seu advogado que esta subscreve (conforme procuração anexa), vem, respeitosamente, à presença de Vossa Excelência, apresentar manifestação sobre o pedido de prisão preventiva formulado pelo Ministério Público, com fundamento no art. 282, § 3°, do CPP, pelas razões de fato e de direito a seguir expostas.

I – DOS FATOS

João T é acusado da prática de crime descrito no art. 157 do CP. Segundo a acusação, teria João T se valido de arma de fogo e subtraído os pertences da vítima Olívia N. J. no dia 10.10.2017.

Houve denúncia por parte do Ministério Público e já houve, inclusive, apresentação de resposta à acusação. Atualmente, os autos encontram-se aguardando a realização da audiência de instrução e julgamento.

Neste ínterim, o membro do Ministério Público requereu a decretação da prisão preventiva do acusado, ao argumento de que sua conduta violaria a ordem pública.

II – DO DIREITO

Com o devido respeito, a pretensão do membro do Ministério Público não pode ser acolhida.

O réu encontra-se solto desde o inquérito policial, não tendo sido preso em flagrante e, agora, o membro do Ministério Público entende que deva ser decretada sua prisão preventiva, com argumentos genéricos.

Ora, Excelência, o decreto de prisão preventiva deve ser pautado em circunstâncias concretas, não sendo suficiente a alegação genérica de violação da ordem pública pela conduta do réu.

A gravidade abstrata do tipo penal igualmente não justifica a decretação da prisão preventiva, lembrando-se que, a teor do disposto no art. 282, § 6°, do CPP, a prisão preventiva é a última medida a ser adotada pelo juízo.

Ademais, Excelência, ainda que fosse caso de aplicação de alguma medida cautelar pessoal, o fato é que jamais, neste momento, poderia ser a prisão preventiva. Em verdade, como já dito acima, ela é a última medida a ser adotada pelo magistrado.

Os critérios de proporcionalidade previstos no art. 282 do CPP devem pautar a atuação do juiz na escolha da medida a ser aplicada. Daí porque, caso seja hipótese de imposição de alguma medida cautelar pessoal, certamente a escolha não deve ser pautada pela prisão preventiva.

III – DO PEDIDO

Diante do exposto, requer o indeferimento do pedido de prisão preventiva formulado e, caso não seja este o entendimento, requer seja concedida Liberdade Provisória, nos termos do art. 321 do CPP, aplicando-se, se for o caso, medidas cautelares pessoais diversas da prisão (arts. 319 e 320 do CPP).

Termos em que,
Pede deferimento.

Local e data.
Advogado...
OAB n...

1.25. PEDIDO DE RESTITUIÇÃO DE COISAS APREENDIDAS

EXCELENTÍSSIMO SENHOR DOUTOR JUIZ DE DIREITO DA____ VARA CRIMINAL DA COMARCA DE____ (1)

(espaço de cinco linhas)

(nome), (nacionalidade), (estado civil), (profissão), residente e domiciliado na Rua _____, por seu advogado que esta subscreve (conforme procuração anexa), vem, respeitosamente, à presença de Vossa Excelência, requerer a RESTITUIÇÃO DE BENS APREENDIDOS, com fulcro nos arts. 118 e ss. do CPP, pelas razões de fato e de direito a seguir expostas.

I – DOS FATOS

O Requerente, ao chegar de viagem, deparou com a sua casa arrombada e remexida.

Dentre outras coisas, sentiu falta de seu revólver Taurus, calibre 38, e do anel de ouro com uma pedra de rubi, que recebera do seu pai, já falecido, quando se formou no curso de direito.

Logo em seguida, dirigiu-se à Delegacia para lavrar o Boletim de Ocorrência, ocasião em que o Ilustríssimo Delegado de Polícia o informou de que já havia lavrado o flagrante do presente caso e, inclusive, instaurado Inquérito Policial, pois tomou conhecimento do ocorrido pelo vizinho do Requerente, exatamente no dia do fato. Informou, ainda, que as coisas furtadas, e que estavam na posse do criminoso, haviam sido apreendidas.

II – DO DIREITO

O bem apreendido deve ser restituído ao Requerente, seu legítimo proprietário.

De fato, segundo reza o art. 118 do CPP, antes de transitar em julgado a sentença final, as coisas apreendidas não poderão ser restituídas enquanto interessarem ao processo. A contrario sensu, conclui-se que, quando não mais interessarem à apuração da verdade, não há razão para que os bens apreendidos não sejam prontamente devolvidos, tal como deseja o Requerente com a presente medida, pleiteando a restituição da sua arma de fogo e do anel de formatura, demonstrando, amplamente, ser o proprietário de tais bens.

No presente caso, a propriedade da arma está, indiscutivelmente, comprovada com a juntada da cópia autenticada do seu respectivo registro (doc. anexo). Quanto ao anel de formatura, o Requerente juntou à colação documentos que comprovam ser ele o legítimo dono, tais como o certificado de garantia do anel (doc. anexo), a cópia de uma carta que seu pai deixou quando lhe deu o anel (doc. anexo) e uma fotografia que mostra, com clareza, o Requerente usando o anel (doc. anexo). Ora, Excelência, tais documentos estão aptos a produzir os devidos efeitos legais.

Dessa forma, tendo demonstrado amplamente ser proprietário das coisas apreendidas, na condição de lesado (art. 119 do CPP), o Requerente faz jus à referida restituição, sendo o Nobre Magistrado competente para concedê-la (art. 120 do CPP).

Portanto, encontrando guarida a pretensão do Requerente no nosso ordenamento jurídico, corroborada pelo posicionamento doutrinário e jurisprudencial expendido nos tópicos supracitados, não há como negar a concessão do pedido de restituição das coisas apreendidas.

III – DO PEDIDO

Diante de todo o exposto, requer, após ouvido o membro do Ministério Público, seja deferido o presente pedido, determinando-se a restituição dos bens apreendidos acima mencionados.

Termos em que,
pede deferimento.
Local e data.

Advogado...
OAB n...

1. O pedido de restituição de coisas apreendidas pode também ser formulado diretamente ao Delegado de Polícia, e, nesse caso, o endereçamento seria: "Ilustríssimo Senhor Doutor Delegado de Polícia do ___ Distrito Policial de____". Se o crime for da competência da Justiça Federal: "Excelentíssimo Senhor Doutor Juiz Federal da ___ Vara Criminal da Justiça Federal da Seção Judiciária de____".

1.26. PEDIDO DE SEQUESTRO DE BENS

EXCELENTÍSSIMO SENHOR DOUTOR JUIZ DE DIREITO DA____ VARA CRIMINAL DA COMARCA DE____ (1)

(espaço de cinco linhas)

B, (nacionalidade), (estado civil), (profissão), residente e domiciliado na Rua _____, por seu advogado que esta subscreve (conforme procuração anexa), vem, respeitosamente, à presença de Vossa Excelência, requerer o SEQUESTRO do imóvel situado na Rua_____, cuja propriedade é de Graciliano, com fundamento no art. 125 do CPP, pelas razões de fato e de direito a seguir expostas.

I – DOS FATOS

O Requerente foi vítima de crime de furto, praticado em sua residência, quando foram levados inúmeros bens (joias), avaliados em R$____ (____ reais).

Ocorre que ficou evidenciado nos autos do inquérito policial que o Acusado, logo após a prática do crime, havia adquirido um imóvel no mesmo valor referido, conforme consta da Certidão do Ofício de Registro de Imóveis (doc. anexo).

II – DO DIREITO

O sequestro é a medida jurídica que se impõe no presente caso.

A medida de sequestro, prevista nos arts. 125 a 133 do CPP, tem como finalidade assegurar a efetiva reparação do prejuízo causado ao Ofendido, evitando que uma possível demora na conclusão da ação penal possa acarretar significativa mudança na situação de fato, de modo a tornar ineficaz a prestação jurisdicional reparatória.

Com efeito, o art. 125 do CPP dispõe que caberá o sequestro dos bens imóveis, adquiridos pelo indiciado com os proventos da infração, ainda que já tenham sido transferidos a terceiro. O mesmo diploma legal anda estabelece, no seu art. 126, que, para a decretação do sequestro, é necessária e suficiente a existência de indícios veementes da proveniência ilícita dos bens.

No caso em tela, as declarações e documentos anexos (docs._____), reunidos nos autos do inquérito policial que investiga o delito, dão conta de que as joias teriam sido vendidas e o dinheiro imediatamente empregado na compra do referido imóvel.

Sendo assim, uma vez evidenciada a existência de elementos que indicam a procedência ilícita do bem, o pedido de sequestro do referido imóvel, no presente caso, é medida que deve ser decretada para garantir o ressarcimento ao Requerente do prejuízo causado pelo delito.

III – DO PEDIDO

Diante do exposto, requer, após a oitiva do membro do Ministério Público, seja deferido o presente pedido, determinando-se o sequestro do referido imóvel e a inscrição da medida no Cartório de Registro de Imóveis, nos termos do art. 128 do CPP.

Termos em que,
pede deferimento.

Local e data.
Advogado...
OAB n...

1. Outros endereçamentos possíveis são:
   - se o crime for da competência da Justiça Federal: "Excelentíssimo Senhor Doutor Juiz Federal da____ Vara Criminal da Justiça Federal da Seção Judiciária de_____";
   - se o crime for da competência do júri, na primeira fase: "Excelentíssimo Senhor Doutor Juiz de Direito da ___ Vara do Júri da Comarca de_____".

1.27. PEDIDO DE UNIFICAÇÃO DE PENAS

EXCELENTÍSSIMO SENHOR DOUTOR JUIZ DE DIREITO DA VARA DAS EXECUÇÕES CRIMINAIS DA COMARCA DE____

(espaço de cinco linhas)

____, qualificado nos autos do processo de execução n.____, por seu advogado que esta subscreve, vem, respeitosamente, à presença de Vossa Excelência, requerer a UNIFICAÇÃO DAS PENAS, com fulcro no art. 71, caput, do CP, e no art. 66, III, a, da Lei de Execuções Penais, pelas razões de fato e de direito a seguir expostas.

I – DOS FATOS

O Requerente foi condenado pela prática de três furtos qualificados (art. 155, § 4º, I, do CP), cometidos no mesmo dia, tendo como vítimas três casas lotéricas, sendo condenado, em cada processo, à pena de cinco anos e quatro meses de reclusão, além da pena de multa.

II – DO DIREITO

O Requerente faz jus ao benefício da unificação das penas pelo crime continuado, estabelecido no art. 71, caput, do CP.

Com efeito, o supracitado dispositivo preceitua que quando o agente, mediante mais de uma ação ou omissão, pratica dois ou mais crimes da mesma espécie e, pelas condições de tempo, lugar, maneira de execução e outras semelhantes, devem os subsequentes ser havidos como continuação do primeiro, aplica-se-lhe a pena de um só dos crimes, se idênticas, ou a mais grave, se diversas, aumentada, em qualquer caso, de um sexto a dois terços.

No caso em tela, os delitos foram da mesma natureza (furto qualificado), praticados com o mesmo modus operandi e dentro de estrita unidade temporal e espacial.

Ora, Excelência, uma vez preenchidos os requisitos do art. 71, caput, do CP, o reconhecimento da continuidade delitiva é direito público subjetivo do condenado.

À luz do expendido e considerando que a ficção jurídica da continuidade delitiva se destina a servir como instrumento de individualização da pena (evitar penas excessivas ou desproporcionais), é de se concluir que o Requerente faz jus ao benefício do art. 71, caput, do CP, com a consequente unificação das penas a ele impostas em processos distintos.

III – DO PEDIDO

Diante do exposto, requer, após a oitiva do membro do Ministério Público, seja deferido o presente pedido, determinando-se a unificação das penas impostas ao Requerente, com o reconhecimento do crime continuado simples, nos termos do art. 71, caput, do CP.

Termos em que,
pede deferimento.

Local e data.
Advogado...
OAB n...

1.28. QUEIXA-CRIME

EXCELENTÍSSIMO SENHOR DOUTOR JUIZ DE DIREITO DA ___ VARA CRIMINAL DA COMARCA DE ____ (1)

(espaço de cinco linhas)

OSVALDO, (2) (nacionalidade), (estado civil), (profissão), portador da cédula de identidade RG n. ___, inscrito no Cadastro de Pessoas Físicas sob o n. ___, residente e domiciliado na Rua ___, por seu advogado que esta subscreve (conforme procuração com poderes especiais anexa – art. 44 do CPP), vem, respeitosa e tempestivamente, à presença de Vossa Excelência, oferecer QUEIXA-CRIME, com fulcro no art. 100, § 2°, do CP, e arts. 30, 41 e 44, todos do CPP (3), contra Moacir, (nacionalidade), (estado civil), (profissão), portador da cédula de identidade RG n. ___, inscrito no Cadastro de Pessoas Físicas sob o n. ___, residente e domiciliado na Rua ___, pelas razões de fato e de direito a seguir expostas.

I – DOS FATOS

O Querelante teve sua honra denegrida pelo ora Querelado, que afirmou falsamente, na presença de várias pessoas, que aquele emitira cheque sem a suficiente provisão de fundos, em favor de Afonso.

II – DA TEMPESTIVIDADE

A presente queixa foi oferecida dentro do prazo decadencial de 6 meses, contado do dia em que veio a saber quem era o autor do crime (art. 38 do CPP e art. 103 do CP). Com efeito, considerando que o conhecimento da autoria ocorreu no dia ___, o último dia do prazo para o oferecimento de queixa é o dia ___.

III – DO DIREITO

Assim procedendo, cometeu o Querelado o crime de calúnia, previsto no art. 138 do CP, com a pena aumentada de um terço, nos termos do art. 141, III, do mesmo diploma legal.

Supracitados dispositivos preceituam:

"Art. 138. Caluniar alguém, imputando-lhe falsamente fato definido como crime:

Pena – detenção, de 6 (seis) meses a 2 (dois) anos, e multa."

"Art. 141. As penas cominadas neste Capítulo aumentam-se de um terço, se qualquer dos crimes é cometido: (...)

III – na presença de várias pessoas, ou por meio que facilite a divulgação da calúnia, da difamação ou da injúria."

Note-se que, para a caracterização da calúnia, a lei não exige minúcias e pormenores, bastando que a atribuição feita tenha por objeto fato determinado e falso, definido como crime, o que se caracterizou realmente no caso dos autos.

À luz do expendido, restou amplamente demonstrada a conduta típica do Querelado, devendo ele ser condenado como incurso nas penas do art. 138, caput, c.c. o art. 141, III, ambos do CP.

IV – DO PEDIDO

Diante do exposto, requer seja autuada e recebida a presente queixa-crime, determinando-se a citação do Querelado para que seja processado e, ao final, condenado nas penas do crime previsto no art. 138, c.c. o art. 141, III, ambos do CP. Requer ainda a fixação do valor mínimo para reparação dos danos sofridos (art. 387, IV, do CPP), bem como a condenação do querelado ao pagamento das custas e demais despesas processuais. Requer, por fim, a notificação e a oitiva das testemunhas a seguir arroladas.

1. Nome, qualificação, endereço;
2. Nome, qualificação, endereço;
3. Nome, qualificação, endereço;
4. Nome, qualificação, endereço;
5. Nome, qualificação, endereço;
6. Nome, qualificação, endereço;
7. Nome, qualificação, endereço;
8. Nome, qualificação, endereço;

Termos em que,
pede deferimento.

Local e data.

Advogado...

OAB n...

1. Se a infração for de menor potencial ofensivo, a queixa-crime deve ser endereçada ao "Excelentíssimo Senhor Doutor Juiz de Direito do Juizado Especial Criminal da Comarca de____".
2. Quando a vítima for menor de 18 anos ou doente mental, quem oferece a queixa-crime é o seu representante legal, em nome próprio, pois é ele o titular do direito de queixa (art. 30 do CPP).
3. Em caso de ação penal privada subsidiária da pública, o fundamento deverá ser o art. 100, § 3°, do CP, art. 29 do CPP e art. 5°, LIX, da CF.

1.29. REABILITAÇÃO CRIMINAL

EXCELENTÍSSIMO SENHOR DOUTOR JUIZ DE DIREITO DA ___ VARA CRIMINAL DA COMARCA DE____ (1)

(espaço de cinco linhas)

A, devidamente qualificado nos autos do processo-crime n.____, que tramitou perante esta respeitável vara, por seu advogado que esta subscreve (conforme procuração anexa), vem, respeitosamente, perante Vossa Excelência, requerer a sua REABILITAÇÃO, com fulcro no art. 93 e ss. do CP, pelas razões de fato e de direito a seguir expostas.

O Requerente foi processado e condenado por crime de lesões corporais, de acordo com a certidão do trânsito em julgado da sentença proferida por este Digníssimo Juízo. Constata-se que a pena imposta ao Requerente se extinguiu há cerca de 7 (sete) anos (doc. 2), tendo cumprido, assim, o requisito estabelecido no art. 94, caput, do CP.

Durante esse período, o Requerente ressarciu o dano causado pelo crime, pagando todas as despesas de internação e tratamento da vítima (doc. 3) (art. 94, III, do CP).

Ademais, o Requerente manteve residência e domicílio neste país (doc. 04), demonstrando sempre bom comportamento público e privado, inclusive, hoje, presidindo uma entidade que cuida de menores abandonados (art. 94, I e II, do CP).

Deseja agora, com a presente, ver restituída a condição anterior à condenação, apagando-se as anotações de sua folha de antecedentes, em razão de ter plenamente preenchidos os requisitos do art. 94 do CP.

Diante do exposto, requer, depois de ouvido o membro do Ministério Público, seja concedida a presente reabilitação, determinando-se o disposto no art. 747 do CPP.

Termos em que,
pede deferimento.
Local e data.

Advogado...
OAB n...

1. Se o crime é da competência da Justiça Federal: "Excelentíssimo Senhor Doutor Juiz Federal da __ Vara Criminal da Justiça Federal da Seção Judiciária de____".

1.30. RECURSO ESPECIAL

EXCELENTÍSSIMO SENHOR DOUTOR DESEMBARGADOR PRESIDENTE DO EGRÉGIO TRIBUNAL DE JUSTIÇA DO ESTADO DE____ (1)

(espaço de cinco linhas)

____, qualificado nos autos da Apelação Criminal n.____, por seu advogado que esta subscreve, não se conformando com a respeitável decisão que violou os arts. 1° e 155, ambos do CP, vem, respeitosa e tempestivamente, perante Vossa Excelência, interpor RECURSO ESPECIAL, com fulcro no art. 105, III, a, da CF/88, e arts. 1.029 e ss. do Código de Processo Civil.

Requer seja recebido, processado e encaminhado o presente recurso, com as inclusas razões, ao Colendo Superior Tribunal de Justiça.

Termos em que,
pede deferimento.
Local e data.

Advogado...
OAB n...

RAZÕES DE RECURSO ESPECIAL

RECORRENTE:____ RECORRIDA: Justiça Pública APELAÇÃO N.____

Superior Tribunal de Justiça,

Colenda Turma,

Douto Procurador da República,

Em que pese o indiscutível saber jurídico da Colenda Câmara Criminal do Egrégio Tribunal de Justiça, impõe-se a reforma do venerando acórdão, pelas razões de fato e de direito a seguir expostas.

I – DOS FATOS

O Recorrente foi processado e condenado por tentativa de furto qualificado, mediante escalada, nos termos do art. 155, § 4°, II, c.c. o art. 14, II, ambos do CP, porque teria sido surpreendido pela polícia ao escalar o muro de um imóvel localizado na Rua ____, com o propósito de ali entrar para subtrair coisa alheia móvel.

A sentença o condenou à pena de 2 (dois) anos de reclusão, além da pena de multa, tendo o Recorrente apelado dessa decisão.

Negado provimento ao recurso de apelação pelo Egrégio Tribunal de Justiça, o Recorrente interpôs embargos de declaração, visando a sanar contradição existente no acórdão. Porém, o Egrégio Tribunal de Justiça igualmente negou provimento aos embargos de declaração opostos.

II – DA TEMPESTIVIDADE

O presente recurso é tempestivo. Com efeito, o prazo para a interposição do recurso especial é de 15 dias, nos termos do artigo 1.003, § 5°, do Código de Processo Civil. Tendo em vista que a intimação ocorreu no dia ____, o último dia do prazo para a interposição é o dia ____. Logo, o recurso especial é tempestivo.

III – DO CABIMENTO DO RECURSO ESPECIAL

O presente recurso é a via adequada à impugnação da r. decisão guerreada.

Segundo o art. 105, III, da CF/1988, das causas decididas em última instância pelos Tribunais dos Estados cabe recurso especial para o Superior Tribunal de Justiça, quando a decisão recorrida contrariar tratado ou lei federal, ou negar-lhes vigência, julgar válido ato de governo local contestado em face de lei federal ou der a lei federal interpretação divergente da que lhe haja atribuído outro tribunal.

Ora, no caso, o venerando acórdão do Egrégio Tribunal de Justiça infringiu o disposto nos arts. 1°, 14, II, e 155, caput, do CP, pois proferiu uma decisão condenatória sem ter como parâmetro a conduta praticada pelo Réu e a descrição contida na lei.

Deste modo, perfeitamente adequado o recurso manejado. Estando preenchidos todos os demais requisitos de admissibilidade, notadamente tempestividade, legitimidade, prequestionamento e esgotamento da via recursal ordinária, de rigor seja o presente recurso recebido e processado na forma da lei.

IV – DO DIREITO

O venerando acórdão recorrido merece reforma, por ter contrariado Lei Federal.

Com efeito, o art. 155, caput, do CP, estabelece que o crime de furto se configura quando o agente "subtrair, para si ou para outrem, coisa alheia móvel". De fato, se o agente não conseguir consumar o crime por circunstâncias alheias à sua vontade, dispõe o nosso direito, abraçado na norma de extensão do art. 14, II, do CP, que também o agente será punido, porém, com a pena correspondente ao crime consumado, diminuída de um a dois terços (art. 14, parágrafo único, do CP).

Nota-se, contudo, que somente haverá punição a título de tentativa se o agente efetivamente iniciar a execução do crime, não estando compreendidos atos meramente preparatórios.

No caso em tela, não há falar em tentativa de furto, pois o Recorrente não iniciou qualquer ato executório que demonstrasse idoneidade para a consumação do crime de furto, ou seja, ele não foi flagrado pelos policiais tentando subtrair coisa alheia móvel.

Portanto, diante da flagrante violação à lei federal, não merece prosperar a respeitável decisão proferida.

V – DO PEDIDO

Diante do exposto, requer seja conhecido e provido o presente recurso, absolvendo-se o Recorrente nos termos do art. 386, III, do CPP.

Termos em que,
pede deferimento.

Local e data.
Advogado...
OAB n...

1. O recurso interposto será endereçado ao Presidente do Tribunal que apreciou a apelação.

1.31. RECURSO EXTRAORDINÁRIO

EXCELENTÍSSIMO SENHOR DOUTOR DESEMBARGADOR PRESIDENTE DO EGRÉGIO TRIBUNAL DE JUSTIÇA DO ESTADO DE____ (1)

(espaço de cinco linhas)

JOSÉ, qualificado nos autos da Apelação Criminal n. _____, por seu advogado que esta subscreve, vem, respeitosa e tempestivamente, à presença de Vossa Excelência, não se conformando com o venerando acórdão que violou a Constituição Federal, interpor Recurso Extraordinário, com fulcro no art. 102, III, a, da CF/88 e arts. 1.029 e ss. do Código de Processo Civil.

Requer seja recebido, processado e encaminhado o presente recurso, com as inclusas razões, ao Colendo Supremo Tribunal Federal.

Termos em que,
pede deferimento.

Local e data.
Advogado...
OAB n...

RAZÕES DE RECURSO EXTRAORDINÁRIO

RECORRENTE:____ RECORRIDA: Justiça Pública APELAÇÃO N._____:

Supremo Tribunal de Justiça,
Colenda Turma,
Douto Procurador da República,

Em que pese o notável saber jurídico dos doutos desembargadores do Egrégio Tribunal de Justiça, merece reforma a respeitável decisão recorrida, pelas razões de fato e direito a seguir expostas:

I – DOS FATOS

O Recorrente foi processado e condenado pelo crime de furto qualificado. Ocorre que a pena foi fixada acima do mínimo legal, em razão de o recorrente estar sendo processado, em outra vara criminal, por crime de estelionato.

Tendo apelado dessa decisão, o Egrégio Tribunal de Justiça negou provimento ao recurso, ocasião em que o Recorrente interpôs embargos de declaração, sendo que o Tribunal novamente negou provimento.

II – DA TEMPESTIVIDADE

O presente recurso é tempestivo. Com efeito, o prazo para a interposição do recurso extraordinário é de 15 dias, nos termos do artigo 1.003, § 5º, do Código de Processo Civil. Tendo em vista que a intimação ocorreu no dia ____, o último dia do prazo para a interposição é o dia ____. Logo, o recurso extraordinário é tempestivo.

III – DO CABIMENTO

O presente recurso deve ser admitido, porquanto preenche todos os requisitos de cabimento.

Conforme o art. 102, III, a, da CF/88, caberá Recurso Extraordinário sempre que a decisão contrariar dispositivo da Constituição Federal.

No caso em apreço, a respeitável decisão guerreada violou frontalmente a norma constitucional insculpida no at. 5º, LVII, da CF/88, qual seja, a presunção de inocência, ao considerar na fixação da pena a mera tramitação de outro processo sem trânsito em julgado.

Desta forma, o recurso manejado é perfeitamente adequado ao combate da decisão em questão. Calha salientar que todos os outros requisitos de admissibilidade, tais como tempestividade, legitimidade, prequestionamento e esgotamento da via recursal ordinária também estão devidamente implementados.

IV – DA REPERCUSSÃO GERAL

A questão constitucional ventilada oferece clara repercussão geral, conforme exigido pelo art. 102, § 3º, da CF.

O art. 1.035 do CPC estabelece que, para efeito de repercussão geral, será considerada a presença ou ausência de questões relevantes, do ponto de vista jurídico e que ultrapassem os limites dos interesses subjetivos da causa.

No caso em testilha, o ponto fulcral liga-se à questão da presunção de inocência e à possibilidade de se considerar, em desfavor do cidadão, processos ainda em tramitação, sem decisão penal condenatória transitada em julgado. Trata-se de questionamento essencial para a segurança jurídica e a delimitação dos direitos e garantias fundamentais.

Desta forma, plenamente atendido o requisito da repercussão geral.

V – DO DIREITO

A decisão merece reforma, uma vez que viola princípio constitucional expresso.

Segundo o art. 5º, LVII, da CF/88 ninguém pode ser considerado culpado até o trânsito em julgado de decisão penal condenatória. Tal regra implica que o fato de estar sendo processo ou investigado não pode, sob qualquer hipótese, ser utilizado em desfavor do cidadão, que deve ser tido como inocente (regra de tratamento).

Nesse diapasão, o Superior Tribunal de Justiça aprovou a Súmula 444, segundo a qual é vedada a utilização e inquéritos ou processos em curso para exasperar a pena-base.

No caso em apreço, a pena-base do Recorrente foi fixada acima do mínimo legal, pela única razão de ele responder a outro processo em curso, portanto, sem decisão penal condenatória transitada em julgado.

Desta forma, resta cristalina a afronta à norma constitucional, merecendo reforma o venerando acórdão.

VI – DO PEDIDO

Requer seja conhecido e provido o presente recurso, reduzindo-se a pena-base ao patamar mínimo legal.

Termos em que,
pede deferimento.

Local e data.
Advogado...
OAB n...

1. O recurso interposto será endereçado ao Presidente do Tribunal que apreciou a apelação.

1.32. RECURSO ORDINÁRIO CONSTITUCIONAL

EXCELENTÍSSIMO SENHOR DOUTOR DESEMBARGADOR PRESIDENTE DO EGRÉGIO TRIBUNAL DE JUSTIÇA DO ESTADO DE_____ (1)

(espaço de cinco linhas)

A, qualificado nos autos do Habeas Corpus n._____, por seu advogado que esta subscreve, vem, respeitosa e tempestivamente, perante Vossa Excelência, não se conformando com o venerando acórdão denegatório da ordem, interpor RECURSO ORDINÁRIO CONSTITUCIONAL, com fulcro no art. 105, II, a, da CF/88 (2), e arts. 30 a 32 da Lei n. 8.038/1990.

Requer seja recebido, processado e encaminhado o presente recurso, com as inclusas razões, ao Colendo Superior Tribunal de Justiça. (3)

Termos em que,
pede deferimento.

Local e data.
Advogado...
OAB n...

RAZÕES DE RECURSO ORDINÁRIO CONSTITUCIONAL

RECORRENTE: A RECORRIDA: Justiça Pública HC N.____
Superior Tribunal de Justiça, (4)
Colenda Turma,
Douto Procurador da República,

Em que pese o indiscutível saber jurídico da Colenda Câmara Criminal do Egrégio Tribunal de Justiça, o venerando acórdão que denegou o pedido de habeas corpus, impetrado em favor do Recorrente, não pode prosperar, pelas razões a seguir expostas.

I – DOS FATOS

O Recorrente foi condenado como incurso no crime do art. 157, caput, c.c. o art. 14, II, ambos do CP, à pena de 1 (um) ano e 4 (quatro) meses de reclusão.

O Meritíssimo Juiz competente negou o pedido da suspensão condicional da pena formulado pelo Recorrente, mesmo sendo ele primário e de bons antecedentes.

Diante dessa decisão, foi impetrado habeas corpus, o qual foi denegado pela____ Câmara Criminal do Egrégio Tribunal de Justiça.

II – DA TEMPESTIVIDADE

O presente recurso é tempestivo. Com efeito, o prazo para a interposição do recurso ordinário constitucional é de 5 dias, nos termos do artigo 30 da Lei n. 8.038/1990. Tendo em vista que a intimação ocorreu no dia ____, o último dia do prazo para a interposição é o dia ____. Logo, o recurso ordinário constitucional é tempestivo.

III – DO DIREITO

Não pode prosperar a respeitável decisão que denegou a ordem de habeas corpus, por se encontrar desprovida de amparo legal.

Com efeito, o art. 105, II, a, da CF/88 dispõe:

"Art. 105. Compete ao Superior Tribunal de Justiça:

(...)

II – julgar, em recurso ordinário:

a) os habeas corpus decididos em única ou última instância pelos Tribunais Regionais Federais ou pelos Tribunais dos Estados, do Distrito Federal e Territórios, quando a decisão for denegatória".

No caso em tela, a impetração de habeas corpus era perfeitamente cabível, não havendo razão de ter sido negado pela Colenda Câmara.

O habeas corpus é uma garantia constitucional, prevista no art. 5°, LXVIII, da nossa Carta Magna, utilizada sempre quando alguém sofrer ou se achar ameaçado de sofrer violência ou coação em sua liberdade de locomoção, por ilegalidade ou abuso de poder.

No caso dos autos, observa-se que a pena privativa de liberdade aplicada não foi superior a dois anos (art. 77, caput, do CP), que o recorrente é primário (art. 77, I, do CP) e que não seria cabível a substituição por penas restritivas de direito, por se tratar de conduta praticada com violência ou grave ameaça a pessoa (arts. 44, I, e 77, III, do CP), sendo ainda favoráveis os requisitos subjetivos do art. 77, II, do CP.

Dessa forma, preenchidos todos os requisitos do art. 77 do CP, que possibilitam a concessão da suspensão condicional da pena, o indeferimento do benefício, reforçado pela denegação da ordem de habeas corpus impetrada, constituíram nítido constrangimento ilegal para o Recorrente.

Portanto, é de se concluir que o presente recurso é medida que se impõe para reformar a respeitável decisão denegatória, possibilitando, assim, que o Recorrente faça jus ao benefício que lhe é de direito.

IV – DO PEDIDO

Diante do exposto, requer seja conhecido e provido o presente recurso, concedendo-se a suspensão condicional da pena.

Termos em que,
pede deferimento.

Local e data.
Advogado...
OAB n...

1. O recurso ordinário constitucional será endereçado ao presidente do Tribunal que denegou o *habeas corpus* ou o mandado de segurança. Se forem impetrados perante o STJ e aí denegados, o endereçamento deve ser "Excelentíssimo Senhor Doutor Ministro Presidente do Colendo Superior Tribunal de Justiça".
2. Se o HC ou o MS forem denegados pelo STJ, o recurso ordinário constitucional tem fundamento no art. 102, II, *a*, da CF/88.

3. Se o HC ou o MS forem denegados pelo STJ, o recurso ordinário constitucional deve ser encaminhado, com as inclusas razões, ao Supremo Tribunal Federal.
4. Ou Supremo Tribunal Federal.

1.33. RECURSO EM SENTIDO ESTRITO

EXCELENTÍSSIMO SENHOR DOUTOR JUIZ DE DIREITO DA____ VARA DO JÚRI DA COMARCA DE____ (1)

(espaço de cinco linhas)

MARIA, qualificada nos autos do processo-crime n.____, que lhe move a Justiça Pública, (2) por seu advogado que esta subscreve, vem, respeitosa e tempestivamente, perante Vossa Excelência, não se conformando com a respeitável decisão que a pronunciou, interpor RECURSO EM SENTIDO ESTRITO, com fulcro no art. 581, IV, do CPP. (3)

Requer seja recebido e processado o presente recurso, com a reforma da decisão impugnada em juízo de retratação, nos termos do art. 589 do CPP. Caso Vossa Excelência entenda que deva ser mantida a respeitável decisão, requer seja encaminhado o recurso, com as inclusas razões, ao Egrégio Tribunal de Justiça do Estado de ... (4)

Termos em que,
pede deferimento.

Local e data.
Advogado...
OAB n...

RAZÕES DE RECURSO EM SENTIDO ESTRITO

RECORRENTE: Maria RECORRIDA: Justiça Pública PROC. N.____
Egrégio Tribunal de Justiça, (5)
Colenda Câmara,
Douto Procurador de Justiça,

Em que pese o indiscutível saber jurídico do Meritíssimo Juiz a quo, impõe-se a reforma de respeitável sentença que pronunciou a Recorrente, pelas razões de fato e de direito a seguir expostas.

I – DOS FATOS

Por ter, supostamente, praticado aborto, com a autorização da gestante, a Recorrente foi denunciada, sendo processada e ao final pronunciada pela conduta descrita no art. 126 do CP.

A vítima não foi submetida a exame de corpo de delito.

II – DA TEMPESTIVIDADE

O presente recurso é tempestivo. Com efeito, o prazo para a interposição do recurso em sentido estrito é de 5 dias, nos termos do artigo 586, caput, do CPP. Tendo em vista que a intimação ocorreu no dia ____, o último dia do prazo para a interposição é o dia ____. Logo, o recurso em sentido estrito é tempestivo.

III – DO DIREITO

Primeiramente, impõe-se a declaração da nulidade do processo, pela falta do exame de corpo de delito (art. 564, III, b, do CPP).

O Meritíssimo Juiz a quo deixou de cumprir o disposto no art. 158, caput, do CPP, que estabelece que, quando a infração deixar vestígios, será indispensável o exame do corpo de delito, direto ou indireto, não podendo supri-lo a confissão do acusado.

Caso assim não entendam Vossas Excelências, deve ser reconhecida a nulidade da decisão de pronúncia, em face do excesso da linguagem empregada pelo juiz a quo na fundamentação da aludida decisão.

Conforme dispõe o art. 413, § 1°, do CPP, a fundamentação da pronúncia limitar-se-á à indicação da materialidade do fato e da existência de indícios suficientes de autoria ou participação.

No caso em apreço o Meritíssimo juiz a quo teceu acusações quanto à culpabilidade da Recorrente e quanto à gravidade do crime, praticamente condenando-a em sua decisão de pronúncia.

Dessa forma, tendo havido excesso de linguagem (eloquência acusatória), é de ser anulada a respeitável decisão de pronúncia, com fundamento no art. 564, IV, c.c. o art. 413, § 1°, ambos do CPP, para que outra seja proferida, nos termos da lei.

Subsidiariamente, caso afastadas as nulidades arguidas, impõe-se a impronúncia da acusada, ante a não comprovação da materialidade delitiva (art. 414, caput, do CPP).

O aborto consiste na interrupção da gestação e, se esta não resultar rigorosamente demonstrada, não há falar no delito do art. 126 do CP, mesmo que o tenha confessado a Recorrente, uma vez que a experiência tem demonstrado que à confissão não se pode, nem se deve, atribuir absoluto valor probatório. Dessa forma, torna-se imprescindível a comprovação da autoria e da materialidade do aborto, não se podendo submeter a Recorrente ao julgamento do Tribunal do Júri sem esclarecimento de laudo pericial baseado em exame de corpo de delito.

No presente caso, não comprovada a gravidez, tampouco a existência do feto sacrificado, é impossível a persecução penal, e, com muito maior razão, mostra-se inviável a subsistência da decisão de pronúncia.

Assim, imperioso o decreto de impronúncia, com fulcro no art. 414 do CPP, pela clara ausência de comprovação da materialidade do fato.

IV – DO PEDIDO

Diante do exposto, requer seja conhecido e provido o presente recurso, para a anulação do processo, com fundamento no art. 564, III, b, do CPP, e, caso assim não entendam Vossas Excelências, para a anulação da decisão de pronúncia, com fulcro no art. 564, IV, c.c. o art. 413, § 1°, do CPP.

Subsidiariamente, caso afastadas as nulidades suscitadas, requer a impronúncia da Recorrente, nos termos do art. 414 do CPP.

Termos em que,
pede deferimento.

Local e data.
Advogado...
OAB n...

1. Nesse caso, o crime é doloso contra a vida e, por isso, a interposição do recurso em sentido estrito deve ser feita ao juiz da vara do júri. Outros endereçamentos possíveis são:
   - se o crime for da competência da Justiça Estadual e não for doloso contra a vida: "Excelentíssimo Senhor Doutor Juiz de Direito da ___ Vara Criminal Comarca de____";
   - se o crime for de competência da Justiça Federal: "Excelentíssimo Senhor Doutor Juiz Federal da ___ Vara Criminal da Justiça Federal da Seção Judiciária de____".
2. Se a ação for privada, não se deve mencionar a justiça pública, e sim a parte contrária.
3. O fundamento do recurso em sentido estrito pode ser um dos incisos do art. 581 do CPP, o art. 294 do CTB, o art. 6° da Lei n. 1.508/51 ou, ainda, o art. 2° do Dec.-lei n. 201/67.
4. Se a competência for federal, deverá ser remetido o recurso ao Tribunal Regional Federal.
5. Idem ao item anterior. Lembrar que, se a competência for da Justiça Federal, a saudação será: "Egrégio Tribunal Regional Federal; Colenda Turma; Douto Procurador da República".

1.34. REPRESENTAÇÃO

ILUSTRÍSSIMO SENHOR DOUTOR DELEGADO DE POLÍCIA TITULAR DO___ DISTRITO POLICIAL DE____(1)

(espaço de cinco linhas)

CARLOS, (nacionalidade), (estado civil), (profissão), residente e domiciliado na Rua ____, por seu advogado que esta subscreve (conforme procuração com poderes especiais anexa – doc. 1), vem, respeitosa e tempestivamente, à presença de Vossa Excelência, oferecer REPRESENTAÇÃO, com fulcro nos arts. 24 e 39, ambos do CPP, contra JOSÉ, (nacionalidade), (estado civil), (profissão), residente e domiciliado na Rua ____, pelas razões de fato e de direito a seguir expostas.

I – DOS FATOS

Carlos, funcionário público, foi ofendido em sua honra por seu colega de trabalho José.

Ocorre que José, após desentendimentos por divergências políticas, imputou ao ofendido o crime de "corrupção passiva", dizendo, na presença de outros colegas da repartição, que ele recebia "propina", que era corrupto, indigno do cargo que ocupava.

II – DA TEMPESTIVIDADE

A presente representação foi oferecida dentro do prazo decadencial de 6 meses, contado do dia em que veio a saber quem era o autor do crime (art. 38 do CPP e art. 103 do CP). Com efeito, considerando que o conhecimento da autoria ocorreu no dia ___, o último dia do prazo para o oferecimento de representação é o dia ___.

III – DO DIREITO

Assim procedendo, praticou o Representado o crime previsto no art. 138 c.c. art. 141, II, do CP, infração esta que é de ação penal pública condicionada, de acordo com o disposto no artigo 145, parágrafo único, do CP,(2) razão pela qual é oferecida a presente representação.

IV – DO PEDIDO

Diante do exposto, requer seja instaurado o respectivo Inquérito Policial para que, posteriormente, possa ser promovida a persecução penal contra o Representado. Requer, outrossim, a notificação e a oitiva das testemunhas a seguir arroladas:

1. Nome, endereço

2. Nome, endereço

3. Nome, endereço

Termos em que,

pede deferimento.

Local e data.

Advogado...

OAB n...

1. A representação pode ainda ser endereçada ao próprio juiz ou ao membro do Ministério Público. Ao Juiz: "Excelentíssimo Senhor Doutor Juiz de Direito da ___ Vara Criminal da Comarca de____". Ao Promotor: "Ilustríssimo Senhor Doutor Promotor de Justiça Titular da____ Promotoria de Justiça de____".

2. O STF admite uma dupla legitimidade, de forma que o funcionário ofendido pode oferecer Representação ou ingressar ele mesmo com a queixa-crime (Súmula 714 do STF).

1.35. RESPOSTA À ACUSAÇÃO

EXCELENTÍSSIMO SENHOR DOUTOR JUIZ DE DIREITO DA____ VARA CRIMINAL DA COMARCA DE____

(espaço de cinco linhas)

JOÃO, qualificado nos autos do processo-crime n. _____ que lhe move a Justiça Pública, por seu advogado que esta subscreve (conforme procuração anexa), vem, respeitosa e tempestivamente, à presença de Vossa Excelência, apresentar RESPOSTA À ACUSAÇÃO (1), com fulcro nos arts. 396 e 396-A, do CPP, pelas razões de fato e de direito a seguir expostas.

I – DOS FATOS

João foi denunciado pela prática de furto simples de três bermudas no valor de R$ 5,00 cada. Segundo a acusação, o acusado teria se valido de destreza para a subtração das bermudas, embora não mencione em que consistiu a destreza. Durante o inquérito policial não foi ouvida qualquer testemunha presencial do crime, não havendo pessoa alguma que atribua a autoria do delito ao acusado. Por isso, não há indicação, na denúncia, sequer de quando o crime teria ocorrido e de que forma. Oferecida denúncia, o acusado foi devidamente citado.

II – DA TEMPESTIVIDADE

A presente resposta à acusação é tempestiva. Com efeito, o prazo para a apresentação da resposta à acusação é de 10 dias, nos termos do artigo 396, caput, do CPP. Tendo em vista que a citação ocorreu no dia _____, o último dia do prazo para a sua apresentação é o dia _____. Logo, a resposta à acusação é tempestiva.

III – DO DIREITO

Preliminarmente, observa-se a nulidade do processo, com base no art. 564, IV, do Código de Processo Penal, por falta de requisito essencial para a denúncia.

Segundo o art. 41 do Código de Processo Penal, é elemento essencial da peça inaugural do processo penal a descrição pormenorizada e individualizada do fato criminoso, com todas as suas circunstâncias.

Calha notar que a determinação da acusação, longe de constituir mera exigência formal, é condição imprescindível ao efetivo exercício das garantias do contraditório e da ampla defesa, consagrados no art. 5º, LV, da Magna Carta.

No presente caso, a denúncia não permite o amplo exercício do direito de defesa. Vale dizer: não há nos autos a descrição adequada da imputação feita ao réu. Vejamos: A denúncia não descreve quando foi praticado o delito. Da mesma forma, não descreve de que forma fora praticado o delito e, também, não imputa qualquer descrição efetiva da conduta do réu. Ora, nesta situação, não há que se falar em possibilidade de exercício do direito de defesa. Trata-se, enfim, de típico caso de denúncia inepta (acusação genérica), de forma que o processo deve ser anulado ab initio, nos termos do art. 564, IV, do CPP.

Caso superada a preliminar, forçoso é reconhecer que se trata de caso de absolvição sumária, por se tratar de situação em que o fato é manifestamente atípico, em seu aspecto material.

Com efeito, não há que se falar em lesão relevante a bem jurídico no presente caso. Trata-se de evidente caso de atipicidade material da conduta, ante a aplicação do princípio da insignificância.

Dessa forma, deve o réu ser absolvido, nos termos do art. 397, III, do CPP.

IV – DO PEDIDO

Diante do exposto, requer a anulação do processo ab initio, nos termos do art. 564, IV, do Código de Processo Penal, e, caso assim não entenda Vossa Excelência, requer a rejeição da denúncia, em face da sua inépcia, com fundamento no art. 395, inciso I, do mesmo diploma legal.

Caso afastada a preliminar de nulidade, requer a absolvição sumária do acusado, com fulcro no art. 397, inciso III, do Código de Processo Penal, por força da atipicidade da conduta. (1) (2)

Em caso de eventual instrução, requer sejam intimadas as testemunhas do rol abaixo, para que sejam ouvidas na audiência de instrução e julgamento. (3)

Rol de testemunhas:

1. Nome, qualificação, endereço;
2. Nome, qualificação, endereço;
3. Nome, qualificação, endereço;
4. Nome, qualificação, endereço;
5. Nome, qualificação, endereço;
6. Nome, qualificação, endereço;
7. Nome, qualificação, endereço;
8. Nome, qualificação, endereço.

Termos em que,
pede deferimento.

Local e data.
Advogado...
OAB n...

1. Não é possível a utilização do art. 386 do CPP nesta fase processual.
2. Caso se trate de peça do procedimento da primeira fase do júri, o fundamento legal será o do art. 406, *caput* e § 3°, do CPP. No mais, as teses e pedidos serão os mesmos da peça do rito comum. Um alerta, porém, se faz necessário: não poderá, nesta fase, usar pedidos do art. 415 do CPP (absolvição sumária que existe ao final da primeira fase do júri). Uma coisa é a absolvição sumária do art. 397 do CPP, outra bem diferente a do art. 415. Aquela (a do art. 397) pode ser usada no procedimento do júri quando da resposta à acusação (embora haja divergência doutrinária), esta (a do art. 415) não pode ser usada na resposta à acusação do procedimento do júri.
3. Caso o procedimento seja sumário, o número máximo de testemunhas será 5.

1.36. REVISÃO CRIMINAL

EXCELENTÍSSIMO SENHOR DOUTOR DESEMBARGADOR PRESIDENTE DO EGRÉGIO TRIBUNAL DE JUSTIÇA DO ESTADO DE____ (1)

(espaço de cinco linhas)

Michael S., (nacionalidade), (estado civil), (profissão), portador da cédula de identidade RG n. ____, inscrito no Cadastro de Pessoas Físicas sob o n. ____, residente e domiciliado na Rua ____, por seu advogado que esta subscreve (conforme procuração anexa), vem, respeitosamente, à presença de Vossa Excelência, não se conformando com o venerando acórdão já transitado em julgado (conforme certidão anexa) que o condenou como incurso no delito do art. 121 do CP, propor REVISÃO CRIMINAL, nos termos do art. 621, I, do CPP, (2) pelas razões de fato e de direito a seguir expostas.

I – DOS FATOS

Michael, ora Revisionando, foi processado e condenado pela prática de homicídio doloso em face de Maria, tendo sido a sentença confirmada em 2ª instância, onde se operou o seu trânsito em julgado.

Ocorre, porém, que, examinados os autos, verifica-se a inexistência de exame de corpo de delito direto ou indireto, tendo as decisões judiciais se valido da confissão de Michael para justificar a sanção penal.

II – DO DIREITO

Preliminarmente, impende reconhecer que o processo que resultou na condenação do revisionando é manifestamente nulo, motivo pelo qual não pode subsistir a referida condenação.

Segundo o artigo 158, caput, do CPP, "quando a infração deixar vestígios, será indispensável o exame do corpo de delito, direto ou indireto, não podendo supri-lo a confissão do acusado". Significa que, nos crimes não transeuntes, o Código de Processo Penal impõe, como meio de prova necessário, o exame pericial.

No delito em tela, por se tratar de crime que deixa vestígios, é obrigatório o exame de corpo de delito direto ou, sendo este impossível, o indireto, desde que inequívoco, o que efetivamente não ocorreu. Cabe acrescentar que não houve, igualmente, prova testemunhal para suprir a ausência do exame de corpo de delito (art. 167 do CPP).

Portanto, houve clara violação à norma expressa do CPP, do que decorre a nulidade prevista no artigo 564, III, b do mesmo diploma legal.

Caso não seja acolhida a preliminar, no mérito, só resta a absolvição do Revisionando, por falta de prova da existência do fato.

Como analisado, o revisionando foi processado e condenado pelo delito de homicídio.

Ocorre que faltou, nos autos, prova essencial para demonstrar a existência do crime, sem a qual não poderia o Revisionando ter sido condenado por mera suposição ou pela simples confissão do acusado, conforme estabelece o art. 158, caput, in fine, do CPP.

Assim, como não há nos autos o meio de prova eleito pela lei processual como o único hábil a demonstrar a materialidade do crime, evidente a insuficiência probatória. Impõe-se, então, a absolvição do Revisionando.

III – DO PEDIDO

Diante do exposto, requer seja julgado procedente o presente pedido, com fundamento no art. 626 do CPP, para a anulação do processo ab initio, com fulcro no artigo 564, III, b, do CPP, e, caso assim não entendam Vossas Excelências, requer a absolvição do Revisionando, nos termos do art. 386, II, do CPP.

Requer, ainda, seja reconhecido o direito do Revisionando à indenização (3) por erro judiciário, nos termos do disposto no art. 630 do CPP, art. 5º, LXXV, da CF, e art. 10 da Convenção Americana sobre Direitos Humanos (Decreto n. 678/92).

Subsidiariamente, caso se entenda pela impossibilidade de absolvição diretamente em sede de revisão criminal, por se tratar de crime doloso contra a vida, requer seja o revisionando submetido a novo julgamento pelo tribunal do júri.

Termos em que,
pede deferimento.

Local e data.
Advogado...
OAB n...

1. A revisão criminal, em regra, deve ser endereçada ao Presidente do Tribunal de segunda instância. Caso, no entanto, a condenação tenha sido proferida ou confirmada pelo STJ, o endereçamento será: "Excelentíssimo Senhor Doutor Ministro Presidente do Colendo Superior Tribunal de Justiça". Caso a condenação tenha sido proferida ou mantida pelo STF, o endereçamento da revisão será: "Excelentíssimo Senhor Doutor Ministro Presidente do Colendo Supremo Tribunal Federal".
2. O fundamento da revisão pode ser ainda o inc. II ou o inc. III do art. 621.
3. O pedido de indenização só é cabível quando tiver havido erro judiciário.

1.37. RECLAMAÇÃO

EXCELENTÍSSIMO SENHOR DOUTOR MINISTRO PRESIDENTE DO COLENDO SUPREMO TRIBUNAL FEDERAL

(espaço de cinco linhas)

______, (nacionalidade), (estado civil), (profissão), portador da cédula de identidade RG n. ______, inscrito no Cadastro de Pessoas Físicas sob o n. ______, residente e domiciliado na Rua______, por seu advogado que esta subscreve (conforme procuração anexa), vem, respeitosamente, à presença de Vossa Excelência, apresentar RECLAMAÇÃO CONSTITUCIONAL COM PEDIDO LIMINAR, com fundamento no art. 103-A, § 3°, da CF/88, art. 7° da Lei n. 11.417/2006 e artigo 988, III, do Código de Processo Civil (1), contra a decisão proferida pelo MM. Juiz Presidente do Tribunal do Júri da Comarca de ______, pelas razões de fato e de direito a seguir expostas.

I – DOS FATOS

Na data de ________ realizou-se sessão plenária do Tribunal do Júri daquela comarca, tendo o reclamante como acusado.

O MM. Juiz, apesar dos apelos da defesa, determinou que o acusado permanecesse algemado durante toda a sessão plenária sem qualquer motivação para o ato, tendo o acusado sido, ao final, condenado à pena de ________, por infração ao art.____do CP. Foi negado direito de recorrer em liberdade e o ora reclamante foi preso incontinenti.

II – DO DIREITO

Houve, no presente caso, clara violação do quanto previsto na Súmula Vinculante 11, que dispõe: "Só é lícito o uso de algemas em casos de resistência e de fundado receio de fuga ou de perigo à integridade física própria ou alheia, por parte do preso ou de terceiros, justificada a excepcionalidade por escrito, sob pena de responsabilidade disciplinar, civil e penal do agente ou da autoridade e de nulidade da prisão ou do ato processual a que se refere, sem prejuízo da responsabilidade civil do Estado."

Nesta situação, não tendo o magistrado fundamentado o uso de algemas nas expressas hipóteses permissivas da mencionada súmula, patente se revela o desrespeito da autoridade desta Suprema Corte.

Não se pode esquecer, também, que a conduta da autoridade fere de morte o princípio da dignidade da pessoa humana, na medida em que deixa de verificar na pessoa o centro de feixes de direitos que lhe são assegurados pela Constituição Federal e pelo art. 474, § 3°, do CPP.

III – DO PEDIDO

Ante o exposto, presente o fumus boni iuris e o periculum in mora, requer a concessão de medida liminar para a expedição de alvará de soltura em favor do reclamante e, após prestadas as informações pela autoridade reclamada e ouvido o Ministério Público, requer seja julgada procedente a presente reclamação, para que se declare a nulidade do ato realizado (sessão de julgamento em plenário), confirmando-se ainda a liminar anteriormente deferida.

Termos em que,
pede deferimento.

Local e data.
Advogado...
OAB n...

1. A reclamação também poderá ser feita com fundamento no artigo 988, I, II ou IV, do CPC (o inciso III se refere ao descumprimento de Súmula Vinculante).

   Ao tratar das competências do STF e do STJ, a CF estabelece o cabimento de reclamação para a preservação de sua competência e garantia da autoridade de suas decisões (arts. 102, I, *l*, e 105, I, *f*, da CF).

TERCEIRA PARTE

PEÇAS PRÁTICO--PROFISSIONAIS E QUESTÕES DISCURSIVAS

1

Peças prático-profissionais (OAB e exercícios propostos)

PEÇA 1. Paulo, que tem 20 anos de idade, foi denunciado como incurso nas sanções do art. 234 do CP, porque, em data de 13.03.2020, foram encontradas dentro de sua mochila, inúmeras revistas de conteúdo pornográfico. Paulo, embora tenha assumido a propriedade das revistas, declarou que elas se destinavam a entretenimento pessoal. O Promotor de Justiça ofereceu denúncia em 10.03.2022, perante a 6ª Vara Criminal da Capital. A denúncia foi recebida em 14.03.2022, tendo o MM. Juiz determinado a citação de Paulo para oferecer resposta.

Questão: Elaborar peça apta a solucionar a situação de Paulo, levando em conta que o réu não deseja aceitar a proposta de suspensão condicional do processo formulada pelo Promotor de Justiça.

PEÇA 2. Pedro, 22 anos, vê-se denunciado perante a 12ª Vara Criminal do Rio de Janeiro porque teria, juntamente com outros tantos rapazes, danificado um telefone público que existe na rua em que vivem. A denúncia, embora alcance outro rapaz e faça menção a vários outros que estavam no local participando da mesma conduta, é lacônica, pois foi baseada em fatos indefinidos, tais como: "eles fizeram" ou "eles agiram dolosamente contra o bem público", limitando-se a afirmar, quanto à Pedro, que sua personalidade desajustada está devidamente comprovada pelo fato de ser reincidente (devidamente comprovado pela certidão cartorária).

A exordial reporta-se ao art. 163, parágrafo único, VI, do CP, e Pedro foi citado de seu inteiro teor. Os demais rapazes foram excluídos da peça vestibular sem qualquer razão justificada.

Questão: Elabore a medida cabível em favor de Pedro.

PEÇA 3. Josafá da Silva, agricultor, casado, pai de dois filhos, é abordado ao sair de casa por dois meliantes, que invadem sua residência. Os bandidos, ameaçando matar a esposa e filhos do agricultor, exigem dinheiro, que Josafá, homem de poucas posses, informa não possuir. Os assaltantes, mantendo como reféns os familiares de Josafá, exigem que este desconte cheques de sua titularidade junto ao comércio local, como forma de levantar rapidamente a quantia exigida (R$ 2.000,00 – dois mil reais), não obstante Josafá informe que não possui esse numerário no banco. Ante as ameaças dos bandidos, o agricultor, desesperado, dirige-se à farmácia de seu Josué, apresentando-lhe um cheque e solicitando que trocasse o título por dinheiro. O farmacêutico prontamente atende ao pedido, sem maiores indagações, em face da notória honestidade de Josafá. Logo a seguir dirige-se ao posto de gasolina de Josias adotando o mesmo procedimento. Com isso consegue obter a quantia exigida e entrega o resgate aos bandidos, que ainda o ameaçaram, mandando-o ficar calado, caso contrário voltariam para matá-lo. No dia seguinte, Josué e Josias dirigem-se à agência bancária, onde apresentam os cheques recebidos, que, por estarem sem provisão de fundos, tem o pagamento recusado. Josué e Josias dirigem-se à delegacia, onde prestam "notitia criminis" e oferecem representação contra Josafá. Este foi indiciado por dois estelionatos, na modalidade fraude por meio de pagamento com cheque, em continuação delitiva. Sabendo da "notitia criminis" contra ele prestada, Josafá dirigiu-se à casa de Josué e Josias, onde quitou o débito, e, em seguida, apresentou os cheques resgatados na delegacia. Ainda assim, o Ministério Público denunciou o agricultor por estelionato continuado. O MM. Juiz de Direito da 3ª Vara Criminal de Cuiabá determinou a citação de Josafá. O denunciado procura auxílio profissional, constituindo o examinando como seu patrono.

Questão: Na qualidade de patrono de Josafá, elabore a peça processual cabível, que melhor represente os interesses do seu constituinte.

PEÇA 4. Luiz foi denunciado e regularmente processado perante a 11ª Vara Criminal de Maceió, como incurso nas penas do art. 171, § 2º, VI, do CP, porque pagou a compra que fizera em uma grande loja de departamentos com cheque no valor de 36 reais, devolvido pelo banco sacado, por falta de suficiente provisão de fundos. Oferecida a denúncia foi regularmente citado e ofereceu resposta à acusação, juntando prova de que pagou a dívida no curso do inquérito policial e que em virtude disso a vítima havia nessa ocasião se retratado da representação. O magistrado, entretanto, julgou prematura a absolvição sumária do réu, designando data para audiência. Durante a audiência a defesa requereu a conversão dos debates orais em memoriais escritos, o que foi deferido pelo MM. Juiz, com anuência do Promotor de Justiça presente. O Ministério Público pediu a condenação de Luiz em seus memoriais. Luiz é réu primário, embora responda também a outro processo, também pelo crime de estelionato.

Questão: Apresentar medida judicial cabível em favor de Luiz.

PEÇA 5 (OAB CESPE/NACIONAL 2010.1 – modificado). Leila, de quinze anos de idade, inconformada com o fato de ter engravidado de seu namorado, Joel, de vinte e oito anos de idade, resolveu procurar sua amiga Fátima, de vinte anos de idade, para que esta lhe provocasse um aborto. Utilizando seus conhecimentos de estudante de enfermagem, Fátima ministrou à Leila um remédio para úlcera. Após alguns dias, na véspera da comemoração da entrada do ano de 2005, Leila abortou e disse ao namorado que havia menstruado, alegando que não estivera, de fato, grávida. No entanto, por esquecimento, deixou em cima do criado mudo ao lado da cama de Joel, além de um envelope com o resultado positivo do seu exame de gravidez, o frasco de remédio para úlcera embrulhado em um papel com um bilhete de Fátima, no qual ela prescrevia as doses do remédio. Joel, tendo descoberto a artimanha de Leila, munido do resultado do exame e do bilhete escrito por Fátima, narrou o fato à autoridade policial, razão pela qual Fátima foi indiciada por aborto (art. 126 do

CP). Tanto na delegacia quanto em juízo, Fátima negou a prática do aborto, tendo confirmado que fornecera o remédio a Leila, acreditando que a amiga sofria de úlcera. Leila foi encaminhada para perícia no Instituto Médico Legal de São Paulo, onde se confirmou a existência de resquícios de saco gestacional, compatível com gravidez, mas sem elementos suficientes para a confirmação de aborto espontâneo ou provocado. Leila não foi ouvida durante o inquérito policial porque, após o exame, mudou-se para Brasília e, apesar dos esforços da autoridade policial, não foi localizada. Em 30.01.2010, Fátima foi denunciada pela prática de aborto perante a 5ª Vara do Júri da Capital. Regularmente processada a ação penal, o juiz, no momento dos debates orais da audiência de instrução, permitiu, com a anuência das partes, a manifestação por escrito, no prazo sucessivo de cinco dias. A acusação sustentou a comprovação da autoria, tanto pelo depoimento de Joel na fase policial e ratificação em juízo, quanto pela confirmação da ré de que teria fornecido remédio abortivo. Sustentou, ainda, a materialidade do fato, por meio do exame de laboratório e da conclusão da perícia pela existência da gravidez. A defesa teve vista dos autos em 12.07.2010.
Questão: Em face dessa situação hipotética, na condição de advogado(a) constituído(a) por Fátima, redija a peça processual adequada à defesa de sua cliente, alegando toda a matéria de direito processual e material aplicável ao caso. Date o documento no último dia do prazo para protocolo.

PEÇA 6. Saulo foi regularmente processado, pelo juiz de direito da 8ª Vara Criminal de Fortaleza, como incurso nas penas do art. 155, *caput*, c/c o art. 14, II, ambos do CP. Foi, ao final, condenado a cumprir pena de 4 meses de reclusão, em regime inicial fechado, em virtude da reincidência, pela condenação anterior por delito de estelionato, negando-se, pela mesma razão, a substituição da prisão por pena restritiva de direitos. Consta dos autos que Saulo, "punguista", tentou subtrair para si a carteira da vítima, colocando a mão no bolso desta. Só não conseguiu consumar a subtração porque a vítima não portava a carteira, já que a esquecera em casa.
Questão: Como advogado de Saulo, apresentar o que melhor lhe couber, justificando a medida.

PEÇA 7. João foi condenado por crime de roubo majorado pelo emprego de arma branca às penas de 5 (cinco) anos e 4 (quatro) meses de reclusão, em regime inicialmente semiaberto, e multa, fixada em seus patamares mínimos. Levou o juiz em conta na aplicação da pena mínima, entre outras circunstâncias, a atenuante da menoridade prevista no art. 65, I, do CP, bem como o fato de o prejuízo sofrido pela vítima ter sido de pequena monta. O processo foi anulado em sede de revisão criminal por vício de citação. Renovada a instrução, apurou-se que o acusado era, na verdade, maior de 21 (vinte e um) anos à época do fato e que o prejuízo da vítima era bem mais elevado do que o inicialmente apurado. O juiz proferiu sentença condenando João às penas de 6 (seis) anos e 6 (seis) meses de reclusão, em regime inicialmente fechado, e 10 dias-multa, sendo o valor de cada dia-multa fixado em um trigésimo do salário mínimo vigente. O juiz fixou a pena privativa de liberdade acima do mínimo em face das consequências graves do crime e, ainda, porque se provou ser o réu reincidente e não o beneficiar nenhuma atenuante.
Questão: Como advogado de João, redija a peça processual mais adequada à sua defesa.

PEÇA 8. João foi denunciado pela prática de crime de descaminho, no valor de 280 reais, perante a 3ª Vara Criminal da Justiça Federal de São Paulo. Procurado em seu endereço, sua mãe informou ao oficial de justiça que estaria viajando ao Paraguai e retornaria apenas em 60 dias. O oficial de justiça, então, certificou o ocorrido e concluiu que o acusado estaria se ocultando para não ser citado. João foi citado por hora certa e, sem constituir defensor ou participar do processo, foi ao final condenado, com decisão definitiva, a cumprir pena de 1 ano de reclusão, em regime inicial aberto, substituída por pena restritiva de direitos. Nos memoriais a Defensoria Pública pleiteou a aplicação da Portaria 75 do Ministério da Fazenda que determina, no seu art. 1º: "I – A não inscrição na Dívida Ativa da União de débito de um mesmo devedor com a Fazenda Nacional de valor consolidado igual ou inferior a R$ 1.000,00 (mil reais); e II – O não ajuizamento de execuções fiscais de débitos com a Fazenda Nacional, cujo valor consolidado seja igual ou inferior a R$ 20.000,00 (vinte mil reais)". No entanto o Juiz entendeu que, dada a independência das esferas, não haveria qualquer repercussão da referida norma na esfera criminal.

Questão: Como advogado de João, tome a medida cabível.

PEÇA 9. João, casado com Semprônia, foi denunciado como incurso nas penas dos arts. 213, *caput*, c/c art. 69 CP, por duas vezes, em concurso material, pois, em 01.01.2010 teria constrangido Lúcia à prática de atos libidinosos diversos da conjunção carnal (felatio in ore) e, após, a teria obrigado também à conjunção carnal. Foi condenado à pena de 12 anos, sob o fundamento de que, não se tratando o ato libidinoso de mera praeludia coiti, deve ser reconhecido o concurso material de crimes. A pena foi fixada, portanto, em 12 anos, em regime inicial fechado.

Questão: Como advogado de João, intimado há dois dias da sentença condenatória, redija a peça processual mais adequada à sua defesa.

PEÇA 10. A foi denunciado por violação ao art. 329 do CP, por haver resistido à determinação de policial à paisana, que exigia sua presença na 23ª Delegacia. A ordem do investigador fundava-se no fato de A ter sido encontrado dentro de seu automóvel, conversando com a noiva, em lugar distante. O processo prosperou e ao final da audiência, realizada em 10.09.2022 na presença de das partes, a sentença absolveu A, tendo as partes saído intimadas da decisão. O promotor, inconformado, apelou, em 25.09.2022.

Questão: Sustentar, perante o órgão judiciário competente, as contrarrazões da medida proposta.

PEÇA 11. O Ministério Público denunciou Paulo pela prática de homicídio, previsto no art. 121, § 2º, IV, do CP, contra sua esposa, eis que a arma do crime foi encontrada em seu poder, bem como teria admitido a prática do fato a um amigo. Durante a instrução, comprovou-se que o réu sempre teve vida normal e decente, que era homem voltado ao trabalho e que, durante anos, exerceu cargo de confiança na firma de Mário e, durante seu depoimento como testemunha, garantiu que no dia dos fatos Paulo o acompanhava em viagem de negócios. Ficou demonstrado ainda que, ao tempo do crime, em razão de doença mental, não teria condição de compreender o caráter ilícito do fato, em razão de esquizofrenia, razão pela qual Paulo foi absolvido sumariamente de forma imprópria em decisão publicada há dois dias.

Questão: Requerer medida em favor de Paulo.

PEÇA 12. João foi denunciado pela prática de homicídio qualificado por motivo torpe, em concurso de pessoas com outras duas pessoas. Durante a instrução, fica claro que não era João o colaborador, mas sim Jonas, seu vizinho, com quem se assemelhava fisicamente. João é impronunciado, pela ausência de indícios de autoria.

Questão: Como advogado de João, tome a medida cabível.

PEÇA 13. João da Silva foi denunciado pelo Ministério Público por homicídio doloso porque teria causado em Antônio de Souza, mediante o uso de uma barra de ferro, as lesões corporais que o levaram à morte. Durante a instrução criminal, o juiz, de ofício, determinou a instauração de incidente de sanidade mental do acusado. A perícia conclui ser este portador de esquizofrenia grave. Duas testemunhas presenciais arroladas pela defesa afirmaram, categoricamente, que, no dia dos fatos, Antônio de Souza, após provocar o acusado, injustamente, com palavras de baixo calão, passou a desferir-lhe socos e pontapés. Levantando-se com dificuldade, João alcançou uma barra de ferro que se encontrava nas proximidades e golpeou Antônio por várias vezes, até que cessasse a agressão que sofria. Encerrada a primeira fase processual, o magistrado, acatando o laudo pericial, absolveu sumariamente João da Silva, aplicando-lhe medida de segurança, consistente em internação em hospital de custódia e tratamento psiquiátrico, pelo prazo mínimo de 2 anos. A decisão judicial foi publicada há 2 dias.

Questão: Na condição de advogado de João da Silva, tome a providência judicial cabível.

PEÇA 14. Carlos, funcionário público municipal, estava em sua casa dormindo, na noite de 10 de março do ano passado, quando escutou um barulho na sala de jantar. Alertado pelo ruído, muniu-se de sua arma calibre 38 e, ao descer, viu um indivíduo alto e forte que revirava um armário. Amedrontado, Carlos efetuou um disparo atingindo o ladrão, na altura do peito, que, não resistindo, veio a falecer. Processado por infração ao art. 121 do CP, Carlos foi pronunciado e julgado pelo 1º Tribunal do Júri e, ao final, condenado à pena de 6 anos de reclusão, em regime inicial fechado em virtude da gravidade do crime, não tendo ocorrido trânsito em julgado. A apelação foi peticionada.

Questão: Apresentar a medida cabível em favor de Carlos.

PEÇA 15. Paulo, depois de regularmente processado, foi condenado pela prática de aborto em Maria e, por isso, acha-se preso com sentença já confirmada em segunda instância e transitada em julgado. Examinados os autos, verifica-se que inexiste exame de corpo de delito direto ou indireto, tendo as decisões judiciais se valido da confissão de Maria para justificar a sanção penal.

Questão: Elaborar peça profissional apta a resolver a situação de Paulo.

PEÇA 16. A foi processado e condenado a 4 (quatro) anos de reclusão por ter exposto à venda produto alimentício adulterado, crime previsto no art. 272 do CP. A sentença baseou-se em auto de infração elaborado pela autoridade sanitária. Não há nos autos qualquer laudo. A encontra-se preso, tendo a sentença transitado em julgado.

Questão: Elaborar peça processual visando resolver a situação de A, justificando a medida proposta.

PEÇA 17. Petrônio cumpria pena na Penitenciária do Forte quando conseguiu evadir-se do presídio. Já na rua, roubou um veículo Opala, ameaçando de morte o seu proprietário, fazendo gesto de que estava armado, para tanto colocando a mão sob a camisa, e utilizou-se do veículo na fuga. Como o pneu do veículo estourou, Petrônio o abandonou e, novamente colocando as mãos sob a camisa, ameaçou Maria de morte, roubando seu veículo Monza. Após 20 (vinte) minutos depois, quando trafegava pela rodovia, prosseguindo em sua fuga, foi preso por policiais militares. Petrônio, então transferido para a Penitenciária de Jacaré, foi denunciado como incurso nas penas do art. 157, § 2º-A, I, do CP, por duas vezes, c/c art. 69, *caput*, também do CP. Na audiência para a oitiva das vítimas e testemunhas de acusação, Petrônio não foi apresentado, em virtude de falta de viaturas para conduzi-lo à cidade do Forte, tendo o seu defensor dativo dispensado a sua presença. Ao final do processo, foi condenado à pena de 20 anos de reclusão, além da pena de multa, sendo aquela assim fixada: 4 (quatro) anos, acrescidos de 1/2 pela reincidência, mais 2/3 pela majorante para cada um dos crimes, tendo o juiz considerado, para fins de reincidência, um crime de homicídio em relação ao qual pendia recurso especial. A sentença transitou em julgado, em face da ausência de recurso da defesa. Anos após, e ainda estando Petrônio preso, você é nomeado pelo juiz da Comarca do Forte para ajuizar pedido feito pelo réu para que fosse revista sua condenação.

Questão: Como advogado de Petrônio, apresente a peça processual cabível.

PEÇA 18. Mário, após violenta discussão com Antônio, agride-o com um cano, causando-lhe ferimentos, ato presenciado por duas testemunhas. Durante o inquérito policial, depois do primeiro exame em Antônio, realizado 15 (quinze) dias após o fato, foi ele intimado para comparecer após 90 (noventa) dias, tendo os peritos, com base em informes do ofendido e de registros hospitalares, pois desaparecidos os vestígios, afirmado a incapacidade para as ocupações habituais por mais de 30 (trinta) dias. Concluído o inquérito, Mário foi denunciado e condenado nas penas do art. 129, § 1°, I, do CP. O acusado Mário e seu advogado deixaram escoar o prazo para impugnação da sentença.

Questão: Como novo advogado, o que faria em favor de Mário? Redija a peça.

PEÇA 19. Em festiva reunião realizada por empresários na Comarca de Bauru, Ulpiano, engenheiro civil com residência e domicílio em São Paulo, Capital, teria ofendido a dignidade e a honra de Modestino, eis que relatava aos presentes as relações homossexuais por este praticadas com um adolescente de 13 anos de idade. Por tais fatos, Modestino, por advogado, ajuizou, no Foro Central de São Paulo, queixa-crime contra Ulpiano, por infração aos arts. 138 e 141, III, todos do CP. A ação foi distribuída à 1ª Vara Criminal, porém o magistrado rejeitou a inicial, deduzindo na decisão ser incompetente para processar e julgar o feito ocorrido na Comarca de Bauru, fundamentando-se nos arts. 6° do CP e 70, *caput*, do CPP. O decisum judicial foi publicado há dois dias.

Questão: Como advogado de Modestino, acione a providência judicial pertinente.

PEÇA 20. João Alves dos Santos, vítima de estelionato, atuara no processo por seu advogado, como assistente do Ministério Público, e apelou de sentença condenatória que, em 16.03.2023, condenara Antônio Aparecido Almeida às penas mínimas de 1 (um) ano de reclusão e 10 (dez) dias-multa, pleiteando aumento da pena porque o condenado era reincidente. O juiz não admitiu a apelação porque, no seu entendimento, não pode o ofendido apelar de sentença condenatória para pleitear aumento de pena. O advogado da vítima foi intimado dessa decisão no dia 3.03.2023 (sexta-feira).

Questão: Verifique a medida cabível e, de forma fundamentada, apresente a peça adequada, postulando, como advogado, o que for de interesse de João Alves dos Santos.

PEÇA 21. José está sendo processado por crime de homicídio culposo. Comovido com as fotos presentes no inquérito policial, o magistrado suspende cautelarmente a habilitação para dirigir veículo automotor de José, justificando a medida com a gravidade das consequências do fato. A intimação ocorreu há dois dias.

Questão: Tome as medidas cabíveis.

PEÇA 22. Aurélio, promotor de justiça, oferece denúncia contra Agripino, empresário, descrevendo infração penal tipificada como receptação. Contudo, esquece-se de apresentar o rol de testemunhas na peça inicial, além de narrar fato equivocado, fazendo inserir circunstâncias totalmente divorciadas da realidade, não oferecendo, outrossim, a qualificação do indiciado. O magistrado, ao tomar conhecimento do teor da denúncia, rejeita-a, em 24 de abril de 2023 expondo os motivos para tal. O promotor de justiça, intimado em 27 de abril de 2023 (quinta-feira) recorre de tal decisão em 04 de maio de 2023 (quinta-feira), expondo os motivos de seu inconformismo, reiterando que a ação penal deve ser recebida para, ao final da instrução probatória, ser o réu condenado pelo crime que cometeu. Você, como advogado de Agripino, é intimado para tomar ciência da decisão do juiz, bem como do recurso interposto pelo promotor de justiça, em 08 de maio de 2023 (segunda-feira).

Questão: Assim, faça a peça processual que julgar correta para a defesa de Agripino.

PEÇA 23. Os indivíduos Felício e Roberval, após uma partida de tênis, começaram a discutir. Felício, que estava com a raquete na mão, atingiu de lado e sem muita força a cabeça de Roberval, de estrutura física inferior à do agressor e mãos desprovidas de qualquer objeto. Roberval desequilibrou-se e, ao cair ao solo, bateu com a cabeça na guia, vindo a falecer. Felício foi processado em liberdade perante a 1ª Vara do Júri, por homicídio simples – art. 121, *caput*, do CP – e pronunciado pelo magistrado, ao entendimento de que houve dolo eventual, pois o acusado teria assumido o risco de produzir o resultado, ao golpear Roberval com a raquete. A sentença de pronúncia foi prolatada há dois dias.

Questão: Na condição de advogado de Felício, elabore a peça adequada à sua defesa.

PEÇA 24. Pedro era casado com Maria há muitos anos, não tiveram filhos e moravam em São Paulo. Pedro viajou para Salvador a negócios e hospedou-se no Hotel Centro daquela cidade. Ao retornar, após 2 (dois) dias, encontrou a esposa morta com um tiro na cabeça. Apurou-se também um tiro dado na parede com a mesma arma. Pedro acabou sendo denunciado por homicídio doloso simples, agravado por crime contra cônjuge. Defendeu-se por meio de um álibi, mostrando a conta do hotel, mas o juiz competente o pronunciou, apesar da negativa do acusado, enviando-o a julgamento perante o Tribunal do Júri. A r. sentença de pronúncia foi proferida há 3 (três) dias e o acusado está solto.

Questão: Produzir a peça cabível na espécie, perante o órgão judiciário competente, em favor de Pedro.

PEÇA 25. João, em 01.02.2023, foi denunciado pelo crime de homicídio duplamente qualificado: por motivo fútil (discussão anterior por dívida de jogo) e por uso de recurso que impossibilitou a defesa (a surpresa com que agiu). Procurado para ser citado, João não foi encontrado, realizando-se a sua citação por edital e sendo declarada a sua revelia. Foi-lhe nomeado defensor dativo, que apresentou a resposta à acusação. Durante a instrução foram ouvidas duas testemunhas. A primeira, arrolada pela acusação, afirmou ter visto quando João, por ela reconhecido fotograficamente na audiência, surgiu de repente e logo desferiu disparos em direção à vítima Antônio, causando-lhe a morte, tendo sabido pela esposa da vítima que o motivo era discussão anterior em virtude de dívida. A segunda testemunha, arrolada pela defesa, afirmou que conhecia João há muito tempo, sabendo que, na data do fato, ele não estava no Brasil e, por isso, não podia ser o autor dos disparos. Após os debates, João foi pronunciado por homicídio duplamente qualificado, nos termos da denúncia, sob o fundamento de que o depoimento da testemunha da acusação, por ser ela presencial, merece crédito, além do que, em caso de dúvida, deve o acusado ser pronunciado, já que, nessa fase processual, vigora o princípio in dubio pro societate. João, intimado da decisão no dia 22.05.2023 (segunda-feira), no mesmo dia deu ciência ao seu advogado.

Questão: Como advogado de João, redija a peça processual mais adequada à sua defesa.

PEÇA 26. Manoel foi condenado por tráfico de drogas a 6 (seis) anos de reclusão, estando recolhido na Penitenciária do Estado de São Paulo. É reincidente em razão de condenação anterior por crime de furto. Já cumpre pena, há quatro anos, completados ontem, sempre com excelente comportamento carcerário, sendo exato que aprendeu ofício e já tem emprego certo para quando estiver em liberdade.

Questão: Como advogado de Manoel, lançar mão de medida cabível visando sua libertação.

PEÇA 27. Tício, homem violento na juventude, foi condenado em três processos-crime às penas de 18, 25 e 30 anos, respectivamente, por 3 homicídios qualificados praticados no ano de 1985. Após o cumprimento de 15 anos de reclusão, fugiu, e permaneceu em liberdade por 2 anos, quando foi recapturado em blitz de rotina. Desde a captura, contam-se 15 anos efetivamente cumpridos, e por tal razão requereu sua liberdade, tendo sua pretensão indeferida pelo magistrado, sob a alegação que há pena a cumprir.

Questão: Apresentar o recurso cabível.

PEÇA 28. Lúcio, com 19 (dezenove) anos à época do fato, encontra-se condenado pela 27ª Vara Criminal desta Comarca ao cumprimento da pena de 2 (dois) anos e 4 (quatro) meses de reclusão, pela prática do crime de furto qualificado na modalidade continuada (arts. 155, § 4º, I, e 71 do CP), tendo sido aplicada a pena mínima para o delito e sobre ela lançado o aumento referente à continuação delitiva também no patamar mínimo, conforme sentença que transitou em julgado, no dia 05.01.2012. Lúcio, que estava foragido, veio a ser preso no dia 28.01.2014 e requereu a extinção da punibilidade, o que foi negado pelo juízo competente.

Questão: Como advogado de Lúcio, qual a medida cabível em sua defesa? Redija a peça.

PEÇA 29. O cidadão A, por infração ao art. 157, § 2º, II, do CP, foi condenado pelas 7ª, 10ª e 22ª Varas Criminais, sendo apenado, em cada uma delas, a 5 anos e 4 meses de reclusão e multa de R$ 300,00. Os fatos todos ocorreram no dia 30.04.2000, no período das 21 horas, tendo como vítimas três Casas de Loteria Esportiva, sitas na capital. Requereu ao juiz competente o benefício do art. 71 do CP, sendo indeferido seu pedido sob o fundamento de que, sendo diversas as vítimas que se viram envolvidas no comportamento criminoso do agente, estando em jogo, primacialmente, bem jurídico personalíssimo, não cabe entender-se que está presente a ficção jurídica do crime continuado.

Questão: Apresentar a medida cabível.

PEÇA 30. Ernesto Manoel foi condenado, por juízo criminal singular, a cumprir 20 (vinte) anos de reclusão, em regime prisional fechado, por ter sido incurso nas penas do art. 157, § 3º, do CP, em dezembro de 2004. Houve recurso interposto pela defesa e o Tribunal confirmou a sentença do juízo a quo. Passados 4 anos de cumprimento de pena, a defesa pediu progressão, que foi negada pelo juiz pela ausência de requisito legal objetivo, eis que presente atestado de boa conduta carcerária.

Questão: Como advogado de Ernesto Manoel, interponha o recurso cabível para combater a decisão judicial.

PEÇA 31. João, definitivamente condenado, estava cumprindo pena privativa de liberdade em regime aberto. Foi acusado, em novo processo, ainda não sentenciado, de roubo qualificado pelo emprego de arma e concurso de agentes. Chegando ao conhecimento do Juiz das Execuções Criminais a existência deste processo, ele revogou imediatamente, de ofício, o regime aberto e determinou a regressão de João para regime fechado. João foi intimado da decisão no dia 28.03.2023 (terça-feira), e, no mesmo dia, deu ciência ao seu advogado.

Questão: Como advogado de João, redija a peça processual mais adequada à sua defesa.

PEÇA 32. A, com 35 anos de idade, professor de natação, convidou uma de suas alunas de nome B, de 23 anos, moça de posses, para tomar um suco após a aula. Quando se dirigiam ao barzinho, passaram por um bosque e A, usando de violência, estuprou B. Neste momento, policiais militares que passavam por ali ouviram os gritos de B e efetuaram a prisão em flagrante de A.

A foi processado pelo art. 213 do CP. Durante o processo, A não expressou humildade e até disse que "a vítima na verdade gostou". A está cumprindo pena, já tendo descontado mais de 2/3 da reprimenda carcerária. Agora, após tantos anos na cadeia, indenizou a vítima, tem ótimo comportamento prisional, boa laborterapia e inclusive subsiste do seu trabalho, tendo recebido elogios do diretor da unidade prisional. Requereu o seu livramento condicional. Porém, o juiz da vara competente, impressionado com a gravidade do caso e ainda influenciado pela frase de que a vítima na verdade teria gostado, dita por A na época do processo, entendeu prematuro o benefício e indeferiu a postulação. A r. decisão que indeferiu o benefício foi prolatada hoje.

Questão: Produzir a peça cabível na espécie, em favor de A, direcionada ao órgão judiciário ad quem.

PEÇA 33. João, condenado definitivamente por vários crimes de homicídio qualificado, roubo, latrocínio e sequestro, a 156 (cento e cinquenta e seis) anos de reclusão, iniciou o cumprimento de sua pena no dia 01.02.2023. Sob o argumento de que ele pertenceria a organização criminosa, o Ministério Público, no dia 13.03.2023, requereu sua colocação em regime disciplinar diferenciado pelo prazo de 3 (três) anos. O juiz, no dia 14.03.2023 determinou o encaminhamento de João para penitenciária destinada ao cumprimento da pena no regime disciplinar diferenciado.

Questão: Como defensor de João, tomando ciência da decisão no dia 21.03.2023 (terça-feira), utilize os meios necessários a sua defesa, datando a petição com o último dia do prazo.

PEÇA 34. A está sendo processado por violação ao art. 138 c/c 141, III, do CP. Ocorre que B, a ofendida, deixou passar o prazo de 6 (seis) meses do art. 38 do CPP para oferecer ação penal. Dessa forma, não podendo a ação penal prosperar, em face da decadência já operada, A requereu fosse reconhecida a extinção da punibilidade. Seu pedido foi indeferido pelo juiz sendo A intimado dia 28 de abril de 2023 (sexta-feira). Desse modo, A interpôs, dia 08 de maio de 2023 recurso em sentido estrito, com fundamento no art. 581, IX, do CPP. Entretanto, o juiz a quo deixou de processar tal recurso, sob a alegação de ter sido interposto intempestivamente.

Questão: Elaborar medida judicial em favor de A.

PEÇA 35. José encontra-se preso em virtude de sentença condenatória proferida pelo juiz da 6ª Vara Criminal, por ter incorrido nas penas do art. 213, *caput*, do CP praticado em 2017. A sentença aplicou ao réu a pena de 6 (seis) anos de reclusão. Interposto o recurso de apelação, o revisor e o relator negaram provimento ao apelo da defesa, mantendo a decisão recorrida, enquanto o terceiro juiz, vencido em parte, deu provimento parcial ao referido recurso, para anular ab initio o processo, no tocante ao crime de estupro, dada a ausência de representação da vítima nesse sentido, conforme acórdão publicado hoje, dia 30 de janeiro de 2023 (segunda-feira).

Questão: Na condição de advogado de José, elaborar a peça cabível.

PEÇA 36. O indivíduo A, primário, com 19 anos de idade, furtou para si, de uma loja, mediante fraude, cinco canetas esferográficas, avaliadas em R$ 5,00 (cinco reais). Correu o processo com seus trâmites legais e, ao final, A foi condenado pelo juiz da 30ª Vara Criminal a cumprir pena de 2 (dois) anos de reclusão, em regime inicial aberto, substituída por duas penas restritivas de direitos. Inconformado com a sentença condenatória, interpôs recurso de apelação. Julgada a apelação, a sentença de 1ª instância foi mantida por maioria de votos. O acórdão foi publicado ontem. O voto divergente, embora mantivesse a condenação, reduzia a pena a 8 meses de detenção, em face do disposto no § 2º do art. 155 do CP, excluindo uma das penas restritivas de direitos.

Questão: Elaborar peça apta e cabível para defender os interesses do indivíduo A.

PEÇA 37. A foi condenado, em primeira instância, a 1 (um) ano e 2 (dois) meses de reclusão. Interpôs recurso de apelação, visando diminuir a pena. Devidamente processado tal recurso, a Câmara Criminal do Tribunal de Justiça houve por bem acolher as razões do apelante e diminuir-lhe a pena, como se verifica pela ementa: "Vistos, relatados e discutidos estes autos de Apelação Criminal n. ____, em que é apelante A, sendo apelada a Justiça Pública: acordam, por votação unânime, dar provimento à apelação do réu para diminuir a pena para 14 meses de reclusão". E, na parte conclusiva da veneranda decisão, lê-se: "Isto posto, dá-se provimento ao apelo do réu para fixar pena em 14 meses de reclusão".

Questão: Elaborar peça profissional para corrigir o referido engano material contido no acórdão.

PEÇA 38. O juiz, ao proferir sentença condenando João por furto qualificado, admitiu, expressamente, na fundamentação, que se tratava de caso de aplicação do privilégio previsto no § 2º do art. 155 do CP, porque o prejuízo da vítima era de R$ 100,00 (cem reais), devendo, em face de sua primariedade e bons antecedentes, ser condenado à pena mínima. Na parte dispositiva, fixou como pena a de reclusão de 2 (dois) anos, substituindo-a por uma pena restritiva de direitos e multa, fixando regime inicial aberto.

Questão: Diante do inconformismo de João com essa condenação, como seu advogado, tome as providências cabíveis para a sua defesa e redija a peça processual adequada.

PEÇA 39. José foi processado e condenado pelo crime de furto qualificado. A pena-base foi fixada acima do mínimo em razão de estar o réu sendo processado, em outra vara criminal, por crime de estelionato. José recorreu da decisão, que foi confirmada pelo Tribunal competente. Interpôs embargos de declaração com objetivo de prequestionamento, reiterando ao Tribunal o entendimento de que a existência do segundo processo revela personalidade antissocial e voltada para o crime, pelo que se justifica, nos termos do art. 59 do CP, o aumento da pena-base.

Questão: Proponha o recurso cabível.

PEÇA 40. Houssein Mohamad, cidadão libanês, foi preso, em flagrante delito pelo crime de tráfico de drogas, por ter sido surpreendido, em blitz de rotina, com 1 quilo de cocaína prensada e 50 comprimidos de ecstasy. Remetido o procedimento a juízo o magistrado entendeu por bem converter a prisão em flagrante em prisão preventiva em face da intensa nocividade social do crime e, ademais, da alta probabilidade de fuga do acusado, por ser ele estrangeiro.

Questão: em face da situação apresentada ingresse com a medida cabível, diversa do habeas corpus, para defender os interesses de seu cliente.

PEÇA 41. O promotor de justiça requisitou a instauração de inquérito policial contra João Fernando Albuquerque Filho, pelo crime de furto simples (art. 155 do CP), praticado contra João Fernando Albuquerque. O fato, que consistia na subtração de um relógio de ouro, foi levado ao conhecimento do membro do Ministério Público por Marisa Albuquerque, mãe do suposto autor do delito. O delegado de polícia instaurou inquérito, cumprindo a ordem da Promotoria.

Questão: Como advogado de João Fernando Albuquerque Filho, adote a medida cabível.

PEÇA 42. Tício é sócio-gerente, com maioria do capital, da loja de equipamentos agrícolas Gramas, localizada na cidade de Cuiabá, tendo cinco funcionários trabalhando em referido estabelecimento comercial. No mês de março do ano de 2022, a empresa passou por séria crise financeira, motivo pelo qual Tício deixou de repassar à Previdência Social, no prazo e na forma legal, as contribuições previdenciárias descontadas dos funcionários. A empresa foi submetida à fiscalização, tendo sido descobertos pelo órgão autárquico os atos praticados pelo senhor Tício, motivo pelo qual foi lavrado auto de infração, sendo, ainda, remetida representação ao Ministério Público. Instaurado inquérito policial, o Delegado de Polícia determinou o formal indiciamento Tício e Mévio este sócio minoritário da empresa Gramas e que não participava da gestão da sociedade. Em seu interrogatório Tício informou que era o responsável pela folha de pagamento e que descontava as contribuições esclareceu que recolheu as contribuições previdenciárias de seus empregados, mas não as repassando à Previdência, preferindo aplicar o dinheiro no pagamento de fornecedores, pois a empresa passava por grave crise financeira. Afirmou, também, que providenciara, em junho de 2022, a declaração do débito e o pedido de parcelamento perante a Previdência Social, procedendo à comprovação do adimplemento de todas as parcelas. Ambos foram denunciados e ofereceram resposta à acusação. No entanto, o Magistrado entendeu ser prematura a absolvição sumária e já marcou a audiência de instrução para daqui a 20 dias.

Questão: Como advogado de Tício e Mévio, adotar as providências cabíveis.

PEÇA 43. Mévio foi processado e, ao final, condenado como incurso nas penas do art. 158, *caput*, combinado com o art. 14, II, ambos do CP, a 1 (um) ano e 4 (quatro) meses de reclusão, O juiz competente negou o pedido de suspensão condicional da pena formulado pelo advogado de Mévio, pedido este elaborado por tratar-se de réu primário e de bons antecedentes. O advogado, então, impetrou habeas corpus, o qual foi denegado pela 2ª Câmara Criminal do Tribunal de Justiça de Mato Grosso, em votação não unânime.

Questão: Como advogado de Mévio, adotar as providências judiciais cabíveis.

PEÇA 44. Ésquines foi denunciado e está sendo processado por infração ao art. 159 do CP porque, mediante grave ameaça exercida com arma de fogo, sequestrou

Demóstenes, empresário, exigindo de sua família, como condição para sua libertação, a importância de R$ 100.000,00 (cem mil reais). Foi autuado em flagrante delito no momento em que pegava o dinheiro, deixado em local previamente combinado, e a vítima foi encontrada ilesa.

O acusado encontra-se preso, uma vez que o flagrante foi convertido em prisão preventiva, para garantia da ordem pública, já que o crime causou intensa comoção na comunidade e na mídia. Tendo requerido a revogação da prisão preventiva, por não estarem presentes os seus requisitos, ou, alternativamente, a sua substituição pela liberdade provisória ou outra medida cautelar foi o pedido negado, sob o argumento de tratar-se de crime hediondo, ensejando interposição de ordem de habeas corpus ao Tribunal competente. O Tribunal denegou a ordem requerida, sob o mesmo fundamento.

Questão: Como advogado de Ésquines, tome a providência judicial cabível.

PEÇA 45. Antenor teve seu veículo subtraído e posteriormente localizado e apreendido em auto próprio, instaurando a autoridade policial regular inquérito, já que estabelecida a autoria. Requereu a liberação do veículo, indiscutivelmente de sua propriedade, o que foi indeferido pelo delegado de polícia civil local, afirmando que só será possível a restituição depois de a sentença penal transitar em julgado, conforme despacho cuja cópia está em seu poder.

Questão: Como advogado de Antenor, agir no seu interesse.

PEÇA 46. João Alves dos Santos, por estar indiciado pela prática de crime de roubo, procurou advogado para atuar em sua defesa. Este, no dia 20.05.2004, dirigiu-se à Delegacia de Polícia e solicitou os autos de inquérito para exame. O Delegado de Polícia, todavia, não lhe permitiu o acesso aos autos porque a investigação era sigilosa.

Questão: Como advogado de João, verifique a medida cabível para garantir o respeito à autoridade do Supremo Tribunal Federal e, de forma fundamentada, postule o que for adequado ao caso.

PEÇA 47. No dia 10.09.2013, por volta das 12 horas, na confluência das ruas Maria Paula e Genebra, Maria da Luz teve seu relógio subtraído por João da Paz, que se utilizou de violência e grave ameaça, exercida com uma faca. Descoberta a autoria e formalizado o inquérito policial com prova robusta de materialidade e autoria, os autos permanecem com o Ministério Público há mais de 30 dias, sem qualquer manifestação.

Questão: Como advogado de Maria da Luz, atue em prol da constituinte.

PEÇA 48. Nos autos de inquérito policial, ainda vinculado ao juízo do Departamento de Inquéritos Policiais da Capital – DIPO, ficou evidenciado que Graciliano, o autor do furto, logo após a sua prática, adquiriu imóvel cujo valor coincide com o do numerário subtraído, conforme escritura lavrada em cartório e registrada no serviço imobiliário competente.

Questão: Como advogado da vítima, atuar no escopo de obter o ressarcimento.

PEÇA 49. A, condenado por crime de lesões corporais, já cumpriu pena por cerca de 7 (sete) anos. As lesões foram graves, mas A, na ocasião, pagou todas as despesas de internação e tratamento da vítima. Hoje, A assume uma vida social normal, sendo até presidente de uma entidade que cuida de menores abandonados.

Questão: Como advogado de A, requerer o que é de direito.

Peça 50. Carlos foi denunciado pela prática de furto simples, pois teria subtraído uma bicicleta de seu vizinho, e a teria devolvido poucas horas depois. Carlos confessou o fato, mas não justificou as razões de sua conduta. A denúncia foi recebida, e Carlos foi regularmente citado, mas assim que consultou advogado foi notada a ausência de manifestação do Ministério Público sobre o acordo de não persecução penal. Como advogado de Carlos, ofereça a manifestação adequada.

Peça 51. Paulo foi denunciado pela prática de tráfico de drogas, pois teria sido flagrado ao vender um cigarro de maconha para um colega de classe. Paulo é primário, com bons antecedentes, e não consta qualquer indício de seu envolvimento com organização criminosa. O Promotor de Justiça recusou o oferecimento de acordo de não persecução penal, argumentando que mesmo com o provável reconhecimento do privilégio seria descabido o ANPP em crime hediondo ou equiparado. A denúncia foi recebida, e Paulo citado. Como advogado de Paulo, ofereça a defesa cabível.

Peça 52. Guilherme foi processado pela prática de roubo simples, pois teria empurrado Márcia, jovem empresária, e subtraído sua bolsa, com o auxílio de um comparsa, Saulo. Saulo nunca foi encontrado ou corretamente identificado. Durante a instrução, ficou demonstrado que não houve empurrão ou qualquer outro tipo de violência, pois, distraída com o chamado de Saulo, Márcia teria deixado a bolsa sobre um balcão, momento em que, valendo-se de surpresa e grande agilidade, Guilherme apanhou a bolsa e fugiu, escapando do alcance da vítima em segundos. Na sentença, a conduta foi desclassificada para furto qualificado, mas não foi aberta oportunidade para manifestação do Ministério Público.

PEÇA 53 (FGV – 2º Exame unificado da OAB). A Polícia Civil do Estado do Rio Grande do Sul recebe notícia crime identificada, imputando a Maria Campos a prática de crime, eis que mandaria crianças brasileiras para o estrangeiro com documentos falsos. Diante da notícia crime, a autoridade policial instaura inquérito policial e, como primeira providência, representa pela decretação da interceptação das comunicações telefônicas de Maria Campos, "dada a gravidade dos fatos noticiados e a notória dificuldade de apurar crime de tráfico de menores para o exterior por outros meios, pois o "modus operandi" envolve sempre atos ocultos e exige estrutura organizacional sofisticada, o que indica a existência de uma organização criminosa integrada pela investigada Maria". O Ministério Público opina favoravelmente e o juiz defere a medida, limitando-se a adotar, como razão de decidir, "os fundamentos explicitados na representação policial". No curso do monitoramento, foram identificadas pessoas que contratavam os serviços de Maria Campos para providenciar expedição de passaporte para viabilizar viagens de crianças para o exterior. Foi gravada conversa telefônica de Maria com um funcionário do setor de passaportes da Polícia Federal, Antônio Lopes, em que Maria consultava Antônio sobre os passaportes que ela havia solicitado, se já estavam prontos, e se poderiam ser enviados a ela. A pedido da autoridade policial, o juiz deferiu a interceptação das linhas telefônicas utilizadas por Antônio Lopes, mas nenhum diálogo relevante foi interceptado. O juiz, também com prévia representação da autoridade policial e manifestação favorável do Ministério Público, deferiu a quebra de sigilo bancário e fiscal dos investigados, tendo sido identificado um depósito de dinheiro em espécie na conta de Antônio, efetuado naquele mesmo ano, no valor de R$ 100.000,00 (cem mil reais). O monitoramento telefônico foi mantido pelo período de quinze dias, após o que foi deferida medida de busca e apreensão nos endereços de Maria e Antônio. A decisão foi proferida nos seguintes termos: "diante da gravidade dos fatos e da real possibilidade de serem encontrados objetos relevantes para investigação, defiro o requerimento de busca e apreensão nos endereços de Maria (Rua dos Casais, 213) e de Antônio (Rua Castro, 170, apartamento 201)". No endereço de Maria Campos, foi encontrada apenas uma relação de nomes que, na visão da autoridade policial, seriam clientes que teriam requerido a expedição de passaportes com os nomes de crianças que teriam viajado para o exterior. No endereço indicado no mandado de Antônio Lopes, nada foi encontrado. Entretanto, os policiais que cumpriram a ordem judicial perceberam que o apartamento 202 do mesmo prédio também pertencia ao investigado, motivo pelo qual nele ingressaram, encontrando e apreendendo a quantia de cinquenta mil dólares em espécie. Nenhuma outra diligência foi realizada. Relatado o inquérito policial, os autos foram remetidos ao Ministério Público, que ofereceu a denúncia nos seguintes termos: "o Ministério Público vem oferecer denúncia contra Maria Campos e Antônio Lopes, pelos fatos a seguir descritos: Maria Campos, com o auxílio do agente da polícia federal Antônio Lopes, expediu diversos passaportes para crianças e adolescentes, sem observância das formalidades legais. Maria tinha a finalidade de viabilizar a saída dos menores do país. A parir da quantia de dinheiro apreendida na casa de Antônio Lopes, bem como o depósito identificado em sua conta bancária, evidente que ele recebia vantagem indevida para efetuar a liberação dos passaportes. Assim agindo, a denunciada Maria Campos está incursa nas penas do art. 239, parágrafo único, da Lei n. 8.069/90 (Estatuto da Criança e do Adolescente), e nas penas do art. 333, parágrafo único, c/c o art. 69, ambos do CP. Já o denunciado Antônio Lopes está incurso nas penas do art. 239, parágrafo único, da Lei n. 8.069/90 (Estatuto da Criança e do Adolescente) e nas penas do art. 317, § 1°, c/c art. 69, ambos do CP". O juiz da 15ª Vara Criminal de Porto Alegre, RS, recebeu a denúncia, nos seguintes termos: "compulsando os autos, verifico que há prova indiciária suficiente da ocorrência dos fatos descritos na denúncia e do envolvimento dos denunciados. Há justa causa para a ação penal, pelo que recebo a denúncia. Citem-se os réus, na forma da lei". Antônio foi citado pessoalmente em 27.10.2010 (quarta-feira) e o respectivo mandado foi acostado aos autos dia 01.11.2010 (segunda-feira). Antônio contratou você como Advogado, repassando-lhe nomes de pessoas (Carlos de Tal, residente na Rua 1, n. 10, nesta capital; João de Tal, residente na Rua 4, n. 310, nesta capital; Roberta de Tal, residente na Rua 4, n. 310, nesta capital) que prestariam relevantes informações para corroborar com sua versão.

Questão: Nessa condição, redija a peça processual cabível desenvolvendo TODAS AS TESES DEFENSIVAS que podem ser extraídas do enunciado, com indicação dos respectivos dispositivos legais. Apresente a peça no último dia do prazo.

PEÇA 54 (FGV – 3° Exame unificado da OAB). No dia 17.06.2010, uma criança recém-nascida é vista boiando em um córrego e, ao ser resgatada, não possuía mais vida. Helena, a mãe da criança, foi localizada e negou que houvesse jogado a vítima no córrego. Sua filha teria sido, segundo ela, sequestrada por um desconhecido. Durante a fase de inquérito, testemunhas afirmaram que a mãe apresentava quadro de profunda depressão no momento e logo após o parto. Além disso, foi realizado exame médico legal, o qual constatou que Helena, quando do fato, estava sob a influência de estado puerperal. À míngua de provas que confirmassem a autoria, mas desconfiado de que a mãe da criança pudesse estar envolvida no fato, a autoridade policial representou pela decretação de interceptação telefônica da linha de telefone móvel usado pela mãe, medida que foi decretada pelo juiz competente. A prova constatou que a mãe efetivamente praticara o fato, pois, em conversa telefônica com uma conhecida, de nome Lia, ela afirmara ter atirado a criança ao córrego, por desespero, mas que estava arrependida. O delegado intimou Lia para ser ouvida, tendo ela confirmado, em sede policial, que Helena de fato havia atirado a criança, logo após o parto, no córrego. Em razão das aludidas provas, a mãe da criança foi então denunciada pela prática do crime descrito no art. 123 do CP perante a 1ª Vara Criminal (Tribunal do Júri). Durante a ação penal, é juntado aos autos o laudo de necropsia realizada no corpo da criança. A prova técnica concluiu que a criança já nascera morta. Na audiência de instrução, realizada no dia 12.08.2010, Lia é novamente inquirida, ocasião em que confirmou ter a denunciada, em conversa telefônica, admitido ter jogado o corpo da criança no córrego. A mesma testemunha, no entanto, trouxe nova informação, que não mencionara quando ouvida na fase inquisitorial. Disse que, em outras conversas que tivera com a mãe da criança, Helena contara que tomara substância abortiva, pois não poderia, de jeito nenhum, criar o filho. Interrogada, a denunciada negou todos os fatos. Finda a instrução, o Ministério Público manifestou-se pela pronúncia, nos termos da denúncia, e a defesa, pela impronúncia, com base no interrogatório da acusada, que negara todos os fatos. O magistrado, na mesma audiência, prolatou sentença de pronúncia, não nos termos da denúncia, e sim pela prática do crime descrito no art. 124 do CP, punido menos severamente do que aquele previsto no art. 123 do mesmo Código, intimando as partes no referido ato.

Questão: Com base somente nas informações de que dispõe e nas que podem ser inferidas pelo caso concreto acima, na condição de advogado(a) de Helena, redija a peça cabível à impugnação da mencionada decisão, acompanhada das razões pertinentes, as quais devem apontar os argumentos para o provimento do recurso, mesmo que em caráter sucessivo.

PEÇA 55 **(FGV – 4º Exame unificado da OAB).** Tício foi denunciado e processado, na 1ª Vara Criminal da Comarca do Município X, pela prática de roubo qualificado em decorrência do emprego de arma de fogo. Ainda durante a fase de inquérito policial, Tício foi reconhecido pela vítima. Tal reconhecimento se deu quando a referida vítima olhou através de pequeno orifício da porta de uma sala onde se encontrava apenas o réu. Já em sede de instrução criminal, nem vítima nem testemunhas afirmaram ter escutado qualquer disparo de arma de fogo, mas foram uníssonas no sentido de assegurar que o assaltante portava uma. Não houve perícia, pois os policiais que prenderam o réu em flagrante não lograram êxito em apreender a arma. Tais policiais afirmaram em juízo que, após escutarem gritos de "pega ladrão!", viram o réu correndo e foram em seu encalço. Afirmaram que, durante a perseguição, os passantes apontavam para o réu, bem como que este jogou um objeto no córrego que passava próximo ao local dos fatos, que acreditavam ser a arma de fogo utilizada. O réu, em seu interrogatório, exerceu o direito ao silêncio. Ao cabo da instrução criminal, Tício foi condenado a 8 anos e 6 meses de reclusão, por roubo com emprego de arma de fogo, tendo sido fixado o regime inicial fechado para cumprimento de pena. O magistrado, para fins de condenação e fixação da pena, levou em conta os depoimentos testemunhais colhidos em juízo e o reconhecimento feito pela vítima em sede policial, bem como o fato de o réu ser reincidente e portador de maus antecedentes, circunstâncias comprovadas no curso do processo. Você, na condição de advogado(a) de Tício, é intimado(a) da decisão. Com base somente nas informações de que dispõe e nas que podem ser inferidas pelo caso concreto acima, redija a peça cabível, apresentando as razões e sustentando as teses jurídicas pertinentes.

PEÇA 56 **(FGV – 5º Exame unificado da OAB).** Em 10.01.2007, Eliete foi denunciada pelo Ministério Público pela prática do crime de furto qualificado por abuso de confiança, haja vista ter alegado o Parquet que a denunciada havia se valido da qualidade de empregada doméstica para subtrair, em 20.12.2006, a quantia de R$ 50,00 de seu patrão Cláudio, presidente da maior empresa do Brasil no segmento de venda de alimentos no varejo. A denúncia foi recebida em 12.01.2007, e, após a instrução criminal, foi proferida, em 10.12.2009, sentença penal julgando procedente a pretensão acusatória para condenar Eliete à pena final de dois anos de reclusão, em razão da prática do crime previsto no art. 155, § 4º, II, do CP. Após a interposição de recurso de apelação exclusivo da defesa, o Tribunal de Justiça entendeu por bem anular toda a instrução criminal, ante a ocorrência de cerceamento de defesa em razão do indeferimento injustificado de uma pergunta formulada a uma testemunha. Novamente realizada a instrução criminal, ficou comprovado que, à época dos fatos, Eliete havia sido contratada por Cláudio havia uma semana e só tinha a obrigação de trabalhar às segundas, quartas e sextas-feiras, de modo que o suposto fato criminoso teria ocorrido no terceiro dia de trabalho da doméstica. Ademais, foi juntada aos autos a comprovação dos rendimentos da vítima, que giravam em torno de R$ 50.000,00 (cinquenta mil reais) mensais. Após a apresentação de memoriais pelas partes, em 09.02.2011, foi proferida nova sentença penal condenando Eliete à pena final de 2 (dois) anos e 6 (seis) meses de reclusão. Em suas razões de decidir, assentou o magistrado que a ré possuía circunstâncias judiciais desfavoráveis, uma vez que se reveste de enorme gravidade a prática de crimes em que se abusa da confiança depositada no agente, motivo pelo qual a pena deveria ser distanciada do mínimo. Ao final, converteu a pena privativa de liberdade em restritiva de direitos, consubstanciada na prestação de 8 (oito) horas semanais de serviços comunitários, durante o período de 2 (dois) anos e 6 (seis) meses em instituição a ser definida pelo juízo de execuções penais. Novamente não houve recurso do Ministério Público, e a sentença foi publicada no Diário Eletrônico em 16.02.2011.

Questão: Com base somente nas informações de que dispõe e nas que podem ser inferidas pelo caso concreto acima, redija, na qualidade de advogado de Eliete, com data para o último dia do prazo legal, o recurso cabível à hipótese, invocando todas as questões de direito pertinentes, mesmo que em caráter eventual.

PEÇA 57 (FGV – 6º Exame unificado da OAB). No dia 10.03.2011, após ingerir um litro de vinho na sede de sua fazenda, José Alves pegou seu automóvel e passou a conduzi-lo ao longo da estrada que tangencia sua propriedade rural. Após percorrer cerca de dois quilômetros na estrada absolutamente deserta, José Alves foi surpreendido por uma equipe da Polícia Militar que lá estava a fim de procurar um indivíduo foragido do presídio da localidade. Abordado pelos policiais, José Alves saiu de seu veículo trôpego e exalando forte odor de álcool, oportunidade em que, de maneira incisiva, os policiais lhe compeliram a realizar um teste de alcoolemia em aparelho de ar alveolar. Realizado o teste, foi constatado que José Alves tinha concentração de álcool de um miligrama por litro de ar expelido pelos pulmões, razão pela qual os policiais o conduziram à Unidade de Polícia Judiciária, onde foi lavrado Auto de Prisão em Flagrante pela prática do crime previsto no art. 306 da Lei n. 9.503/97, c/c art. 2º, II, do Dec. n. 6.488/2008, sendo-lhe negado no referido Auto de Prisão em Flagrante o direito de entrevistar-se com seus advogados ou com seus familiares.

Dois dias após a lavratura do Auto de Prisão em Flagrante, em razão de José Alves ter permanecido encarcerado na Delegacia de Polícia, você é procurado pela família do preso, sob protestos de que não conseguiam vê-lo e de que o delegado não comunicara o fato ao juízo competente, tampouco à Defensoria Pública.

Questão: Com base somente nas informações de que dispõe e nas que podem ser inferidas pelo caso concreto acima, na qualidade de advogado de José Alves, redija a peça cabível, exclusiva de advogado, no que tange à liberdade de seu cliente, questionando, em juízo, eventuais ilegalidades praticadas pela Autoridade Policial, alegando para tanto toda a matéria de direito pertinente ao caso.

PEÇA 58 (FGV – 7º Exame unificado da OAB). Grávida de nove meses, Ana entra em trabalho de parto, vindo dar à luz um menino saudável, o qual é imediatamente colocado em seu colo. Ao ter o recém-nascido em suas mãos, Ana é tomada por extremo furor, bradando aos gritos que seu filho era um "monstro horrível que não saiu de mim" e bate por seguidas vezes a cabeça da criança na parede do quarto do hospital, vitimando-a fatalmente. Após ser dominada pelos funcionários do hospital, Ana é presa em flagrante delito. Durante a fase de inquérito policial, foi realizado exame médico-legal, o qual atestou que Ana agira sob influência de estado puerperal. Posteriormente, foi denunciada, com base nas provas colhidas na fase inquisitorial, sobretudo o laudo do expert, perante a 1ª Vara Criminal/Tribunal do Júri pela prática do crime de homicídio triplamente qualificado, haja vista ter sustentado o Parquet que Ana fora movida por motivo fútil, empregara meio cruel para a consecução do ato criminoso, além de se utilizar de recurso que tornou impossível a defesa da vítima. Em sede de Alegações Finais Orais, o Promotor de Justiça reiterou os argumentos da denúncia, sustentando que Ana teria agido impelida por motivo fútil ao decidir matar seu filho em razão de tê-lo achado feio e teria empregado meio cruel ao bater a cabeça do bebê repetidas vezes contra a parede, além de impossibilitar a defesa da vítima, incapaz, em razão da idade, de defender-se. A Defensoria Pública, por sua vez, alegou que a ré não teria praticado o fato e, alternativamente, se o tivesse feito, não possuiria plena capacidade de autodeterminação, sendo inimputável. Ao proferir a sentença, o magistrado competente entendeu por bem absolver sumariamente a ré em razão de inimputabilidade, pois, ao tempo da ação, não seria ela inteiramente capaz de se autodeterminar em consequência da influência do estado puerperal. Tendo sido intimado o Ministério Público da decisão, em 11.01.2011, o prazo recursal transcorreu "in albis" sem manifestação do "Parquet". Em relação ao caso narrado, você, na condição de advogado(a), é procurado pelo pai da vítima, em 20.01.2011, para habilitar-se como assistente da acusação e impugnar a decisão. Com base somente nas informações de que dispõe e nas que podem ser inferidas pelo caso concreto acima, redija a peça cabível, sustentando, para tanto, as teses jurídicas pertinentes, datando do último dia do prazo.

PEÇA 59 (FGV – 8º Exame unificado da OAB). Visando abrir um restaurante, José pede vinte mil reais emprestados a Caio, assinando, como garantia, uma nota promissória no aludido valor, com vencimento para o dia 15.05.2010. Na data mencionada, não tendo havido pagamento, Caio telefona para José e, educadamente, cobra a dívida, obtendo do devedor a promessa de que o valor seria pago em uma semana. Findo o prazo, Caio novamente contata José, que, desta vez, afirma estar sem dinheiro, pois o restaurante não apresentara o lucro esperado. Indignado, Caio comparece no dia 24.05.2010 ao restaurante e, mostrando para José uma pistola que trazia consigo, afirma que a dívida deveria ser saldada imediatamente, pois, do contrário, José pagaria com a própria vida. Aterrorizado, José entra no restaurante e telefona para a polícia, que, entretanto, não encontra Caio quando chega ao local. Os fatos acima referidos foram levados ao conhecimento do delegado de polícia da localidade, que instaurou inquérito policial para apurar as circunstâncias do ocorrido. Ao final da investigação, tendo Caio confirmado a ocorrência dos eventos em sua integralidade, o Ministério Público o denuncia pela prática do crime de extorsão qualificada pelo emprego de arma de fogo. Recebida a inicial pelo juízo da 5ª Vara Criminal, o réu é citado no dia 18.01.2011. Procurado apenas por Caio para representá-lo na ação penal instaurada, sabendo-se que Joaquim e Manoel presenciaram os telefonemas de Caio cobrando a dívida vencida, e com base somente nas informações de que dispõe e nas que podem ser inferidas pelo caso concreto acima, redija, no último dia do prazo, a peça cabível, invocando todos os argumentos em favor de seu constituinte.

PEÇA 60 (FGV – 9º Exame unificado da OAB). Gisele foi denunciada, com recebimento ocorrido em 31.10.2010, pela prática do delito de lesão corporal leve, com a presença da circunstância agravante, de ter o crime sido cometido contra mulher grávida. Isso porque, segundo narrou a inicial acusatória, Gisele, no dia 01.04.2009, então com 19 anos, objetivando provocar lesão corporal leve em Amanda, deu um chute nas costas de Carolina, por confundi-la com aquela, ocasião em que Carolina (que estava grávida) caiu de joelhos no chão, lesionando-se.

A vítima, muito atordoada com o acontecido, ficou por um tempo sem saber o que fazer, mas foi convencida por Amanda (sua amiga e pessoa a quem Gisele realmente queria lesionar) a noticiar o fato na delegacia. Sendo assim, tão logo voltou de um intercâmbio, mais precisamente no dia 18.10.2009, Carolina compareceu à delegacia e noticiou o fato, representando contra Gisele. Por orientação do delegado, Carolina foi instruída a fazer exame de corpo de delito, o que não ocorreu, porque os ferimentos, muito leves, já haviam sarado. O Ministério Público, na denúncia, arrolou Amanda como testemunha.

Em seu depoimento, feito em sede judicial, Amanda disse que não viu Gisele bater em Carolina e nem viu os ferimentos, mas disse que poderia afirmar com convicção que os fatos noticiados realmente ocorreram, pois estava na casa da vítima quando esta chegou chorando muito e narrando a história. Não foi ouvida mais nenhuma testemunha e Gisele, em seu interrogatório, exerceu o direito ao silêncio. Cumpre destacar que a primeira e única audiência ocorreu apenas em 20.03.2012, mas que, anteriormente, três outras audiências foram marcadas; apenas não se realizaram porque, na primeira, o magistrado não pôde comparecer, na segunda o Ministério Público não compareceu e a terceira não se realizou porque, no dia marcado, foi dado ponto facultativo pelo governador do Estado, razão pela qual todas as audiências foram redesignadas. Assim, somente na quarta data agendada é que a audiência efetivamente aconteceu. Também merece destaque o fato de que na referida audiência o parquet não ofereceu proposta de suspensão condicional do processo, pois, conforme documentos comprobatórios juntados aos autos, em 30.03.2009, Gisele, em processo criminal onde se apuravam outros fatos, aceitou o benefício proposto.

Assim, segundo o promotor de justiça, afigurava-se impossível formulação de nova proposta de suspensão condicional do processo, ou de qualquer outro benefício anterior não destacado, e, além disso, tal dado deveria figurar na condenação ora pleiteada para Gisele como outra circunstância agravante, qual seja, reincidência.

Nesse sentido, considere que o magistrado encerrou a audiência e abriu prazo, intimando as partes, para o oferecimento da peça processual cabível.

Questão: Como advogado de Gisele, levando em conta tão somente os dados contidos no enunciado, elabore a peça cabível.

PEÇA 61 (FGV – 10º Exame unificado da OAB). Jane, no dia 18.10.2010, na cidade de Cuiabá – MT, subtraiu veículo automotor de propriedade de Gabriela. Tal subtração ocorreu no momento em que a vítima saltou do carro para buscar um pertence que havia esquecido em casa, deixando-o aberto e com a chave na ignição. Jane, ao ver tal situação, aproveitou-se e subtraiu o bem, com o intuito de revendê-lo no Paraguai. Imediatamente, a vítima chamou a polícia e esta empreendeu perseguição ininterrupta, tendo prendido Jane em flagrante somente no dia seguinte, exatamente quando esta tentava cruzar a fronteira para negociar a venda do bem, que estava guardado em local não revelado.

Em 30.10.2010, a denúncia foi recebida. No curso do processo, as testemunhas arroladas afirmaram que a ré estava, realmente, negociando a venda do bem no país vizinho e que havia um comprador, terceiro de boa-fé arrolado como testemunha, o qual, em suas declarações, ratificou os fatos. Também ficou apurado que Jane possuía maus antecedentes e reincidente específica nesse tipo de crime, bem como que Gabriela havia morrido no dia seguinte à subtração, vítima de enfarte sofrido logo após os fatos, já que o veículo era essencial à sua subsistência. A ré confessou o crime em seu interrogatório.

Ao cabo da instrução criminal, a ré foi condenada a cinco anos de reclusão no regime inicial fechado para cumprimento da pena privativa de liberdade, tendo sido levada em consideração a confissão, a reincidência específica, os maus antecedentes e as consequências do crime, quais sejam, a morte da vítima e os danos decorrentes da subtração de bem essencial à sua subsistência.

A condenação transitou definitivamente em julgado, e a ré iniciou o cumprimento da pena em 10.11.2012. No dia 05.03.2013, você, já na condição de advogado(a) de Jane, recebe em seu escritório a mãe de Jane, acompanhada de Gabriel, único parente vivo da vítima, que se identificou como sendo filho desta. Ele informou que, no dia 27.10.2010, Jane, acolhendo os conselhos maternos, lhe telefonou, indicando o local onde o veículo estava escondido. O filho da vítima, nunca mencionado no processo, informou que no mesmo dia do telefonema, foi ao local e pegou o veículo de volta, sem nenhum embaraço, bem como que tal veículo estava em seu poder desde então.

Questão: Com base somente nas informações de que dispõe e nas que podem ser inferidas pelo caso concreto acima, redija a peça cabível, excluindo a possibilidade de impetração de Habeas Corpus, sustentando, para tanto, as teses jurídicas pertinentes.

PEÇA 62 (FGV – 11° Exame unificado da OAB). Jerusa, atrasada para importante compromisso profissional, dirige seu carro bastante preocupada, mas respeitando os limites de velocidade. Em uma via de mão dupla, Jerusa decide ultrapassar o carro à sua frente, o qual estava abaixo da velocidade permitida. Para realizar a referida manobra, entretanto, Jerusa não liga a respectiva seta luminosa sinalizadora do veículo e, no momento da ultrapassagem, vem a atingir Diogo, motociclista que, em alta velocidade, conduzia sua moto no sentido oposto da via. Não obstante a presteza no socorro que veio após o chamado da própria Jerusa e das demais testemunhas, Diogo falece em razão dos ferimentos sofridos pela colisão.

Instaurado o respectivo inquérito policial, após o curso das investigações, o Ministério Público decide oferecer denúncia contra Jerusa, imputando-lhe a prática do delito de homicídio doloso simples, na modalidade dolo eventual (art. 121 c/c art. 18, I, parte final, ambos do CP). Argumentou o ilustre membro do Parquet a imprevisão de Jerusa acerca do resultado que poderia causar ao não ligar a seta do veículo para realizar a ultrapassagem, além de não atentar para o trânsito em sentido contrário. A denúncia foi recebida pelo juiz competente e todos os atos processuais exigidos em lei foram regularmente praticados. Finda a instrução probatória, o juiz competente, em decisão devidamente fundamentada, decidiu pronunciar Jerusa pelo crime apontado na inicial acusatória. O advogado de Jerusa é intimado da referida decisão em 02.08.2013 (sexta-feira).

Questão: Atento ao caso apresentado e tendo como base apenas os elementos fornecidos, elabore o recurso cabível e date-o com o último dia do prazo para a interposição.

PEÇA 63 (FGV – 12° Exame unificado da OAB). Rita, senhora de 60 anos, foi presa em flagrante no dia 10.11.2011 (quinta-feira) ao sair da filial de uma grande rede de farmácias, após ter furtado cinco tintas de cabelo. Para subtrair os itens, Rita arrebentou a fechadura do armário onde estavam os referidos produtos, conforme imagens gravadas pelas câmeras de segurança do estabelecimento. O valor total dos itens furtados perfazia a quantia de R$ 49,95 (quarenta e nove reais e noventa e cinco centavos).

Instaurado inquérito policial, as investigações seguiram normalmente. O Ministério Público, então, por entender haver indícios suficientes de autoria, provas da materialidade e justa causa, resolveu denunciar Rita pela prática da conduta descrita no art. 155, § 4º, I, do CP (furto qualificado pelo rompimento de obstáculo). A denúncia foi regularmente recebida pelo juízo da 41ª Vara Criminal da Comarca da Capital do Estado 'X' e a ré foi citada para responder à acusação, o que foi devidamente feito. O processo teve seu curso regular e, durante todo o tempo, a ré ficou em liberdade.

Na audiência de instrução e julgamento, realizada no dia 18.10.2012 (quinta-feira), o Ministério Público apresentou certidão cartorária apta a atestar que no dia 15.05.2012 (terça-feira) ocorrera o trânsito em julgado definitivo de sentença que condenava Rita pela prática do delito de estelionato. A ré, em seu interrogatório, exerceu o direito ao silêncio. As alegações finais foram orais; acusação e defesa manifestaram-se. Finda a instrução criminal, o magistrado proferiu sentença em audiência. Na dosimetria da pena, o magistrado entendeu por bem elevar a pena-base em patamar acima do mínimo, ao argumento de que o trânsito em julgado de outra sentença condenatória configurava maus antecedentes; na segunda fase da dosimetria da pena o magistrado também entendeu ser cabível a incidência da agravante da reincidência, levando em conta a data do trânsito em julgado definitivo da sentença de estelionato, bem como a data do cometimento do furto (ora objeto de julgamento); não verificando a incidência de nenhuma causa de aumento ou de diminuição, o magistrado fixou a pena definitiva em 4 (quatro) anos de reclusão no regime inicial semiaberto e 80 (oitenta) dias-multa. O valor do dia-multa foi fixado no patamar mínimo legal. Por entender que a ré não atendia aos requisitos legais, o magistrado não substituiu a pena privativa de liberdade por pena restritiva de direitos. Ao final, assegurou-se à ré o direito de recorrer em liberdade.

O advogado da ré deseja recorrer da decisão.

Questão: Atento ao caso narrado e levando em conta tão somente as informações contidas no texto, elabore o recurso cabível.

PEÇA 64 (FGV – 13º Exame unificado da OAB). Diogo está sendo regularmente processado pela prática dos crimes de violação de domicílio (art. 150, do CP) em concurso material com o crime de furto qualificado pela escalada (art. 155, § 4º, II, do CP). Isso porque, segundo narrou a inicial acusatória, no dia 10.11.2012 (sábado), Diogo pulou o muro de cerca de três metros que guarnecia a casa da vítima e, então, após ingressar clandestinamente na residência, subtraiu diversos pertences e valores, a saber: três anéis de ouro, dois relógios de ouro, dois aparelhos de telefone celular, um notebook e quinhentos reais em espécie, totalizando R$ 9.000,00 (nove mil reais).

Na audiência de instrução e julgamento, realizada em 29.08.2013 (quinta-feira), foram ouvidas duas testemunhas de acusação que, cada uma a seu turno, disseram ter visto Diogo pular o muro da residência da vítima e dali sair, cerca de vinte minutos após, levando uma mochila cheia. A defesa, por sua vez, não apresentou testemunhas. Também na audiência de instrução e julgamento foi exibido um DVD contendo as imagens gravadas pelas câmeras de segurança presentes na casa da vítima, sendo certo que à defesa foi assegurado o acesso ao conteúdo do DVD, mas essa se manifestou no sentido de que nada havia a impugnar.

Nas imagens exibidas em audiência, ficou constatado (dada a nitidez das mesmas) que fora Diogo quem realmente pulou o muro da residência e realizou a subtração dos bens. Em seu interrogatório o réu exerceu o direito ao silêncio.

Em alegações finais orais, o Ministério Público exibiu cópia de sentença prolatada cerca de uma semana antes (ainda sem trânsito em julgado definitivo, portanto), onde se condenou o réu pela prática, em 25.12.2012 (terça-feira), do crime de estelionato. A defesa, em alegações finais, limitou-se a falar do princípio do estado de inocência, bem como que eventual silêncio do rebu não poderia importar-lhe em prejuízo. O Juiz, então, proferiu sentença em audiência condenando Diogo pela prática do crime de violação de domicílio em concurso material com o crime de furto qualificado pela escalada. Para a dosimetria da pena o magistrado ponderou o fato de que nenhum dos bens subtraídos fora recuperado. Além disso, fez incidir a circunstância agravante da reincidência, pois considerou que a condenação de Diogo pelo crime de estelionato o faria reincidente. O total da condenação foi de 4 anos e 40 dias de reclusão em regime inicial semiaberto e multa à proporção de um trigésimo do salário mínimo. Por fim, o magistrado, na sentença, deixou claro que Diogo não fazia jus a nenhum outro benefício legal, haja vista o fato de não preencher os requisitos para tanto. A sentença foi lida em audiência.

O advogado(a) de Diogo, atento(a) tão somente às informações descritas no texto, deve apresentar o recurso cabível à impugnação da decisão, respeitando as formalidades legais e desenvolvendo, de maneira fundamentada, as teses defensivas pertinentes. O recurso deve ser datado com o último dia cabível para a interposição.

PEÇA 65 (FGV – 14° Exame unificado da OAB). Felipe, com 18 anos de idade, em um bar com outros amigos, conheceu Ana, linda jovem, por quem se encantou. Após um bate-papo informal e troca de beijos, decidiram ir para um local mais reservado. Nesse local trocaram carícias, e Ana, de forma voluntária, praticou sexo oral e vaginal com Felipe. Depois da noite juntos, ambos foram para suas residências, tendo antes trocado telefones e contatos nas redes sociais.

No dia seguinte, Felipe, ao acessar a página de Ana na rede social, descobre que, apesar da aparência adulta, esta possui apenas 13 (treze) anos de idade, tendo Felipe ficado em choque com essa constatação.

O seu medo foi corroborado com a chegada da notícia, em sua residência, da denúncia movida por parte do Ministério Público Estadual, pois o pai de Ana, ao descobrir o ocorrido, procurou a autoridade policial, narrando o fato.

Por Ana ser inimputável e contar, à época dos fatos, com 13 (treze) anos de idade, o Ministério Público Estadual denunciou Felipe pela prática de dois crimes de estupro de vulnerável, previsto no art. 217-A, na forma do art. 69, ambos do CP. O Parquet requereu o início de cumprimento de pena no regime fechado, com base no art. 2°, § 1°, da Lei n. 8.072/90, e o reconhecimento da agravante da embriaguez preordenada, prevista no art. 61, II, "l", do CP.

O processo teve início e prosseguimento na XX Vara Criminal da cidade de Vitória, no Estado do Espírito Santo, local de residência do réu.

Felipe, por ser réu primário, ter bons antecedentes e residência fixa, respondeu ao processo em liberdade.

Na audiência de instrução e julgamento, a vítima afirmou que aquela foi a sua primeira noite, mas que tinha o hábito de fugir de casa com as amigas para frequentar bares de adultos.

As testemunhas de acusação afirmaram que não viram os fatos e que não sabiam das fugas de Ana para sair com as amigas.

As testemunhas de defesa, amigos de Felipe, disseram que o comportamento e a vestimenta da Ana eram incompatíveis com uma menina de 13 (treze) anos e que qualquer pessoa acreditaria ser uma pessoa maior de 14 (quatorze) anos, e que Felipe não estava embriagado quando conheceu Ana.

O réu, em seu interrogatório, disse que se interessou por Ana, por ser muito bonita e por estar bem-vestida. Disse que não perguntou a sua idade, pois acreditou que no local somente pudessem frequentar pessoas maiores de 18 (dezoito) anos. Corroborou que praticaram o sexo oral e vaginal na mesma oportunidade, de forma espontânea e voluntária por ambos.

A prova pericial atestou que a menor não era virgem, mas não pôde afirmar que aquele ato sexual foi o primeiro da vítima, pois a perícia foi realizada longos meses após o ato sexual. O Ministério Público pugnou pela condenação de Felipe nos termos da denúncia. A defesa de Felipe foi intimada no dia 10 de abril de 2014 (quinta-feira).

Questão: Com base somente nas informações de que dispõe e nas que podem ser inferidas pelo caso concreto acima, redija a peça cabível, no último dia do prazo, excluindo a possibilidade de impetração de Habeas Corpus, sustentando, para tanto, as teses jurídicas pertinentes.

PEÇA 66 (FGV – 15º Exame unificado da OAB). Enrico, engenheiro de uma renomada empresa da construção civil, possui um perfil em uma das redes sociais existentes na Internet e o utiliza diariamente para entrar em contato com seus amigos, parentes e colegas de trabalho. Enrico utiliza constantemente as ferramentas da Internet para contatos profissionais e lazer, como o fazem milhares de pessoas no mundo contemporâneo. No dia 19.04.2014, sábado, Enrico comemora aniversário e planeja, para a ocasião, uma reunião à noite com parentes e amigos para festejar a data em uma famosa churrascaria da cidade de Niterói, no estado do Rio de Janeiro. Na manhã de seu aniversário, resolveu, então, enviar o convite por meio da rede social, publicando postagem alusiva à comemoração em seu perfil pessoal, para todos os seus contatos. Helena, vizinha e ex-namorada de Enrico, que também possui perfil na referida rede social e está adicionada nos contatos de seu ex, soube, assim, da festa e do motivo da comemoração. Então, de seu computador pessoal, instalado em sua residência, um prédio na praia de Icaraí, em Niterói, publicou na rede social uma mensagem no perfil pessoal de Enrico. Naquele momento, Helena, com o intuito de ofender o ex-namorado, publicou o seguinte comentário: "não sei o motivo da comemoração, já que Enrico não passa de um idiota, bêbado, irresponsável e sem vergonha!", e, com o propósito de prejudicar Enrico perante seus colegas de trabalho e denegrir sua reputação acrescentou, ainda, "ele trabalha todo dia embriagado! No dia 10 do mês passado, ele cambaleava bêbado pelas ruas do Rio, inclusive, estava tão bêbado no horário do expediente que a empresa em que trabalha teve que chamar uma ambulância para socorrê-lo!". Imediatamente, Enrico, que estava em seu apartamento e conectado à rede social por meio de seu tablet, recebeu a mensagem e visualizou a publicação com os comentários ofensivos de Helena em seu perfil pessoal. Enrico, mortificado, não sabia o que dizer aos amigos, em especial a Carlos, Miguel e Ramirez, que estavam ao seu lado naquele instante. Muito envergonhado, Enrico tentou disfarçar o constrangimento sofrido, mas perdeu todo o seu entusiasmo, e a festa comemorativa deixou de ser realizada. No dia seguinte, Enrico procurou a Delegacia de Polícia Especializada em Repressão aos Crimes de Informática e narrou os fatos à autoridade policial, entregando o conteúdo impresso da mensagem ofensiva e a página da rede social na Internet onde ela poderia ser visualizada. Passados cinco meses da data dos fatos, Enrico procurou seu escritório de advocacia e narrou os fatos acima. Você, na qualidade de advogado de Enrico, deve assisti-lo. Informa-se que a cidade de Niterói, no Estado do Rio de Janeiro, possui Varas Criminais e Juizados Especiais Criminais. Com base somente nas informações de que dispõe e nas que podem ser inferidas pelo caso concreto acima, redija a peça cabível, excluindo a possibilidade de impetração de habeas corpus, sustentando, para tanto, as teses jurídicas pertinentes.

PEÇA 67 (FGV – 16° Exame unificado da OAB). Gilberto, quando primário, apesar de portador de maus antecedentes, praticou um crime de roubo simples, pois, quando tinha 20 anos de idade, subtraiu de Renata, mediante grave ameaça, um aparelho celular. Apesar de o crime restar consumado, o telefone celular foi recuperado pela vítima. Os fatos foram praticados em 12.12.2011. Por tal conduta, foi Gilberto denunciado e condenado como incurso nas sanções penais do art. 157, *caput*, do Código Penal a uma pena privativa de liberdade de 4 anos e 6 meses de reclusão em regime inicial fechado e 12 dias-multa, tendo a sentença transitada em julgado para ambas as partes em 11.09.2013. Gilberto havia respondido ao processo em liberdade, mas, desde o dia 15.09.2013, vem cumprindo a sanção penal que lhe foi aplicada regularmente, inclusive obtendo progressão de regime. Nunca foi punido pela prática de falta grave e preenchia os requisitos subjetivos para obtenção dos benefícios da execução penal.

No dia 25.02.2015, você, advogado(a) de Gilberto, formulou pedido de obtenção de livramento condicional junto ao Juízo da Vara de Execução Penal da comarca do Rio de Janeiro/RJ, órgão efetivamente competente. O pedido, contudo, foi indeferido, apesar de, em tese, os requisitos subjetivos estarem preenchidos, sob os seguintes argumentos: a) o crime de roubo é crime hediondo, não tendo sido cumpridos, até o momento do requerimento, 2/3 da pena privativa de liberdade; b) ainda que não fosse hediondo, não estariam preenchidos os requisitos objetivos para o benefício, tendo em vista que Gilberto, por ser portador de maus antecedentes, deveria cumprir metade da pena imposta para obtenção do livramento condicional; c) indispensabilidade da realização de exame criminológico, tendo em vista que os crimes de roubo, de maneira abstrata, são extremamente graves e causam severos prejuízos para a sociedade. Você, advogado(a) de Gilberto, foi intimado dessa decisão em 23.03.2015, uma segunda-feira.

Questão: Com base nas informações acima expostas e naquelas que podem ser inferidas do caso concreto, redija a peça cabível, excluída a possibilidade de habeas corpus, no último dia do prazo para sua interposição, sustentando todas as teses jurídicas pertinentes. Responda justificadamente, empregando os argumentos jurídicos apropriados e a fundamentação legal pertinente ao caso.

PEÇA 68 (FGV – 17° Exame unificado da OAB). Daniel, nascido em 02.04.1990, é filho de Rita, empregada doméstica que trabalha na residência da família Souza. Ao tomar conhecimento, por meio de sua mãe, que os donos da residência estariam viajando para comemorar a virada de ano, vai até o local, no dia 02.01.2010, e subtrai o veículo automotor dos patrões de sua genitora, pois queria fazer um passeio com sua namorada. Desde o início, contudo, pretende apenas utilizar o carro para fazer um passeio pelo quarteirão e, depois, após encher o tanque de gasolina novamente, devolvê-lo no mesmo local de onde o subtraiu, evitando ser descoberto pelos proprietários. Ocorre que, quando foi concluir seu plano, já na entrada da garagem para devolver o automóvel no mesmo lugar em que o havia subtraído, foi surpreendido por policiais militares, que, sem ingressar na residência, perguntaram sobre a propriedade do bem.

Ao analisarem as câmeras de segurança da residência, fornecidas pelo próprio Daniel, perceberam os agentes da lei que ele havia retirado o carro sem autorização do verdadeiro proprietário. Foi, então, Daniel denunciado pela prática do crime de furto simples, destacando o Ministério Público que deixava de oferecer proposta de suspensão condicional do processo por não estarem preenchidos os requisitos do art. 89 da Lei n. 9.099/95, tendo em vista que Daniel responde a outra ação penal pela prática do crime de porte de arma de fogo.

Em 18.03.2010, a denúncia foi recebida pelo juízo competente, qual seja da 1ª Vara Criminal da Comarca de Florianópolis. Os fatos acima descritos são integralmente confirmados durante a instrução, sendo certo que Daniel respondeu ao processo em liberdade. Foram ouvidos os policiais militares como testemunhas de acusação, e o acusado foi interrogado, confessando que, de fato, utilizou o veículo sem autorização, mas que sua intenção era devolvê-lo, tanto que foi preso quando ingressava na garagem dos proprietários do automóvel. Após, foi juntada a Folha de Antecedentes Criminais de Daniel, que ostentava apenas aquele processo pelo porte de arma de fogo, que não tivera proferida sentença até o momento, o laudo de avaliação indireta do automóvel e o vídeo da câmera de segurança da residência. O Ministério Público, em sua manifestação derradeira, requereu a condenação nos termos da denúncia. A defesa de Daniel é intimada em 17.07.2015, sexta-feira.

Questão: Com base nas informações acima expostas e naquelas que podem ser inferidas do caso concreto, redija a peça cabível, excluída a possibilidade de habeas corpus, no último dia do prazo para interposição, sustentando todas as teses jurídicas pertinentes.

PEÇA 69 (FGV – 18º Exame unificado da OAB). Durante o carnaval do ano de 2015, no mês de fevereiro, a família de Joana resolveu viajar para comemorar o feriado, enquanto Joana, de 19 anos, decidiu ficar em sua residência, na cidade de Natal, sozinha, para colocar os estudos da faculdade em dia. Tendo conhecimento dessa situação, Caio, vizinho de Joana, nascido em 25.03.1994, foi até o local, entrou sorrateiramente no quarto de Joana e, mediante grave ameaça, obrigou-a a praticar com ele conjunção carnal e outros atos libidinosos diversos, deixando o local após os fatos e exigindo que a vítima não contasse sobre o ocorrido para qualquer pessoa.

Apesar de temerosa e envergonhada, Joana contou o ocorrido para sua mãe. A seguir, as duas compareceram à Delegacia e a vítima ofertou representação. Caio, então, foi denunciado pela prática como incurso nas sanções penais do art. 213 do Código Penal, por duas vezes, na forma do art. 71 do Estatuto Repressivo. Durante a instrução, foi ouvida a vítima, testemunhas de acusação e o réu confessou os fatos. Foi, ainda, juntado laudo de exame de conjunção carnal confirmando a prática de ato sexual violento recente com Joana e a Folha de Antecedentes Criminais (FAC) do acusado, que indicava a existência de duas condenações, embora nenhuma delas com trânsito em julgado.

Em alegações finais, o Ministério Público requereu a condenação de Caio nos termos da denúncia, enquanto a defesa buscou apenas a aplicação da pena no mínimo legal. No dia 25.06.2015 foi proferida sentença pelo juízo competente, qual seja a 1ª Vara Criminal da Comarca de Natal, condenando Caio à pena privativa de liberdade de 10 anos e 6 meses de reclusão, a ser cumprida em regime inicial fechado. Na sentença consta que a pena-base de cada um dos crimes deve ser aumentada em seis meses pelo fato de Caio possuir maus antecedentes, já que ostenta em sua FAC duas condenações pela prática de crimes, e mais 06 meses pelo fato de o acusado ter desrespeitado a liberdade sexual da mulher, um dos valores mais significativos da sociedade, restando a sanção penal da primeira fase em 7 anos de reclusão, para cada um dos delitos. Na segunda fase, não foram reconhecidas atenuantes ou agravantes. Afirmou o magistrado que atualmente é o réu maior de 21 anos, logo não estaria presente a atenuante do art. 65, I, do CP. Ao analisar o concurso de crimes, o magistrado considerou a pena de um dos delitos, já que eram iguais, e aumentou de 1/2 (metade), na forma do art. 71 do CP, justificando o acréscimo no fato de ambos os crimes praticados serem extremamente graves. Por fim, o regime inicial para o cumprimento da pena foi o fechado, justificando que, independente da pena aplicada, este seria o regime obrigatório, nos termos do art. 2°, § 1°, da Lei n. 8.072/90. Apesar da condenação, como Caio respondeu ao processo em liberdade, o juiz concedeu a ele o direito de aguardar o trânsito em julgado da mesma forma.

Caio e sua família o(a) procuram para, na condição de advogado(a), adotar as medidas cabíveis, destacando que estão insatisfeitos com o patrono anterior. Constituído nos autos, a intimação da sentença ocorreu em 07.07.2015, terça-feira, sendo quarta-feira dia útil em todo o país.

Com base nas informações acima expostas e naquelas que podem ser inferidas do caso concreto, redija a peça cabível, excluída a possibilidade de Habeas Corpus, no último dia do prazo para interposição, sustentando todas as teses jurídicas pertinentes.

Obs.: o examinando deve fundamentar suas respostas. A mera citação do dispositivo legal não confere pontuação.

PEÇA 70 (FGV – 19° Exame unificado da OAB). No dia 24 de dezembro de 2014, na cidade do Rio de Janeiro, Rodrigo e um amigo não identificado foram para um bloco de rua que ocorria em razão do Natal, onde passaram a ingerir bebida alcoólica em comemoração ao evento festivo. Na volta para casa, ainda em companhia do amigo, já um pouco tonto em razão da quantidade de cerveja que havia bebido, subtraiu, mediante emprego de uma faca, os pertences de uma moça desconhecida que caminhava tranquilamente pela rua. A vítima era Maria, jovem de 24 anos que acabara de sair do médico e saber que estava grávida de um mês. Em razão dos fatos, Rodrigo foi denunciado pela prática de crime de roubo duplamente majorado, na forma do art. 157, § 2°, incisos I e II, do Código Penal.

Durante a instrução, foi juntada a Folha de Antecedentes Criminais de Rodrigo, onde constavam anotações em relação a dois inquéritos policiais em que ele figurava como indiciado e três ações penais que respondia na condição de réu, apesar de em nenhuma delas haver sentença com trânsito em julgado. Foram, ainda, durante a Audiência de Instrução e Julgamento ouvidos a vítima e os policiais que encontraram Rodrigo, horas após o crime, na posse dos bens subtraídos. Durante seu interrogatório, Rodrigo permaneceu em silêncio. Ao final da instrução, após alegações finais, a pretensão punitiva do Estado foi julgada procedente, com Rodrigo sendo condenado a pena de 05 anos e 04 meses de reclusão, a ser cumprida em regime semiaberto, e 13 dias-multa. O juiz aplicou a pena-base no mínimo legal, além de não reconhecer qualquer agravante ou atenuante. Na terceira fase da aplicação da pena, reconheceu as majorantes mencionadas na denúncia e realizou um aumento de 1/3 da pena imposta.

O Ministério Público foi intimado da sentença em 14 de setembro de 2015, uma segunda-feira, sendo terça-feira dia útil. Inconformado, o Ministério Público apresentou recurso de apelação perante o juízo de primeira instância, acompanhado das respectivas razões recursais, no dia 30 de setembro de 2015, requerendo:

i) O aumento da pena-base, tendo em vista a existência de diversas anotações na Folha de Antecedentes Criminais do acusado;
ii) O reconhecimento das agravantes previstas no art. 61, inciso II, alíneas "h" e "l", do Código Penal;
iii) A majoração do quantum de aumento em razão das causas de aumentos previstas no art. 157, § 2°, incisos I e II, do Código Penal, exclusivamente pelo fato de serem duas as majorantes;

iv) Fixação do regime inicial fechado de cumprimento de pena, pois o roubo com faca tem assombrado a população do Rio de Janeiro, causando uma situação de insegurança em toda a sociedade.

A defesa não apresentou recurso. O magistrado, então, recebeu o recurso de apelação do Ministério Público e intimou, no dia 19 de outubro de 2015 (segunda-feira), sendo terça-feira dia útil em todo o país, você, advogado(a) de Rodrigo, para apresentar a medida cabível.

Com base nas informações expostas na situação hipotética e naquelas que podem ser inferidas do caso concreto, redija a peça cabível, excluída a possibilidade de habeas corpus, no último dia do prazo, sustentando todas as teses jurídicas pertinentes. (Valor: 5.00)

PEÇA 71 (FGV – 20° Exame unificado da OAB). Astolfo, nascido em 15 de março de 1940, sem qualquer envolvimento pretérito com o aparato judicial, no dia 22 de março de 2014, estava em sua casa, um barraco na comunidade conhecida como Favela da Zebra, localizada em Goiânia/GO, quando foi visitado pelo chefe do tráfico da comunidade, conhecido pelo vulgo de Russo.

Russo, que estava armado, exigiu que Astolfo transportasse 50g de cocaína para outro traficante, que o aguardaria em um Posto de Gasolina, sob pena de Astolfo ser expulso de sua residência e não mais poder morar na Favela da Zebra. Astolfo, então, se viu obrigado a aceitar a determinação, mas quando estava em seu automóvel, na direção do Posto de Gasolina, foi abordado por policiais militares, sendo a droga encontrada e apreendida. Astolfo foi denunciado perante o juízo competente pela prática do crime previsto no art. 33, *caput*, da Lei n. 11.343/2006. Em que pese tenha sido preso em flagrante, foi concedida liberdade provisória ao agente, respondendo ele ao processo em liberdade.

Durante a audiência de instrução e julgamento, após serem observadas todas as formalidades legais, os policiais militares responsáveis pela prisão em flagrante do réu confirmaram os fatos narrados na denúncia, além de destacarem que, de fato, o acusado apresentou a versão de que transportava as drogas por exigência de Russo. Asseguraram que não conheciam o acusado antes da data dos fatos. Astolfo, em seu interrogatório, realizado como último ato da instrução por requerimento expresso da defesa do réu, também confirmou que fazia o transporte da droga, mas alegou que somente agiu dessa forma porque foi obrigado pelo chefe do tráfico local a adotar tal conduta, ainda destacando que residia há mais de 50 anos na comunidade da Favela da Zebra e que, se fosse de lá expulso, não teria outro lugar para morar, pois sequer possuía familiares e amigos fora do local. Disse que nunca respondeu a nenhum outro processo, apesar já ter sido indiciado nos autos de um inquérito policial pela suposta prática de um crime de falsificação de documento particular.

Após a juntada da Folha de Antecedentes Criminais do réu, apenas mencionando aquele inquérito, e do laudo de exame de material, confirmando que, de fato, a substância encontrada no veículo do denunciado era "cloridrato de cocaína", os autos foram encaminhados para o Ministério Público, que pugnou pela condenação do acusado nos exatos termos da denúncia.

Em seguida, você, advogado(a) de Astolfo, foi intimado(a) em 06 de março de 2015, uma sexta-feira.

Com base nas informações acima expostas e naquelas que podem ser inferidas do caso concreto, redija a peça cabível, excluída a possibilidade de Habeas Corpus, no último dia do prazo, sustentando todas as teses jurídicas pertinentes. (Valor: 5,00)

Obs.: O examinando deve indicar todos os fundamentos e dispositivos legais cabíveis. A mera citação do dispositivo legal não confere pontuação.

PEÇA 72 (FGV – 20° EXAME REAPLICAÇÃO PORTO VELHO). Bruno Silva, nascido em 10 de janeiro de 1997, enquanto adolescente, aos 16 anos, respondeu perante a Vara da Infância e Juventude pela prática de ato infracional análogo ao crime de tráfico, sendo julgada procedente a ação socioeducativa e aplicada a medida de semiliberdade. No dia 10 de janeiro de 2015, na cidade de Belo Horizonte, Minas Gerais, Bruno se encontrava no interior de um ônibus, quando encontrou um relógio caído ao lado do banco em que estava sentado. Estando o ônibus vazio, Bruno aproveitou para pegar o relógio e colocá-lo dentro de sua mochila, não informando o ocorrido ao motorista. Mais adiante, porém, 15 minutos após esse fato, o proprietário do relógio, Bernardo, já na companhia de um policial, ingressou no coletivo procurando pelo seu pertence, que havia sido comprado apenas duas semanas antes por R$ 100,00 (cem reais). Verificando que Bruno estava sentado no banco por ele antes utilizado, revistou sua mochila e encontrou o relógio. Bernardo narrou ao motorista de ônibus o ocorrido, admitindo que Bruno não estava no coletivo quando ele o deixou.

Diante de tais fatos, Bruno foi denunciado perante o juízo competente pela prática do crime de furto simples, na forma do Art. 155, *caput*, do Código Penal. A denúncia foi recebida e foi formulada pelo Ministério Público a proposta de suspensão condicional do processo, não sendo aceita pelo acusado, que respondeu ao processo em liberdade.

No curso da instrução, o policial que efetivou a prisão do acusado, Bernardo, o motorista do ônibus e Bruno foram ouvidos e todos confirmaram os fatos acima narrados. Com a juntada do laudo de avaliação do bem arrecadado, confirmando o valor de R$ 100,00 (cem reais), os autos foram encaminhados ao Ministério Público, que se manifestou pela procedência do pedido nos termos da denúncia, pleiteando reconhecimento de maus antecedentes, em razão da medida socioeducativa antes aplicada.

Você, advogado(a) de Bruno, foi intimado(a), em 23 de março de 2015, segunda-feira, sendo o dia subsequente útil.

Com base nas informações acima expostas e naquelas que podem ser inferidas do caso concreto, redija a peça cabível, excluída a possibilidade de Habeas Corpus, no último dia do prazo, sustentando todas as teses jurídicas pertinentes. (Valor: 5,00 pontos)

Obs.: O examinando deve indicar todos os fundamentos e dispositivos legais cabíveis. A mera citação do dispositivo legal não confere pontuação.

PEÇA 73 (FGV – 21° Exame unificado da OAB). Gabriela, nascida em 28.04.1990, terminou relacionamento amoroso com Patrick, não mais suportando as agressões físicas sofridas, sendo expulsa do imóvel em que residia com o companheiro em comunidade carente na cidade de Fortaleza, Ceará, juntamente com o filho do casal de apenas 02 anos. Sem ter familiares no Estado e nem outros conhecidos, passou a pernoitar com o filho em igrejas e outros locais de acesso público, alimentando-se a partir de ajudas recebidas de desconhecidos. Nessa época, Gabriela fez amizade com Maria, outra mulher em situação de rua que frequentava os mesmos espaços que ela.

No dia 24 de dezembro de 2010, não mais aguentando a situação e vendo o filho chorar e ficar doente em razão da ausência de alimentação, após não conseguir emprego ou ajuda, Gabriela decidiu ingressar em um grande supermercado da região, onde escondeu na roupa dois pacotes de macarrão, cujo valor totalizava R$ 18,00 (dezoito reais). Ocorre que a conduta de Gabriela foi percebida pelo fiscal de segurança, que a abordou no momento em que ela deixava o estabelecimento comercial sem pagar pelos bens, e apreendeu os dois produtos escondidos.

Em sede policial, Gabriela confirmou os fatos, reiterando a ausência de recursos financeiros e a situação de fome e risco físico de seu filho. Juntado à Folha de Antecedentes Criminais sem outras anotações, o laudo de avaliação dos bens subtraídos confirmando o valor, e ouvidos os envolvidos, inclusive o fiscal de segurança e o gerente do supermercado, o auto de prisão em flagrante e o inquérito policial foram encaminhados ao Ministério Público, que ofereceu denúncia em face de Gabriela pela prática do crime do art. 155, *caput*, c/c art. 14, inciso II, ambos do Código Penal, além de ter opinado pela liberdade da acusada.

O magistrado em atuação perante o juízo competente, no dia 18 de janeiro de 2011, recebeu a denúncia oferecida pelo Ministério Público, concedeu liberdade provisória à acusada, deixando de converter o flagrante em preventiva, e determinou que fosse realizada a citação da denunciada. Contudo, foi concedida a liberdade para Gabriela antes de sua citação e, como ela não tinha endereço fixo, não foi localizada para ser citada.

No ano de 2015, Gabriela consegue um emprego e fica em melhores condições. Em razão disso, procura um advogado, esclarecendo que nada sabe sobre o prosseguimento da ação penal a que respondia. Disse, ainda, que Maria, hoje residente na rua X, na época dos fatos também era moradora de rua e tinha conhecimento de suas dificuldades. Diante disso, em 16 de março de 2015, segunda-feira, sendo terça-feira dia útil em todo o país, Gabriela e o advogado compareceram ao cartório, onde são informados que o processo estava em seu regular prosseguimento desde 2011, sem qualquer suspensão, esperando a localização de Gabriela para citação.

Naquele mesmo momento, Gabriela foi citada, assim como intimada, junto ao seu advogado, para apresentação da medida cabível. Cabe destacar que a ré, acompanhada de seu patrono, já manifestou desinteresse em aceitar a proposta de suspensão condicional do processo oferecida pelo Ministério Público.

Considerando a situação narrada, apresente, na qualidade de advogado(a) de Gabriela, a peça jurídica cabível, diferente do habeas corpus, apresentando todas as teses jurídicas de direito material e processual pertinentes. A peça deverá ser datada no último dia do prazo. (Valor: 5,00)

Obs.: a peça deve abranger todos os fundamentos de Direito que possam ser utilizados para dar respaldo à pretensão. A simples menção ou transcrição do dispositivo legal não confere pontuação.

PEÇA 74 (FGV – 22° Exame unificado da OAB). Desejando comprar um novo carro, Leonardo, jovem com 19 anos, decidiu praticar um crime de roubo em um estabelecimento comercial, com a intenção de subtrair o dinheiro constante do caixa. Narrou o plano criminoso para Roberto, seu vizinho, mas este se recusou a contribuir. Leonardo decidiu, então, praticar o delito sozinho.

Dirigiu-se ao estabelecimento comercial, nele ingressou e, no momento em que restava apenas um cliente, simulou portar arma de fogo e o ameaçou de morte, o que fez com ele saísse, já que a intenção de Leonardo era apenas a de subtrair bens do estabelecimento. Leonardo, em seguida, consegue acesso ao caixa onde fica guardado o dinheiro, mas, antes de subtrair qualquer quantia, verifica que o único funcionário que estava trabalhando no horário era um senhor que utilizava cadeiras de rodas. Arrependido, antes mesmo de ser notada sua presença pelo funcionário, deixa o local sem nada subtrair, mas, já do lado de fora da loja, é surpreendido por policiais militares. Estes realizam a abordagem, verificam que não havia qualquer arma com Leonardo e esclarecem que Roberto narrara o plano criminoso do vizinho para a Polícia.

Tomando conhecimento dos fatos, o Ministério Público requereu a conversão da prisão em flagrante em preventiva e denunciou Leonardo como incurso nas sanções penais do art. 157, § 2º, inciso I, c/c o art. 14, inciso II, ambos do Código Penal.

Após decisão do magistrado competente, qual seja, o da 1ª Vara Criminal de Belo Horizonte/MG, de conversão da prisão e recebimento da denúncia, o processo teve seu prosseguimento regular. O homem que fora ameaçado nunca foi ouvido em juízo, pois não foi localizado, e, na data dos fatos, demonstrou não ter interesse em ver Leonardo responsabilizado. Em seu interrogatório, Leonardo confirma integralmente os fatos, inclusive destacando que se arrependeu do crime que pretendia praticar. Constavam no processo a Folha de Antecedentes Criminais do acusado sem qualquer anotação e a Folha de Antecedentes Infracionais, ostentando uma representação pela prática de ato infracional análogo ao crime de tráfico, com decisão definitiva de procedência da ação socioeducativa. O magistrado concedeu prazo para as partes se manifestarem em alegações finais por memoriais. O Ministério Público requereu a condenação nos termos da denúncia. O advogado de Leonardo, contudo, renunciou aos poderes, razão pela qual, de imediato, o magistrado abriu vista para a Defensoria Pública apresentar alegações finais.

Em sentença, o juiz julgou procedente a pretensão punitiva estatal. No momento de fixar a pena-base, reconheceu a existência de maus antecedentes em razão da representação julgada procedente em face de Leonardo enquanto era inimputável, aumentando a pena em 06 meses de reclusão. Não foram reconhecidas agravantes ou atenuantes. Na terceira fase, incrementou o magistrado em 1/3 a pena, justificando ser desnecessária a apreensão de arma de fogo, bastando a simulação de porte do material diante do temor causado à vítima. Com a redução de 1/3 pela modalidade tentada, a pena final ficou acomodada em 4 (quatro) anos de reclusão. O regime inicial de cumprimento de pena foi o fechado, justificando o magistrado que o crime de roubo é extremamente grave e que atemoriza os cidadãos de Belo Horizonte todos os dias. Intimado, o Ministério Público apenas tomou ciência da decisão.

A irmã de Leonardo o procura para, na condição de advogado, adotar as medidas cabíveis. Constituída nos autos, a intimação da sentença pela defesa ocorreu em 08 de maio de 2017, segunda-feira, sendo terça-feira dia útil em todo o país.

Com base nas informações expostas acima e naquelas que podem ser inferidas do caso concreto, redija a peça cabível, excluída a possibilidade de habeas corpus, no último dia do prazo para interposição, sustentando todas as teses jurídicas pertinentes. (Valor: 5,00)

Obs.: a peça deve abranger todos os fundamentos de Direito que possam ser utilizados para dar respaldo à pretensão. A simples menção ou transcrição do dispositivo legal não confere pontuação.

PEÇA 75 (FGV – 23º Exame unificado da OAB). No dia 23 de fevereiro de 2016, Roberta, 20 anos, encontrava-se em um curso preparatório para concurso na cidade de Manaus/AM. Ao final da aula, resolveu ir comprar um café na cantina do local, tendo deixado seu notebook carregando na tomada. Ao retornar, retirou um notebook da tomada e foi para sua residência. Ao chegar em casa, foi informada de que foi realizado registro de ocorrência na Delegacia em seu desfavor, tendo em vista que as câmeras de segurança da sala de aula captaram o momento em que subtraiu o notebook de Cláudia, sua colega de classe, que havia colocado seu computador para carregar em substituição ao de Roberta, o qual estava ao lado.

No dia seguinte, antes mesmo de qualquer busca e apreensão do bem ou atitude da autoridade policial, Roberta restituiu a coisa subtraída. As imagens da câmera de segurança foram encaminhadas ao Ministério Público, que denunciou Roberta pela prática do crime de furto simples, tipificado no Art. 155, *caput*, do Código Penal. O Ministério Público deixou de oferecer proposta de suspensão condicional do processo, destacando que o delito de furto não é de menor potencial ofensivo, não se sujeitando à aplicação da Lei n. 9.099/95, tendo a defesa se insurgido.

Recebida a denúncia, durante a instrução, foi ouvida Cláudia, que confirmou ter deixado seu notebook acoplado à tomada, mas que Roberta o subtraíra, somente havendo restituição do bem com a descoberta dos agentes da lei. Também foram ouvidos os funcionários do curso preparatório, que disseram ter identificado a autoria a partir das câmeras de segurança. Roberta, em seu interrogatório, confirma os fatos, mas esclarece que acreditava que o notebook subtraído era seu e, por isso, levara-o para casa. Foi juntada a Folha de Antecedentes Criminais da ré sem qualquer outra anotação, o laudo de avaliação do bem subtraído, que constatou seu valor de R$ 3.000,00 (três mil reais), e o CD com as imagens captadas pela câmera de segurança. O Ministério Público, em sua manifestação derradeira, requereu a condenação da ré nos termos da denúncia.

Você, como advogado(a) de Roberta, é intimado(a) no dia 24 de agosto de 2016, quarta-feira, sendo o dia seguinte útil em todo o país, bem como todos os dias da semana seguinte, exceto sábado e domingo.

Considerando apenas as informações narradas, na condição de advogado(a) de Roberta, redija a peça jurídica cabível, diferente de habeas corpus, apresentando todas as teses jurídicas pertinentes. A peça deverá ser datada no último dia do prazo para interposição. (Valor: 5,00)

Obs.: o examinando deve indicar todos os fundamentos e dispositivos legais cabíveis. A mera citação do dispositivo legal não confere pontuação.

PEÇA 76 (FGV – 24° Exame unificado da OAB). Lucas, 22 anos, foi denunciado e condenado, definitivamente, pela prática de crime de associação para o tráfico, previsto no Art. 35 da Lei n. 11.343/2006, sendo, em razão das circunstâncias do crime, aplicada a pena de 06 anos de reclusão em regime inicial semiaberto, entendendo o juiz de conhecimento que o crime não seria hediondo, não tendo sido reconhecida a presença de qualquer agravante ou atenuante.

No mês seguinte, após o início do cumprimento da pena, Lucas vem a sofrer nova condenação definitiva, dessa vez pela prática de crime de ameaça anterior ao de associação, sendo-lhe aplicada exclusivamente a pena de multa, razão pela qual não foi determinada a regressão de regime. Após cumprir 01 ano da pena aplicada pelo crime de associação, o defensor público que defende os interesses de Lucas apresenta requerimento de progressão de regime, destacando que o apenado não sofreu qualquer sanção disciplinar.

O magistrado em atuação perante a Vara de Execução Penal da Comarca de Belo Horizonte/MG, órgão competente, indefere o pedido de progressão, sob os seguintes fundamentos:

a) o crime de associação para o tráfico, no entender do magistrado, é crime hediondo, tanto que o livramento condicional somente poderá ser deferido após o cumprimento de 2/3 da pena aplicada;

b) o apenado é reincidente, diante da nova condenação pela prática de crime de ameaça;

c) o requisito objetivo para a progressão de regime seria o cumprimento de 3/5 da pena aplicada e, caso ele não fosse reincidente, seria de 2/5, períodos esses ainda não ultrapassados;

d) em relação ao requisito subjetivo, é indispensável a realização de exame criminológico, diante da gravidade dos crimes de associação para o tráfico em geral.

Ao tomar conhecimento, de maneira informal, da decisão do magistrado, a família de Lucas procura você, na condição de advogado(a), para a adoção das medidas cabíveis. Após constituição nos autos, a defesa técnica é intimada da decisão de indeferimento do pedido de progressão de regime em 24 de novembro de 2017, sexta-feira, sendo certo que, de segunda a sexta-feira da semana seguinte, todos os dias são úteis em todo o território nacional.

Considerando apenas as informações narradas, na condição de advogado(a) de Lucas, redija a peça jurídica cabível, diferente de habeas corpus e embargos de declaração, apresentando todas as teses jurídicas pertinentes. A peça deverá ser datada no último dia do prazo para interposição. (Valor: 5,00)

Obs.: a peça processual deve abranger todos os fundamentos de Direito que possam ser utilizados para dar respaldo à pretensão. A simples menção ou transcrição do dispositivo legal não confere pontuação.

PEÇA 77 (FGV – 25° Exame unificado da OAB). Patrick, nascido em 04.06.1960, tio de Natália, jovem de 18 anos, estava na varanda de sua casa em Araruama, em 05.03.2017, no interior do Estado do Rio de Janeiro, quando vê o namorado de sua sobrinha, Lauro, agredindo-a de maneira violenta, em razão de ciúmes.

Verificando o risco que sua sobrinha corria com a agressão, Patrick gritou com Lauro, que não parou de agredi-la. Patrick não tinha outra forma de intervir, porque estava com uma perna enfaixada devido a um acidente de trânsito.

Ao ver que as agressões não cessavam, foi até o interior de sua residência e pegou uma arma de fogo, de uso permitido, que mantinha no imóvel, devidamente registrada, tendo ele autorização para tanto. Com intenção de causar lesão corporal que garantisse a debilidade permanente de membro de Lauro, apertou o gatilho para efetuar disparo na direção de sua perna. Por circunstâncias alheias à vontade de Patrick, a arma não funcionou, mas o barulho da arma de fogo causou temor em Lauro, que empreendeu fuga e compareceu à Delegacia para narrar a conduta de Patrick.

Após meses de investigações, com oitiva dos envolvidos e das testemunhas presenciais do fato, quais sejam, Natália, Maria e José, estes dois últimos sendo vizinhos que conversavam no portão da residência, o inquérito foi concluído, e o Ministério Público ofereceu denúncia, perante o juízo competente, em face de Patrick como incurso nas sanções penais do Art. 129, § 1°, inciso III, c/c. o Art. 14, inciso II, ambos do Código Penal. Juntamente com a denúncia, vieram as principais peças que constavam do inquérito, inclusive a Folha de Antecedentes Criminais, na qual constava outra anotação por ação penal em curso pela suposta prática do crime do Art. 168 do Código Penal, bem como o laudo de exame pericial na arma de Patrick apreendida, o qual concluiu pela total incapacidade de efetuar disparos.

Em busca do cumprimento do mandado de citação, o oficial de justiça comparece à residência de Patrick e verifica que o imóvel se encontrava trancado. Apenas em razão desse único comparecimento no dia 26.02.2018, certifica que o réu estava se ocultando para não ser citado e realiza, no dia seguinte, citação por hora certa, juntando o resultado do mandado de citação e intimação para defesa aos autos no mesmo dia. Maria, vizinha que presenciou a conduta do oficial de justiça, se assusta e liga para o advogado de Patrick, informando o ocorrido e esclarecendo que ele se encontra trabalhando e ficará embarcado por 15 dias. O advogado entra em contato com Patrick por e-mail e este apenas consegue encaminhar uma procuração para adoção das medidas cabíveis, fazendo uma pequena síntese do ocorrido por escrito.

Considerando a situação narrada, apresente, na qualidade do advogado de Patrick, a peça jurídica cabível, diferente do habeas corpus, apresentando todas as teses jurídicas de direito material e processual pertinentes. A peça deverá ser datada do último dia do prazo. (Valor: 5,00)

Obs.: a peça deve abranger todos os fundamentos de Direito que possam ser utilizados para dar respaldo à pretensão. A simples menção ou transcrição do dispositivo legal não confere pontuação.

PEÇA 78 **(FGV – 25° Exame unificado da OAB – REAPLICAÇÃO PORTO ALEGRE).** Breno, nascido em 07 de junho de 1945, na cidade de Porto Alegre, Rio Grande do Sul, falsifica uma assinatura em uma folha de cheque e a apresenta em loja de eletrodomésticos localizada no bairro de sua residência, com a intenção de realizar compras no valor de R$ 5.000,00 (cinco mil reais). Após a apresentação do cheque, apesar de a falsificação não ser grosseira e ser apta a enganar, o gerente do estabelecimento comercial percebe que aquele cheque não fora assinado pelo verdadeiro correntista do banco, já que o nome que constava do título de crédito era de um grande amigo seu. Descoberta a fraude, o referido gerente aciona a polícia, e Breno é preso em flagrante antes de obter a vantagem pretendida.

Com o recebimento dos autos, o Ministério Público opina pela liberdade de Breno e oferece denúncia pela prática dos crimes do art. 171, *caput*, e art. 297, § 2°, na forma do art. 69, todos do Código Penal. Após concessão da liberdade provisória e recebimento da denúncia, houve juntada do laudo pericial do cheque, constatando a falsidade e a capacidade para iludir terceiros, bem como da Folha de Antecedentes Criminais, no qual consta uma condenação definitiva pela prática, no ano anterior, do crime de homicídio culposo na direção de veículo automotor, além de uma ação em curso pela suposta prática de crime de furto.

Durante a instrução, todos os fatos acima descritos são confirmados pelas testemunhas, não tendo sido o réu interrogado, já que, apesar de intimado, apresentou problemas de saúde no dia e não pôde comparecer à audiência. Ainda durante a audiência de instrução e julgamento, após a instrução, as partes apresentaram suas alegações, sendo consignado pela defesa o inconformismo com a ausência do réu, já que foi apresentado atestado médico, e, em seguida, o juiz proferiu sentença condenatória nos termos da denúncia, condenando o agente pela prática dos dois delitos em suas modalidades consumadas. No momento de fixar a pena-base, aumentou o magistrado a pena do estelionato em 02 meses, destacando que o comportamento de Breno não deixa qualquer dúvida de que agiu com dolo. Já a pena do uso de documento falso foi aplicada em seu patamar mínimo. Na segunda fase, não foram reconhecidas atenuantes, mas foi reconhecida a agravante da reincidência, aumentando a pena de cada um dos delitos em mais 02 meses de reclusão. No terceiro momento, não foram reconhecidas causas de aumento ou de diminuição. Assim, foi fixada a pena de 01 ano e 04 meses de reclusão e 14 dias-multa, no que tange ao crime de estelionato, e 02 anos e 02 meses de reclusão e 12 dias-multa para o crime de falsificação de documento equiparado ao público, restando a pena final em 03 anos e 06 meses de reclusão e 26 dias-multa. O regime inicial de cumprimento de pena aplicado pelo magistrado foi o semiaberto e não houve substituição da pena privativa de liberdade por restritiva de direito, tudo fundamentado na reincidência do agente.

Intimado da decisão, o Ministério Público apenas tomou ciência de seu teor, não apresentando qualquer medida. Já a defesa técnica de Breno foi intimada de seu teor em 06 de dezembro de 2017, quarta-feira, sendo quinta-feira dia útil em todo o país. Considerando apenas as informações narradas, na condição de advogado(a) de Breno, redija a peça jurídica cabível, diferente de habeas corpus e embargos de declaração, apresentando todas as teses jurídicas pertinentes. A peça deverá ser datada no último dia do prazo para interposição. (Valor: 5,00)

PEÇA 79 (FGV – 26° Exame unificado da OAB). Em 03 de outubro de 2016, na cidade de Campos, no Estado do Rio de Janeiro, Lauro, 33 anos, que é obcecado por Maria, estagiária de uma outra empresa que está situada no mesmo prédio em que fica o seu local de trabalho, não mais aceitando a rejeição dela, decidiu que a obrigaria a manter relações sexuais com ele, independentemente da sua concordância.

Confiante em sua decisão, resolveu adquirir arma de fogo de uso permitido, considerando que tinha autorização para tanto, e a registrou, tornando-a regular. Precisando que alguém o substituísse no local do trabalho no dia do crime, narrou sua intenção criminosa para José, melhor amigo com quem trabalha, assegurando-lhe que comprou a arma exclusivamente para ameaçar Maria a manter com ele conjunção carnal, mas que não a lesionaria de forma alguma. Ainda esclareceu a José, que alugara um quarto em um hotel e comprara uma mordaça para evitar que Maria gritasse e os fatos fossem descobertos.

Quando Lauro saía de casa, em seu carro, para encontrar Maria, foi surpreendido por viatura da Polícia Militar, que havia sido alertada por José sobre o crime prestes a acontecer, sendo efetuada a prisão de Lauro em flagrante. Em sede policial, Maria foi ouvida, afirmando, apesar de não apresentar documentos, que tinha 17 anos e que Lauro sempre manteve comportamento estranho com ela, razão pela qual tinha interesse em ver o autor dos fatos responsabilizado criminalmente.

Após receber os autos e considerando que o detido possuía autorização para portar arma de fogo, o Ministério Público denunciou Lauro apenas pela prática do crime de estupro qualificado, previsto no art. 213, § 1°, c/c art. 14, inciso II, c/c o Art. 61, inciso II, alínea "f", todos do Código Penal. O processo teve regular prosseguimento, mas, em razão da demora para realização da instrução, Lauro foi colocado em liberdade. Na audiência de instrução e julgamento, a vítima Maria foi ouvida, confirmou suas declarações em sede policial, disse que tinha 17 anos, apesar de ter esquecido seu documento de identificação para confirmar, apenas apresentando cópia de sua matrícula escolar, sem indicar data de nascimento, para demonstrar que, de fato, era Maria. José foi ouvido e também confirmou os fatos narrados na denúncia, assim como os policiais. O réu não estava presente na audiência por não ter sido intimado e, apesar de seu advogado ter-se mostrado inconformado com tal fato, o ato foi realizado, porque o interrogatório seria feito em outra data.

Na segunda audiência, Lauro foi ouvido, confirmando integralmente os fatos narrados na denúncia, mas demonstrou não ter conhecimento sobre as declarações das testemunhas e da vítima na primeira audiência. Na mesma ocasião, foi, ainda, juntado o laudo de exame do material apreendido, o laudo da arma de fogo demonstrando o potencial lesivo e a Folha de Antecedentes Criminais, sem outras anotações. Encaminhados os autos para o Ministério Público, foi apresentada manifestação requerendo condenação nos termos da denúncia. Em seguida, a defesa técnica de Lauro foi intimada, em 04 de setembro de 2018, terça-feira, sendo quarta-feira dia útil em todo o país, para apresentação da medida cabível.

Considerando apenas as informações narradas, na condição de advogado(a) de Lauro, redija a peça jurídica cabível, diferente de habeas corpus, apresentando todas as teses jurídicas pertinentes. A peça deverá ser datada do último dia do prazo para interposição. (Valor: 5,00)

PEÇA 80 (FGV – 27° Exame unificado da OAB). João, 22 anos, no dia 04 de maio de 2018, caminhava com o adolescente Marcelo, cada um deles trazendo consigo uma mochila nas costas. Realizada uma abordagem por policiais, foi constatado que, no interior da mochila de cada um, havia uma certa quantidade de drogas, razão pela qual elas foram, de imediato, encaminhadas para a Delegacia.

Realizado laudo de exame de material entorpecente, constatou-se que João trazia 25 g de cocaína, acondicionados em 35 pinos plásticos, enquanto, na mochila do adolescente, foram encontrados 30 g de cocaína, quantidade essa distribuída em 50 pinos. Após a oitiva das testemunhas em sede policial, da juntada do laudo e da oitiva do adolescente e de João, que permaneceram em silêncio com relação aos fatos, foram lavrados o auto de prisão em flagrante em desfavor do imputável e o auto de apreensão em desfavor do adolescente. Toda a documentação foi encaminhada aos Promotores de Justiça com atribuição. O Promotor de Justiça, junto à 1ª Vara Criminal de Maceió/AL, órgão competente, ofereceu denúncia em face de João, imputando-lhe a prática dos crimes previstos nos artigos 33 e 35, ambos com a causa de aumento do Art. 40, inciso VI, todos da Lei n. 11.343/2006. Foi concedida a liberdade provisória ao denunciado, aplicando-se as medidas cautelares alternativas.

Após a notificação, a apresentação de resposta prévia e o recebimento da denúncia e da citação, foi designada a audiência de instrução e julgamento, ocasião em que foram ouvidas as testemunhas de acusação. Estas confirmaram a apreensão de drogas em poder de Marcelo e João, bem como que eles estariam juntos, esclarecendo que não se conheciam anteriormente e nem tinham informações pretéritas sobre o adolescente e o denunciado. O adolescente, ouvido, disse que conhecera João no dia anterior ao de sua apreensão e que nunca o tinha visto antes vendendo drogas. Em seguida à oitiva das testemunhas de acusação e defesa, foi realizado o interrogatório do acusado, sendo que nenhuma das partes questionou o momento em que este foi realizado. Na ocasião, João confirmou que o material que ele e Marcelo traziam seria destinado à ilícita comercialização. Ele ainda esclareceu que conhecera o adolescente no dia anterior, que era a primeira vez que venderia drogas e que tinha a intenção de praticar o ato junto com o adolescente somente aquela vez, com o objetivo de conseguir dinheiro para comprar uma moto.

Foi acostado o laudo de exame definitivo de material entorpecente confirmando o laudo preliminar e a Folha de Antecedentes Criminais de João, onde constava uma anotação referente a crime de furto, ainda pendente de julgamento.

O juiz, após a devida manifestação das partes, proferiu sentença julgando parcialmente procedente a pretensão punitiva estatal. Em um primeiro momento, absolveu o acusado do crime de associação para o tráfico por insuficiência probatória. Em seguida, condenou o réu pela prática do crime de tráfico de drogas, ressaltando que o réu confirmou a destinação das drogas à ilícita comercialização. No momento de aplicar a pena, fixou a pena-base no mínimo legal, reconhecendo a existência da atenuante da confissão espontânea; aumentou a pena em razão da causa de aumento do Art. 40, inciso VI, da Lei n. 11.343/2006 e aplicou a causa de diminuição de pena do Art. 33, § 4°, da Lei n. 11.343/2006, restando a pena final em 1 ano, 11 meses e 10 dias de reclusão e 195 dias-multa, a ser cumprida em regime inicial aberto. Entendeu o magistrado pela substituição da pena privativa de liberdade por duas restritivas de direitos.

O Ministério Público, ao ser intimado pessoalmente em 22 de outubro de 2018, apresentou o recurso cabível, em 25 de outubro de 2018, acompanhado das respectivas razões recursais, requerendo:

a) nulidade da instrução, porque o interrogatório não foi o primeiro ato, como prevê a Lei n. 11.343/2006;

b) condenação do réu pelo crime de associação para o tráfico, já que ele estaria agindo em comunhão de ações e desígnios com o adolescente no momento da prisão, e o Art. 35 da Lei n. 11.343/2006 fala em "reiteradamente ou não";
c) aumento da pena-base em relação ao crime de tráfico diante das consequências graves que vem causando para a saúde pública e a sociedade brasileira;
d) afastamento da atenuante da confissão, já que ela teria sido parcial;
e) afastamento da causa de diminuição do Art. 33, § 4º, da Lei n. 11.343/2006, independentemente da condenação pelo crime do Art. 35 da Lei n. 11.343/2006, considerando que o réu seria portador de maus antecedentes, já que responde a ação penal em que se imputa a prática do crime de furto;
f) aplicação do regime inicial fechado, diante da natureza hedionda do delito de tráfico;
g) afastamento da substituição da pena privativa de liberdade por restritiva de direitos, diante da vedação legal do Art. 33, § 4º, da Lei n. 11.343/2006.

Já o acusado e a defesa técnica, intimados do teor da sentença, mantiveram-se inertes, não demonstrando interesse em questioná-la.

O magistrado, então, recebeu o recurso do Ministério Público e intimou, no dia 05 de novembro de 2018 (segunda-feira), sendo terça-feira dia útil em todo o país, você, advogado(a) de João, a apresentar a medida cabível.

Com base nas informações expostas na situação hipotética e naquelas que podem ser inferidas do caso concreto, redija a peça cabível, excluídas as possibilidades de habeas corpus e embargos de declaração, no último dia do prazo, sustentando todas as teses jurídicas pertinentes. (Valor: 5,00)

Obs.: a peça deve abranger todos os fundamentos de Direito que possam ser utilizados para dar respaldo à pretensão. A simples menção ou transcrição do dispositivo legal não confere pontuação.

PEÇA 81 **(FGV – 28º Exame unificado da OAB).** Túlio, nascido em 01.01.1996, primário, começa a namorar Joaquina, jovem que recém completou 15 anos. Logo após o início do namoro, ainda muito apaixonado, é surpreendido pela informação de que Joaquina estaria grávida de seu ex-namorado, o adolescente João, com quem mantivera relações sexuais. Joaquina demonstra toda a sua preocupação com a reação de seus pais diante desta gravidez quando tão jovem e, em desespero, solicita ajuda de Túlio para realizar um aborto.

Diante disso, no dia 03.01.2014, em Porto Alegre, Túlio adquire remédio abortivo cuja venda era proibida sem prescrição médica e o entrega para a namorada, que, de imediato, passa a fazer uso dele. Joaquina, então, expele algo não identificado pela vagina, que ela acredita ser o feto. Os pais presenciam os fatos e levam a filha imediatamente ao hospital; em seguida, comparecem à Delegacia e narram o ocorrido. No hospital, foi informado pelos médicos que, na verdade, Joaquina possuía um cisto, mas nunca estivera grávida, e o que fora expelido não era um feto.

Após investigação, no dia 20.01.2014, Túlio vem a ser denunciado pelo crime do Art. 126, *caput*, c/c. o Art. 14, inciso II, ambos do Código Penal, perante o juízo do Tribunal do Júri da Comarca de Porto Alegre/RS, não sendo oferecido qualquer instituto despenalizador, apesar do reclamo defensivo. A inicial acusatória foi recebida em 22.01.2014.

Durante a instrução da primeira fase do procedimento especial, são ouvidas as testemunhas e Joaquina, assim como interrogado o réu, todos confirmando o ocorrido. As partes apresentaram alegações finais orais, e o juiz determinou a conclusão do feito para decisão. Antes de ser proferida decisão, mas após manifestação das partes em alegações finais, foram juntados aos autos o boletim de atendimento médico de Joaquina, no qual consta a informação de que ela não estivera grávida no momento dos fatos, a Folha de Antecedentes Criminais de Túlio sem outras anotações e um exame de corpo de delito, que indicava que o remédio utilizado não causara lesões na adolescente.

Com a juntada da documentação, de imediato, sem a adoção de qualquer medida, o magistrado proferiu decisão de pronúncia nos termos da denúncia, sendo publicada na mesma data, qual seja, 18 de junho de 2018, segunda-feira, ocasião em que as partes foram intimadas.

Considerando apenas as informações narradas, na condição de advogado(a) de Túlio, redija a peça jurídica cabível, diferente de habeas corpus, apresentando todas as teses jurídicas pertinentes. A peça deverá ser datada no último dia do prazo para interposição, considerando-se que todos os dias de segunda a sexta-feira são úteis em todo o país. (Valor: 5,00)

Obs.: a peça deve abranger todos os fundamentos de Direito que possam ser utilizados para dar respaldo à pretensão. A simples menção ou transcrição do dispositivo legal não confere pontuação.

PEÇA 82 **(FGV – 29° Exame unificado da OAB).** Guilherme foi condenado definitivamente pela prática do crime de lesão corporal seguida de morte, sendo-lhe aplicada a pena de 06 anos de reclusão, a ser cumprida em regime inicial fechado, em razão das circunstâncias do fato.

Após cumprir 01 ano da pena aplicada, Guilherme foi beneficiado com progressão para o regime semiaberto. Na unidade penitenciária, o apenado trabalhava internamente em busca da remição. Durante o cumprimento da pena nesse regime, veio a ser encontrado escondido em seu colchão um aparelho de telefonia celular.

O diretor do estabelecimento penitenciário, ao tomar conhecimento do fato por meio dos agentes penitenciários, de imediato reconheceu na ficha do preso a prática de falta grave, apenas afirmando que a conduta narrada pelos agentes, e que teria sido praticada por Guilherme, se adequava ao Art. 50, inciso VII, da Lei n. 7.210/84.

O reconhecimento da falta pelo diretor foi comunicado ao Ministério Público, que apresentou promoção ao juízo da Vara de Execuções Penais de São Paulo, juízo este competente, requerendo a perda de benefícios da execução por parte do apenado. O juiz competente, analisando o requerimento do Ministério Público, decidiu que, "considerando a falta grave reconhecida pelo diretor da unidade, impõe-se: a) a regressão do regime de cumprimento de pena para o fechado; b) perda da totalidade dos dias remidos; c) reinício da contagem do prazo de livramento condicional; d) reinício da contagem do prazo do indulto."

Ao ser intimado do teor da decisão, em 09 de julho de 2019, terça-feira, Guilherme entra em contato, de imediato, com você, na condição de advogado(a), esclarecendo que nunca fora ouvido sobre a aplicação da falta grave, apenas tendo conhecimento de que a Defensoria se manifestou no processo de execução após o requerimento do Ministério Público.

Considerando apenas as informações narradas, na condição de advogado(a) de Guilherme, redija a peça jurídica cabível, diferente de habeas corpus e embargos de declaração, apresentando todas as teses jurídicas pertinentes. A peça deverá ser datada no último dia do prazo para interposição, considerando que, em todos os locais do país, de segunda a sexta-feira são dias úteis. (Valor: 5,00).

Obs.: a peça deve abranger todos os fundamentos de Direito que possam ser utilizados para dar respaldo à pretensão. A simples menção ou transcrição do dispositivo legal não confere pontuação.

PEÇA 83 **(FGV – 30° Exame unificado da OAB).** Carlos, primário e de bons antecedentes, 45 anos, foi denunciado como incurso nas sanções penais dos artigos 302 da Lei no 9.503/97, por duas vezes, e 303, do mesmo diploma legal, todos eles em concurso material, porque, de acordo com a denúncia, "no dia 08 de julho de 2017, em São Gonçalo, Rio de Janeiro, na direção de veículo automotor, com imprudência em razão do excesso de velocidade, colidiu com o veículo em que estavam Júlio e Mário, este com 9 anos, causando lesões que foram a causa eficiente da morte de ambos". Consta, ainda, da inicial acusatória que, "em decorrência da mesma colisão, ficou lesionado Pedro, que passava pelo local com sua bicicleta e foi atingido pelo veículo em alta velocidade de Carlos".

As mortes de Júlio e Mário foram atestadas por auto de exame cadavérico, enquanto Pedro foi atendido em hospital público, de onde se retirou, sem ser notado, razão pela qual foi elaborado laudo indireto de corpo de delito com base no boletim de atendimento médico. Pedro nunca compareceu em sede policial para narrar o ocorrido e nem ao Instituto Médico Legal, apesar de testemunhas presenciais confirmarem as lesões sofridas.

No curso da instrução, foram ouvidas testemunhas presenciais, não sendo Pedro localizado. Em seu interrogatório, Carlos negou estar em excesso de velocidade, esclarecendo que perdeu o controle do carro em razão de um buraco existente na pista. Foi acostado exame pericial realizado nos automóveis e no local, concluindo que, realmente, não houve excesso de velocidade por parte de Carlos e que havia o buraco mencionado na pista. O exame pericial, todavia, apontou que possivelmente haveria imperícia de Carlos na condução do automóvel, o que poderia ter contribuído para o resultado.

Após manifestação das partes, o juiz em atuação perante a 3a Vara Criminal da Comarca de São Gonçalo/RJ, em 10 de julho de 2019, julgou totalmente procedente a pretensão punitiva do Estado e, apesar de afastar o excesso de velocidade, afirmou ser necessária a condenação de Carlos em razão da imperícia do réu, conforme mencionado no exame pericial.

No momento da dosimetria, fixou a pena base de cada um dos crimes no mínimo legal e, com relação à vítima Mário, na segunda fase, reconheceu a agravante prevista no Art. 61, inciso II, alínea h, do CP, pelo fato de ser criança, aumentando a pena base em 3 meses. Não havendo causas de aumento ou diminuição, reconhecido o concurso material, a pena final ficou acomodada em 04 anos e 09 meses de detenção. Não houve substituição da pena privativa de liberdade por restritiva de direitos em razão do quantum final, nos termos do Art. 44, inciso I, do CP, sendo fixado regime inicial fechado de cumprimento da pena, com fundamento na gravidade em concreto da conduta. O Ministério Público foi intimado e manteve-se inerte.

A defesa técnica de Carlos foi intimada em 18 de setembro de 2019, quarta-feira, para adoção das medidas cabíveis.

Considerando apenas as informações narradas, na condição de advogado(a) de Carlos, redija a peça jurídica cabível, diferente de habeas corpus e embargos de declaração, apresentando todas as teses jurídicas pertinentes. A peça deverá ser datada no último dia do prazo para interposição, considerando que de segunda a sexta-feira são dias úteis em todos os locais do país. (Valor: 5,00).

Obs.: a peça deve abranger todos os fundamentos de Direito que possam ser utilizados para dar respaldo à pretensão. A simples menção ou transcrição do dispositivo legal não confere pontuação.

PEÇA 84 **(FGV – 31° Exame unificado da OAB).** Rômulo, nascido em 04 de abril de 1991, em Maricá, ficou inconformado por encontrar, em 02 de janeiro de 2010, mensagens de sua esposa Paola, nascida em 06 de junho de 1992, para Bruno, desejando a este, um próspero ano. Em razão disso, desferiu golpes de faca nas mãos de Paola, pretendendo, em seguida, utilizar a arma branca para golpear a vítima e causar sua morte. Ocorre que Rômulo ficou sensível ao sofrimento de sua esposa após as facadas na mão, decidindo deixar o local dos fatos para se acalmar, apesar de ter consciência de que os atos praticados seriam insuficientes para causar a inicialmente pretendida morte de Paola. Paola informou os fatos à sua mãe, que a levou ao hospital e, em seguida à Delegacia, onde ela narrou o ocorrido à autoridade policial. O Delegado instaurou inquérito policial, realizando, por vários anos, diligências para a confirmação da versão da vítima, ouvindo testemunhas, realizando laudo de exame de local, acostando o exame de corpo de delito de Paola, que constatou a existência de lesão corporal de natureza grave, dentre outras. Por fim, ouviu o indiciado, que confirmou sua pretensão inicial e todos os fatos descritos pela vítima. Concluído o procedimento, após relatório final, os autos foram encaminhados ao Ministério Público, que ofereceu denúncia em face de Rômulo, no dia 22 de janeiro de 2020, perante o Tribunal do Júri da comarca de Maricá/Rio de Janeiro, imputando-lhe a prática do crime previsto no Art. 121, § 2°, inciso VI (feminicídio), com redação dada pela Lei 13.104/15, c/c. Art. 14, inciso II, todos do Código Penal. A inicial acusatória foi recebida em 24 de janeiro de 2020, sendo o denunciado citado pessoalmente, e juntada Folha de Antecedentes Criminais, em que constava apenas uma outra anotação por ação penal em curso pela suposta prática de crime de furto qualificado. Após regular prosseguimento do feito até aquele momento, foi designada audiência na primeira fase do procedimento do Tribunal do Júri, ocasião em que foram ouvidas a vítima e as testemunhas de acusação e defesa. Todos prestaram declarações que confirmaram efetivamente o ocorrido. Rômulo não compareceu porque não foi intimado, mas seu advogado estava presente e consignou inconformismo com a realização do ato sem a presença do réu. O magistrado, contudo, destacou que designaria nova data para interrogatório e que a defesa técnica estaria presente, não havendo, então, prejuízo. De fato, foi marcada nova data para a realização do interrogatório, ocasião em que Rômulo compareceu e permaneceu em silêncio. Após, as partes apresentaram manifestação, reiterando, a defesa, o inconformismo com a realização da primeira audiência. Os autos foram para conclusão, e foi proferida decisão pronunciando o réu nos termos da denúncia. Pessoalmente intimado, o Ministério Público se manteve inerte. A defesa técnica e Rômulo foram intimados em 10 de março de 2020, uma terça-feira. Considerando apenas as informações expostas, na condição de advogado(a) de Rômulo, apresente a peça jurídica cabível, diferente de habeas corpus e embargos de declaração, apresentando todas as teses jurídicas de direito material e direito processual cabíveis. A peça deverá ser datada no último dia do prazo para interposição, considerando que de segunda a sexta-feira são dias úteis em todo o país. Obs.: a peça deve abranger todos os fundamentos de Direito que possam ser utilizados para dar respaldo à pretensão. A simples menção ou transcrição do dispositivo legal não confere pontuação.

PEÇA 85 **(FGV – 32° Exame unificado da OAB).** Na madrugada do dia 1° de janeiro de 2020, Luiz, nascido em 24 de abril de 1948, estava em sua residência, em Porto Alegre, na companhia de seus três filhos e do irmão Igor, nascido em 29 de novembro de 1965, que também morava há dois anos no mesmo imóvel. Em determinado momento, um dos filhos de Luiz acionou fogos de artifício, no quintal do imóvel, para comemorar a chegada do novo ano. Ocorre que as faíscas atingiram o telhado da casa, que começou a pegar fogo. Todos correram para sair pela única e pequena porta da casa, mas Luiz, em razão de sua idade e pela dificuldade de locomoção, acabou ficando por último na fila para saída da residência. Percebendo que o fogo estava dele se aproximando e que iria atingi-lo em segundos, Luiz desferiu um forte soco na cabeça do irmão, que estava em sua frente, conseguindo deixar o imóvel. Igor ficou caído por alguns momentos, mas conseguiu sair da casa da família, sangrando em razão do golpe recebido. Policiais chegaram ao local do ocorrido, sendo instaurado procedimento para investigar a autoria do crime de incêndio e outro procedimento para apurar o crime de lesão corporal. Luiz, verificando as consequências de seus atos, imediatamente levou o irmão para unidade de saúde e pagou pelo tratamento médico necessário. Igor compareceu em sede policial após ser intimado, narrando o ocorrido, apesar de destacar não ter interesse em ver o autor do fato responsabilizado criminalmente. Concluídas as investigações em relação ao crime de lesão, os autos foram encaminhados ao Ministério Público, que, com base no laudo prévio de lesão corporal de Igor atestando a existência de lesão de natureza leve na cabeça, ofereceu denúncia, perante a 5ª Vara Criminal de Porto Alegre/RS, órgão competente, em face de Luiz como incurso nas sanções penais do Art. 129, § 9º, do Código Penal. Deixou o órgão acusador de oferecer proposta de suspensão condicional do processo com fundamento no Art. 41 da Lei nº 11.340/06, que veda a aplicação dos institutos da Lei nº 9.099/95, tendo em vista que aquela lei (Lei nº 11.340/06) estabeleceu nova pena para o delito imputado. Após citação e apresentação de resposta à acusação, na qual Luiz demonstrou interesse na aplicação do Art. 89 da Lei nº 9.099/95, os fatos foram integralmente confirmados durante a instrução probatória. Igor confirmou a agressão, a ajuda posterior do irmão e o desinteresse em responsabilizá-lo. O réu permaneceu em silêncio durante seu interrogatório. Em seguida, foi acostado ao procedimento o laudo definitivo de lesão corporal da vítima atestando a existência de lesões de natureza leve, assim como a Folha de Antecedentes Criminais de Luiz, que registrava uma única condenação, com trânsito em julgado em 10 de dezembro de 2019, pela prática de contravenção penal. O Ministério Público apresentou a manifestação cabível requerendo a condenação do réu nos termos da denúncia, destacando, ainda, a incidência do Art. 61, inciso I, do CP. Em seguida, a defesa técnica de Luiz foi intimada, em 19 de janeiro de 2021, terça-feira, para apresentação da medida cabível. Considerando apenas as informações expostas, apresente, na condição de advogado(a) de Luiz, a peça jurídica cabível, diferente do habeas corpus e embargos de declaração, expondo todas as teses cabíveis de direito material e processual. A peça deverá ser datada no último dia do prazo para apresentação, devendo segunda a sexta-feira serem considerados dias úteis em todo o país.

PEÇA 86 (FGV – 33º Exame unificado da OAB). Breno, 19 anos, no dia 03 de novembro de 2017, quando estava em uma festa em que era proibida a entrada de menores de 18 anos, conheceu Carlos. Após ingerirem grande quantidade de bebida alcoólica, Breno conta para Carlos que estava portando uma arma de fogo e que tinha a intenção de subtrair o dinheiro da loja de conveniência de um posto de gasolina. Carlos concorda, de imediato, com o plano delitivo, desde que ficasse com metade dos bens subtraídos. A dupla, então, comparece ao local, anuncia o assalto para o único funcionário presente e, no exato momento em que abriram o caixa onde era guardado o dinheiro, são abordados por policiais militares, que encaminham a dupla para a Delegacia. Em sede policial, foi constatado que Carlos era adolescente de 16 anos e que tinha se valido de documento falso para ingressar na festa em que conheceu Breno. A arma de fogo foi apreendida e devidamente periciada, sendo identificado que estava municiada e que era capaz de efetuar disparos. Houve, ainda, a juntada da Folha de Antecedentes Criminais de Breno, onde constava a existência de 03 inquéritos policiais em que figurava como indiciado em investigações relacionadas a crimes patrimoniais, além de 05 ações penais em curso, duas delas com condenações de primeira instância, pela suposta prática de crimes de roubo majorado, em nenhuma havendo trânsito em julgado. Antes do oferecimento da denúncia, o Ministério Público solicitou que fossem realizadas diligências destinadas à obtenção da filmagem do estabelecimento onde os fatos teriam ocorrido, razão pela qual houve relaxamento da prisão de Breno. Após conclusão das diligências, sendo acostado ao procedimento a filmagem que confirmava a autoria delitiva de Breno, em 05 de junho de 2019, Breno foi denunciado pelo Ministério Público, perante a 1ª Vara

Criminal da Comarca de Florianópolis/SC, órgão competente, como incurso nas sanções penais do Artigo 157, § 2°, inciso II e § 2°-A, inciso I, do Código Penal e do Art. 244-B da Lei no 8.069/90, na forma do Art. 70 do Código Penal. Após regular processamento, durante audiência de instrução e julgamento, o magistrado optou por perguntar diretamente para as testemunhas de acusação e defesa, não oportunizando manifestação das partes, tendo a defesa demonstrado seu inconformismo com a conduta. A vítima confirmou os fatos narrados na denúncia, destacando que ficou muito assustada porque Breno e Carlos eram muito altos e fortes, parecendo jovens de aproximadamente 25 anos de idade, além de destacar que havia cerca de R$ 5.000,00 no caixa do estabelecimento que seriam subtraídos se não houvesse a intervenção policial. O réu, em seu interrogatório, permaneceu em silêncio. Após apresentação de manifestação derradeira pelas partes, foi proferida sentença condenatória nos termos da denúncia, conforme requerido pelo Ministério Público. Na primeira fase, fixou o magistrado a pena base dos crimes de roubo e corrupção de menores acima do mínimo legal, em razão da personalidade do réu, que seria voltada para prática de crimes, conforme indicaria sua folha de antecedentes criminais, restando a pena do roubo em 4 anos e 06 meses de reclusão e 12 dias multa e da corrupção em 01 ano e 02 meses de reclusão. Na segunda fase, não foram reconhecidas agravantes e nem atenuantes. Na terceira fase, a pena base do crime de corrupção de menores foi confirmada como definitiva, enquanto a pena de roubo foi aumentada em 2/3, em razão do emprego de arma de fogo, diante das previsões da Lei n° 13.654/18, restando a pena definitiva do roubo em 07 anos e 06 meses de reclusão e 20 dias multa, já que não foram reconhecidas causas de diminuição de pena. O regime inicial fixado foi o fechado, em razão da pena final de 8 anos e 8 meses de reclusão e 20 dias multa (Art. 70, parágrafo único, CP). O Ministério Público, intimado da sentença, manteve-se inerte. Você, como advogado(a) de Breno, é intimado(a) no dia 03 de dezembro de 2019, terça-feira, sendo o dia seguinte útil em todo o país, bem como todos os dias da semana seguinte, exceto sábado e domingo. Considerando apenas as informações narradas, na condição de advogado de Breno, redija a peça jurídica cabível, diferente de habeas corpus e embargos de declaração, apresentando todas as teses jurídicas pertinentes. A peça deverá ser datada no último dia do prazo para interposição.

PEÇA 87 (FGV – 34° Exame unificado da OAB). Rodrigo foi denunciado pelo crime de homicídio simples consumado, com a causa de aumento prevista na primeira parte do Art. 121, § 4°, do CP, perante o Tribunal do Júri da Comarca de São Paulo. De acordo com o que consta na denúncia, no dia 26 de dezembro de 2019, em uma boate localizada na cidade de São Paulo, Rodrigo teria desferido um soco na barriga de João, além de ter lhe dado um empurrão, que fez com que a vítima caísse em cima da garrafa de vidro que segurava. O corte gerado foi a causa eficiente da morte de João, conforme consta do laudo acostado ao procedimento. Rodrigo teria sido encaminhado por seus amigos ao hospital após os fatos, pois se mostrava descontrolado, não tendo prestado socorro à vítima, por isso, sendo imputada a causa de aumento da primeira parte do Art. 121, § 4°, do CP. Diante da inicial acusatória, Rodrigo procurou seu (sua) advogado(a), narrando que, no dia dos fatos, câmeras de segurança registraram o momento em que uma pessoa desconhecida, de maneira furtiva, teria colocado substâncias entorpecentes em sua bebida, o que teria causado uma embriaguez completa. Rodrigo teria ficado descontrolado e, em razão disso, sem motivação, teria desferido um soco na barriga de João, empurrando-o em seguida apenas para que, dele, se afastasse, nem mesmo percebendo que a vítima estaria com uma garrafa de cerveja nas mãos. Destacou sequer saber por que quis lesionar João, mas assegurou que o resultado morte não foi pretendido e nem aceito pelo mesmo, que precisou, inclusive, ser submetido a tratamento psicológico em razão dos fatos. Apresentou laudo do hospital, elaborado logo após o ocorrido, constatando que estaria completamente embriagado em razão da ingestão daquela substância entorpecente que teria sido colocada em sua bebida, bem como que, naquele momento, era inteiramente incapaz de entender o caráter ilícito dos fatos. Após recebimento da denúncia, citação e apresentação de defesa, foi designada audiência de instrução e julgamento, na primeira fase do procedimento do Tribunal do Júri, para oitiva das testemunhas de acusação e defesa, além do interrogatório do réu. Os policiais responsáveis pelas investigações e pela oitiva dos envolvidos, arrolados como testemunhas pelo Ministério Público, informaram ao magistrado que se atrasariam para o ato judicial, pois estavam em importante diligência. Não querendo fracionar a colheita da prova, o magistrado determinou a oitiva das testemunhas de defesa antes das de acusação, apesar do registro do inconformismo da defesa. Ao final, o réu foi interrogado. As provas colhidas indicaram que a versão apresentada por Rodrigo ao seu advogado era totalmente verdadeira. Considerando que foi constatado o desferimento do soco e do empurrão por parte de Rodrigo em João, após manifestação das partes, o juiz pronunciou o acusado nos termos da denúncia. Intimado, o Ministério Público se manteve inerte. Rodrigo e sua defesa técnica foram intimados da decisão em 05 de abril de 2021, segunda-feira. Considerando apenas as informações expostas, apresente, na condição de advogado(a) de Rodrigo, a peça jurídica cabível, diferente de *habeas corpus* e embargos de declaração, expondo todas as teses jurídicas de direito material e processual aplicáveis. A peça deverá ser datada do último dia do prazo para interposição, devendo ser considerado que segunda a sexta-feira são dias úteis em todo o país.

PEÇA 88 (FGV – 35° Exame unificado da OAB). No dia 04 de março de 2019, Júlio, insatisfeito com a falta de ajuda de sua mãe no tratamento que vinha fazendo contra dependência química, decide colocar fogo no imóvel da família em fazenda localizada longe do centro da cidade. Para tanto, coloca gasolina na casa, que estava desabitada, e acende um fósforo, sendo certo que o fogo gerado destruiu de maneira significativa o imóvel, que era completamente afastado de outros imóveis, e, como ninguém costumava passar pelo local, o crime demorou algumas horas para ser identificado. Júlio foi localizado, confessou a prática delitiva e, realizado exame de alcoolemia, foi constatado que se encontrava completamente embriagado, sem capacidade de determinação do caráter ilícito do fato, em razão de situação não esperada, já que ele solicitou uma água com gás e limão em determinado bar, mas o proprietário, sem que Júlio soubesse, misturou cachaça na bebida, que ingerida junto com o remédio que vinha tomando para combater a dependência química, causou sua embriaguez. Foi, ainda, realizado exame de local, constando da conclusão que o imóvel foi destruído, havendo prejuízo considerável aos proprietários, mas que não havia ninguém no local no momento do crime e nem outras pessoas ou bens de terceiros a serem atingidos. Com base em todos os elementos informativos produzidos, o Ministério Público ofereceu denúncia em face de Júlio, perante a 2ª Vara Criminal da Comarca de Florianópolis/SC, juízo competente, imputando-lhe a prática do crime do Art. 250 do Código Penal. Foi concedida liberdade provisória. Após citação e apresentação de defesa, entendeu o magistrado por realizar produção antecipada de provas, ouvindo as vítimas antes da audiência de instrução e julgamento, motivando sua decisão no risco de esquecimento, já que a pauta de audiência de processos de réu solto estava para data longínqua, tendo a defesa questionado a decisão. Após oitiva das vítimas, foi agendada audiência de instrução e julgamento, que foi realizada em 05 de março de 2021, ocasião em que os fatos acima narrados foram confirmados. Em seu interrogatório, o réu confirmou a autoria delitiva, destacando que pouco, porém, se recordava sobre o ocorrido. Após apresentação da manifestação cabível pelas partes, o juiz proferiu sentença condenando o réu nos termos da denúncia. No momento de aplicar a pena base, reconheceu a existência de maus antecedentes, aumentando a pena em 03 meses, tendo em vista que, na Folha de Antecedentes Criminais, acostada ao procedimento, constava uma condenação de Júlio pela prática do crime de tráfico, por fato ocorrido em 20 de abril de 2019, cujo trânsito em julgado ocorreu em 10 de março de 2020. Na segunda fase, reconheceu a presença da agravante do Art. 61, inciso II, alínea b, do Código Penal, aumentando a pena em 05 meses, já que o meio empregado por Júlio poderia resultar perigo comum. Não foram reconhecidas atenuantes da pena. Na terceira fase, não foram aplicadas causas de aumento ou de diminuição de pena, sendo mantida a pena de 03 anos e 8 meses de reclusão e multa de 15 dias, a ser cumprida em regime semiaberto, não sendo substituída a privativa de liberdade por restritiva de direitos com base no Art. 44, III, do CP. Intimado da sentença, o Ministério Público se manteve inerte, sendo a defesa técnica de Júlio intimada em 11 de julho de 2022, segunda-feira. Considerando apenas as informações narradas, na condição de advogado(a) de Júlio, redija a peça jurídica cabível, diferente de *habeas corpus* e embargos de declaração, apresentando todas as teses jurídicas pertinentes. A peça deverá ser datada no último dia do prazo para interposição, considerando que todos os dias de segunda a sexta-feira são úteis em todo o país. (Valor: 5,00) Obs.: a peça deve abranger todos os fundamentos de Direito que possam ser utilizados para dar respaldo à pretensão. A simples menção ou transcrição do dispositivo legal não confere pontuação.

Peça 89 (FGV – 36° Exame unificado da OAB). No dia 31 de dezembro de 2019, Matheus, nascido em 10 de fevereiro de 2000, compareceu a uma festa de Ano Novo, em Vitória, Espírito Santo, juntamente com seus amigos. Animados com o evento, os amigos de Matheus ingeriram grande quantidade de bebida alcoólica, enquanto Matheus permaneceu bebendo somente água tônica, pois sabia que tinha intolerância ao álcool e que qualquer pequena quantidade de bebida alcoólica já o colocaria em situação de embriaguez. Ocorre que, em determinado momento, solicitou água tônica ao funcionário do bar, que, contudo, em erro, entregou a Matheus o drink "gin tônica", que é feito com uma dose de gin misturada com água tônica. Matheus, com sede, deu um grande gole na bebida, vindo a ficar completamente embriagado, em razão da intolerância ao álcool. Sentindo-se mal, quando deixava o local dos fatos, Matheus é surpreendido com a presença de Caio, 25 anos, com quem já discutira em diversas oportunidades em jogos de futebol. Caio, ao verificar a situação de completa embriaguez de seu rival, começa a rir, momento em que Matheus usa a garrafa de refrigerante, de vidro, que estava em suas mãos, para desferir um golpe na cabeça de Caio. Caio é imediatamente encaminhado para o hospital e, após atendimento médico, comparece à Delegacia, narra o ocorrido e informa que teve de levar 15 pontos na cabeça, razão pela qual ficaria incapacitado de trabalhar por 45 dias. Em razão da dor que sentia na cabeça, deixou de comparecer, naquele momento, para a realização de exame de corpo de delito, informando, ainda, que não teve acesso ao Boletim de Atendimento Médico (BAM) no hospital, não sabendo se ele foi, efetivamente, realizado. Concluído o procedimento, o inquérito foi encaminhado ao Ministério Público, que, com base apenas nas declarações de Caio, ofereceu denúncia em face de Matheus, perante a 2ª Vara Criminal de Vitória/ES, imputando-lhe a prática do crime do Art. 129, § 1°, inciso I, do Código Penal. Informou o Parquet que deixou de oferecer proposta de suspensão condicional do processo, em razão da significativa pena máxima prevista para o delito (05 anos de reclusão), bem como diante da Folha de Antecedentes Criminais, que registrava apenas uma condenação anterior de Matheus, com trânsito em julgado no ano de 2018, pela prática da infração prevista no Art. 42 do Decreto-lei no 3.688/41. Como documentação, o Ministério Público apresentou apenas imagens da câmera de segurança do local da festa e a Folha de Antecedentes Criminais. Após recebimento da denúncia, Matheus foi pessoalmente citado e intimado para adoção das medidas cabíveis, em 16 de novembro de 2022, quarta-feira, data em que os mandados foram juntados aos autos, vindo a procurar seu advogado para assistência técnica. Informou ao patrono que, na data dos fatos, realizou exame de alcoolemia e atendimento médico, que constatou que ele se encontrava completamente embriagado em razão da ingestão de bebida alcóolica (gin) e sua intolerância, bem como, que era inteiramente incapaz de determinar-se sobre o caráter ilícito do fato. Forneceu, ainda, o nome do funcionário do bar que teria lhe atendido (Carlos) e dos seus amigos José e Antônio, que teriam presenciado os fatos. Confirmou, todavia, que desferiu o golpe de garrafa na cabeça de Caio, que deixou o local com sangramento. Considerando a situação narrada, apresente, na qualidade de advogado de Matheus, a peça jurídica cabível diferente de habeas corpus e embargos de declaração, expondo todas as teses jurídicas de direito material e direito processual pertinentes. A peça deverá ser datada no último dia do prazo, considerando que de segunda a sexta-feira são dias úteis em todo o país. (Valor: 5,00) Obs.: a peça deve abranger todos os fundamentos de Direito que possam ser utilizados para dar respaldo à pretensão. A simples menção ou transcrição do dispositivo legal não confere pontuação.

Peça 90 (FGV – 37° Exame unificado da OAB). Ricardo e Roberto, no dia 10/08/2020, às 19 horas, foram flagrados pela Polícia Militar quando saíam da agência bancária do Banco Peixe, localizada no centro de Barnabeu, Estado de Campo Novo (CN), de posse de equipamentos tipo serrote, chave de fenda e alicate. A Polícia Militar fora acionada por vigilantes da agência que, remotamente, por meio de câmeras de segurança, acompanharam a ação de Ricardo e Roberto, que tentaram utilizar o serrote para romper a placa de aço e, assim, ter acesso ao conteúdo dos caixas eletrônicos da agência. Após 30 minutos de tentativas, Ricardo e Roberto deixaram a agência, momento em que, já ao lado de fora, foram abordados pelos policiais militares. Com base em tais fatos, e constando como elemento informativo produzido no inquérito apenas a oitiva dos acusados e dos policiais, Ricardo e Roberto foram denunciados como incursos nas penas do Art. 155, § 4°, incisos I e IV, e do Art. 14, inciso II, ambos do Código Penal. A denúncia foi distribuída ao Juízo competente da 5ª Vara Criminal da Comarca de Barnabeu-CN. A prisão em flagrante de Ricardo foi convertida em preventiva, para a garantia da ordem pública, salientando-se que Ricardo possuía condenação anterior pela prática de furto de caixa eletrônico, cuja pena foi cumprida e extinta em 10/04/2019. Já Roberto obteve liberdade provisória na audiência de custódia, realizada no dia seguinte à prisão em flagrante. Ricardo obteve ordem de habeas corpus, que o pôs em liberdade após 30 (trinta) dias preso, condicionada a cautelares diversas da prisão. A instrução processual repetiu as provas orais realizadas na fase inquisitiva, tendo sido ouvidos os Policiais Militares e, em seguida, realizado o interrogatório dos réus, que confessaram a tentativa de arrombamento do caixa eletrônico. Afirmaram que, com o serrote e a chave de fenda, tentaram romper a ferragem do caixa ou abrir os parafusos, mas, após cerca de 30 minutos dentro da agência, apenas conseguiram realizar arranhões na proteção de aço existente, razão pela qual paralisaram a ação e saíram da agência, quando então, do lado de fora, foram abordados por Policiais Militares. Finalizada a instrução, o Ministério Público não requereu a produção de outras provas. Em diligência requerida pela defesa, foi juntado aos autos um ofício do Banco Peixe, que informou ao Juízo que a estrutura do caixa eletrônico é de aço, imune à ação mecânica por força humana, e que os acusados não lograram danificar a estrutura do caixa eletrônico. Os autos foram enviados ao Ministério Público para manifestação, o qual postulou pela condenação dos acusados, nos termos da denúncia. O(A) advogado(a) constituído(a) foi intimado(a) no dia 11/04/2023 (terça-feira). Considerando apenas as informações expostas, apresente, na condição de advogado(a) de Ricardo e Roberto, a peça jurídica cabível, diferente do habeas corpus e embargos de declaração, expondo todas as teses pertinentes de direito material e processual. A peça deverá ser datada no último dia do prazo para apresentação, devendo segunda a sexta-feira serem considerados dias úteis em todo o país. (Valor: 5,00) Obs.: a peça deve abranger todos os fundamentos de Direito que possam ser utilizados para dar respaldo à pretensão. A simples menção ou transcrição do dispositivo legal não confere pontuação.

91. (FGV – 38° Exame unificado da OAB). Marieta, funcionária pública do Instituto Nacional do Seguro Social (INSS), foi condenada por infração ao Art. 313-A do Código Penal, a uma pena de dois anos de reclusão e 10 dias-multa, em regime aberto e substituída por duas penas restritivas de direitos, porque, em 10/10/2017, inseriu nos sistemas informatizados do INSS informações fraudulentas, consistentes em vínculos empregatícios falsos, o que ensejou a concessão de benefício previdenciário indevido em favor de Joana, com prejuízo ao erário no valor de R$75.000,00 (setenta e cinco mil reais). Marieta também foi condenada em idêntica pena, em outro processo, por infração ao Art. 313-A do Código Penal, porque em 15/09/2017, valendo-se do mesmo modus operandi, concedeu benefício previdenciário indevido em favor de Luiza, gerando prejuízo ao erário no montante de R$ 81.000,00 (oitenta e um mil reais). Ainda, Marieta foi condenada em um terceiro processo, por infração ao Art. 313-A do Código Penal, consoante mesmo modus operandi e com aplicação da mesma pena de dois anos de reclusão e 10 dias-multa, por inserir dados falsos no sistema informatizado e assim conceder benefício previdenciário fraudulento em favor de Anastácia, com prejuízo ao erário de R$ 120.000,00 (cento e vinte mil reais), fato ocorrido em 03/11/2017. As referidas condenações transitaram em julgado nos dias 10/11/2022, 21/11/2022 e 02/12/2022, respectivamente, e todas elas substituíram as penas privativas de liberdade por duas restritivas de direitos. Marieta não possui outros processos em sua folha de antecedentes criminais. As cartas de execução de sentença foram tombadas ao Juízo de Execução Penal da Vara Federal Criminal de Alfa (vinculada ao Tribunal Regional Federal da 10a Região) em datas próximas. O Juízo, à luz das três cartas de execução definitivas, proferiu decisão somando as penas, na forma do Art. 69, do Código Penal, fixando a pena total de 6 (seis) anos de reclusão, em regime fechado, considerando que houve reincidência de Marieta quando da realização do segundo e terceiro fato, após já ter realizado o primeiro ato delituoso. Quanto à pena de multa, promoveu a readequação, consoante proporcionalidade à nova pena privativa de liberdade fixada, estabelecendo-a em 90 dias-multa. Determinou a conversão das penas restritivas de direito em privativas de liberdade e a expedição de mandado de prisão para o início de cumprimento das penas. A intimação da decisão ocorreu no dia 25/08/2023, sexta-feira. O mandado de prisão foi expedido na mesma data, pendente de cumprimento. Na qualidade de advogado de Marieta já constituído nos autos, redija a peça processual cabível, diferente de embargos de declaração e habeas corpus, para garantir os direitos de sua assistida, devendo ser deduzida toda a matéria de direito processual e material cabível. A peça deverá ser datada do último dia do prazo, levando-se em conta que segunda a sexta- feira são dias úteis em todo o país. (Valor: 5,00). Obs.: o examinando deve abordar todas os fundamentos de Direito que possam ser utilizados para dar respaldo à pretensão. A mera citação do dispositivo legal não confere pontuação.

92. (FGV – 39° Exame unificado da OAB) Luiza e Alfredo, servidores públicos, casados, ambos com vinte anos de idade, decidiram fazer um cruzeiro pela costa brasileira em um navio transatlântico, apto a navegar por aguas internacionais, tendo embarcado no Porto de Santos-SP no dia 10/12/2020, com destino a Salvador, BA. Durante o curso da viagem, a bordo do navio e em alto-mar, no dia 11/12/2020, Alfredo desferiu um golpe no rosto de Luiza, que veio a sofrer fratura dos ossos da face. O acusado foi contido pela tripulação e, ao aportar no Porto de Flores, estado de Campo Belo (CB), a vítima foi encaminhada para atendimento hospitalar. O pedido de prisão preventiva formulado pelo Ministério Público do estado de Campo Belo em detrimento de Alfredo foi negado, por

Alfredo ser réu primário e sem antecedentes. Laudo pericial juntado aos autos constatou que Luiza sofreu lesões corporais que a impossibilitaram de exercer suas atividades por prazo superior a 30 dias, mas também que houve completo restabelecimento após este prazo. Dessa forma, o Ministério Publico ofereceu denúncia perante o Primeiro Juizado de Violência Doméstica e Familiar contra Mulher de Flores, capital do estado de Campo Belo, imputando a Alfredo a conduta tipificada no Art. 129, § 1o, com a causa de aumento dos §§ 9o e 10, todos do Código Penal. A denúncia foi recebida, o acusado foi citado e apresentou resposta à acusação, arguindo preliminares. Na fase do Art. 397, do CPP, foi confirmado o recebimento da denúncia. Realizada a instrução, ouvidas Luiza e as testemunhas, todos confirmaram os fatos. Interrogado, Alfredo confessou os fatos. A sentença rejeitou a preliminar de incompetência e condenou Alfredo nos termos da denúncia. A pena-base foi fixada em dois anos e meio de reclusão, ante a média entre a mínima e a máxima, e foi agravada a pena em seis meses, nos termos do Art. 61, inciso II, alínea f, do CP, tendo em vista a situação de violência doméstica. Assim, foi fixada a pena intermediaria em três anos de reclusão, e a pena final, com a aplicação da causa de aumento prevista no Art. 129, § 10, do CP, foi fixada em quatro anos de reclusão, sendo estabelecido o regime semiaberto, diante da opinião do julgador sobre a gravidade do crime de violência doméstica. O Juízo determinou, ainda, na forma do Art. 92, inciso I, alínea a, do Código Penal, a perda do cargo público ocupado por Alfredo. O Ministério Público foi intimado da sentença no dia 6 de dezembro de 2023, uma quarta-feira, e manifestou ausência de interesse em recorrer. A defesa foi intimada no dia 7 de dezembro de 2023, quinta-feira. Todas as cidades mencionadas possuem Juizado Especial de Violência Doméstica, Vara Federal Criminal, Vara privativa do Júri, Juizado Especial Criminal e Vara Criminal instalada. Considerando apenas as informações narradas, na condição de advogado(a) de Alfredo, redija a peça jurídica cabível, diferente de habeas corpus, considerando que a sentença não padece de obscuridade, contradição, omissão e ambiguidade, e apresentando todas as teses jurídicas pertinentes. A peça deverá ser datada no último dia do prazo para interposição, considerando-se que todos os dias de segunda a sexta-feira são úteis em todo o país, exceto o dia 8 de dezembro, feriado forense. (Valor: 5,00) Obs.: o examinando deve abordar todas os fundamentos de Direito que possam ser utilizados para dar respaldo à pretensão. A mera citação do dispositivo legal não confere pontuação.

93. (FGV – 40º Exame unificado da OAB) Gustavo trabalha como entregador por aplicativo e aluga bicicletas para desempenhar sua função. Certo dia, descobriu que, próximo à sua residência, havia um depósito de bicicletas seminovas para revenda. Gustavo, então, para ter economia na locação diária de bicicleta, valeu-se de escalada para adentrar o depósito e retirar uma bicicleta, devolvendo-a intacta e sem danos ao final do dia. Gustavo pôs-se a adotar o mesmo procedimento nos dias subsequentes, sempre com intenção de uso e restituição. No oitavo dia, Gustavo chegou ao depósito e percebeu que a porta estava aberta. Assim, conseguiu entrar e sair com uma bicicleta pela porta da frente. Porém, neste dia 30 de outubro de 2023, Gustavo sofreu uma queda, destruindo por completo a bicicleta. Ao perceberem a falta de uma bicicleta, os administradores do depósito consultaram as câmeras de vigilância e constataram toda a atividade de Gustavo ao longo dos oito dias anteriores, comprovando a escalada por sete vezes (com subtração e restituição de sete bicicletas) e a entrada pela porta principal no oitavo dia. Levado o fato às autoridades, a Polícia Civil descobriu a autoria e, em sede policial, Gustavo voluntariamente efetuou o pagamento do valor de R$ 1.500,00 (mil e quinhentos reais) ao depósito, valor apontado pela própria vítima como montante integral do prejuízo, correspondente à oitava bicicleta subtraída, no dia 10 de dezembro de 2023. Assim, o Ministério Público do Estado de Campo Belo denunciou Gustavo como incurso nas penas do Art. 155, §4°, inciso II, terceira figura, do Código Penal, por oito vezes, em concurso material (Art. 69 do CP). A denúncia foi recebida pelo Juízo da Vara Criminal da Comarca de Flores, local dos fatos, no dia 19 de dezembro de 2023. A folha de antecedentes criminais apontou que Gustavo já havia celebrado uma suspensão condicional do processo em 2022. A instrução probatória confirmou a íntegra dos fatos relatados, tendo transcorrido sem intercorrências. O representante legal da vítima reiterou ter recebido a totalidade do valor do prejuízo sofrido. As partes se manifestaram regularmente em alegações finais. A sentença condenou Gustavo como incurso nas penas do Art. 155, § 4°, inciso II, terceira figura, por oito vezes, na forma do Art. 69, ambos do Código Penal. Fixou pena-base no mínimo legal de 2 (dois) anos de reclusão para cada delito de furto qualificado, e, diante da incidência da Súmula 231, do Superior Tribunal de Justiça (que impede a atenuação da pena pela confissão abaixo do mínimo legal), tornou a pena de 2 (dois) anos de reclusão definitiva para cada crime, totalizando a condenação em 16 (dezesseis) anos de reclusão, em regime inicial fechado, diante do concurso material. O Ministério Público manifestou imediata concordância com a sentença. Você, como advogado(a) de Gustavo, é intimado(a) no dia 10 de maio de 2024, sexta-feira, sendo que os dias de segunda a sexta-feira são úteis em todo o país. Considerando apenas as informações narradas, redija a peça jurídica cabível, diferente de habeas corpus e considerando que a decisão não padece de vício de contradição, obscuridade, ambiguidade ou omissão, apresentando todas as teses jurídicas pertinentes. A peça deverá ser datada no último dia do prazo para interposição. (Valor: 5,00) Obs.: A peça deve abranger todos os fundamentos de Direito que possam ser utilizados para dar respaldo à pretensão. A simples menção ou transcrição do dispositivo legal não confere pontuação.

94. (FGV – 41° Exame unificado da OAB) O Ministério Público denunciou Abelardo, Lineu e Mendonça, afirmando que Abelardo, empresário, teria oferecido vantagem indevida a fim de obstar os atos de ofício de Lineu, subordinado a Mendonça, ambos servidores públicos municipais da administração direta. Foi imputada ao acusado Abelardo a conduta tipificada no Art. 333, parágrafo único, do CP; a Lineu, a prática das condutas descritas no Art. 317, § 1°, do CP; e a Mendonça, a conduta descrita no Art. 317, § 1°, c/c o Art. 327, § 2°, ambos do CP, pois provas documentais corroboraram que Lineu deixou de praticar os atos de ofício que lhe competiam, e que Mendonça ocupava a função de direção do órgão público. A denúncia foi distribuída à Vara Criminal da Comarca de Flores, Estado de Campo Belo (CB), local dos fatos. Lineu celebrou acordo de colaboração premiada com o Ministério Público, nos termos da Lei n° 12.850/13, devidamente homologado pelo Juízo competente, fornecendo provas de que Abelardo lhe fez pagamentos no valor total de R$ 500.000,00 (quinhentos mil reais), a fim de que não realizasse os atos de ofício que lhe cabiam. Asseverou que dividiu essa vantagem patrimonial indevida com Mendonça, seu superior imediato, e que agia sob suas ordens e comando, mas, quanto a este ponto, não apresentou provas de corroboração. A instrução processual ocorreu sem intercorrências, sendo que Mendonça se aposentou no curso do processo. Lineu reafirmou os termos de sua colaboração, Abelardo, por sua vez, fez uso de seu direito ao silêncio, enquanto Mendonça negou os fatos e afirmou que o imóvel onde reside é herança de sua mãe, exibindo os documentos públicos que comprovam a regular transmissão causa mortis. O Juízo convolou os debates orais em memoriais e concedeu prazo para o Ministério Público e, em seguida, prazo comum às defesas dos três acusados, o que motivou os protestos da defesa de Mendonça. O Juiz titular, que presidiu a instrução, afastou-se por dois dias para participar de um curso oficial, razão pela qual a sentença foi prolatada pelo Juiz substituto, designado para atuar apenas em causas urgentes, ainda que nenhuma urgência houvesse neste processo. Assim, Mendonça foi condenado como incurso nas penas do Art. 317, § 1°, c/c o Art. 327, § 2°, ambos do CP, considerando provada a corrupção passiva por meio do interrogatório de Lineu, colaborador, o que foi reputado suficiente para provar materialidade e autoria delitivas. Aplicou a pena-base no mínimo legal de dois anos, majorada em um terço por duas vezes consecutivas, justificada exclusivamente pela existência de duas causas de aumento previstas na parte especial do Código Penal, alcançando a pena de 3 (três) anos, 6 (seis) meses e 20 (vinte) dias de reclusão, em regime aberto, e substituiu a pena privativa de liberdade por duas restritivas de direitos. Determinou a cassação da aposentadoria de Mendonça, na forma do Art. 92, inciso I, a, do CP, aplicável por analogia, bem como a perda do imóvel de sua propriedade, uma vez que de valor incompatível com seus proventos, fato suficiente para autorizar o perdimento. O Ministério Público, intimado da sentença, manteve-se inerte. Você, como advogado(a) de Mendonça, é intimado(a) no dia 6 de setembro de 2024, sexta-feira, sendo o dia seguinte e os dias de segunda a sexta-feira úteis em todo o país. Considerando apenas as informações narradas, na condição de advogado(a) de Mendonça, redija a peça jurídica cabível, diferente de habeas corpus, e considerando que a sentença não padece de vício de contradição, obscuridade, ambiguidade ou omissão, apresente todas as teses jurídicas pertinentes. A peça deverá ser datada no último dia do prazo para interposição. (Valor: 5,00) Obs.: a peça deve abranger todos os fundamentos de Direito que possam ser utilizados para dar respaldo à pretensão. A simples menção ou transcrição do dispositivo legal não confere pontuação.

Resolução das peças prático-profissionais

▪ Resolução da peça 1

Peça: Resposta à Acusação (arts. 396 e 396-A do CPP).

Competência: Juiz da 6ª Vara Criminal da Capital.

Tese: (a) nulidade por incompetência do juízo, uma vez que se trata de crime de menor potencial ofensivo (art. 98, I, da CF/88; art. 60 da Lei 9.099/95; art. 564, I, do CPP); (b) extinção da punibilidade pela prescrição da pretensão punitiva, (art. 107, IV, 1ª figura, do CP e art. 115 do CP); (c) atipicidade da conduta por ausência de elemento subjetivo especial do tipo (art. 234 do CP).

Pedido: (a) anulação do processo ab initio, com fulcro no art. 564, I, do CPP e remessa dos autos ao juizado especial criminal; (b) absolvição sumária com fulcro no art. 397, IV, do CPP; (c) absolvição sumária com fulcro no art. 397, III, do CPP; (d) intimação das testemunhas.

▪ Resolução da peça 2

Peça: Resposta à Acusação (arts. 396 e 396-A do CPP).

Competência: Juiz da 12ª Vara Criminal do Rio de Janeiro.

Tese: nulidade (arts. 41 e 564, IV, do CPP). A denúncia é inepta, faltando-lhe requisito essencial, qual seja, a exposição do fato criminoso com todas as suas circunstâncias. O enunciado é claro ao afirmar que a denúncia é lacônica, refere-se a fatos indefinidos, não expondo o fato criminoso, além de não individualizar a conduta praticada por cada agente. Nesse caso, descabia a suspensão condicional do processo por ser o réu reincidente.

Pedido: (a) anulação da ação penal ab initio, com fulcro no art. 564, IV, do CPP ou, caso assim não se entenda, a rejeição da denúncia com fulcro no art. 395, I, do CPP; (b) intimação das testemunhas.

- **Resolução da peça 3**

Peça: Resposta à Acusação (arts. 396 e 396-A do CPP).

Competência: Juiz da 3ª Vara Criminal de Cuiabá.

Teses: (a) atipicidade da conduta por ausência da intenção fraudulenta, demonstrada pelo pronto adimplemento da dívida (Súmulas 554 e 246 do STF); (b) exclusão da culpabilidade em virtude da coação moral irresistível sofrida pela vítima (art. 22 do CP).

Pedido: (a) absolvição sumária com fulcro no art. 397, III, do CPP; (b) absolvição sumária com fulcro no art. 397, II, do CPP; (c) intimação das testemunhas.

- **Resolução da peça 4**

Peça: Memoriais (art. 403, § 3º, do CPP).

Competência: Juiz da 11ª vara Criminal de Maceió.

Tese: (a) nulidade pela ausência de condição de procedibilidade consistente na representação – artigos 171, § 5º, do CP e 24 do CPP; (b) atipicidade formal, demonstrada pelo pronto pagamento do débito (Súmulas 246 e 554 do STF); (c) atipicidade material em virtude da aplicação do princípio da insignificância; (d) subsidiariamente, o reconhecimento do direito do réu à fixação da pena no patamar mínimo, em razão da ausência de circunstâncias desfavoráveis (art. 59 do CP e Súmula 444 do STJ), agravantes ou qualificadoras, a fixação do regime inicial aberto, em face da pena mínima e da primariedade assim autorizarem (art. 33, § 2º, "c", do CP) e o direito subjetivo à substituição da pena privativa de liberdade por pena restritiva de direitos (art. 44 do CP), ou caso assim não se entenda, a concessão da suspensão condicional da pena (art. 77 do CP). Ressalve-se que, no presente caso, a suspensão condicional do processo não era possível por não estarem preenchidos os requisitos do art. 89 da Lei n. 9.099/95.

Pedido: (a) anulação do processo ab initio com fulcro no artigo 564, III, a, do CPP; (b) absolvição do réu, nos termos do art. 386, III, do CPP; (c) em caso de condenação: (c.1) fixação da pena no mínimo patamar mínimo, com fulcro no art. 59 do CP; (c.2) fixação de regime inicial aberto, com fulcro no art. 33, § 2º, ", do CP; (c.3) substituição da pena privativa de liberdade por pena restritiva de direitos, com fulcro no art. 44 do CP ou, concessão do sursis, com fulcro no art. 77 do CP; (c.4) não arbitramento de qualquer valor a ser pago a título de reparação dos danos, em face da ausência de qualquer prejuízo para a vítima (art. 387, IV, do CPP); (c.5) que seja assegurado o direito do réu a recorrer em liberdade.

- **Resolução da peça 5**

Peça: Memoriais do Júri (arts. 403, § 3º, c/c o art. § 5º, do CPP).

Competência: Juiz da 5ª Vara do Júri de São Paulo.

Tese: (a) atipicidade por falta de dolo – erro de tipo – pelo desconhecimento da gravidez; (b) falta de prova da materialidade delitiva – exame inconclusivo quanto ao aborto provocado e ausência da oitiva da gestante.

Pedido: (a) absolvição sumária, com fulcro no art. 415, III, do CPP; (b) impronúncia, com fulcro no art. 414 do CPP; (c) em caso de manutenção da decisão de pronúncia, que seja garantido à ré o direito de recorrer em liberdade.

- **Resolução da peça 6**

Peça: interposição e razões de Apelação (art. 593, I, do CPP).

Competência: interposição – Juiz da 8ª Vara Criminal de Fortaleza; razões – Tribunal de Justiça do Estado do Ceará.

Tese: (a) atipicidade da conduta em face de tratar-se de crime impossível – art. 17, 2ª figura, do CP (impropriedade absoluta do objeto); (b) subsidiariamente: (b.1) regime inicial semiaberto (Súmula 269 do STJ); (b.2) possibilidade de substituição por pena restritiva, que só é vedada ao reincidente específico (art. 44 do CP).

Pedido: (a) absolvição, nos termos do art. 386, III, do CPP; (b) em caso de manutenção da sentença condenatória: (b.1) fixação do regime inicial semiaberto (art. 33, 2°, "b", do CP); (b.2) substituição da pena privativa de liberdade por restritiva de direitos (art. 44 do CP).

▪ Resolução da peça 7

Peça: interposição e razões de Apelação (art. 593, I, do CPP).

Competência: interposição – Juiz Estadual; razões: Tribunal de Justiça.

Tese: impossibilidade de agravamento, o que representou reformatio in pejus indireta (art. 626, parágrafo único, do CPP).

Pedido: redução da pena ao mesmo patamar que havia sido fixado na primeira condenação.

▪ Resolução da peça 8

Peça: interposição e razões de Apelação (art. 593, I, do CPP)

Competência: interposição – Juiz da 3ª Vara Criminal da Justiça Federal da Seção Judiciária de São Paulo; razões: TRF-3ª Reg.

Tese: (a) nulidade a partir da citação, pois não foram esgotados os meios para citação pessoal, (arts. 362, 353 e 564, IV, do CPP); (b) atipicidade material da conduta, por estar alcançada pelo princípio da insignificância (art. 1° da Portaria MF n. 75/2012 ou art. 20 da Lei n. 10.522/2002).

Pedido: (a) nulidade a partir da citação (art. 564, IV, do CPP); (b) absolvição com fulcro no art. 386, III, do CPP.

▪ Resolução da peça 9

Peça: interposição e razões de Apelação (art. 593, I, do CPP).

Competência: interposição – Juiz Estadual; razões – Tribunal de Justiça.

Tese: (a) existência de crime único: hoje, o estupro é um tipo misto alternativo, e a prática de mais de uma conduta no mesmo contexto de fato configura um só crime; (b) inconstitucionalidade da previsão contida no art. 2° da Lei 8.072/90, que impõe regime inicial fechado a todos os crimes hediondos ou equiparados independentemente da pena, por violar o princípio da individualização das penas, pleiteando-se então, a aplicação da pena no mínimo para o crime de estupro (seis anos) e estabelecimento do regime inicial semiaberto (art. 33, § 1°, "b", do CP).

Pedido: (a) condenação por crime único; (b) regime inicial semiaberto (art. 33, § 2°, "b", do CP).

▪ Resolução da peça 10

Peça: petição de juntada e contrarrazões de Apelação (art. 82, § 2°, da Lei n. 9.099/95).

Competência: petição de juntada – juiz do JECrim; contrarrazões – turma recursal.

Tese: (a) preliminarmente: a intempestividade do recurso ministerial; (a) no mérito: atipicidade da conduta imputada, pois não havia motivo para a prisão, que só se faz possível em caso de flagrante ou por ordem judicial escrita (art. 5°, LXI, da CF/88), de modo que a ordem de prisão era ilegal.

Pedido: (a) que seja rejeitado o recurso; (b) que, em sendo conhecido, lhe seja negado provimento, mantendo-se r. sentença absolutória.

▪ Resolução da peça 11

Peça: interposição e razões de Apelação (arts. 593, I, e 416 do CPP).

Competência: interposição – Juiz da Vara do Júri; razões – Tribunal de Justiça.

Tese: negativa de autoria e impossibilidade de absolvição sumária imprópria quando esta não for a única tese defensiva (art. 415 do CPP).

Pedido: (a) absolvição sumária própria (art. 415, II, do CPP) ou, caso assim não se entenda, a impronúncia (art. 414 do CPP), revogando-se a medida de segurança; (b) pronúncia.

▪ Resolução da peça 12

Peça: interposição e razões de Apelação (arts. 593, II, e 416 do CPP).

Competência: interposição – Juiz da Vara do Júri; razões – Tribunal de Justiça.

Tese: prova cabal de não colaboração para o fato.

Pedido: absolvição sumária com fulcro no art. 415, II, do CPP.

▪ Resolução da peça 13

Peça: interposição e razões de Apelação (arts. 593, I, e 416 do CPP).

Competência: interposição – Juiz da Vara do Júri; razões – Tribunal de Justiça.

Tese: excludente de ilicitude – legítima defesa (art. 25 do CP). A argumentação e a fundamentação deverão invocar a legítima defesa como excludente de ilicitude, não se admitindo, nesse caso, o reconhecimento da esquizofrenia, pois, se o réu agiu amparado por descriminante, será simplesmente absolvido. Impossibilidade de absolvição sumária imprópria, salvo quando for a única tese defensiva.

Pedido: (a) absolvição sumária própria, revogando-se a medida de segurança (art. 415, IV, 2ª parte, do CPP); (b) pronúncia.

▪ Resolução da peça 14

Peça: petição de juntada e razões de Apelação (arts. 593, III, "b" e "d" e 600 do CPP).

Competência: petição de juntada – Juiz Presidente do Tribunal do Júri; razões – Tribunal de Justiça.

Tese: (a) legítima defesa real – excludente de ilicitude – arts. 23 e 25 do CP; (b) fixação de regime inicial semiaberto (art. 33, § 1°, "b", do CP e Súmulas 718 e 719 do STF e 440 do STJ).

Pedido: (a) que seja submetido a um novo julgamento, com fulcro no art. 593, § 3°, do CPP; (b) que seja fixado regime inicial semiaberto, com fulcro no art. 593, § 1°, do CPP.

▪ Resolução da peça 15

Peça: Revisão Criminal (art. 621, I, do CPP).

Competência: Tribunal de Justiça.

Tese: (a) nulidade: falta de exame de corpo de delito (art. 564, III, b, do CPP); (b) falta de prova da materialidade delitiva: exige-se para a condenação a prova cabal da materialidade, sendo que a única prova admitida pela lei processual é o exame de corpo de delito, portanto, não há prova.

Pedido: (a) seja julgada procedente a ação revisional; (b) anulação do processo (art. 564, IV, do CPP); (c) absolvição do requerente nos termos dos arts. 386, II e 626 do CPP; (d) seja expedido o alvará de soltura; (e) seja reconhecido o direito à devida indenização (art. 630 do CPP).

▪ Resolução da peça 16

Peça: Revisão Criminal (art. 621, I, do CPP).

Competência: Tribunal de Justiça.

Tese: (a) nulidade: falta de exame de corpo de delito (art. 564, III, b, do CPP); (b) falta de prova da materialidade delitiva: exige-se para a condenação a prova cabal da materialidade, sendo que a única prova admitida pela lei processual é o exame de corpo de delito, portanto, não há prova.

Pedido: (a) seja julgada procedente a ação revisional; (b) anulação do processo (art. 564, IV, do CPP); (c) absolvição do requerente nos termos dos arts. 386, II, e 626 do CPP; (d) seja expedido o alvará de soltura; (e) seja reconhecido o direito à devida indenização (art. 630 do CPP).

▪ Resolução da peça 17

Peça: Revisão Criminal (art. 621, I, do CPP).

Competência: TJ.

Tese: (a) nulidade (arts. 564, IV, do CPP e 5º, LV, da CF/88). Em vista da ausência do réu na audiência, sendo que o defensor dativo não pode dispensar a presença do acusado; (b) atipicidade da conduta por ausência do elemento subjetivo especial do tipo, consistente no ânimo de assenhoramento definitivo (art. 157 do CP); (c) subsidiariamente: (c.1) Não comprovação da reincidência (art. 63 do CP), (c.2) inaplicabilidade da majorante relativa ao emprego de arma (art. 157, § 2º-A, I, do CP) e (c.3) crime continuado (art. 71 do CP).

Pedido: (a) seja julgada procedente a ação revisional; (b) anulação, a partir da audiência de oitiva das testemunhas (art. 564, IV, do CPP); (c) absolvição: arts. 386, III e 626 do CPP; (d) expedição do competente alvará de soltura; (e) reconhecimento do direito do réu à indenização (art. 630 do CPP); (f) em caso de condenação, seja afastada a reincidência (art. 63 do CP), bem como a causa de aumento (art. 157, § 2º-A, I, do CP), reconhecendo-se o crime continuado (art. 71 do CP).

▪ Resolução da peça 18

Peça: Revisão Criminal (art. 621, I, do CPP).

Competência: Tribunal de Justiça.

Tese: (a) falta de comprovação da gravidade da lesão, ante a ausência do laudo complementar, motivo pelo qual a infração tem que ser desclassificada para lesão corporal leve; (b) em se desclassificando-se a infração, nulidade por incompetência do juízo e por ausência de representação da vítima.

Pedido: (a) seja julgada procedente a ação revisional; b) desclassificação (art. 626 do CPP) para lesões leves (art. 129, *caput*, CP); (c) anulação do processo ab initio (art. 564, I, do CPP), remetendo-se os autos ao Juizado Especial Criminal e aguardando-se eventual representação da vítima; (d) expedição do alvará de soltura; (d) reconhecimento do direito do revisionando à indenização (art. 630 do CPP).

■ Resolução da peça 19

Peça: interposição e razões de Recurso em Sentido Estrito (art. 581, I, do CPP).

Competência: interposição – Juiz da 1ª Vara Criminal da Comarca de São Paulo; razões – Tribunal de Justiça do Estado de São Paulo.

Tese: invocar o art. 73 do CPP, que faculta ao querelante, em caso de ação penal privada, escolher o foro de domicílio ou residência do réu, ainda que conhecido o local da infração.

Pedido: que seja recebida a peça inicial.

■ Resolução da peça 20

Peça: interposição e razões de Recurso em Sentido Estrito (art. 581, XV, do CPP).

Competência: interposição – Juiz Estadual; razões – Tribunal de Justiça.

Tese: segundo forte corrente doutrinária e jurisprudencial, o assistente pode recorrer para pleitear agravamento da pena. Ele atua como auxiliar do Ministério Público e não defende, exclusivamente, interesse próprio de natureza civil (art. 271 do CPP).

Pedido: recebimento da apelação e seu processamento.

■ Resolução da peça 21

Peça: interposição e razões de Recurso em Sentido Estrito (CTB, art. 294, parágrafo único).

Competência: interposição – Juiz Estadual; razões – Tribunal de Justiça.

Tese: não há qualquer justificativa relacionada com a ordem pública, e todo homicídio culposo tem resultado grave. Apenas especial justificativa relacionada com a manutenção da ordem pública poderia permitir a suspensão (art. 294 do CTB).

Pedido: seja revogada a suspensão.

■ Resolução da peça 22

Peça: petição de juntada e contrarrazões de Recurso em Sentido Estrito (art. 588 do CPP).

Competência: petição de juntada – Juiz Estadual; contrarrazões – Tribunal de Justiça.

Tese: (a) preliminarmente ausência de requisito de admissibilidade recursal, uma vez que o recurso do Ministério Público é intempestivo; (b) no mérito, validade da decisão por falta dos pressupostos da denúncia; arts. 41 e 395 do CPP – por falta de qualificação do indiciado e por fazer inserir circunstâncias totalmente divorciadas da realidade (inépcia da inicial).

Pedido: (a) que seja denegado o recurso em sentido estrito; (b) caso seja conhecido, que seja negado provimento ao recurso, mantendo-se a r. decisão proferida que rejeitou a denúncia.

■ Resolução da peça 23

Peça: interposição e razões de Recurso em Sentido Estrito (art. 581, IV, do CPP).

Competência: interposição – Juiz da 1ª Vara do Júri; razões – Tribunal de Justiça.

Tese: a existência de crime diverso do descrito na pronúncia, vez que não houve dolo eventual no caso em tela que autorizasse a imputação de homicídio doloso. Houve lesão corporal seguida de morte (art. 129, § 3º, do CP).

Pedido: desclassificação da infração, nos termos do art. 419 do CPP, e remessa dos autos ao juízo singular.

▪ Resolução da peça 24

Peça: interposição e razões de Recurso em Sentido Estrito (art. 581, IV, do CPP).

Competência: interposição – Juiz da Vara do Júri Estadual; razões – Tribunal de Justiça.

Tese: negativa de autoria;

Pedido: (a) absolvição sumária (art. 415, II, do CPP); (b) subsidiariamente a impronúncia do réu (art. 414 do CPP).

▪ Resolução da peça 25

Peça: interposição e razões de Recurso em Sentido Estrito (art. 581, IV, do CPP).

Competência: interposição – Juiz da Vara do Júri; razões – Tribunal de Justiça.

Fundamento: (a) nulidade: havia necessidade de suspensão do processo, conforme dispõe o art. 366 do CPP; (b) no mérito, negativa de autoria. Há no mínimo dúvida razoável sobre a autoria. O reconhecimento fotográfico, apesar de admitido, não se prestaria à comprovação da autoria. A prova testemunhal é controvertida, pois, enquanto uma afirma que o acusado era o autor dos disparos, outra assevera que ele estava fora do País. Não é correto afirmar que, na decisão de pronúncia, vigora o princípio in dubio pro societate, pois a dúvida razoável, em virtude do princípio do favor rei, beneficia o acusado, mesmo em relação a essa espécie de decisão.

Pedido: (a) anulação do processo a partir da citação (art. 564, IV, do CPP); (b) absolvição sumária (art. 415, II, do CPP); (c) subsidiariamente (art. 414 do CPP).

▪ Resolução da peça 26

Peça: Pedido de Livramento condicional (art. 83 do CP, arts. 66, III, "e", e 131 da LEP).

Competência: Juiz da Vara das Execuções Criminais.

Tese: requisitos preenchidos do art. 83 do CP: cumprimento de + de 2/3 da pena (para crimes hediondos); bom comportamento carcerário; bom desempenho no trabalho; aptidão para prover sua subsistência; não ser reincidente em crime hediondo ou equiparado.

Pedido: requerer, depois de ouvido o DD. Representante do Ministério Público (art. 67 da LEP), a concessão do livramento condicional e a expedição do alvará de soltura.

▪ Resolução da peça 27

Peça: interposição e razões de Agravo em Execução (art. 197 da LEP).

Competência: interposição – Juiz da Vara das Execuções Criminais; razões – TJ.

Tese: o tempo de cumprimento das penas privativa de liberdade não pode ser superior a 30 anos para crimes anteriores a 23 de janeiro de 2020, dia que entrou em vigor a Lei 13.964/19.

Pedido: que seja concedida a liberdade, expedindo-se o competente alvará de soltura.

▪ Resolução da peça 28

Peça: interposição e razões de Agravo em Execução (art. 197 da LEP).

Competência: interposição – Juiz da Vara das Execuções Criminais; razões – Tribunal de Justiça.

Tese: extinção da punibilidade – prescrição da pretensão executória, contando-se o prazo a partir do trânsito em julgado segundo atual entendimento do STF (arts. 109, 110, 112 e 117 do CP). O cálculo da prescrição não leva em conta o acrescimento da continuidade delitiva (Súmula 497 do STF). Assim a prescrição seria de quatro anos; e, em razão da idade, cai pela metade (art. 115 do CP) ficando em apenas dois anos.

Pedido: que seja declarada extinta a punibilidade (art. 107, IV, do CP).

▪ Resolução da peça 29

Peça: interposição e razões de Agravo em Execução (art. 197 da LEP).

Competência: interposição – Juiz da Vara das Execuções Criminais; razões – Tribunal de Justiça.

Tese: direito subjetivo negado. Não foi concedido o benefício do crime continuado (art. 71 do CP e art. 82 do CPP).

Pedido: que seja concedida a unificação das penas em virtude do crime continuado.

▪ Resolução da peça 30

Peça: interposição e razões de Agravo em Execução (art. 197 da LEP).

Competência: interposição – Juiz da Vara das Execuções Criminais; razões – Tribunal de Justiça.

Tese: preenchimento dos requisitos do art. 112 da LEP (Súmula Vinculante 26 e Súmula 471 do STJ).

Pedido: que seja concedida a progressão de regime.

Observação: Problema anterior à entrada em vigor da Lei 13.964, de 2019, que alterou a redação do artigo 112 da LEP.

▪ Resolução da peça 31

Peça: interposição e razões de Agravo em Execução (art. 197 da LEP).

Competência: interposição – Juiz da Vara das Execuções Criminais; razões – Tribunal de Justiça.

Tese: a decisão de regressão para regime fechado deve ser precedida de oitiva do condenado (art. 118, § 2°, da LEP) e de oportunidade de defesa, com participação de advogado (art. 5°, LV, da CF/88).

Pedido: declaração de nulidade da decisão (art. 564, IV, do CPP).

▪ Resolução da peça 32

Peça: interposição e razões de Agravo em Execução (art. 197 da LEP).

Competência: interposição – Juiz da Vara das Execuções Criminais; razões – Tribunal de Justiça.

Tese: o agravante tem direito ao benefício uma vez que já cumpriu todos os requisitos, sejam objetivos (tempo), sejam subjetivos (desenvolvimento pessoal), previstos no art. 83, III a V, e parágrafo único, do CP, combinado com art. 131 da LEP.

Pedido: que seja concedido o livramento condicional, bem como seja expedido o competente alvará de soltura.

▪ Resolução da peça 33

Peça: interposição e razões de Agravo em Execução (art. 197 da LEP).

Competência: interposição – juiz da Vara das Execuções Criminais; razões – Tribunal de Justiça.

Tese: (a) inconstitucionalidade do regime disciplinar diferenciado, por ofensa aos princípios da dignidade da pessoa humana e da proibição de tratamento cruel e, principalmente, sua inconstitucionalidade na modalidade pretendida, pois, logo após ingressar, foi o preso colocado nesse regime, sem que tivesse cometido qualquer falta disciplinar; (b) o prazo para a decretação do regime disciplinar diferenciado é de, no máximo, trezentos e sessenta dias, sendo que sua prorrogação dependeria de nova avaliação após o transcurso do prazo.

Pedido: revogação da decretação do regime disciplinar diferenciado.

▪ Resolução da peça 34

Peça: pedido de extração e razões de Carta Testemunhável (art. 639 do CPP).

Competência: pedido de extração – escrivão do cartório; razões – Tribunal de Justiça.

Tese: O juiz denegou o seguimento do recurso, embora tempestivo.

Pedido: determinação para que o recurso seja processado ou, caso se entenda estar suficientemente instruída a carta, que seja decidido de meritis, em face do art. 644 do CPP.

▪ Resolução da peça 35

Peça: Embargos de Nulidade (art. 609, parágrafo único, do CPP).

Competência: Interposição – desembargador relator; razões – Tribunal de Justiça.

Tese: nulidade. Tratava-se, à época, de crime de ação penal pública condicionada (art. 225, do CP; arts. 39 e 564, III, "a", do CPP). A lei mais gravosa que eliminou a necessidade de representação não retroage.

Pedido: que seja acolhido o voto vencido a fim de que seja anulado o processo ab initio (art. 564, III, "a", do CPP), e expedido alvará de soltura.

▪ Resolução da peça 36

Peça: interposição e razões de Embargos Infringentes (art. 609, parágrafo único, do CPP).

Competência: interposição – desembargador relator; razões – Tribunal de Justiça.

Tese: Réu primário e coisa de pequeno valor – direito à redução de 1/3 a 2/3 da pena (art. 155, § 2°, do CP).

Pedido: que seja acolhido o voto vencido, diminuindo-se a pena (art. 155, § 2°, do CP) e excluindo-se uma das penas restritivas de direitos aplicada (art. 44, § 2°, do CP).

▪ Resolução da peça 37

Peça: Embargos de Declaração (art. 619 do CPP).

Competência: relator do acórdão.

Tese: contradição no acórdão – aplicou 14 meses de reclusão e não baixou a pena, vez que o réu havia sido condenado a um ano e dois meses = 14 meses.

Pedido: que seja declarado o v. acórdão embargado, corrigindo-se a referida contradição, com a consequente redução da pena.

▪ Resolução da peça 38

Peça: Embargos de Declaração (art. 382 do CPP).

Competência: juiz de direito.

Tese: há contrariedade entre a parte dispositiva e a fundamentação.

Pedido: aplicação do § 2° do art. 155 do CP, reduzindo-se a pena.

- **Resolução da peça 39**

Peça: interposição e razões de Recurso Extraordinário (art. 102, III, "a", da CF/88).

Competência: interposição – TJ; razões – STF.

Tese: violação ao art. 5°, LVII, da CF/88, que estabelece a presunção constitucional de não culpabilidade. A existência de outros processos ou inquéritos, enquanto não transitados em julgado, não pode trazer qualquer prejuízo ao réu (Repercussão Geral – Tema 129 do STF).

Pedido: seja reformado o v. acórdão, reduzindo-se a pena-base ao mínimo legal.

- **Resolução da peça 40**

Peça: Pedido de revogação da prisão preventiva (art. 316 do CPP).

Competência: Juiz Estadual.

Tese: inexistência dos requisitos autorizadores da prisão preventiva. (art. 312 do CPP).

Pedido: revogação da prisão preventiva (art. 316 do CPP) ou concessão da Liberdade Provisória (art. 321 do CPP) impondo-se, se for o caso, medida cautelar prevista no art. 319 do CPP, bem como a expedição do alvará de soltura.

- **Resolução da peça 41**

Peça: Habeas corpus (arts. 647 e 648, I, do CPP e art. 5°, LXVIII, da CF/88).

Competência: Tribunal de Justiça.

Tese: o Inquérito Penal foi instaurado, embora presente causa excludente de punibilidade do art. 181, II, do CP (escusa absolutória), que isenta de pena quem comete crime patrimonial sem violência em prejuízo de ascendente. Trata-se de imunidade absoluta. O delegado teve de instaurar o referido Inquérito Penal, vez que o Ministério Público requisitou a instauração, e ele não poderia recusá-lo (art. 5°, II, do CPP, e art. 129, VIII, da CF/88).

Pedido: que seja concedida a ordem, trancando-se o Inquérito Penal.

- **Resolução da peça 42**

Peça: Habeas corpus (arts. 647 e 648, I, do CPP e art. 5°, LXVIII, da CF/88).

Competência: TRF-1ª Reg.

Tese: (a) declaração da extinção da punibilidade pelo pagamento do débito (art. 83, § 4°, da Lei n. 9.430/96, com redação dada pela Lei n. 12.382/2011); (b) trancamento da ação penal em relação a ambos os pacientes, em razão do estado de necessidade (art. 24 do CP) ou, caso assim não se entenda, na inexigibilidade de conduta diversa (causa supralegal de exclusão da culpabilidade); (c) subsidiariamente, o trancamento da ação penal em relação a Mévio, que não teve qualquer participação no crime imputado.

Pedido: (a) liminar: sustação da audiência; (b) em definitivo: a extinção da punibilidade de ambos os pacientes (art. 83, § 4°, da Lei n. 9.430/96, com redação dada pela Lei n. 12.382/2011) ou; (c) o trancamento da ação penal quanto a ambos os pacientes (art. 24 do CP); (d) o trancamento da ação penal quanto a Mévio.

▪ Resolução da peça 43

Peça: interposição e razões de Recurso Ordinário Constitucional (art. 105, II, a, da CF/88 e art. 30 da Lei n. 8.038/90).

Competência: interposição – Presidente do Tribunal de Justiça do Estado do Mato Grosso; razões – STJ.

Tese: preenchimento dos requisitos para o sursis (art. 77 do CP).

Pedido: concessão do sursis (art. 77 do CP).

▪ Resolução da peça 44

Peça: interposição e razões de Recurso Ordinário Constitucional (art. 105, II, a, da CF/88 e art. 30 da Lei n. 8.038/90).

Competência: interposição: Juiz Presidente do Tribunal de Justiça; razões – STJ.

Tese: (a) falta de fundamentação idônea para a legalidade da preventiva (art. 312 do CPP); (b) possibilidade de liberdade provisória em crime hediondo, ou subsidiariamente, a possibilidade de outra medida cautelar (art. 319 do CPP), com exceção da fiança.

Pedido: (a) revogação da prisão preventiva (art. 316 do CPP); (b) concessão da liberdade provisória ou outra medida cautelar (art. 319 do CPP) e expedição do alvará de soltura.

▪ Resolução da peça 45

Peça: Mandado de Segurança, com pedido de liminar (art. 5°, LXIX, da CF/88 c/c art. 1° e ss. da Lei n. 12.016/2009).

Competência: Juiz de Direito.

Tese: fundamentar no sentido de que o indeferimento da pleiteada restituição fere direito líquido e certo do impetrante, já que é o legítimo proprietário do veículo, não havendo necessidade de que permaneça à disposição da justiça por falta de interesse ao processo, conforme preconizado nos arts. 118, 119 e 120 do CPP.

Pedido: requerer concessão da liminar para que seja determinada a liberação do veículo, sendo que ao final a segurança deverá ser concedida definitivamente.

▪ Resolução da peça 46

Peça: Reclamação (art. 7° da Lei n. 11.417/2006).

Endereçamento: Presidente do STF.

Tese: o Estatuto da Ordem dos Advogados do Brasil (Lei n. 8.906/94), em seu art. 7°, XIV, garante ao advogado o direito de examinar, na repartição policial, os autos do inquérito policial. O sigilo não pode prevalecer em relação ao advogado. Súmula Vinculante 14 do STF.

Pedido: que seja garantida a vista dos autos.

▪ Resolução da peça 47

Peça: Queixa-crime (art. 29 do CPP e art. 100, § 3°, do CP).

Competência: Juiz singular (Vara criminal).

Tese: presença dos requisitos do art. 41 do CPP.

Pedido: requerer seja o querelado citado, processado e condenado.
Apresentar rol de testemunhas.

- **Resolução da peça 48**

Peça: Pedido de Sequestro (arts. 125 a 129 do CPP).

Competência: Departamento Técnico de Inquéritos Policiais e Polícia Judiciária – Dipo.

Tese: na fundamentação deverá demonstrar que a aquisição do imóvel se deu com os proventos do delito, havendo o pressuposto dos indícios veementes de sua proveniência. O requerimento deverá estar instruído com cópias das peças do inquérito que demonstrem a autoria do delito e sua materialidade, juntando-se também a certidão do cartório onde o imóvel foi registrado.

Pedido: sequestro do imóvel e inscrição da medida no registro de Imóveis.

- **Resolução da peça 49**

Peça: Reabilitação (arts. 93 e 94 do CP e 743 e ss. do CPP).

Competência: Juiz da condenação.

Tese: preenche os requisitos: ter transcorrido dois anos do cumprimento ou extinção da pena; ressarcimento do dano; emprego fixo; residência no Brasil nos últimos dois anos; bom comportamento público e privado.

Pedido: requerer seja concedida a reabilitação, depois de ouvido o DD representante do Ministério Público, nos termos dos arts. 93 e ss. do CP e 747 do CPP.

- **Resolução da peça 50**

Peça: Resposta à acusação (art. 396-A do CPP)

Competência: Juiz Singular

Tese: Ausência injustificada de manifestação sobre o Acordo de Não Persecução Penal (art. 28-A do CPP).

Pedido: Nulidade do recebimento da Denúncia e abertura de vista ao MP para manifestação sobre o ANPP.

- **Resolução da peça 51**

Peça: Resposta à acusação (art. 396-A do CPP)

Competência: Juiz Singular

Tese: Ausência injustificada de manifestação sobre o Acordo de Não Persecução Penal (art. 28-A do CPP). O tráfico de drogas privilegiado (art. 33, § 4º da Lei 11343/06) não é crime hediondo, e a hediondez não é obstáculo legal para o ANPP (art. 28-A do CPP), bastando que seja crime sem violência ou grave ameaça, com pena mínima inferior a quatro anos.

Pedido: Nulidade do recebimento da Denúncia e remessa dos autos ao Procurador de Justiça, nos termos do art. 28, §14 do CPP.

- **Resolução da peça 52**

Peça: Apelação (art. 593, I)

Competência: Interposição: Juiz singular. Razões: Tribunal de Justiça.

Tese: Necessidade de abertura de oportunidade para manifestação do Ministério Público.

Pedido: Nulidade do processo e abertura de vista ao MP para manifestação sobre o ANPP.

▪ Resolução da peça 53 (Gabarito oficial FGV)

O candidato deverá redigir Resposta à Acusação endereçada ao Juiz de Direito da 15ª Vara Criminal de Porto Alegre, RS, com base nos arts. 396 e/ou 396-A do Código de Processo Penal. É indispensável a indicação do dispositivo legal que fundamenta a apresentação da peça. Peças denominadas "Defesa Prévia", "Defesa Preliminar" e "Resposta Preliminar" sem indicação do dispositivo legal não serão aceitas. Peças com fundamento simultâneo nos arts. 406 e 514 do Código de Processo Penal, ou em qualquer artigo de outra lei não serão aceitas. Quando se indicava os arts. 396 e/ou 396-A, as peças eram aceitas independente do nome, salvo quando também se fundamentavam no art. 514 do Código de Processo Penal ou em outro artigo não aplicável ao caso. Admitiu-se a resposta acompanhada da exceção de incompetência, pontuando-se os argumentos constantes de ambas as peças.

A primeira questão preliminar que deverá ser arguida é incompetência da Justiça Estadual para processar o feito, eis que o crime é de competência federal, nos termos do que prevê o artigo 109, V, da Constituição Federal. Relativamente a esse tema, admitiu-se também a arguição de incompetência com base no inciso IV do art. 109, da Constituição. Em ambos os casos, será considerada válida a indicação da transnacionalidade do crime ou a circunstância de ser uma acusação de crime supostamente praticado por funcionário público federal no exercício das funções e com estas relacionadas. Admite-se também a simples referência ao dispositivo da Constituição, ou até mesmo à Súmula n. 254, do extinto, mas sempre Egrégio Tribunal Federal de Recursos. Não será aceita, por outro lado, a referência ao art. 109, I da Constituição nem às Súmulas 122 e/ou 147 do STJ. A segunda questão preliminar que deverá ser arguida é nulidade na interceptação telefônica. Aqui, foram pontuados separadamente os dois argumentos para sustentar a nulidade: (a) falta de fundamentação da decisão nos termos do que disciplina o artigo 5°, da Lei n. 9.296/96 e artigo 93, IX, da Constituição da República; no mesmo sentido; (b) impossibilidade de se decretar a medida de interceptação telefônica como primeira medida investigativa, não respeitando o princípio da excepcionalidade, violando o previsto no artigo 2°, II, da Lei n. 9.296/96. Na nulidade da interceptação não se aceitará o argumento do art. 4°, acerca da ausência de indicação de como seria implementada a medida. Também não se aceitará a nulidade decorrente da incompetência para a decretação, eis que o argumento da incompetência era objeto de pontuação específica.

A terceira questão preliminar que deverá ser arguida é a nulidade da decisão que deferiu a busca e apreensão nula, eis que genérica e sem fundamentação, fulcro no artigo 93, IX, da Constituição da República.

A quarta questão preliminar que deverá ser arguida é a nulidade da apreensão dos cinquenta mil dólares, eis que o ingresso no outro apartamento de Antônio, onde estava a quantia, não estava autorizado judicialmente. Relativamente a este ponto, era indispensável que se associasse a ilegalidade ao conceito de prova ilícita e consequentemente requerendo-se a desconsideração do dinheiro lá apreendido.

A quinta questão preliminar que deverá ser arguida é a inépcia da inicial acusatória, eis que a conduta é genérica, sem descrever as elementares do tipo de corrupção passiva e sem imputar fato determinado. Isso viola o previsto no artigo 8°, 2, "b", do Decreto n. 678/92, o qual prevê como garantia do acusado a comunicação prévia e pormenorizada da acusação formulada. Além disso, limita o exercício do direito de defesa, em desrespeito ao previsto no artigo 5°, LV, da Constituição da República. Por fim, há violação ao art. 41, do Código de Processo Penal.

Em relação ao crime de corrupção passiva, previsto no art. 317, § 1°, do Código Penal, o candidato deverá apontar a falta de justa causa para a ação penal. Afirmações genéricas de falta de justa causa não serão consideradas suficientes para obtenção da pontuação. Com efeito, é preciso que o candidato faça um cotejo entre o tipo penal (com seus elementos normativos, objetivos e subjetivos) e os fatos narrados no enunciado da questão. São exemplos de argumentos: não há prova suficiente de que o réu recebia vantagem indevida para a emissão de passaportes de forma irregular; não há nenhuma prova de que os passaportes fossem emitidos de forma irregular; nenhum passaporte foi apreendido ou periciado na fase de inquérito policial; não há prova de que os passaportes supostamente requeridos por Maria na ligação telefônica foram, efetivamente, emitidos; não há prova de que houve o exaurimento do crime, nos termos do que prevê o § 1º do art. 317, do Código Penal, ou seja, que Antônio tenha efetivamente praticado ato infringindo dever funcional.

No que tange ao crime previsto no art. 239, parágrafo único, da Lei n. 8.069/90 (Estatuto da Criança e do Adolescente), não há qualquer indício da prática delituosa por parte de Antônio, eis que não há sequer referência de que ele tivesse ciência da intenção de Maria. Em outras palavras, o candidato deverá indicar que não havia consciência de que Antônio estivesse colaborando para a prática do crime supostamente praticado por Maria, inexistindo, dessa forma dolo. Assim como no caso do crime anterior, afirmações genéricas de falta de justa causa não serão consideradas suficientes para obtenção da pontuação. Com efeito, é preciso que o candidato faça um cotejo entre o tipo penal (com seus elementos normativos, objetivos e subjetivos) e os fatos narrados no enunciado da questão. Dessa forma, relativamente à atipicidade do crime do art. 239, é indispensável que o candidato apontasse a ausência de dolo ou falasse do elemento subjetivo do tipo. Argumentos relacionados exclusivamente ao nexo causal não serão considerados aptos.

Ao final, o candidato deverá especificar provas, indicando rol de testemunhas. Os requerimentos devem ser de declaração das nulidades, absolvição sumária e, alternativamente, instrução processual com produção da prova requerida pela defesa. Para pontuar o pedido não é necessário que o candidato faça todos os pedidos constantes do gabarito, mas que seus pedidos estejam coerentes com a argumentação desenvolvida na peça. Por outro lado, se houver argumentos flagrantemente equivocados em maior número do que adequados, o pedido deixará de ser pontuado. No pedido, não foi admitida absolvição com fulcro nos arts. 386 e 415 do Código de Processo Penal, já que ele trata das hipóteses de absolvição após o transcurso do processo, e não na fase de resposta. O último dia do prazo é 08.11.2010, eis que a contagem inicia na data da intimação pessoal. Não serão aceitas datas como 06 ou 07 de novembro, pois o enunciado é claro ao especificar que a petição deveria ser protocolada no último dia do prazo, o qual se prorrogou até o dia útil subsequente. Erros como 08 de outubro e 08 de setembro (ou qualquer outra data) serão considerados insuscetíveis de pontuação.

Por fim, o gabarito não contempla nenhuma atribuição de pontuação para as argumentações relativas à: (1) ausência de notificação para apresentar resposta preliminar (art. 514, Código de Processo Penal); (2) nulidade da decisão que decretou a quebra do sigilo bancário. Também não será atribuída pontuação à simples narrativa dos fatos nem às afirmações genéricas de que não havia justa causa para a ação penal.

- **Resolução da peça 54 (Gabarito oficial FGV)**

Peça: interposição e razões de Recurso em Sentido Estrito (art. 581, IV, do CPP).

Competência: interposição – Juiz da 1ª Vara do Júri; razões – Tribunal de Justiça.

Tese: (a) nulidade do processo: violação do arts. 411, § 3º c/c 384 do CPP. Juiz, vislumbrando a possibilidade de nova definição do fato em razão de prova nova, surgida durante a instrução, deverá abrir vista dos autos para que o Ministério Público, se for o caso, adite a denúncia, mesmo que a pena prevista para a nova definição jurídica seja menor, conforme a nova redação do art. 384 do CPP dada pela Lei n. 11.719/2008; (b) reconhecimento da ilicitude da prova e consequente desentranhamento: o crime de infanticídio (art. 123 do CP) é punido com pena de detenção. Em razão disso, não era admissível a interceptação telefônica prevista na Lei n. 9.296/1996, pois a lei em tela não admite a medida quando o crime só é punido com pena de detenção (art. 2°, III, da Lei n. 9.296/96). É de ressaltar que o crime de aborto, previsto no art. 124 do CP, também só é punido com pena de detenção. Além disso, o enunciado indica não existir indícios suficientes de autoria, uma vez que o delegado representou pela decretação da quebra com base em meras suspeitas. Finalmente, não foram esgotados todos os meios de investigação, condição sine qua non para que a medida seja decretada. Por outro lado, também que o testemunho de Lia, embora seja prova realizada de modo lícito, será ilícito por derivação, na forma do art. 157, § 1°, do CPP, e, portanto, imprestável; (c) No mérito ausência de prova da prática do crime de aborto, uma vez que: (c.1) não há qualquer comprovação do nexo de causalidade entre a ingestão da substância e a efetiva morte do feto; (c.2) por outro lado, a prova efetivamente trazida aos autos é ilícita, logo, não pode ser considerada.

Pedido: (a) anulação da sentença de pronúncia (art. 564, IV, do CPP); (b) desentranhamento da prova ilícita; (c) impronúncia quanto ao crime de aborto (art. 414 do CPP); (d) absolvição sumária quanto ao crime de infanticídio (art. 415, I, do CPP).

▪ Resolução da peça 55 (Gabarito oficial FGV)

Peça: interposição e razões de Apelação – art. 593, I, do CPP.

Competência: interposição – Juiz da 1ª Vara Criminal do Município de X; razões – Tribunal de Justiça.

Tese: (a) falta de prova para a condenação, já que o reconhecimento, realizado em desobediência do art. 226 do CPP, não pode ser considerado; (b) afastamento da causa de aumento de pena decorrente do emprego de arma, já que não foi comprovada a potencialidade lesiva.

Pedido: (a) absolvição do apelante, com fulcro no art. 386, IV, do CPP; (b) afastamento da majorante do emprego de arma (art. 157, § 2°, I, do CP).

▪ Resolução da peça 56 (Gabarito oficial FGV)

Peça: interposição e razões de Apelação – art. 593, I, do CPP.

Competência: Interposição – Juiz da Vara Criminal; razões – TJ.

Tese: (a) a atipicidade da conduta em face do princípio da insignificância; (b) subsidiariamente, redução da pena ao patamar da 1ª condenação. Houve violação à proibição à reformatio in pejus – configurando-se caso de reformatio in pejus indireta –, contida no art. 617 do CPP. Em razão do trânsito em julgado para a acusação, a pena não poderia exceder dois anos de reclusão. Aceitando-se essa tese, em decorrência dever-se-ia alegar prescrição da pretensão punitiva estatal, na forma do art. 109, V, do CP, uma vez que, entre o recebimento da denúncia (12.01.2007) e a prolação de sentença válida (09.02.2011), transcorreu lapso superior a quatro anos; (c) caso não acolhida a tese anterior, exclusão da qualificadora (art. 155, § 4°, II, do CP) pela inexistência de relação de confiança a justificar a incidência da qualificadora (Eliete trabalhava para Cláudio fazia uma semana), a impossibilidade do aumento da pena-base realizado pelo magistrado sob o fundamento da enorme gravidade nos crimes em que se abusa da confiança depositada, pois tal motivo já foi levado em consideração para qualificar o delito, não podendo a apelante sofrer dupla punição pelo mesmo fato – bis in idem e a presença a figura privilegiada, ante o pequeno valor da coisa subtraída. Em consequência do acolhimento de tais teses, sendo a conduta tipificada como furto simples, deveria ser requerida a remessa dos autos ao Ministério Público para que fosse feita a proposta de suspensão condicional do processo, ou, em caso de condenação, que fosse aplicada somente a pena de multa.

Pedido: (a) absolvição, com fulcro no art. 386, III, do CPP; (b) anulação da sentença (art. 617 do CPP) e declaração da extinção da punibilidade pela prescrição (art. 109, IV, do CP); (c) exclusão da qualificadora (art. 155, § 4°, II, do CP), exclusão do aumento da pena-base (art. 59 do CP), reconhecimento da figura privilegiada (art. 155, § 2°, do CP) e remessa dos autos ao Ministério Público para que fosse feita a proposta de suspensão condicional do processo (art. 89 da Lei n. 9.099/95) ou aplicação unicamente da pena de multa.

- **Resolução da peça 57 (Gabarito oficial FGV)**

Peça: Pedido de Relaxamento do Flagrante (art. 5°, LXV, da CF/88 e art. 310, I, do CPP).

Competência: Juiz da Direito da Vara Criminal.

Tese: (a) O auto de prisão em flagrante é ilegal por violação ao direito a não autoincriminação compulsória (princípio do nemo tenetur se detegere), previsto no art. 5°, LXIII, da CF/88 ou art. 8°, 2, "g", da Convenção Americana de Direitos Humanos, promulgada pelo Dec. n. 678/92; (b) A prova é ilícita em razão da colheita forçada do exame de teor alcoólico, por força do art. 5°, LVI, da CF/88 ou art. 157 do CPP; (c) O auto de prisão em flagrante é ilegal pela violação à exigência de comunicação da medida à Autoridade Judiciária, ao Ministério Público e à Defensoria Pública dentro de 24 horas, nos termos do art. 306, § 1°, do CPP ou art. 5°, LXII, da CF/88, ou art. 6°, V, c/c art. 185, ambos do CPP; (d) O auto de prisão é ilegal por violação ao direito à comunicação entre o preso e o advogado, bem com familiares, nos termos do art. 5°, LXIII, da CF/88 ou art. 7°, III, do Estatuto da Ordem dos Advogados do Brasil ou art. 8°, 2, "d", da Convenção Americana de Direitos Humanos; (e) possibilidade de concessão da liberdade provisória (art. 310, III, do CPP).

Pedido: relaxamento do flagrante (art. 310, I, do CPP) ou, subsidiariamente, a concessão da liberdade provisória (art. 310, III, do CPP), mediante termo de comparecimento a todos os atos do processo, bem como a expedição do alvará de soltura em favor do requerente.

- **Resolução da peça 58 (Gabarito oficial FGV)**

Peça: interposição e razões de Apelação (art. 593, I, do CPP e arts. 416 c/c 598 do CPP).

Competência: Interposição – Juiz de Direito da 1ª Vara Criminal/Tribunal do Júri; razões – Tribunal de Justiça. Na petição de interposição da apelação, o candidato deverá requerer a habilitação do pai da criança como assistente de acusação (art. 268 do CPP).

Tese: (a) o juiz não poderia ter absolvido sumariamente a ré em razão da inimputabilidade, porque o Código de Processo Penal, em seu art. 415, parágrafo único, veda expressamente tal providência, salvo quando for a única tese defensiva, o que não é o caso, haja vista que a defesa também apresentou outra tese, qual seja, a de negativa de autoria; (b) a incidência do estado puerperal não é considerada causa excludente de culpabilidade fundada na ausência de capacidade de autodeterminação. O estado puerperal configura elementar do tipo de infanticídio e não causa excludente de imputabilidade/culpabilidade.

Pedido: a reforma da decisão com o fim de se pronunciar (art. 413 do CPP) a ré pela prática do delito de infanticídio, de modo que seja ela levada a julgamento pelo Tribunal do Júri.

- **Resolução da peça 59 (Gabarito oficial FGV)**

Peça: Resposta à Acusação (arts. 396 e 396-A do CPP).

Competência: Juiz da 5ª Vara Criminal.

Teses: (a) atipicidade em relação ao crime de extorsão; (b) desclassificação para o delito de exercício arbitrário das próprias razões e como consequência, ilegitimidade e extinção da punibilidade.

Pedido: (a) absolvição sumária com fulcro no art. 397, III, do CPP; (b) desclassificação e consequente absolvição sumária com fulcro no art. 397, IV, do CPP.

Comentário: Quanto ao prazo, a peça deveria ser datada de 28.01.2011. No gabarito oficial não faz constar o pedido direto de desclassificação, mas apenas a absolvição sumária por extinção da punibilidade como consequência do raciocínio desclassificatório. Ocorre que em outubro de 2013, no julgamento do HC 115.831, admitiu um juízo desclassificatório prévio quando a qualificação jurídica repercute sobre a consequência. Pode-se estender o mesmo raciocínio para as hipóteses em que a alteração repercute sobre a legitimidade para a propositura da ação.

▪ Resolução da peça 60 (Gabarito oficial FGV)

Peça: Memoriais (art. 403, § 3°, c/c o art. 394, § 5°, do CPP).

Competência: Juizado Especial Criminal.

Tese: (a) nulidade por inobservância do rito da Lei n. 9.099/95 (art. 564, IV, do CPP). Anulando-se o recebimento da denúncia, haverá a consequente prescrição da pretensão punitiva. Isso porque os fatos datam de 01.04.2009 e a pena máxima em abstrato prevista para o crime de lesão corporal leve é de um ano, que prescreve em quatro anos (art. 109, V, do CP). Como se trata de acusada menor de 21 anos de idade, o prazo prescricional reduz-se pela metade (art. 115 do CP), totalizando dois anos. Com a anulação do recebimento da denúncia, este marco interruptivo desaparece e, assim, configura-se a prescrição da pretensão punitiva; (b) extinção da punibilidade pela decadência do direito de representação. Os fatos ocorreram em 01.04.2009 e a representação apenas foi feita em 18.10.2009 (art. 38 do CPP); (c) falta de prova da materialidade delitiva. Falta de prova. A materialidade do delito não restou comprovada, tal como exige o art. 158 do CPP. O delito de lesão corporal é não transeunte e exige perícia, seja direta ou indireta, o que não foi feito. Note-se que não foi realizado exame pericial direto e nem a perícia indireta pode ser feita, pois a única testemunha não viu nem os fatos e nem mesmo os ferimentos; (d) Subsidiariamente, em caso de condenação: (d.1) aplicação da pena-base no mínimo (art. 59 do CP); (d.2) o afastamento das agravantes: levando em conta que Gisele agiu em hipótese de erro sobre a pessoa (art. 20, § 3°, do CP), devem ser consideradas apenas as características da vítima pretendida (Amanda) e não da vítima real (Carolina), que estava grávida. Além disso, não incide a agravante da reincidência, pois a aceitação da proposta de suspensão condicional do processo não acarreta condenação e muito menos reincidência; Gisele ainda é primária e o reconhecimento da atenuante da menoridade relativa (art. 65, I, do CP); (d.3) Fixação de regime inicial aberto (art. 33, § 2°, c, do CP); (d.4) concessão do sursis (art. 77 do CP).

Pedido: (a) anulação do processo ab initio (art. 564, IV, do CPP) e consequente extinção da punibilidade pela prescrição (art. 109, IV, do CP); (b) extinção da punibilidade pela decadência (art. 107, IV, do CP); (c) absolvição por falta de prova da materialidade (art. 386, II, do CPP); (d) em caso de condenação; (d.1) fixação da pena-base no mínimo (art. 59 do CP); (d.2) afastamento das agravantes (art. 61, I e II, "h", do CP); (d.3) reconhecimento da atenuante (art. 65, I, do CP); (d.4) regime aberto (art. 33, § 2°, "c", do CP); (d.5) concessão do sursis (art. 77 do CP); (d.6) fixação de indenização no patamar mínimo (art. 387, IV, do CPP); (d.7) direito de recorrer em liberdade.

Comentário: no gabarito oficial não foram exigidos os pedidos relativos à fixação da pena-base no mínimo, regime aberto, sursis, indenização ou o direito de recorrer em liberdade.

▪ Resolução da peça 61 (Gabarito oficial FGV)

Peça: Revisão Criminal (art. 621, III, do CPP).

Competência: TJMT.

Tese: (a) exclusão da qualificadora, pois o veículo não chegou a ser transportado para outro Estado ou País (art. 155, § 5°, do CP); (b) incidência da causa de diminuição de pena relativa ao arrependimento posterior (art. 16 do CP); (c) em sendo acolhidas as teses anteriores possibilidade de fixação de regime semiaberto (Súmula 269 do STJ).

Pedido: (a) seja julgada procedente a ação revisional; (b) exclusão da qualificadora (art. 155, § 5°, do CP) com fundamento no art. 626 do CPP; (b) incidência da minorante (art. 16 do CP); (c) regime semiaberto.

Comentário: o gabarito oficial aceitou também como fundamento o inc. I do art. 621 do CPP, cumulado ou alternado com o inc. III. No gabarito oficial o pedido de exclusão da qualificadora constou como "desclassificação para furto simples", o que significa o mesmo.

▪ Resolução da peça 62 (Gabarito oficial FGV)

Peça: interposição e razões de Recurso em Sentido Estrito (art. 581, IV, do CPP).

Competência: interposição – Juiz da Vara do Criminal do Tribunal do Júri; razões – Tribunal de Justiça.

Tese: desclassificação – o examinando deve alegar que Jerusa não agiu com dolo e sim com culpa. Isso porque o dolo eventual exige, além da previsão do resultado, que o agente assuma o risco pela ocorrência do mesmo, nos termos do art. 18, I (parte final) do CP, que adotou, em relação ao dolo eventual, a teoria do consentimento. Nesse sentido, a conduta de Jerusa amolda-se àquela descrita no art. 302 do CTB, razão pela qual ela deve responder pela prática, apenas, de homicídio culposo na direção de veículo automotor. Em consequência, não havendo crime doloso contra a vida, o Tribunal do Júri não é competente para apreciar a questão, razão pela qual deve ocorrer a desclassificação, nos termos do art. 419, do CPP.

Pedido: desclassificação do delito de homicídio simples doloso, para o delito de homicídio culposo na direção de veículo automotor (art. 302 do CTB) e remessa dos autos ao juiz competente.

▪ Resolução da peça 63 (Gabarito oficial FGV)

Peça: interposição e razões de Apelação – art. 593, I, do CPP.

Competência: interposição – Juiz da 41ª Vara Criminal da Comarca da Capital do Estado "X"; razões – Tribunal de Justiça do Estado de "X".

Tese: (a) Atipicidade da conduta pela falta de tipicidade material: a subtração de cinco tintas de cabelo, embora esteja adequada, formalmente, à conduta descrita no tipo penal, não importa em efetiva lesão ao patrimônio da farmácia. Incide, portanto, o princípio da insignificância. Assim, ausente a tipicidade material, a conduta é atípica; (b) Subsidiariamente, caso mantida a condenação: (b.1) afastamento da reincidência, com base em dois argumentos – impossibilidade de bis in idem e não configuração da reincidência (o art. 63 do CP, disciplina que somente haverá reincidência se o novo crime – no caso, o furto – for cometido após o trânsito em julgado definitivo de sentença condenatória de crime anterior. Não foi esse o caso da ré, pois o furto foi cometido antes do trânsito em julgado definitivo da sentença relativa ao estelionato); (b.2) a aplicação do privilégio contido no § 2° do art. 155 do CP, já que a coisa furtada é de pequeno valor (R$ 49,95), bem como Rita seria considerada primária; (b.3) A fixação errada do regime inicial semiaberto para cumprimento de pena: como a ré não é reincidente, faz jus ao regime aberto, conforme disposto no art. 33, § 2º, "c", do CP; (b.4) possibilidade de substituição da pena privativa de liberdade por pena restritiva de direitos: não sendo, a ré, reincidente, encontram-se presentes os requisitos do art. 44 do CP. Assim, faz jus à substituição da pena privativa de liberdade por pena restritiva de direitos.

Pedido: (a) absolvição com base na atipicidade da conduta (art. 386, I e II, do CPP); (b) subsidiariamente, afastamento da agravante da reincidência (art. 61, I, do CP), reconhecimento da figura privilegiada (art. 155, § 2º, do CP), fixação do regime inicial aberto (art. 33, § 2º, "c", do CP) e substituição da pena privativa de liberdade por restritiva de direitos (art. 44 do CP).

▪ Resolução da peça 64 (Gabarito oficial FGV)

Peça: interposição e razões de Apelação – art. 593, I, do CPP.

Competência: interposição – Juiz da Vara Criminal da Comarca; razões – Tribunal de Justiça.

Teses: (a) Quanto ao crime de violação de domicílio: deve ser absorvido pelo delito de furto qualificado, pois configurou um crime-meio, essencial à execução do crime-fim, que era o furto qualificado. Assim, deve ser excluída a condenação pelo delito de violação de domicílio, restando, apenas, o delito de furto qualificado; (b) exclusão da agravante: não há que se falar em reincidência, nos termos do art. 63 do CP. Note-se que o delito em análise não foi praticado após o trânsito em julgado de condenação anterior. Uma simples sentença condenatória não tem o condão de gerar reincidência; (c) Levando em conta o afastamento do delito de violação de domicílio, bem como o afastamento da circunstância agravante da reincidência, o réu fará jus à diminuição da pena e consequente modificação de seu regime de cumprimento, passando do semiaberto para o aberto, nos termos do art. 33, § 2º, "c", do CP; (d) Levando em conta o afastamento da reincidência, verifica-se que o réu faz jus à substituição da pena privativa de liberdade por pena restritiva de direitos, nos termos do art. 44 do CP.

Pedidos: (a) absolvição pelo delito de violação de domicílio com fulcro no art. 386, III, do CPP; (b) afastamento da agravante da reincidência; (c) fixação de regime inicial aberto (art. 33, § 2º, c, do CP); (d) substituição da pena privativa de liberdade por restritiva de direitos (art. 44 do CP); (e) que seja assegurado o direito do apelante de permanecer em liberdade até o trânsito em julgado da condenação.

▪ Resolução da peça 65 (Gabarito oficial FGV)

Peça: Memoriais (art. 403, § 3º, do CPP).

Competência: Juiz da XX Vara Criminal de Vitória, Estado do Espírito Santo.

Teses: (a) no mérito, erro de tipo escusável e consequente atipicidade da conduta (art. 20, *caput*, do CP) (b) subsidiariamente: (b.1) pena-base no mínimo legal (art. 59 do CP); (b.2) exclusão da agravante da embriaguez preordenada; (b.3) reconhecimento da atenuante da menoridade relativa (art. 65, I, CP); (b.4) afastamento da continuidade delitiva e reconhecimento da prática de crime único; (b.5) fixação de regime semiaberto (art. 33, § 2º, b, CP) em face da inconstitucionalidade do art. 2º, § 1º, da Lei n. 8.072/90.

Pedidos: (a) absolvição do réu com fulcro no art. 386, III do CPP; (b) em caso de condenação (b.1) aplicação da pena-base no patamar mínimo (art. 59 do CP); (b.2) exclusão da agravante; (b.3) reconhecimento da atenuante (art. 65, I, do CP); (b.4) reconhecimento de crime único; (b.5) imposição de regime inicial semiaberto (art. 33, § 2º, b, do CP); (b.6) arbitramento de valor a título de indenização no patamar mínimo (art. 387, IV, do CPP); (b.7) que seja garantido ao réu o direito de recorrer em liberdade.

- **Resolução da peça 66 (Gabarito oficial FGV)**

O examinando deve redigir uma queixa-crime (ação penal de iniciativa privada, exclusiva ou propriamente dita), com fundamento no art. 41 do CPP ou no art. 100, § 2º, do CP, c/c o art. 30 do CPP, dirigida ao Juizado Especial Criminal de Niterói.

Os crimes contra a honra narrados no enunciado são de menor potencial ofensivo (art. 61 da Lei n. 9.099/95). Não obstante a incidência de causa especial de aumento de pena e do concurso formal, a resposta penal não ultrapassa o patamar de 2 anos.

Ainda em relação à competência, segue o entendimento da 3ª Seção do STJ, no sentido de que, no caso de crime contra a honra praticado por meio da Internet, em redes sociais, ausentes as hipóteses do art. 109, IV e V, da CF/88, sendo as ofensas de caráter exclusivamente pessoal, e a conduta, dirigida a pessoa determinada e não a uma coletividade, afastam-se as hipóteses do dispositivo constitucional e, via de consequência, a competência da Justiça Federal.

No campo do processo penal, como é cediço, o direito de punir pertence ao Estado, que o exerce ordinariamente por meio do Ministério Público. Extraordinariamente, porém, a lei autoriza que o ofendido proponha a ação penal (ação penal privada); nesse caso, o direito de punir não deixa de ser do Estado, que apenas transfere ao particular o exercício do direito de ação, como no caso dos crimes contra a honra (art. 145 do CP). Nesse sentido, entende-se que a queixa-crime deve apresentar as condições para o regular exercício do direito de ação.

Como petição inicial de uma ação penal, assim como o é a denúncia, deve conter os mesmos requisitos que esta (art. 41 do CPP). Como principal diferença, destaca-se que, enquanto a denúncia é subscrita por membro do Ministério Público, a queixa-crime será proposta pelo ofendido ou seu representante legal (querelante), patrocinado por advogado, sendo exigida para esse ato processual capacidade postulatória, de tal sorte que, da procuração, devem constar poderes especiais (art. 44 do CPP).

O examinando, deveria, assim, redigir a queixa-crime de acordo com o art. 41 do CPP, observando, necessariamente, os requisitos ali estabelecidos, a saber: "a exposição do fato criminoso, com todas as suas circunstâncias, a qualificação do acusado ou esclarecimentos pelos quais se possa identificá-lo, a classificação do crime e, quando necessário, o rol das testemunhas".

Quanto à qualificação, deveria o examinando propor a queixa-crime em face da querelada, Helena.

Em relação à estrutura, deveria o examinando, ainda, apresentar breve relato dos fatos descritos no enunciado, com exposição dos fatos criminosos (injúria e difamação) e todas as suas circunstâncias (causa de aumento de pena), bem como a tipificação dos delitos, praticados em concurso formal (arts. 139 e 140, c/c o art. 141, III, na forma do art. 70, todos do CP).

Ao final o examinando deveria formular os seguintes pedidos:

a) a procedência do pedido, com a consequente condenação da querelada nas penas dos arts. 139 e 140 c/c o art. 141, III, n/f com o art. 70, todos do CP;

b) a citação da querelada;

c) a oitiva das testemunhas arroladas;

d) a condenação da querelada ao pagamento das custas e demais despesas processuais; e

e) a fixação de valor mínimo de indenização, nos termos do art. 387, IV, do CPP.

O examinando deveria apresentar o rol de testemunhas (indicando as testemunhas Carlos, Miguel e Ramirez) e datar a peça, observado o prazo decadencial de 6 meses para propositura da queixa-crime (art. 103 do CP, c/c o art. 38 do CPP), independentemente da conclusão do inquérito policial, se conhecida a autoria e havendo prova da materialidade, como no caso em comento (conforme gabarito preliminar).

▪ Resolução da peça 67 (Gabarito oficial FGV)

Peça: interposição e razões de Agravo em Execução (art. 197 da LEP).

Competência: interposição – juiz da Vara das Execuções Penais do Rio de Janeiro – RJ; razões – Tribunal de Justiça do Rio de Janeiro.

Tese: (a) acerca da concessão do livramento condicional, pois a fundamentação trazida pelo magistrado é equivocada; (b) afastamento da hediondez do crime de roubo simples, pois este não está no rol dos crimes hediondos ou por violação ao princípio da taxatividade; (c) o requisito objetivo para a concessão do livramento condicional de condenado não reincidente portador de maus antecedentes é de 1/3 e não de metade (aplicação do art. 83, I, do CP (OU não aplicabilidade do art. 83, II, do CP); (d) a realização do exame criminológico não é indispensável porque a decisão que determina o exame criminológico deve ser devidamente fundamentada em fatos concretos para a exigência do exame criminológico conforme Súmula 439 do STJ.

Pedido: conhecimento e provimento do recurso e a concessão do livramento condicional com a consequente expedição do alvará de soltura.

▪ Resolução da peça 68 (Gabarito oficial FGV)

Peça: Memoriais (arts. 403, § 3º do CPP).

Competência: 1ª Vara Criminal da Comarca de Florianópolis.

Tese: (a) Extinção da punibilidade, em razão da prescrição da pretensão punitiva pela pena em abstrato, pois ultrapassados 4 anos desde o recebimento da denúncia, considerando a redução do prazo pela menoridade relativa, com fulcro no art. 107, IV, do CP ou no art. 109, IV, c/c art. 115, ambos do CP; (b) atipicidade, pois não houve dolo de ter a coisa para si. No caso, não há a elementar "para si ou para outrem" e o "furto de uso" é indiferente penal; (c) Subsidiariamente, em caso de condenação: (c.1) aplicação da pena-base no mínimo (art. 59 do CP), pois a existência de ações penais em curso não justifica o reconhecimento de maus antecedentes. Violação do princípio da presunção de inocência; (c.2) o reconhecimento das atenuantes da menoridade relativa e da confissão espontânea (art. 65, I, do CP e art. 65, III, "d", do CP, respectivamente); (c.3) Regime inicial aberto para início do cumprimento de pena na forma do art. 33, § 2º, c, do CP; (c.4) Substituição da pena privativa de liberdade por restritiva de direitos, na forma do art. 44 do CP.

Pedido: (a) declaração da extinção da punibilidade (art. 107, IV, do CP); (b) absolvição por atipicidade (art. 386, III, do CPP); (c) em caso de condenação; (c.1) fixação da pena-base no mínimo (art. 59 do CP); (c.2) reconhecimento das atenuantes da menoridade relativa e confissão espontânea (arts. 65, I e 65, III, d do CP); (c.3) regime aberto (art. 33, § 2º, "c", do CP); (c.4) substituição da pena privativa de liberdade por restritiva de direitos (art. 44 do CP); (c.5) que não seja fixado qualquer valor a título de indenização, em face da ausência de prejuízo (art. 387, IV, do CPP); (c.6) direito de recorrer em liberdade.

Comentário: no gabarito oficial não foram exigidos os pedidos relativos à indenização e nem ao direito de recorrer em liberdade.

▪ Resolução da peça 69 (Gabarito oficial FGV)

Peça: interposição e razões de apelação (art. 593, I, CPP).

Prazo: 13.07.15

Competência: interposição – Juiz da 1ª Vara Criminal da Comarca de Natal/RN; razões – Tribunal de Justiça do Estado do Rio Grande do Norte.

Tese: (a) afastamento do concurso de crimes com o consequente reconhecimento de um único crime de estupro desde 2009, com a edição da Lei n. 12.015/2009, a conduta que era prevista como crime autônomo de atentado violento ao pudor passou a ser abrangida pelo tipo penal previsto no art. 213 do Código Penal. Hoje, responde pelo crime de estupro aquele que constrange alguém, mediante violência ou grave ameaça, a praticar conjunção carnal ou outro ato libidinoso diverso. A jurisprudência entende que, de acordo com a nova redação, o art. 213 do CP passou a prever um tipo misto alternativo. Assim, quando praticada conjunção carnal e outro ato libidinoso diverso em um mesmo contexto e contra a mesma vítima, como exatamente ocorreu no caso concreto narrado, haveria crime único; (b) na primeira fase da dosimetria a fixação da pena-base no mínimo legal. A fundamentação do magistrado para incrementar a pena-base pela existência de maus antecedentes foi inadequada, pois as ações penais em curso não podem justificar o reconhecimento prejudicial desta circunstância judicial, nos termos do Enunciado 444 da Súmula de Jurisprudência do STJ, sob pena de violação do princípio da presunção de inocência. O fato de existirem sentenças condenatórias não afasta o que foi aqui defendido, tendo em vista que estas não são definitivas, não ostentando trânsito em julgado. Ademais, o aumento pelo fato de o acusado ter desrespeitado a liberdade sexual da vítima também deve ser afastado, tendo em vista que é inerente ao tipo penal; (c) na segunda fase, deve ser reconhecida a atenuante da confissão espontânea, na forma do art. 65, III, "d", do Código Penal. Além disso, incorreto o magistrado ao afirmar que não aplicaria a atenuante da menoridade relativa pelo fato do réu, hoje, ser maior de 21 anos. O que deve ser considerado é a data do fato e não da sentença; (d) na terceira fase, em caso de ser mantida a decisão pela existência de dois crimes de estupro em concurso, subsidiariamente deve o advogado pleitear a redução do quantum de aumento pela continuidade delitiva. Isso porque o magistrado aplicou o aumento de metade (1/2) em razão da gravidade dos delitos praticados. Ocorre que é pacífico o entendimento doutrinário e jurisprudencial no sentido de que a fração a ser adotada pelo concurso de crimes deverá considerar o número de delitos praticados e não outros critérios em abstrato. No caso, foram dois os crimes de estupro, no entendimento do magistrado, logo o aumento de pena pela aplicação do art. 71 do CP deveria ser de 1/6, ou seja, do mínimo legal; (e) quanto ao regime inicial, em sendo reduzida a pena aplicada para até 08 anos, o regime aplicado deveria ser o semiaberto. Apesar de o crime de estupro, de fato, ser hediondo, o Supremo Tribunal Federal, em sede de controle difuso de constitucionalidade, reiteradamente vem decidindo que é inconstitucional a imposição em abstrato de regime inicial fechado trazida pelo art. 2º, § 1º, da Lei n. 8.072/90, devendo o magistrado justificar o regime aplicado com base em fatores concretos.

Pedido:

a) reconhecimento do crime único de estupro;
b) aplicação da pena-base no mínimo legal;
c) reconhecimento das atenuantes da confissão e da menoridade relativa;
d) em caso de manutenção da condenação pela prática de dois crimes de estupro em continuidade, redução da fração de aumento do art. 71 do CP para o mínimo legal;
e) aplicação de regime semiaberto.

▪ Resolução da peça 70 (Gabarito oficial FGV)

O examinando deve elaborar, na condição de advogado, Contrarrazões de Apelação, com fundamento no art. 600 do Código de Processo Penal (CPP). Em um primeiro momento, deve ser redigida a petição de juntada das contrarrazões, direcionada ao Juízo da Vara Criminal da Comarca do Rio de Janeiro/RJ, requerendo o encaminhamento do feito para instância superior. Posteriormente, devem ser apresentadas as respectivas razões do apelado (e não razões de apelação) ou contrarrazões de apelação, peça essa endereçada diretamente ao Tribunal de Justiça. No conteúdo das Contrarrazões, o examinando, em preliminar, deve requerer o não conhecimento do recurso apresentado pelo Ministério Público, tendo em vista ser intempestivo. Na forma do art. 593 do CPP, o prazo para interposição de Apelação é de 05 dias. O Ministério Público foi intimado, no caso concreto, em 14 de setembro de 2015, somente vindo a interpor recurso no dia 30 de setembro de 2015, ou seja, mais de 15 dias após sua intimação. O enunciado deixa claro que a petição de interposição foi apresentada junto com as razões recursais, logo, apesar do magistrado de 1ª instância ter conhecido do recurso, o Tribunal, ao realizar nova análise, deverá não conhecer do recurso interposto.

Contudo, pelo princípio da eventualidade, em caso de conhecimento do recurso, deverá o examinando, na condição de advogado de Rodrigo, rebater as teses apresentadas pelo Ministério Público, buscando a manutenção da sentença de primeira instância.

De início, em relação à pena-base, deverá ser destacado que a existência de ações penais em curso, sem sentença condenatória com trânsito em julgado, e de inquéritos policiais não justificam um aumento da pena-base, sob pena de violação do princípio da presunção de inocência. Antes do trânsito em julgado, não pode um acusado ou indiciado ser considerado culpado, logo não há que se falar em maus antecedentes. Ademais, o Enunciado 444 da Súmula de Jurisprudência do STJ impede que ações em curso sejam consideradas não somente como maus antecedentes, mas valoradas de qualquer forma na pena-base.

Posteriormente, deverá o examinando enfrentar os argumentos apresentados pelo Ministério Público para aumento da pena na segunda fase do critério trifásico.

Em relação à agravante da gravidez, deverá ser afirmado que ela não deve ser reconhecida, sob pena de configurar responsabilidade penal objetiva. Apesar da vítima ser Maria, que tinha acabado de descobrir que estava grávida, para que uma circunstância prejudicial ao réu seja reconhecida, é preciso que ele tenha conhecimento do fato ou, ao menos, que fosse possível a ele ter conhecimento da situação. No caso concreto, Rodrigo não conhecia Maria e ela estava grávida apenas de um mês, logo não havia como o acusado ter conhecimento de que a vítima era mulher grávida. Assim, para evitar a responsabilidade penal objetiva, a agravante do art. 61, inciso II, alínea h, do Código Penal não deve ser aplicada.

Da mesma forma, não deve ser reconhecida a agravante da embriaguez preordenada. Não existe qualquer prova nos autos de que Rodrigo se embriagou para tomar coragem para prática do crime. A embriaguez preordenada não se confunde com a culposa ou voluntária. Nos dois últimos casos, existe imputabilidade, mas não justificam, por si sós, o reconhecimento da agravante. Na embriaguez preordenada o agente se embriaga exatamente para fins de reduzir sua censura pessoal e realizar um crime doloso determinado e pretendido. Rodrigo ingeriu bebida para comemorar o Natal, não para tomar coragem e praticar o crime de roubo.

No terceiro momento, deverá o examinando rebater a pretensão do Ministério Público de incrementar o aumento da pena em razão do número de majorantes. Pacificado o entendimento atual, inclusive com a edição do Enunciado 443 da Súmula de Jurisprudência do STJ, no sentido de que a mera indicação do número de majorantes não configura fundamentação idônea para justificar a aplicação da fração de aumento acima do mínimo previsto em lei. É necessária fundamentação concreta.

Por fim, em relação aos argumentos do Promotor de Justiça, deverá o examinando afirmar que o regime de pena aplicado foi adequado, não se justificando a aplicação do regime fechado pelo fundamento apresentado no recurso de apelação, pois a gravidade em abstrato do delito não pode justificar um regime de pena mais gravoso do que o cabível de acordo com a pena aplicada. Tal entendimento é trazido pelos Enunciados 718 e 719 da Súmula do STF e pelo Enunciado 440 da Súmula do STJ.

Assim, ao final, deverá o candidato formular os seguintes pedidos: (a) Não conhecimento do recurso de apelação em razão da intempestividade; (b) Caso seja conhecido o recurso, pelo seu não provimento, mantendo-se, integralmente, a sentença.

A data a ser indicada ao final na peça é o dia 27 de outubro de 2015. A intimação ocorreu em 19 de outubro de 2015, uma segunda-feira, iniciando-se o prazo de 08 dias, previsto no art. 600 do CPP, no dia seguinte.

▪ Resolução da peça 71 (Gabarito oficial FGV)

O candidato deveria redigir Alegações Finais por memoriais ou Memoriais, com fundamento no art. 403, § 3°, do Código de Processo Penal, aplicado subsidiariamente ao procedimento especial previsto na Lei n. 11.343/2006, diante do disposto no art. 394, § 5° do CPP, sendo a peça endereçada a uma das Varas Criminais da Comarca de Goiânia/GO.

No mérito, deveria o candidato pleitear, em um momento inicial, a absolvição do acusado por inexigibilidade de conduta diversa. Para que determinada conduta seja considerada crime, deve ela ser típica, ilícita e culpável. Um dos elementos da culpabilidade é a exigibilidade de conduta diversa, sendo, portanto, a inexigibilidade de conduta diversa uma causa de exclusão da culpabilidade.

Deveria o examinando alegar que Russo, estando armado, ao exigir o transporte das substâncias entorpecentes por parte de Astolfo, um senhor de 74 anos de idade, sob pena de expulsá-lo de sua casa e da comunidade da Favela da Zebra, sem ele ter outro local para residir, praticou uma coação moral irresistível. Diante das circunstâncias e das particularidades do caso concreto, em especial considerando a idade de Astolfo e o fato de não ter familiares para lhe dar abrigo, não seria possível exigir outra conduta do acusado. Conforme previsão do art. 22 do Código Penal, no caso de coação irresistível, somente deve responder pela infração o autor da coação. Assim, na forma do art. 386, VI, do Código de Processo Penal, deveria o réu ser absolvido.

Caso se entenda que o fato foi típico, ilícito e culpável e que a coação foi resistível, o examinando, com base no princípio da eventualidade, deveria passar a enfrentar eventual sanção penal a ser aplicada.

Inicialmente, deveria solicitar a aplicação da pena-base em seu mínimo legal, pois, na forma do enunciado 444 da Súmula de jurisprudência do STJ, a existência de inquéritos policiais ou ações penais em curso não são suficientes para fundamentar circunstâncias judiciais do art. 59 do Código Penal como desfavoráveis.

Na fixação da pena intermediária, deveria o examinando requerer o reconhecimento da atenuante do art. 65, I, do Código Penal, já que o réu era maior de 70 anos na data da sentença, e a atenuante da confissão, prevista no art. 65, III, alínea "d", do Código Penal, cabendo destacar que a chamada confissão qualificada, ou seja, quando, apesar de confessar o fato, o acusado alega a existência de causa de exclusão da ilicitude ou da culpabilidade, vem sendo reconhecida pelo Superior Tribunal de Justiça como suficiente para justificar o seu reconhecimento como atenuante. Deveria, ainda, ser alegada a atenuante da coação resistível, já que o crime somente foi praticado por exigência de Russo (art. 65, III, "c", do CP).

Considerando que o acusado é primário, de bons antecedentes, e que não consta em seu desfavor qualquer indício de envolvimento com organização criminosa ou dedicação às atividades criminosas, cabível a aplicação do redutor de pena previsto no art. 33, § 4º, da Lei n. 11.343/2006. As circunstâncias da infração tornam até mesmo possível a aplicação da causa de diminuição em seu patamar máximo.

Em sendo reconhecida a existência do tráfico privilegiado do art. 33, § 4º, da Lei n. 11.343/2006, cabível o requerimento de substituição da pena privativa de liberdade por restritiva de direitos, pois não mais subsiste a vedação trazida pelo dispositivo. O Supremo Tribunal Federal reconheceu a inconstitucionalidade dessa vedação em abstrato, por violação ao princípio da individualização, além de a Resolução n. 05 do Senado, publicada em 15.02.2012, suspender a eficácia da expressão "vedada a conversão em penas restritivas de direito" do parágrafo acima citado.

Da mesma forma, o STF também reconheceu a inconstitucionalidade da exigência da aplicação do regime inicial fechado para os crimes hediondos ou equiparados trazida pelo art. 2º, § 1º, da Lei n. 8.072 por violação do princípio da individualização da pena, de modo que nada impede a fixação do regime inicial aberto de cumprimento da reprimenda penal.

Diante do exposto, deveriam ser formulados os seguintes pedidos:

a) absolvição do crime de tráfico, na forma do art. 386, VI, do Código de Processo Penal;
b) subsidiariamente, aplicação da pena-base no mínimo legal;
c) reconhecimento das atenuantes do art. 65, I e III, alíneas c e d, do Código Penal;
d) aplicação da causa de diminuição do art. 33, § 4º da Lei n. 11.343;
e) aplicação do regime inicial aberto de cumprimento da pena;
f) substituição da pena privativa de liberdade por restritiva de direitos.

A peça deveria ser assinada, além de constar como data 13 de março de 2015, pois o prazo só se iniciou na segunda-feira seguinte à intimação.

▪ Resolução da peça 72 (Gabarito oficial FGV)

O examinando deve redigir Alegações Finais, na forma de memoriais, com fundamento no art. 403, § 3º, do Código de Processo Penal, devendo a petição ser direcionada ao juiz de uma das Varas Criminais da Comarca de Belo Horizonte/MG. No mérito, deve o examinando defender a absolvição de Bruno, tendo em vista que nenhum crime de furto foi praticado. Prevê o art. 155 do Código Penal que configura furto a subtração de coisa alheia móvel. A doutrina leciona que a coisa perdida, conhecida como res desperdicta, em princípio, não pode ser objeto do crime de furto, pois ela não está na posse de outra pessoa para ser subtraída. Cabe destacar, porém, que a coisa só é considerada perdida quando está em local público ou de uso público, como efetivamente ocorreu com o relógio de Bernardo. O relógio por Bruno encontrado no interior do coletivo e guardado em sua mochila era uma coisa perdida, tendo em vista que encontrado no chão do transporte público e que o seu proprietário, Bernardo, sequer estava no interior do ônibus quando Bruno nele ingressou. Não houve subtração.

Em tese, quando uma pessoa se apodera de uma coisa perdida, possivelmente será configurado o crime de apropriação de coisa achada, previsto no art. 169, II, do Código Penal. Contudo, na hipótese, nem mesmo cabível a desclassificação para esse delito, mas tão só a absolvição de Bruno, tendo em vista que uma das elementares do art. 169, inciso II, do Código Penal não foi realizada. Isso porque o crime de apropriação de coisa achada somente se configura após o agente não restituir a coisa apropriada ao dono ou ao legítimo possuidor após 15 dias. Trata-se de infração penal conhecida como delito a prazo. Como Bruno havia pegado o relógio poucos minutos antes, não estava configurado o delito do art. 169, II, do Código Penal, pois ele ainda poderia decidir por devolver o bem ao seu proprietário ou na Delegacia dentro do prazo previsto em lei. Diante disso, deve ser requerida, nas Alegações Finais, a absolvição de Bruno.

Além disso, deve o candidato, com base no princípio da eventualidade, caso se entenda que houve subtração, alegar a atipicidade material da conduta por força do princípio da insignificância, eis que bastante reduzido o valor da coisa e da lesão (1/8 do salário mínimo, aproximadamente). Ainda com base na subsidiariedade, o examinando deve enfrentar eventual pena a ser aplicada em caso de condenação do réu. Na aplicação da pena-base, deve o examinando destacar que deve ser fixada no mínimo legal, tendo em vista que o agente é primário e de bons antecedentes, não tendo como assim não ser, já que havia acabado de completar 18 anos na data em que foi preso em flagrante. O fato de o réu já ter sido punido com medida socioeducativa pela prática de ato infracional análogo ao crime de tráfico não permite o reconhecimento de maus antecedentes ou qualquer outra circunstância judicial desfavorável.

Na determinação da pena intermediária, deveria ser solicitado o reconhecimento da atenuante da confissão espontânea, prevista no art. 65, III, alínea "d", do Código Penal, assim como da menoridade relativa, com base no art. 65, I, do CP, uma vez que Bruno era menor de 21 anos na data dos fatos. Já na terceira fase de aplicação da reprimenda penal, o advogado deveria solicitar o reconhecimento do furto privilegiado, pois Bruno era primário e a coisa furtada era de pequeno valor, já que o relógio foi adquirido pela quantia de R$ 100,00 (cem reais) apenas. Assim, poderia o examinando pleitear a aplicação de alguma das medidas previstas no art. 155, § 2°, do Código Penal, quais sejam, substituição da pena de reclusão pela de detenção, diminuição de 1/3 a 2/3 da reprimenda penal ou aplicação somente da pena de multa.

Em caso de aplicação de pena privativa de liberdade, deveria ser, ainda, requerida a substituição desta por restritiva de direitos, pois preenchidos os requisitos do art. 44 do Código Penal. O regime inicial de cumprimento de pena a ser buscado é o aberto. Por fim, em caso de não substituição da pena privativa de liberdade por restritiva de direitos por entender não preenchidos seus requisitos, deve o examinando solicitar a aplicação da suspensão condicional da pena, na forma do art. 77 do Código Penal.

Diante do exposto, dever ser formulado pedido requerendo: (a) absolvição do crime de furto, na forma do art. 386, inciso III, do CPP; (b) aplicação da pena-base no mínimo legal; (c) reconhecimento das atenuantes da confissão espontânea e da menoridade relativa; (d) aplicação da forma privilegiada do furto, prevista no art. 155, § 2°, do Código Penal; (e) substituição da pena privativa de liberdade por restritiva de direitos; (f) aplicação do regime aberto; (g) subsidiariamente, suspensão condicional da pena. A data a ser indicada é 30 de março de 2015, tendo em vista que o prazo para Alegações Finais é de 05 dias, mas o dia 28.03.2015 é um sábado.

▪ Resolução da peça 73 (Gabarito oficial FGV)

Considerando a situação narrada, o(a) examinando(a) deve apresentar Resposta à Acusação, com fundamento no art. 396-A e/ou art. 396, ambos do Código de Processo Penal, em busca de evitar o prosseguimento do processo em desfavor de Gabriela.

A peça deveria ser encaminhada para uma das Varas Criminais da Comarca de Fortaleza, Ceará, local onde foi praticado o último ato de execução.

Diante das informações constantes do enunciado, caberia ao advogado da denunciada pleitear a absolvição sumária de sua cliente, tendo em vista que o fato evidentemente não constitui infração penal, que há causa manifesta de exclusão da ilicitude e causa de extinção da punibilidade.

Em um primeiro momento, é possível perceber a existência de causa de extinção da punibilidade, qual seja, a ocorrência de prescrição da pretensão punitiva estatal. Isso porque os fatos ocorreram em 24 de dezembro de 2010, ocasião em que Gabriela tinha apenas 20 anos, já que nascida em 28 de abril de 1990. Nos termos do art. 115 do Código Penal, o prazo prescricional do menor de 21 anos na data dos fatos deverá ser computado pela metade, sendo tal disposição aplicável ao caso concreto. Foi imputada a Gabriela a prática do crime de furto simples em sua modalidade tentada. A pena máxima em abstrato prevista para o delito imputado é de 04 anos (com a causa de diminuição, seria de 02 anos e 08 meses de reclusão); logo, o prazo prescricional de 08 anos, previsto no art. 109, IV, do Código Penal, cairá para 04 anos na hipótese. Desde a data do último marco interruptivo do prazo prescricional, qual seja, o recebimento da denúncia em 18 de janeiro de 2011, já se passaram mais de 04 anos, de modo que se impõe o reconhecimento da prescrição da pretensão punitiva estatal, com a consequente extinção da punibilidade, com fulcro no art. 107, IV, do Código Penal. Menciona-se que o Código de Processo Penal trata a causa de extinção da punibilidade como hipótese de absolvição sumária, nos termos do art. 397, IV, do CPP.

Ademais, deveria o(a) advogado(a) alegar que o fato narrado evidentemente não constitui crime, porque adequado ao caso o reconhecimento da atipicidade material da conduta pela aplicação do princípio da insignificância.

A jurisprudência e a doutrina pátrias, de maneira absolutamente majoritárias, reconhecem que a tipicidade é formada por um caráter formal e por um caráter material. A tipicidade formal é adequação da conduta praticada àquela prevista no tipo. No caso, Gabriela subtraiu coisa alheia móvel; logo, sua conduta é formalmente típica. Já a tipicidade material seria a significativa lesão ao bem jurídico protegido pela norma. Nesse contexto, as lesões ínfimas, insignificantes, não seriam suficientes para atingir o bem jurídico protegido e, com base no princípio da lesividade, tais condutas sequer seriam materialmente típicas. Como conclusão, a aplicação do princípio da bagatela leva ao reconhecimento da atipicidade da conduta.

Gabriela subtraiu dois pacotes de macarrão que totalizavam R$ 18,00 (dezoito reais). O valor subtraído por Gabriela permite a aplicação do princípio da bagatela, afastando a tipicidade material da conduta e justificando sua absolvição sumária com base no art. 397, III, do CPP. Cabe mencionar as circunstâncias do caso: poderia Gabriela subtrair mais bens; o valor era ínfimo para um grande supermercado da cidade; e a autora nunca praticara tais fatos anteriormente.

Se isso não fosse suficiente, ainda deveria o advogado destacar a existência de manifesta causa de exclusão de ilicitude, qual seja, o estado de necessidade. Prevê o art. 24 do Código Penal que atua em estado de necessidade aquele que pratica fato descrito como crime para salvar de perigo atual, que não causou por sua conduta, direito próprio ou alheio, cujo sacrifício não era razoável exigir naquelas circunstâncias. Claramente, Gabriela estava com seu direito e de seu filho em situação de risco atual e concreto, em especial porque a criança estava ficando doente em razão da ausência de alimentação. Ademais, a situação de perigo não fora por ela criada, já que expulsa do imóvel por seu ex-companheiro que lhe agredia, além de não conseguir emprego ou ajuda financeira de outras pessoas. Por fim, não era razoável exigir que Gabriela sacrificasse a integridade física de seu filho em detrimento de lesão de ínfimo valor para grande supermercado da região.

Assim, diante do estado de necessidade, deve ser formulado pedido de absolvição sumária com fundamento no art. 397, I, do CPP. Após os pedidos, deve o(a) examinando(a) apresentar rol de testemunhas, indicando Maria para o caso de não acolhimento do requerimento de absolvição sumária.

O prazo para elaboração da peça processual, nos termos do art. 396 do CPP, é de 10 dias, sendo que a citação/intimação da ré e de seu advogado ocorreu em 16 de março de 2015, iniciando-se o prazo em 17 de março de 2015 e terminando em 26 de março de 2015.

A petição deverá ter indicação de local, data, assinatura e número de inscrição na OAB.

▪ Resolução da peça 74 (Gabarito oficial FGV)

Peça: Apelação com fundamento no art. 593, I, do CPP.

Competência: Interposição dirigida ao Juízo da 1ª Vara Criminal da Comarca de Belo Horizonte – MG, e razões de apelação dirigidas ao Tribunal de Justiça de Minas Gerais.

Teses: Deve o candidato alegar nulidade da sentença ou de todos os atos desde as alegações finais apresentadas pela Defensoria Pública, pois não houve intimação do réu para manifestar interesse em indicar novo advogado, o que gerou prejuízo para a ampla defesa. No mérito foi aceita dupla tese: absolvição ou desclassificação para o delito de ameaça com a consequente declaração de extinção da punibilidade pela decadência. Deve ainda sustentar que houve desistência voluntária nos termos do art. 15 do CP, de forma que ele deve responder apenas pelos atos já praticados ou não deve responder pela tentativa. Subsidiariamente, deve a pena ser fixada no mínimo legal, pois a medida socioeducativa não autoriza o reconhecimento de maus antecedentes. Também deve ser reconhecida atenuante da menoridade relativa, nos termos do art. 65, I, do CP, bem como atenuante da confissão nos termos do art. 65, III, "d", do CP.

Deve ser afastada a causa de aumento de pena, pois houve apenas simulação de arma de fogo (afastamento do § 2º, I, do art. 157 do CP). A redução pela tentativa deve se dar no grau máximo permitindo a aplicação do sursis penal e deve haver a fixação do regime inicial semiaberto ou aberto, pois a gravidade em abstrato do crime não autoriza regime inicial mais severo. Também poderia fundamentar essa tese nas Súmulas 718 do STF ou 719 do STF ou 440 do STJ.

Pedido: deve ser requerido o provimento do recurso com expedição de alvará de soltura. Deve ainda ser colocada a data de 15 de maio de 2017.

▪ Resolução da peça 75 (Gabarito oficial FGV)

O examinando deve redigir Alegações Finais na forma de Memoriais ou Memoriais, com fundamento no art. 403, § 3º, do Código de Processo Penal, devendo a petição ser direcionada ao juiz de uma das Varas Criminais da Comarca de Manaus/AM. De início, deveria o examinando, na condição de advogado, requerer a nulidade dos atos processuais realizados durante a instrução probatória ou encaminhamento dos autos ao Ministério Público, tendo em vista que não foi oferecida proposta de suspensão condicional do processo. Prevê o art. 89 da Lei n. 9.099/95 que caberá ao Ministério Público oferecer proposta de suspensão condicional do processo quando a pena mínima cominada ao delito imputado for de até 1 (um) ano, abrangidas ou não por esta Lei, preenchidos os demais requisitos legais, dentre os quais se destacam a primariedade e a presença dos requisitos do art. 77 do Código Penal. Roberta era primária, de bons antecedentes e as circunstâncias do crime não justificam a recusa na formulação da proposta de suspensão condicional do processo. Ademais, o delito de furto simples tem pena mínima prevista em abstrato de 1 (um) ano, logo irrelevante o fato da infração não ser de menor potencial ofensivo. Assim, não estamos diante de mera faculdade do Promotor de Justiça, mas sim de um poder-dever limitado pela lei, de modo que deveria ter sido oferecida a proposta do instituto despenalizador.

Em seguida, quanto ao mérito, deveria o examinando alegar a ocorrência de erro de tipo. Prevê o art. 155 do Código Penal que pratica crime de furto aquele que subtrai coisa alheia móvel. Ocorre que Roberta estava em erro em relação a uma das elementares do tipo, qual seja, a coisa alheia, tendo em vista que acreditava estar levando para casa o seu próprio notebook, o que não configuraria crime.

De acordo com o art. 20 do Código Penal, o erro sobre elemento constitutivo do tipo exclui o dolo, mas permite a punição do agente a título de culpa, caso previsto em lei. Inicialmente deve ser destacado que o erro de tipo, na hipótese, era escusável, de modo que não há que se falar em dolo ou culpa. Ademais, ainda que assim não fosse, não existe previsão da modalidade culposa do furto, logo, ainda assim, Roberta deveria ser absolvida. Com base no princípio da eventualidade, o examinando deveria enfrentar eventual pena a ser aplicada em caso de condenação da ré. Na aplicação da pena-base, deveria o candidato destacar que deveria ser fixada no mínimo legal, tendo em vista que a agente possui bons antecedentes e as circunstâncias do art. 59 do CP são favoráveis. Na determinação da pena intermediária, deveria ser solicitado o reconhecimento da atenuante da confissão espontânea, prevista no art. 65, inciso III, alínea "d", do Código Penal, assim como da menoridade relativa, uma vez que Roberta era menor de 21 anos na data dos fatos, conforme o art. 65, inciso I, do CP.

Não havia causas de aumento a serem reconhecidas. Todavia, considerando que houve restituição do bem subtraído antes do recebimento da denúncia, que tal ato decorreu de conduta voluntária da denunciada e que o delito não foi praticado com violência ou grave ameaça à pessoa, cabível o reconhecimento da causa de diminuição do arrependimento posterior, prevista no art. 16 do CP.

Em caso de aplicação de pena privativa de liberdade, deveria ser requerida a substituição desta por restritiva de direitos, pois preenchidos os requisitos do art. 44 do Código Penal. O regime inicial de cumprimento de pena a ser buscado é o aberto. Diante do exposto, deveriam ser formulados os seguintes pedidos, requerendo:

(a) Nulidade da instrução, com oferecimento de proposta de suspensão condicional do processo; (b) Absolvição do crime de furto, na forma do art. 386, III ou VI, do CPP; (c) Aplicação da pena-base no mínimo legal; (d) Reconhecimento das atenuantes da menoridade relativa e confissão espontânea; (e) Aplicação da causa de diminuição do arrependimento posterior; (f) Substituição da pena privativa de liberdade por restritiva de direitos; (g) Aplicação do regime aberto. A data a ser indicada é 29 de agosto de 2016, tendo em vista que o prazo para Alegações Finais é de 05 dias. Por fim, deve o examinando finalizar a peça, indicando o local, data, assinatura e OAB.

▪ Resolução da peça 76 (Gabarito oficial FGV)

O examinando deve redigir, na condição de advogado, recurso de Agravo em Execução, com fundamento no art. 197 da Lei n. 7.210/84 – Lei de Execução Penal (LEP). Isso porque, nos termos do dispositivo mencionado, das decisões proferidas pelo magistrado em sede de Execução Penal, sempre caberá recurso de agravo, sem efeito suspensivo. No caso, claro está que a decisão a ser combatida foi proferida pelo juiz em atuação na Vara de Execuções Penais de Belo Horizonte/MG, de fato em sede de execução, já que o requerimento formulado era de progressão de regime.

Apesar de o art. 197 da LEP trazer a previsão de que o recurso cabível é o de Agravo, não estabelece a Lei n. 7.210/84 qual seria o procedimento a ser seguido, de modo que a doutrina e a jurisprudência pacificaram o entendimento de que seria o mesmo do Recurso em Sentido Estrito. Diante disso, primeiramente deveria o examinando apresentar petição de interposição, direcionada ao Juízo da Vara de Execução Penal da Comarca de Belo Horizonte/MG, com formulação de pedido de retratação por parte do juízo a quo, na forma do art. 589 do CPP, por analogia. Em caso de não acolhimento, deve haver requerimento de encaminhamento do feito para instância superior, com as respectivas razões recursais.

Após, o examinando deveria apresentar Razões do Recurso, direcionadas ao Tribunal de Justiça do Estado de Minas Gerais, com a fundamentação necessária para rebater a decisão do magistrado de primeira instância.

Lucas foi condenado pela prática de crime de associação para o tráfico, delito este previsto no art. 35 da Lei n. 11.343/2006, a pena de 06 anos de reclusão em regime inicial semiaberto, destacando o magistrado do conhecimento que o delito não teria natureza hedionda. Após cumprimento de 1/6 da pena, não havendo notícia de não atendimento aos requisitos subjetivos, já que não sofreu qualquer sanção disciplinar, faria jus o apenado à progressão para o regime aberto.

O advogado de Lucas deveria combater todos os fundamentos apresentados pelo magistrado para indeferir o requerimento de progressão de regime.

A priori, deveria ser destacado que o delito praticado por Lucas não tem natureza de crime hediondo. Em que pese a Constituição e a Lei n. 8.072/90 (Lei de Crimes Hediondos) tenham equiparado o crime de tráfico, tortura e terrorismo aos crimes hediondos, o mesmo não o fez em relação ao delito de associação para o tráfico. Da mesma forma, o rol de delitos de natureza hedionda trazido pelo art. 1º da Lei n. 8.072/90 não menciona o crime de associação para o tráfico. Exatamente em razão disso a jurisprudência, inclusive dos Tribunais Superiores, não considera o delito previsto no art. 35 da Lei n. 11.343/2006 como de natureza hedionda ou equiparado. Ademais, o próprio juízo de conhecimento havia decidido que o delito não teria natureza hedionda.

Conforme vem sendo destacado pela jurisprudência, o simples fato de o art. 44, parágrafo único, da Lei n. 11.343/2006 exigir para a concessão do livramento condicional o cumprimento de mais de 2/3 da pena não tem o condão de transformar o crime de associação para o tráfico em hediondo, de modo que o livramento exige o cumprimento de 2/3 da pena, enquanto para progressão de regime basta o cumprimento de 1/6 da pena aplicada.

Além disso, não há que se falar em reincidência na hipótese, tendo em vista que a condenação pela prática do crime de ameaça ocorreu após o trânsito em julgado da decisão que condenou Lucas pela prática do crime de associação para o tráfico. De acordo com o art. 63 do Código Penal, configura-se a reincidência quando o agente vem a ser condenado pela prática de crime cometido após condenação anterior, com trânsito em julgado, pela prática de delito pretérito. Assim, não há que se falar em reincidência na hipótese.

Exatamente em razão da natureza não hedionda do crime e da ausência de reincidência, o requisito objetivo para Lucas fazer jus à progressão de regime é o cumprimento de 1/6 da pena, período esse já atendido pelo apenado, que cumpriu em regime semiaberto mais de 01 ano de uma sanção penal de 06 anos.

Por fim, deveria o examinando rebater o argumento do magistrado em relação ao requisito subjetivo, que, segundo a decisão questionada, exigiria a realização de exame criminológico. Desde a Lei n. 10.792/2003 que não mais existe obrigatoriedade da realização de exame criminológico para obtenção de progressão de regime, bastando o atestado de bom comportamento carcerário, comprovado pelo diretor do estabelecimento. Certo é que não existe vedação à requisição de realização de exame criminológico para análise de eventual progressão de regime ou livramento condicional. Todavia, a justificativa para tal requerimento deverá ser embasada em fundamentos sólidos de acordo com o caso concreto, não bastando a mera alegação da gravidade em abstrato do delito. Assim, a fundamentação utilizada pelo magistrado a quo não foi idônea, nos termos do Enunciado 439 da Súmula de Jurisprudência do Superior Tribunal de Justiça e do Enunciado 26 da Súmula Vinculante do Supremo Tribunal Federal (STF). Na conclusão, deveria o examinando apresentar pedido de conhecimento e provimento do recurso, com requerimento de progressão de regime.

Em relação ao prazo, absolutamente pacificado o entendimento de que seria de 05 dias, na forma do Enunciado 700 da Súmula de Jurisprudência do STF. Considerando que a intimação ocorreu em 24 de novembro de 2017, sexta-feira, o prazo somente teve início em 27 de novembro de 2017, findando em 01 de dezembro de 2017.

O examinando deveria, ainda, concluir sua peça com local, data, advogado e número de OAB.

Observação: Problema anterior à entrada em vigor da Lei 13.964, de 2019, que alterou a redação do artigo 112 da LEP e os lapsos para aquisição da progressão de regime e também da Lei 14.843 de 2024 que passou a exigir o exame criminológico como requisito para a progressão.

▪ Resolução da peça 77 (Gabarito oficial FGV)

Considerando a situação narrada, o examinando deveria apresentar Resposta à Acusação, com fundamento no art. 396-A do Código de Processo Penal, em busca de evitar o prosseguimento do processo em desfavor de Patrick. A peça deveria ser encaminhada para a Vara Criminal da Comarca de Araruama, Rio de Janeiro, local onde o delito imputado teria sido praticado.

Já de início, preliminarmente, deveria o advogado requerer o reconhecimento da nulidade do ato de citação. O Código de Processo Penal, em seu art. 362, prevê a chamada "citação por hora certa", que será admitida na hipótese de o réu estar se ocultando para não ser citado, devendo tal informação ser devidamente certificada por oficial de justiça. Ocorre que, no caso, não seria possível a citação por hora certa, já que não havia nenhum indício concreto de que o acusado estaria se ocultando para não ser citado. Simplesmente a residência de Patrick encontrava-se fechada porque ele estava trabalhando em embarcação, sendo prematura a conclusão do oficial de justiça apenas com base em um único comparecimento na residência daquele que pretendia citar. Dessa forma, a citação foi inválida e certamente houve prejuízo ao exercício do direito de defesa, tendo em vista que o advogado não conseguiu conversar com o réu sobre os fatos antes de apresentar resposta à acusação.

Superada tal questão, diante das informações constantes do enunciado, caberia ao advogado do denunciado pleitear a absolvição sumária de seu cliente, tendo em vista que o fato evidentemente não constitui infração penal e ocorreu causa manifesta de exclusão da ilicitude.

O fato narrado evidentemente não constitui crime.

De acordo com o art. 17 do Código Penal, não se pune a tentativa quando, por ineficácia absoluta do meio ou por absoluta impropriedade do objeto, é impossível consumar-se o delito. Trata-se de aplicação do instituto do crime impossível, onde se valoriza mais a vertente objetiva em detrimento da subjetiva. No crime impossível, o agente age com dolo na prática do crime e efetivamente este não se consuma por circunstâncias alheias à sua vontade. Todavia, a tentativa não é punida pelo fato de ser impossível a consumação, logo o bem jurídico não seria colocado em risco suficiente para justificar a intervenção do Direito Penal.

Na situação apresentada, Patrick buscou praticar um crime de lesão corporal grave mediante disparo de arma de fogo. Ocorre que aquela arma era totalmente incapaz de efetuar disparos, conforme consta do laudo pericial acostado, logo houve ineficácia absoluta do meio utilizado, impedindo a punição da tentativa. O reconhecimento do crime impossível gera a atipicidade da conduta e, consequentemente, cabível a absolvição sumária pelo fato evidentemente não constituir crime, com fulcro no art. 397, III, do CPP.

Por outro lado, diante da legítima defesa, deveria ser formulado pedido de absolvição sumária com fundamento no art. 397, I, do CPP.

Consta do enunciado que Patrick somente agiu com intenção de lesionar Lauro para resguardar a integridade física de sua sobrinha. De acordo com o art. 25 do Código Penal, haverá legítima defesa quando alguém, usando moderadamente dos meios necessários, repele injusta agressão, atual ou iminente, a direito seu ou de outrem, sendo esta causa de exclusão da ilicitude, nos termos do art. 23, II, do Código Penal.

Patrick agiu para proteger direito de terceiro (sua sobrinha) e para repelir injusta agressão, já que Lauro estava agredindo Natália de maneira relevante e exagerada em razão de ciúmes. Os meios utilizados foram moderados e necessários, já que Patrick encontrava-se imobilizado na perna e no braço, impedindo que entrasse em luta corporal sem utilizar outro meio que não a arma de fogo. Ademais, Patrick não pretendia matar Lauro, mas apenas lesionar.

Após os pedidos de absolvição sumária e de nulidade, deveria o examinando apresentar rol de testemunhas, indicando Maria, José e Natália, no máximo de 08.

O prazo para elaboração da peça processual, nos termos do art. 396 do CPP, é de 10 dias, sendo que a intimação do réu ocorreu em 27 de fevereiro de 2018, iniciando-se o prazo em 28 de fevereiro de 2018 e terminando em 09 de março de 2018.

A petição deveria ter indicação de local, data, assinatura e advogado OAB n.

▪ Resolução da peça 78 (Gabarito oficial FGV)

Considerando as informações expostas na questão, deveria o candidato formular um Recurso de Apelação, na forma do Art. 593, inciso I, do CPP, com elaboração da petição de interposição acompanhada das respectivas razões recursais. A peça de interposição deveria ser direcionada para o Juízo da Vara Criminal da Comarca de Porto Alegre/RS, enquanto as razões recursais deveriam ser endereçadas para o Tribunal de Justiça do Estado do Rio Grande do Sul. A data indicada deveria ser o dia 11 de dezembro de 2017, tendo em vista o prazo de 05 dias para interposição da apelação.

Em suas razões recursais, inicialmente deveria o advogado buscar o reconhecimento da nulidade dos atos praticados a partir da audiência de instrução e julgamento e da sentença, tendo em vista que o ato foi realizado na ausência do réu, que não pôde comparecer justificadamente, inclusive sendo apresentado atestado médico pela defesa técnica. Dessa forma, houve violação ao princípio da ampla defesa, em seu elemento autodefesa (direito de presença), de modo que configurado cerceamento de defesa, pois o réu não foi interrogado.

Em seguida, como tese principal de mérito, deveria o examinando defender a impossibilidade de condenação do agente pela prática de dois crimes autônomos, tendo em vista que a falsificação do cheque foi apenas um meio para prática do crime de estelionato, de modo que o delito previsto no Art. 297, § 2°, do Código Penal deveria ser absorvido pelo delito do Art. 171, *caput*, do Código Penal.

Em princípio, quando um delito é praticado apenas como meio para a prática de outro delito, aquele deve ficar absorvido por este, em respeito ao princípio da consunção. Trata-se de um dos princípios que soluciona o conflito aparente de normas.

Uma das elementares do crime de estelionato é exatamente a fraude, a intenção de enganar. Quando a fraude é utilizada através da falsificação de um documento cuja falsidade se exaure no estelionato, o delito autônomo de falsificação ficará absorvido pelo estelionato, pois aquele foi apenas um crime meio para a prática do mesmo e o potencial lesivo do crime meio foi exaurido.

Consagrando tal entendimento, o Superior Tribunal de Justiça editou o Enunciado 17 de sua Súmula de Jurisprudência, prevendo que "Quando o falso se exaure no estelionato, sem mais potencialidade lesiva, é por este absorvido".

Na hipótese apresentada, não há dúvidas de que a intenção do agente era praticar um crime de estelionato. Ademais, o falso, no caso (folha de cheque com assinatura falsificada), se exaure no estelionato, não mais tendo potencialidade lesiva, de modo que o crime do Art. 297, § 2°, do Código Penal deveria ser absorvido, restando apenas o crime de estelionato.

Ressalta-se ser desnecessário encaminhamento dos autos para análise de proposta de suspensão condicional do processo, tendo em vista que o réu responde a outros processos, não preenchendo os requisitos do Art. 89 da Lei n. 9.099/90, não havendo prejuízo, porém, caso o examinando elabore tal requerimento.

Em seguida, deveria o examinando questionar a pena aplicada em relação ao crime de estelionato, especialmente.

No momento de fixar a pena-base do delito, o magistrado entendeu por aumentá-la, de acordo com as circunstâncias do Art. 59 do Código Penal, sob o fundamento de que o denunciado agiu com dolo. Ocorre que o delito de estelionato somente é punido em razão de comportamento doloso, não havendo previsão de punição em caso de conduta culposa, de modo que o elemento subjetivo dolo já é inerente ao tipo, não podendo o magistrado incrementar a pena sob esse fundamento.

Na segunda fase, deveria ter sido reconhecida a atenuante em razão da idade do autor do fato, tendo em vista que o agente era maior de 70 anos na data da sentença, pois nascido em 07 de junho de 1945 e a sentença foi proferida no ano de 2017.

Já na terceira fase, deveria ser reconhecida a causa de diminuição de pena da tentativa. Isso porque o crime de estelionato é delito classificado pela doutrina como sendo de natureza material, ou seja, existe um resultado naturalístico previsto no tipo e ele precisa ocorrer para a consumação do crime. Na hipótese apresentada, Breno pretendia pagar suas compras através de cheque de terceiro, falsificando a assinatura do mesmo. Diante disso, pretendia obter vantagem patrimonial em prejuízo alheio. Todavia, quando buscava realizar, mediante fraude, compras no valor de R$ 5.000,00 (cinco mil reais), o gerente do estabelecimento descobriu o ocorrido e acionou a polícia, permitindo a prisão em flagrante de Breno e impedindo a consumação do delito. Assim, necessária a aplicação do Art. 14, inciso II, do Código Penal, com redução da pena aplicada.

Após a dosimetria da pena, deveria o examinando defender a possibilidade de substituição da pena privativa de liberdade por restritiva de direitos. Isso porque a condenação anterior do agente, em que pese, de fato, configure reincidência, não impede a substituição, uma vez que o Art. 44 do Código Penal apenas veda a medida para o condenado reincidente na prática de crime doloso. Na hipótese, a pena aplicada foi inferior a 04 anos e o agente apenas tinha uma condenação anterior pela prática de crime culposo, logo, é possível a substituição.

Caso não acolhido o pleito de substituição da pena privativa de liberdade por restritiva de direitos, mesmo que mantida a pena aplicada em primeira instância, caberia o pedido de suspensão condicional da pena, nos termos do Art. 77, § 2°, do Código Penal, tendo em vista que a sanção aplicada foi inferior a 04 anos e o réu é maior de 70 anos, logo aplicável o sursis etário.

Em razão do exposto, deveria o examinando formular o pedido de conhecimento e provimento do recurso, com os seguintes fundamentos:

a) Reconhecimento de nulidade em razão da ausência do réu em audiência e não realização de interrogatório;
b) Afastamento do delito autônomo de falsificação de documento equiparado ao público;
c) Aplicação da pena-base no mínimo legal, tendo em vista que o dolo é elemento inerente ao tipo penal;
d) Reconhecimento da atenuante pelo fato de o réu ser maior de 70 anos na data da sentença;
e) Reconhecimento da causa de diminuição de pena da tentativa;
f) Substituição da pena privativa de liberdade por restritiva de direitos, tendo em vista que a condenação anterior era por crime culposo;
g) Subsidiariamente, aplicação da suspensão condicional da pena.

O prazo a ser indicado na petição de interposição da apelação era o dia 11 de dezembro de 2017, já que o prazo previsto para a interposição do recurso de apelação é de 05 dias.

No fechamento, deveria o examinando indicar local, data, advogado e OAB.

■ Resolução da peça 79 (Gabarito oficial FGV)

O examinando deve redigir Alegações Finais na forma de memorais ou Memorais, com fundamento no art. 403, § 3°, do CPP, devendo a petição ser direcionada ao juiz de uma das Varas Criminais da Comarca de Campos, RJ. Preliminarmente, deveria o examinando, na condição de advogado, requerer a nulidade dos atos processuais realizados durante a instrução probatória, a partir da realização da primeira audiência de instrução e julgamento, tendo em vista que Lauro não foi intimado para comparecimento e sua defesa técnica manifestou o inconformismo com o ato.

O princípio da ampla defesa, assegurado pelo art. 5°, LV, da CRFB/88, garante ao acusado não somente o direito a sua defesa técnica, mas também a autodefesa, que, por sua vez, inclui o direito de presença. A não intimação de Lauro para realização da audiência de instrução e julgamento, ainda que não tenha ocorrido o interrogatório, certamente causa prejuízo a sua defesa, pois não estava o réu presente quando toda a prova da acusação foi produzida. Assim, a nulidade dos atos praticados desde a primeira audiência de instrução e julgamento deve ser reconhecida.

Após a preliminar, deveria o examinando passar a analisar o mérito. No mérito, caberia ao examinando pleitear a absolvição de Lauro, na forma do art. 386, III, do Código de Processo Penal, pois o fato narrado não constitui crime. Isso porque não foi iniciada a execução do crime imputado na denúncia, havendo meros atos preparatórios, que, em regra, são impuníveis. Os atos preparatórios constituem atividades materiais ou morais de organização prévia dos meios ou instrumentos para o cometimento do crime. A compra de uma arma e a reserva do quarto configuram atos preparatórios e não início de execução. Em respeito ao princípio da lesividade, prevaleceu na doutrina brasileira o entendimento de que, salvo quando expressamente previsto em lei, os atos preparatórios não são puníveis, pois não colocariam em risco, de maneira concreta, o bem jurídico protegido. Ainda que presente o elemento subjetivo, não haveria crime em razão de objetivamente não haver risco próximo ao bem jurídico. Diante disso, não há tentativa de estupro, já que não havia sido iniciada a execução do delito, devendo o agente ser absolvido, porque sua conduta não configura crime. O porte de arma de fogo por si só não configura infração penal, já que Lauro possuía autorização para tanto, nos termos do enunciado. Pela eventualidade do caso de condenação, deveria o examinando analisar eventual pena a ser aplicada. Já de início, deveria o examinando defender que eventual condenação de Lauro deveria ser pela prática do crime do art. 213, *caput*, do CP e não por seu parágrafo primeiro, já que não havia nos autos prova da idade da vítima. Prevê o art. 155, parágrafo único, do CPP que, quanto ao estado das pessoas, serão observadas as restrições estabelecidas pela lei civil. Ademais, o Enunciado 74 da Súmula de Jurisprudência do Superior Tribunal de Justiça prevê que a prova da menoridade do réu requer prova com documento hábil. Assim, a mesma ideia deve ser aplicada para comprovação da idade da vítima. No caso, não foi feito qualquer exame pericial, já que o ato não chegou a se consumar. A vítima não apresentou qualquer documento que comprovasse sua idade, sendo certo que a mera alegação em audiência não é suficiente para provar a idade, em especial porque a vítima já possuía 17 anos, logo não há como se ter certeza, por sua aparência física, se maior de 18 anos. Em razão disso, deve ser afastada a qualificadora do art. 213, § 1°, do CP. Necessário ao examinando buscar afastar o reconhecimento da agravante do art. 61, II, alínea "f", do CP, descrita na denúncia. Isso porque, apesar de a vítima ser mulher, não há que se falar em violência na forma da Lei n. 11.340/2006, já que não existia relação familiar, de coabitação ou qualquer outro relacionamento anterior entre as partes. Não basta para o reconhecimento da agravante a simples situação de vítima do sexo feminino. Ademais, deveria o examinando requerer o reconhecimento da atenuante da confissão espontânea, prevista no art. 65, III, alínea "d", do CP, pois, apesar de a conduta não ser crime, Lauro confessou integralmente os fatos descritos na denúncia.

Na terceira fase, a diminuição em razão da tentativa deveria ser do máximo, em razão de o delito ter ficado longe da consumação, adotando-se o entendimento pacificado de que o quantum de redução deve considerar o iter criminis percorrido. Por fim, o regime de pena a ser aplicado seria o aberto ou semiaberto, considerando a pena mínima e a redução aplicável.

Diante do exposto, deveria ser formulado pedido requerendo: (a) Preliminarmente, reconhecimento da nulidade dos atos praticados desde a primeira audiência de instrução e julgamento; (b) No mérito, absolvição de Lauro, com fulcro no art. 386, III, do CPP; (c) Na eventualidade de condenação, afastamento da qualificadora do art. 213, § 1°, do CP e aplicação da pena-base no mínimo legal; (d) Afastamento da agravante do art. 61, inciso II, alínea f, do CP; (e) Reconhecimento da atenuante da confissão espontânea; (f) Redução máxima em razão da tentativa; (g) Aplicação do regime aberto ou semiaberto. A data a ser indicada é 10 de setembro de 2018, tendo em vista que o prazo para Alegações Finais é de 05 dias, mas o prazo se encerraria em um domingo, devendo ser prorrogado para o primeiro dia útil seguinte.

▪ Resolução da peça 80 (Gabarito oficial FGV)

O examinando deve elaborar, na condição de advogado, Contrarrazões de Apelação (Razões do Apelado), com fundamento no Art. 600 do Código de Processo Penal (CPP). Em um primeiro momento, deve ser redigida a petição de juntada das contrarrazões, direcionada ao Juízo da 1ª Vara Criminal da Comarca de Maceió/Alagoas, juízo competente, requerendo o encaminhamento do feito para instância superior. Posteriormente, devem ser apresentadas as respectivas razões do apelado (e não razões de apelação) ou contrarrazões de apelação, peça essa endereçada diretamente ao Tribunal de Justiça do Estado de Alagoas.

Não haveria que se falar na interposição de recurso de apelação, tendo em vista que consta expressamente a informação de que tanto a defesa técnica quanto o acusado foram intimados, se mantiveram inertes e não manifestaram interesse em confrontar o teor da sentença.

Nas Contrarrazões de Apelação, caberia ao examinando rebater todas as teses apresentadas pelo Ministério Público em busca de prejudicar a situação do réu.

Inicialmente, caberia ao examinando destacar que não haveria que se falar em nulidade da instrução e, consequentemente, da sentença. Em que pese, de fato, o Art. 57 da Lei n. 11.343/2006 preveja o interrogatório como primeiro ato da instrução, a realização do mesmo como último ato da audiência de instrução e julgamento não gera nulidade. Importante recordar que a Lei n. 11.343/2006, que previu o procedimento dos crimes previstos neste diploma legal, foi publicada em 2006, período em que o próprio Código de Processo Penal ainda previa o interrogatório como primeiro ato da instrução. Em 2008, todavia, houve mudança do procedimento previsto no Código de Processo Penal, que, valorizando o fato de que o interrogatório poderia ser visto não somente como meio de prova, mas também como instrumento de defesa, passou a prever sua realização como último ato, após oitiva das testemunhas e produção das demais provas. Diante disso, atualmente a jurisprudência dos Tribunais Superiores vem defendendo a adequação do rito da Lei n. 11.343/2006 àquele previsto no Código de Processo Penal, possibilitando a realização do interrogatório como último ato, no interesse da defesa. Não haveria, então, nulidade. Ademais, todo requerimento de nulidade depende da demonstração de prejuízo e da alegação em momento oportuno. No caso, em momento algum o Ministério Público questionou ou requereu que o interrogatório fosse realizado como primeiro ato, logo não poderia agora, em sede de apelação, buscar a nulidade da instrução.

Quanto aos pedidos de mérito do Ministério Público, caberia ao examinando defender a manutenção da absolvição de João em relação ao crime de associação para o tráfico. Em que pese o Art. 35 da Lei n. 11.343/2006 afirme que haveria associação quando duas ou mais pessoas associarem-se para o fim de praticar, reiteradamente ou não, crimes previstos na lei, pacífico o entendimento doutrinário e jurisprudencial no sentido de que o crime de associação não se confunde com a prática de tráfico por dois agentes em comunhão de ações e desígnios. É necessário, para a condenação, que fique demonstrada a existência de uma conduta permanente por parte dos agentes, ainda que esses efetivamente só venham a praticar um crime de tráfico. No caso, os policiais disseram que não conheciam João e nem Marcelo, destacando que não tinham informações pretéritas sobre o vínculo deles com o tráfico de drogas. Da mesma forma, tanto João quanto Marcelo também asseguraram que se conheceram no dia anterior ao da prisão em flagrante, não havendo relação de estabilidade e permanência. Dessa forma, deve ser mantida a absolvição.

Em relação ao crime de tráfico, deveria o examinando combater o requerimento de aplicação da pena-base acima do mínimo, já que os argumentos do Ministério Público são abstratos, não valendo-se de peculiaridades da hipótese. Ademais, argumentar em violação à saúde pública representa bis in idem, já que este já é o bem jurídico protegido pela norma.

No tocante à atenuante da confissão, incorreto o requerimento do órgão ministerial. Durante muito tempo houve controvérsia sobre o reconhecimento ou não da confissão parcial ou qualificada como atenuante. Pacificando a questão, o Superior Tribunal de Justiça editou a Súmula 545, prevendo que sempre que a confissão for valorada pelo magistrado na sentença, deverá ser reconhecida a redução da pena em razão da atenuante do Art. 65, inciso III, alínea d, do CP. Na situação apresentada, o juiz valorizou o fato de que o réu disse que o material seria destinado à ilícita comercialização, logo a atenuante deve ser mantida.

Deveria, ainda, o candidato enfrentar o pedido de afastamento da causa de diminuição de pena do Art. 33, § 4°, da Lei n. 11.343/2006. Quis a lei beneficiar com a figura do "tráfico privilegiado" o "traficante de primeira viagem", aquele que não se dedica ao crime de tráfico de drogas, exigindo, ainda, a primariedade e bons antecedentes, além de não integrar organização criminosa. No caso, não há informações sobre o envolvimento pretérito de João com o tráfico de drogas, seja a partir das informações dos policiais, seja das declarações do adolescente e do próprio denunciado. O fato de responder a ação penal por crime de furto, sem condenação definitiva, não justifica o reconhecimento de maus antecedentes, sob pena de violação ao princípio da não culpabilidade. Poderia ser aplicada, por analogia, a Súmula 444 do STJ, que diz que ações em curso não podem justificar o incremento da pena-base em razão de supostos maus antecedentes.

Em consequência, deveria ser mantido o regime aberto aplicado, não somente diante do entendimento do Supremo Tribunal Federal no sentido de que o crime do Art. 33, § 4°, da Lei n. 11.343/2006 não seria de natureza hedionda, mas também porque, mesmo que fosse hediondo, a previsão do Art. 2°, § 1°, da Lei n. 8.072 é inconstitucional por violação ao princípio da individualização da pena.

Por fim, possível a substituição da pena privativa de liberdade por restritiva de direitos, já que, também sob o fundamento de violação ao princípio da individualização da pena, o STF considerou inconstitucional a vedação trazida pelo Art. 33, § 4°, da Lei n. 11.343/2006, inclusive havendo a Resolução 05 do Senado suspendido a eficácia de tal expressão.

Assim, ao final, deveria o candidato formular o pedido de não provimento do recurso, mantendo-se, integralmente, a sentença.

A data a ser indicada ao final na peça é o dia 13 de novembro de 2018. A intimação ocorreu em 05 de novembro de 2018, uma segunda-feira, iniciando-se o prazo de 08 dias, previsto no Art. 600 do CPP, no dia seguinte.

▪ Resolução da peça 81 (Gabarito oficial FGV)

O examinando deveria apresentar, na qualidade de advogado de Túlio, Recurso em Sentido Estrito, com fundamento no Art. 581, inciso IV, do Código de Processo Penal.

Inicialmente, deveria o examinando apresentar petição de interposição do recurso, que deveria ser direcionada ao Juízo do Tribunal do Júri de Porto Alegre, Rio Grande do Sul, local onde foi praticado o ato de execução do delito imputado, sendo certo que o crime em questão é considerado doloso contra a vida. Já na petição de interposição, deveria ser formulado pedido de retratação por parte do juízo a quo, nos termos do Art. 589 do Código de Processo Penal. Em seguida, caso mantida a decisão de pronúncia, os autos deveriam ser encaminhados para o Tribunal de Justiça, com as respectivas razões recursais.

Após a petição de interposição, deveria o examinando apresentar as Razões do Recurso em Sentido Estrito, dessa vez direcionando as mesmas ao Tribunal de Justiça do Estado do Rio Grande do Sul.

Já no início de sua manifestação, a defesa de Túlio deveria requerer o reconhecimento da extinção da punibilidade em razão da prescrição da pretensão punitiva pela pena em abstrato. Isso porque os fatos ocorreram em 03.01.2014, quando o réu era menor de 21 anos. A denúncia foi recebida em 22.01.2014, funcionando como causa de interrupção do prazo prescricional, nos termos do Art. 117, inciso I, do CP.

Durante a instrução, passaram-se mais de 04 anos sem que houvesse suspensão do prazo prescricional ou nova causa de interrupção. Apenas em 18.06.2018 foi proferida e publicada decisão de pronúncia, que funciona como causa de interrupção, nos termos do Art. 117, inciso II, do CP.

O crime imputado ao agente possui pena máxima de 04 anos, certo que, ainda que reduzido pela tentativa (mínimo previsto), o prazo prescricional, a princípio, seria de 08 anos, conforme Art. 109, inciso IV, do Código Penal. Ocorre que o agente era menor de 21 anos na data dos fatos, logo o prazo deveria ser computado pela metade (Art. 115 do CP), fazendo com que o prazo prescricional seja de 04 anos, período esse ultrapassado entre o recebimento da denúncia e a pronúncia.

Ainda preliminarmente, deveria o examinando destacar que existia nulidade a ser reconhecida, anulando-se toda a instrução, tendo em vista que o crime imputado ao acusado possui pena prevista de 01 a 04 anos, sendo possível a proposta de suspensão condicional do processo. De acordo com o Art. 89 da Lei n. 9.099/95, independentemente de o crime ser ou não de menor potencial ofensivo, ainda que doloso contra a vida, em sendo a pena mínima prevista de até 01 ano, preenchidos os demais requisitos legais, cabível a proposta de suspensão condicional do processo. No caso, Túlio era primário e não respondia a qualquer outra ação penal, não havendo motivação razoável para que não fosse oferecida a proposta do instituto despenalizador. Com a suspensão condicional do processo, sequer haveria que se falar em instrução e pronúncia, então deveria ser anulada a decisão de pronúncia, encaminhando-se os autos ao Ministério Público para manifestação sobre a proposta do benefício.

Superada tal questão, ainda haveria outra nulidade a ser alegada. Após as alegações finais das partes, foram juntados documentos aos autos relevantes para o julgamento da causa, tendo o magistrado, de imediato, sem dar vistas às partes, proferido decisão de pronúncia considerando a documentação apresentada. Diante disso, houve violação ao princípio da ampla defesa e do contraditório, já que a defesa não teve acesso a provas que foram acostadas ao procedimento.

No mérito, o principal argumento a ser apresentado em favor de Túlio é a necessidade de absolvição sumária, tendo em vista que o fato evidentemente não constitui crime, sendo sua conduta atípica. Isso porque estamos diante da hipótese de crime impossível.

Prevê o Art. 17 do Código Penal que não se pune a tentativa quando por ineficácia absoluta do meio ou por absoluta impropriedade do objeto é impossível consumar o crime. O legislador brasileiro decidiu, então, valorizar, nesse momento, a efetiva violação/risco do/ao bem jurídico protegido, em detrimento do elemento subjetivo. Na hipótese apresentada, estamos diante de clara situação de impropriedade do objeto, tendo em vista que a intenção do agente era causar aborto em uma pessoa que não estava sequer grávida. Em que pese Túlio acreditar estar praticando o delito e ter dolo de praticá-lo, no mundo fático não havia feto em risco e bem jurídico a ser protegido. Diante disso, ao entregar remédio abortivo para pessoa que não estava grávida, não sendo causada qualquer lesão, a conduta é atípica, devendo ser o agente absolvido de imediato, nos termos do Art. 415, inciso III, do CPP.

Em sua conclusão, deveria o examinando formular o pedido de conhecimento e provimento do recurso para:

a) ser reconhecida a prescrição da pretensão punitiva;

b) anulação da decisão de pronúncia;

c) absolvição sumária, nos termos do Art. 415, inciso III, do CPP.

O prazo para apresentação do Recurso em Sentido Estrito é de 05 dias, nos termos do Art. 586 do CPP, encerrando-se em 25 de junho de 2018, segunda-feira, uma vez que a intimação ocorreu em 18 de junho de 2018, então o prazo se encerraria no sábado, devendo ser estendido até o primeiro dia útil seguinte.

No fechamento, deveria o candidato indicar local, data, advogado e OAB.

▪ Resolução da peça 82 (Gabarito oficial FGV)

O examinando deve redigir, na condição de advogado, recurso de Agravo em Execução, com fundamento no Art. 197 da Lei n. 7.210/84 – Lei de Execução Penal (LEP). Isso porque, nos termos do dispositivo mencionado, das decisões proferidas pelo magistrado em sede de Execução Penal, sempre caberá recurso de agravo, sem efeito suspensivo. No caso, claro está que a decisão a ser combatida foi proferida pelo juiz em atuação na Vara de Execuções Penais de São Paulo, de fato em sede de execução, já que o requerimento formulado pelo Ministério Público referia-se à perda de benefícios durante execução de pena privativa de liberdade aplicada em sentença penal com trânsito em julgado.

Apesar de o Art. 197 da LEP trazer a previsão de que o recurso cabível é o de Agravo, não estabelece a Lei n. 7.210/84 qual seria o procedimento a ser seguido, de modo que a doutrina e a jurisprudência pacificaram o entendimento de que seria o mesmo do Recurso em Sentido Estrito. Diante disso, primeiramente deveria o examinando apresentar petição de interposição, direcionada ao Juízo da Vara de Execução Penal da Comarca de São Paulo/SP, com formulação de pedido de retratação por parte do juízo a quo, na forma do Art. 589 do CPP, por analogia. Em caso de não acolhimento, deveria haver requerimento de encaminhamento do feito para instância superior, com as respectivas razões recursais.

Após, o examinando deveria apresentar Razões do Recurso, direcionadas ao Tribunal de Justiça do Estado de São Paulo, com a fundamentação necessária para rebater a decisão do magistrado de primeira instância.

Inicialmente, deveria o examinando destacar que o reconhecimento da falta grave não observou as formalidades legais. Nos termos do Art. 50 da Lei 7.210/84, realmente como mencionado pelo diretor do estabelecimento penitenciário, a conduta de esconder celular configura prática de falta grave. Todavia, para assegurar o direito ao exercício da ampla defesa e do princípio do contraditório, pacificou a jurisprudência o entendimento que o reconhecimento da falta grave depende de contraditório e ampla defesa, que só pode ser satisfeito com defesa técnica. A Súmula 533 do STJ ensina que é nulo o reconhecimento de falta grave em procedimento administrativo no qual não foi garantida defesa técnica, e, no atual entender do STF, a única forma de suprir tal vício é com a realização de audiência de justificação em juízo, com a presença do MP, do próprio sentenciado e da defesa técnica, o que não teria ocorrido no caso em tela.

Não sendo válido o reconhecimento da prática de falta grave, sequer seria possível a regressão do cumprimento da pena para o regime fechado, apesar de, abstratamente, essa ser uma sanção possível na hipótese de reconhecimento válido de falta grave, nos termos do Art. 118, inciso I, da LEP e da Súmula 534 do STJ.

Superada a invalidade no reconhecimento da falta grave, deveria o examinando destacar que, ainda que o reconhecimento da falta grave fosse considerado válido, impossível seria a sanção de perda da integralidade dos dias remidos.

O Art. 127 da LEP admite que a punição por falta grave gere perda dos dias remidos. Todavia, o mesmo dispositivo assegura um limite de perda de até 1/3, sendo incorreta a decisão do magistrado que determina a perda de TODOS os dias remidos.

Da mesma forma, incorreta a decisão que determinou o reinício da contagem do prazo para fins de obtenção de livramento condicional e indulto. A explicação é simples: em que pese muitos defendam que o ideal seria o reinício da contagem desses prazos, fato é que a execução penal está sujeita ao princípio da legalidade, sendo certo que tais sanções não estão previstas na lei. Diante da ausência de previsão legal, não pode o magistrado impor o reinício da contagem do prazo do livramento condicional, nos termos da Súmula 441 do STJ. Pelas mesmas razões, foi editada a Súmula 535 do STJ, prevendo que a prática de falta grave não interrompe o prazo para fins de comutação de pena ou indulto, sem prejuízo de esta ser considerada no momento de analisar o preenchimento dos requisitos subjetivos deste benefício.

Na conclusão, após o mérito, deveria o examinando apresentar pedido de conhecimento e provimento do recurso, afastando-se o reconhecimento da falta grave e suas consequências.

Em relação ao prazo, absolutamente pacificado o entendimento de que seria de 05 dias, na forma do Enunciado 700 da Súmula de Jurisprudência do STF. Considerando que a intimação ocorreu em 09 de julho de 2019, terça-feira, o prazo se iniciou em 10 de julho de 2019, quarta-feira, encerrando-se em 15 de julho de 2019, porque 14 de julho de 2019 seria domingo.

O examinando deve, ainda, concluir sua peça, indicando local, data, advogado e número de OAB.

▪ Resolução da peça 83 (Gabarito oficial FGV)

O examinando deveria apresentar, na condição de advogado de Carlos, Recurso de Apelação, com fundamento no Art. 593, inciso I, do Código de Processo Penal.

A petição de interposição do recurso de apelação deveria ser direcionada ao juízo da 3a Vara Criminal da Comarca de São Gonçalo/RJ, enquanto que as razões recursais deveriam ser apresentadas ao Tribunal de Justiça do Estado do Rio de Janeiro.

Inicialmente, deveria o examinando buscar a extinção da punibilidade de Carlos no que tange ao crime de lesão corporal praticada na direção de veículo automotor, que teria como vítima Pedro, tendo em vista que não houve representação por parte da vítima, condição essa indispensável para o oferecimento da denúncia por parte do Ministério Público.

De acordo com o Art. 291, §1° da Lei 9.503/97 (CTB), aplica-se ao crime de lesão corporal culposa praticada na direção de veículo automotor o previsto no Art. 88 da Lei 9.099/95, ou seja, o dispositivo legal que exige a representação do ofendido nos crimes de lesão corporal leve ou culposa.

Consta do enunciado que Pedro nunca compareceu na Delegacia e nem em juízo, não havendo qualquer circunstância a indicar que ele tinha interesse em ver o autor do fato responsabilizado criminalmente. Dessa forma, passados mais de 06 meses da identificação da autoria, houve decadência, nos termos do Art. 38 do CPP, o que funciona como causa de extinção da punibilidade, conforme Art. 107, inciso IV, do CP.

Superada tal questão, restariam os crimes de homicídio culposo praticado na direção de veículo automotor.

Em relação a tais delitos, deveria o examinando requerer a absolvição de Carlos, tendo em vista que a própria sentença reconhece que não houve imprudência por parte do réu em razão de excesso de velocidade, assim como a perícia acostada ao procedimento.

Não havendo prova da conduta imputada na denúncia, restaria a absolvição, nos termos do Art. 386, inciso VII, do CPP.

Cabe mencionar que não poderia o magistrado ter condenado Carlos com fundamento de que houve imperícia do denunciado na direção do veículo, tendo em vista que tal conduta não foi narrada na denúncia, violando o princípio da correlação, sendo certo que o Ministério Público não aditou a inicial acusatória em momento adequado.

Não sendo comprovado o fato imputado na denúncia, a absolvição é medida que se impõe.

Subsidiariamente, caso mantida a condenação, deveria o examinando analisar aspectos relacionados à aplicação da pena.

No que tange ao processo dosimétrico, primeiro caberia ao advogado de Carlos requerer o afastamento da agravante do Art. 61, inciso II, alínea h, do CP, tendo em vista que tal agravante somente pode ser aplicada aos crimes dolosos. Quis a lei punir mais severamente aquele que, dolosamente, pratica crime contra criança. Na hipótese de crime culposo, não há que se falar em agravante, sob pena de adotarmos a responsabilidade penal objetiva.

Em seguida, deveria buscar o advogado o afastamento do reconhecimento do concurso material de crimes. Claramente, de acordo com o enunciado, teria ocorrido concurso formal entre os delitos, já que com uma única conduta o agente teria causado mais de um resultado. Assim, aplica-se a regra do Art. 70 do Código Penal, em detrimento do Art. 69 do CP, devendo haver exasperação da pena mais grave e não soma das penas aplicadas.

Sem prejuízo, ainda que mantida a condenação, não poderia ser aplicado o regime inicial fechado. Caberia ao examinando requerer o afastamento do regime mais severo, seja aplicando-se o regime aberto ou semiaberto, pois o Art. 33, *caput*, do Código Penal não admite, em nenhuma hipótese, que seja aplicado regime **inicial** fechado ao crime punido unicamente com pena de detenção, como ocorre nos crimes culposos da Lei 9.503/97.

Seria ainda cabível a susbtituição da pena privativa de liberdade por restritiva de direitos, independentemente do quantum de pena aplicada, já que o limite do Art. 44, inciso I, do Código Penal aplica-se apenas aos crimes dolosos.

Em conclusão, caberia ao examinando formular pedido de conhecimento e provimento do recurso.

O prazo a ser indicado é o dia 23 de setembro de 2019, uma vez que o prazo do recurso de apelação é de 05 dias. No fechamento, deveria ser mencionado local, data, advogado e OAB.

▪ Resolução da peça 84 (Gabarito oficial FGV)

O examinando deve apresentar, na qualidade de advogado(a) de Rômulo, recurso em sentido estrito, com fundamento no Art. 581, inciso IV, do Código de Processo Penal. Inicialmente, o examinando deve apresentar petição de interposição do recurso, que deve ser direcionada ao Juízo do Tribunal do Júri da Comarca de Maricá/RJ, local em que foram praticados os atos, sendo certo que o crime imputado era de natureza dolosa contra a vida, logo, órgão competente para o julgamento, de acordo com a infração penal imputada na denúncia. Já na petição de interposição, deve ser formulado pedido de retratação por parte do juízo a quo, nos termos do Art. 589 do CPP. Em seguida, caso mantida a decisão de pronúncia, os autos devem ser encaminhados para o Tribunal de Justiça, com as respectivas razões recursais.

Após a petição de interposição, deve o examinando apresentar as Razões do Recurso em Sentido Estrito, dessa vez direcionando-as ao Tribunal de Justiça do Estado do Rio de Janeiro.

Já no ínicio de sua manifestação, a defesa de Rômulo deve requerer o reconhecimento da extinção da punibilidade em razão da prescrição da pretensão punitiva pela pena em abstrato. Isso, porque os fatos ocorreram em 02 de janeiro de 2010, quando o réu tinha 18 anos de idade, ou seja, era menor de 21 anos. A denúncia foi recebida em 24 de janeiro de 2020, funcionando como primeira causa de interrupção do prazo prescricional, nos termos do Art. 117, inciso I, do CP.

O Ministério Público imputou na denúncia a prática do crime de homicídio qualificado, que, a princípio, possui pena máxima em abstrato de 30 anos de reclusão. Foi, contudo, incluída a causa de diminuição de pena da tentativa. Considerando o mínimo de diminuição (1/3), a pena máxima do delito passa a ser 20 anos de reclusão, que, nos termos do Art. 109, inciso I, do CP, prescreve em 20 anos.

Ocorre que o Art. 115 do Código Penal estabelece que o prazo prescricional será computado pela metade quando o agente for, na data dos fatos, menor de 21 anos. Considerando a idade de Rômulo quando os fatos teriam ocorrido, o prazo prescricional a incidir, na hipótese, é de 10 anos, período esse ultrapassado entre a data dos fatos e a data do recebimento da denúncia.

Importante recordar que o Art. 110 do CP não mais admite o reconhecimento da prescrição retroativa entre a data dos fatos e do recebimento da denúncia, ou seja, considerando a pena em concreto aplicada, não havendo vedação ao reconhecimento da prescrição entre esses marcos quando for considerada a pena em abstrato, sem desconsiderar que o fato é anterior ao advento da Lei 12234/10.

Preliminarmente, deve o examinando destacar que existia nulidade a ser reconhecida, anulando-se a instrução a partir da primeira audiência realizada. Isso porque o réu não foi intimado para comparecer em juízo, não sendo adequada a realização da audiência, com oitiva da vítima, testemunhas de acusação e defesa, sem a presença do acusado. Ainda que o interrogatório tenha sido realizado em outra data, a produção de praticamente toda a prova sem a presença de Rômulo, tendo a defesa manifestado inconformismo, justifica o reconhecimento de nulidade em razão da violação ao princípio da ampla defesa, previsto no Art. 5°, inciso LV, CRFB. No mérito, o principal argumento a ser apresentado em favor de Rômulo é a ocorrência de desistência voluntária, o que levaria a uma desclassificação em relação à infração penal imputada, segundo o Art. 419 do CPP.

De acordo com o que consta do procedimento, efetivamente a intenção inicial de Rômulo era causar a morte de sua esposa, Paola. Todavia, após desferir golpes na mão da esposa, sensibilizado com o sofrimento dela, desistiu de prosseguir na empreitada delitiva e deixou o local dos fatos, estando ciente de que os atos praticados seriam insuficientes para a consumação do delito inicialmente pretendido.

Na tentativa, o crime não se consuma por circunstâncias alheias à vontade do agente, o que não ocorreu na hipótese. Aplica-se o Art. 15 do CP, no sentido de que o agente, que voluntariamente desiste de prosseguir na empreitada delitiva, responde apenas pelos atos já praticados. No caso, foi praticado crime de lesão corporal grave, de acordo com o exame de corpo de delito acostado, de modo que apenas essa infração penal pode ser imputada ao agente.

Observe-se que não haveria que se falar em proposta de suspensão condicional do processo diante da Folha de Antecedentes Criminais do réu. Por fim, de maneira subsidiária, não reconhecida a necessidade de desclassificação, cabe ao examinando pugnar pelo afastamento da qualificadora prevista no Art. 121, § 2°, inciso VI, do CP, tendo em vista que, conforme expresso no enunciado, a mesma foi inserida por meio da Lei no 13.104/15, enquanto os fatos teriam ocorrido em 2010. Aplica-se a previsão do Art. 5º, inciso XL, da CRFB, não podendo a lei mais grave retroagir para atingir situações pretéritas. Dessa forma, mesmo em caso de pronúncia, necessário o afastamento da qualificadora imputada.

Em sua conclusão, deve o examinando formular o pedido de conhecimento e provimento do recurso para:

a) ser reconhecida a prescrição da pretensão punitiva;
b) anulação da decisão de pronúncia;
c) desclassificação, nos termos do Art. 419 do CPP;
d) afastamento da qualificadora do Art. 121, § 2º, inciso VI, do CP. O prazo para apresentação do Recurso em Sentido Estrito é de 05 dias, nos termos do Art. 586 do CPP, logo se encerraria em 15 de março de 2020, domingo, uma vez que a intimação ocorreu em 10 de março de 2020, devendo ser prorrogado para o primeiro dia útil seguinte, qual seja, 16 de março de 2020.

No fechamento, deveria o candidato indicar local, data, advogado e nº OAB.

Observação: o problema é anterior à Lei 14.994/2024, sancionada em 9 de outubro de 2024, que tornou o feminicídio crime autônomo, com pena de 20 a 40 anos de reclusão.

▪ Resolução da peça 85 (Gabarito oficial FGV)

Considerando as informações expostas, o examinando, na condição de advogado(a) de Luiz, deveria apresentar Alegações Finais na forma de memoriais ou Memoriais, com fundamento no Art. 403, § 3º, do CPP.

A petição deveria ser direcionada ao juízo da 5ª Vara Criminal da Comarca de Porto Alegre, Rio Grande do Sul, local onde teriam ocorrido os fatos, constando do enunciado que esse seria o juízo competente.

Consta que Luiz foi denunciado pela prática do crime do Art. 129, § 9º, do CP, sendo realizada instrução probatória, de modo que não haveria que se falar em resposta à acusação. Ademais, não houve sentença, logo não caberia apresentação de apelação. O Ministério Público apresentou manifestação, após a instrução probatória ser encerrada, pugnando pela condenação nos termos da denúncia, razão pela qual a única medida cabível seria apresentação de alegações finais.

Inicialmente, o examinando deveria ter demonstrado que todo o procedimento é nulo, considerando que não houve a indispensável representação por parte da vítima.

O Art. 88 da Lei nº 9.099/95 estabelece que quando a lesão for de natureza leve a ação será pública condicionada à representação. Apesar de Igor ter comparecido à Delegacia após intimação, a todo momento deixou claro não ter interesse em ver o autor do fato responsabilizado criminalmente. Passados mais de 06 meses sem que houvesse representação da vítima, houve decadência e, consequentemente, deveria ter ocorrido a extinção da punibilidade do acusado, conforme o Art. 107, inciso IV, do CP. Ademais, não foi oferecida proposta de suspensão condicional do processo ao réu. Argumentou o Ministério Público que não seria cabível a proposta, porque o Art. 129, § 9º, do CP, foi introduzido pela Lei nº 11.340/06, que, em seu Art. 41, veda a aplicação dos institutos despenalizadores previstos na Lei nº 9.099/95. Apesar de, efetivamente, a forma qualificada da lesão prevista no Art. 129, § 9º, do CP, ter sido introduzida pela Lei nº 11.340/06, o crime imputado não necessariamente envolve situação de violência doméstica e familiar contra a mulher. Quando o crime do Art. 129, § 9º, do CP, for praticado no contexto da Lei nº 11.340/06, desnecessária será a representação e impossível será a aplicação do Art. 89 da Lei nº 9.099/95, nos termos do Art. 41 da Lei Maria da Penha. Todavia, apesar de o dispositivo ter sido introduzido por tal lei, na situação em análise, os fatos teriam sido praticados contra vítima do sexo masculino, não sendo aplicáveis os dispositivos, vedações e procedimento trazidos pela Lei nº 11.340/06. Dessa forma, seria necessária a representação da vítima diante da natureza leve da lesão e cabível proposta de suspensão condicional do processo, sendo certo que a condenação anterior por contravenção não impede o benefício.

No mérito, o examinando deveria defender que os fatos foram praticados em situação de estado de necessidade, causa excludente da ilicitude, na forma do Art. 23, inciso I, e do Art. 24, ambos do CP. De acordo com o que consta do enunciado, o imóvel onde estaria Luiz e Igor estava pegando fogo em razão da conduta descuidada de terceiro.

Havia perigo atual, já que o fogo estava se aproximando de Luiz, que não conseguia deixar a residência em razão de ter diversas pessoas na sua frente e de sua dificuldade de locomoção. O perigo não foi provocado por vontade própria de Luiz, mas sim por descuido de seu filho. O réu violou a integridade física de seu irmão para resguardar a sua própria integridade de perigo atual, não sendo exigível o sacrifício na ocasião. Ademais, não poderia o acusado de outra forma deixar o imóvel e se proteger, já que o fogo estava se aproximando.

Preenchidos os requisitos do Art. 24 do CP, afastada estará a ilicitude da conduta.

De maneira subsidiária, caso não houvesse absolvição, deveria o examinando tratar sobre eventual pena a ser imposta. Não havendo circunstâncias judiciais do Art. 59 do CP a ser consideradas na primeira fase do processo dosimétrico, deveria a pena base ser aplicada no mínimo legal. Na segunda fase, deveria o examinando afastar a agravante do Art. 61, inciso I, do CP, solicitada pelo Ministério Público, tendo em vista que o Art. 63 do CP afirma que somente será reincidente aquele que praticar fato após condenação com trânsito em julgado pela prática de CRIME anterior. Consta da Folha de Antecedentes Criminais de Luiz apenas condenação pela prática de contravenção, sendo tecnicamente primário.

Em seguida, deveria pugnar pelo reconhecimento da atenuante prevista no Art. 65, inciso I, do CP, considerando que o réu é maior de 70 anos. Também aplicável a atenuante prevista no Art. 65, inciso III, alínea b, do CP, pois Luiz procurou, logo após o crime, evitar ou minorar as consequências de seus atos, levando Igor para o hospital e pagando por seu tratamento.

Não foram narradas causas de aumento ou diminuição de pena.

O regime inicial a ser fixado, diante da primariedade técnica, seria o aberto, destacando-se que o delito imputado é punido apenas com pena de detenção.

Considerando que o crime imputado envolveria violência à pessoa, não seria cabível a substituição da pena privativa de liberdade por restritiva de direitos.

Todavia, na forma do Art. 77 do CP, não sendo cabível a substituição da PPL por PRD e considerando a primariedade técnica e a pena a ser aplicada, possível a suspensão condicional da pena.

Diante do exposto, deveria ser formulado pedido requerendo:

a) preliminarmente, reconhecimento da decadência ou extinção da punibilidade;
b) reconhecimento da nulidade em razão do não oferecimento de proposta de suspensão condicional do processo;
c) no mérito, absolvição, com fulcro no Art. 386, inciso VI, do CPP;
d) na eventualidade de condenação, aplicação da pena no mínimo legal, com fixação de regime aberto e suspensão condicional da pena.

A data a ser indicada é 25 de janeiro de 2021, tendo em vista que o prazo para Alegações Finais é de 05 dias, mas o prazo se encerraria em um domingo, devendo ser prorrogado para o primeiro dia útil seguinte. No fechamento, deve o examinando indicar local, data, advogado e nº da OAB.

▪ Resolução da peça 86 (Gabarito oficial FGV)

De acordo com o exposto na situação apresentada, considerando que foi proferida sentença condenatória julgando procedente a pretensão punitiva estatal, deve o examinando apresentar recurso de apelação, com fundamento no Art. 593, inciso I, do CPP, elaborando petição de interposição acompanhada das respectivas razões recursais. A peça de interposição deve ser direcionada para o Juízo da 1ª Vara Criminal da Comarca do Florianópolis/SC, enquanto que as razões recursais devem ser endereçadas para o Tribunal de Justiça do Estado de Santa Catarina. Na petição de interposição deve constar o correto fechamento, indicando local, data, advogado e OAB, sendo certo que a data indicada deve ser o dia 09 de dezembro de 2019, tendo em vista o prazo de 05 dias para interposição da apelação, bem como que o prazo se encerraria no dia 08 de dezembro de 2019, domingo, devendo ser estendido para o primeiro dia útil seguinte.

Em suas razões recursais, inicialmente o examinando deve requerer a nulidade desde a audiência de instrução e julgamento e, consequentemente, da sentença condenatória, tendo em vista que não houve respeito às previsões do Art. 212 do Código de Processo Penal. Desde a reforma referente ao procedimento comum ordinário, realizada no ano de 2008, que as perguntas às testemunhas devem ser realizadas diretamente pelas partes, podendo o magistrado complementá-las, se houver ponto não esclarecido. O Código de Processo Penal adotou o sistema do *cross examination* e não mais o "sistema presidencialista" de perguntas. Na situação apresentada, o magistrado iniciou as perguntas, desrespeitando a previsão legal. Sem prejuízo, ainda que tal inversão seja considerada nulidade relativa, deveria a audiência ser anulada no caso em análise, tendo em vista que a defesa técnica do réu manifestou seu inconformismo e houve prejuízo, já que as partes sequer puderam complementar a inquirição realizada pelo magistrado. Tal conduta do juiz representou cerceamento de defesa e violação ao princípio da ampla defesa, disciplinado no Art. 5º, inciso LV, da CRFB. Em seguida, no que tange ao crime de corrupção de menores, o examinando deve pleitear a absolvição por atipicidade da conduta, nos termos do Art. 386, inciso III, do CPP, pois claramente o agente não tinha conhecimento sobre a idade de Carlos. Carlos e Breno se conheceram em festa em que era proibida a entrada de menores de 18 anos, poucos momentos antes do crime, e ainda consta a informação que Carlos aparentava ser mais velho. Dessa forma, Breno não tinha conhecimento sobre a elementar do crime referente à idade, ocorrendo erro de tipo, afastando, então, o dolo e a culpa.

Após o requerimento de absolvição em relação a um dos delitos, cabe ao examinando enfrentar a pena aplicada pelo magistrado. Nesse aspecto, deve requerer a redução da pena base dos crimes de roubo e corrupção para o mínimo legal, tendo em vista que inquéritos policiais e ações penais em curso não podem justificar o reconhecimento de qualquer circunstância desfavorável do Art. 59 do CP, nos termos da Súmula 444 do STJ. Não se trata, nesse momento, de afirmar apenas que não haveria maus antecedentes, já que nem mesmo o juiz reconheceu essa circunstância. Aumentou o magistrado a pena base em razão de suposta personalidade voltada para a prática do crime. Todavia, além de questionável a constitucionalidade dessa circunstância, entendem os Tribunais Superiores que a valoração negativa da personalidade, com base em ações em curso, representaria violação indireta ao princípio da não culpabilidade.

Na segunda fase, deve o examinando requerer o reconhecimento da atenuante da menoridade relativa, já que o réu era menor de 21 anos na data dos fatos, nos termos do Art. 65, inciso I, do CP.

Já na terceira fase, em relação ao crime de roubo, questão importante deve ser reconhecida pelo examinando. O próprio enunciado deixa claro que o crime teria ocorrido no ano de 2017. Apenas no ano de 2018 foi editada a Lei nº 13.654, que tornou mais severa a punição do crime de roubo praticado com emprego de arma de fogo. Especificamente em relação ao emprego de arma de fogo (diferente do que ocorreu com a arma branca), houve *novatio legis in pejus*. Antes, o agente que praticasse crime de roubo com arma de fogo poderia ter sua pena aumentada de 1/3 até 1/2. Atualmente, o aumento é de 2/3.

Na situação apreciada, com base nas informações expostas, de fato está presente a causa de aumento do emprego de arma de fogo, inclusive havendo laudo indicando que a arma estava municiada e tinha potencial ofensivo. Todavia, o magistrado aumentou a pena de 2/3, embora o crime tenha sido praticado antes da entrada em vigor da nova lei. Dessa forma, considerando que o Art. 5º, inciso XL, da CRFB, prevê a irretroatividade da lei penal mais gravosa, deveria haver redução em relação ao aumento operado na terceira fase pela presença da majorante. Importante esclarecer que ainda que considerada a previsão anterior e a presença de duas causas de aumento (arma e concurso de pessoas), o aumento máximo permitido (metade da pena) seria inferior ao realizado pelo magistrado.

Ainda em relação à terceira fase, deveria o examinando requerer a redução da pena em razão da tentativa, porquanto a infração não restou consumada, não tendo ocorrido inversão da posse dos bens que se pretendia subtrair como exige a Súmula 582 do STJ, na forma do Art. 14, inciso II, do CP.

O regime de pena também deve ser abrandado, não só porque a pena base deve retornar ao mínimo, mas também em razão do seu quantum final, podendo o examinando requerer a aplicação do regime aberto ou semiaberto, a depender do quantum de pena aplicado.

Em razão de todo o exposto, deve o examinando formular, em conclusão, o pedido de conhecimento e provimento do recurso. O prazo, a ser indicado ao final, era o dia 09 de dezembro de 2019, tendo em vista que a previsão do prazo da apelação em 05 dias. Como a intimação foi em uma terça-feira, o prazo se encerraria no domingo, devendo ser estendido para segunda.

No fechamento, deve o examinando indicar local, data, advogado e OAB.

■ Resolução da peça 87 (Gabarito oficial FGV)

Com base nas informações expostas, o examinando deveria apresentar, na qualidade de advogado(a) de Rodrigo, recurso em sentido estrito, com fundamento no Art. 581, inciso IV, do Código de Processo Penal.

Inicialmente, o examinando deveria apresentar petição de interposição do recurso, que deveria ser direcionada ao Juízo do Tribunal do Júri da Comarca de São Paulo/SP, juízo responsável pelo recebimento da denúncia e instrução, sendo certo que o crime imputado era de natureza dolosa contra a vida. Já na petição de interposição, deveria ser formulado pedido de retratação por parte do juízo a quo, nos termos do Art. 589 do CPP. Em seguida, caso mantida a decisão de pronúncia, os autos deveriam ser encaminhados para o Tribunal de Justiça, com as respectivas razões recursais.

Após a petição de interposição, deveria o examinando apresentar as Razões do Recurso em Sentido Estrito, desta vez, direcionando-as ao Tribunal de Justiça do Estado de São Paulo.

De maneira preliminar, a defesa técnica de Rodrigo deveria pedir o reconhecimento da nulidade do procedimento desde a realização da audiência de instrução e julgamento. Isso porque não foi respeitada a ordem estabelecida em lei para oitiva das testemunhas. De acordo com o Art. 411 do CPP, na audiência de instrução e julgamento deverão ser ouvidas as testemunhas de acusação e defesa, nesta ordem. Na situação apresentada, justificando que os policiais, testemunhas de acusação, estariam atrasados, o magistrado inverteu a ordem legal, ouvindo, primeiro, as testemunhas arroladas por Rodrigo. Ainda que a nulidade possa ser considerada relativa, o inconformismo da defesa foi consignado pelo advogado. Ademais, houve claro prejuízo, já que as indagações foram formuladas sem que a defesa tivesse conhecimento sobre o teor das declarações das testemunhas de acusação. Com a pronúncia do réu, o prejuízo restou confirmado.

Dessa forma, a inversão da ordem determinada pelo magistrado prejudicou o exercício da ampla defesa e do contraditório, previsto no Art. 5°, inciso LV, da CRFB, justificando o reconhecimento da nulidade de todos os atos processuais praticados a partir da audiência.

Superada a preliminar, deveria a defesa de Rodrigo requerer, inicialmente, sua absolvição sumária em razão da presença de clara situação de isenção de pena, conforme o Art. 415, inciso IV, do CPP. Em princípio, a embriaguez, culposa ou voluntária, não é capaz de excluir a imputabilidade penal, nos termos do Art. 28, inciso II, do CP. Todavia, o mesmo dispositivo, em seu parágrafo 1°, estabelece que é isento de pena o agente que, por embriaguez completa, proveniente de caso fortuito ou força maior, era, ao tempo da ação, inteiramente incapaz de entender o caráter ilícito do fato ou determinar-se de acordo com esse entendimento.

Consta a informação de que Rodrigo estava completamente embriagado em razão de substância entorpecente que havia sido inserida em sua bebida sem que ele percebesse, bem como que não entendia o caráter ilícito dos fatos. Diante disso, aplica-se a hipótese excepcional do Art. 28, § 1°, do CP, devendo ser reconhecido que Rodrigo é isento de pena. Subsidiariamente, caso não seja reconhecida a absolvição sumária, deveria o examinando requerer a desclassificação do crime imputado para um que não fosse doloso contra a vida. Em que pese tenha ocorrido o resultado morte de João, consta a informação de que Rodrigo não pretendia esse resultado e que nem o aceitava, não havendo de se falar em dolo eventual.

Houve intenção (ainda que afetada pela inimputabilidade momentânea do agente) em relação ao ato de desferir um soco na barriga da vítima e um empurrão, o que poderia justificar o reconhecimento do crime de lesão corporal. Em relação ao resultado morte, já que João caiu em cima da garrafa de cerveja que segurava, teria havido "apenas" culpa, de modo que o crime em tese praticado por Rodrigo, caso reconhecida sua imputabilidade, seria o de lesão corporal seguida de morte, e não homicídio.

Diante disso, considerando que o crime de lesão seguido de morte não é doloso contra a vida, a defesa técnica deveria requerer a desclassificação, na forma do Art. 419 do CPP, encaminhando-se os autos ao juízo singular para julgamento.

Por fim, ainda de maneira subsidiária, caberia à defesa requerer o afastamento da causa de aumento imputada na denúncia e confirmada em pronúncia, já que absurda e em claro erro.

Prevê o Art. 121, § 4º, do CP, que a pena será aumentada em 1/3 se o agente deixar de prestar imediato socorro à vítima. Todavia, tal causa de aumento somente seria aplicável quando for imputado o crime de homicídio CULPOSO. No caso, o Ministério Público denunciou e o juiz pronunciou Rodrigo por crime de homicídio doloso, tanto assim que o procedimento foi perante o Tribunal do Júri, logo inaplicável a causa de aumento. Em sua conclusão, deveria o examinando formular o pedido de conhecimento e provimento do recurso para

a) ser reconhecida a nulidade dos atos praticados desde a audiência de instrução e julgamento;
b) a absolvição sumária, com fundamento no Art. 415, inciso IV, do CPP;
c) desclassificação, nos termos do Art. 419 do CPP;
d) afastamento da causa de aumento prevista no Art. 121, § 4º, do CP. O prazo para apresentação do Recurso em Sentido Estrito é de 5 dias, nos termos do Art. 586 do CPP, logo se encerraria em 10 de abril de 2021, sábado, uma vez que a intimação ocorreu em 05 de abril de 2021, devendo ser prorrogado para o primeiro dia útil seguinte, qual seja, 12 de abril de 2021.

No fechamento, deve o candidato indicar local, data, advogado e nº OAB.

■ Resolução da peça 88 (Gabarito oficial FGV)

Considerando as informações expostas na questão, deveria o candidato formular um recurso de apelação, na forma do Art. 593, inciso I, do CPP, com elaboração da petição de interposição acompanhada das respectivas razões recursais. A peça de interposição deveria ser direcionada para o Juízo da 2ª Vara Criminal da Comarca de Florianópolis/SC, juízo competente indicado no enunciado, enquanto que as razões recursais deveriam ser endereçadas para o Tribunal de Justiça do Estado de Santa Catarina. A data indicada deveria ser o dia 18 de julho de 2022, tendo em vista o prazo de 05 dias para interposição da apelação. Em suas razões recursais, inicialmente deveria o advogado buscar o reconhecimento da nulidade da oitiva da vítima, tendo em vista que inadequada a produção antecipada de provas com base no fundamento utilizado pelo magistrado. O Código de Processo Penal, assim como a doutrina e a jurisprudência admitem que seja determinada a produção antecipada de provas quando houver risco de perecimento, em especial na situação de suspensão do processo com base no Art. 366 do CPP. Ocorre que a jurisprudência entende que o mero decurso natural do tempo não é fundamento idôneo para justificar a medida. No caso, o magistrado determinou a produção antecipada da prova simplesmente porque a data da audiência de instrução e julgamento estava longe, sem qualquer fato concreto a indicar o risco de perecimento da prova. Diante disso, considerando ainda o inconformismo manifestado pela defesa, deveria ser requerida a nulidade do ato, podendo o advogado fundamentar seu pedido no teor da Súmula 455 do STJ. Em seguida, quanto ao mérito, caberia ao advogado, inicialmente, requerer o reconhecimento da atipicidade da conduta. Isso porque o crime de incêndio é crime de perigo comum, sendo indispensável que a conduta do agente exponha a perigo a vida, integridade física ou patrimônio de outrem, causando risco para número indeterminado de pessoas. Noutras palavras, o tipo exige perigo concreto. Na situação apresentada, Júlio colocou fogo em um imóvel isolado, sendo constatado na perícia que não havia pessoas ou bens de terceiro nas proximidades para serem atingidos. Em tese, a conduta de Júlio poderia configurar, no máximo, crime de dano. Ademais, ainda que reconhecida a tipicidade, deveria Júlio ser absolvido em razão da inimputabilidade. Em princípio, com base no Art. 28, inciso II, do CP, a embriaguez não afasta a culpabilidade do agente. Contudo, quando esta for completa e decorrente de caso fortuito ou força maior, gerando uma total incapacidade de entendimento do caráter ilícito do fato ou de determinação de acordo com esse entendimento, será o agente isento de pena, com fulcro no Art. 28, § 1°, do Código Penal. Júlio somente ficou embriagado em razão de erro daquele que lhe serviu bebida, que colocou álcool apesar do pedido apenas de água, sendo certo que foi a mistura da bebida não solicitada com um remédio que causou a embriaguez do agente, que não pode ser considerada culposa ou voluntária. Afastada, então, a culpabilidade, sequer é necessária a aplicação de medida de segurança, já que a inimputabilidade foi apenas momentânea. Superadas as principais teses de mérito, caberia ao advogado, com base no princípio da eventualidade, questionar a sanção penal aplicada. No momento de aplicar a pena base, equivocou-se o magistrado, tendo em vista que o fato que justificou a condenação definitiva de Júlio por tráfico ocorreu depois da suposta prática do crime de incêndio, logo não pode ser considerado maus antecedentes. Na segunda fase, deveria requerer o afastamento da agravante, já que ser utilizado instrumento que causou perigo comum já era elementar do tipo, uma vez que o crime de incêndio é classificado como crime de perigo comum. Alternativamente, aceita-se o pedido de afastamento da agravante por não haver a ocultação ou vantagem de outro ilícito. Ademais, deveria ter sido reconhecida a atenuante da confissão espontânea, nos termos do Art. 65, III, d, do CP. Aplicada a pena no mínimo legal, deveria ter sido fixado o regime inicial aberto para cumprimento da pena, conforme Art. 33, § 2°, alínea c, do CP, bem como seria possível a substituição da pena privativa de liberdade por restritiva de direitos, nos termos do Art. 44 do CP. ORDEM DOS ADVOGADOS DO BRASIL XXXV EXAME DE ORDEM UNIFICADO PROVA PRÁTICO-PROFISSIONAL Aplicada em 28/08/2022 ÁREA: DIREITO PENAL "O gabarito preliminar da prova prático-profissional corresponde apenas a uma expectativa de resposta, podendo ser alterado até a divulgação do padrão de respostas definitivo." Qualquer semelhança nominal e/ou situacional presente nos enunciados das questões é mera coincidência." Padrão de Resposta da Prova Prático-Profissional – XXXV Exame de Ordem Unificado Página 3 de 8 Em razão do exposto, deveria o examinando formular o pedido de conhecimento e provimento do recurso, com os seguintes fundamentos:

a) Reconhecimento de nulidade na oitiva das vítimas;
b) Absolvição do crime de incêndio em razão da atipicidade da conduta;
c) Absolvição do crime de incêndio em razão da ausência de culpabilidade;
d) Aplicação da pena base no mínimo legal, tendo em vista que não há fundamento para reconhecimento de maus antecedentes;
e) Afastamento da agravante reconhecida na sentença;
f) Reconhecimento da atenuante da confissão espontânea;
g) Aplicação do regime inicial aberto para cumprimento da pena;
h) Substituição da pena privativa de liberdade por restritiva de direitos. O prazo a ser indicado na petição de interposição da apelação era o dia 18 de julho de 2022, já que o prazo previsto para a interposição do recurso de apelação é de 05 dias, de modo que se encerraria no sábado, devendo ser prorrogado para o primeiro dia útil seguinte.

No fechamento, deveria o examinando indicar local, data, advogado e OAB.

▪ Resolução da peça 89 (Gabarito oficial FGV)

Considerando a situação narrada, o(a) examinando(a) deve apresentar, na condição de advogado, resposta à acusação, com fundamento no Art. 396-A e/ou no Art. 396, ambos do Código de Processo Penal, em busca de evitar o prosseguimento do processo em desfavor de Matheus. De acordo com o que consta do enunciado, Matheus foi denunciado pelo Ministério Público pela prática do crime de lesão corporal grave, sendo pessoalmente citado para apresentação da medida cabível. Após juntada do mandado de citação, ainda não havendo instrução, caberia à defesa técnica apresentar resposta à acusação. A peça deve ser encaminhada para a 2ª Vara Criminal da Comarca de Vitória, Espírito Santo, local onde os fatos teriam ocorrido, constando do enunciado que esse foi o juízo responsável pelo recebimento da denúncia. Diante das informações constantes do enunciado, cabe ao advogado do denunciado pleitear a absolvição sumária de seu cliente em razão da ausência de culpabilidade no momento dos fatos. Antes, porém, cabe ao advogado requerer o reconhecimento da nulidade do recebimento da denúncia em razão da ausência de laudo a fundamentar a inicial acusatória ou rejeição da denúncia por ausência de justa causa (Art. 395, inciso III, do CPP), bem como pugnar pela apresentação de proposta de suspensão condicional do processo, considerando que os fundamentos utilizados pelo Ministério Público para deixar de oferecer o benefício foram inadequados. Inicialmente, deve ser reconhecida a nulidade porque sequer a denúncia deveria ter sido recebida. De acordo com o Art. 158 do CPP, quando a infração penal deixar vestígios, será indispensável o exame de corpo de delito, direto ou indireto. Consta, expressamente, do enunciado que a denúncia somente foi acompanhada de imagens da câmera de segurança do local onde os fatos teriam ocorrido e da Folha de Antecedentes Criminais. Ademais, foi informado que a vítima não compareceu ao IML para realização do exame de corpo de delito, já que estava com dor de cabeça. Também não há informações sobre a realização ou juntada do Boletim de Atendimento Médico. Dessa forma, o Ministério Público imputou um crime de lesão corporal qualificada, infração essa que deixa vestígios, com base apenas nas declarações do ofendido, sem o indispensável exame de corpo de delito. De acordo com o Art. 564, inciso III, alínea b, do CPP, ocorrerá nulidade quando faltar formalidade legal, sendo uma dessas formalidades o exame de corpo de delito nos crimes que deixem vestígios. Superada a questão, deve o advogado demonstrar o equívoco do Ministério Público ao não oferecer proposta de suspensão condicional do processo. De acordo com o Art. 89 da Lei nº 9.099/95, caberá proposta de suspensão condicional do processo, pelo prazo de 02 a 04 anos, quando o crime imputado tiver pena mínima prevista de até 01 ano, não podendo o denunciado responder ou ser condenado pela prática de crime anterior, observados, ainda, os requisitos da suspensão condicional da pena. Primeiramente, o Ministério Público negou o benefício sob o fundamento de que a pena máxima seria alta, qual seja de 05 anos. Ocorre que somente a pena mínima é relevante para análise da suspensão condicional do processo, pouco importando se a infração penal é de menor potencial ofensivo ou não. Além disso, a condenação anterior de Matheus também não impede o benefício, tendo em vista que versava sobre contravenção penal, e não crime, bastando o respeito ao princípio da legalidade, porque o Art. 89 da Lei nº 9.099/95 apenas traz a vedação diante de condenação prévia por crime. No mérito, deve o examinando, na condição de advogado, requerer a absolvição sumária em razão da existência de manifesta causa de exclusão da culpabilidade diversa da imputabilidade, conforme o Art. 397, inciso II, do CPP. A princípio, na forma do Art. 28, inciso II, do CP, a embriaguez, voluntária ou culposa, não exclui a imputabilidade penal. Todavia, o § 1º, deste mesmo dispositivo legal, estabelece que é isento de pena o agente que, por embriaguez completa, proveniente de caso fortuito ou força maior, era, ao tempo de ação, inteiramente incapaz de entender o caráter ilícito do fato, ou determinar-se de acordo com esse entendimento.

Na hipótese, consta a informação de que Matheus fez exame de alcoolemia e recebeu atendimento médico, sendo constatado que a embriaguez era completa e que ele não era capaz de determinar, de acordo com seu entendimento, sobre o caráter ilícito do fato. Ademais, o enunciado narra que Matheus era intolerante ao álcool e que não ingeriu a bebida voluntariamente e nem culposamente, mas sim em razão de um erro do funcionário do bar. A embriaguez, então, decorreu de caso fortuito/força maior, afastando a culpabilidade do agente. Assim, deve o advogado pleitear a absolvição sumária (Art. 397, inciso II, do CPP) de seu cliente. Em conclusão, deve o advogado pleitear o reconhecimento da nulidade do ato de recebimento da denúncia, o oferecimento de proposta de suspensão condicional do processo e a absolvição sumária. Considerando que se trata de resposta à acusação, o examinando deve, ainda, apresentar rol de testemunhas, indicando Carlos, José e Antônio na ocasião. O prazo para elaboração da peça processual, nos termos do Art. 396 do CPP, é de 10 dias, sendo que a citação/intimação do réu ocorreu em 16 de novembro de 2022, quarta-feira, iniciando-se o prazo em 17 de novembro de 2022 e terminando em 28 de novembro de 2022, primeiro dia útil seguinte ao término do prazo. A petição deve ter indicação de local, data, assinatura e número de inscrição na OAB.

▪ Resolução da peça 90 (Gabarito oficial FGV)

Considerando as informações expostas, o examinando, na condição de advogado(a) de Ricardo e Roberto, deve apresentar Alegações Finais na forma de memoriais ou Memoriais, com base no Art. 403, § 3º ou Art. 404, parágrafo único, ambos do CPP. A petição deveria ser direcionada ao Juízo da 5ª Vara Criminal da Comarca de Barnabeu, CN, local onde teriam ocorrido os fatos, constando do enunciado que esse seria o juízo competente. No mérito, deve ser defendida a atipicidade da conduta, ante o crime impossível, pela absoluta ineficácia do meio, consoante informação prestada pela própria vítima, nos termos do Art. 17 do CP. Subsidiariamente, deveria ser pleiteado o afastamento da qualificadora do rompimento de obstáculo. Isso porque nos termos do Art. 158, do CPP, a incidência da qualificadora depende de realização de perícia, a qual só pode ser dispensada por motivo devidamente fundamentado, o que não ocorreu nos autos. Era ônus da acusação a comprovação de efetivo rompimento do obstáculo, sendo indevida a sua incidência. Ainda, em caso de condenação, deve-se pleitear o reconhecimento da confissão espontânea (Art. 65, inciso III, alínea d, do CP) e da detração penal do período de prisão preventiva cumprida por Ricardo (trinta dias) e dois dias de Roberto, com repercussão na fixação de seu regime inicial, na forma do Art. 387, § 2º, do CPP. Por fim, deve o examinando formular pedido de fixação da pena base no mínimo legal, regime aberto (Art. 33, § 2º, c, do CP) e substituição de penas por restritiva de direitos (Art. 44, do CP) em favor de Roberto e fixação de regime semiaberto em favor de Ricardo (Art. 33, § 2º, b, do CP), bem como a redução da pena pela tentativa na fração de 2/3, conforme Art. 14, parágrafo único, do CP. Diante do exposto, deveria ser formulado pedido requerendo:

a) a absolvição, com base no Art. 386, inciso III, do CPP;

b) subsidiariamente, o acolhimento das teses defensivas quanto à aplicação da pena.

A data a ser indicada é 17 de abril de 2023, tendo em vista que o prazo para Alegações Finais é de 05 dias, mas o prazo se encerraria em um domingo, devendo ser prorrogado para o primeiro dia útil seguinte. No fechamento, deve o examinando indicar local, data, advogado e nº da OAB.

▪ Resolução da peça 91 (Gabarito oficial FGV)

A hipótese narrada revela uma decisão judicial proferida no curso da execução penal, razão pela qual a peça a ser apresentada é o agravo em execução, na forma do Art. 197 da LEP, direcionado ao Juízo da Vara Federal Criminal de Alfa, a ser interposto no prazo de cinco dias, consoante enunciado nº 700 da súmula da jurisprudência do STF ou Art. 586, do CPP. Deveria ser requerido efeito regressivo do recurso de agravo, com base no Art. 589 do CPP, seguindo o rito do recurso em sentido estrito. Em seguida, deveria a interposição ser acompanhada das respectivas razões, dirigidas ao Tribunal Regional Federal da

10a Região. Sobre os pedidos, deveria ser requerido, em favor de Marieta, inicialmente, a aplicação da continuidade delitiva entre todos os delitos que lhe foram imputados, na forma do Art. 71, *caput*, do CP. De fato, a conduta atribuída a Marieta é exatamente a mesma (conforme é expressamente mencionado no enunciado) e, pelas circunstâncias de tempo, lugar e maneira de execução, vê-se que todas as condutas subsequentes devem ser reputadas continuação das anteriores. Portanto, a unificação de penas deve ser realizada na forma do Art. 111, da LEP e do Art. 71, *caput*, do CP (continuidade delitiva), com a aplicação da fração de aumento entre 1/6 a 2/3, de forma proporcional ao fato de haver 3 infrações idênticas, tendo em vista que a vítima é a mesma em todos os delitos (o INSS). Portanto, o regime prisional deve ser o aberto, na forma do Art. 33, § 2°, alínea c, do CP. Ainda que assim não fosse, inadmissível a reconversão das penas restritivas de direito em privativa de liberdade, pois as penas alternativas são compatíveis entre si, podem ser executadas de forma simultânea ou sucessiva, não se justificando a reconversão por ausência de autorização legal, com aplicação dos Arts. 44, §§ 4° e 5° e 69, § 2°, do Código Penal e 181, § 1°, da LEP. Em acréscimo, deve ser destacada a ausência de reincidência, pois, para a configuração da reincidência, é necessário que o trânsito em julgado da condenação ocorra antes da prática do novo crime, na forma do Art. 63, do CP, o que não ocorreu no caso narrado. Nesse caso, admite-se que, subsidiariamente, seja defendida a fixação de regime semiaberto, na forma do Art. 33, § 2°, alínea b, do CP. Quanto à pena de multa, a jurisprudência do Superior Tribunal de Justiça reconhece a aplicação da regra da exasperação às penas de multa (Art. 71 do CP), afastando-se a aplicação do Art. 72 do CP ao caso concreto. Alternativamente, admite-se com igual pontuação a aplicação da soma das penas de multa originárias, na forma do Art. 72 do CP, sendo defeso ao Juízo de Execução promover nova aplicação de multa, em desrespeito ao título executivo transitado em julgado. Por fim, deve ser formulado pedido de conhecimento e provimento do recurso. Ainda, deve ser postulada a imediata expedição de contramandado de prisão em favor de Marieta (ou recolhimento do mandado de prisão). Ao final, deve ser indicada a data de interposição do recurso no dia 1° de setembro de 2023 e, finalizada, com local, data, advogado e OAB, sem identificação e sem numeração.

▪ Resolução da peça 92 (Gabarito oficial FGV)

De acordo com as informações do enunciado, em que foi proferida sentença penal condenatória, o examinando deveria apresentar, na condição de advogado de Alfredo, Recurso de Apelação, com fundamento no Art. 593, inciso I, do CPP. A petição de interposição do recurso de apelação deveria ser direcionada ao Juízo do 1a Juizado de Violência Doméstica e Familiar contra a Mulher da Comarca de Flores/CB, enquanto que as razões recursais deveriam ser apresentadas ao Tribunal de Justiça do Estado de Campo Belo. No capítulo preliminar de tempestividade deve ser indicada a aplicação do prazo de cinco dias, na forma do Art. 593, *caput*, do CPP. Em preliminar, deveria ser alegada a incompetência absoluta da Justiça Estadual para conhecer do processo. Com efeito, trata-se de crime cometido a bordo de navio, o que, na forma do Art. 109, IX, da Constituição da República, atrai a competência da Justiça Federal. Por isso, impõe-se a anulação de todos os atos decisórios do processo, desde o oferecimento e recebimento da denúncia até a sentença, na forma dos Arts. 564, I e 567, do CPP. No mérito, caso superada a preliminar, deve-se fazer ajustes na dosimetria. Deve ser formulado requerimento de aplicação da pena base no mínimo legal, rejeitando-se o termo médio entre a mínima e a máxima, consoante entendimento jurisprudencial e doutrinário sedimentados. A agravante da relação domestica de coabitação não pode coexistir com a causa de aumento de idêntica natureza, por configurar bis in idem, devendo ser formulado requerimento de afastamento, ou de compensação com uma das atenuantes. Deve ser postulada a aplicação das atenuantes genéricas da menoridade relativa (Art. 65, inciso I, do CP) e da confissão espontânea (Art. 65, inciso III, alínea d, do CP). Ainda, deve ser pleiteado o regime inicial aberto, na forma do Art. 33, § 2°, alínea c, pois a opinião do julgador sobre a gravidade abstrata do delito não constitui fundamentação idônea para fixação de regime inicial mais gravoso que o permitido pela pena aplicada. Inteligência da Súmula 718 e 719, do STF e 440, do STJ. Finalmente, deve ser requerido o afastamento da perda do cargo público, pois o delito não foi praticado com abuso de poder ou violação de dever e não houve aplicação de pena privativa de liberdade superior a quatro anos, na forma do Art. 92, I, a e b, do CP. Em conclusão, caberia ao examinando formular pedido de conhecimento e provimento do recurso. O prazo a ser indicado é o dia 15 de dezembro de 2023, uma vez que o prazo do recurso de apelação é de 5 dias, e a contagem do prazo se iniciou no 11, ante o feriado do dia 8 de dezembro. No fechamento, deveria ser mencionado local, data, advogado e OAB.

▪ Resolução da peça 93 (Gabarito oficial FGV)

De acordo com o exposto, considerando que foi prolatada sentença condenatória em desfavor do réu, deve o examinando apresentar recurso de apelação, com fundamento no Art. 593, inciso I, do CPP. A petição de interposição do recurso de apelação deveria ser direcionada ao Juízo da Vara Criminal da comarca de Flores/CB, enquanto as razões recursais deveriam ser apresentadas ao Tribunal de Justiça do Estado de Campo Belo. No capítulo preliminar de tempestividade deve ser indicada a aplicação do prazo de cinco dias, na forma do Art. 593, caput, do CPP. Inicialmente, há de se notar a atipicidade dos sete primeiros fatos imputados a Gustavo. Em todos os casos de "furto" em que houve a integral restituição da res furtiva, que meramente foi utilizada, sem danos, sem a intenção de Gustavo de se apossar definitivamente do bem, e considerando a restituição à vítima antes mesmo que esta notasse, a conduta se amolda ao que a doutrina e jurisprudência denominam "furto de uso". Por isso, em relação aos sete primeiros fatos, deve ser postulada a absolvição de Gustavo, na forma do Art. 386, inciso III, do CPP, pois o fato não é crime.

Contudo, no oitavo fato, houve, sim, a prática do furto consumado, pois, ao haver a destruição completa do bem, quando em poder do acusado, consumou-se o delito de furto. Entretanto, como a porta do depósito estava aberta, e Gustavo não se valeu da escalada para acessar o depósito, é certo que o furto verificado foi na modalidade simples (Art. 155, caput, do CP), e não na qualificada, devendo ser afastada a qualificadora. Vale notar que ocorreu arrependimento posterior, pois, uma vez danificado o bem, Gustavo quitou a íntegra do valor da coisa danificada, antes do recebimento da denúncia, fazendo jus à causa de diminuição do Art. 16 do CP (arrependimento posterior). Tendo em vista que os dados do enunciado já informam a fixação da pena-base no mínimo legal e o reconhecimento da atenuante, bastaria formular o pedido de fixação do regime inicial aberto ou semiaberto, na forma do Art. 33, § 2°, alínea b ou c, do CP, e de substituição por restritiva de direitos, na forma do Art. 44 do CP, diante da presença dos requisitos legais, pois a pena ficará abaixo de 4 (quatro) anos e o crime foi praticado sem violência ou grave ameaça, sendo as circunstâncias judiciais inteiramente positivas. De forma subsidiária, deve ser defendida a aplicação da regra da continuidade delitiva, pois os fatos ocorreram nas mesmas condições de tempo, lugar e maneira de execução, na forma do Art. 71 do CP. Em razão de todo o exposto, deve o examinando formular, em conclusão, o pedido de conhecimento e provimento do recurso. O prazo a ser indicado ao final era o dia 17 de maio de 2024, tendo em vista que a previsão do prazo de apelação é de cinco dias. Como a intimação foi feita em uma sexta-feira, o prazo se iniciaria na segunda-feira seguinte, dia 13 de maio. No fechamento, deve o examinando indicar local, data, advogado e OAB.

- **Resolução da peça 94 (Gabarito oficial FGV)**

De acordo com o exposto na situação apresentada, considerando que foi proferida sentença condenatória julgando procedente a pretensão punitiva estatal, deve o examinando apresentar recurso de apelação, com fundamento no Art. 593, inciso I, do CPP, elaborando petição de interposição acompanhada das respectivas razões recursais. A peça de interposição deve ser direcionada para o Juízo da Vara Criminal da Comarca de Flores, Estado de Campo Belo, enquanto as razões recursais devem ser endereçadas para o Tribunal de Justiça do Estado de Campo Belo. Na petição de interposição deve constar o correto fechamento, indicando local, data, advogado e OAB, e o prazo de cinco dias para interposição da apelação, na forma do Art. 593, caput, do CPP. Inicialmente, deveria ser arguida preliminar de nulidade por inobservância de formalidade que constitui elemento essencial do ato, ante o cerceamento de defesa, pois houve violação aos princípios do contraditório, da ampla defesa e do devido processo legal ao ser concedido prazo comum a delator e delatado para manifestação, em violação ao Art. 4º, § 10-A, da Lei nº 12.850/2013 ou Art. 5º, incisos LIV ou LV, da CRFB/88 ou Art. 564, inciso IV, do CPP. Ainda, deve ser arguida a nulidade da sentença pela violação ao princípio da identidade física do Juiz, previsto no Art. 399, § 2º, do CPP ou do Juiz Natural, previsto no Art. 5º, LIII, CRFB. Nota-se o prejuízo evidente a partir da condenação de Mendonça respaldado exclusivamente em prova oral colhida por outro Magistrado. Caso superadas as preliminares, no mérito, deve ser destacado que, de acordo com o Art. 4º, § 16, inciso III, da Lei nº 12.850/2013, a sentença penal condenatória não poderá se basear, exclusivamente, na palavra do colaborador, razão pela qual se impõe a reforma da sentença, com a absolvição do acusado Mendonça por falta de provas suficientes para a condenação, na forma do Art. 386, inciso II, ou V, ou VII, do CPP. Subsidiariamente, caso superadas as preliminares e mantida a condenação de Mendonça, deve ser requerido o afastamento da duplicidade de causas de aumento, como autoriza o Art. 68, parágrafo único, do CP, cabendo a opção por um só aumento, pois não foram indicadas razões concretas que justificassem a necessidade de aplicação de ambas as majorantes previstas na parte especial. No que toca às disposições finais, observa-se que a herança é meio lícito de aquisição patrimonial, razão pela qual é incabível a perda de seu imóvel, na forma do Art. 91-A, § 2º, do CP. Ainda, tendo em vista a aposentadoria de Mendonça, não há falar-se em cassação da aposentadoria, pois é inviável a aplicação de analogia em desfavor do réu, sendo certo que tal efeito não é previsto, de forma expressa, no Art. 92, inciso I, alínea a, do CP. A cassação de aposentadoria dependeria, dessa forma, do regular processo administrativo na esfera adequada. Em razão de todo o exposto, deve o examinando formular, em conclusão, o pedido de conhecimento e provimento do recurso. O prazo a ser indicado ao final será o dia 13 de setembro de 2024, tendo em vista que a previsão do prazo de apelação é de cinco dias. Como a intimação foi em uma sexta-feira, o prazo se iniciaria na segunda-feira seguinte, dia 9 de setembro. Quem houver considerado sábado dia útil, também será pontuado pela indicação do dia 11 de setembro como termo final para interposição da peça. No fechamento, deve o examinando indicar local, data, advogado e OAB.

QUADRO RESUMO DAS PEÇAS JÁ COBRADAS PELA OAB / FGV

NÚMERO DO EXAME	PEÇA
2010.2	Resposta à Acusação
2010.3	Recurso em Sentido Estrito
4º	Apelação
5º	Apelação
6º	Relaxamento de Prisão em Flagrante
7º	Apelação
8º	Resposta à Acusação
9º	Memoriais
10º	Revisão criminal
11º	Recurso em Sentido Estrito
12º	Apelação
13º	Apelação
14º	Memoriais
15º	Queixa Crime
16º	Agravo em Execução
17º	Memoriais
18º	Apelação
19º	Contrarrazões de Apelação
20º	Memoriais
21º	Resposta à Acusação
22º	Apelação
23º	Memoriais
24º	Agravo em Execução
25º	Resposta à Acusação
26º	Memoriais

NÚMERO DO EXAME	PEÇA
27º	Contrarrazões de Apelação
28º	Recurso em Sentido Estrito
29º	Agravo em Execução
30º	Apelação
31º	Recurso em Sentido Estrito
32º	Memoriais
33º	Apelação
34º	Recurso em Sentido Estrito
35º	Apelação
36º	Resposta à Acusação
37º	Memoriais
38º	Agravo em Execução
39º	Apelação
40º	Apelação
41º	Apelação

Questões discursivas (OAB e exercícios propostos)

1. **(CESPE/OAB 2010.1)** Tadeu foi preso em flagrante e denunciado pela prática do crime de abandono de incapaz (art. 133 do CP), para o qual é prevista a pena de detenção de seis meses a três anos. Considerando a situação hipotética apresentada, indique, com a devida fundamentação, o procedimento a ser adotado no curso da instrução criminal (comum ou especial; ordinário, sumário ou sumaríssimo), o número máximo de testemunhas que poderão ser arroladas pela defesa e o prazo, incluída eventual possibilidade de prorrogação, para a defesa apresentar suas alegações finais orais.

2. **(CESPE/OAB 2010.1)** Jânio foi denunciado pela prática de roubo tentado (CP, art. 157, *caput*, c/c art. 14, II), cometido em dezembro de 2009, tendo sido demonstrado, durante a instrução processual, que o réu praticara, de fato, delito de dano (CP, art. 163, *caput*). Considerando essa situação hipotética, responda, de forma fundamentada, às seguintes indagações:

a) Em face da nova definição jurídica do fato, que procedimento deve ser adotado pelo juiz?
b) Caso a nova capitulação jurídica do fato fosse verificada apenas em segunda instância, seria possível a aplicação do instituto da emendatio libelli?

3. **(CESPE/OAB 2010.1)** A autoridade policial titular da delegacia de combate aos delitos contra o patrimônio de determinado município instaurou inquérito para a apuração da prática de crime contra certo comerciante local, que teve seu estabelecimento furtado há quase oito anos. As investigações desenvolvem-se de forma lenta, pois várias diligências foram efetuadas em outras circunscrições policiais da mesma comarca, razão pela qual o delegado responsável pelo caso constantemente vale-se da expedição de cartas precatórias e requisições para as autoridades policiais dessas unidades, a fim de cumprir os atos necessários ao esclarecimento do delito. Em uma dessas diligências, houve demora de mais de um ano para promover a oitiva de apenas uma testemunha. Apesar do tempo transcorrido, a polícia ainda não dispõe de elementos capazes de identificar a autoria do delito. O comerciante não mantinha, em seu estabelecimento, sistema de segurança pessoal nem sistema eletrônico de segurança, não dispondo, assim, de nenhuma prova da autoria dos fatos. Dada a iminência do fim do prazo prescricional, o referido comerciante solicitou orientação a profissional da advocacia, no intuito de tomar alguma providência para a punição dos criminosos.

Em face dessa situação hipotética, responda, de forma fundamentada, aos seguintes questionamentos:

a) Diante da necessidade de cumprir diligências em outra circunscrição, a autoridade policial poderia ordená-las diretamente sem a expedição de carta precatória ou de requisições?
b) Seria viável, na hipótese, intentar ação penal privada subsidiária da pública?

4. **(CESPE/OAB 2010.1)** Na zona rural de determinado Município, foram encontrados vinte e sete trabalhadores rurais, entre os quais seis adolescentes e uma criança com dez anos de idade, que, contratados para trabalhar na lavoura, eram submetidos ao regime diário de quinze horas de trabalho, em local insalubre, sem instalações sanitárias, alojados em galpão sem ventilação. Todos estavam, havia três meses, proibidos de deixar a fazenda, sob grave ameaça, em face de dívidas contraídas com o arrendatário das terras, decorrentes do deslocamento de cidade do interior do Estado para o local de trabalho, bem como pela aquisição de produtos alimentícios, remédios e ferramentas no armazém existente na sede da fazenda, de propriedade do empregador. Os documentos pessoais dessas pessoas foram retidos pelo gerente da fazenda, permanecendo elas, todo o tempo, sob forte vigilância de seis agentes de segurança, que, sem o devido licenciamento de porte de arma, ostentavam armas de grosso calibre, algumas de uso restrito das Forças Armadas. Dois empregados que tentaram fugir foram brutalmente agredidos por todos os agentes de segurança e sofreram lesões de natureza gravíssima, ficando incapacitados definitivamente para o trabalho. Nessa situação hipotética, que crime(s) praticaram o arrendatário da fazenda, o gerente e os seguranças do imóvel rural? Fundamente sua resposta.

5. **(CESPE/OAB 2010.1)** Em 27.08.2009, na cidade de Goiânia – GO, o servidor público federal Lucas, motorista do Ministério da Saúde, no exercício de suas funções e no horário de expediente, atropelou e matou Almir, na faixa de pedestres. Instaurado e concluído o inquérito policial, com regular tramitação, foi o servidor denunciado pela prática do crime de homicídio culposo. Após recebimento da denúncia, o feito transcorreu em perfeita obediência aos comandos legais e resultou na condenação de Lucas. O magistrado, ao proferir a sentença penal condenatória, fixou, desde logo, o valor mínimo para a reparação dos danos causados pela infração, considerando os prejuízos sofridos pelo ofendido e devidamente comprovados no processo, nos expressos termos do art. 387, IV, do Código de Processo Penal (CPP). Inconformado, Lucas apelou, encontrando-se o recurso pendente de julgamento.

Em face dessa situação hipotética, responda, com fundamento no atual disciplinamento do CPP, às seguintes indagações:

a) O valor fixado pelo juiz na sentença penal condenatória poderá ser objeto imediato de execução?
b) O valor fixado pelo juiz criminal impede que os herdeiros de Almir promovam a liquidação do julgado para a apuração do dano efetivamente sofrido?

6. **(FGV/OAB 2010.2)** Lucas, processado em liberdade, foi condenado na 1ª instância à pena de 5 (cinco) anos em regime integralmente fechado, pelo crime de tráfico de drogas, cometido em setembro de 2006. Interpôs Recurso de Apelação, o qual foi parcialmente provido. O Tribunal alterou apenas o dispositivo da sentença que fixava o regime em integralmente fechado para inicialmente fechado. Após o trânsito em julgado, Lucas deu início ao cumprimento de pena em 10.02.2009. O juízo da execução, em 10.10.2010, negou a progressão de regime sob o fundamento de que Lucas ainda não havia cumprido 2/5 da pena, em que pesem os demais requisitos tenham sido preenchidos. Diante dos fatos e da decisão acima exposta, sendo que sua intimação, na condição de advogado de Lucas, ocorreu em 11.10.2010:

I. indique o recurso cabível.
II. apresente a argumentação adequada, indicando os respectivos dispositivos legais.

7. **(FGV/OAB 2010.2)** Aurélio, tentando defender-se da agressão à faca perpetrada por Berilo, saca de seu revólver e efetua um disparo contra o agressor. Entretanto, o disparo efetuado por Aurélio, ao invés de acertar Berilo, atinge Cornélio, que se encontrava muito próximo de Berilo. Em consequência do tiro, Cornélio vem a falecer. Aurélio é acusado de homicídio. Na qualidade de advogado de Aurélio, indique a tese de defesa que melhor se adéqua ao fato. Justifique sua resposta.

8. **(FGV/OAB 2010.2)** Pedro, almejando a morte de José, contra ele efetua disparo de arma de fogo, acertando-o na região torácica. José vem a falecer, entretanto, não em razão do disparo recebido, mas porque, com intenção suicida, havia ingerido dose letal de veneno momentos antes de sofrer a agressão, o que foi comprovado durante instrução processual. Ainda assim, Pedro foi pronunciado nos termos do previsto no art. 121, *caput*, do CP.

Na condição de Advogado de Pedro:

I. indique o recurso cabível;
II. o prazo de interposição;
III. a argumentação visando à melhoria da situação jurídica do defendido.

Indique, ainda, para todas as respostas, os respectivos dispositivos legais.

9. **(FGV/OAB 2010.2)** Caio, funcionário público, ao fiscalizar determinado estabelecimento comercial, exige vantagem indevida. A qual delito corresponde o fato narrado:

I. se a vantagem exigida servir para que Caio deixe de cobrar tributo devido;
II. se a vantagem, advinda de cobrança de tributo que Caio sabia não ser devida, for desviada para proveito de Caio?

10. **(FGV/OAB 2010.2)** José da Silva foi preso em flagrante pela polícia militar quando transportava em seu carro grande quantidade de drogas. Levado pelos policiais à delegacia de polícia mais próxima, José telefonou para seu advogado, o qual requereu ao delegado que aguardasse sua chegada para lavrar o flagrante. Enquanto esperavam o advogado, o delegado de polícia conversou informalmente com José, o qual confessou que pertencia a um grupo que se dedicava ao tráfico de drogas e declinou o nome de outras cinco pessoas que participavam desse grupo. Essa conversa foi gravada pelo delegado de polícia. Após a chegada do advogado à delegacia, a autoridade policial permitiu que José da Silva se entrevistasse particularmente com seu advogado e, só então, procedeu à lavratura do auto de prisão em flagrante, ocasião em que José foi informado de seu direito de permanecer calado e foi formalmente interrogado pela autoridade policial. Durante o interrogatório formal, assistido pelo advogado, José da Silva optou por permanecer calado, afirmando que só se manifestaria em juízo. Com base na gravação contendo a confissão e delação de José, o Delegado de Polícia, em um único ato, determina que um de seus policiais atue como agente infiltrado e requer, ainda, outras medidas cautelares investigativas para obter provas em face dos demais membros do grupo criminoso: 1. quebra de sigilo de dados telefônicos, autorizada pelo juiz competente; 2. busca e apreensão, deferida pelo juiz competente, a qual logrou apreender grande quantidade de drogas e armas; 3. prisão preventiva dos cinco comparsas de José da Silva, que estavam de posse das drogas e armas. Todas as provas coligidas na investigação corroboraram as informações fornecidas por José em seu depoimento. Relatado o inquérito policial, o Promotor de Justiça denunciou todos os envolvidos por associação para o tráfico de drogas (art. 35 da Lei n. 11.343/2006), tráfico ilícito de entorpecentes (art. 33 da Lei n. 11.343/2006) e associação criminosa (art. 288, parágrafo único, do CP). Considerando tal narrativa, excluindo eventual pedido de aplicação do instituto da delação premiada, indique quais as teses defensivas, no plano do direito material e processual, que podem ser arguidas a partir do enunciado acima, pela defesa de José. Indique os dispositivos legais aplicáveis aos argumentos apresentados.

11. **(FGV/OAB 2010.3)** Em 22.07.2008, Caio foi condenado à pena de 10 (dez) anos de reclusão, a ser cumprida em regime inicialmente fechado, pela prática, no dia 10.11.2006, do crime de tráfico de drogas, previsto no art. 33 da Lei n. 11.343/2006. Iniciada a execução da sua pena em 07.01.2009, a Defensoria Pública, em 10.02.2011, requereu a progressão do cumprimento da sua pena para o regime semiaberto, tendo o pedido sido indeferido pelo juízo de execuções penais ao argumento de que, para tanto, seria necessário o cumprimento de 2/5 da pena. Considerando ter sido procurado pela família de Caio para advogar em sua defesa, responda aos itens a seguir, empregando os argumentos jurídicos apropriados e a fundamentação legal pertinente ao caso:

a) Qual(is) o(s) meio(s) de impugnação da decisão que indeferiu o pedido da Defensoria Pública?
b) Qual(is) argumento(s) jurídico(s) poderia(m) ser usado(s) em defesa da progressão de regime de Caio?

12. **(FGV/OAB 2010.3)** Caio, professor do curso de segurança no trânsito, motorista extremamente qualificado, guiava seu automóvel tendo Madalena, sua namorada, no banco do carona. Durante o trajeto, o casal começa a discutir asperamente, o que faz com que Caio empreenda altíssima velocidade ao automóvel. Muito assustada, Madalena pede insistentemente para Caio reduzir a marcha do veículo, pois àquela velocidade não seria possível controlar o automóvel. Caio, entretanto, respondeu aos pedidos dizendo ser perito em direção e refutando qualquer possibilidade de perder o controle do carro. Todavia, o automóvel atinge um buraco e, em razão da velocidade empreendida, acaba se desgovernando, vindo a atropelar três pessoas que estavam na calçada, vitimando as fatalmente. Realizada perícia de local, que constatou o excesso de velocidade, e ouvidos Caio e Madalena, que relataram à autoridade policial o diálogo travado entre o casal, Caio foi denunciado pelo Ministério Público pela prática do crime de homicídio na modalidade de dolo eventual, três vezes em concurso formal. Recebida a denúncia pelo magistrado da vara criminal vinculada ao Tribunal do Júri da localidade e colhida a prova, o Ministério Público pugnou pela pronúncia de Caio, nos exatos termos da inicial. Na qualidade de advogado de Caio, chamado aos debates orais, responda aos itens a seguir, empregando os argumentos jurídicos apropriados e a fundamentação legal pertinente ao caso:

a) Qual(is) argumento(s) poderia(m) ser deduzidos em favor de seu constituinte?

b) Qual pedido deveria ser realizado?
c) Caso Caio fosse pronunciado, qual recurso poderia ser interposto e a quem a peça de interposição deveria ser dirigida?

13. **(FGV/OAB 2010.3)** Jeremias é preso em flagrante pelo crime de latrocínio, praticado contra uma idosa que acabara de sacar o valor relativo à sua aposentadoria dentro de uma agência da Caixa Econômica Federal e presenciado por duas funcionárias da referida instituição, as quais prestaram depoimento em sede policial e confirmaram a prática do delito. Ao oferecer denúncia perante o Tribunal do Júri da Justiça Federal da localidade, o Ministério Público Federal requereu a decretação da prisão preventiva de Jeremias para a garantia da ordem pública, por ser o crime gravíssimo, e por conveniência da instrução criminal, uma vez que as testemunhas seriam mulheres e poderiam se sentir amedrontadas caso o réu fosse posto em liberdade antes da colheita de seus depoimentos judiciais. Ao receber a inicial, o magistrado decretou a prisão preventiva de Jeremias, utilizando-se dos argumentos apontados pelo Parquet. Com base no caso acima, empregando os argumentos jurídicos apropriados e a fundamentação legal pertinente ao caso, indique os argumentos defensivos para atacar a decisão judicial que recebeu a denúncia e decretou a prisão preventiva.

14. **(FGV/OAB 2010.3)** Caio, residente no Município de São Paulo, é convidado por seu pai, morador da cidade de Belo Horizonte, para visitá-lo. Ao dirigir-se até Minas Gerais em seu carro, Caio dá carona a Maria, jovem belíssima que conhecera na estrada e que, ao saber do destino de Caio, o convence a subtrair pertences da casa do genitor do rapaz, chegando a sugerir que ele aguardasse o repouso noturno de seu pai para efetuar a subtração. Ao chegar ao local, Caio janta com o pai e o espera adormecer, quando então subtrai da residência uma televisão de plasma, um aparelho de som e dois mil reais. Após encontrar-se com Maria no veículo, ambos se evadem do local e são presos quando chegavam ao Município de São Paulo. Com base no relatado acima, responda aos itens a seguir, empregando os argumentos jurídicos apropriados e a fundamentação legal pertinente ao caso:
a) Caio pode ser punido pela conduta praticada e provada?
b) Maria pode ser punida pela referida conduta?
c) Em caso de oferecimento de denúncia, qual será o juízo competente para processamento da ação penal?

15. **(FGV/OAB 2010.3)** Caio, na qualidade de diretor financeiro de uma conhecida empresa de fornecimento de material de informática, se apropriou das contribuições previdenciárias devidas dos empregados da empresa e por esta descontadas, utilizando o dinheiro para financiar um automóvel de luxo. A partir de comunicação feita por Adolfo, empregado da referida empresa, tal fato chegou ao conhecimento da Polícia Federal, dando ensejo à instauração de inquérito para apurar o crime previsto no art. 168-A do CP. No curso do aludido procedimento investigatório, a autoridade policial apurou que Caio também havia praticado o crime de sonegação fiscal, uma vez que deixara de recolher ICMS relativamente às operações da mesma empresa. Ao final do inquérito policial, os fatos ficaram comprovados, também pela confissão de Caio em sede policial. Nessa ocasião, ele afirmou estar arrependido e apresentou comprovante de pagamento exclusivamente das contribuições previdenciárias devidas ao INSS, pagamento realizado após a instauração da investigação, ficando não paga a dívida relativa ao ICMS. Assim, o delegado encaminhou os autos ao Ministério Público Federal, que denunciou Caio pelos crimes previstos nos arts. 168-A do CP e 1º, I, da Lei n. 8.137/90, tendo a inicial acusatória sido recebida pelo juiz da vara federal da localidade. Após analisar a resposta à acusação apresentada pelo advogado de Caio, o aludido magistrado entendeu não ser o caso de absolvição sumária, tendo designado audiência de instrução e julgamento. Com base nos fatos narrados no enunciado, responda aos itens a seguir, empregando os argumentos jurídicos apropriados e a fundamentação legal pertinente ao caso:

a) Qual é o meio de impugnação cabível à decisão do Magistrado que não o absolvera sumariamente?
b) A quem a impugnação deve ser endereçada?
c) Quais fundamentos devem ser utilizados?

16. **(FGV/OAB 2011.1)** João e Maria, casados desde 2007, estavam passando por uma intensa crise conjugal. João, visando tornar insuportável a vida em comum, começou a praticar atos para causar dano emocional a Maria, no intuito de ter uma partilha mais favorável. Para tanto, passou a realizar procedimentos de manipulação, de humilhação e de ridicularização de sua esposa. Diante disso, Maria procurou as autoridades policiais e registrou ocorrência em face dos transtornos causados por seu marido. Passados alguns meses, Maria e João chegam a um entendimento e percebem que foram feitos um para o outro, como um casal perfeito. Maria decidiu, então, renunciar à representação. Nesse sentido, e com base na legislação pátria, responda fundamentadamente:

a) Pode haver renúncia (retratação) à representação durante a fase policial, antes de o procedimento ser levado a juízo?
b) Pode haver aplicação de pena consistente em prestação pecuniária?

17. **(FGV/OAB 2011.1)** Na cidade de Arsenal, no Estado Z, residiam os deputados federais Armênio e Justino. Ambos objetivavam matar Frederico, rico empresário que possuía valiosas informações contra eles. Frederico morava na cidade de Tirol, no Estado K, mas seus familiares viviam em Arsenal. Sabendo que Frederico estava visitando a família, Armênio e Justino decidiram colocar em prática o plano de matá-lo. Para tanto, seguiram Frederico quando este saía da casa de seus parentes e, utilizando-se do veículo em que estavam, bloquearam a passagem de Frederico, de modo que a caminhonete deste não mais conseguia transitar. Ato contínuo, Armênio e Justino desceram do automóvel. Armênio imobilizou Frederico e Justino desferiu tiros contra ele, Frederico. Os algozes deixaram rapidamente o local, razão pela qual não puderam perceber que Frederico ainda estava vivo, tendo conseguido salvar-se após socorro prestado por um passante. Tudo foi noticiado à polícia, que instaurou o respectivo inquérito policial. No curso do inquérito, os mandatos de Armênio e Justino chegaram ao fim, e eles não conseguiram se reeleger. O Ministério Público, por sua vez, munido dos elementos de informação colhidos na fase inquisitiva, ofereceu denúncia contra Armênio e Justino, por tentativa de homicídio, ao Tribunal do Júri da Justiça Federal, com jurisdição na comarca onde se deram os fatos, já que, à época, os agentes eram deputados federais. Recebida a denúncia, as defesas de Armênio e Justino mostraram-se conflitantes. Já na fase instrutória, Frederico teve seu depoimento requerido. A vítima foi ouvida por meio de carta precatória em Tirol. Na respectiva audiência, os advogados de Armênio e Justino não compareceram, de modo que o juízo deprecado nomeou um único advogado para ambos os réus. O juízo deprecante, ao final, emitiu decreto condenatório em face de Armênio e Justino. Armênio, descontente com o patrono que o representava, destituiu-o e nomeou você como novo advogado.

Com base no cenário acima, indique duas nulidades que podem ser arguidas em favor de Armênio. Justifique com base no Código de Processo Penal e na Constituição Federal. (Valor: 1,25)

18. **(FGV/OAB 2011.1)** Caio é denunciado pelo Ministério Público pela prática do crime de homicídio qualificado por motivo fútil. De acordo com a inicial, em razão de rivalidade futebolística, Caio teria esfaqueado Mévio quarenta e três vezes, causando-lhe o óbito. Pronunciado na forma da denúncia, Caio recorreu com o objetivo de ser impronunciado, vindo o Tribunal de Justiça da localidade a manter a pronúncia, mas excluindo a qualificadora, ao argumento de que Mévio seria arruaceiro e, portanto, a motivação não poderia ser considerada fútil. No julgamento em plenário, ocasião em que Caio confessou a prática do crime, a defesa lê para os jurados a decisão proferida pelo Tribunal de Justiça no que se refere à caracterização de Mévio como arruaceiro. Respondendo aos quesitos, o Conselho de Sentença absolve Caio. Sabendo-se que o Ministério Público não recorreu da sentença, responda aos itens a seguir, empregando os argumentos jurídicos apropriados e a fundamentação legal pertinente ao caso:

a) A esposa de Mévio poderia buscar a impugnação da decisão proferida pelo Conselho de Sentença? Em caso positivo, de que forma e com base em que fundamento?
b) Caso o Ministério Público tivesse interposto recurso de apelação com fundamento exclusivo no art. 593, III, "d", do CPP, poderia o Tribunal de Justiça declarar a nulidade do julgamento por reconhecer a existência de nulidade processual?

19. **(FGV/OAB 2011.1)** Maria, jovem extremamente possessiva, comparece ao local em que Jorge, seu namorado, exerce o cargo de auxiliar administrativo e abre uma carta lacrada que havia sobre a mesa do rapaz. Ao ler o conteúdo, descobre que Jorge se apropriara de R$ 4.000,00 (quatro mil reais), que recebera da empresa em que trabalhava para efetuar um pagamento, mas utilizara tal quantia para comprar uma joia para uma moça chamada Júlia. Absolutamente transtornada, Maria entrega a correspondência aos patrões de Jorge. Com base no relatado acima, responda aos itens a seguir, empregando os argumentos jurídicos apropriados e a fundamentação legal pertinente ao caso:

a) Jorge praticou crime? Em caso positivo, qual(is)?
b) Se o Ministério Público oferecesse denúncia com base exclusivamente na correspondência aberta por Maria, o que você, na qualidade de advogado de Jorge, alegaria?

20. **(FGV/OAB 2011.2)** Antônio, pai de um jovem hipossuficiente preso em flagrante delito, recebe de um serventuário do Poder Judiciário Estadual a informação de que Jorge, defensor público criminal com atribuição para representar o seu filho, solicitara a quantia de dois mil reais para defendê-lo adequadamente. Indignado, Antônio, sem averiguar a fundo a informação, mas confiando na palavra do serventuário, escreve um texto reproduzindo a acusação e o entrega ao juiz titular da vara criminal em que Jorge funciona como defensor público. Ao tomar conhecimento do ocorrido, Jorge apresenta uma gravação em vídeo da entrevista que fizera com o filho de Antônio, na qual fica evidenciado que jamais solicitara qualquer quantia para defendê-lo, e representa criminalmente pelo fato. O Ministério Público oferece denúncia perante o Juizado Especial Criminal, atribuindo a Antônio o cometimento do crime de calúnia, praticado contra funcionário público em razão de suas funções, nada mencionando acerca dos benefícios previstos na Lei n. 9.099/95. Designada Audiência de Instrução e Julgamento, recebida a denúncia, ouvidas as testemunhas, interrogado o réu e apresentadas as alegações orais pelo Ministério Público, nas quais pugnou pela condenação na forma da inicial, o magistrado concede a palavra à Vossa Senhoria para apresentar alegações finais orais.

Em relação à situação acima, responda aos itens a seguir, empregando os argumentos jurídicos apropriados e a fundamentação legal pertinente ao caso:

a) O Juizado Especial Criminal é competente para apreciar o fato em tela? (Valor: 0,30)

b) Antônio faz jus a algum benefício da Lei n. 9.099/95? Em caso afirmativo, qual(is)? (Valor: 0,30)

c) Antônio praticou crime? Em caso afirmativo, qual? Em caso negativo, por que razão? (Valor: 0,65)

21. **(FGV/OAB 2011.2)** Joaquina, ao chegar à casa de sua filha, Esmeralda, deparou-se com seu genro, Adaílton, mantendo relações sexuais com sua neta, a menor F.M., de 12 anos de idade, fato ocorrido no dia 02.01.2011. Transtornada com a situação, Joaquina foi à delegacia de polícia, onde registrou ocorrência do fato criminoso. Ao término do Inquérito Policial instaurado para apurar os fatos narrados, descobriu-se que Adaílton vinha mantendo relações sexuais com a referida menor desde novembro de 2010. Apurou-se, ainda, que Esmeralda, mãe de F.M., sabia de toda a situação e, apesar de ficar enojada, não comunicava o fato à polícia com receio de perder o marido que muito amava.

Na condição de advogado(a) consultado(a) por Joaquina, avó da menor, responda aos itens a seguir, empregando os argumentos jurídicos apropriados e a fundamentação legal pertinente ao caso:

a) Adaílton praticou crime? Em caso afirmativo, qual? (Valor: 0,3)

b) Esmeralda praticou crime? Em caso afirmativo, qual? (Valor: 0,5)

c) Considerando que o Inquérito Policial já foi finalizado, deve a avó da menor oferecer queixa-crime? (Valor: 0,45)

22. **(FGV/OAB 2011.2)** Jaime, brasileiro, solteiro, nascido em 10.11.1982, praticou, no dia 30.11.2000, delito de furto qualificado pelo abuso de confiança (art. 155, § 4º, II, do CP). Devidamente denunciado e processado, Jaime foi condenado à pena de 4 (quatro) anos e 2 (dois) meses de reclusão. A sentença transitou definitivamente em julgado no dia 15.01.2002, e o término do cumprimento da pena se deu em 20.03.2006. No dia 24.03.2006, Jaime subtraiu um aparelho de telefone celular que havia sido esquecido por Lara em cima do balcão de uma lanchonete. Todavia, sua conduta fora filmada pelas câmeras do estabelecimento, o que motivou o oferecimento de denúncia, por parte do Ministério Público, pela prática de furto simples (art. 155, *caput*, do CP). A denúncia foi recebida em 14.04.2006, e, em 18.10.2006, Jaime foi condenado à pena de 1 (um) ano de reclusão e 10 (dez) dias-multa. Foi fixado o regime inicial aberto para o cumprimento da pena privativa de liberdade, com sentença publicada no mesmo dia.

Com base nos dados acima descritos, bem como atento às informações a seguir expostas, responda fundamentadamente:

a) Suponha que a acusação tenha se conformado com a sentença, tendo o trânsito em julgado para esta ocorrido em 24.10.2006. A defesa, por sua vez, interpôs apelação no prazo legal. Todavia, em virtude de sucessivas greves, adiamentos e até mesmo perda dos autos, até a data de 20.10.2010, o recurso da defesa não tinha sido julgado. Nesse sentido, o que você, como advogado, deve fazer? (Valor: 0,60)

b) A situação seria diferente se ambas as partes tivessem se conformado com o decreto condenatório, de modo que o trânsito em julgado definitivo teria ocorrido em 24.10.2006, mas Jaime, temeroso de ficar mais uma vez preso, tivesse se evadido tão logo teve ciência do conteúdo da sentença, somente tendo sido capturado em 25.10.2010? (Valor: 0,65)

23. **(FGV/OAB 2011.2)** João e Maria iniciaram uma paquera no Bar X, na noite de 17.01.2011. No dia 19.01 do corrente ano, o casal teve uma séria discussão, e Maria, nitidamente enciumada, investiu contra o carro de João, que já não se encontrava em bom estado de conservação, com três exercícios de IPVA inadimplentes, a saber: 2008, 2009 e 2010. Além disso, Maria proferiu diversos insultos contra João no dia de sua festa de formatura, perante seu amigo Paulo, afirmando ser ele "covarde", "corno" e "frouxo". A requerimento de João, os fatos foram registrados perante a Delegacia Policial, onde a testemunha foi ouvida. João comparece ao seu escritório e contrata seus serviços profissionais, a fim de serem tomadas as medidas legais cabíveis. Você, como profissional diligente, após verificar não ter passado o prazo decadencial, interpõe queixa-crime ao juízo competente no dia 18.07.2011.

O magistrado ao qual foi distribuída a peça processual profere decisão rejeitando-a, afirmando tratar-se de clara decadência, confundindo-se com relação à contagem do prazo legal. A decisão foi publicada dia 25.07.2011.

Com base somente nas informações acima, responda:

a) Qual é o recurso cabível contra essa decisão? (0,30)
b) Qual é o prazo para a interposição do recurso? (0,30)
c) A quem deve ser endereçado o recurso? (0,30)
d) Qual é a tese defendida? (0,35)

24. **(FGV/OAB 2011.3)** Ao chegar a um bar, Caio encontra Tício, um antigo desafeto que, certa vez, o havia ameaçado de morte. Após ingerir meio litro de uísque para tentar criar coragem de abordar Tício, Caio partiu em sua direção com a intenção de cumprimentá-lo. Ao aproximar-se de Tício, Caio observou que seu desafeto bruscamente pôs a mão por debaixo da camisa, momento em que achou que Tício estava prestes a sacar uma arma de fogo para vitimá-lo. Em razão disso, Caio imediatamente muniu-se de uma faca que estava sobre o balcão do bar e desferiu um golpe no abdome de Tício, o qual veio a falecer. Após análise do local por peritos do Instituto de Criminalística da Polícia Civil, descobriu-se que Tício estava tentando apenas pegar o maço de cigarros que estava no cós de sua calça.

Considerando a situação acima, responda aos itens a seguir, empregando os argumentos jurídicos apropriados e a fundamentação legal pertinente ao caso:

a) Levando-se em conta apenas os dados do enunciado, Caio praticou crime? Em caso positivo, qual? Em caso negativo, por que razão? (Valor: 0,65)
b) Supondo que, nesse caso, Caio tivesse desferido 35 golpes na barriga de Tício, como deveria ser analisada a sua conduta sob a ótica do Direito Penal? (Valor: 0,6)

25. **(FGV/OAB 2011.3)** Hugo é inimigo de longa data de José e há muitos anos deseja matá-lo. Para conseguir seu intento, Hugo induz o próprio José a matar Luiz, afirmando falsamente que Luiz estava se insinuando para a esposa de José. Ocorre que Hugo sabia que Luiz é pessoa de pouca paciência e que sempre anda armado. Cego de ódio, José espera Luiz sair do trabalho e, ao vê-lo, corre em direção dele com um facão em punho, mirando na altura da cabeça. Luiz, assustado e sem saber o motivo daquela injusta agressão, rapidamente saca sua arma e atira justamente no coração de José, que morre instantaneamente. Instaurado inquérito policial para apurar as circunstâncias da morte de José, ao final das investigações, o Ministério Público formou sua opinio no seguinte sentido: Luiz deve responder pelo excesso doloso em sua conduta, ou seja, deve responder por homicídio doloso; Hugo por sua vez, deve responder como partícipe de tal homicídio. A denúncia foi oferecida e recebida.

Considerando que você é o advogado de Hugo e Luiz, responda:

a) Qual peça deverá ser oferecida, em que prazo e endereçada a quem? (Valor: 0,3)
b) Qual a tese defensiva aplicável a Luiz? (Valor: 0,5)
c) Qual a tese defensiva aplicável a Hugo? (Valor: 0,45)

26. **(FGV/OAB 2011.3)** Caio, Mévio, Tício e José, após se conhecerem em um evento esportivo de sua cidade, resolveram praticar um estelionato em detrimento de um senhor idoso. Logrando êxito em sua empreitada criminosa, os quatro dividiram os lucros e continuaram a vida normal. Ao longo da investigação policial, apurou-se a autoria do delito por meio dos depoimentos de diversas testemunhas que presenciaram a fraude. Em decorrência de tal informação, o Promotor de Justiça denunciou Caio, Mévio, Tício e José, alegando se tratar de uma quadrilha de estelionatários, tendo requerido a decretação da prisão temporária dos denunciados. Recebida a denúncia, a prisão temporária foi deferida pelo juízo competente.

Com base no relatado acima, responda aos itens a seguir, empregando os argumentos jurídicos apropriados e a fundamentação legal pertinente ao caso:

a) Qual(is) o(s) meio(s) de se impugnar tal decisão e a quem deverá(ão) ser endereçado(s)? (Valor: 0,6)
b) Quais fundamentos deverão ser alegados? (Valor: 0,65)

27. **(FGV/OAB 2011.3)** Carlos Alberto, jovem recém-formado em Economia, foi contratado em janeiro de 2009 pela ABC Investimentos S.A., pessoa jurídica de direito privado, que tem como atividade principal a captação de recursos financeiros de terceiros para aplicar no mercado de valores mobiliários, com a função de assistente direto do presidente da companhia, Augusto César. No primeiro mês de trabalho, Carlos Alberto foi informado de que sua função principal seria elaborar relatórios e portfólios da companhia a serem endereçados aos acionistas, com o fim de informá-los acerca da situação financeira da ABC. Para tanto, Carlos Alberto baseava-se, exclusivamente, nos dados financeiros a ele fornecidos pelo presidente Augusto César. Em agosto de 2010, foi apurado, em auditoria contábil realizada nas finanças da ABC, que as informações mensalmente enviadas por Carlos Alberto aos acionistas da companhia eram falsas, haja vista que os relatórios alteravam a realidade sobre as finanças da companhia, sonegando informações capazes de revelar que a ABC estava em situação financeira periclitante.

Considerando-se a situação acima descrita, responda aos itens a seguir, empregando os argumentos jurídicos apropriados e a fundamentação legal pertinente ao caso:

a) É possível identificar qualquer responsabilidade penal de Augusto César? Se sim, qual(is) seria(m) a(s) conduta(s) típica(s) a ele atribuída(s)? (Valor 0,45)
b) Caso Carlos Alberto fosse denunciado por qualquer crime praticado no exercício das suas funções enquanto assistente da presidência da ABC, que argumentos a defesa poderia apresentar para o caso? (Valor: 0,8)

28. **(FGV/OAB 2012.1)** Ricardo foi denunciado pela prática do delito descrito no art. 1º da Lei n. 8.137/1990, em concurso material com o crime de falsidade ideológica (art.

299 do CP). Isso porque, conforme narrado na inicial acusatória e confessado pelo réu no interrogatório, obteve, em determinado estado da federação, licenciamento de seu veículo de modo fraudulento, já que indicou endereço falso. Assim agiu porque queria pagar menos tributo, haja vista que a alíquota do IPVA seria menor. Ao cabo da instrução criminal, Ricardo foi condenado nos exatos termos da denúncia, sendo certo que todo o conjunto probatório dos autos era significativo e apontava para a responsabilização do réu. No entanto, atento às particularidades do caso concreto, o magistrado fixou as penas de ambos os delitos no patamar mínimo previsto nos tipos penais, resultando a soma em 3 anos de pena privativa de liberdade.

Como advogado(a) de Ricardo, você deseja recorrer da sentença. Considerando apenas os dados descritos na questão, indique o(s) argumento(s) que melhor atenda(m) aos interesses de seu cliente. (Valor: 1,25)

29. **(FGV/OAB 2012.1)** Larissa, senhora aposentada de 60 anos, estava na rodoviária de sua cidade quando foi abordada por um jovem simpático e bem vestido. O jovem pediu-lhe que levasse para a cidade de destino uma caixa de medicamentos para um primo, que padecia de grave enfermidade. Inocente, e seguindo seus preceitos religiosos, a Sra. Larissa atende ao rapaz: pega a caixa, entra no ônibus e segue viagem. Chegando ao local da entrega, a senhora é abordada por policiais que, ao abrirem a caixa de remédios, verificam a existência de 250 gramas de cocaína em seu interior. Atualmente, Larissa está sendo processada pelo crime de tráfico de entorpecente, previsto no art. 33 da Lei n. 11.343, de 23 de agosto de 2006.

Considerando a situação descrita e empregando os argumentos jurídicos apropriados e a fundamentação legal pertinente, responda: qual a tese defensiva aplicável à Larissa? (Valor: 1,25)

30. **(FGV/OAB 2012.1)** Há muito tempo Maria encontra-se deprimida, nutrindo desejos de acabar com a própria vida. João, sabedor dessa condição, e querendo a morte de Maria, resolve instigá-la a se matar. Pondo seu plano em prática, João visita Maria todos os dias e, quando ela toca no assunto que não tem mais razão para viver, que deseja se matar, pois a vida não faz mais sentido, João a estimula e a encoraja a pular pela janela.

Um dia, logo após ser instigada por João, Maria salta pela janela de seu apartamento e, por pura sorte, sofre apenas alguns arranhões, não sofrendo qualquer ferimento grave.

Considerando apenas os fatos apresentados, responda, de forma justificada, aos seguintes questionamentos:

a) João cometeu algum crime? (Valor: 0,65)
b) Caso Maria viesse a sofrer lesões corporais de natureza grave em decorrência da queda, a condição jurídica de João seria alterada? (Valor: 0,60)

✖ (Questão desatualizada a partir da entrada em vigor da Lei 13.968/19)

31. **(FGV/OAB 2012.1)** Maurício, jovem de classe alta, rebelde e sem escrúpulos, começa a namorar Joana, menina de boa família, de classe menos favorecida e moradora de área de risco em uma das maiores comunidades do Brasil. No dia do aniversário de 18 anos de Joana, Maurício resolve convidá-la para jantar num dos restaurantes mais caros da cidade e, posteriormente, leva-a para conhecer a suíte presidencial de um hotel considerado um dos mais luxuosos do mundo, onde passa a noite com ela. Na manhã seguinte, Maurício e

Joana resolvem permanecer por mais dois dias. Ao final da estada, Mauricio contabiliza os gastos daqueles dias de prodigalidade, apurando o total de R$ 18.000,00 (dezoito mil reais). Todos os pagamentos foram realizados em espécie, haja vista que, na noite anterior, Maurício havia trocado com sua mãe um cheque de R$ 20.000,00 (vinte mil reais) por dinheiro em espécie, cheque que Maurício sabia, de antemão, não possuir fundos.

Considerando apenas os fatos descritos, responda, de forma justificada, os questionamentos a seguir:

a) Maurício e Joana cometeram algum crime? Em caso positivo, tipifique as condutas atribuídas a cada um dos personagens, desenvolvendo a tese de defesa. (Valor: 0,70)
b) Caso Maurício tivesse invadido a casa de sua mãe com uma pistola de brinquedo e a ameaçado, a fim de conseguir a quantia de R$ 20.000,00 (vinte mil reais), sua situação jurídica seria diferente? (Valor: 0,55)

32. **(FGV/OAB VIII)** Em determinada ação fiscal procedida pela Receita Federal, ficou constatado que Lucile não fez constar quaisquer rendimentos nas declarações apresentadas pela sua empresa nos anos de 2009, 2010 e 2011, omitindo operações em documentos e livros exigidos pela lei fiscal. Iniciado processo administrativo de lançamento, mas antes de seu término, o Ministério Público entendeu por bem oferecer denúncia contra Lucile pela prática do delito descrito no art. 1°, II, da Lei n. 8.137/90 c/c art. 71 do CP. A inicial acusatória foi recebida e a defesa intimada a apresentar resposta à acusação.

Atento(a) ao caso apresentado, bem como à orientação dominante do STF sobre o tema, responda, fundamentadamente, o que pode ser alegado em favor de Lucile.

33. **(FGV/OAB VIII)** Abel e Felipe observavam diariamente um restaurante com a finalidade de cometer um crime. Sabendo que poderiam obter alguma vantagem sobre os clientes que o frequentavam, Abel e Felipe, sem qualquer combinação prévia, conseguiram, cada um, uniformes semelhantes aos utilizados pelos manobristas de tal restaurante.

No início da tarde, aproveitando a oportunidade em que não havia nenhum funcionário no local, a dupla, vestindo os uniformes de manobristas, permaneceu à espera de suas vítimas, mas agindo de modo separado.

Tércio, o primeiro cliente, ao chegar ao restaurante, iludido por Abel, entrega de forma voluntária a chave de seu carro. Abel, ao invés de conduzir o veículo para o estacionamento, evade-se do local. Narcísio, o segundo cliente, chega ao restaurante e não entrega a chave de seu carro, mas Felipe a subtrai sem que ele o percebesse. Felipe também se evade do local.

Empregando os argumentos jurídicos apropriados e a fundamentação legal pertinente ao caso, responda às questões a seguir:

a) Qual a responsabilidade jurídico-penal de Abel ao praticar tal conduta? (responda motivando sua imputação) (Valor: 0,65)
b) Qual a responsabilidade jurídico-penal de Felipe ao praticar tal conduta? (responda motivando sua imputação) (Valor: 0,60)

34. **(FGV/OAB VIII)** João e José foram denunciados pela prática da conduta descrita no art. 316 do CP (concussão). Durante a instrução, percebeu-se que os fatos narrados na denúncia não corresponderiam àquilo que efetivamente teria ocorrido, razão pela qual, ao cabo da instrução criminal e após a respectiva apresentação de memoriais pelas partes, apurou-se que a conduta típica adequada seria aquela descrita no art. 317 do CP (corrupção passiva). O magistrado, então, fez remessa dos autos ao Ministério Público para fins de aditamento da denúncia, com a nova capitulação dos fatos.

Nesse sentido, atento(a) ao caso narrado e considerando apenas as informações contidas no texto, responda, fundamentadamente, aos itens a seguir:

a) Estamos diante de hipótese de mutatio libelli ou de emendatio libelli? Qual dispositivo legal deve ser aplicado? (Valor: 0,50)

b) Por que o próprio juiz, na sentença, não poderia dar a nova capitulação e, com base nela, condenar os réus? (Valor: 0,50)

c) É possível que o Tribunal de Justiça de determinado Estado da Federação, ao analisar recurso de apelação, proceda à mutatio libelli? (Valor: 0,25)

35. **(FGV/OAB VIII)** João foi denunciado pela prática do delito previsto no art. 299, *caput*, e parágrafo único, do CP. A inicial acusatória foi recebida em 30.10.2000 e o processo teve seu curso normal. A sentença penal, publicada em 29.07.2005, condenou o réu à pena de 1 (um) ano, 11 (onze) meses e 10 (dez) dias de reclusão, em regime semiaberto, mais pagamento de 16 (dezesseis) dias-multa. Irresignada, somente a defesa interpôs apelação. Todavia, o Egrégio Tribunal de Justiça negou provimento ao apelo, ao argumento de que não haveria que se falar em extinção da punibilidade pela prescrição, haja vista o fato de que o réu era reincidente, circunstância devidamente comprovada mediante certidão cartorária juntada aos autos.

Nesse sentido, considerando apenas os dados narrados no enunciado, responda aos itens a seguir:

a) Está extinta a punibilidade do réu pela prescrição? Em caso positivo, indique a espécie; em caso negativo, indique o motivo. (Valor: 0,75)

b) O disposto no art. 110, *caput*, do CP é aplicável ao caso narrado? (Valor: 0,50)

36. **(FGV/OAB IX)** Raimundo, já de posse de veículo automotor furtado de concessionária, percebe que não tem onde guardá-lo antes de vendê-lo para a pessoa que o encomendara. Assim, resolve ligar para um grande amigo seu, Henrique, e após contar toda sua empreitada, pede-lhe que ceda a garagem de sua casa para que possa guardar o veículo, ao menos por aquela noite. Como Henrique aceita ajudá-lo, Raimundo estaciona o carro na casa do amigo. Ao raiar do dia, Raimundo parte com o veículo, que seria levado para o comprador.

Considerando as informações contidas no texto, responda, justificadamente, aos itens a seguir:

a) Raimundo e Henrique agiram em concurso de agentes? (Valor: 0,75)

b) Qual o delito praticado por Henrique? (Valor: 0,50)

37. **(FGV/OAB IX)** Wilson, extremamente embriagado, discute com seu amigo Junior na calçada de um bar já vazio pelo avançado da hora. A discussão torna-se acalorada e, com intenção de matar, Wilson desfere quinze facadas em Junior, todas na altura do abdômen. Todavia, ao ver o amigo gritando de dor e esvaindo-se em sangue, Wilson, desesperado, pega um taxi para levar Junior ao hospital. Lá chegando, o socorro é eficiente e Junior consegue recuperar-se das graves lesões sofridas.

Analise o caso narrado e, com base apenas nas informações dadas, responda, fundamentadamente, aos itens a seguir:

a) É cabível responsabilizar Wilson por tentativa de homicídio? (Valor: 0,65)

b) Caso Junior, mesmo tendo sido socorrido, não se recuperasse das lesões e viesse a falecer no dia seguinte aos fatos, qual seria a responsabilidade jurídico-penal de Wilson? (Valor: 0,60)

38. (FGV/OAB IX) Mário está sendo processado por tentativa de homicídio, uma vez que injetou substância venenosa em Luciano, com o objetivo de matá-lo. No curso do processo, uma amostra da referida substância foi recolhida para análise e enviada ao Instituto de Criminalística, ficando comprovado que, pelas condições de armazenamento e acondicionamento, a substância não fora hábil para produzir os efeitos a que estava destinada. Mesmo assim, arguindo que o magistrado não estava adstrito ao laudo, o Ministério Público pugnou pela pronúncia de Mário nos exatos termos da denúncia.

Com base apenas nos fatos apresentados, responda, justificadamente:

a) O magistrado deveria pronunciar Mário, impronunciá-lo ou absolvê-lo sumariamente? (Valor: 0,65)

b) Caso Mário fosse pronunciado, qual seria o recurso cabível, o prazo de interposição e a quem deveria ser endereçado? (Valor: 0,60)

39. (FGV/OAB IX) Laura, empresária do ramo de festas e eventos, foi denunciada diretamente no Tribunal de Justiça do Estado "X", pela prática do delito descrito no art. 333 do CP (corrupção ativa). Na mesma inicial acusatória, o Procurador-Geral de Justiça imputou a Lucas, Promotor de Justiça Estadual, a prática da conduta descrita no art. 317 do CP (corrupção passiva).

A defesa de Laura, então, impetrou habeas corpus ao argumento de que estariam sendo violados os princípios do juiz natural, do devido processo legal, do contraditório e da ampla defesa; arguiu, ainda, que estaria ocorrendo supressão de instância, o que não se poderia permitir.

Nesse sentido, considerando apenas os dados fornecidos, responda, fundamentadamente, aos itens a seguir:

a) Os argumentos da defesa de Laura procedem? (Valor: 0,75)

b) Laura possui direito ao duplo grau de jurisdição? (Valor: 0,50)

40. (FGV/OAB X) O Ministério Público, tomando conhecimento da prática de falta grave no curso de execução penal, pugna pela interrupção da contagem do prazo para efeitos de concessão do benefício do livramento condicional, fundamentando seu pleito em interpretação sistemática do art. 83 do CP e dos arts. 112 e 118, I, ambos da Lei n. 7.210/84.

Levando em conta apenas os dados contidos no enunciado, com base nos princípios do processo penal e no entendimento mais recente dos Tribunais Superiores, responda à seguinte questão:

a) O Ministério Público está com a razão? (Valor: 1,25)

b) O examinando deve fundamentar corretamente sua resposta. A simples menção ou transcrição do dispositivo legal não pontua.

41. (FGV/OAB X) Maria, mulher solteira de 40 anos, mora no Bairro Paciência, na cidade Esperança. Por conta de seu comportamento, Maria sempre foi alvo de comentários maldosos por parte dos vizinhos; alguns até chegavam a afirmar que ela tinha "cara de quem cometeu crime". Não obstante tais comentários, nunca houve prova de qualquer das histórias contadas, mas o fato é que Maria é pessoa conhecida na localidade onde mora por ter má índole, já que sempre arruma brigas e inimizades.

Certo dia, com raiva de sua vizinha Josefa, Maria resolve quebrar a janela da residência desta. Para tanto, espera chegar a hora em que sabia que Josefa não estaria em casa e, após olhar em volta para ter certeza de que ninguém a observava, Maria arremessa com força, na direção da casa da vizinha, um enorme tijolo. Ocorre que Josefa, naquele dia, não havia saído de casa e o tijolo, após quebrar a vidraça, atinge também sua nuca. Josefa falece instantaneamente.

Nesse sentido, tendo por base apenas as informações descritas no enunciado, responda justificadamente:

a) É correto afirmar que Maria deve responder por homicídio doloso consumado? (Valor: 1,25)
b) A simples menção ou transcrição do dispositivo legal não pontua.

42. **(FGV/OAB X)** José, conhecido em seu bairro por vender entorpecentes, resolve viajar para Foz do Iguaçu (PR). Em sua bagagem, José transporta 500g de cocaína e 50 ampolas de cloreto de etila. Em Foz do Iguaçu, José foi preso em flagrante pela Polícia Militar em virtude do transporte das substâncias entorpecentes. Na lavratura do flagrante, José afirma que seu objetivo era transportar a droga até a cidade de Porto Vera Cruz (RS), mencionando inclusive a passagem de avião que já havia comprado.

Você é contratado para efetuar um pedido de liberdade provisória e o que mais entender de Direito em favor de José.

Atento somente ao que foi narrado na hipótese acima, responda aos itens a seguir:

a) O órgão competente para julgamento é a Justiça Estadual ou a Justiça Federal? Justifique. (Valor: 0,75)
b) Se José objetivasse apenas traficar drogas em Foz do Iguaçu, o órgão competente seria o mesmo da situação acima? Justifique. (Valor: 0,50)

O examinando deve fundamentar corretamente sua resposta. A simples menção ou transcrição do dispositivo legal não pontua.

43. **(FGV/OAB X)** Erika e Ana Paula, jovens universitárias, resolvem passar o dia em uma praia paradisíaca e de difícil acesso (feito através de uma trilha), bastante deserta e isolada, tão isolada que não há qualquer estabelecimento comercial no local e nem mesmo sinal de telefonia celular. As jovens chegam bastante cedo e, ao chegarem, percebem que além delas há somente um salva-vidas na praia. Ana Paula decide dar um mergulho no mar, que estava bastante calmo naquele dia. Erika, por sua vez, sem saber nadar, decide puxar assunto com o salva-vidas, Wilson, pois o achou muito bonito. Durante a conversa, Erika e Wilson percebem que têm vários interesses em comum e ficam encantados um pelo outro. Ocorre que, nesse intervalo de tempo, Wilson percebe que Ana Paula está se afogando. Instigado por Erika, Wilson decide não efetuar o salvamento, que era perfeitamente possível. Ana Paula, então, acaba morrendo afogada.

Nesse sentido, atento(a) apenas ao caso narrado, indique a responsabilidade jurídico-penal de Erika e Wilson. (Valor: 1,25)

O examinando deve fundamentar corretamente sua resposta. A simples menção ou transcrição do dispositivo legal não pontua.

44. **(FGV/OAB XI)** O Juiz da Vara de Execuções Penais da Comarca "Y" converteu a medida restritiva de direitos (que fora imposta em substituição à pena privativa de liberdade) em cumprimento de pena privativa de liberdade imposta no regime inicial aberto, sem fixar quaisquer outras condições.

O Ministério Público, inconformado, interpôs recurso alegando, em síntese, que a decisão do referido Juiz da Vara de Execuções Penais acarretava o abrandamento da pena, estimulando o descumprimento das penas alternativas ao cárcere.

O recurso, devidamente contra-arrazoado, foi submetido a julgamento pela Corte Estadual, a qual, de forma unânime, resolveu lhe dar provimento. A referida Corte fixou como condição especial ao cumprimento de pena no regime aberto, com base no art. 115 da LEP, a prestação de serviços à comunidade, o que deveria perdurar por todo o tempo da pena a ser cumprida no regime menos gravoso.

Atento ao caso narrado e considerando apenas os dados contidos no enunciado, responda, fundamentadamente, aos itens a seguir:

a) Qual foi o recurso interposto pelo Ministério Público contra a decisão do Juiz da Vara de Execuções Penais? (Valor: 0,50)

b) Está correta a decisão da Corte Estadual, levando-se em conta entendimento jurisprudencial sumulado? (Valor: 0,75)

A simples menção ou transcrição do dispositivo legal não pontua.

45. **(FGV/OAB XI)** Daniel foi denunciado, processado e condenado pela prática do delito de roubo simples em sua modalidade tentada. A pena fixada pelo magistrado foi de dois anos de reclusão em regime aberto. Todavia, atento às particularidades do caso concreto, o referido magistrado concedeu-lhe o benefício da suspensão condicional da execução da pena, sendo certo que, na sentença, não fixou nenhuma condição. Somente a defesa interpôs recurso de apelação, pleiteando a absolvição de Daniel com base na tese de negativa de autoria e, subsidiariamente, a substituição do benefício concedido por uma pena restritiva de direitos. O Tribunal de Justiça, por sua vez, no julgamento da apelação, de forma unânime, negou provimento aos dois pedidos da defesa e, no acórdão, fixou as condições do sursis, haja vista o fato de que o magistrado a quo deixou de fazê-lo na sentença condenatória.

Nesse sentido, atento apenas às informações contidas no texto, responda, fundamentadamente, aos itens a seguir:

a) Qual o recurso cabível contra a decisão do Tribunal de Justiça? (Valor: 0,55)

b) Qual deve ser a principal linha de argumentação no recurso? (Valor: 0,70)

A simples menção ou transcrição do dispositivo legal não pontua.

46. **(FGV/OAB XI)** Ricardo cometeu um delito de roubo no dia 10.11.2007, pelo qual foi condenado no dia 29.08.2009, sendo certo que o trânsito em julgado definitivo de referida sentença apenas ocorreu em 15.05.2010. Ricardo também cometeu, no dia 10.09.2009, um delito de extorsão.

A sentença condenatória relativa ao delito de extorsão foi prolatada em 18.10.2010, tendo transitado definitivamente em julgado no dia 07.04.2011. Ricardo também praticou, no dia 12.03.2010, um delito de estelionato, tendo sido condenado em 25.05.2011. Tal sentença apenas transitou em julgado no dia 27.07.2013.

Nesse sentido, tendo por base apenas as informações contidas no enunciado, responda aos itens a seguir:

a) O juiz, na sentença relativa ao crime de roubo, deve considerar Ricardo portador de bons ou maus antecedentes? (Valor: 0,25)

b) O juiz, na sentença relativa ao crime de extorsão, deve considerar Ricardo portador de bons ou maus antecedentes? Na hipótese, incide a circunstância agravante da reincidência ou Ricardo ainda pode ser considerado réu primário? (Valor: 0,50)

c) O juiz, na sentença relativa ao crime de estelionato, deve considerar Ricardo portador de bons ou maus antecedentes? Na hipótese, incide a circunstância agravante da reincidência ou Ricardo ainda pode ser considerado réu primário? (Valor: 0,50)

Utilize os argumentos jurídicos apropriados e a fundamentação legal pertinente ao caso. A simples menção ou transcrição do dispositivo legal não pontua.

47. **(FGV/OAB XI)** O Ministério Público ofereceu denúncia contra Lucile, imputando-lhe a prática da conduta descrita no art. 155, *caput*, do CP. Narrou, a inicial acusatória, que no dia 18.10.2012 Lucile subtraiu, sem violência ou grave ameaça, de um grande estabelecimento comercial do ramo de venda de alimentos, dois litros de leite e uma sacola de verduras, o que totalizou a quantia de R$ 10,00 (dez reais). Todas as exigências legais foram satisfeitas: a denúncia foi recebida, foi oferecida suspensão condicional do processo e foi apresentada resposta à acusação.

O magistrado, entretanto, após convencer-se pelas razões invocadas na referida resposta à acusação, entende que a fato é atípico.

Nesse sentido, tendo como base apenas as informações contidas no enunciado, responda, justificadamente, aos itens a seguir:

a) O que o magistrado deve fazer? Após indicar a solução, dê o correto fundamento legal. (Valor: 0,65)
b) Qual é o elemento ausente que justifica a alegada atipicidade? (Valor: 0,60)

Utilize os argumentos jurídicos apropriados e a fundamentação legal pertinente ao caso. A simples menção ou transcrição do dispositivo legal não pontua.

48. **(FGV/OAB XII)** Carolina foi denunciada pela prática do delito de estelionato mediante emissão de cheque sem suficiente provisão de fundos. Narra, a inicial acusatória, que Carolina emitiu o cheque número 000, contra o Banco ABC S/A, quando efetuou compra no estabelecimento "X", que fica na cidade de "Y". Como a conta corrente de Carolina pertencia à agência bancária que ficava na cidade vizinha "Z", a gerência da loja, objetivando maior rapidez no recebimento, resolveu lá apresentar o cheque, ocasião em que o título foi devolvido.

Levando em conta que a compra originária da emissão do cheque sem fundos ocorreu na cidade "Y", o Ministério Público local fez o referido oferecimento da denúncia, a qual foi recebida pelo juízo da 1ª Vara Criminal da comarca. Tal magistrado, após o recebimento da inicial acusatória, ordenou a citação da ré, bem como a intimação para apresentar resposta à acusação.

Nesse sentido, atento(a) apenas às informações contidas no enunciado, responda, de maneira fundamentada, e levando em conta o entendimento dos Tribunais Superiores, o que pode ser arguido em favor de Carolina. (Valor: 1,25)

49. **(FGV/OAB XII)** Ricardo é delinquente conhecido em sua localidade, famoso por praticar delitos contra o patrimônio sem deixar rastros que pudessem incriminá-lo. Já cansando da impunidade, Wilson, policial e irmão de uma das vítimas de Ricardo, decide que irá empenhar todos os seus esforços na busca de uma maneira para prender, em flagrante, o facínora.

Assim, durante meses, se faz passar por amigo de Ricardo e, com isso, ganhar a confiança deste. Certo dia, decidido que havia chegada a hora, pergunta se Ricardo poderia ajudá-lo na próxima empreitada. Wilson diz que elaborou um plano perfeito para assaltar uma casa lotérica e que bastaria ao amigo seguir as instruções. O plano era o seguinte: Wilson se faria passar por um cliente da casa lotérica e, percebendo o melhor momento, daria um sinal para que Ricardo entrasse no referido estabelecimento e anunciasse o assalto, ocasião em que o ajudaria a render as pessoas presentes. Confiante nas suas próprias habilidades e empolgado com as ideias dadas por Wilson, Ricardo aceita. No dia marcado por ambos, Ricardo, seguindo o roteiro traçado por Wilson, espera o sinal e, tão logo o recebe, entra na casa lotérica e anuncia o assalto. Todavia, é surpreendido ao constatar que tanto Wilson quanto todos os "clientes" presentes na casa lotérica eram policiais disfarçados. Ricardo acaba sendo preso em flagrante, sob os aplausos da comunidade e dos demais policiais, contentes pelo sucesso do flagrante. Levado à delegacia, o delegado de plantão imputa a Ricardo a prática do delito de roubo na modalidade tentada.

Nesse sentido, atento tão somente às informações contidas no enunciado, responda justificadamente:

a) Qual a espécie de flagrante sofrido por Ricardo? (Valor: 0,80)

b) Qual é a melhor tese defensiva aplicável à situação de Ricardo relativamente à sua responsabilidade jurídico-penal? (Valor: 0,45)

50. **(FGV/OAB XII)** Félix, objetivando matar Paola, tenta desferir-lhe diversas facadas, sem, no entanto, acertar nenhuma. Ainda na tentativa de atingir a vítima, que continua a esquivar-se dos golpes, Félix aproveitando-se do fato de que conseguiu segurar Paola pela manga da camisa, empunha a arma. No momento, então, que Félix movimenta seu braço para dar o golpe derradeiro, já quase atingindo o corpo da vítima com a faca, ele opta por não continuar e, em seguida, solta Paola, que sai correndo sem ter sofrido sequer um arranhão, apesar do susto.

Nesse sentido, com base apenas nos dados fornecidos, poderá Félix ser responsabilizado por tentativa de homicídio? Justifique. (Valor: 1,25)

Obs.: A resposta que contenha apenas as expressões "sim" ou "não" não será pontuada, bem como a mera indicação de artigo legal ou a resposta que apresente teses contraditórias.

51. **(FGV/OAB XII)** Marcos, jovem inimputável conforme o art. 26 do CP, foi denunciado pela prática de determinado crime. Após o regular andamento do feito, o magistrado entendeu por bem aplicar medida de segurança consistente em internação em hospital psiquiátrico por período mínimo de 3 (três) anos. Após o cumprimento do período supramencionado, o advogado de Marcos requer ao juízo de execução que seja realizado o exame de cessação de periculosidade, requerimento que foi deferido. É realizada uma rigorosa perícia, e os experts atestam a cura do internado, opinando, consequentemente, por sua desinternação. O magistrado então, baseando-se no exame pericial realizado por médicos psiquiatras, exara sentença determinando a desinternação de Marcos. O Parquet, devidamente intimado da sentença proferida pelo juízo da execução, interpõe o recurso cabível na espécie.

A partir do caso apresentado, responda, fundamentadamente, aos itens a seguir:

a) Qual o recurso cabível da sentença proferida pelo magistrado determinando a desinternação de Marcos? (Valor: 0,75)

b) Qual o prazo para interposição desse recurso? (Valor: 0,25)

c) A interposição desse recurso suspende ou não a eficácia da sentença proferida pelo magistrado? (Valor: 0,25)

52. **(FGV/OAB XIII)** Gustavo, retornando para casa após ir a uma festa com sua esposa, é parado em uma blitz de rotina. Ele fica bastante nervoso, pois sabe que seu carro está com a documentação totalmente irregular (IPVA atrasado, multas vencidas e vistoria não realizada) e, muito provavelmente, o veículo será rebocado para o depósito. Após determinar a parada do veículo, o policial solicita que Gustavo saia do carro e exiba os documentos. Como havia diversos outros carros parados na fiscalização, forma-se uma fila de motoristas. Gustavo, então, em pé, na fila, aguardando sua vez para exibir a documentação, fala baixinho à sua esposa: "Vou ver se tem jogo. Vou oferecer cem reais pra ele liberar a gente. O que você acha? Será que dá?". O que Gustavo não sabia, entretanto, é que exatamente atrás dele estava um policial que tudo escutara e, tão logo acaba de proferir as palavras à sua esposa, Gustavo é preso em flagrante. Atordoado, ele pergunta: "O que eu fiz?", momento em que o policial que efetuava o flagrante responde: "Tentativa de corrupção ativa!".

Atento(a) ao caso narrado e tendo como base apenas as informações descritas no enunciado, responda justificadamente aos itens a seguir:

a) É correto afirmar que Gustavo deve responder por tentativa de corrupção ativa? (Valor: 0,70)
b) Caso o policial responsável por fiscalizar os documentos, observando a situação irregular de Gustavo, solicitasse quantia em dinheiro para liberá-lo e, Gustavo, por medo, pagasse tal quantia, ele (Gustavo) responderia por corrupção ativa? (Valor: 0,55)

O mero "sim" ou "não", desprovido de justificativa ou mesmo com a indicação de justificativa inaplicável ao caso, não será pontuado.

53. **(FGV/OAB XIII)** Antônio, auxiliar de serviços gerais de uma multinacional, nos dias de limpeza, passa a observar uma escultura colocada na mesa de seu chefe. Com o tempo, o desejo de ter aquele objeto fica incontrolável, razão pela qual ele decide subtraí-lo.

Como Antônio não tem acesso livre à sala onde a escultura fica exposta, utiliza-se de uma chave adaptável a qualquer fechadura, adquirida por meio de um amigo chaveiro, que nada sabia sobre suas intenções. Com ela, Antônio ingressa na sala do chefe, após o expediente de trabalho, e subtrai a escultura pretendida, colocando-a em sua bolsa.

Após subtrair o objeto e sair do edifício onde fica localizada a empresa, Antônio caminha tranquilamente cerca de 400 metros. Apenas nesse momento é que os seguranças da portaria suspeitam do ocorrido. Eles acham estranha a saída de Antônio do local após o expediente (já que não era comum a realização de horas extras), razão pela qual acionam policiais militares que estavam próximos do local, apontando Antônio como suspeito. Os policiais conseguem alcançá-lo e decidem revistá-lo, encontrando a escultura da sala do chefe na sua bolsa. Preso em flagrante, Antônio é conduzido até a Delegacia de Polícia.

Antônio, então, é denunciado e regularmente processado. Ocorre que, durante a instrução processual, verifica-se que a escultura subtraída, apesar de bela, foi construída com material barato, avaliada em R$ 250,00 (duzentos e cinquenta reais), sendo, portanto, de pequeno valor. A FAC (folha de antecedentes criminais) aponta que Antônio é réu primário.

Ao final da instrução, em que foram respeitadas todas as exigências legais, o juiz, em decisão fundamentada, condena Antônio a 2 (dois) anos de reclusão pela prática do crime de furto qualificado pela utilização de chave falsa, consumado, com base no art. 155, § 4º, III, do CP.

Nesse sentido, levando em conta apenas os dados contidos no enunciado, responda aos itens a seguir:

a) É correto afirmar que o crime de furto praticado por Antônio atingiu a consumação? Justifique. (Valor: 0,40)
b) Considerando que Antônio não preenche os requisitos elencados pelo STF e STJ para aplicação do princípio da insignificância, qual seria a principal tese defensiva a ser utilizada em sede de apelação? Justifique. (Valor: 0,85)

O examinando deve fundamentar corretamente sua resposta. A simples menção ou transcrição do dispositivo legal não pontua.

54. (FGV/OAB XIII) Jeremias foi preso em flagrante, no Aeroporto Internacional de Arroizinhos, quando tentava viajar para Madri, Espanha, transportando três tabletes de cocaína. Quando já havia embarcado na aeronave, foi "convidado" por Agentes da Polícia Federal a se retirar do avião e acompanhá-los até o local onde se encontravam as bagagens. Lá chegando, foi solicitado a Jeremias que reconhecesse e abrisse sua bagagem, na qual foram encontrados, dentro da capa que acondicionava suas pranchas de surf, três tabletes de cocaína. Por essa razão, Jeremias foi processado e, ao final, condenado pela Justiça Federal de Arroizinhos por tráfico internacional de entorpecentes.

Após o trânsito em julgado da sentença condenatória, foi expedido o mandado de prisão e Jeremias foi recolhido ao estabelecimento prisional sujeito à administração estadual, já que em Arroizinhos não há estabelecimento prisional federal. Transcorrido o prazo legal e, tendo em vista que Jeremias preenchia os demais requisitos previstos na legislação, seu advogado deseja requerer a mudança para regime prisional menos severo.

Responda de forma fundamentada, de acordo com a jurisprudência sumulada dos Tribunais Superiores: Qual Justiça é competente para processar e julgar o pedido de Jeremias? (Valor: 1,25)

A mera indicação da Súmula não pontua.

55. (FGV/OAB XIII) Pedro foi preso em flagrante por tráfico de drogas. Após a instrução probatória, o juiz ficou convencido de que o réu, por preencher os requisitos do art. 33, § 4º, da Lei n. 11.343/2006, merecia a redução máxima da pena. Na sentença penal condenatória, fixou o regime inicialmente fechado ao argumento de que o art. 2º, § 1º, da Lei 8.072/1990 assim determina, vedando a conversão da pena privativa de liberdade em pena restritiva de direitos, com base no próprio art. 33, § 4º, da Lei n. 11.343/2006. O advogado de Pedro é intimado da sentença.

À luz da jurisprudência do STF, responda aos itens a seguir:

a) Cabe ao advogado de defesa a impugnação da fixação do regime inicial fechado, fixado exclusivamente com base no art. 2º, § 1º, da Lei n. 8.072/90? (Valor: 0,60)
b) Com relação ao tráfico privilegiado, previsto na Lei n. 11.343/2006, art. 33, § 4º, é possível a conversão da pena privativa de liberdade em pena restritiva de direitos? (Valor: 0,65)

O examinando deve fundamentar corretamente sua resposta. A simples menção ou transcrição do dispositivo legal não pontua.

56. (FGV/OAB XIV) Gustavo está sendo regularmente processado, perante o Tribunal do Júri da Comarca de Niterói-RJ, pela prática do crime de homicídio simples, conexo ao delito de sequestro e cárcere privado. Os jurados consideraram-no inocente em relação ao delito de homicídio, mas culpado em relação ao delito de sequestro e cárcere privado. O juiz presidente, então, proferiu a respectiva sentença. Irresignado, o Ministério Público interpôs apelação, sustentando que a decisão dos jurados fora manifestamente contrária à prova dos autos. A defesa, de igual modo, apelou, objetivando também a absolvição em relação ao delito de sequestro e cárcere privado.

O Tribunal de Justiça, no julgamento, negou provimento aos apelos, mas determinou a anulação do processo (desde o ato viciado, inclusive), com base no art. 564, III, i, do CPP, porque restou verificado que, para a constituição do Júri, somente estavam presentes 14 jurados.

Nesse sentido, tendo como base apenas as informações contidas no enunciado, responda justificadamente às questões a seguir:

a) A nulidade apresentada pelo Tribunal é absoluta ou relativa? Dê o respectivo fundamento legal. (Valor: 0,40)

b) A decisão do Tribunal de Justiça está correta? (Valor: 0,85)

Utilize os argumentos jurídicos apropriados e a fundamentação legal pertinente ao caso.

57. **(FGV/OAB XIV)** Mário foi condenado a 24 (vinte e quatro) anos de reclusão no regime inicialmente fechado, com trânsito em julgado no dia 20.04.2005, pela prática de latrocínio (art. 157, § 3°, parte final, do CP). Iniciou a execução da pena no dia seguinte. No dia 22.04.2009, seu advogado, devidamente constituído nos autos da execução penal, ingressou com pedido de progressão de regime, com fulcro no art. 112 da Lei de Execução Penal. O juiz indeferiu o pedido com base no art. 2°, § 2°, da Lei n. 8.072/90, argumentando que o condenado não preencheu o requisito objetivo para a progressão de regime.

Como advogado de Mário, responda, de forma fundamentada e de acordo com o entendimento sumulado dos Tribunais Superiores, aos itens a seguir:

a) Excetuando-se a possibilidade de habeas corpus, qual recurso deve ser interposto pelo advogado de Mário e qual o respectivo fundamento legal? (Valor: 0,40)

b) Qual a principal tese defensiva? (Valor: 0,85)

Obs.: o examinando deve fundamentar corretamente sua resposta. A simples menção ou transcrição do dispositivo legal não pontua.

58. **(FGV/OAB XIV)** Daniel, Ana Paula, Leonardo e Mariana, participantes da quadrilha "X", e Carolina, Roberta, Cristiano, Juliana, Flavia e Ralph, participantes da quadrilha "Y", fazem parte de grupos criminosos especializados em assaltar agências bancárias. Após intensos estudos sobre divisão de tarefas, locais, armas, bancos etc., ambos os grupos, sem ciência um do outro, planejaram viajar até a pacata cidade de Arroizinho com o intuito de ali realizarem o roubo. Cumpre ressaltar que, na cidade de Arroizinho, havia apenas duas únicas agências bancárias, a saber: uma agência do Banco do Brasil, sociedade de economia mista, e outra da Caixa Econômica Federal, empresa pública federal. No dia marcado, os integrantes da quadrilha "X" praticaram o crime objetivado contra o Banco do Brasil; os integrantes da quadrilha "Y" o fizeram contra a Caixa Econômica Federal. Cada grupo, com sua conduta, conseguiu auferir a vultosa quantia de R$ 1.000.000,00 (um milhão de reais).

Nesse caso, atento tão somente aos dados contidos no enunciado, responda fundamentadamente de acordo com a Constituição:

a) Qual a justiça competente para o processo e julgamento do crime cometido pela quadrilha "Y"? (Valor: 0,65)

b) Qual a justiça competente para o processo e julgamento do crime cometido pela quadrilha "X"? (Valor: 0,60)

59. **(FGV/OAB XIV)** Cristiano foi denunciado pela prática do delito tipificado no art. 171 do Código Penal. No curso da instrução criminal, o magistrado que presidia o feito decretou a prisão preventiva do réu, com o intuito de garantir a ordem pública, "já que o crime causou grave comoção social, além de tratar-se de um crime grave, que coloca em risco a integridade social, configurando conduta inadequada ao meio social".

O advogado de Cristiano, inconformado com a fundamentação da medida constritiva de liberdade, impetrou habeas corpus perante o Tribunal de Justiça, no intuito de relaxar tal prisão, já que a considerava ilegal, tendo em vista que toda decisão judicial deve estar amparada em uma fundamentação idônea.

O Tribunal de Justiça, por unanimidade, não concedeu a ordem, entendendo que a decisão que decretou a prisão preventiva estava corretamente fundamentada.

De acordo com a jurisprudência atualizada dos Tribunais Superiores, responda aos itens a seguir:

a) Qual o recurso que o advogado de Cristiano deve manejar visando à reforma do acórdão? (Valor: 0,65)

b) Qual o prazo e para qual Tribunal deverá ser dirigido? (Valor: 0,60)

60. (FGV/OAB XV) Miguel foi condenado pela prática do crime previsto no art. 157, § 2°, V, do CP, à pena privativa de liberdade de 5 anos e 4 meses de reclusão e 13 dias-multa. Após cumprir 4 anos da reprimenda penal aplicada, foi publicado, no dia 24.12.2013, um Decreto prevendo que caberia indulto para o condenado à pena privativa de liberdade não superior a 8 anos que tivesse cumprido 1/3 da pena, se primário, ou 1/2, se reincidente, além da inexistência de aplicação de sanção pela prática de falta grave nos 12 meses anteriores ao Decreto. Cinco dias após a publicação do Decreto, mas antes de apreciado seu pedido de indulto, Miguel praticou falta grave, razão pela qual teve seu requerimento indeferido pelo Juiz em atuação junto à Vara de Execução Penal.

Considerando apenas as informações contidas na presente hipótese, responda aos itens a seguir:

a) Qual medida processual, diferente do habeas corpus, deve ser adotada pelo advogado de Miguel e qual seria o seu prazo? (Valor: 0,75)

b) Miguel faz jus ao benefício do indulto? (Valor: 0,50)

61. (FGV/OAB XV) Durante inquérito policial que investigava a prática do crime de extorsão mediante sequestro, esgotado o prazo sem o fim das investigações, a autoridade policial encaminhou os autos para o Judiciário, requerendo apenas a renovação do prazo. O magistrado, antes de encaminhar o feito ao Ministério Público, verificando a gravidade em abstrato do crime praticado, decretou a prisão preventiva do investigado.

Considerando a narrativa apresentada, responda aos itens a seguir:

a) Poderia o magistrado adotar tal medida? Justifique. (Valor: 0,65)

b) A fundamentação apresentada para a decretação da preventiva foi suficiente? Justifique. (Valor: 0,60)

62. (FGV/OAB XV) A Receita Federal identificou que Raquel possivelmente sonegou Imposto sobre a Renda, causando prejuízo ao erário no valor de R$27.000,00 (vinte e sete mil reais). Foi instaurado, então, procedimento administrativo, não havendo, até o presente momento, lançamento definitivo do crédito tributário. Ao mesmo tempo, a Receita Federal expediu ofício informando tais fatos ao Ministério Público Federal, que, considerando a autonomia das instâncias, ofereceu denúncia em face de Raquel pela prática do crime previsto no art. 1°, I, da Lei n. 8.137/90.

Assustada com a ratificação do recebimento da denúncia após a apresentação de resposta à acusação pela Defensoria Pública, Raquel o procura para, na condição de advogado, tomar as medidas cabíveis.

Diante disso, responda aos itens a seguir:

a) Qual a medida jurídica a ser adotada de imediato para impedir o prosseguimento da ação penal? (Valor: 0,60)

b) Qual a principal tese jurídica a ser apresentada? (Valor: 0,65)

63. **(FGV/OAB XV)** No dia 06.07.2010, Júlia, nascida em 06.04.1991, aproveitando-se de um momento de distração de Ricardo, subtraiu-lhe a carteira. Após recebimento da denúncia, em 11.08.2011, e regular processamento do feito, Júlia foi condenada a uma pena privativa de liberdade de 1 ano de reclusão, em sentença publicada em 08.10.2014. Nem o Ministério Público nem a defesa de Júlia interpuseram recurso, tendo o feito transitado em julgado em 22.10.2014.

Sobre esses fatos, responda aos itens a seguir:

a) Diante do trânsito em julgado, qual a tese defensiva a ser alegada em favor de Júlia para impedir o cumprimento da pena? (Valor: 0,75)

b) Quais as consequências do acolhimento da tese defensiva? (Valor: 0,50)

64. **(FGV/OAB XVI)** Carlos foi condenado pelos crimes de tráfico de entorpecentes e posse de arma de fogo de uso permitido, em concurso material, sendo sua conduta tipificada da seguinte forma: art. 33 da Lei n. 11.343/2006 e art. 12 da Lei n. 10.826/2003, na forma do art. 69 do Código Penal. A pena ficou estabelecida em 5 anos de reclusão em regime fechado para o crime de tráfico e 1 ano de detenção em regime semiaberto pelo crime de posse de arma de fogo. Apenas a defesa técnica apelou, requerendo a mudança do regime de pena aplicado para o crime do art. 33 da Lei n. 11.343/2006, tendo o feito transitado em julgado para a acusação. O recurso foi desprovido. Todavia, de ofício, sem reflexo no quantum, que permaneceu em 06 anos de pena privativa de liberdade, o Tribunal reclassificou o fato para o art. 33 c/c o art. 40, IV, da Lei n. 11.343/2006, afastando o crime autônomo da lei de armas e aplicando a causa de aumento respectiva.

Considerando as informações narradas na hipótese, responda aos itens a seguir:

a) Poderia ser aplicado regime inicial de cumprimento da pena diverso do fechado para o crime de tráfico ilícito de entorpecentes, previsto no art. 33, *caput*, da Lei n. 11.343/2006? (Valor: 0,60)

b) Poderia o Tribunal de Justiça em sede de recurso da defesa realizar a reclassificação adotada? (Valor: 0,65)

Responda justificadamente, empregando os argumentos jurídicos apropriados e a fundamentação legal pertinente ao caso.

65. **(FGV/OAB XVI)** No dia 03.05.2008, Luan foi condenado à pena privativa de liberdade de 12 anos de reclusão pela prática dos crimes previstos nos arts. 213 e 214 do Código Penal, na forma do art. 69 do mesmo diploma legal, pois, no dia 11.07.2007, por volta das 19h, constrangeu Carla, mediante grave ameaça, a com ele praticar conjunção carnal e ato libidinoso diverso. Ainda cumprindo pena em razão dessa sentença condenatória, Luan, conversando com outro preso, veio a saber que ele havia sido condenado por fatos extremamente semelhantes a uma pena de 7 anos de reclusão. Luan, então, pergunta o nome do advogado do colega de cela, que lhe fornece a informação. Luan entra em contato pelo telefone indicado e pergunta se algo pode ser feito para reduzir sua pena, apesar de sua decisão ter transitado em julgado.

Diante dessa situação, responda aos itens a seguir:

a) Qual a tese de direito material que poderia ser suscitada pelo novo advogado em favor de Luan? (Valor: 0,65)

b) A pretensão deverá ser manejada perante qual órgão? (Valor: 0,60)

Sua resposta deve ser fundamentada. A simples citação do dispositivo legal não será pontuada.

66. (FGV/OAB XVI) Em uma discussão de futebol, Rubens e Enrico, em comunhão de ações e desígnios, chamaram Eduardo de "ladrão" e "estelionatário", razão pela qual Eduardo formulou uma queixa-crime em face de ambos.

No curso da ação penal, porém, Rubens procurou Eduardo para pedir desculpas pelos seus atos, razão pela qual Eduardo expressamente concedeu perdão do ofendido em seu favor, sendo esse prontamente aceito e, consequentemente, extinta a punibilidade de Rubens. Eduardo, contudo, se recusou a conceder o perdão para Enrico, pois disse que não era a primeira vez que o querelado tinha esse tipo de atitude.

Considerando apenas as informações narradas, responda aos itens a seguir:

a) Qual o crime praticado, em tese, por Rubens e Enrico? (Valor: 0,60)

b) Que argumento poderá ser formulado pelo advogado de Enrico para evitar sua punição? (Valor: 0,65)

Responda justificadamente, empregando os argumentos jurídicos apropriados e a fundamentação legal pertinente ao caso.

67. (FGV/OAB XVI) Wesley, estudante, foi preso em flagrante no dia 03.03.2015 porque conduzia um veículo automotor que sabia ser produto de crime pretérito registrado em Delegacia da área em que residia. Na data dos fatos, Wesley tinha 20 anos, era primário, mas existia um processo criminal em curso em seu desfavor, pela suposta prática de um crime de furto qualificado. Diante dessa anotação em sua Folha de Antecedentes Criminais, a autoridade policial representou pela conversão da prisão em flagrante em preventiva, afirmando que existiria risco concreto para a ordem pública, pois o indiciado possuía outros envolvimentos com o aparato judicial. Você, como advogado(a) indicado por Wesley, é comunicado da ocorrência da prisão em flagrante, além de tomar conhecimento da representação formulada pelo Delegado. Da mesma forma, o comunicado de prisão já foi encaminhado para o Ministério Público e para o magistrado, sendo todas as legalidades da prisão em flagrante observadas.

Considerando as informações narradas, responda aos itens a seguir:

a) Qual a medida processual, diferente de habeas corpus, a ser adotada pela defesa técnica de Wesley? (Valor: 0,50)

b) A representação da autoridade policial foi elaborada de modo adequado? (Valor: 0,75)

Responda justificadamente, empregando os argumentos jurídicos apropriados e a fundamentação legal pertinente ao caso.

68. (FGV/OAB XVII) Rodrigo, primário e de bons antecedentes, quando passava em frente a um estabelecimento comercial que estava fechado por ser domingo, resolveu nele ingressar. Após romper o cadeado da porta principal, subtraiu do seu interior algumas caixas de cigarro. A ação não foi notada por qualquer pessoa. Todavia, quando caminhava pela rua com o material subtraído, veio a ser abordado por policiais militares, ocasião em que admitiu a subtração e a forma como ingressou no comércio lesado. O material furtado foi avaliado em R$ 1.300,00 (um mil e trezentos reais), sendo integralmente recuperado. A perícia não compareceu ao local para confirmar o rompimento de obstáculo. O autor do fato foi denunciado como incurso nas sanções penais do art. 155, § 4°, I, do Código Penal. As únicas testemunhas de acusação foram os policiais militares, que confirmaram que apenas foram responsáveis pela abordagem do réu, que confessou a subtração. Disseram não ter comparecido, porém, ao estabelecimento lesado. Em seu interrogatório, Rodrigo confirmou apenas que subtraiu os cigarros do estabelecimento, recusando-se a responder qualquer outra pergunta. A defesa técnica de Rodrigo é intimada para apresentar alegações finais por memoriais.

Com base na hipótese apresentada, responda, fundamentadamente, aos itens a seguir:

a) Diante da confissão da prática do crime de furto por Rodrigo, qual a principal tese defensiva em relação à tipificação da conduta a ser formulada pela defesa técnica? (Valor: 0,65)

b) Em caso de acolhimento da tese defensiva, poderá Rodrigo ser, de imediato, condenado nos termos da manifestação da defesa técnica? (Valor: 0,60)

Obs.: Sua resposta deve ser fundamentada. A simples menção do dispositivo legal não será pontuada.

69. **(FGV/OAB XVII)** Glória, esposa ciumenta de Jorge, inicia uma discussão com o marido no momento em que ele chega do trabalho à residência do casal. Durante a discussão, Jorge faz ameaças de morte à Glória, que, de imediato comparece à Delegacia, narra os fatos, oferece representação e solicita medidas protetivas de urgência. Encaminhados os autos para o Ministério Público, este requer em favor de Glória a medida protetiva de proibição de aproximação, bem como a prisão preventiva de Jorge, com base no art. 313, III, do CPP. O juiz acolhe os pedidos do Ministério Público e Jorge é preso.

Novamente os autos são encaminhados para o Ministério Público, que oferece denúncia pela prática do crime do art. 147 do CP. Antes do recebimento da inicial acusatória, arrependida, Glória retorna à Delegacia e manifesta seu interesse em não mais prosseguir com o feito.

A família de Jorge o procura em busca de orientação, esclarecendo que o autor é primário e de bons antecedentes. Considerando apenas a situação narrada, na condição de advogado(a) de Jorge, esclareça os seguintes questionamentos formulados pelos familiares:

a) A prisão de Jorge, com fundamento no art. 313, III, do CPP, é válida? (Valor: 0,60)

b) É possível a retratação do direito de representação por parte de Glória? Em caso negativo, explicite as razões; em caso positivo, esclareça os requisitos. (Valor: 0,65)

Obs.: o examinando deve fundamentar suas respostas. A mera citação do dispositivo legal não confere pontuação.

70. **(FGV/OAB XVII)** Ruth voltava para sua casa falando ao celular, na cidade de Santos, quando foi abordada por Antônio, que afirmou: "Isso é um assalto! Passa o celular ou verá as consequências!". Diante da grave ameaça, Ruth entregou o telefone e o agente fugiu em sua motocicleta em direção à cidade de Mogi das Cruzes, consumando o crime. Nervosa, Ruth narrou o ocorrido para o genro Thiago, que saiu em seu carro, junto com um policial militar, à procura de Antônio.

Com base na placa da motocicleta anotada por Ruth, Thiago localizou Antônio, já em Mogi das Cruzes, ainda na posse do celular da vítima e também com uma faca em sua cintura, tendo o policial efetuado a prisão em flagrante. Em razão dos fatos, Antônio foi denunciado pela prática do crime previsto no art. 157, § 2º, I, do CP, perante uma Vara Criminal da comarca de Mogi das Cruzes, ficando os familiares do réu preocupados, porque todos da região sabem que o magistrado, em atuação naquela Vara, é extremamente severo. A defesa foi intimada a apresentar resposta à acusação.

Considerando que o flagrante foi regular e que os fatos são verdadeiros, responda, na qualidade de advogado(a) de Antônio, aos itens a seguir:

a) Que medida processual poderia ser adotada para evitar o julgamento perante a Vara Criminal de Mogi das Cruzes? Justifique. (Valor: 0,65)

b) No mérito, caso Antônio confesse os fatos durante a instrução, qual argumento de direito material poderia ser formulado para garantir uma punição mais branda do que a pleiteada na denúncia? Justifique. (Valor: 0,60)

Obs.: o examinando deve fundamentar suas respostas. A mera citação do dispositivo legal não confere pontuação.

71. **(FGV/OAB XVII)** No interior de uma casa de festas, Paulo estava bebendo uísque com sua namorada Roberta para comemorar um ano de namoro. Em determinado momento, chegou Flávio ao local, ex-namorado de Roberta, indo de imediato cumprimentá-la. Insatisfeito, Paulo foi em direção a Flávio e desferiu três socos em sua cabeça, causando lesões corporais gravíssimas. Paulo foi denunciado pela prática do crime do art. 129, § 2º, do Código Penal, sendo absolvido em sentença de primeiro grau, entendendo o magistrado que, apesar de Paulo ter ingerido grande quantidade de bebida alcoólica conscientemente, a embriaguez não foi voluntária, logo naquele momento Paulo era inimputável.
Flávio procura você na condição de advogado, esclarece que não houve habilitação como assistente de acusação e informa que o prazo de recurso do Ministério Público se esgotou no dia anterior, tendo o Promotor se mantido inerte.
Considerando a situação hipotética, na condição de advogado de Flávio, responda aos itens a seguir:

a) Qual medida processual deve ser adotada pelo ofendido para superar a decisão do magistrado e em qual prazo? Justifique. (Valor: 0,65)
b) Qual argumento de direito material a ser alegado para combater a decisão de primeiro grau? Justifique. (Valor: 0,60)

Obs.: o examinando deve fundamentar suas respostas. A mera citação do dispositivo legal não confere pontuação.

72. **(FGV/OAB XVIII)** No dia 02.03.2008, Karen, 30 anos, funcionária do caixa do Supermercado Rei, subtraiu para si a quantia de R$ 700,00 (setecentos reais) do estabelecimento, ao final de seu expediente. No dia seguinte, percebendo a facilidade ocorrida no dia anterior, Karen voltou a subtrair determinada quantia do caixa do supermercado. Ainda na mesma semana, a funcionária, com o mesmo modus operandi, subtraiu, por mais duas vezes, valores pertencentes ao estabelecimento comercial. Ocorre que as condutas de Karen foram filmadas e os vídeos foram encaminhados para o Ministério Público, que ofereceu denúncia pela prática do crime descrito no art. 155, § 4º, II, do Código Penal, por quatro vezes, na forma do art. 71 do mesmo diploma legal. Em 20.04.2008 a denúncia foi recebida, tendo o feito seu regular processamento, até que, em 25.04.2012, foi publicada decisão condenando Karen à pena final de 02 anos e 06 meses de reclusão e 12 dias-multa, substituída por restritiva de direitos. Para cada um dos crimes foi aplicada a pena mínima de 2 anos de reclusão e 10 dias-multa, mas fixou o magistrado a fração de 1/4 para aumento da pena, em virtude do reconhecimento do crime continuado. As partes não interpuseram recurso de apelação. Considerando que não existe mais possibilidade de interposição de recurso da decisão, responda aos itens a seguir:

a) Qual a tese defensiva a ser alegada, de modo a impedir que Karen cumpra a pena que lhe foi aplicada? Fundamente. (Valor: 0,65)
b) Quais as consequências jurídicas do acolhimento dessa tese? Aquela condenação poderá ser considerada para efeito de reincidência futuramente? (Valor: 0,60)

Obs.: o examinando deve fundamentar suas respostas. A mera citação do dispositivo legal não confere pontuação.

73. **(FGV/OAB XVIII)** No dia 10.02.2012, João foi condenado pela prática do delito de quadrilha armada, previsto no art. 288, parágrafo único, do Código Penal. Considerando as particularidades do caso concreto, sua pena foi fixada no máximo de 6 anos de reclusão, eis que duplicada a pena-base por força da quadrilha ser armada. A decisão transitou em julgado. Enquanto cumpria pena, entrou em vigor a Lei n. 12.850/2013, que alterou o artigo pelo qual João fora condenado. Apesar da sanção em abstrato, excluídas as causas de aumento, ter permanecido a mesma (reclusão, de 1 (um) a 3 (três) anos), o aumento de pena pelo fato da associação ser armada passou a ser de até a metade e não mais do dobro. Procurado pela família de João, responda aos itens a seguir:

a) O que a defesa técnica poderia requerer em favor dele? (Valor: 0,65)

b) Qual o juízo competente para a formulação desse requerimento? (Valor: 0,60)

Obs.: sua resposta deve ser fundamentada. A simples citação do dispositivo legal não será pontuada.

74. **(FGV/OAB XVIII)** Fernando foi pronunciado pela prática de um crime de homicídio doloso consumado que teve como vítima Henrique. Em sessão plenária do Tribunal do Júri, o réu e sua namorada, ouvida na condição de informante, afirmaram que Henrique iniciou agressões contra Fernando e que este agiu em legítima defesa. Por sua vez, a namorada da vítima e uma testemunha presencial asseguraram que não houve qualquer agressão pretérita por parte de Henrique. No momento do julgamento, os jurados reconheceram a autoria e materialidade, mas optaram por absolver Fernando da imputação delitiva. Inconformado, o Ministério Público apresentou recurso de apelação com fundamento no art. 593, III, d, do CPP, alegando que a decisão foi manifestamente contrária à prova dos autos. A família de Fernando fica preocupada com o recurso, em especial porque afirma que todos tinham conhecimento que dois dos jurados que atuaram no julgamento eram irmãos, mas em momento algum isso foi questionado pelas partes, alegado no recurso ou avaliado pelo Juiz Presidente. Considerando a situação narrada, esclareça, na condição de advogado(a) de Fernando, os seguintes questionamentos da família do réu:

a) A decisão dos jurados foi manifestamente contrária à prova dos autos? Justifique. (Valor: 0,60)

b) Poderá o Tribunal, no recurso do Ministério Público, anular o julgamento com fundamento em nulidade na formação do Conselho de Sentença? Justifique. (Valor: 0,65)

Obs.: o examinando deve fundamentar suas respostas. A mera citação do dispositivo legal não confere pontuação.

75. **(FGV/OAB XVIII)** John, primário e de bons antecedentes, foi denunciado pela prática do crime de tráfico de drogas. Após a instrução, inclusive com realização do interrogatório, ocasião em que o acusado confessou os fatos, John foi condenado, na forma do art. 33, § 4°, da Lei n. 11.343/2006, à pena de 1 ano e 8 meses de reclusão, a ser cumprido em regime inicial aberto. O advogado de John interpôs o recurso cabível da sentença condenatória. Em julgamento pela Câmara Criminal do Tribunal de Justiça, a sentença foi integralmente mantida por maioria de votos. O Desembargador revisor, por sua vez, votou no sentido de manter a pena de 1 ano e 8 meses de reclusão, assim como o regime, mas foi favorável à substituição da pena privativa de liberdade por duas restritivas de direitos, no que restou vencido. O advogado de John é intimado do acórdão. Considerando a situação narrada, responda aos itens a seguir:

a) Qual medida processual, diferente de habeas corpus, deverá ser formulada pelo advogado de John para combater a decisão da Câmara Criminal do Tribunal de Justiça? (Valor: 0,65)

b) Qual fundamento de direito material deverá ser apresentado para fazer prevalecer o voto vencido? (Valor: 0,60)

Obs.: o examinando deve fundamentar suas respostas. A mera citação do dispositivo legal não confere pontuação.

76. **(FGV/OAB XIX)** João estava dirigindo seu automóvel a uma velocidade de 100 km/h em uma rodovia em que o limite máximo de velocidade é de 80 km/h. Nesse momento, foi surpreendido por uma bicicleta que atravessou a rodovia de maneira inesperada, vindo a atropelar Juan, condutor dessa bicicleta, que faleceu no local em virtude do acidente. Diante disso, João foi denunciado pela prática do crime previsto no art. 302 da Lei n. 9.503/97. As perícias realizadas no cadáver da vítima, no automóvel de João, bem como no local do fato, indicaram que João estava acima da velocidade permitida, mas que, ainda que a velocidade do veículo do acusado fosse de 80 km/h, não seria possível evitar o acidente e Juan teria falecido. Diante da prova pericial constatando a violação do dever objetivo de cuidado pela velocidade acima da permitida, João foi condenado à pena de detenção no patamar mínimo previsto no dispositivo legal.

Considerando apenas os fatos narrados no enunciado, responda aos itens a seguir.

a) Qual o recurso cabível da decisão do magistrado, indicando seu prazo e fundamento legal? (Valor: 0,60)

b) Qual a principal tese jurídica de direito material a ser alegada nas razões recursais? (Valor: 0,65)

Obs.: o examinando deve fundamentar suas respostas. A mera citação do dispositivo legal não confere pontuação.

77. **(FGV/OAB XIX)** Ronaldo foi denunciado pela prática do crime de integrar organização criminosa por fatos praticados em 2014. Até o momento, porém, somente ele foi identificado como membro da organização pelas autoridades policiais, razão pela qual prosseguiu o inquérito em relação aos demais agentes não identificados. Arrependido, Ronaldo procura seu advogado e afirma que deseja contribuir com as investigações, indicando o nome dos demais integrantes da organização, assim como esclarecendo os crimes cometidos.

Considerando apenas as informações narradas, responda aos itens a seguir.

a) Existe alguma medida a ser buscada pelo advogado de Ronaldo para evitar aplicação ou cumprimento de pena no processo pelo qual foi denunciado? Em caso positivo, qual? Em caso negativo, justifique. (Valor: 0,65)

b) É possível um dos agentes identificados por Ronaldo ser condenado exclusivamente com base em suas declarações? Fundamente. (Valor: 0,60)

Obs.: o examinando deve fundamentar suas respostas. A mera citação do dispositivo legal não confere pontuação.

78. **(FGV/OAB XIX)** Sabendo que Vanessa, uma vizinha com quem nunca tinha conversado, praticava diversos furtos no bairro em que morava, João resolve convidá-la para juntos subtraírem R$ 1.000,00 de um cartório do Tribunal de Justiça, não contando para ela, contudo, que era funcionário público e nem que exercia suas funções nesse cartório. Praticam, então, o delito, e Vanessa fica surpresa com a facilidade que tiveram para chegar ao cofre do cartório. Descoberto o fato pelas câmeras de segurança, são os dois agentes denunciados, em 10 de março de 2015, pela prática do crime de peculato. João foi notificado e citado pessoalmente, enquanto Vanessa foi notificada e citada por edital, pois não foi localizada em sua residência.

A família de Vanessa constituiu advogado e o processo prosseguiu, mas dele a ré não tomou conhecimento. Foi decretada a revelia de Vanessa, que não compareceu aos atos processuais. Ao final, os acusados foram condenados pela prática do crime previsto no art. 312 do Código Penal à pena de 02 anos de reclusão. Ocorre que, na verdade, Vanessa estava presa naquela mesma Comarca, desde 05 de março de 2015, em razão de prisão preventiva decretada em outros dois processos.

Ao ser intimada da sentença, ela procura você na condição de advogado(a).

Considerando a hipótese narrada, responda aos itens a seguir.

a) Qual argumento de direito processual poderia ser apresentado em favor de Vanessa em sede de apelação? Justifique. (Valor: 0,65)

b) No mérito, foi Vanessa corretamente condenada pela prática do crime de peculato? Justifique. (Valor: 0,60).

Obs.: o mero "sim" ou "não", desprovido de justificativa ou mesmo com a indicação de justificativa inaplicável ao caso, não será pontuado.

79. **(FGV/OAB XIX)** Carlos foi condenado pela prática de um crime de receptação qualificada à pena de 04 anos e 06 meses de reclusão, sendo fixado o regime semiaberto para início do cumprimento de pena. Após o trânsito em julgado da decisão, houve início do cumprimento da sanção penal imposta. Cumprido mais de 1/6 da pena imposta e preenchidos os demais requisitos, o advogado de Carlos requer, junto ao Juízo de Execuções Penais, a progressão para o regime aberto. O magistrado competente profere decisão concedendo a progressão e fixa como condição especial o cumprimento de prestação de serviços à comunidade, na forma do art. 115 da Lei n. 7.210/84. O advogado de Carlos é intimado dessa decisão.

Considerando apenas as informações apresentadas, responda aos itens a seguir.

a) Qual medida processual deverá ser apresentada pelo advogado de Carlos, diferente do habeas corpus, para questionar a decisão do magistrado? (Valor: 0,60)

b) Qual fundamento deverá ser apresentado pelo advogado de Carlos para combater a decisão do magistrado? (Valor: 0,65)

Obs.: o examinando deve fundamentar suas respostas. A mera citação do dispositivo legal não confere pontuação.

80. **(FGV/OAB XX)** Fausto, ao completar 18 anos de idade, mesmo sem ser habilitado legalmente, resolveu sair com o carro do seu genitor sem o conhecimento do mesmo. No cruzamento de uma avenida de intenso movimento, não tendo atentado para a sinalização existente, veio a atropelar Lídia e suas 05 filhas adolescentes, que estavam na calçada, causando-lhes diversas lesões que acarretaram a morte das seis.

Denunciado pela prática de seis crimes do art. 302, § 1°, incisos I e II, da Lei n. 9.503/97, foi condenado nos termos do pedido inicial, ficando a pena final acomodada em 04 anos e 06 meses de detenção em regime semiaberto, além de ficar impedido de obter habilitação para dirigir veículo pelo prazo de 02 anos. A pena privativa de liberdade não foi substituída por restritivas de direitos sob o fundamento exclusivo de que o seu quantum ultrapassava o limite de 04 anos. No momento da sentença, unicamente com o fundamento de que o acusado, devidamente intimado, deixou de comparecer espontaneamente a última audiência designada, que seria exclusivamente para o seu interrogatório, o juiz decretou a prisão cautelar e não permitiu o apelo em liberdade, por força da revelia.

Apesar de Fausto estar sendo assistido pela Defensoria Pública, seu genitor o procura, para que você, na condição de advogado(a), preste assistência jurídica.

Diante da situação narrada, como advogado(a), responda aos seguintes questionamentos formulados pela família de Fausto:

a) Mantida a pena aplicada, é possível a substituição da pena privativa de liberdade por restritiva de direitos? Justifique. (Valor: 0,65)

b) Em caso de sua contratação para atuar no processo, o que poderá ser alegado para combater, especificamente, o fundamento da decisão que decretou a prisão cautelar? (Valor: 0,60)

Obs.: o examinando deve fundamentar suas respostas. A mera citação do dispositivo legal não confere pontuação.

81. (FGV/OAB XX) Lúcio, com residência fixa e proprietário de uma oficina de carros, adquiriu de seu vizinho, pela quantia de R$1.000,00 (mil reais) um aparelho celular, que sabia ser produto de crime pretérito, passando a usá-lo como próprio. Tomando conhecimento dos fatos, um inimigo de Lúcio comunicou o ocorrido ao Ministério Público, que requisitou a instauração de inquérito policial. A autoridade policial instaurou o procedimento, indiciou Lúcio pela prática do crime de receptação qualificada (art. 180, § 1°, do Código Penal), já que desenvolvia atividade comercial, e, de imediato, representou pela prisão temporária de Lúcio, existindo parecer favorável do Ministério Público. A família de Lúcio o procura para esclarecimentos.

Na condição de advogado de Lúcio, esclareça os itens a seguir.

a) no caso concreto, a autoridade policial poderia ter representado pela prisão temporária de Lúcio? (Valor: 0,60)

b) Confirmados os fatos acima narrados, o crime praticado por Lúcio efetivamente foi de receptação qualificada (art. 180, § 1°, do CP)? Em caso positivo, justifique. Em caso negativo, indique qual seria o delito praticado e justifique. (Valor: 0,65)

Obs.: o examinando deve fundamentar suas respostas. A mera citação do dispositivo legal não confere pontuação.

82. (FGV/OAB XX) Andy, jovem de 25 anos, possui uma condenação definitiva pela prática de contravenção penal. Em momento posterior, resolve praticar um crime de estelionato e, para tanto, decide que irá até o portão da residência de Josefa e, aí, solicitará a entrega de um computador, afirmando que tal requerimento era fruto de um pedido do próprio filho de Josefa, pois tinha conhecimento que este trabalhava no setor de informática de determinada sociedade.

Ao chegar ao portão da casa, afirma para Josefa que fora à sua residência buscar o computador da casa a pedido do filho dela, com quem trabalhava. Josefa pede para o marido entregar o computador a Andy, que ficara aguardando no portão. Quando o marido de Josefa aparece com o aparelho, Andy se surpreende, pois ele lembrava seu falecido pai. Em razão disso, apesar de já ter empregado a fraude, vai embora sem levar o bem.

O Ministério Público ofereceu denúncia pela prática de tentativa de estelionato, sendo Andy condenado nos termos da denúncia.

Como advogado de Andy, com base apenas nas informações narradas, responda aos itens a seguir.

a) Qual tese jurídica de direito material deve ser alegada, em sede de recurso de apelação, para evitar a punição de Andy? Justifique. (Valor: 0,65)

b) Há vedação legal expressa à concessão do benefício da suspensão condicional do processo a Andy? Justifique. (Valor: 0,60)

Obs.: o examinando deve fundamentar suas respostas. A mera citação do dispositivo legal não confere pontuação.

83. **(FGV/OAB XX)** Joana trabalha em uma padaria na cidade de Curitiba. Em um domingo pela manhã, Patrícia, freguesa da padaria, acreditando não estar sendo bem atendida por Joana, após com ela discutir, a chama de "macaca" em razão da cor de sua pele.

Inconformados com o ocorrido, outros fregueses acionam policiais que efetuam a prisão em flagrante de Patrícia por crime de racismo (Lei n. 7.716/89 – Lei do Preconceito Racial), apesar de Joana dizer que não queria que fosse tomada qualquer providência em desfavor da pessoa detida. A autoridade policial lavra o flagrante respectivo, independente da vontade da ofendida, asseverando que os crimes da Lei n. 7.716/89 são de ação penal pública incondicionada. O Ministério Público opina pela liberdade de Patrícia porque ainda existiam diligências a serem cumpridas em sede policial.

Patrícia, sete meses após o ocorrido, procura seu advogado para obter esclarecimentos, informando que a vítima foi ouvida em sede policial e confirmou o ocorrido, bem como o desinteresse em ver a autora dos fatos responsabilizada criminalmente.

Na condição de advogado de Patrícia, esclareça:

a) Agiu corretamente a autoridade policial ao indiciar Patrícia pela prática do crime de racismo? Justifique. (Valor: 0,65)
b) Existe algum argumento defensivo para garantir, de imediato, o arquivamento do inquérito policial? Justifique. (Valor: 0,60)

Obs.: o examinando deve fundamentar suas respostas. A mera citação do dispositivo legal não confere pontuação.

84. **(FGV/OAB XX – Reaplicação em Porto Velho/RO)** Jorge, com 21 anos de idade, reincidente, natural de São Gonçalo/RJ, entrou em uma briga com seus pais, razão pela qual foi morar na casa de sua tia Marta, irmã de seu pai, na cidade de Maricá/RJ, já que esta tinha apenas 40 anos e "o entenderia melhor". Após 06 meses residindo no mesmo local que sua tia, Jorge subtraiu o carro de Marta, levando-o para uma favela em Niterói, onde pretendia morar no futuro. No começo, Marta não desconfiou da autoria, porém após alguns dias, teve certeza de que o autor do crime era seu sobrinho, mas nada fez para vê-lo responsabilizado criminalmente, em razão do afeto que tinha por ele. Apenas, então, comunicou à seguradora que seu veículo fora furtado.

Jorge, 01 ano após esses fatos, estava na direção do veículo que havia subtraído quando foi abordado por policiais militares que, constatando que aquele bem era produto de crime pretérito, realizaram sua prisão em flagrante. Jorge foi denunciado pela prática do crime de receptação, mas, no curso da instrução, foi descoberto que, na verdade, o acusado era o autor do crime de furto. O Ministério Público aditou a denúncia para adequá-la às novas descobertas e, após manifestação da Defensoria Pública, foi o aditamento recebido. Não houve requerimento de novas provas. Jorge o(a) procura para, na condição de advogado(a), apresentar as Alegações Finais.

Considerando as informações extraídas da hipótese, responda aos itens a seguir.

a) Qual a principal tese defensiva a ser formulada nas Alegações Finais para evitar a condenação de Jorge? (Valor: 0,65)
b) Na condição de advogado(a) do acusado, o que você alegaria, no campo processual, caso o juiz viesse a condenar Jorge, após o aditamento, de acordo com a imputação original de receptação? (Valor: 0,60)

Obs.: o examinando deve fundamentar suas respostas. A mera citação do dispositivo legal não confere pontuação.

85. **(FGV/OAB XX – Reaplicação em Porto Velho/RO)** Lívia, primária e de bons antecedentes, foi presa em flagrante enquanto transportava 100g de cocaína a pedido do namorado, conhecido traficante da comunidade em que residiam.

Apesar de nunca ter participado de qualquer atividade do tráfico em momento anterior, Lívia atendeu ao pedido do namorado com medo de ele terminar o relacionamento em caso de negativa. Já na viatura da Polícia Militar, os policiais passaram a filmar Lívia e conversar sobre o ocorrido quando de sua prisão, tendo ela confirmado os fatos acima descritos sem que soubesse estar sendo filmada.

Lívia, então, foi denunciada como incursa nas sanções penais do art. 33 da Lei n. 11.343/2006. Durante a instrução, o Ministério Público juntou aos autos o vídeo feito no interior da viatura e dispensou a oitiva dos policiais responsáveis pela prisão, que eram as únicas testemunhas de acusação, tendo em vista que eles foram transferidos para um batalhão de outra comarca. Em seu interrogatório, Lívia permaneceu em silêncio. Insatisfeitos com a defesa técnica que atuava até o momento, a família da acusada, no momento das alegações finais, o(a) contrata na condição de advogado(a).

Considerando apenas os fatos narrados, responda, justificadamente, aos itens a seguir.

a) É possível a condenação de Lívia apenas com base no vídeo acostado aos autos? (Valor: 0,60)

b) Em caso de condenação de Lívia como incursa nas sanções do art. 33, § 4°, da Lei n. 11.343/2006, é possível a substituição de pena privativa de liberdade por restritiva de direitos? (Valor: 0,65)

Obs.: o examinando deve fundamentar suas respostas. A mera citação do dispositivo legal não confere pontuação.

86. **(FGV/OAB XX – Reaplicação em Porto Velho/RO)** No curso de uma audiência criminal, João, advogado de Pedro, acusado da prática de um crime de estupro, em sede de alegações finais orais, assevera que o representante do Ministério Público "é arbitrário e tem a sede da condenação, não se importando em acusar uma pessoa comprovadamente inocente".

Atendendo à manifestação do Promotor de Justiça, que se sentiu ofendido, o juiz destituiu o advogado e nomeou Defensor Público para continuar na defesa do acusado, que, na ocasião, não estava presente. O Defensor, então, concluiu as alegações finais orais. Na mesma assentada, o magistrado determinou a extração de peças, com o encaminhamento ao Ministério Público, para apurar possível crime contra a honra praticado por João. Pedro, assistido pela Defensoria Pública, acabou condenado na forma do pedido inicial. João, por sua vez, após representação do Promotor de Justiça vítima, foi denunciado pela prática de crime de injúria.

Considerando apenas as informações constantes na hipótese narrada, responda, fundamentadamente, aos itens a seguir.

a) Na condição de advogado(a) de João, qual tese de direito material você alegaria em seu favor para afastar a imputação delitiva? (Valor: 0,60)

b) Na condição de advogado(a) de Pedro, qual é a tese a ser alegada, em sede de recurso, para anular a sentença condenatória? (Valor: 0,65)

Obs.: o examinando deve fundamentar suas respostas. A mera citação do dispositivo legal não confere pontuação.

87. **(FGV/OAB XX – Reaplicação em Porto Velho/RO)** Maria, primária e com bons antecedentes, trabalha há vários anos dirigindo uma van de transporte de crianças. Certo dia, após mudar o itinerário sempre observado, resolve fazer compras em um supermercado, onde permaneceu por duas horas, esquecendo de entregar uma das crianças de 03 anos na residência da mesma. Ao retornar ao veículo, encontra a criança desfalecida e, desesperada, leva-a ao hospital, não conseguindo, porém, evitar o óbito. Acabou denunciada e condenada pela prática do injusto do Art. 133, § 2°, do Código Penal (abandono de incapaz com resultado morte) à pena de 04 anos de reclusão em regime aberto.

Apesar de ter respondido ao processo em liberdade, não foi permitido à Maria apelar em liberdade, fundamentando o juiz a ordem de prisão na grande comoção social que o fato causou. A família dispensou o advogado anterior e o(a) procurou para que assumisse a defesa de Maria.

Considerando apenas as informações narradas na situação hipotética, responda aos itens a seguir.

a) Qual a tese de direito material a ser alegada em eventual recurso defensivo para evitar a punição de Maria pelo crime pelo qual foi denunciada? Justifique. (Valor: 0,65)
b) Qual a medida que deve ser adotada na busca da liberdade imediata de Maria e com qual fundamento? Justifique. (Valor: 0,60)

Obs.: o examinando deve fundamentar suas respostas. A mera citação do dispositivo legal não confere pontuação.

88. **(FGV/OAB XXI)** Paulo e Júlio, colegas de faculdade, comemoravam juntos, na cidade de São Gonçalo, o título obtido pelo clube de futebol para o qual o primeiro torce. Não obstante o clima de confraternização, em determinado momento, surgiu um entrevero entre eles, tendo Júlio desferido um tapa no rosto de Paulo. Apesar da pouca intensidade do golpe, Paulo vem a falecer no hospital da cidade, tendo a perícia constatado que a morte decorreu de uma fatalidade, porquanto, sem que fosse do conhecimento de qualquer pessoa, Paulo tinha uma lesão pretérita em uma artéria, que foi violada com aquele tapa desferido por Júlio e causou sua morte. O órgão do Ministério Público, em atuação exclusivamente perante o Tribunal do Júri da Comarca de São Gonçalo, denunciou Júlio pelo crime de lesão corporal seguida de morte (Art. 129, § 3°, do CP).

Considerando a situação narrada e não havendo dúvidas em relação à questão fática, responda, na condição de advogado(a) de Júlio:

a) É competente o juízo perante o qual Júlio foi denunciado? Justifique. (Valor: 0,65)
b) Qual tese de direito material poderia ser alegada em favor de Júlio? Justifique. (Valor: 0,60)

Obs.: o(a) examinando(a) deve fundamentar as respostas. A mera citação do dispositivo legal não confere pontuação.

89. **(FGV/OAB XXI)** No dia 03 de março de 2016, Vinícius, reincidente específico, foi preso em flagrante em razão da apreensão de uma arma de fogo, calibre .38, de uso permitido, número de série identificado, devidamente municiada, que estava em uma gaveta dentro de seu local de trabalho, qual seja, o estabelecimento comercial "Vinícius House", do qual era sócio-gerente e proprietário. Denunciado pela prática do crime do Artigo 14 da Lei n. 10.826/2003, confessou os fatos, afirmando que mantinha a arma em seu estabelecimento para se proteger de possíveis assaltos. Diante da prova testemunhal e da confissão do acusado, o Ministério Público pleiteou a condenação nos termos da denúncia em alegações finais, enquanto a defesa afirmou que o delito do Art. 14 do Estatuto do Desarmamento não foi praticado, também destacando a falta de prova da materialidade.

Após manifestação das partes, houve juntada do laudo de exame da arma de fogo e das munições apreendidas, constatando-se o potencial lesivo do material, tendo o magistrado, de imediato, proferido sentença condenatória pela imputação contida na denúncia, aplicando a pena mínima de 02 anos de reclusão e 10 dias-multa. O advogado de Vinícius é intimado da sentença e apresentou recurso de apelação.

Considerando apenas as informações narradas, responda na condição de advogado(a) de Vinicius:

a) Qual requerimento deveria ser formulado em sede de apelação e qual tese de direito processual poderia ser alegada para afastar a sentença condenatória proferida em primeira instância? Justifique. (Valor: 0,65)

b) Confirmados os fatos, qual tese de direito material poderia ser alegada para buscar uma condenação penal mais branda em relação ao quantum de pena para Vinicius? Justifique. (Valor: 0,60)

Obs.: o(a) examinando(a) deve fundamentar as respostas. A mera citação do dispositivo legal não confere pontuação.

90. **(FGV/OAB XXI)** Mário foi surpreendido por uma pessoa que, mediante ameaça verbal de morte, subtraiu seu celular. No dia seguinte, quando passava pelo mesmo local, avistou Paulo e o reconheceu como sendo a pessoa que o roubara no dia anterior. Levado para a delegacia, Paulo admitiu ter subtraído o celular de Mário mediante grave ameaça, mas alegou que estava em estado de necessidade. O celular não foi recuperado e Paulo foi liberado em razão da ausência da situação de flagrante. Oferecida a denúncia pela prática do delito de roubo, Paulo foi pessoalmente citado e manifestou interesse em ser assistido pela Defensoria Pública.

No curso da instrução, a vítima, única testemunha arrolada pelo Ministério Público, não foi localizada, assim como Paulo nunca compareceu em juízo, sendo decretada sua revelia. A pretensão punitiva foi acolhida nos termos do pedido inicial, tendo o juiz fundamentado seu convencimento no que foi dito pelo lesado e pelo acusado na fase extrajudicial, aumentando a pena-base pelo fato de o agente ter ameaçado de morte o ofendido e deixando de reconhecer a atenuante da confissão espontânea porque qualificada.

Considerando apenas as informações narradas, responda, na condição de advogado(a) de Paulo, aos itens a seguir.

a) Qual a tese jurídica a ser apresentada nas razões de apelação de modo a buscar a absolvição de Paulo? Justifique. (Valor: 0,65)

b) Quais as teses jurídicas a serem apresentadas em sede de apelação de modo a buscar a redução da pena aplicada, caso mantida a condenação? Justifique. (Valor: 0,60)

Obs.: o(a) examinando(a) deve fundamentar as respostas. A mera citação do dispositivo legal não confere pontuação.

91. **(FGV/OAB XXI)** Diana, primária e de bons antecedentes, em dificuldades financeiras, com inveja das amigas que exibiam seus automóveis recém-adquiridos, resolve comprar joias em loja localizada no Município de Campinas, para usar em uma festa de comemoração de 10 anos de formatura da faculdade. Em razão de sua situação, todavia, no momento do pagamento, entrega no estabelecimento um cheque sem provisão de fundos. Quando a proprietária da loja deposita o cheque, é informada, na cidade de Santos, pelo banco sacado, que inexistiam fundos suficientes, havendo recusa de pagamento, razão pela qual comparece em sede policial na localidade de sua residência, uma cidade do Estado de São Paulo, para narrar o ocorrido.

Convidada a comparecer em sede policial para esclarecer o ocorrido, Diana confirma a emissão do cheque sem provisão de fundos, mas efetua, de imediato, o pagamento do valor devido à proprietária do estabelecimento comercial.

Posteriormente, a autoridade policial elabora relatório conclusivo e encaminha o inquérito ao Ministério Público, que oferece denúncia em face de Diana como incursa nas sanções do Art. 171, § 2°, VI, do Código Penal.

Considerando a situação narrada, na condição de advogado(a) de Diana, responda aos itens a seguir.

a) Existe argumento a ser apresentado em favor de Diana para evitar, de imediato, o prosseguimento da ação penal? Em caso positivo, indique; em caso negativo, justifique. (Valor: 0,65)

b) De acordo com a jurisprudência do Supremo Tribunal Federal, qual será o foro competente para julgamento do crime imputado a Diana? Justifique. (Valor: 0,60)

Obs.: o(a) examinando(a) deve fundamentar as respostas. A mera citação do dispositivo legal não confere pontuação.

92. **(FGV/OAB XXII)** Chegou ao Ministério Público denúncia de pessoa identificada apontando Cássio como traficante de drogas. Com base nessa informação, entendendo haver indícios de autoria e não havendo outra forma de obter prova do crime, a autoridade policial representou pela interceptação da linha telefônica que seria utilizada por Cássio e que fora mencionada na denúncia recebida, tendo o juiz da comarca deferido a medida pelo prazo inicial de 30 dias.

Nas conversas ouvidas, ficou certo que Cássio havia adquirido certa quantidade de cocaína, pela primeira vez, para ser consumida por ele, juntamente com seus amigos Pedro e Paulo, na comemoração de seu aniversário, no dia seguinte. Diante dessa prova, policiais militares obtiveram ordem judicial e chegaram à casa de Cássio quando este consumia e oferecia a seus amigos os seis papelotes de cocaína para juntos consumirem. Cássio, portador de maus antecedentes, foi preso em flagrante e autuado pela prática do crime de tráfico, sendo, depois, denunciado como incurso nas penas do art. 33, *caput*, da Lei n. 11.343/2006. Considerando os fatos narrados, responda, na qualidade de advogado(a) de Cássio, aos itens a seguir.

a) Qual a tese de direito processual a ser suscitada para afastar a validade da prova obtida? (Valor: 0,65)

b) Reconhecidos como verdadeiros os fatos narrados, qual a tese de direito material a ser alegada para tornar menos gravosa a tipificação da conduta de Cássio? (Valor: 0,60)

Obs.: o(a) examinando(a) deve fundamentar suas respostas. A mera citação do dispositivo legal não confere pontuação.

93. **(FGV/OAB XXII)** Em inquérito policial, Antônio é indiciado pela prática de crime de estupro de vulnerável, figurando como vítima Joana, filha da grande amiga da Promotora de Justiça Carla, que, inclusive, aconselhou a família sobre como agir diante do ocorrido. Segundo consta do inquérito, Antônio encontrou Joana durante uma festa de música eletrônica e, após conversa em que Joana afirmara que cursava a Faculdade de Direito, foram para um motel onde mantiveram relações sexuais, vindo Antônio, posteriormente, a tomar conhecimento de que Joana tinha apenas 13 anos de idade. Recebido o inquérito concluído, Carla oferece denúncia em face de Antônio, imputando-lhe a prática do crime previsto no art. 217-A do Código Penal, ressaltando a jurisprudência do Supremo Tribunal

Federal no sentido de que, para a configuração do delito, não se deve analisar o passado da vítima, bastando que a mesma seja menor de 14 anos. Considerando a situação narrada, na condição de advogado(a) de Antônio, responda aos itens a seguir.

a) Existe alguma medida a ser apresentada pela defesa técnica para impedir Carla de participar do processo? Justifique. (Valor: 0,60)

b) Qual a principal alegação defensiva de direito material a ser apresentada em busca da absolvição do denunciado? Justifique. (Valor: 0,65)

Obs.: o(a) examinando(a) deve fundamentar suas respostas. A mera citação do dispositivo legal não confere pontuação.

94. **(FGV/OAB XXII)** Na cidade de Porto Alegre, no Rio Grande do Sul, Maurício iniciou a execução de determinada contravenção penal que visava atingir e gerar prejuízo em detrimento de patrimônio de entidade autárquica federal, mas a infração penal não veio a se consumar por circunstâncias alheias à sua vontade. Ao tomar conhecimento dos fatos, o Ministério Público dá início a procedimento criminal perante juízo do Tribunal Regional Federal com competência para atuar no local dos fatos, imputando ao agente a prática da contravenção penal em sua modalidade tentada, oferecendo, desde já, proposta de transação penal. Maurício conversa com sua família e procura um(a) advogado(a) para patrocinar seus interesses, destacando que não tem interesse em aceitar transação penal, suspensão condicional do processo ou qualquer outro benefício despenalizador. Com base apenas nas informações narradas e na condição de advogado(a) de Maurício, responda:

a) Considerando que a contravenção penal causaria prejuízo ao patrimônio de entidade autárquica federal, o órgão perante o qual o procedimento criminal foi iniciado é competente para julgamento da infração penal imputada? Justifique. (Valor: 0,65)

b) Qual argumento de direito material deverá ser apresentado para evitar a punição de Maurício? Justifique. (Valor: 0,60)

Obs.: o examinando deve fundamentar suas respostas. A mera citação do dispositivo legal não confere pontuação.

95. **(FGV/OAB XXII)** Diego e Júlio caminham pela rua, por volta das 21h, retornando para suas casas após mais um dia de aula na faculdade, quando são abordados por Marcos, que, mediante grave ameaça de morte e utilizando simulacro de arma de fogo, exige que ambos entreguem as mochilas e os celulares que carregavam.

Após os fatos, Diego e Júlio comparecem em sede policial, narram o ocorrido e descrevem as características físicas do autor do crime. Por volta das 5h da manhã do dia seguinte, policiais militares em patrulhamento se deparam com Marcos nas proximidades do local do fato e verificam que ele possuía as mesmas características físicas do roubador. Todavia, não são encontrados com Marcos quaisquer dos bens subtraídos, nem o simulacro de arma de fogo. Ele é encaminhado para a Delegacia e, tendo-se verificado que era triplamente reincidente na prática de crimes patrimoniais, a autoridade policial liga para as residências de Diego e Júlio, que comparecem em sede policial e, em observância de todas as formalidades legais, realizam o reconhecimento de Marcos como responsável pelo assalto. O Delegado, então, lavra auto de prisão em flagrante em desfavor de Marcos, permanecendo este preso, e o indicia pela prática do crime previsto no art. 157, *caput*, do Código Penal, por duas vezes, na forma do art. 69 do Código Penal.

Diante disso, Marcos liga para seu advogado para informar sua prisão. Este comparece, imediatamente, em sede policial, para acesso aos autos do procedimento originado do Auto de Prisão em Flagrante. Considerando apenas as informações narradas, na condição de advogado de Marcos, responda, de acordo com a jurisprudência dos Tribunais Superiores, aos itens a seguir.

a) Qual requerimento deverá ser formulado, de imediato, em busca da liberdade de Marcos e sob qual fundamento? Justifique. (Valor: 0,65)

b) Oferecida denúncia na forma do indiciamento, qual argumento de direito material poderá ser apresentado pela defesa para questionar a capitulação delitiva constante da nota de culpa, em busca de uma punição mais branda? Justifique. (Valor: 0,60)

Obs.: o(a) examinando(a) deve fundamentar suas respostas. A mera citação do dispositivo legal não confere pontuação.

96. **(FGV/OAB XXIII)** José Barbosa, nascido em 11.03.1998, caminhava para casa após sair da faculdade, às 11h da manhã, no dia 07.03.2016, quando se deparou com Daniel, ex-namorado de sua atual companheira, conversando com esta. Em razão de ciúmes, retirou a faca que trazia na mochila e aplicou numerosas facadas no peito de Daniel, com a intenção de matá-lo. Daniel recebeu pronto atendimento médico, foi encaminhado para um hospital de Niterói, mas faleceu 05 dias após os golpes de faca.

Já no dia 08.03.2016, policiais militares, informados sobre o fato ocorrido no dia anterior, comparecem à residência de José Barbosa, já que um dos agentes da lei era seu vizinho. Apesar de não ter ninguém em casa, a janela estava aberta, e os policiais puderam ver seu interior, verificando que havia uma faca suja de sangue escondida junto ao sofá. Diante disso, para evitar que José Barbosa desaparecesse com a arma utilizada, ingressaram no imóvel e apreenderam a arma branca, que foi devidamente apresentada pela autoridade policial.

Com base na prova produzida a partir da apreensão da faca, o Ministério Público oferece denúncia em face de José Barbosa, imputando-lhe a prática do crime de homicídio consumado.

Considerando a situação narrada, na condição de advogado(a) de José Barbosa, responda aos itens a seguir.

a) Qual argumento a ser apresentado pela defesa técnica do denunciado para combater a prova decorrente da apreensão da faca? Justifique. (Valor: 0,65)

b) Existe argumento de direito material a ser apresentado em favor de José Barbosa para evitar o prosseguimento da ação penal? Justifique. (Valor: 0,60)

Obs.: o(a) examinando(a) deve fundamentar suas respostas. A mera citação ou transcrição do dispositivo legal não confere pontuação.

97. **(FGV/OAB XXIII)** Gabriel, condenado pela prática do crime de porte de arma de fogo de uso restrito, obteve livramento condicional quando restava 01 ano e 06 meses de pena privativa de liberdade a ser cumprida. No curso do livramento condicional, após 06 meses da obtenção do benefício, vem Gabriel a ser novamente condenado, definitivamente, pela prática de crime de roubo, que havia sido praticado antes mesmo do delito de porte de arma de fogo, mas cuja instrução foi prolongada.

Diante da nova condenação, o magistrado competente revogou o livramento condicional concedido e determinou que Gabriel deve cumprir aquele 01 ano e 06 meses de pena restante quando da obtenção do livramento em relação ao crime de porte, além da nova sanção imposta em razão do roubo.

Considerando a situação narrada, na condição de advogado(a) de Gabriel, responda aos itens a seguir.

a) Qual o recurso cabível da decisão do magistrado que revogou o benefício do livramento condicional e determinou o cumprimento da pena restante quando da obtenção do benefício? É cabível juízo de retratação em tal modalidade recursal? Justifique. (Valor: 0,65)

b) Qual argumento deverá ser apresentado pela defesa de Gabriel para combater a decisão do magistrado? Justifique. (Valor: 0,60)

Obs.: o(a) examinando(a) deve fundamentar suas respostas. A mera citação ou transcrição do dispositivo legal não confere pontuação.

98. **(FGV/OAB XXIII)** No dia 29 de dezembro de 2011, Cláudio, 30 anos, profissional do ramo de informática, invadiu dispositivo informático alheio, mediante violação indevida de mecanismo de segurança, com o fim de obter informações pessoais de famoso ator da televisão brasileira, sem autorização do titular do dispositivo. Após longa investigação e representação da vítima, o fato e a autoria de Cláudio foram identificados no ano de 2014, vindo o autor a ser indiciado e, posteriormente, oferecida pelo Ministério Público proposta de transação penal em razão da prática do crime do art. 154-A do Código Penal, dispositivo este incluído pela Lei n. 12.737/2012. Cláudio aceitou a proposta de transação penal, mas, em julho de 2015, interrompeu o cumprimento das condições impostas. Temeroso em razão de sua conduta, Cláudio procura seu advogado, informando que não justificou o descumprimento e, diante disso, o Ministério Público ofereceu denúncia por aquele delito, tendo o juiz competente recebido a inicial acusatória em agosto de 2015.

Considerando apenas as informações narradas, esclareça, na condição de advogado(a) prestando consultoria jurídica para Cláudio, os seguintes questionamentos.

a) De acordo com a jurisprudência do Supremo Tribunal Federal, é possível a revogação do benefício da transação penal pelo descumprimento das condições impostas, com posterior oferecimento de denúncia? Justifique. (Valor: 0,65)

b) Os fatos praticados por Cláudio, de fato, permitem sua responsabilização penal pelo crime do art. 154-A do Código Penal? Justifique. (Valor: 0,60)

Obs.: o(a) examinando(a) deve fundamentar suas respostas. A mera citação ou transcrição do dispositivo legal não confere pontuação.

99. **(FGV/OAB XXIII)** Manoel conduzia sua bicicleta, levando em seu colo, sem qualquer observância às regras de segurança, seu filho de 02 anos de idade. Para tornar o passeio do filho mais divertido, Manoel pedalava em alta velocidade, quando, em determinado momento, perdeu o controle da bicicleta e caiu, vindo seu filho a bater a cabeça e falecer de imediato. Após ser instaurado procedimento para investigar os fatos, a perícia constata que, de fato, Manoel estava em alta velocidade e não havia qualquer segurança para o filho em seu colo. O Ministério Público oferece denúncia em face de Manoel, imputando-lhe a prática do crime previsto no art. 121, §§ 3° e 4°, do Código Penal, já que a vítima era menor de 14 anos. Durante a instrução, todos os fatos são confirmados por diversos meios de prova.

Considerando apenas as informações narradas, responda, na qualidade de advogado(a) de Manoel, aos itens a seguir.

a) A capitulação delitiva realizada pelo Ministério Público está integralmente correta? Justifique. (Valor: 0,60)

b) Qual argumento a ser apresentado para evitar a punição de Manoel pelo crime de homicídio culposo? Justifique. (Valor: 0,65)

Obs.: o(a) examinando(a) deve fundamentar suas respostas. A mera citação ou transcrição do dispositivo legal não confere pontuação

100. **(FGV/OAB XXIV)** No dia 11.01.2016, Arnaldo, nascido em 01.02.1943, primário e de bons antecedentes, enquanto estava em um bar, desferiu pauladas na perna e socos na face de Severino, nascido em 30.03.1980, por acreditar que este demonstrara interesse amoroso em sua neta de apenas 16 anos. As agressões praticadas por Arnaldo geraram deformidade permanente em Severino, que, revoltado com o ocorrido, foi morar em outro estado.

Denunciado pela prática do crime do art. 129, § 2º, IV, do Código Penal, Arnaldo confessou em juízo, durante o interrogatório, as agressões; contudo, não foram acostados aos autos boletim de atendimento médico e exame de corpo de delito da vítima, que também não foi localizada para ser ouvida. As testemunhas confirmaram ter visto Arnaldo desferir um soco em Severino, mas não viram se da agressão resultou lesão.

Em sentença, diante da confissão, Arnaldo foi condenado a pena de 03 anos de reclusão, deixando o magistrado de substituir a pena privativa de liberdade por restritiva de direitos em virtude da violência.

Considerando a situação narrada, na condição de advogado(a) de Arnaldo, responda aos itens a seguir.

a) Em sede de recurso de apelação, qual argumento poderá ser apresentado em busca da absolvição de Arnaldo? Justifique. (Valor: 0,65)

b) Ainda em sede de apelação, existe algum benefício legal a ser requerido pela defesa de Arnaldo para evitar a execução da pena, caso sejam mantidas a condenação e a sanção penal imposta? Justifique. (Valor: 0,60)

Obs.: o(a) examinando(a) deve fundamentar as respostas. A mera citação do dispositivo legal não confere pontuação.

101. **(FGV/OAB XXIV)** No dia 10 de setembro de 2014, Maria conversava na rua com amigas da escola, quando passou pelo local Túlio, jovem de 19 anos, que ficou interessado em conhecer Maria em razão da beleza desta. Um mês após se conhecerem e iniciarem um relacionamento, Túlio e Maria passaram a ter relações sexuais, apesar de Maria ter informado ao namorado que nascera em 09 de julho de 2001. Ao tomar conhecimento dos fatos, o Ministério Público denunciou Túlio pela prática do crime do art. 217-A do Código Penal.

Após a instrução e juntada da carteira de identidade de Maria, na qual constava seu nascimento em 09 de julho de 2001, Túlio foi condenado nos termos da denúncia, tendo ocorrido o trânsito em julgado. Dois anos após a sentença condenatória, os pais de Maria procuram os familiares de Túlio e narram que se sentiam mal pelo ocorrido, porque sempre consideraram o condenado um bom namorado para a filha. Afirmaram, ainda, que autorizavam o namoro, porque, na verdade, consideravam sua filha uma jovem, já que ela nasceu em 09 de julho de 2000, mas somente foi registrada no ano seguinte, pois tinham o sonho de sua filha ser profissional do esporte e entenderam que o registro tardio a beneficiaria profissionalmente.

Diante de tais informações, em posse de fotografias que comprovam que Maria, de fato, nasceu em 09 de julho de 2000 e da retificação no registro civil, os familiares de Túlio procuram você na condição de advogado(a).

Na condição de advogado(a) de Túlio, considerando apenas as informações narradas, responda aos itens a seguir.

a) Diante do trânsito em julgado da sentença condenatória, existe medida judicial a ser apresentada em favor de Túlio, diferente de habeas corpus, em busca da desconstituição da sentença? Justifique e indique, em caso positivo. (Valor: 0,65)

b) Qual argumento de direito material deverá ser apresentado pelo(a) patrono(a) de Túlio em busca da desconstituição da sentença? Justifique. (Valor: 0,60)

Obs.: o(a) examinando(a) deve fundamentar as respostas. A mera citação do dispositivo legal não confere pontuação.

102. **(FGV/OAB XXIV)** Aroldo, Bernardo, Caio e David, que se conheceram em razão de todos exercerem a função de pintores de residências, durante diversas quartas-feiras do ano de 2015 encontravam-se na garagem da residência do primeiro para organizarem a prática de crimes de receptação simples. Com o objetivo de receber vantagem financeira, nos encontros, muito bem organizados e que ocorreram por mais de 06 meses, era definido como os crimes seriam realizados, havendo plena divisão de funções e tarefas entre os membros do grupo.

Um morador da região que tinha conhecimento dos encontros, apresenta notícia criminis à autoridade policial, mas informa que acredita que o grupo pretendia realizar a prática de roubos. Diante disso, instaurado o inquérito para apurar o crime de organização criminosa, o delegado de polícia determina diretamente, sem intervenção judicial, a infiltração de agentes de polícia no grupo, de maneira velada, para obtenção de provas. Ao mesmo tempo, realiza outros atos investigatórios e obtém, de forma autônoma, outras provas, que, de fato, confirmam a atividade do grupo; contudo, resta constatado que, verdadeiramente, a pretensão do grupo era apenas a prática de crimes de receptação simples.

Após a obtenção das provas necessárias, Aroldo, Bernardo, Caio e David são denunciados pela prática do crime previsto no art. 2° da Lei n. 12.850/2013.

Na condição de advogado(a) dos denunciados, considerando apenas as informações narradas, responda aos questionamentos a seguir.

a) A infiltração de agentes determinada pela autoridade policial foi válida? Justifique. (Valor: 0,65)

b) Qual o argumento de direito material a ser apresentado pela defesa em busca da não condenação dos denunciados da prática do crime imputado? Justifique. (Valor: 0,60)

Obs.: o(a) examinando(a) deve fundamentar as respostas. A mera citação do dispositivo legal não confere pontuação.

103. **(FGV/OAB XXIV)** Pablo, que possui quatro condenações pela prática de crimes com violência ou grave ameaça à pessoa, estava no quintal de sua residência brincando com seu filho, quando ingressa em seu terreno um cachorro sem coleira. O animal adota um comportamento agressivo e começa a tentar atacar a criança de 05 anos, que brincava no quintal com o pai. Diante disso, Pablo pega um pedaço de pau que estava no chão e desfere forte golpe na cabeça no cachorro, vindo o animal a falecer.

No momento seguinte, chega ao local o dono do cachorro, que, inconformado com a morte deste, chama a polícia, que realiza a prisão em flagrante de Pablo pela prática do crime do art. 32 da Lei n. 9.605/98. Os fatos acima descritos são integralmente confirmados no inquérito pelas testemunhas. Considerando que Pablo é multirreincidente na prática de crimes graves, o Ministério Público se manifesta pela conversão do flagrante em preventiva, afirmando o risco à ordem pública pela reiteração delitiva.

Considerando as informações narradas, na condição de advogado(a) de Pablo, que deverá se manifestar antes da decisão do magistrado quanto ao requerimento do Ministério Público, responda aos itens a seguir.

a) Qual pedido deverá ser formulado pela defesa de Pablo para evitar o acolhimento da manifestação pela conversão da prisão em flagrante em preventiva? Justifique. (Valor: 0,60)

b) Sendo oferecida denúncia, qual argumento de direito material poderá ser apresentado em busca da absolvição de Pablo? Justifique. (Valor: 0,65)

Obs.: o(a) examinando(a) deve fundamentar as respostas. A mera citação do dispositivo legal não confere pontuação.

104. (FGV/OAB XXV) Lucas, jovem de 22 anos, primário, foi denunciado pela prática do crime de extorsão simples, tendo o magistrado, em 05.05.2016, recebido a denúncia e decretado a prisão preventiva do acusado. Cumprido o mandado de prisão no dia seguinte, Lucas permaneceu acautelado durante toda a instrução de seu processo, vindo a ser condenado, em 24 de janeiro de 2017, à pena de 04 anos e 03 meses de reclusão, além de 12 dias-multa, sendo certo que o aumento da pena-base foi fundamentado de maneira correta pelo magistrado em razão das circunstâncias do crime. Foi, ainda, aplicado o regime semiaberto para início do cumprimento da sanção, exclusivamente diante do quantum de pena aplicada, e o valor do dia-multa foi fixado em 3 vezes o salário mínimo, em razão das circunstâncias do fato.

Apesar de não se opor à condenação, nem à pena aplicada, Lucas, ainda preso, pergunta a seu advogado sobre a possibilidade de recurso para aplicação de regime de cumprimento de pena menos gravoso, ainda que mantido o quantum de pena. Também informa ao patrono que não tem condições de arcar com a multa aplicada, pois mora em comunidade carente e recebia, antes dos fatos, remuneração de meio salário mínimo pela prestação de serviços informais.

Considerando apenas as informações narradas, na condição de advogado de Lucas, responda aos itens a seguir.

a) Qual o argumento a ser formulado em sede de recurso para alteração do regime prisional de início de cumprimento de pena aplicado, mantida a pena final em 04 anos e 03 meses de reclusão? Justifique. (Valor: 0,65)

b) Qual argumento a ser apresentado em sede de recurso em busca da redução do valor do dia-multa aplicado? Justifique. (Valor: 0,60) Obs.: o(a) examinando(a) deve fundamentar as respostas. A mera citação do dispositivo legal não confere pontuação.

105. (FGV/OAB XXV) Rodrigo, pela primeira vez envolvido com o aparato judicial, foi condenado definitivamente, pela prática do crime de rixa, ao pagamento de pena exclusivamente de multa. Para pensar sobre as consequências de seu ato, vai para local que acredita ser deserto, onde há uma linda lagoa. Ao chegar ao local, após longa caminhada, depara-se com uma criança, sozinha, banhando-se, mas verifica que ela tem dificuldades para deixar a água e, então, começa a se afogar. Apesar de ter conhecimento sobre a situação da criança, Rodrigo nada faz, pois não sabia nadar, logo acreditando que não era possível prestar assistência sem risco pessoal. Ao mesmo tempo, o local era isolado e não havia autoridades públicas nas proximidades, além de Rodrigo estar sem celular ou outro meio de comunicação para avisar sobre a situação. Cerca de 10 minutos depois, chega ao local Marcus, que, ao ver o corpo da criança na lagoa, entra na água e retira a criança já falecida. Nesse momento, Rodrigo verifica que a lagoa não era profunda e que a água bateria na altura de sua cintura, não havendo risco pessoal para a prestação da assistência.

Após a perícia constatar a profundidade da lagoa, Rodrigo é denunciado pela prática do crime previsto no art. 135, parágrafo único, do Código Penal. Não houve composição dos danos civis, e o Ministério Público não ofereceu proposta de transação penal, sob o argumento de que havia vedação legal diante da condenação de Rodrigo pela prática do crime de rixa.

Considerando apenas as informações narradas, responda, na condição de advogado(a) de Rodrigo, aos itens a seguir.

a) Existe argumento a ser apresentado pela defesa para combater o fundamento utilizado pelo Ministério Público para não oferecer proposta de transação penal? Justifique. (Valor: 0,60)

b) Qual argumento de direito material poderia ser apresentado em busca da absolvição do denunciado? Justifique. (Valor: 0,65)

Obs.: o(a) examinando(a) deve fundamentar as respostas. A mera citação do dispositivo legal não confere pontuação.

106. (FGV/OAB XXV) Na cidade de Goiânia funciona a boate Noite Cheia, onde ocorrem shows de música ao vivo toda sexta-feira. Em razão da grande quantidade de frequentadores, os proprietários João e Maria estabeleceram que somente poderia ingressar na boate aquele que colocasse o nome na lista de convidados, até 24 horas antes do evento. Em determinada sexta-feira, Eduardo, morador de São Paulo, comparece ao local com a intenção de assistir ao show, mas foi informado sobre a impossibilidade de ingresso, já que seu nome não constava na lista. Pretendendo ingressar ainda assim, Eduardo ofereceu vantagem indevida, qual seja, R$ 500,00, a Natan, integrante da segurança privada do evento, em troca de este permitir seu ingresso no local sem que os proprietários soubessem. Ocorre que a conduta foi filmada pelas câmeras de segurança e, de imediato, Natan recusou a vantagem, sendo Eduardo encaminhado à Delegacia mais próxima.

O Ministério Público ofereceu denúncia em face de Eduardo pela prática do crime de corrupção ativa consumada, previsto no art. 333 do Código Penal. Durante a instrução, foi expedida carta precatória para determinada cidade de Minas Gerais, para oitiva de Natan, única testemunha, tendo em vista a mudança de endereço residencial do antigo segurança do estabelecimento, não sendo a defesa de Eduardo intimada do ato, uma vez que consta expressamente do Código de Processo Penal que a expedição de carta precatória não suspende o feito. Após o interrogatório, a defesa de Eduardo é intimada a apresentar alegações finais.

Considerando as informações narradas, na condição de advogado(a) de Eduardo, responda aos itens a seguir.

a) Para questionar a prova testemunhal produzida durante a instrução, qual o argumento de direito processual a ser apresentado pela defesa? Justifique. (Valor: 0,65)

b) Em busca da absolvição de Eduardo pelo delito imputado, qual o argumento de direito material a ser apresentado? Justifique. (Valor: 0,60)

Obs.: o(a) examinando(a) deve fundamentar as respostas. A mera citação do dispositivo legal não confere pontuação.

107. (FGV/OAB XXV) Vitor, 23 anos, decide emprestar sua motocicleta, que é seu instrumento de trabalho, para seu pai, Francisco, 45 anos, por um mês, já que este se encontrava em dificuldade financeira. Após o prazo do empréstimo, Vitor, que não residia com Francisco, solicitou a devolução da motocicleta, mas este se recusou a devolver e passou a atuar como se proprietário do bem fosse, inclusive anunciando sua venda.

Diante do registro dos fatos em sede policial, o Ministério Público ofereceu denúncia em face de Francisco, imputando-lhe a prática do crime previsto no art. 168, § 1º, II, do Código Penal. Após a confirmação dos fatos em juízo e a juntada da Folha de Antecedentes Criminais sem qualquer outra anotação, o magistrado julgou parcialmente procedente a pretensão punitiva, afastando a causa de aumento, mas condenando Francisco, pela prática do crime de apropriação indébita simples, à pena mínima prevista para o delito em questão (01 ano), substituindo a pena privativa de liberdade por restritiva de direito.

Considerando apenas as informações narradas no enunciado, na condição de advogado(a) de Francisco, responda aos itens a seguir.

a) Para combater a decisão do magistrado, que, após afastar a causa de aumento, imediatamente decidiu por condenar o réu pela prática do crime de apropriação indébita simples, qual argumento de direito processual poderia ser apresentado? Justifique. (Valor: 0,60)

b) Qual argumento de direito material, em sede de apelação, poderia ser apresentado em busca de evitar a punição de Francisco? Justifique. (Valor: 0,65)

Obs.: o(a) examinando(a) deve fundamentar as respostas. A mera citação do dispositivo legal não confere pontuação.

108. **(FGV/OAB XXVI)** Insatisfeito com a atividade do tráfico em determinado condomínio de residências, em especial em razão da venda de drogas de relevante valor, o juiz da comarca autorizou, após requerimento do Ministério Público, a realização de busca e apreensão em todas as centenas de residências do condomínio, sem indicar o endereço de cada uma delas, apesar de estas serem separadas e identificadas, sob o argumento da existência de informações de que, no interior desse condomínio, haveria comercialização de drogas e que alguns dos moradores estariam envolvidos na conduta.

Com base nesse mandado, a Polícia Civil ingressou na residência de Gabriel, 22 anos, sendo apreendidos, no interior de seu imóvel, 15 g de maconha, que, de acordo com Gabriel, seriam destinados a uso próprio. Após denúncia pela prática do crime do art. 28 da Lei n. 11.343/2006, em razão de anterior condenação definitiva pela prática do mesmo delito, o que impossibilitaria a aplicação de institutos despenalizadores, foi aplicada a Gabriel a sanção de cumprimento de 10 meses de prestação de serviços à comunidade.

Intimado da condenação e insatisfeito, Gabriel procura um advogado para consulta técnica, esclarecendo não ter interesse em cumprir a medida aplicada de prestação de serviços à comunidade.

Considerando apenas as informações narradas, na condição de advogado de Gabriel, esclareça os itens a seguir.

a) Qual o argumento de direito processual a ser apresentado em sede de recurso para questionar a apreensão das drogas na residência de Gabriel? Justifique. (Valor: 0,60)

b) Em caso de descumprimento, por Gabriel, da medida de prestação de serviços à comunidade imposta na sentença condenatória pela prática do crime do art. 28 da Lei n. 11.343/2006, poderá esta ser convertida em pena privativa de liberdade? Justifique. (Valor: 0,65)

Obs.: o(a) examinando(a) deve fundamentar as respostas. A mera citação do dispositivo legal não confere pontuação.

109. **(FGV/OAB XXVI)** Arthur, Adriano e Junior, insatisfeitos com a derrota do seu time de futebol, saíram à rua, após a partida, fazendo algazarra na companhia de Roberto, que não gostava de futebol. Durante o ato, depararam com Pedro, que vestia a camisa do time rival; simplesmente por isso, Arthur, Adriano e Junior passaram a agredi-lo, tendo ficado Roberto à distância por não concordar com o ato e não ter intenção de conferir cobertura aos colegas.

Em razão dos atos de agressão, o celular de Pedro veio a cair no chão, momento em que Roberto, aproveitando-se da situação, subtraiu o bem e empreendeu fuga. Com a chegada de policiais, Arthur, Adriano e Junior empreenderam fuga, mas Roberto veio a ser localizado pouco tempo depois na posse do bem subtraído e de seu próprio celular.

Diante das lesões causadas na vítima, Roberto foi denunciado pela prática do crime de roubo majorado pelo concurso de agentes e teve sua prisão em flagrante convertida em preventiva. Na instrução, as testemunhas confirmaram integralmente os fatos, assim como Roberto reiterou o acima narrado. A família de Roberto, então, procura você para, na condição de advogado(a), adotar as medidas cabíveis, antes da sentença, apresentando nota fiscal da compra do celular de Roberto.

Considerando apenas as informações narradas, responda, na condição de advogado(a) de Roberto, aos itens a seguir.

a) Existe requerimento a ser formulado pela defesa para reaver, de imediato, o celular de Roberto? Justifique. (Valor: 0,60)

b) Confessados por Roberto os fatos acima narrados, existe argumento de direito material a ser apresentado em busca da não condenação pelo crime imputado? Justifique. (Valor: 0,65)

Obs.: o(a) examinando(a) deve fundamentar as respostas. A mera citação do dispositivo legal não confere pontuação.

110. **(FGV/OAB XXVI)** Flávio está altamente sensibilizado com o fato de que sua namorada de infância faleceu. Breno, não mais aguentando ver Flávio sofrer, passa a incentivar o amigo a dar fim à própria vida, pois, assim, nas palavras de Breno, ele "novamente estaria junto do seu grande amor."

Diante dos incentivos de Breno, Flávio resolve pular do seu apartamento, no 4° andar do prédio, mas vem a cair em um canteiro de flores, sofrendo apenas arranhões leves no braço. Descobertos os fatos, Breno é denunciado pela prática do crime previsto no art. 122 do Código Penal, na forma consumada, já que ele incentivou Flávio a se suicidar.

Recebida a denúncia, o juiz, perante a Vara Única da Comarca onde os fatos ocorreram, determina que seja observado o procedimento comum ordinário. Durante a instrução, todos os fatos anteriormente narrados são confirmados. Os autos são encaminhados para as partes para apresentação de alegações finais.

A família de Breno procura você para, na condição de advogado(a), prestar os esclarecimentos a seguir.

a) O procedimento observado durante a ação penal em desfavor de Breno foi o adequado? Justifique. (Valor: 0,60)

b) Qual o argumento a ser apresentado pela defesa técnica para questionar a capitulação delitiva realizada pelo Ministério Público? Justifique. (Valor: 0,65)

Obs.: o(a) examinando(a) deve fundamentar as respostas. A mera citação do dispositivo legal não confere pontuação.

✖ (Questão desatualizada a partir da entrada em vigor da Lei 13.968/19)

111. **(FGV/OAB XXVI)** Larissa, revoltada com o comportamento de Renata, ex-namorada de seu companheiro, foi, em 20 de julho de 2017, até a rua em que esta reside. Verificando que o automóvel de Renata estava em via pública, Larissa quebra o vidro dianteiro do veículo, exatamente com a intenção de deteriorar coisa alheia. Na manhã seguinte, Renata constatou o dano causado ao seu carro, mas não identificou, em um primeiro momento, quem seria o autor do crime. Solicitou, então, a instauração de inquérito policial, em 25 de julho de 2017. Após diligências, foi identificado, em 23 de outubro de 2017, que

Larissa seria a autora do fato e que o prejuízo era de R$ 150,00, tendo sido a informação imediatamente passada à vítima Renata.

Com viagem marcada, Renata somente procurou seu advogado em 21 de fevereiro de 2018, informando sobre o interesse em apresentar queixa-crime em face da autora dos fatos. Assim, o advogado de Renata apresentou queixa- crime em face de Larissa, imputando o crime do art. 163, *caput*, do Código Penal, em 28 de fevereiro de 2018, perante o Juizado Especial Criminal competente, tendo sido proferida decisão pelo magistrado de rejeição da queixa, em razão da decadência, em 07.03.2018. A defesa técnica é intimada da decisão.

Considerando as informações narradas, na condição de advogado(a) de Renata, responda aos itens a seguir.

a) Qual o recurso cabível da decisão de rejeição da queixa-crime apresentada por Renata? Indique o fundamento legal e o prazo de interposição. (Valor: 0,65)

b) Qual o argumento para combater o mérito da decisão do magistrado de rejeição da denúncia? Justifique. (Valor: 0,60)

Obs.: o(a) examinando(a) deve fundamentar as respostas. A mera citação do dispositivo legal não confere pontuação.

112. **(FGV/OAB XXVII)** Rafael subtraiu, mediante grave ameaça, coisa alheia móvel de Joana juntamente com outro indivíduo não identificado e com restrição da liberdade da vítima. Foi, então, denunciado pela prática do crime previsto no art. 157, § 2º, incisos II e V, do Código Penal.

Durante a instrução, quando da oitiva da vítima, esta mencionou que todos os fatos foram presenciados, de longe, por sua amiga Carla, não tendo ela contado em momento anterior para preservar a amiga. Diante dessa menção, o advogado de Rafael requereu ao juízo a oitiva da testemunha Carla, mas o magistrado indeferiu o pedido sob o argumento de que, na resposta à acusação, foram arroladas testemunhas no número máximo permitido pela lei, de modo que não poderia a defesa acrescentar mais uma, apesar de reconhecer a conveniência da oitiva.

O advogado registrou seu inconformismo, foram ouvidas as testemunhas de defesa arroladas e foi realizado o interrogatório, em que o acusado negou o fato. Rafael foi condenado ao cumprimento da pena de 05 anos e 06 meses de reclusão, reconhecendo o magistrado o aumento de 3/8 na terceira fase de aplicação da pena exclusivamente em razão da existência de duas causas de aumento, não tendo a pena-base e a intermediária se afastado do mínimo legal.

Considerando as informações narradas, responda, na condição de advogado(a) de Rafael, na ocasião da apresentação de recurso de apelação:

a) qual argumento de direito processual poderia ser alegado em busca de desconstituir a sentença condenatória? Justifique. (Valor: 0,60)

b) qual argumento de direito material deverá ser apresentado em busca de redução da sanção penal aplicada? Justifique. (Valor: 0,65)

Obs.: o(a) examinando(a) deve fundamentar as respostas. A mera citação do dispositivo legal não confere pontuação.

113. **(FGV/OAB XXVII)** Em cumprimento de mandado de busca e apreensão, o oficial de justiça Jorge compareceu ao local de trabalho de Lucas, sendo encontradas, no interior do imóvel, duas armas de fogo de calibre .38, calibre esse considerado de uso permitido, devidamente municiadas, ambas com numeração suprimida. Em razão disso, Lucas foi preso em flagrante e denunciado pela prática de dois crimes previstos no art. 16, *caput*, da Lei 10.826/2003, em concurso material, sendo narrado que "Lucas, de forma livre e consciente, guardava, em seu local de trabalho, duas armas de fogo de calibre restrito, devidamente municiadas".

Após a instrução, em que os fatos foram confirmados, foi juntado o laudo confirmando o calibre .38 das armas de fogo, a capacidade de efetuar disparos, bem como que ambas tinham a numeração suprimida. As partes apresentaram alegações finais, e o magistrado, em sentença, considerando o teor do laudo, condenou Lucas pela prática de dois crimes previstos no art. 16, parágrafo único, inciso IV, da Lei n. 10.826/2003, em concurso formal.

Intimada a defesa técnica da sentença condenatória, responda, na condição de advogado(a) de Lucas, aos itens a seguir.

a) Qual o argumento de direito processual a ser apresentado em busca da desconstituição da sentença condenatória? Justifique. (Valor: 0,65)

b) Reconhecida a validade da sentença em segundo grau, qual o argumento de direito material a ser apresentado para questionar o mérito da sentença condenatória e, consequentemente, a pena aplicada? Justifique. (Valor: 0,60)

Obs.: o(a) examinando(a) deve fundamentar as respostas. A mera citação do dispositivo legal não confere pontuação.

114. **(FGV/OAB XXVII)** No interior de um coletivo, Alberto, João, Francisco e Ronaldo, até então desconhecidos, começaram a conversar sobre a crise financeira que assombra o país e sobre as dificuldades financeiras que estavam passando.

Em determinado momento da conversa, Alberto informa que tinha um conhecido seu, Lucas, com intenção de importar uma arma de fogo de significativo potencial ofensivo, que seria um fuzil de venda proibida no Brasil, mas que ele precisava da ajuda de outras pessoas para conseguir a importação. Diante da oferta em dinheiro pelo serviço específico, todos concordaram em participar do plano criminoso, sendo que Alberto iria ao exterior adquirir a arma, João alugaria um barco para trazer o material, Francisco auxiliaria junto à imigração brasileira para que a conduta não fosse descoberta e Ronaldo entregaria o material para Lucas, que era o mentor do plano.

Após toda a organização do grupo e divisão de tarefas, assustado com as informações veiculadas na mídia sobre as punições de crime de organização criminosa, Francisco comparece ao Ministério Público com seu advogado e indica a intenção de realizar delação premiada.

Participaram das negociações do acordo Francisco, sua defesa técnica, o membro do Ministério Público com atribuição e o juiz que seria competente para julgamento, sendo acordada a redução de 1/3 da pena em relação ao crime de organização criminosa.

Após ser denunciado junto com Alberto, João, Ronaldo e Lucas pela prática do crime de organização criminosa (art. 2°, da Lei n. 12.850/2013), Francisco contrata você, como novo(a) advogado(a), para patrocinar seus interesses.

Na condição de advogado(a) de Francisco, com base apenas nas informações narradas, esclareça os itens a seguir.

a) Considerando que aquela delação premiada não seria benéfica ao seu cliente, existe argumento a ser apresentado em busca de desconstituir o acordo celebrado quanto ao seu aspecto formal? Justifique. (Valor: 0,65)

b) Qual argumento de direito material deve ser apresentado para questionar a capitulação jurídica realizada pelo Ministério Público na denúncia? Justifique. (Valor: 0,60)

Obs.: o(a) examinando(a) deve fundamentar as respostas. A mera citação do dispositivo legal não confere pontuação.

115. **(FGV/OAB XXVII)** Revoltada com o fato de que sua melhor amiga Clara estaria se relacionando com seu ex-companheiro João, Maria a procurou e iniciou uma discussão.

Durante a discussão, Clara, policial militar, afirmou que, se Maria a xingasse novamente, ela a mataria gastando apenas uma munição da sua arma. Persistindo na discussão, Maria voltou a ofender Clara. Esta, então, abriu sua bolsa e pegou um bem de cor preta. Acreditando que Clara cumpriria sua ameaça, Maria desferiu um golpe na cabeça da rival, utilizando um pedaço de pau que estava no chão. A perícia constatou que o golpe foi a causa eficiente da morte de Clara. Posteriormente, também foi constatado que Clara, de fato, estava com sua arma de fogo na bolsa, mas que ela apenas pegara seu telefone celular para ligar para João.

Após denúncia pela prática do crime de homicídio qualificado e encerrada a instrução da primeira fase do procedimento do Tribunal do Júri, entendeu o magistrado por pronunciar Maria nos termos da inicial acusatória.

Com base nas informações expostas, responda, na condição de advogado(a) de Maria, aos itens a seguir.

a) Qual o recurso cabível da decisão proferida pelo magistrado? Caso tivesse ocorrido a impronúncia, o recurso pela parte interessada seria o mesmo? Justifique. (Valor: 0,65)

b) Qual a tese de direito material a ser apresentada em sede de recurso para combater a decisão de submeter a ré ao julgamento pelo Tribunal do Júri? Justifique. (Valor: 0,60)

Obs.: o(a) examinando(a) deve fundamentar as respostas. A mera citação do dispositivo legal não confere pontuação.

116. **(FGV/OAB XXVIII)** Matheus conduzia seu automóvel em alta velocidade. Em razão de manobra indevida, acabou por atropelar uma vítima, causando-lhe lesões corporais. Com a chegada da Polícia Militar, foi solicitado que Matheus realizasse exame de etilômetro (bafômetro); diante de sua recusa, foi informado pela autoridade policial, que comparecera ao local, que ele seria obrigado a realizar o exame para verificar eventual prática também do crime previsto no Art. 306 da Lei n. 9.503/97.

Diante da afirmativa da autoridade policial, Matheus, apesar de não desejar, viu-se obrigado a realizar o teste do bafômetro. Após conclusão do inquérito policial, com oitiva e representação da vítima, foi o feito encaminhado ao Ministério Público, que ofereceu denúncia imputando a Matheus apenas a prática do crime do Art. 303, da Lei n. 9.503/97, prosseguindo as investigações com relação ao crime do Art. 306 do mesmo diploma legal. Ainda na exordial acusatória, foi requerida a decretação da prisão preventiva de Matheus, pelo risco de reiteração delitiva, tendo em vista que ele seria reincidente específico, já que a única anotação constante de sua Folha de Antecedentes Criminais, para além do presente processo, seria a condenação definitiva pela prática de outro crime de lesão corporal culposa praticada na direção de veículo automotor. No recebimento da denúncia, o juiz competente decretou a prisão preventiva.

Considerando as informações narradas, na condição de advogado(a) de Matheus, responda aos itens a seguir.

a) Poderia Matheus ter sido obrigado a realizar o teste de bafômetro, conforme informado pela autoridade policial, mesmo diante de sua recusa? Justifique. (Valor: 0,60)

b) Qual requerimento deveria ser formulado, em busca da liberdade de Matheus, diante da decisão do magistrado, que decretou sua prisão preventiva em razão de sua reincidência? Justifique. (Valor: 0,65)

Obs.: o(a) examinando(a) deve fundamentar as respostas. A mera citação do dispositivo legal não confere pontuação.

117. **(FGV/OAB XXVIII)** Após regular processamento em que figurava na condição de réu solto, Hugo foi condenado pela prática de crime de apropriação indébita majorada ao cumprimento da pena de 01 ano e 06 meses de reclusão e 14 dias-multa, sendo reconhecida a agravante da reincidência, tendo em vista que foi juntada aos autos Folha de Antecedentes Criminais a demonstrar trânsito em julgado, no ano anterior ao da prática da apropriação indébita, de condenação pelo crime de lesão corporal dolosa, praticada no contexto de violência doméstica e familiar contra a mulher.

No momento da sentença, considerando a reincidência, o magistrado aplicou o regime inicial fechado de cumprimento da pena. Destacou, ainda, que, apesar de Hugo estar trabalhando e cuidando de filhos menores, não poderia substituir a pena privativa de liberdade por restritiva de direitos por expressa vedação legal no caso de reincidência dolosa.

Intimado da sentença, Hugo procura seu advogado para a adoção das medidas cabíveis.

Considerando apenas o narrado, na condição de advogado(a) de Hugo, responda aos questionamentos a seguir.

a) Diante da reincidência, de acordo com a jurisprudência do Superior Tribunal de Justiça, existe argumento a ser apresentado, em sede de recurso, em busca da aplicação de regime inicial mais benéfico de cumprimento de pena? Justifique. (Valor: 0,65)

b) É possível, em sede de recurso, buscar a substituição da pena privativa de liberdade por restritiva de direitos? Justifique. (Valor: 0,60)

Obs.: o(a) examinando(a) deve fundamentar as respostas. A mera citação do dispositivo legal não confere pontuação.

118. **(FGV/OAB XXVIII)** Leal cumpre pena em regime semiaberto após condenação definitiva pela prática de crime de lesão corporal seguida de morte, ocasião em que foi aplicada pena de 06 anos de reclusão. Após permanecer 11 meses da pena aplicada em regime semiaberto e considerando que trabalhou com autorização judicial, fora do estabelecimento penitenciário, em "serviço extramuros", por 120 dias, pretende a obtenção de progressão para o regime aberto. Diante disso, em visita realizada pela defesa técnica, demonstra sua intenção para o advogado, informando que não sofreu qualquer punição administrativa no período, mas demonstrou preocupação com o fato de que soube, por meio de outros detentos, que não haveria vagas disponíveis em estabelecimentos de regime aberto no Estado.

Sob o ponto de vista técnico, de acordo com a jurisprudência pacificada dos Tribunais Superiores, na condição de advogado(a) de Leal, esclareça os itens a seguir.

a) Leal preencheu os requisitos objetivos para a progressão para o regime aberto? Justifique. (Valor: 0,65)

b) A inexistência de vagas no regime pretendido pelo apenado pode ser considerada fundamento idôneo para a não concessão do benefício por ocasião do preenchimento dos requisitos objetivos e subjetivos para progressão? Justifique. (Valor: 0,60)

Obs.: o(a) examinando(a) deve fundamentar as respostas. A mera citação do dispositivo legal não confere pontuação.

119. **(FGV/OAB XXVIII)** Na manhã do dia 09 de outubro de 2018, Talles, na cidade de Bom Jesus de Itabapoana, praticou 03 crimes de furto simples em continuidade delitiva, subtraindo, do primeiro estabelecimento, dinheiro e uma arma de brinquedo; do segundo estabelecimento, uma touca ninja e um celular; e, do terceiro estabelecimento, uma motocicleta.

De posse dos bens subtraídos, Talles foi até a cidade de Cardoso Moreira, abordou Joana, que passava pela rua segurando seu celular, e, utilizando-se do simulacro da arma para emprego de grave ameaça e da touca, segurou-a pelos braços e subtraiu o celular de suas mãos. De imediato, Talles empreendeu fuga, mas Joana compareceu em sede policial, narrou o ocorrido e Talles foi localizado e preso em flagrante na cidade de São Fidélis, ainda na posse dos bens da vítima e da motocicleta utilizada.

Assegurado o direito ao silêncio e o acompanhamento da defesa técnica, Talles prestou declarações na delegacia e confessou integralmente os fatos, sendo ele indiciado pela prática dos crimes previstos no Art. 155, *caput*, por três vezes, n/f do Art. 71 do CP e do Art. 157, § 2°, inciso V, também do CP.

Considerando as informações expostas, responda, na condição de advogado(a) de Talles, aos itens a seguir.

a) Considerando que os delitos são conexos, de qual cidade será o juízo criminal competente para o julgamento de Talles? Justifique. (Valor: 0,65)

b) Qual o argumento de direito material para questionar a capitulação delitiva realizada pela autoridade policial? Justifique. (Valor: 0,60)

Obs.: o(a) examinando(a) deve fundamentar as respostas. A mera citação do dispositivo legal não confere pontuação.

120. **(FGV/OAB XXIX)** Caio e Bruno são irmãos e estão em dificuldades financeiras. Caio, que estava sozinho em seu quarto, verifica que a janela da casa dos vizinhos está aberta; então, ingressa no local e subtrai um telefone celular avaliado em R$ 500,00. Ao mesmo tempo, apesar de não saber da conduta de seu irmão, Bruno percebe que a porta da residência dos vizinhos também ficou aberta. Tendo conhecimento que os proprietários eram um casal de empresários muito rico, ingressa no local e subtrai uma bolsa, avaliada em R$ 450,00.

Os fatos são descobertos dois dias depois, e Bruno e Caio são denunciados pelo crime de furto qualificado (Art. 155, § 4°, inciso IV, do Código Penal), sendo acostadas as Folhas de Antecedentes Criminais (FAC), contendo, cada uma delas, outra anotação pela suposta prática de crime de estelionato, sem, contudo, haver condenação com trânsito em julgado em ambas.

Após instrução, a pretensão punitiva do Estado é julgada procedente, sendo aplicada pena mínima de 02 anos de reclusão e 10 dias-multa, em regime inicial aberto, devidamente substituída por restritiva de direitos.

Com base nas informações expostas, intimado(a) para apresentação de recurso, responda, na condição de advogado(a) de Caio e Bruno, aos itens a seguir.

a) Existe argumento de direito material a ser apresentado para questionar a capitulação jurídica apresentada pelo Ministério Público e acolhida na sentença? (Valor: 0,60)

b) Mantida a capitulação acolhida na sentença (Art. 155, § 4°, inciso IV, do Código Penal), existe argumento em busca da redução da pena aplicada? (Valor: 0,65)

Obs.: o(a) examinando(a) deve fundamentar suas respostas. A mera citação do dispositivo legal não confere pontuação.

121. **(FGV/OAB XXIX)** No dia 01 de janeiro de 2008, após ingerir bebida alcoólica, Caio, 50 anos, policial militar reformado, efetuou dois disparos de arma de fogo em direção à parede de sua casa vazia, localizada no interior de grande quintal, com arma de sua propriedade, devidamente registrada e com posse autorizada.

Apesar de os tiros terem sido efetuados em direção ao interior do imóvel, vizinhos que passavam pela rua naquele momento, ao ouvirem os disparos, entraram em contato com a Polícia Militar, que compareceu ao local e constatou que as duas munições deflagradas ficaram alojadas na parede do imóvel, sendo a perícia acostada ao procedimento. Caio obteve liberdade provisória e foi denunciado como incurso nas sanções do Art. 15 da Lei n. 10.826/2003, não sendo localizado, porém, por ocasião da citação, por ter mudado de endereço, apesar das diversas diligências adotadas pelo juízo.

Após não ser localizado, Caio foi corretamente citado por edital e, não comparecendo, nem constituindo advogado, foi aplicado o Art. 366 do Código de Processo Penal, suspendendo-se o processo e o curso do prazo prescricional, em 04 de abril de 2008. Em 06 de julho de 2018, o novo juiz titular da vara criminal competente determinou que fossem realizadas novas diligências na tentativa de localizar o denunciado, confirmando que o processo, assim como o curso do prazo prescricional, deveria permanecer suspenso.

Com base nas informações narradas, na condição de advogado(a) de Caio, que veio a tomar conhecimento dos fatos em julho de 2018, responda aos questionamentos a seguir.

a) Existe argumento para questionar a decisão do magistrado que, em julho de 2018, determinou que o processo e o curso do prazo prescricional permanecessem suspensos? (Valor: 0,65)

b) Existe argumento de direito material a ser apresentado em busca da absolvição de Caio? (Valor: 0,60)

Obs.: o(a) examinando(a) deve fundamentar suas respostas. A mera citação do dispositivo legal não confere pontuação.

122. **(FGV/OAB XXIX)** Em patrulhamento de rotina, policiais militares receberam uma informação não identificada de que Wesley, que estava parado em frente à padaria naquele momento, estaria envolvido com o tráfico de drogas da localidade.

Diante disso, os policiais identificaram e realizaram a abordagem de Wesley, não sendo, em um primeiro momento, encontrado qualquer material ilícito com ele. Diante da notícia recebida momentos antes da abordagem, porém, e considerando que o crime de associação para o tráfico seria de natureza permanente, os policiais apreenderam o celular de Wesley e, sem autorização, passaram a ter acesso às fotografias e conversas no WhatsApp, sendo verificado que existiam fotos armazenadas de Wesley portando suposta arma de fogo, bem como conversas sobre compra e venda de material entorpecente.

Entendendo pela existência de flagrante em relação ao crime permanente de associação para o tráfico, Wesley foi encaminhado para a Delegacia, sendo lavrado auto de prisão em flagrante. Após liberdade concedida em audiência de custódia, Wesley é denunciado como incurso nas sanções do Art. 35 da Lei n. 11.343/2006. No curso da instrução, foram acostadas imagens das conversas de Wesley via aplicativo a que os agentes da lei tiveram acesso, assim como das fotografias. Os policiais foram ouvidos em audiência, ocasião em que confirmaram as circunstâncias do flagrante. O réu exerceu seu direito ao silêncio.

Com base nas fotografias acostadas, o juiz competente julgou a pretensão punitiva do estado procedente, aplicando a pena mínima de 03 anos de reclusão, além de multa, e fixando o regime inicial fechado, já que o crime imputado seria equiparado a hediondo. Ainda assim, substituiu a pena privativa de liberdade por restritiva de direitos.

Considerando as informações narradas, responda, na condição de advogado(a) de Wesley, intimado(a) para apresentação de recurso de apelação.

a) Existe argumento a ser apresentado para questionar as provas utilizadas pelo magistrado como fundamento para condenação? Justifique. (Valor: 0,65)

b) Mantida a condenação, qual o argumento a ser apresentado para questionar a sanção penal aplicada? Justifique. (Valor: 0,60)

Obs.: o(a) examinando(a) deve fundamentar suas respostas. A mera citação do dispositivo legal não confere pontuação.

123. **(FGV/OAB XXIX)** Em processo no qual se imputava a Antônio a prática do crime de constituição de milícia privada, foi designada audiência de instrução e julgamento para oitiva das testemunhas arroladas pela acusação e pela defesa. No dia da audiência, as testemunhas de acusação não compareceram, determinando o magistrado, por economia processual, a oitiva das testemunhas de defesa presentes, apesar de o advogado de Antônio se insurgir contra esse fato. Na ocasião, foram ouvidas três testemunhas de defesa, dentre as quais Pablo, que prestou declarações falsas para auxiliar o colega nesse processo criminal. Identificada sua conduta, porém, houve extração de peças ao Ministério Público, que, em 09 de abril de 2019, ofereceu denúncia em face de Pablo, imputando-lhe a prática do crime de falso testemunho na forma majorada.

No processo de Antônio, foi designada nova audiência de instrução e julgamento, ocasião em que foram ouvidas as testemunhas de acusação; novamente, Pablo, a seu pedido, prestou declarações, confirmando que havia mentido na audiência anterior, mas que agora contava a verdade, o que veio a prejudicar a própria defesa do réu.

Com base nas declarações das testemunhas de acusação e nas novas declarações de Pablo, Antônio veio a ser condenado. Pablo, por sua vez, em seu processo pelo crime de falso testemunho, também veio a ser condenado, reconhecendo o magistrado a atenuante do Art. 65, inciso III, alínea b, do Código Penal.

Considerando as informações narradas, responda, na condição de advogado(a) de Antônio e Pablo.

a) Qual argumento de direito processual poderá ser apresentado por você para desconstituir a sentença condenatória do réu? Justifique. (Valor: 0,65)
b) Qual o argumento de direito material a ser apresentado pela defesa técnica de Pablo para questionar a sentença condenatória? Justifique. (Valor: 0,60)

Obs.: o(a) examinando(a) deve fundamentar suas respostas. A mera citação do dispositivo legal não confere pontuação.

124. **(FGV/OAB XXX)** Beto e Juca eram vizinhos em um prédio que veio a ser atingido por incêndio. Em razão das longas obras que seriam necessárias para recuperar os apartamentos, decidem se hospedar em quarto de hotel por 06 meses, novamente sendo vizinhos de quarto.

Em determinada data, policiais militares surpreenderam Juca entrando com uma sacola preta no seu quarto do hotel, ficando claro que ele estava fugindo ao avistar os agentes da lei. Diante disso, ingressaram no quarto e apreenderam 100g de maconha, que estavam na sacola que Juca trazia consigo, e mais 50g de cocaína que estavam sendo guardadas no cômodo, sendo confirmado por Juca que o material seria destinado à venda. Em seguida, os policiais optaram por fazer diligência também no quarto vizinho, que era de Beto, apreendendo uma série de documentos que, após investigação, foi verificado que estavam relacionados a um crime de estelionato.

O Ministério Público ofereceu denúncia em face de Juca pela prática de dois crimes de tráfico em concurso, tendo em vista que guardava cocaína e trazia consigo maconha. Já Beto, exclusivamente em razão da documentação apreendida, foi denunciado pelo crime de estelionato.

Considerando apenas as informações narradas, na condição de advogado(a) dos denunciados, responda aos itens a seguir.

a) Qual argumento deve ser apresentado pela defesa técnica, em busca da absolvição de Beto? Justifique. (Valor: 0,60)

b) Qual argumento a ser apresentado pela defesa técnica para questionar a capitulação jurídica constante na denúncia em face de Juca? Justifique. (Valor: 0,65)

Obs.: o(a) examinando(a) deve fundamentar suas respostas. A mera citação do dispositivo legal não confere pontuação.

125. **(FGV/OAB XXX)** Carleto foi denunciado pela prática do injusto de homicídio simples porque teria desferido disparos, com sua arma regular, contra seu vizinho Mário durante uma discussão, causando-lhe as lesões que foram a causa da morte da vítima. Logo que recebida a denúncia, Carleto foi submetido à exame de insanidade mental, tendo o laudo concluído que ele se encontrava nas condições do Art. 26, *caput*, do Código Penal.

Finda a primeira etapa probatória do procedimento dos crimes dolosos contra a vida, no momento das alegações finais, a defesa técnica de Carleto, escorada em uma das vertentes da prova produzida, alegou que o réu atuou em legítima defesa.

O juiz, ao final da primeira fase do procedimento, absolveu sumariamente o acusado em razão da inimputabilidade reconhecida, aplicando a medida de segurança de internação pelo prazo mínimo de 01 ano.

A família de Carleto, insatisfeita com a medida de segurança aplicada, procura você, como advogado(a), para a adoção das medidas cabíveis.

Considerando o caso narrado, responda, na condição de advogado(a) de Carleto, aos itens a seguir.

a) Qual o recurso cabível para a defesa combater aquela decisão? Justifique. (Valor: 0,60)

b) Qual a tese jurídica de direito processual que a defesa de Carleto poderá alegar para combater a decisão respectiva? Justifique. (Valor: 0,65)

Obs.: o(a) examinando(a) deve fundamentar suas respostas. A mera citação do dispositivo legal não confere pontuação.

126. **(FGV/OAB XXX)** Eduardo foi preso em flagrante no momento em que praticava um crime de roubo simples, no bairro de Moema. Ainda na unidade policial, compareceram quatro outras vítimas, todas narrando que tiveram seus patrimônios lesados por Eduardo naquela mesma data, com intervalo de cerca de 30 minutos entre cada fato, no bairro de Moema, São Paulo.

As cinco vítimas descreveram que Eduardo, simulando portar arma de fogo, anunciava o assalto e subtraía os bens, empreendendo fuga em uma bicicleta. Eduardo foi denunciado pela prática do crime do Art. 157, *caput*, por cinco vezes, na forma do Art. 69, ambos do Código Penal, e, em sede de audiência, as vítimas confirmaram a versão fornecida em sede policial.

Assistido por seu advogado Pedro, Eduardo confessou os crimes, esclarecendo que pretendia subtrair bens de seis vítimas para conseguir dinheiro suficiente para comprar uma motocicleta. Disse, ainda, que apenas simulou portar arma de fogo, mas não utilizou efetivamente material bélico ou simulacro de arma. O juiz, no momento da sentença, condenou o réu nos termos da denúncia, sendo aplicada a pena mínima de 04 anos para cada um dos delitos, totalizando 20 anos de pena privativa de liberdade a ser cumprida em regime inicial fechado, além da multa. Ao ser intimado do teor da sentença, pessoalmente, já que se encontrava preso, Eduardo tomou conhecimento que Pedro havia falecido, mas que foram apresentadas alegações finais pela Defensoria Pública por determinação do magistrado logo em seguida à informação do falecimento do patrono. A família de Eduardo, então, procura você, na condição de advogado(a), para defendê-lo.

Considerando apenas as informações narradas, responda, na condição de advogado(a) de Eduardo, constituído para apresentação de apelação, aos itens a seguir.

a) Existe argumento de direito processual, em sede de recurso, a ser apresentado para desconstituir a sentença condenatória? Justifique. (Valor: 0,65)
b) Diante da confirmação dos fatos pelo réu, qual argumento de direito material poderá ser apresentado, em sede de apelação, em busca da redução da sanção penal aplicada? Justifique. (Valor: 0,60)

Obs.: o(a) examinando(a) deve fundamentar suas respostas. A mera citação do dispositivo legal não confere pontuação.

127. (FGV/OAB XXX) Maria foi denunciada pela suposta prática do crime de descaminho, tendo em vista que teria deixado de recolher impostos que totalizavam R$ 500,00 (quinhentos reais) pela saída de mercadoria, fato constatado graças ao lançamento definitivo realizado pela Administração Pública.

Considerando que constava da Folha de Antecedentes Criminais de Maria outro processo pela suposta prática de crime de roubo, inclusive estando Maria atualmente presa em razão dessa outra ação penal, o Ministério Público deixou de oferecer proposta de suspensão condicional do processo.

Após a instrução criminal em que foram observadas as formalidades legais, sendo Maria assistida pela Defensoria Pública, foi a ré condenada nos termos da denúncia. A pena aplicada foi a mínima prevista para o delito, a ser cumprida em regime inicial aberto, substituída por restritiva de direitos. Maria foi intimada da sentença através de edital, pois não localizada no endereço constante do processo.

A família de Maria, ao tomar conhecimento do teor da sentença, procura você, na condição de advogado(a) para prestar esclarecimentos técnicos. Informa estar preocupada com o prazo recursal, já que Maria ainda não tinha conhecimento da condenação, pois permanecia presa.

Na condição de advogado(a), esclareça os seguintes questionamentos formulados pela família da ré.

a) Existe argumento de direito processual para questionar a intimação de Maria do teor da sentença condenatória? Justifique. (Valor: 0,60)
b) Qual argumento de direito material poderá ser apresentado, em eventual recurso, em busca da absolvição de Maria? Justifique. (Valor: 0,65)

Obs.: o(a) examinando(a) deve fundamentar suas respostas. A mera citação do dispositivo legal não confere pontuação.

128. (FGV/OAB XXXI) Após receber informações de que teria ocorrido subtração de valores públicos por funcionários públicos no exercício da função, inclusive com vídeo das câmeras de segurança da repartição registrando o ocorrido, o Ministério Público ofereceu, sem prévio inquérito policial, uma única denúncia em face de Luciano e Gilberto, em razão da conexão, pela suposta prática do crime de peculato, sendo que, ao primeiro, foi imputada conduta dolosa e, ao segundo, conduta culposa. De acordo com a denúncia, Gilberto, funcionário público, com violação do dever de cuidado, teria contribuído para a subtração de R$ 2.000,00 de repartição pública por parte de Luciano, que teria tido sua conduta facilitada pelo cargo público que exercia. Diante da reincidência de Gilberto, já condenado definitivamente por roubo, não foram à ele oferecidos os institutos despenalizadores. O magistrado, de imediato, sem manifestação das partes, recebeu a denúncia e designou audiência de instrução e julgamento. No dia anterior à audiência, Gilberto ressarciu a Administração do prejuízo causado. Com a juntada de tal comprovação, após a audiência, foram os autos encaminhados às partes para apresentação de alegações finais. O Ministério Público, diante da confirmação dos fatos, requereu a condenação dos réus nos termos da denúncia. Insatisfeito com a assistência técnica que recebia, Gilberto procura você para, na condição de advogado(a), assumir a causa e apresentar memoriais. Com base nas informações expostas, responda, como advogado(a) contratado por Gilberto, aos itens a seguir.

a) Existe argumento de direito material a ser apresentado em favor de Gilberto para evitar sua condenação? (Valor: 0,60)
b) Qual o argumento de direito processual a ser apresentado em memoriais para questionar toda a instrução produzida? (Valor: 0,65)

129. (FGV/OAB XXXI) Em 05 de junho de 2019, Paulo dirigia veículo automotor em via pública, com capacidade psicomotora alterada em razão da influência de álcool, ocasião em que veio a atropelar Lúcia por avançar cruzamento com o sinal fechado para os veículos. Lúcia sofreu lesões que a deixaram com debilidade permanente no braço, o que foi reconhecido pelo laudo pericial respectivo, também ficando comprovado o estado clínico em que se encontrava o motorista atropelador. Considerando que Paulo arcou com as despesas que Lúcia teve que despender em razão do evento, a vítima não quis representar contra ele. Inobstante tal manifestação da vítima, o Ministério Público denunciou Paulo pela prática dos injustos do Art. 303, § 2º, e do Art. 306, ambos da Lei nº 9.503/97. Considerando as informações narradas, esclareça, na condição de advogado(a), aos seguintes questionamentos formulados por Paulo, interessado em constituí-lo para apresentação de resposta à acusação.

a) Qual a tese jurídica de direito material que a defesa de Paulo deverá alegar para contestar a tipificação apresentada? (Valor: 0,60)
b) Diante da ausência de representação por parte da ofendida, o Ministério Público teria legitimidade para propor ação penal contra Paulo? (Valor: 0,65)

130. (FGV/OAB XXXI) Carlos, 43 anos, foi flagrado, no dia 10 de março de 2014, transportando arma de fogo de uso permitido. Foi denunciado, processado e condenado à pena de 02 anos de reclusão, a ser cumprida em regime aberto, e multa de 10 dias, à razão unitária mínima, sendo a pena privativa de liberdade substituída por duas penas restritivas de direitos, consistentes em prestação de serviços à comunidade e limitação de final de semana. A decisão transitou em julgado, para ambas as partes, em 25 de novembro de 2015. Após a condenação definitiva, Carlos conseguiu emprego fixo em cidade diferente daquela em que morava e fora condenado, para onde se mudou, deixando de comunicar tal fato ao juízo respectivo, não sendo encontrado no endereço constante nos autos para dar início à execução da pena. Por tal motivo, o juiz, provocado pelo Ministério Público converteu, de imediato, as penas restritivas de direitos em pena privativa de liberdade, determinando a expedição de mandado de prisão. A ordem de prisão foi cumprida em 20 de dezembro de 2019, quando Carlos foi ao DETRAN/RJ objetivando a renovação de sua habilitação, certo que, após aquele fato, nunca se envolveu em qualquer outro ilícito penal. Desesperada, a família procura você, na condição de advogado(a), para a adoção das medidas cabíveis. Considerando a situação apresentada, responda, na condição de advogado(a) de Carlos, aos itens a seguir.

a) Para questionar a decisão do magistrado de converter a pena restritiva de direitos em privativa de liberdade e expedir mandado de prisão, qual o argumento de direito processual a ser apresentado? Justifique. (Valor: 0,60)
b) Existe argumento de direito material a ser apresentado para evitar que Carlos cumpra a sanção penal imposta na sentença? Justifique. (Valor: 0,65)

131. (FGV/OAB XXXI) Paulo, estudante, condenado anteriormente por crime culposo no trânsito, em 20/08/2019 adentrou loja de conveniência de um posto de gasolina e, aproveitando-se de um descuido dos funcionários do estabelecimento, furtou todo o dinheiro que se encontrava no caixa. Após sair da loja sem ter sua conduta percebida, consumado o delito, Paulo avistou sua antiga namorada Jaqueline, que abastecia seu carro no posto de gasolina, e contou-lhe sobre o crime que praticara momentos antes, pedindo que Jaqueline, igualmente estudante, primária e sem qualquer envolvimento anterior com fatos ilícitos, ajudasse-o a deixar o local, pois notou que os empregados do posto já tinham percebido que ocorrera a subtração. Jaqueline, então, dá carona a Paulo, que se evade com os valores subtraídos. Após instauração de inquérito policial para apurar o fato, os policiais, a partir das câmeras de segurança da loja, identificaram Paulo como o autor do delito, bem como o veículo de Jaqueline utilizado pelo autor para deixar o local, tendo o Ministério Público denunciado ambos pela prática do crime de furto qualificado pelo concurso de agentes, na forma do Art. 155, § 4°, inciso IV, do Código Penal. Por ocasião do recebimento da denúncia, o juiz indeferiu a representação pela decretação da prisão preventiva formulada pela autoridade policial, mas aplicou aos denunciados medidas cautelares alternativas, dentre as quais a suspensão do exercício de atividade de natureza econômica em relação a Jaqueline, já que ela seria proprietária de um estabelecimento de comércio de roupas no bairro em que residia, nos termos requeridos pelo Ministério Público. Considerando os fatos acima narrados, responda, na condição de advogado(a) de Jaqueline, aos questionamentos a seguir.

a) Qual argumento de direito material poderá ser apresentado pela defesa técnica de Jaqueline para questionar a capitulação delitiva imputada pelo Ministério Público? Justifique. (Valor: 0,65)
b) Existe argumento para questionar a medida cautelar alternativa de suspensão da atividade econômica aplicada a Jaqueline? Justifique. (Valor: 0,60)

132. **(FGV OAB XXXII)** Gabriel, estudante de farmácia, 22 anos, descobre que seu tio Jorge possuía grave doença no fígado, que lhe causava dores físicas. Durante seus estudos sobre medicina alternativa em livro oficial fornecido pela faculdade pública em que estudava, vem a ler que a droga conhecida como heroína poderia, em doenças semelhantes à de seu tio, funcionar como analgésico e aliviar a dor do paciente. Tendo acesso ao material que sabia ser heroína e sua classificação como droga, Gabriel, em 27 de maio de 2019, transporta e entrega o material para o tio, acreditando que, apesar de existir a figura típica do tráfico de drogas, sua conduta seria lícita diante dos fins medicinais. Avisou que o material deveria ser usado naquele dia, de forma imediata. No dia 29 de maio de 2019, após denúncia, policiais militares, com autorização para ingresso na residência de Jorge, apreendem o material ilícito e descobrem que Jorge o recebera de Gabriel, mas não o utilizou. Em seguida, comparecem à faculdade de Gabriel e realizam sua prisão em flagrante. Jorge e Gabriel foram indiciados, após juntada do laudo confirmando a natureza do material, pelo crime de tráfico de drogas (Art. 33 da Lei n° 11.343/06), mas, em razão da doença, Jorge vem a falecer naquela mesma data. Ao tomar conhecimento dos fatos, de imediato a família de Gabriel procura você, como advogado, para esclarecimentos. Considerando apenas as informações expostas, responda, na condição de advogado(a) de Gabriel, aos itens a seguir.

a) Qual o argumento de direito processual a ser apresentado para questionar a prisão em flagrante de Gabriel? Justifique. (Valor: 0,60)
b) Existe argumento de direito material a ser apresentado em busca da absolvição de Gabriel pelo crime pelo qual foi indiciado? Justifique. (Valor: 0,65)

133. **(FGV OAB XXXII)** Luiz, no dia 05 de fevereiro de 2019, ingressou na residência de Henrique e, mediante grave ameaça contra a vítima, buscou subtrair a televisão do imóvel. Após o emprego da grave ameaça à pessoa e a retirada dos parafusos da televisão, mas ainda quando estava dentro da casa com o bem, Luiz é surpreendido pela Polícia Militar, que informada dos fatos por vizinhos, realizou sua prisão em flagrante. Em sede policial, foi descoberto que Luiz contou com a participação de José, que, sabendo do plano criminoso do amigo, foi o responsável por dizer o horário em que a vítima estaria sozinha em sua residência, bem como a porta que teria uma falha na fechadura, facilitando o ingresso de Luiz no imóvel. Luiz e José foram denunciados pela prática do crime de roubo majorado pelo concurso de agentes. Observado o procedimento previsto em lei e confirmados os fatos, foi proferida sentença condenatória, sendo aplicada a pena mínima possível de 5 anos e 4 meses de reclusão, além de 13 dias-multa, para José. Já Luiz teve sua pena base fixada acima do mínimo legal, em 4 anos e 6 meses de reclusão e 12 dias-multa, reconhecendo o magistrado a existência de má conduta social, pelo fato de Luiz possuir 5 condenações sem trânsito em julgado pela suposta prática de crimes de roubo, apesar de admitir, na decisão, que as anotações constantes da Folha de Antecedentes Criminais não poderiam justificar o reconhecimento de maus antecedentes. Não foram reconhecidas agravantes, sendo, na terceira fase, a pena aumentada, no mínimo possível, em razão da majorante do concurso de agentes. Assim, a pena final de Luiz restou acomodada em 06 anos de reclusão e 15 dias-multa. Intimado da decisão, o advogado de José apresentou recurso buscando reconhecimento da modalidade tentada do delito, bem como da causa de diminuição da participação de menor importância. Luiz, então, consulta você, como advogado(a), para avaliar o interesse em apresentar recurso de apelação. Na condição de advogado(a) de Luiz, esclareça os questionamentos formulados pelo seu cliente.

a) Não sendo apresentado recurso de apelação por Luiz, poderá ele ser beneficiado pelo reconhecimento da causa de diminuição de pena da tentativa no julgamento do recurso apresentado por José? E da causa de diminuição de pena da participação de menor importância? Justifique. (Valor: 0,65)
b) Existe argumento de direito material a ser apresentado em busca da redução da pena base aplicada a Luiz? Justifique. (Valor: 0,60)

134. **(FGV/OAB XXXII)** O apenado Fabrício cumpria pena pela prática do delito de extorsão simples, tendo requerido, por meio de advogado, a extinção da punibilidade por satisfazer os requisitos, objetivos e subjetivos, previstos no Decreto Presidencial de Indulto, publicado no ano de 2018 (requisito objetivo temporal e requisito subjetivo de não possuir falta grave nos últimos 12 meses anteriores ao decreto). Enquanto aguardava o deferimento do benefício requerido, no dia 02 de março de 2019, ocorreu uma rebelião na galeria em que se encontrava. O diretor do presídio, em procedimento disciplinar próprio, no qual foi garantida a ampla defesa e o contraditório, não conseguindo identificar aqueles que efetivamente participaram da rebelião, reconheceu que todos os apenados daquela galeria praticaram falta grave. Ao tomar conhecimento dessa punição disciplinar, o juiz da execução indeferiu o pedido de indulto por ausência do requisito subjetivo. Ultrapassado o prazo recursal por desídia da defesa, novo advogado contratado pela família impetrou habeas corpus junto ao Tribunal de Justiça, na busca da extinção da punibilidade. A ordem foi denegada pelo Tribunal. Considerando a situação fática apresentada, na condição de novo advogado contratado, ao ser intimado da decisão que denegou a ordem, responda aos itens a seguir.

a) Qual o recurso a ser apresentado pela defesa para combater a decisão do Tribunal de Justiça que denegou a ordem no habeas corpus impetrado em favor do apenado Fabrício? Justifique. (Valor: 0,60)
b) Na busca da concessão do indulto e, consequentemente, da extinção da punibilidade, quais argumentos jurídicos poderão ser apresentados? Justifique. (Valor: 0,65)

135. **(FGV/OAB XXXII)** Maria, no dia 07 de julho de 2020, compareceu à Delegacia e narrou que foi vítima, dois dias antes, de um crime de lesão corporal praticada por seu marido, Francisco, e motivada pela insatisfação com a qualidade da refeição que teria sido feita pela vítima. Maria foi encaminhada para perícia, que constatou, por meio de laudo, a existência de lesão corporal de natureza leve. Ouvido, Francisco confessou a prática delitiva, dizendo que este seria um evento isolado em sua vida. Diante disso, Francisco foi indiciado pelo crime do Art. 129, § 9°, do CP, na forma da Lei n° 11.340/06. Considerando a pena prevista para o delito e a inexistência de envolvimento pretérito com aparato judicial ou policial pelo autor do fato, o Ministério Público apresentou proposta de acordo de não persecução penal a Francisco. Ao tomar conhecimento dos fatos, Maria procura você, como advogado, para esclarecimentos. Considerando apenas as informações expostas, responda na qualidade de advogado de Maria, aos itens a seguir.

a) Existem argumentos para questionar a proposta de acordo de não persecução penal formulada pelo Ministério Público? Justifique. (Valor: 0,65)
b) Em caso de denúncia, diante da natureza da ação pública incondicionada, existe alguma forma de participação direta da vítima no processo, inclusive com posição ativa na produção das provas e interposição de recursos? Justifique. (Valor: 0,60)

136. **(FGV/OAB XXXIII)** Em uma pequena cidade do interior do Amazonas, uma virose se espalha entre os adolescentes locais, gerando diversos casos de jovens com febre, vômitos e infecções. Considerando a dificuldade de acesso à cidade, que dependia de viagem de barco, e a inexistência de profissionais de medicina no local, os pais dos adolescentes procuram Jorge, 22 anos, estudante de odontologia, para auxílio. Verificando o estado de desidratação dos adolescentes e a urgência da situação, Jorge, que sempre gostara de ler livros sobre medicina, realiza o atendimento e indica os remédios e os tratamentos que deveriam ser realizados. Os adolescentes ficaram curados após o atendimento "médico" de Jorge e, em razão disso, passaram a ser constantes os atendimentos por ele realizados em casos urgentes, com perigo atual à vida e à saúde das pessoas da cidade, mas que não tinham qualquer vínculo com a virose anterior. Descobertos os fatos e verificado que foram realizados 10 atendimentos diferentes ao longo de um ano, o Ministério Público denunciou Jorge como incurso nas sanções penais do Art. 282 do Código Penal, por 10 vezes, em continuidade delitiva. A proposta de suspensão condicional do processo não foi aceita pelo réu. Após regular instrução, a pretensão punitiva do Estado foi julgada procedente, sendo Jorge condenado à pena de 10 meses de detenção (pena base no mínimo legal, aumentada de 2/3 em razão da continuidade delitiva), substituída a privativa de liberdade por uma restritiva de direitos. Intimado da decisão, responda na condição de advogado de Jorge, aos itens a seguir.

a) Existe argumento de direito material a ser apresentado em busca da absolvição de Jorge? Justifique. (Valor: 0,65)
b) Em caso de manutenção da condenação, qual argumento poderá ser apresentado para questionar a capitulação realizada e a pena aplicada? Justifique. (Valor: 0,60).

137. **(FGV OAB XXXIII)** Bernardo, em 31 de dezembro de 2018, com a intenção de causar dano à loja de Bruno, seu inimigo, arremessou uma pedra na direção de uma janela com mosaico, que tinha valor significativo de mercado. Ocorre que, no momento da execução do crime, Bernardo errou o arremesso e a pedra acabou por atingir Joana, funcionária que passava em frente à loja e que não tinha sido percebida, causando-lhe lesões corporais que a impossibilitaram de trabalhar por 50 dias. A janela restou intacta. No momento do crime, não foi identificada a autoria, mas, após investigação, em 04 de março de 2019, foi descoberto que Bernardo seria o autor do arremesso. O Ministério Público iniciou procedimento em face de Bernardo imputando-lhe o crime de lesão corporal de natureza culposa, figurando como vítima Joana, que apresentou representação quando da descoberta do autor. Bruno, revoltado com o ocorrido, contratou um advogado, conferindo-lhe procuração com poderes gerais, constando o nome do ofendido e do ofensor. O procurador apresenta queixa-crime, em 02 de julho de 2019, imputando a prática do crime de tentativa de dano a Bernardo. Ao tomar conhecimento da queixa-crime, Bernardo o procura, como advogado. Considerando apenas as informações narradas, na condição de advogado(a) de Bernardo, responda aos questionamentos a seguir.

a) Qual argumento de direito processual poderá ser apresentado em busca da rejeição da queixa-crime apresentada? Justifique. (Valor: 0,60)

b) Qual argumento de direito material a ser apresentado para questionar o delito imputado na queixa-crime? Justifique. (Valor: 0,65)

138. **(FGV/OAB XXXIII)** Beatriz e seu esposo José, no dia 02/01/2021, enquanto celebravam o aniversário de casamento em um restaurante, iniciaram uma discussão, por José entender que a esposa não lhe dispensava a devida atenção. Durante a discussão, José desferiu um soco no rosto de Beatriz, causando-lhe lesão corporal de natureza leve. Testemunhas presenciais do fato chamaram a Polícia, sendo José preso em flagrante, mas posteriormente liberado pelo magistrado, em sede de audiência de custódia. O Ministério Público ofereceu denúncia imputando a José a prática do crime do Art. 129, § 9°, do Código Penal, havendo habilitação imediata de Beatriz, por meio de seu advogado, como assistente de acusação, já que ela não aceitou ter sido agredida pelo então marido. O magistrado em atuação no Juizado de Violência Doméstica e Familiar contra a Mulher não recebeu a denúncia, afirmando a inexistência de fato culpável, escorado em laudo apresentado pela defesa indicando que, no momento dos fatos, em razão da paixão, José era inteiramente incapaz de determinar-se de acordo com seu entendimento. Destacou o magistrado a possibilidade de rejeição da denúncia por não ser necessária a aplicação de medida de segurança, já que, atualmente, não haveria incapacidade de José. Insatisfeita com o teor da decisão, Beatriz procura você, como advogado(a), para a adoção das medidas cabíveis e assistência técnica. Na condição de advogado(a) de Beatriz, esclareça os questionamentos a seguir.

a) Para combater a decisão do magistrado, qual o recurso cabível? Justifique. (Valor: 0,60)

b) Existe argumento de direito material para questionar o conteúdo da decisão judicial? Justifique. (Valor: 0,65)

139. **(FGV/OAB XXXIII)** Talita conduzia seu veículo automotor quando sofreu uma colisão na traseira de seu automóvel causada por Lauro, que conduzia seu automóvel a 120km/h, apesar de a velocidade máxima permitida, na via pública em que estavam, ser de 50km/h. A perícia realizada no local indicou que o acidente foi causado pela violação do dever de cuidado de Lauro, que, em razão da alta velocidade imprimida, não conseguiu frear a tempo de evitar a colisão. Talita realizou exame de corpo de delito que constatou a existência de lesão corporal de natureza leve. Lauro, por sua vez, fugiu do local do acidente sem prestar auxílio. O Ministério Público, ao tomar conhecimento dos fatos e não havendo composição dos danos civis, ofereceu proposta de transação penal em favor de Lauro, destacando que o crime de lesão corporal culposa, previsto no Art. 303, § 1°, da Lei n° 9.503/97, admitia o benefício e que a Folha de Antecedentes Criminais do autor do fato apenas indicava a existência de uma outra anotação referente à infração em que Lauro foi beneficiado também por transação penal, mas o benefício foi oferecido e extinto há mais de 06 anos. Talita ficou insatisfeita com a proposta do Ministério Público e procurou você, como advogado(a), para esclarecimentos. Considerando as informações expostas, responda, na condição de advogado(a) de Talita, aos itens a seguir.

a) Existe previsão de recurso para questionar a decisão homologatória de transação penal? Justifique. (Valor: 0,60)

b) Existe argumento para questionar o oferecimento de transação penal ao autor do fato? Justifique. (Valor: 0,65)

140. **(FGV/OAB XXXIV)** Geraldo, 30 anos, constrangeu Eugênia, desconhecida que passava pela rua, mediante grave ameaça, a transferir R$ 2.000,00 (dois mil reais) para sua conta. Diante da grave ameaça, Eugênia compareceu ao estabelecimento bancário com Geraldo e fez a transferência devida, sendo liberada em seguida. Eugênia, nervosa, compareceu à sede policial e narrou o ocorrido, sendo instaurado inquérito para identificação do autor do fato. Ocorre que Geraldo, no dia seguinte, antes de qualquer denúncia, arrependeu-se de sua conduta e transferiu de volta para a conta de Eugênia todo o valor antes obtido de maneira indevida. Confirmada a autoria, o Ministério Público ofereceu denúncia em face de Geraldo pela prática do crime de extorsão simples consumada (Art. 158, *caput*, do Código Penal), sendo decretada sua prisão preventiva, em razão da gravidade do fato e da reincidência. Durante audiência de instrução e julgamento, foi ouvida a vítima, que confirmou os fatos narrados na denúncia. O réu permaneceu em sala de audiência, e o reconhecimento foi realizado ao final da oitiva da vítima, ainda no local, sob o argumento de que, como havia muitos presos no Fórum, não haveria policiais suficientes para transporte de presos até a sala de reconhecimento. Assim, Eugênia apenas apontou para o denunciado e disse que ele seria o autor. As demais testemunhas esclareceram que não presenciaram o ocorrido. Com base no reconhecimento realizado, foi o réu condenado nos termos da denúncia, sendo aplicada pena base de 04 anos; pena intermediária de 04 anos e 03 meses em razão da reincidência, não sendo reconhecidas atenuantes ou outras agravantes; na terceira fase, não foram reconhecidas causas de aumento ou de diminuição de pena. O regime inicial aplicado foi o fechado. Intimado da sentença, esclareça, na condição de advogado de Geraldo em atuação em recurso de apelação, os itens a seguir.

a) Qual argumento de direito processual poderá ser apresentado para questionar a produção probatória em audiência? Justifique. (Valor: 0,65)

b) Qual argumento de direito material poderá ser apresentado, caso mantida a condenação, em busca da redução da pena aplicada? Justifique. (Valor: 0,60)

141. **(FVG/OAB XXXIV)** Flávio figurava como indiciado em procedimento em que se investigava a prática do crime de concussão. Após não mais ter disponíveis outros meios de investigação, o Ministério Público formulou requerimento de interceptação das conversas telefônicas de Flávio, sendo o pedido deferido pela autoridade judicial pelo prazo de 10 dias. No período interceptado, todas as conversas de Flávio foram transcritas. Em uma das conversas interceptadas, Flávio mantinha contato com seu advogado João e confessava a autoria do crime de concussão, solicitando orientação jurídica, sendo possível perceber que João não teria qualquer conhecimento anterior sobre aquela prática delitiva. A partir do teor das transcrições das conversas de Flávio, o Ministério Público ofereceu denúncia em desfavor do mesmo, imputando-lhe a prática do crime previsto no Art. 316 do Código Penal. Ao tomar conhecimento da denúncia, Flávio contata seu advogado, que tem acesso ao procedimento, inclusive ao teor das transcrições obtidas a partir da interceptação das conversas telefônicas. Durante a instrução, após requerimento do Ministério Público, o juiz determina, sem anuência do acusado e de sua defesa técnica, que seja realizada perícia de voz em Flávio para confirmar que ele seria um dos interlocutores da conversa, intimando-o para apresentar gravação a servir de paradigma para o exame. Considerando apenas as informações expostas, responda, na condição de advogado(a) de Flávio, aos itens a seguir.

a) Qual o argumento a ser apresentado para questionar a prova obtida a partir da interceptação das comunicações telefônicas? Justifique. (Valor: 0,60)

b) Existe argumento a ser apresentado para questionar a decisão do magistrado que determinou a realização da perícia de voz, com apresentação de gravação que servisse de paradigma à perícia? Justifique. (Valor: 0,65)

142. **(FGV/OAB XXXIV)** Carla, funcionária de determinado estabelecimento comercial, inseriu, em documento particular, informação falsa acerca da data de determinado serviço que teria sido prestado pela empresa, em busca de prejudicar direito de terceiro, sendo realmente a inserção da informação de sua responsabilidade. Descobertos os fatos pelo superior hierárquico de Carla, foi apresentada *notitia criminis* em desfavor da funcionária, que veio a ser denunciada como incursa nas sanções penais do Art. 298 do Código Penal (falsificação de documento particular). No momento da citação, o Oficial de Justiça compareceu ao endereço fornecido pelo Ministério Público, sendo que constatou, na primeira vez que foi ao local, que Carla lá residia, mas que estava se ocultando para não ser citada. Diante disso, certificou tal fato e foi determinada a citação por edital pelo magistrado. Carla é informada do teor do edital por uma amiga que trabalhava no Tribunal de Justiça e procura você, como advogado(a), para prestar assistência jurídica. Responda, na condição de advogado(a) de Carla, considerando apenas as informações expostas, aos seguintes questionamentos.

a) A citação de Carla foi realizada de forma válida? Justifique. (Valor: 0,60)

b) Qual o argumento de direito material a ser apresentado para questionar a capitulação delitiva? Justifique. (Valor: 0,65)

143. (FGV OAB XXXIV) Renato e Abel foram denunciados pelo crime de "falsificação, corrupção, adulteração ou alteração de produto destinado a fins terapêuticos ou medicinais", por terem exposto à venda, na farmácia em que eram sócios, diversos frascos de medicamentos fitoterápicos para tratamento urinário que estavam corrompidos. Lote de fabricação UR031FT-PLANT (Art. 273, § 1°, do CP). A Vigilância Sanitária, ao fiscalizar aquela farmácia, apreendeu os referidos medicamentos e encontrou um aviso enviado pelo fabricante informando que os medicamentos relativos àquele lote não se achavam em condições para consumo por estarem corrompidos, devendo ser recolhidos e devolvidos. Na instrução criminal, foram ouvidos os agentes da Vigilância Sanitária que fizeram as apreensões, os quais declararam ter recebido diversas reclamações de consumidores que compraram o medicamento relativo ao lote de fabricação UR031FT-PLANT, pois se sentiram mal. Ouvidos os farmacêuticos do fabricante, disseram que, feita a análise, constataram que o medicamento daquele lote estava corrompido e recomendaram aos comerciantes que os adquiriram que efetuassem a devolução. Foi ouvida uma testemunha de defesa, ou seja, o gerente da farmácia que recebeu o aviso do fabricante. Ele esclareceu que não abriu a correspondência e nem deu ciência do recebimento ao farmacêutico da loja. Interrogados, os réus negaram a autoria. Alegaram que desconheciam qualquer irregularidade no medicamento do lote de fabricação UR031FT-PLANT. Declararam que não receberam qualquer reclamação de clientes, considerando que 15 (quinze) unidades daquele lote foram comercializadas, além disso, pesquisaram e não encontraram reclamação no Procon relativa a esse fato. A corrupção do referido medicamento ficou demonstrada nos autos pelos documentos laboratoriais do fabricante. Renato e Abel foram condenados nas penas mínimas (10 anos de reclusão, em regime fechado, 10 dias-multa ao valor mínimo legal). O Ministério Público não recorreu. A defesa dos réus apelou.

a) Em razões recursais defensivas, que eventual matéria processual poderia ser sustentada como preliminar? (Valor: 0,65)

b) Com vistas à absolvição de Renato e Abel, qual(is) tema(s) de direito material poderia(m) ser alegado(s)? (Valor: 0,60)

144. (FGV OAB XXXV) Pedro, nascido em 20 de janeiro de 2000, foi condenado, definitivamente, pela prática do crime furto simples à pena de 1 ano de reclusão em regime inicial aberto, tendo sua pena privativa de liberdade substituída por pena de multa. O crime ocorreu no dia 14 de junho de 2018, e a sentença condenatória transitou em julgado, no dia 20 de abril de 2019, tendo sido feito o pagamento da multa no prazo legal. Ocorre que, no dia 23 de março de 2020, o agente foi preso em flagrante, após empregar ameaça para subtrair o aparelho telefônico de Luiza. Os policiais que efetuaram a prisão conseguiram evitar a consumação delitiva e, posteriormente, Pedro foi denunciado pela prática do crime de roubo, em sua modalidade tentada. Finda a instrução, foi condenado na forma do Art. 157, c/c. Art. 14, inciso II, ambos do Código Penal. Ao aplicar a pena, o juiz fixou a pena-base no mínimo legal, pois favoráveis as circunstâncias judiciais. Na segunda fase, manteve a pena no patamar de 4 anos, apesar de reconhecer a agravante da reincidência. Isto porque observou a menoridade relativa do agente à data do fato. Aplicada a minorante da tentativa em sua fração máxima, alcançou a pena definitiva de 1 ano e 4 meses de reclusão e fixou o regime inicial semiaberto, sendo negada a suspensão condicional da pena em razão da reincidência. A defesa técnica de Pedro interpôs, assim, recurso de apelação, insurgindo-se apenas quanto à negativa do sursis. O magistrado, no entanto, não admitiu o recurso, sustentando que a via adequada era a do Recurso em Sentido Estrito, a teor do Art. 581, inciso XI, do Código de Processo Penal. Considerando apenas as informações apresentadas, responda, na qualidade de advogado(a) de Pedro, aos itens a seguir. A) Aponte o recurso a ser interposto em face da decisão do juiz de primeiro grau que não admitiu a apelação e o fundamento de direito processual penal a ser alegado para que o apelo seja admitido. Justifique. (Valor: 0,65) B) Existe alguma tese de Direito Penal material que permita a concessão da suspensão condicional da pena no caso concreto? Justifique. (Valor: 0,60) Obs.: o(a) examinando(a) deve fundamentar suas respostas. A mera citação do dispositivo legal não confere pontuação.

145. **(FGV OAB XXXV)** Roberto foi denunciado pelo crime de perseguição (Art. 147-A do CP). Segundo a denúncia, no dia 15 de janeiro de 2022, na filial da sociedade empresária Ruan S/A, situada no Rio de Janeiro/RJ, Roberto se aproveitou da proximidade física com Fábio (colega que trabalha na matriz da empresa em São Paulo/SP e estava visitando a filial carioca por um dia apenas) no ambiente de trabalho, para lançar-lhe olhares lascivos, o que teria "perturbado a esfera de liberdade ou privacidade" de Fábio. Este ofereceu representação contra Roberto. O Ministério Público se recusou a formular proposta de transação penal a Roberto, com fundamento em uma anotação existente na sua Folha de Antecedentes Criminais (FAC), relativa à condenação definitiva à pena corporal – extinta há mais de 5 (cinco) anos – pela prática de crime. Sobre a hipótese apresentada, responda aos itens a seguir. A) Quais teses de mérito podem ser invocadas pelo defensor técnico de Roberto? Justifique. (Valor: 0,60) B) Qual medida pode ser adotada pelo defensor técnico de Roberto para viabilizar a proposta de transação penal? Justifique. (Valor: 0,65) Obs.: o(a) examinando(a) deve fundamentar suas respostas. A mera citação do dispositivo legal não confere pontuação.

146. **(FGV OAB XXXV)** Em 09 de agosto de 2021, durante uma reunião de condomínio, iniciou-se uma discussão. O morador Paulo, lutador de vale tudo, chamou Fábio, o síndico, de ladrão. Ato contínuo, Paulo partiu para cima de Fábio, no intuito de quebrar seu nariz com um soco. Em seguida, Fábio, praticante de jiu jitsu, golpeou Paulo, que caiu no chão desmaiado. Paulo foi levado para o hospital, mas foi liberado horas depois. O laudo hospitalar atestou apenas escoriações leves. Em 10 de maio de 2022, em outra reunião de condomínio, Paulo e Fábio encontraram-se novamente. Fábio já tinha esquecido os fatos ocorridos na ocasião anterior, porque não era pessoa de guardar rancor. No entanto, Paulo lembrou de tudo que passou, sentiu-se envergonhado perante os demais condôminos e resolveu seguir em frente para processar Fábio criminalmente. No dia seguinte, Paulo noticiou o ocorrido na reunião anterior à autoridade policial e apresentou o laudo hospitalar para comprovar a lesão sofrida. Após os trâmites regulares das investigações, o promotor de justiça com atribuição para o caso ofereceu denúncia em face Fábio como incurso nas sanções do crime de lesão corporal leve, previsto no art. 129, *caput* do CP. A denúncia foi recebida e determinada a citação do réu. Considerando as informações acima, na condição de advogado(a) de Fábio, responda aos itens a seguir. A) Qual tese a defesa pode alegar como preliminar? Justifique. (Valor: 0,60) B) Qual tese de direito material pode ser utilizada para a defesa de Fábio? Justifique. (Valor: 0,65) Obs.: O(a) examinando(a) deve fundamentar suas respostas. A mera citação do dispositivo legal não confere pontuação.

147. **(FGV OAB XXXV)** Arnaldo e Fábio, 22 anos, são irmãos gêmeos idênticos, mas Arnaldo sempre fez mais sucesso com as meninas por ser mais extrovertido. Arnaldo inicia um relacionamento com Mônica, de 14 anos. Ambos costumam manter relação sexual consentida. Elena, amiga de Mônica, sempre foi apaixonada por Arnaldo e, movida por ciúmes, resolve noticiar às autoridades sobre as relações mantidas entre Arnaldo e Mônica, no intuito de incriminá-lo por estupro de vulnerável. Noticiado o fato em sede policial e concluídas as investigações, o Ministério Público ofereceu denúncia, imputando a Arnaldo o crime de estupro de vulnerável, previsto no Art. 217-A do CP. Após recebimento da denúncia, citação e apresentação de defesa, foi designada audiência de instrução e julgamento. De posse do mandado, o oficial de justiça foi até a residência dos irmãos e realizou a intimação na pessoa de Fábio, que se fez passar por Arnaldo. No dia da audiência, Arnaldo não compareceu, embora seu advogado estivesse presente. Finalizada a instrução e após alegações finais, o juiz condenou Arnaldo no crime de estupro de vulnerável, na forma do Art. 217-A do CP, a pena de 8 anos de reclusão, visto que Arnaldo não tinha qualquer anotação criminal, sendo favoráveis as condições do crime. Considerando apenas as informações narradas no enunciado, responda aos itens a seguir. A) O que pode ser alegado em favor de Arnaldo em matéria processual? Justifique. (Valor: 0,60) B) Qual argumento de direito material poderia ser apresentado? Justifique. (Valor: 0,65) Obs.: O(a) examinando(a) deve fundamentar suas respostas. A mera citação do dispositivo legal não confere pontuação.

148. **(FGV OAB XXXVI)** Ana Beatriz foi denunciada pelo Ministério Público pela prática dos crimes de falsificação de documento particular (Art. 298 do CP) e estelionato (Art. 171 do CP), em concurso material (Art. 69 do CP), por ter obtido vantagem patrimonial ilícita às custas da vítima Rita (pessoa civilmente capaz e mentalmente sã, à época com 21 anos de idade), induzindo-a e mantendo-a em erro, mediante meio fraudulento. Segundo narra a denúncia, em julho de 2020 Ana Beatriz falsificou bilhete de loteria premiado e o vendeu para Rita por metade do valor do suposto prêmio, alegando urgência em receber valor em espécie para poder custear cirurgia da sua filha. Rita, envergonhada, não procurou as autoridades públicas para solicitar a apuração dos fatos. A denúncia foi oferecida ao Juízo competente em dezembro de 2020. Sobre a hipótese, responda aos itens a seguir. A) Qual é a tese jurídica de mérito que pode ser invocada pela defesa técnica de Ana Beatriz? Justifique. (Valor: 0,65) B) Qual é a tese jurídica processual que pode ser invocada pela defesa técnica de Ana Beatriz? Justifique. (Valor: 0,60) Obs.: o(a) examinando(a) deve fundamentar suas respostas. A mera citação do dispositivo legal não confere pontuação.

149. **(FGV OAB XXXVI)** David foi denunciado pela prática do crime de descaminho (Art. 334 do Código Penal), por supostamente ter importado contêiner contendo 1 tonelada de materiais têxteis de procedência estrangeira sem a quitação do imposto de importação devido à União, que soma R$ 750,00 (setecentos e cinquenta reais). Na cota que acompanha a denúncia, o Ministério Público Federal se manifestou pelo não oferecimento de proposta de suspensão condicional do processo a David, pois o acusado possui anotação na sua Folha de Antecedentes Criminais (FAC), relativa à condenação definitiva à pena de multa pelo crime de ameaça (Art. 147 do Código Penal). Sobre a hipótese apresentada, responda aos itens a seguir. A) Qual é a tese de mérito que pode ser invocada pelo Defensor técnico de David no caso concreto? Justifique. (Valor: 0,65) B) Qual é a questão preliminar ao mérito que pode ser invocada pelo Defensor técnico de David no caso concreto? Justifique. (Valor: 0,60) Obs.: o(a) examinando(a) deve fundamentar suas respostas. A mera citação do dispositivo legal não confere pontuação.

150. **(FGV OAB XXXVI)** Marcelo, condenado em regime semiaberto, formulou, por meio de sua defesa técnica, pedido de remição de penas em razão de trabalho realizado no curso da execução, o qual é executado mediante supervisão de seu empregador e com autorização do Juiz da Vara de Execuções Penais. O Juízo, contudo, indeferiu o pedido, sob o argumento de que Marcelo está em prisão domiciliar, ante a ausência de vagas do regime semiaberto do Estado. Assim, por analogia com o regime aberto, Marcelo não pode usufruir da remição por trabalho, indeferindo o pedido. A defesa interpôs Agravo em Execução no prazo de cinco dias da intimação da decisão, o qual foi inadmitido, sob o fundamento de não estar acompanhado das razões respectivas. Na qualidade de advogado de Marcelo, responda às perguntas a seguir. A) Qual o recurso cabível contra a decisão do Juiz que inadmitiu o recurso interposto? Justifique. (Valor: 0,65) B) Qual o direito material a ser pleiteado por Marcelo? Justifique. (Valor: 0,60) Obs.: o(a) examinando(a) deve fundamentar suas respostas. A mera citação do dispositivo legal não confere pontuação.

151. **(FGV OAB XXXVI)** Juntos, Bruno, Leila, Valter e Vinícius cometeram determinado ilícito em 2016. O processo veio a ser desmembrado, de forma que Bruno aceitou a suspensão condicional do processo, em 2017; Leila foi condenada, definitivamente, em 2018, tendo terminado de cumprir a sua condenação em 2020; Valter foi condenado em primeira instância, porém, interpôs recurso, vindo a transitar em julgado o acórdão condenatório em 2022; e Vinícius, por sua vez, não foi encontrado para ser citado, tendo o processo sido suspenso, assim como o prazo prescricional, na forma do Art. 366 do CPP. Em 2021, os amigos se reúnem e praticam novo ilícito penal, sem violência ou grave ameaça à pessoa. Na qualidade de advogado de todos eles, responda às questões a seguir. A) À vista dos antecedentes criminais mencionados, e considerando preenchidos todos os demais requisitos legais, há algum acusado(s) impedido(s) de se beneficiar, em tese, de oferta de acordo de não persecução penal? justifique. (Valor: 0,60) B) Caso condenado(s) pelo novo fato, se fixada pena abaixo de quatro anos, qual(is) acusado(s) poderá(ão) se beneficiar do regime aberto? justifique. (Valor: 0,65) Obs.: o(a) examinando(a) deve fundamentar suas respostas. A mera citação do dispositivo legal não confere pontuação.

152. **(FGV OAB XXXVII)** Em 15 de julho de 2020, surgiu uma calorosa discussão entre os amigos Pedro e Júnior, durante uma comemoração de aniversário em um bar da cidade. Pedro, sem querer mais discussões, levantou-se para ir embora. Júnior, ainda transtornado, olhou para a porta do bar e, vendo que o amigo ia embora, arremessou uma caneca de cerveja contra ele, no intuito de lesioná-lo. Ocorre que Júnior errou o alvo e acabou acertando seu próprio irmão, Geraldo, que usava uma camisa idêntica à de Pedro, causando-lhe lesão leve. Em 16 de julho de 2020, a lesão leve foi atestada em laudo pericial e o fato foi registrado na Delegacia, por Pedro e Geraldo, que acharam absurda a reação de Júnior. Em 23 de julho de 2020, Pedro e Geraldo mudaram de ideia. Eles retornaram à Delegacia, afirmando que Júnior tem sangue quente e que não merecia ser processado, porque era boa pessoa. Relataram que se conhecem há muitos anos, que é comum discutirem daquela forma e que já tinham esquecido o ocorrido. Em 30 de março de 2021, o Ministério Público ofereceu denúncia em face de Júnior, como incurso nas sanções do Art. 129, *caput*, agravada pelo Art. 61, inciso II, alínea e, ambos do CP, crime de lesão corporal leve agravado por ter sido cometido contra irmão. Sobre o caso narrado, responda aos itens a seguir. A) Qual o argumento de direito processual que pode ser alegado em favor de Júnior para o não recebimento da denúncia? Justifique. (Valor: 0,60) B) É cabível a incidência da agravante imputada em desfavor de Júnior? Justifique. (Valor: 0,65) Obs.: o(a) examinando(a) deve fundamentar suas respostas. A mera citação do dispositivo legal não confere pontuação.

153. **(FGV OAB XXXVII)** Luís, sócio administrador de Exatas Contábeis S/A, foi condenado pela supressão de tributos praticada pela prestação de informações falsas às autoridades fazendárias (Art. 1°, inciso I, da Lei n° 8.137/90), apurado definitivamente em procedimento fiscal, no montante de R$ 1.500.000,00 (um milhão e quinhentos mil reais). A sentença condenou o acusado a uma pena de dois anos de reclusão, em regime aberto, substituída por duas penas restritivas de direito a serem fixadas pelo MM Juízo de Execução Penal. Expedida a carta de execução ao Juízo de Execução Penal, este fixou as penas restritivas substitutivas da pena privativa de liberdade em prestação de serviços à comunidade, em jornada semanal de 8h (oito horas), calculada à razão de uma hora por dia de condenação, e prestação pecuniária, esta equivalente ao valor do prejuízo apurado (R$ 1.500.000,00). Insatisfeito com a decisão do Juiz de Execução Penal, Luís solicita que você, como advogado(a), adote as providências necessárias à observância da legalidade estrita na aplicação das penas restritivas de direitos. Na qualidade de advogado de Luís, responda aos itens a seguir. A) Qual o recurso cabível contra a decisão mencionada? Fundamente. (Valor: 0,65) B) Qual o argumento de mérito a ser deduzido em favor de Luís? Fundamente. (Valor: 0,60) Obs.: O(a) examinando(a) deve fundamentar suas respostas. A mera citação do dispositivo legal não confere pontuação.

154. **(FGV OAB XXXVII)** Débora e Cristiane são amigas e se encontraram em um restaurante. Durante o almoço, elas começaram a conversar, de forma reservada e sem expectativa de estarem sendo ouvidas por terceiros, sobre Jéssica, conhecida de ambas. As amigas mencionaram que Jéssica era "ridícula" e que "se acha". Jenifer, amiga de Jéssica, sem que Débora e Cristiane percebessem, aproximou-se da mesa de ambas de forma discreta e iniciou uma gravação ambiental (com amplificação sonora), captando o áudio da conversa com todas as qualidades negativas que Débora e Cristiane atribuíam a Jéssica. Jenifer entregou a gravação à ofendida. De posse da referida gravação ambiental, Jéssica ajuizou uma queixa-crime contra Débora e Cristiane, dando-as como incursas nas penas do Art. 140, *caput*, do Código Penal. Na qualidade de advogado(a) contratado(a) por Débora e Cristiane, responda às questões a seguir. A) Qual a tese de direito processual a ser deduzida em favor das querelladas, notadamente, sobre a prova utilizada para embasar a queixa? Justifique. (Valor: 0,65) B) Qual a tese de direito material a ser deduzida em favor das querelladas? Justifique. (Valor: 0,60) Obs.: O(a) examinando(a) deve fundamentar suas respostas. A mera citação do dispositivo legal não confere pontuação.

155. **(FGV OAB XXXVII)** Lúcio e Adamastor, em comunhão de ações e desígnios, com o emprego de arma de fogo, subtraíram o veículo dirigido pela vítima, Vilma. Pela dinâmica delituosa, Lúcio empunhava a arma de fogo contra a cabeça da vítima, enquanto Adamastor exigia a entrega das chaves do veículo, sob palavras de ordem e graves ameaças contra a vida de Vilma, afirmando que "caso não entregasse o veículo, levaria um tiro." Ambos foram condenados, sendo que Lúcio e o Ministério Público não recorreram da condenação. Adamastor, por meio de sua defesa técnica (distinta da defesa de Lúcio), interpôs recurso, alegando que a arma de fogo era portada apenas por Lúcio e que esta era incapaz de produzir disparos. Lúcio afirma ao advogado que se sentiu traído pelo argumento deduzido por Adamastor, sendo sua intenção, apenas, que ambos tivessem a mesma condenação. Na qualidade de advogado de Lúcio, responda às questões a seguir. A) A primeira tese recursal pode garantir tratamento penal mais vantajoso a Adamastor? Justifique, levando em consideração o Direito Penal aplicável. (Valor: 0,65) B) Caso o Tribunal acolha a segunda tese recursal de Adamastor, esta poderia ser aproveitada a Lúcio? Justifique, considerando as normas de Direito Processual Penal aplicáveis. (Valor: 0,60) Obs.: O(a) examinando(a) deve fundamentar suas respostas. A mera citação do dispositivo legal não confere pontuação.

156. **(FGV OAB XXXVIII)** Alberto, primário e com bons antecedentes, foi condenado pela prática de peculato a uma pena de 2 (dois) anos de reclusão. Na fixação da pena, o Juiz considerou boas as circunstâncias judiciais do Art. 59 do CP, fixando a pena-base no mínimo legal e, à míngua de agravantes ou causas de aumento ou diminuição, tornou esta pena definitiva. Ao fixar o regime inicial, de forma contraditória, o magistrado asseverou que "as circunstâncias judiciais são negativas, pois o delito de peculato é de extrema gravidade, diante da lesão ao patrimônio público", razão pela qual fixou o regime inicial semiaberto. Em seguida, substituiu as penas por restritivas de direitos, porque "presentes os pressupostos legais, sendo favoráveis as circunstâncias judiciais, na forma do Art. 59 e do Art. 44, ambos do CP". Na qualidade de advogado(a) de Alberto, responda às perguntas a seguir. A) Qual peça processual deverá ser oposta pela defesa de Alberto para sanar a contradição na sentença e em que prazo? Justifique. (Valor: 0,65) B) Qual o fundamento de direito material a ser defendido em favor de Alberto? Justifique. (Valor: 0,60) Obs.: o(a) examinando(a) deve fundamentar suas respostas. A mera citação do dispositivo legal não confere pontuação.

157. **(FGV OAB XXXVIII)** Bárbara e Rodrigo são namorados e ambos são maiores e plenamente capazes. Em uma discussão, Rodrigo proferiu diversas ameaças e desferiu tapas no rosto de Bárbara, deixando-o bastante vermelho (equimoses). Bárbara, então, se dirigiu à Delegacia de Polícia e relatou o ocorrido, mostrando as mensagens de texto com o conteúdo das ameaças, afirmando expressamente o desejo de ver Rodrigo processado. Ao finalizar o boletim de ocorrência, a autoridade policial forneceu encaminhamento de Bárbara ao Instituto Médico Legal para a realização do exame de corpo de delito. Contudo, Bárbara não realizou o referido exame, nem necessitou de qualquer atendimento médico posterior, já que as lesões corporais não eram graves. Rodrigo foi denunciado pela prática de lesão corporal (Art. 129, § 13, do CP) e ameaça (Art. 147 do CP), e o recebimento da peça acusatória ainda não foi analisado pelo juízo. Bárbara, então, informou ao advogado de Rodrigo seu desejo de se retratar da representação. Considerando apenas as informações do enunciado, na condição de advogado de Rodrigo responda aos questionamentos a seguir. A) Se cabível, qual a forma e o alcance da retratação da representação? Justifique. (Valor: 0,65) B) Qual a tese de defesa, quanto à materialidade delitiva, deve ser articulada em relação ao delito de lesão corporal? Justifique. (Valor: 0,60) Obs.: o(a) examinando(a) deve fundamentar suas respostas. A mera citação do dispositivo legal não confere pontuação.

158. **(FGV OAB XXXVIII)** Rodrigo estava desfilando em um bloco de carnaval fantasiado de "Presidente do Banco Nacional" da fictícia cidade de "Ratzana", trajando fantasia e adornos carnavalescos. Ao ser abordado por um Policial Militar, foi realizada a busca pessoal, tendo sido localizado com Rodrigo notas impressas em papel "A4" onde se lia "dólar de Ratzana", com o símbolo e brasão da fictícia cidade. A Policia Militar imediatamente realizou a prisão-captura de Rodrigo, e a autoridade policial competente lavrou o auto de prisão em flagrante, enquadrando a conduta de Rodrigo ao Art. 289, § 1º, do Código Penal, sem proceder, contudo, à oitiva do custodiado e dos Policiais Militares condutores do flagrante, ou mesmo de qualquer testemunha, sem justificativa. Em seguida, encaminhou a "nota de culpa" acompanhada da lavratura do auto de prisão em flagrante à Justiça competente, na forma da lei processual penal. Considerando as informações do enunciado, como advogado de Rodrigo, responda aos itens a seguir. A) Qual a tese de Direito Penal a ser deduzida em favor de Rodrigo? Justifique. (Valor: 0,60) B) Qual tese de Direito Processual deve ser sustentada a fim de garantir a liberdade de Rodrigo? Justifique.

(Valor: 0,65) Obs.: o(a) examinando(a) deve fundamentar suas respostas. A mera citação do dispositivo legal não confere pontuação.

159. **(FGV OAB XXXVIII)** Elisa e Claudio são vizinhos e mantinham relação de animosidade, com inúmeras brigas por motivos diversos. Certo dia, após uma destas brigas, Elisa decidiu quebrar os espelhos retrovisores do veículo de Claudio, estacionado na garagem do condomínio. Claudio, de posse dos vídeos das câmeras de vigilância, que flagraram a ação de Elisa, ajuizou queixa-crime em desfavor desta, pela prática de delito previsto no Art. 163, *caput*, do Código Penal. Em alegações finais, o advogado de Claudio refutou a alegação de Elisa, no sentido de ter ocorrido prescrição da pretensão punitiva, pois a ré é reincidente (ostenta condenação anterior, transitada em julgado, pelo delito de ameaça, extinta há menos de cinco anos), razão pela qual deve se considerar o prazo prescricional de 4 (quatro) anos, ou seja, acrescido de um terço, conforme previsto no Código Penal e, ao fim, requereu apenas a "aplicação do melhor direito, para que seja feita justiça", sem formular pedido de condenação da ré. Considere ter decorrido 3 (três) anos e 6 (seis) meses desde a data do recebimento da queixa até a presente data. Na qualidade de advogado de Elisa, responda aos itens a seguir. A) Qual a tese de Direito Penal deve ser postulada pela defesa de Elisa? Justifique. (Valor: 0,65) B) Qual a tese de Direito Processual Penal deve ser suscitada por Elisa? Justifique. (Valor: 0,60) Obs.: o(a) examinando(a) deve fundamentar suas respostas. A mera citação do dispositivo legal não confere pontuação.

160. **(FGV OAB XXXIX)** Guilherme, insatisfeito com o resultado das eleições para o cargo de Presidente do seu clube de futebol, em que saiu vitorioso o grupo político adversário, decidiu se vingar. Para tanto, colocou diversos explosivos em pontos estratégicos do campo de treinamento do seu time, os quais pretendia explodir durante o repouso noturno e assim causar terror generalizado para a gestão política eleita. Não obstante, a polícia havia sido alertada sobre a possibilidade de Guilherme praticar algum ato ilícito. Por isso, o Delegado de Polícia que presidia o inquérito correspondente determinou a um agente de polícia a infiltração em um grupo de aplicativo de mensagens para, assim, acompanhar os passos de Guilherme e suas conversas privadas com seu grupo político, o que, após conquistar a confiança dos membros do grupo, foi efetivamente conseguido pelo agente infiltrado virtualmente. Foi dessa forma que a polícia logrou descobrir o plano de Guilherme, que foi preso, identificado como autor do atentado (por ter sido efetivamente o responsável por colocar os explosivos no centro de treinamento do clube, conforme mostraram as conversas obtidas pelo agente virtualmente infiltrado) e processado pelo delito de terrorismo, previsto no Art. 2º, § 1º, inciso I, da Lei nº 13.260/16. Os explosivos colocados por Guilherme foram localizados e desarmados antes que houvesse qualquer incidente. Na qualidade de advogado de Guilherme, responda as questões a seguir. A) qual o argumento de Direito Penal a ser defendido pela defesa de Guilherme? Justifique. (Valor: 0,60) B) Qual argumento deve ser usado para invalidar as provas obtidas em desfavor de Guilherme? Justifique. (Valor: 0,65) Obs.: o(a) examinando(a) deve fundamentar suas respostas. A mera citação do dispositivo legal não confere pontuação.

161. **(FGV OAB XXXIX)** Manoela foi denunciada por desacato, dano qualificado e lesão corporal leve, em concurso material (Art. 331, Art. 163, inciso III, e Art. 129, *caput*, na forma do Art. 69, todos do Código Penal), porque, no dia e hora indicados na denúncia, teria desacatado funcionários públicos municipais do Centro de Atenção Psicossocial (CAPS), onde fazia tratamento regular, além de ter danificado bem público e lesionado a funcionária do local. Você foi constituído(a) para a defesa da ré e verificou que esta apresentou falas desconexas, aparentando não ter compreensão do caráter ilícito dos fatos que lhe foram imputados. Na qualidade de advogado(a) de Manoela, responda às questões a seguir. A) Para postular o reconhecimento da inimputabilidade de Manoela, qual a medida processual adequada? Justifique. (Valor: 0,60) B) Caso a sentença reconheça que Manoela praticou os fatos típicos e ilícitos descritos, mas é inimputável, qual a consequência material potencialmente aplicável à acusada? Justifique. (Valor: 0,65) Obs.: o(a) examinando(a) deve fundamentar suas respostas. A mera citação do dispositivo legal não confere pontuação.

162. **(FGV OAB XXXIX)** Aníbal foi sentenciado pela prática de roubo circunstanciado pelo emprego de arma de fogo, arma branca e pela participação de agentes em concurso formal com corrupção de menores (Art. 157, § 2°, incisos II e VII, e § 2°-A, inciso II, do CP e Art. 244-B, § 2°, da Lei n° 8.069/90, n/f do Art. 70, do CP). Consta que Aníbal, na companhia de Bruno, pessoa apontada por testemunhas como sendo menor de 18 (dezoito) anos, mediante grave ameaça exercida pela pluralidade numérica e por emprego de arma de fogo e arma branca, subtraiu o telefone celular da vítima Sr. Firmo. Bruno foi identificado apenas por testemunhas que o descreveram como pessoa menor de idade, não tendo sido possível precisar a sua identificação civil, ou mesmo confirmar seus dados qualificativos. O Juízo condenou Aníbal nos termos da denúncia, aplicando, ao roubo, a pena-base de 4 (quatro) anos de reclusão, a qual foi majorada em 1/2, diante da existência de duas causas de aumento (concurso de agentes e arma branca), e, ainda, promoveu a majoração em 2/3, diante da existência do emprego da arma de fogo. Na qualidade de advogado de Aníbal, responda às questões a seguir. A) Qual(is) a(s) tese(s) de Direito Penal a ser(em) sustentada(s) pela defesa de Aníbal a fim de reduzir a pena imposta ao delito de roubo? Fundamente. (Valor: 0,60) B) Qual tese de Direito Processual deverá ser usada para afastar a condenação pelo delito de corrupção de menores? Fundamente. (Valor: 0,65) Obs.: o(a) examinando(a) deve fundamentar suas respostas. A mera citação do dispositivo legal não confere pontuação.

163. **(FGV OAB XXXIX)** Carlos, dirigindo de forma imprudente e alcoolizado, atropelou Thales na via pública, que se feriu gravemente. Thales foi socorrido por Carlos e levado ao hospital. Porém, no hospital, Thales foi atingido por um projétil de arma de fogo de procedência ignorada ("bala perdida"), que causou sua morte. Carlos foi então denunciado como incurso nas penas do delito de homicídio culposo de trânsito, sob a influência de álcool, Art. 302, § 3°, do Código de Trânsito Brasileiro (Lei n° 9.503/97). Ao tentar, por uma vez, realizar a citação, o oficial entendeu que Carlos estava se ocultando com o propósito de evitar a conclusão do ato processual, o que motivou o Juiz a determinar a realização da citação por edital. Na qualidade de advogado de Carlos, responda às questões a seguir. A) Qual a tese defensiva de Direito Penal a ser sustentada pela defesa de Carlos? Justifique. (Valor: 0,65) B) A fim de invalidar a citação de Carlos, qual a tese de Direito Processual cabível? Justifique. (Valor: 0,60) Obs.: o(a) examinando(a) deve fundamentar suas respostas. A mera citação do dispositivo legal não confere pontuação.

164. **(FGV OAB 40)** Bruno, Márcia e Camile são sócios da pessoa jurídica Window Law Ltda., sendo que os três exercem, conjuntamente, a administração da sociedade. Em fiscalização de rotina, o Fisco apurou a existência de informação falsamente prestada pela sociedade empresária, que importou em supressão do tributo devido. Em razão disso, houve autuação fiscal, no valor de R$ 120.000,00 (cento e vinte mil reais). Window Law Ltda. interpôs recurso administrativo contra a autuação tributária, pendente de julgamento. O Ministério Público ajuizou ação penal em face de Bruno, Márcia e Camile, imputando-lhes a prática do crime previsto no Art. 1°, inciso I, da Lei n° 8.137/1990, tendo havido o recebimento da denúncia. Na qualidade de advogado dos três sócios, responda às questões a seguir: A) Tendo em vista a ausência de previsão de recurso próprio, que medida processual pode ser dirigida ao Tribunal para impugnar a decisão de recebimento da denúncia? Justifique, indicando o fundamento legal. (Valor: 0,60) B) Qual o argumento de direito material a ser deduzido em favor dos assistidos? Justifique. (Valor: 0,65) Obs.: O(A) examinando(a) deve fundamentar suas respostas. A mera citação do dispositivo legal não confere pontuação

165. **(FGV OAB 40)** Márcia e Fábio, ambos maiores e capazes, mantiveram relação íntima de afeto, sem coabitação, até que Fábio agrediu Márcia com tapas e socos, o que a deixou lesionada, sem gravidade. Márcia, então, procurou as autoridades competentes e formalizou registro de ocorrência policial e pedido de medidas protetivas em desfavor de Fábio, bem como realizou exame de corpo de delito. O Juízo deferiu a medida protetiva de urgência requerida pela vítima e determinou que Fábio guardasse distância de até 300m de Márcia, durante pelo menos 90 dias, intimando-o dessa decisão. Um mês após o deferimento da referida medida protetiva de urgência, o oficial de justiça se dirigiu à casa de Fábio para citá-lo na ação penal pública movida em seu desfavor, em decorrência das lesões causadas em Márcia (pelas quais foi denunciado como incurso nas penas do Art. 129, § 13, do CP). Ao chegar à residência de Fábio, o serventuário foi recebido por Márcia, que declarou lá estar voluntariamente, admitindo ter reatado o relacionamento e que não tinha mais desejo de manter as medidas protetivas e o processo (sobre a lesão corporal) movido em desfavor de Fábio, invocando o Art. 88 da Lei n° 9.099/1995, que prevê a necessidade de representação nos crimes de lesões corporais leves e culposas. Não obstante as declarações de Márcia, Fábio foi preso em flagrante pelo tipo penal do Art. 24-A da Lei n° 11.340/2006. Na qualidade de advogado(a) de Fábio, responda às questões a seguir. A) Tendo em vista a prisão em flagrante de Fábio, a que autoridade deve ser requerido o arbitramento de fiança? Fundamente. (Valor: 0,60) B) Em relação ao delito de lesão corporal, é cabível a alegação de ausência de representação da ofendida ou mesmo a sua retratação para invalidar a propositura da ação penal em desfavor de Fábio? Fundamente. (Valor: 0,65) Obs.: O(A) examinando(a) deve fundamentar suas respostas. A mera citação do dispositivo legal não confere pontuação.

166. **(FGV OAB 40)** Júlia, primária, sem filhos, sem antecedentes criminais e dedicada a atividades lícitas, foi presa em flagrante no aeroporto da cidade de Fortaleza, no Estado do Ceará, quando tentava embarcar em aeronave que a levaria à cidade de São Paulo, no Estado de São Paulo, com um urso de pelúcia que escondia 2kg de pasta-base de cocaína em seu interior, substância classificada como entorpecente pela autoridade competente. Júlia confessou os fatos em sede policial, tendo contribuído espontaneamente com as investigações. O Ministério Público prontamente denunciou Júlia como incursa nas penas do delito de tráfico privilegiado com a causa de aumento do tráfico interestadual previsto no Art. 33, § 4°, c/c Art. 40, inciso V, ambos da Lei n° 11.343/2006. Diante do quadro narrado, face às causas de aumento e diminuição de pena, levando em consideração que a pena mínima cominada para o caso concreto é inferior a 4 anos e a pena máxima é superior a 8 anos, como advogado(a) de Júlia, responda às questões a seguir. A) Qual o pedido de natureza processual penal a ser formulado pela defesa de Júlia, neste momento, a fim de evitar o recebimento da denúncia? Fundamente. (Valor: 0,65) B) Em caso de condenação definitiva a pena que supere o limite de quatro anos, sendo fixado regime mais gravoso que o aberto, qual deverá ser a fração de progressão de regime aplicável a Júlia? Justifique, identificando a natureza do delito. (Valor: 0,60) Obs.: O(A) examinando(a) deve fundamentar suas respostas. A mera citação do dispositivo legal não confere pontuação.

167. **(FGV OAB 40)** Helena, inconformada com o desempenho de seu time de futebol no Campeonato Brasileiro, decidiu colocar explosivos no estádio do seu clube. Helena inseriu os explosivos em locais estratégicos para explodir e danificar todo o gramado, de forma a garantir que, por ocasião da explosão, ninguém fosse atingido. No entanto, após colocar os explosivos similares a dinamite, Helena se distraiu e não observou quando o cachorro do clube, Bob, pegou um dos explosivos e o levou para o vestiário. Helena, depois que criou um risco não permitido pelo Direito, de forma negligente, acionou os explosivos, acreditando que iria danificar apenas o gramado, porém atingiu o vestiário, onde estava um funcionário do clube, que faleceu em decorrência da explosão, sendo certo que tal resultado era de manifesta previsibilidade, embora não desejado ou tolerado pela acusada. Helena foi denunciada pelo delito de homicídio qualificado pelo emprego de explosivo. Os fatos relatados foram regularmente comprovados durante a instrução processual da primeira fase do Júri. Como advogado(a) de Helena, sem concordar com a imputação realizada, ao se pronunciar em alegações finais da primeira fase do Júri, responda às questões a seguir. A) Considerando a conduta de Helena e o resultado, qual a tipificação penal adequada ao fato? Justifique. (Valor: 0,65) B) Qual o pedido de natureza processual cabível de ser deduzido em defesa de Helena? Justifique. (Valor: 0,60) Obs.: o(a) examinando(a) deve fundamentar suas respostas. A mera citação do dispositivo legal não confere pontuação.

168. **(FGV OAB 41)** Adriano foi autuado em flagrante delito pela prática de caça em Unidade de Conservação (Art. 29, § 4°, inciso V, da Lei n° 9605/98) e foi condenado pelo Juizado Especial Criminal competente a uma pena de um ano de detenção, em regime aberto, substituída a pena privativa de liberdade por uma pena restritiva de direito. A sentença exasperou a pena-base em seis meses com base na culpabilidade acentuada de Adriano, que se valeu de espingarda para a prática de caça. O Ministério Público não recorreu da sentença. Adriano, por meio de sua defesa técnica, interpôs recurso de apelação, aduzindo que a valoração da culpabilidade se valeu de argumento genérico e inerente ao tipo penal, devendo ser afastada a exasperação da pena-base. O apelo foi julgado e foi negado provimento, mantendo a pena-base em um ano de detenção. Além disso, a Turma Recursal considerou a existência de error in judicando e reformou a sentença, reconhecendo a incidência da causa de aumento (Art. 29, § 4°, inciso V, da Lei n° 9605/98), que deixou de ser aplicada pelo Juízo a quo por mero erro material. Assim, fixou a pena final em um ano e seis meses de detenção. A defesa de Adriano impetrou habeas corpus em favor do acusado, perante o Tribunal ao qual está vinculado o Juizado onde correu a ação penal, tendo sido concedida a ordem. O Ministério Público interpôs recurso ordinário constitucional em face dessa decisão. Na qualidade de advogado(a) de Adriano, responda às questões a seguir. A) Qual questão preliminar deve ser arguida em contrarrazões recursais? Justifique. (Valor: 0,60) B) Qual a tese processual cabível a ser defendida, a fim de garantir o afastamento da causa de aumento aplicada a Adriano? Fundamente. (Valor: 0,65) Obs.: o(a) examinando(a) deve fundamentar suas respostas. A mera citação do dispositivo legal não confere pontuação.

169. **(FGV OAB 41)** No Supermercado Boa Fartura, há uma área de descarte de mercadorias violadas, vencidas ou que, de qualquer forma, estejam sem condições de venda. William, aproveitando-se da baixa luminosidade do período noturno e do reduzido fluxo de pessoas, ingressou nesta área, localizada em pátio externo com acesso à via pública (por onde passa o caminhão de coleta de descartes) e subtraiu, para si, 20 (vinte) quilos de picanha, 2 (dois) litros de iogurte, 10 (dez) litros de detergente e 5 (cinco) litros de refrigerante, todos com data de validade ultrapassada. Enquanto se afastava da área designada em direção à via pública, foi flagranteado pelos seguranças e levado à autoridade policial competente que autuou William por furto majorado pelo horário de repouso noturno, na forma tentada (Art. 155, caput c/c Art. 155, § 1°, na forma do Art. 14, inciso II, todos do Código Penal). O gerente do supermercado, ouvido em conjunto com os agentes de segurança que realizaram o flagrante, confirmou à autoridade policial que as mercadorias subtraídas eram destinadas ao descarte, por não poderem ser comercializadas. Durante a lavratura do flagrante, William informou ao delegado que não possui advogado, e não há defensoria pública instalada na comarca, o que levou você a ser designado como advogado(a) dativo(a) de William pelo Juízo, tão logo o acusado recebeu a comunicação de prisão em flagrante. Aceitado o encargo, e considerando apenas as informações constantes do enunciado, responda às perguntas a seguir. A) Como advogado(a) constituído(a) no momento processual indicado nos autos, qual será a oportunidade mais próxima para defender oralmente, perante o Juiz, a liberdade de Wiliam? Justifique. (Valor: 0,60) B) Qual a tese de direito material a ser sustentada na defesa de William a fim de evitar a sua responsabilização penal pelo fato? Justifique. (Valor: 0,65) Obs.: o(a) examinando(a) deve fundamentar suas respostas. A mera citação do dispositivo legal não confere pontuação.

170. **(FGV OAB 41)** Luana, sem querer criar seu filho Joaquim, de 8 meses de idade, decidiu abandoná-lo em um movimentado supermercado da cidade, deixando-o agasalhado e acomodado em uma cadeira própria para bebês, com o cinto de segurança afivelado. Poucos minutos após ser abandonado, Joaquim foi acolhido por pessoas que estavam no supermercado e levado, sem qualquer risco ou lesão, às autoridades competentes. Luana foi denunciada por abandono de incapaz (Art. 133, § 3°, inciso II, do CP). Em diligências finais, vieram aos autos as imagens da câmera de vigilância, demonstrando que, ao sair do supermercado, Luana subtraiu um chocolate. O Ministério Público, em alegações finais, pediu a condenação de Luana nos termos da denúncia, ao passo que a defesa técnica postulou sua absolvição. O Juízo proferiu sentença e condenou Luana pelos delitos de abandono de incapaz e furto simples, em concurso material (Art. 133, § 3°, inciso II, e Art. 155, caput, na forma do Art. 69, todos do CP), com base nos elementos factuais surgidos no curso do processo (notadamente, as imagens da câmera de vigilância do mercado). Na qualidade de advogado de Luana, responda às questões a seguir. A) A fim de impugnar a condenação de Luana pelo delito de abandono de incapaz, qual a tese de Direito Penal a ser sustentada? Justifique. (Valor: 0,60) B) A fim de impugnar a condenação de Luana pelo delito de furto, qual a tese de Direito Processual Penal a ser sustentada? Justifique. (Valor: 0,65) Obs.: o(a) examinando(a) deve fundamentar suas respostas. A mera citação do dispositivo legal não confere pontuação .

171. **(FGV OAB 42)** Jorge foi definitivamente condenado à pena de desacato, fixada em um ano de detenção, em regime aberto. Presentes os requisitos, a pena de reclusão foi substituída por uma pena de prestação pecuniária. Foi autorizado o parcelamento do cumprimento da pena em 12 (doze) prestações iguais e sucessivas. Após o pagamento de cinco parcelas, Jorge faleceu. A filha de Jorge, Janaína, maior e herdeira de bens deixados pelo falecido, procura você, como advogado(a), informando ter obtido novas provas capazes de comprovar a inocência de seu pai, bem como indagando a respeito da sua responsabilidade pessoal pelo pagamento das parcelas da prestação pecuniária que seu pai não quitou em vida. Assim, responda às questões a seguir. A) As parcelas remanescentes da pena de prestação pecuniária poderão ser cobradas de Janaína? Responda, fundamentadamente, indicando o princípio de Direito Penal aplicável. (Valor: 0,65) B) Identifique, de forma justificada, se há meios processuais que legitimem Janaína a comprovar a inocência de Jorge. (Valor: 0,60) Obs.: o(a) examinando(a) deve fundamentar suas respostas. A mera citação do dispositivo legal não confere pontuação .

4

Resolução das questões discursivas

1. Considerando que a pena máxima cominada ao crime de abandono de incapaz é inferior a quatro anos, o procedimento a ser adotado será o comum sumário, nos termos do art. 394, § 1°, II, do CPP: "O procedimento será comum ou especial. § 1° O procedimento comum será ordinário, sumário ou sumaríssimo: (...) II – sumário, quando tiver por objeto crime cuja sanção máxima cominada seja inferior a 4 (quatro) anos de pena privativa de liberdade; (...)". Tratando-se de ação penal que seguirá o procedimento comum sumário, a defesa poderá arrolar até cinco testemunhas, de acordo com o que dispõe o art. 532 do CPP: "Na instrução, poderão ser inquiridas até 5 (cinco) testemunhas arroladas pela acusação e 5 (cinco) pela defesa". A defesa terá o prazo de vinte minutos, prorrogáveis por mais dez, para apresentar suas alegações finais orais, nos termos do art. 534 do CPP: "As alegações finais serão orais, concedendo-se a palavra, respectivamente, à acusação e à defesa, pelo prazo de 20 (vinte) minutos, prorrogáveis por mais 10 (dez), proferindo o juiz, a seguir, sentença".

2. Leia-se o que prescreve o art. 383 do CPP: "O juiz, sem modificar a descrição do fato contida na denúncia ou queixa, poderá atribuir-lhe definição jurídica diversa, ainda que, em consequência, tenha de aplicar pena mais grave. (...) § 2° Tratando-se de infração da competência de outro juízo, a este serão encaminhados os autos". No caso, o juiz deverá remeter os autos para o juizado especial competente. Isso porque o delito de dano (CP, art. 163, *caput*) é considerado de menor potencial ofensivo (Lei n. 9.099/95, art. 61), razão pela qual é aplicável, então, o comando do § 2° do art. 383 do CPP. Não existe qualquer impedimento legal para a aplicação do instituto da emendatio libelli em segunda instância (CPP, art. 383), pois não há que se falar em surpresa para as partes, na medida em que não há alteração do contexto fático narrado na inicial acusatória (Nesse sentido: Fernando Capez. Curso de processo penal. 16 ed. São Paulo: Saraiva. p. 466).

3. A resposta é afirmativa. Nos termos do art. 22 do CPP: "No Distrito Federal e nas comarcas em que houver mais de uma circunscrição policial, a autoridade com exercício em uma delas poderá, nos inquéritos a que esteja procedendo, ordenar diligências em circunscrição de outra, independentemente de precatórias ou requisições, e bem assim providenciará, até que compareça a autoridade competente, sobre qualquer fato que ocorra em sua presença, noutra circunscrição". A atribuição da autoridade policial é determinada, de modo geral, de acordo com o lugar onde se consumou a infração (CPP, art. 4º). Entretanto, a fim de evitar que a burocracia atrase as investigações, permite-se que a autoridade policial proceda a diligências em qualquer outra circunscrição da comarca, independentemente de precatórias ou requisições. O Código de Processo Penal autoriza, ainda, que uma autoridade policial, mesmo fora de sua circunscrição, pratique diligências necessárias a respeito de fato que ocorra em sua presença até a chegada da autoridade competente. Não se impede, por outro lado, que as investigações encetadas por determinada delegacia possam ser avocadas e realizadas por outra. Por fim, o inquérito não está abrangido pela norma constitucional que trata da regra de competência das autoridades judiciais (CF, art. 5º, LIII). Apesar de ser, em tese, possível intentar ação penal privada subsidiária da pública (CPP, art. 29), esta não seria viável, na medida em que a autoria do delito não foi esclarecida pelas autoridades policiais, além de o próprio comerciante não dispor de elementos de prova nesse sentido. Assim, não estariam completamente atendidos os requisitos previstos no art. 41 do CPP: "A denúncia ou queixa conterá a exposição do fato criminoso, com todas as suas circunstâncias, a qualificação do acusado ou esclarecimentos pelos quais se possa identificá-lo, a classificação do crime e, quando necessário, o rol das testemunhas".

4. Todos irão responder pelo crime de sujeição a trabalho escravo, previsto no art. 149, § 1º, I e II, e § 2º, I, do CP. "Reduzir alguém a condição análoga à de escravo, quer submetendo-o a trabalhos forçados ou a jornada exaustiva, quer sujeitando-o a condições degradantes de trabalho, quer restringindo, por qualquer meio, sua locomoção em razão de dívida contraída com o empregador ou preposto. Pena – reclusão de 2 (dois) a 8 (oito) anos, e multa, além da pena correspondente à violência. § 1º Nas mesmas penas incorre quem: I – cerceia o uso de qualquer meio de transporte por parte do trabalhador, com o fim de retê-lo no local de trabalho; II – mantém vigilância ostensiva no local de trabalho ou se apodera de documentos ou objetos pessoais do trabalhador, com o fim de retê-lo no local de trabalho. § 2º A pena é aumentada de metade, se o crime é cometido: I – contra criança ou adolescente; (...)". Na doutrina, conferir o posicionamento de José Henrique Pierangeli. Manual de direito penal brasileiro. Parte especial. 2. ed. São Paulo: Ed. RT, 2007. v. 2, p. 156-161. Os seguranças praticaram, ainda, o crime previsto no art. 16 da Lei n. 10.826/2003, além do crime de lesão corporal grave (CP, art. 129, § 2º). Na doutrina, confira-se o posicionamento de José Henrique Pierangeli. Op. cit., p. 77-80. Na hipótese, como houve associação de mais de três pessoas para a prática de delitos, poderá ser imputada a todos os agentes a prática do crime formação de associação criminosa nos expressos termos do art. 288 do CP.

5. Trata-se de ação civil ex delicto, prevista no art. 63 e ss. do CPP. O montante deverá ser fixado pelo juiz na sentença penal condenatória, conforme disposto no art. 387, IV, do CPP: "art. 387. O juiz, ao proferir sentença condenatória: (...) IV – fixará valor mínimo para reparação dos danos causados pela infração, considerando os prejuízos sofridos pelo ofendido; (...)".

a) O valor fixado somente poderá ser objeto da ação executória após o trânsito em julgado, nos exatos termos do art. 63 do CPP: "Transitada em julgado a sentença condenatória, poderão promover-lhe a execução, no juízo cível, para o efeito da reparação do dano, o ofendido, seu representante legal ou seus herdeiros".

b) No que diz respeito ao valor mínimo fixado pelo juiz criminal na sentença penal condenatória, nada obsta que os herdeiros de Almir promovam a liquidação do julgado no juízo cível para a apuração do valor do dano efetivamente sofrido, nos exatos termos do preceito contido no parágrafo único do já mencionado art. 63: "Transitada em julgado a sentença condenatória, a execução poderá ser efetuada pelo valor fixado nos termos do inciso IV do *caput* do artigo 387 deste Código sem prejuízo da liquidação para a apuração do dano efetivamente sofrido".

6. a) Recurso Cabível: Agravo em Execução, nos termos do previsto no art. 197 da Lei n. 7.210/84. b) Fundamentação: Com o advento da Lei n. 11.464/2007, restou legalmente instituída a possibilidade de progressão de regime nos crimes hediondos e equiparados, respeitando, assim, o princípio constitucional da individualização da pena. A mencionada lei fixou prazo diferenciado para tais delitos, afastando o critério de cumprimento de 1/6 da pena, determinando o cumprimento de 2/5, para primários e 3/5, para reincidentes. No entanto, no caso em comento, o delito fora cometido antes da entrada em vigor da Lei n. 11.464/2007, sendo esta prejudicial ao réu no que tange ao prazo para progressão, razão pela qual não poderá ser aplicada retroativamente. Logo, quando do pedido perante o juízo da execução, Lucas já havia cumprido o requisito objetivo exigido para a progressão de regime, ou seja, 1/6, devendo ser concedido, nos termos do art. 112 da Lei n. 7.210/84. O requerimento deve ser de progressão de regime.

Observação: Problema anterior à entrada em vigor da Lei 13.964, de 2019, que alterou a redação do artigo 112 da LEP e os respectivos prazos para obtenção da progressão de regime.

7. Trata-se o presente caso de um erro na execução (art. 73 do CP, 1ª parte), atendendo-se, conforme o citado artigo, ao disposto no § 3º do art. 20 do CP. Por outro lado, verifica-se que Aurélio ao efetuar o disparo agiu em legítima defesa (art. 25 do CP) própria e real. Entretanto, por um erro acertou pessoa diversa (Cornélio) do agressor (Berilo). Mesmo assim, não fica afastada a legítima defesa posto que de acordo com o art. 20, § 3º, do CP: "(...) não se consideram, neste caso, as condições ou qualidades da vítima, senão as da pessoa contra quem o agente queria praticar o crime". Levando-se, ainda, em consideração o fato de que Aurélio agiu em defesa de uma agressão injusta e atual, utilizando-se, ainda, dos meios necessários e que dispunha para se defender.

8. i) Recurso em Sentido Estrito, nos termos do art. 581, IV, do CPP.

ii) 5 dias, nos termos do art. 586 do CPP.

iii) Deveria ser requerida a desclassificação de crime consumado para tentado, já que a ação de Pedro não deu origem a morte de José. Trata-se de hipótese de concausa absolutamente independente pré-existente. art. 13 do CP.

9. Art. 3º da Lei n. 8.137/90 e excesso de exação qualificada – art. 316, § 2º, do CP. A exigência de vantagem indevida por funcionário público em razão de sua função caracteriza, em princípio, o delito de concussão. A Lei n. 8.137/90, que estabeleceu os crimes contra a ordem tributária, criou, no que interessa à questão, um tipo novo: inseriu no art. 316 do CP um parágrafo, criando o excesso de exação – nas hipóteses em que a vantagem indevida for ela mesma um tributo ou contribuição social indevida –, e sua forma qualificada, que se dá quando a vantagem é apropriada pelo agente. O outro novel tipo penal está no art. 3º, II, da Lei n. 8.137/90, que tipifica uma forma específica de concussão: a exigência de vantagem indevida para deixar de cobrar tributo devido.

10. 1. Gravação informal obtida pelo delegado de polícia constitui prova ilícita, já que o preso tem o direito de ser informado dos seus direitos, dentre os quais o de permanecer calado (art. 5º, LXIII, CF). O depoimento policial é um ato formal e, segundo o art. 6º, V, do CPP, deve observar as regras para a oitiva do acusado na fase judicial, previstas no Capítulo III, Título VII do Código de Processo Penal. Como as demais provas foram obtidas a partir do depoimento que constitui prova ilícita, devem igualmente ser consideradas ilícitas (art. 157, § 1º, do CPP).

2. A infiltração de agente policial, conforme determina o art. 53, I, da Lei n. 11.343/2006, só pode ser determinada mediante autorização judicial e oitiva do Ministério Público.

3. Não se admite a acumulação das acusações de quadrilha e associação para o tráfico, já que as duas redações típicas compreendem as mesmas ações objetivas (estabilidade na comunhão de ações e desígnios para a prática de crimes).

11. a) Habeas corpus e agravo em execução penal.

b) Tendo em vista que a norma que alterou as regras relativas à progressão de regime possui natureza penal e é mais gravosa ao réu, não pode retroagir de modo a abarcar fatos que lhe são anteriores. No caso, o delito foi praticado antes da edição da lei, devendo, em consequência, ser aplicada a fração de 1/6 para a progressão de regime.

Observação: Problema anterior à entrada em vigor da Lei 13.964, de 2019, que alterou a redação do artigo 112 da LEP e os respectivos prazos para obtenção da progressão de regime.

12. a) Incompetência do juízo, uma vez que Caio praticou homicídio culposo, pois agiu com culpa consciente, na medida em que, embora tenha previsto o resultado, acreditou que o evento não fosse ocorrer em razão de sua perícia.

b) Desclassificação da imputação para homicídio culposo e declínio de competência, conforme previsão do art. 419 do CPP.

c) Recurso em sentido estrito, conforme previsão do art. 581, IV, do CPP. A peça de interposição deveria ser dirigida ao juiz de direito da vara criminal vinculada ao tribunal do júri, prolator da decisão atacada.

13. i) A competência para processamento e julgamento é de uma vara comum da justiça estadual, por se tratar de crime patrimonial e que não ofende bens, serviços ou interesses da União ou de suas entidades autárquicas.

ii) A jurisprudência é pacífica no sentido de que considerações genéricas e presunções de que em liberdade as testemunhas possam sentir-se amedrontadas não são argumentos válidos para a decretação da prisão antes do trânsito em julgado de decisão condenatória, pois tal providência possui natureza estritamente cautelar, de modo que somente poderá ser determinada quando calcada em elementos concretos que demonstrem a existência de risco efetivo à eficácia da prestação jurisdicional.

iii) Tribunal Regional Federal, pois a autoridade coatora é juiz de direito federal.

14. a) Não, uma vez que incide sobre o caso a escusa absolutória prevista no art. 181, II, do CP.

b) Sim, uma vez que a circunstância relativa a Caio é de caráter pessoal, não se comunicando a ela (art. 30 do CP). Assim, poderá ser punida pela prática do crime de furto qualificado pelo repouso noturno.

c) Belo Horizonte, local em que delito se consumou, conforme arts. 69, I, do CPP e 6° do CP.

15. a) Habeas corpus, uma vez que não há previsão de recurso contra a decisão que não absolvera sumariamente o acusado, sendo cabível a ação mandamental, conforme estabelecem os arts. 647 e ss. do CPP. No caso, não seria admissível o recurso em sentido estrito, uma vez que o enunciado não traz qualquer informação acerca da fundamentação utilizada pelo magistrado para deixar de absolver sumariamente o réu, não podendo o candidato deduzir que teria sido realizado e indeferido pedido expresso de reconhecimento de extinção da punibilidade.

b) Ao Tribunal Regional Federal.

c) Extinção da punibilidade pelo pagamento do débito quanto ao delito previsto no art. 168-A do CP, e, após, restando apenas acusação pertinente à sonegação de tributo de natureza estadual, incompetência absoluta – em razão da matéria – do juízo federal para processar e julgar a matéria. Quanto à Súmula Vinculante 24, o enunciado não traz qualquer informação no sentido de que a via administrativa ainda não teria se esgotado, não podendo o candidato deduzir tal fato.

16. a) Não. De acordo com a Lei supracitada, a renúncia à representação só é admitida na presença do Juiz, em audiência especialmente designada para esta finalidade (art. 16 da Lei n. 11.340/2006).

b) De acordo com o art. 17 da Lei n. 11.340/2006, a prestação pecuniária é vedada.

17. Primeiramente, há que ser arguida nulidade por incompetência absoluta (art. 564, I, do CPP), pois no caso não há incidência de nenhuma das hipóteses mencionadas no art. 109 da CF que justifiquem a atração do processo à competência da Justiça Federal.
Ademais, o fato de os agentes serem ex-deputados federais não enseja deslocamento de competência. Nesse sentido, competente é o Tribunal do Júri da Comarca onde se deram os fatos, pois, cessado o foro por prerrogativa de função, voltam a incidir as regras normais de competência para o julgamento da causa, de modo que, dada à natureza da infração, a competência é afeta ao Tribunal do Júri de Arsenal.
Além disso, também deverá ser arguida nulidade com base no art. 564, IV, do CPP. A nomeação de somente um advogado para ambos réus, feita pelo juízo deprecado, não respeita o princípio da ampla defesa (art. 5º, LV, da CF), pois, como as defesas eram conflitantes, a nomeação de um só advogado prejudica os réus.

18. a) Sim. A esposa da vítima deveria constituir advogado para que ele se habilitasse como assistente de acusação e interpusesse recurso de apelação, com fundamento nos arts. 598 e 593, III, "a" e "d", ambos do CPP. Afinal, a defesa violou a proibição expressa contida no art. 478, I, do CPP, ao ler trecho de decisão que julgou admissível a acusação e manteve a pronúncia do réu. Além disso, tendo o réu confessado o homicídio, a absolvição se mostrou manifestamente contrária à prova dos autos.

b) Não, pois a Súmula 160 do STF proíbe que o Tribunal conheça de nulidade não arguida no recurso de acusação. Assim, a violação ao art. 478, I, do CPP, por parte da defesa não poderia ser analisada se a acusação não lhe tivesse feito menção no recurso interposto.

19. a) Sim. Apropriação indébita qualificada em razão do ofício.

b) Falta de justa causa para a instauração de ação penal, já que a denúncia se encontra lastreada exclusivamente em uma prova ilícita, porquanto decorrente de violação a uma norma de direito material (art. 151 do CP).

20. a) Não, pois, de acordo com o art. 141, II, do CP, quando a ofensa for praticada contra funcionário público em razão de suas funções, ou contra os Presidentes do Senado Federal, da Câmara dos Deputados ou do Supremo Tribunal Federal, a pena será aumentada de 1/3, o que faz com que a sanção máxima abstratamente cominada seja superior a dois anos.

b) Sim, suspensão condicional do processo, nos termos do art. 89 da Lei n. 9.099/95.

c) Não. Antônio agiu em erro de tipo vencível/inescusável. Conforme previsão do art. 20 do CP, nessa hipótese, o agente somente responderá pelo crime se for admitida a punição a título culposo, o que não é o caso, pois o crime em comento não admite a modalidade culposa. Vale lembrar que não houve dolo na conduta de Antônio.

21. a) Sim. Estupro de vulnerável, conduta descrita no art. 217-A do CP.

b) Sim. Esmeralda também praticou estupro de vulnerável (art. 217-A do CP c/c o art. 13, § 2°, "a", do CP), uma vez que tinha a obrigação legal de impedir o resultado, sendo garantidora da menor.

c) Não, pois se trata de ação penal pública incondicionada, nos termos do art. 225 do CP.

22. a) Ingressar com habeas corpus com fulcro no art. 648, VII, do CPP (extinção de punibilidade – art. 107, IV, do CP), ou com mera petição diretamente dirigida ao relator do processo, considerando-se que a prescrição é matéria de ordem pública e pode até ser conhecida de ofício. O argumento a ser utilizado é a ocorrência de prescrição da pretensão punitiva superveniente/intercorrente/subsequente (causa extintiva de punibilidade), pois, já ciente do máximo de pena in concreto possível, qual seja, 01 ano e 10 dias-multa, o Estado teria até o dia 17.10.2010 para julgar definitivamente o recurso da defesa, o que não ocorreu, nos termos dos arts. 109, V; 110, § 1°; e 117, I e IV, todos do CP. Vale lembrar que a prescrição da pretensão punitiva superveniente pressupõe o trânsito em julgado para a acusação (tal como ocorreu na espécie) e é contada a partir da publicação da sentença penal condenatória, último marco interruptivo da prescrição relacionado na questão. Vale ressaltar que não basta o candidato mencionar que houve prescrição. Tem que ser específico, dizendo ao menos que se trata de prescrição da pretensão punitiva.

b) Sim, a situação seria diferente, pois neste caso não haveria prescrição da pretensão executória nem outra modalidade qualquer. Como Jaime é reincidente, já que o segundo furto foi cometido após o trânsito em julgado definitivo de sentença que lhe condenou pelo primeiro furto (art. 63 do CP), a prescrição da pretensão executória tem seu prazo acrescido de 1/3, de acordo com o artigo 110 do Código Penal. Assim, o Estado teria até 23.02.2012 para capturar Jaime, nos termos dos arts. 110, *caput*, e 112, I, do Código Penal.

23. a) Como se trata de crime de menor potencial ofensivo, o recurso cabível é Apelação, de acordo com o art. 82 da Lei n. 9.099/95.

Vale lembrar que a qualificadora do art. 163, parágrafo único, IV, do CP, relativa ao motivo egoístico do crime de dano, caracteriza-se apenas quando o agente pretende obter satisfação econômica ou moral. Assim, a conduta de Maria, motivada por ciúme, não se enquadra na hipótese e configura a modalidade simples do delito de dano (art. 163, *caput*, do CP). Cabe ainda destacar que não houve prejuízo considerável a João, já que o carro danificado estava em mau estado de conservação, o que afasta definitivamente a qualificadora tipificada no art. 163, parágrafo único, IV, do CP. Assim, o concurso material entre o crime patrimonial e a injúria não ultrapassa o patamar máximo e 2 anos, que define os crimes de menor potencial ofensivo e a competência dos Juizados Especiais Criminais, sendo cabível, portanto, apelação (art. 82 da Lei n. 9.099/95).

b) 10 dias, de acordo com o § 1° do art. 82 da Lei n. 9.099/95;

c) Turma Recursal, consoante art. 82 da Lei n. 9.099/95;

d) O prazo para interposição da queixa-crime é de seis meses a contar da data do fato, conforme previu o art. 38 do CPP. Trata-se de prazo decadencial, isto é, prazo de natureza material, devendo ser contado de acordo com o disposto no art. 10 do CP – inclui-se o primeiro dia e exclui-se o último.

24. a) Não, pois atuou sob o manto de descriminante putativa, instituto previsto no art. 20, § 1°, do CP, uma vez que supôs, com base em fundado receio, estar em situação de legítima defesa. Como se limitou a dar uma facada, a sua reação foi moderada, não havendo que se falar em punição por excesso.

b) Ainda que tenha procurado se defender de agressão que imaginou estar em vias de ocorrer, Caio agiu em excesso doloso, devendo, portanto, responder por homicídio doloso, na forma do art. 23, parágrafo único, do CP.

25. a) Resposta à acusação, no prazo de 10 dias (art. 406 do CPP), endereçada ao juiz presidente do Tribunal do Júri.

OU

Habeas corpus para extinção da ação penal: ação penal autônoma de impugnação que não possui prazo determinado, endereçada ao Tribunal de Justiça Estadual.

b) A tese defensiva aplicada a Luiz é a da legítima defesa real, instituto previsto no art. 25 do CP, cuja natureza é de causa excludente de ilicitude. Não houve excesso, pois a conduta de José (que mirava com o facão na cabeça do Luiz) configurava injusta agressão e claramente atentava contra a vida de Luiz.

c) Hugo não praticou fato típico, pois, de acordo com a Teoria da Acessoriedade Limitada, o partícipe somente poderá ser punido se o agente praticar conduta típica e ilícita, o que não foi o caso, já que Luiz agiu amparado por uma causa excludente de ilicitude, qual seja, legítima defesa (art. 25 do CP).

OU

Não havia liame subjetivo entre Hugo e Luiz, requisito essencial ao concurso de pessoas, razão pela qual Hugo não poderia ser considerado partícipe.

26. a) Relaxamento de prisão, endereçado ao juiz de direito estadual.

OU

Habeas corpus, endereçado ao Tribunal de Justiça estadual.

b) Ilegalidade da prisão, pois não há formação de quadrilha quando a reunião se dá para a prática de apenas um delito. Não há que se falar em formação de quadrilha, subsistindo apenas o delito único de estelionato. Nesse sentido, não se poderia decretar a prisão temporária, pois tal crime não está previsto no rol taxativo indicado no art. 1°, III, da Lei n. 7.960/89. Ademais, a prisão temporária é medida exclusiva do inquérito policial, não podendo, em hipótese alguma, ser decretada quando já instaurada a ação penal.

27. a) Sim, pois Augusto César agiu com dolo preordenado, sendo autor mediato do crime previsto no art. 6° da Lei n. 7.492/86.

b) Poderia argumentar que Carlos Alberto não agiu com dolo, uma vez que recebera informações erradas. Agiu, portanto, em hipótese de erro de tipo essencial invencível/escusável, com base no art. 20, *caput*, OU art. 20, § 2°, do CP.

28. A questão objetiva avaliar o conhecimento acerca dos princípios relativos ao conflito aparente de normas. Há de se levar em consideração que problemáticas não narradas no enunciado não podem ser objeto de exigência. Assim, nos termos da questão, levando em conta apenas os dados fornecidos, o examinando somente fará jus à pontuação integral se desenvolver argumentação lastreada no princípio da consunção (ou princípio da absorção).

Deverá, igualmente, demonstrar conhecimento de que o crime descrito no art. 299 do CP (falsidade ideológica) teria constituído meio para o cometimento do delito-fim (crime contra a ordem tributária – art. 1° da Lei n. 8.137/90), de tal modo que a vinculação entre a falsidade ideológica e o crime contra a ordem tributária permitiria reconhecer, em referido contexto, a preponderância desse último. Consequentemente, Ricardo somente deveria responder pelo delito previsto no art. 1° da Lei n. 8.137/90.

Acerca desse ponto e com o intuito de privilegiar o desenvolvimento do raciocínio, não será cobrado o inciso preciso do mencionado artigo da Lei n. 8.137/90. Todavia, pelo mesmo motivo, eventual resposta que traga apenas a consequência (tipificação da conduta de Ricardo), de maneira isolada e dissociada da correta argumentação e desenvolvimento, não poderá ser pontuada.

Por fim, teses contraditórias no desenvolvimento da aplicação do princípio da consunção maculam a integralidade da questão. Todavia, com o fim de privilegiar a demonstração de conhecimento correto, não serão descontados pontos pela alegação de teses subsidiárias, ainda que inaplicáveis ao caso, desde que não configurem respostas contraditórias.

29. A questão pretende buscar do examinando conhecimento acerca do instituto do erro de tipo essencial, inclusive para diferenciá-lo das demais modalidades de erro. A tese defensiva aplicável é a de que Larissa agiu em erro de tipo essencial incriminador, instituto descrito no art. 20, *caput*, do CP, pois desconhecia circunstância elementar descrita em tipo penal incriminador. Ausente o elemento típico, qual seja, o fato de estar transportando drogas, faz com que, nos termos do dispositivo legal, se exclua o dolo, mas permita-se a punição por crime culposo e, como o dispositivo legal do art. 33 da Lei n. 11.343/2006 não admite a modalidade culposa, o fato se tornaria atípico.

Ressalte-se que levando em conta que o Exame de Ordem busca o conhecimento técnico e acadêmico dos examinandos, não serão pontuadas respostas que tragam teses contraditórias. Assim, a resposta indicativa de qualquer outra espécie de erro (seja acidental, de tipo permissivo ou de proibição) implica na impossibilidade de pontuação, estando, a questão, maculada em sua integralidade. Entende-se por tese contraditória aquelas que elencam diversas modalidades de erro, ainda que uma delas seja a correta.

Também com o fim de privilegiar o raciocínio e a demonstração de conhecimento, a mera indicação da consequência correta (atipicidade do fato), dissociada da argumentação pertinente e identificação do instituto aplicável ao caso, não será passível de pontuação. Do mesmo modo, não será pontuada a mera indicação do dispositivo legal, qual seja, o art. 20, *caput*, do CP.

30. QUESTÃO DESATUALIZADA A PARTIR DA ENTRADA EM VIGOR DA LEI 13.968/19.

31. Para garantir pontuação, o examinando deveria, no item "a", deixar expresso que Joana não cometeu qualquer crime porque não houve sequer conduta de sua parte. Cabe ressaltar que somente será aceita, como fundamento para essa hipótese, a ausência de conduta, levando em consideração o conhecimento teórico exigido no Exame de Ordem.

Assim, descabe analisar a existência de elemento subjetivo (dolo ou culpa), ilicitude ou culpabilidade, pois tais somente seriam apreciados quando houvesse conduta. Consequentemente, a resposta que trouxer apenas tal análise (sem mencionar a conduta) não será pontuada no item respectivo.

Ainda no tocante ao item "a", o examinando deverá indicar que Maurício, diferentemente de Joana, cometeu crime, qual seja, estelionato (OU que teria praticado a conduta descrita no art. 171, *caput*, do CP), mas que poderia alegar em sua defesa a escusa absolutória prevista no art. 181, II, do CP.

Sobre esse ponto, não será passível de pontuação a mera indicação do dispositivo legal, dissociada da argumentação exigida.

De igual modo, não será pontuada nenhuma outra modalidade de estelionato senão aquela descrita no *caput* do art. 171 do CP. Ressalte-se que dados não descritos no enunciado não podem ser presumidos pelos examinandos.

Também não será passível de pontuação a indicação genérica do art. 181 do CP, sem a especificação do inciso adequado ou de argumentação pertinente ao inciso.

Ademais, aplicação da escusa absolutória não conduz à atipicidade da conduta. A conduta continua típica, ilícita e culpável, havendo apenas opção legislativa pela não imposição de sanção de natureza penal, embora a sentença possa produzir efeitos civis. Em relação ao item 'B', a atribuição de pontos estaria condicionada à expressa argumentação no sentido de que a condição jurídica de Maurício seria alterada na medida em que a isenção de pena prevista no Código Penal não se aplica aos crimes de roubo (OU à prática da conduta descrita no art. 157, *caput*, do CP), nos termos do art. 183, I do CP. Portanto, Maurício seria processado e apenado pelo crime cometido. Cumpre salientar que a mera indicação de artigo legal, dissociada da correta argumentação (em qualquer um dos itens), não pode ser pontuada. De igual modo, a mera indicação, no item 'B', de que não haveria isenção de pena (ou de que não se aplicaria o art. 181, II, do CP por força do disposto no art. 183, I, do CP), sem a correta tipificação da conduta, não é passível de pontuação. Além disso, levando em conta que o delito de roubo não se confunde com a extorsão, não será admitida fungibilidade entre as condutas de forma a se considerar qualquer das duas como a prática empreendida por Maurício. Por fim, não poderá ser considerada correta a resposta que imponha a causa de aumento de pena prevista no parágrafo segundo, inc. I, do art. 157 do CP. Isso porque a controvérsia acerca da incidência da referida causa de aumento quanto ao uso de arma de brinquedo foi suficientemente solucionada no âmbito do Superior Tribunal de Justiça, que, em 2001, cancelou o verbete sumular n. 174, no julgamento do RESP 213.054-SP.

32. O examinando deverá desenvolver raciocínio acerca da atipicidade do fato, eis que, conforme entendimento pacificado no STF, não se tipifica crime material contra a ordem tributária, previsto no art. 1°, I a IV, da Lei n. 8.137/90, antes do lançamento definitivo do tributo (Verbete 24 da Súmula Vinculante do STF). Diante da inexistência de crime, em sede de resposta à acusação, deve-se alegar hipótese de absolvição sumária, conforme art. 397, III, do CPP. Por fim, cumpre destacar que em virtude de o enunciado da questão ser expresso ao exigir fundamentação na resposta, a mera transcrição da referida Súmula (seja de forma direta, seja de forma indireta, dos termos da frase), bem como a mera indicação do art. 397 do CPP, não autorizam a pontuação integral.

33. Relativamente ao item "a" da questão, o examinando, para garantir a atribuição integral dos pontos respectivos, deverá desenvolver raciocínio no sentido de que Abel cometeu apenas o crime de estelionato, previsto no art. 171 do CP. Outrossim, deverá indicar que o crime caracteriza-se pela fraude que é usada como meio de obter o consentimento da vítima que, iludida, entrega voluntariamente a chave de seu carro para Abel.

No que tange ao item "b", deverá ser desenvolvido raciocínio no sentido de que Felipe cometeu apenas o delito de furto simples, capitulado no art. 155, *caput*, do CP. Saliente-se que, no caso em tela, não serão admitidas respostas que indicarem a incidência de qualificadoras, uma vez que, apesar de o agente ter se vestido de manobrista, tal fato em nada interferiu na subtração do bem. Tampouco se pode falar em crime cometido mediante destreza, haja vista o fato de que, no enunciado da questão, não há qualquer referência ao fato de Felipe possuir habilidades especiais que pudessem fazer com que efetivasse a subtração sem que a vítima percebesse. Assim sendo, o delito por ele praticado foi, apenas, o de furto na forma simples, descrito no *caput* do art. 155 do CP. Ainda no item "b", de maneira alternativa e com o fim de privilegiar demonstração de conhecimento jurídico, será pontuado o examinando esclarecer somente estar presente o núcleo do tipo e, por conta disso, a conduta de Felipe apenas se enquadraria no *caput* do artigo citado.

34. Para garantir pontuação à questão, o examinando deverá, no item "a", responder, nos termos do questionado, que a hipótese tratada é de mutatio libelli, instituto descrito no art. 384 do CPP. Não serão admitidas respostas que tragam emendatio libelli, tendo em vista que o enunciado da questão é claro ao dispor que "os fatos narrados na denúncia não corresponderiam àquilo que efetivamente teria ocorrido". Tal expressão, por si só, ainda afastaria a incidência do disposto no art. 383 do CPP, uma vez que aquele dispositivo legal traz explicitamente restrição à sua utilização para hipóteses em que não ocorra modificação na "descrição do fato contida na denúncia ou queixa".

Quanto ao item "b", para garantir a pontuação pertinente, o examinando deverá responder que o juiz não poderia, na sentença, dar nova capitulação (e com base nela condenar os réus) porque deve obediência aos princípios da imparcialidade e inércia da jurisdição. De maneira alternativa e com o fim de privilegiar a demonstração de conhecimento jurídico, será admitida resposta no sentido de que tal conduta, por parte do magistrado, feriria o sistema/princípio acusatório ou, ainda, no sentido de que tal conduta feriria o princípio da correlação/congruência entre acusação e sentença. Ressalte-se que no tocante ao item "b" a questão solicita análise acerca da conduta do magistrado que, na sentença, daria nova capitulação aos fatos em decorrência de elemento ou circunstância da infração penal não contida na acusação. Nesse sentido, cabe destacar que à luz do sistema acusatório adotado pela Constituição da República Federativa do Brasil, o julgador deve ser imparcial e, por isso, suas decisões devem estar balizadas pelo contexto fático descrito na peça acusatória (princípio da correlação entre acusação e sentença).

Por fim, para garantir a pontuação relativa ao item "c", o examinando deverá responder que NÃO é possível que o Tribunal de Justiça, ao analisar o recurso de apelação, proceda à mutatio libelli, pois, nos termos do verbete 453 da Súmula do STF, verbis: "não se aplicam à segunda instância o art. 384 (...)". Tal conclusão, no item "c", decorre do reconhecimento de que, advindo inovação no contexto fático que envolve a conduta imputada ao réu no curso da instrução, não pode haver julgamento com base nesse novo contexto fático antes que as partes possam exercer o contraditório em sua plenitude. Nessa esteira, cabe destacar que a sede própria do contraditório acerca dos fatos e das provas é o primeiro grau de jurisdição, sob pena de supressão de instância. Tomadas essas duas premissas, alcança-se a conclusão de que eventual modificação da definição jurídica do fato decorrente de elemento ou circunstância da infração penal não contida na acusação não pode ser realizada diretamente pelo segundo grau de jurisdição.

35. A questão visa obter do examinando o conhecimento acerca da extinção da punibilidade pela prescrição. Desta forma, para obtenção da pontuação relativa ao item "a", o examinando deve indicar que a punibilidade do réu está extinta com base na prescrição da pretensão punitiva retroativa, pois entre a data do recebimento da denúncia e a data da publicação da sentença condenatória transcorreu lapso de tempo superior a quatro anos. Cumpre destacar que tal modalidade de prescrição é a única que se coaduna com o caso apresentado pelos seguintes fatos: (i) tendo havido o trânsito em julgado para a acusação (pois somente a defesa interpôs recurso de apelação), deve ser considerado o quantum de pena aplicada por ocasião da sentença condenatória, ou seja, 01 (um) ano, 11 (onze) meses e 10 (dez) dias de reclusão, não podendo esta ser majorada por força do princípio que impede a sua reforma para pior (non reformatio in pejus). Assim, o prazo prescricional é de 4 (quatro) anos, conforme art. 107, IV, c/c art. 109, V e art. 110, § 1°, todos do CP; II. considerando apenas os dados narrados no enunciado, os únicos marcos interruptivos da prescrição, segundo o art. 117 do CP, são o recebimento da denúncia (30.10.2000) e a publicação da sentença penal condenatória (29.07.2005). Assim, com base na pena aplicada na sentença (com trânsito em julgado para o Ministério Público), retroagindo-se ao primeiro marco interruptivo narrado pela questão (recebimento da denúncia), observa-se que entre este e o segundo marco interruptivo (publicação da sentença condenatória), transcorreu lapso temporal maior do que quatro anos, com a consequente prescrição da pretensão punitiva. Ressalte-se que justamente pela objetividade do item "a", e por não ter havido o trânsito em julgado para ambas as partes, a indicação de espécie distinta de prescrição, que não a punitiva, macula a integralidade da resposta e impede a atribuição de pontuação. Não há que se falar, no caso em comento, em prescrição da pretensão executória.

Em relação ao item "B" o examinando, para fazer jus à pontuação respectiva, deve responder que o disposto no art. 110, *caput*, do CP não é aplicável ao caso narrado, pois tal artigo somente é aplicado em se tratando de prescrição da pretensão executória. Como o caso apresentado demonstra a ocorrência da prescrição da pretensão punitiva, não há que se falar no aumento de 1/3 (um terço) no prazo prescricional. Este entendimento é corroborado pelo verbete 220 da Súmula do STJ ao afirmar que "a reincidência não influi no prazo da prescrição da pretensão punitiva".

36. a) Não há concurso de agentes, pois o auxílio foi proposto após a consumação do crime de furto. Assim, não estão presentes os requisitos necessários à configuração do concurso de agentes, mormente liame subjetivo e identidade da infração penal.

b) Favorecimento real (art. 349 do CP).

Obs.: Respostas contraditórias não serão pontuadas.

37. a) Não, pois Wilson será beneficiado pelo instituto do arrependimento eficaz, previsto na parte final do art. 15 do CP. Assim, somente responderá pelos atos praticados, no caso, as lesões corporais graves sofridas por Júnior.

Obs.: A mera indicação de artigo legal não garante atribuição de pontos. Também não serão pontuadas respostas contraditórias.

b) Nesse caso, como não houve eficácia no arrependimento, o que é exigido pelo art. 15 do CP, Wilson deverá responder pelo resultado morte, ou seja, deverá responder pelo delito de homicídio doloso consumado.

38. a) Deveria absolvê-lo sumariamente, por força do art. 415, III, do CPP. O caso narrado não constitui crime, sendo hipótese de crime impossível.

b) É cabível recurso em sentido estrito (art. 581, IV, do CPP); deve ser interposto no prazo de cinco dias (art. 586 do CPP); a petição de interposição deve ser endereçada ao juiz a quo e as razões deverão ser endereçadas ao Tribunal de Justiça.

39. A. Não procedem os argumentos da defesa de Laura, com base no verbete 704 da Súmula do STF. O fato de Laura ser julgada diretamente pelo Tribunal de Justiça não lhe tira a possibilidade de manejar outros recursos.

Assim, não há qualquer ferimento ao devido processo legal, nem ao contraditório e muito menos à ampla defesa.

Por fim, também não há que se falar em desrespeito ao princípio do juiz natural, já que a atração por conexão ou continência não configura criação de tribunal de exceção, sendo certo que não se pode confundir "juiz natural" com "juízo de primeiro grau".

B. Laura não possui direito ao duplo grau de jurisdição. O princípio do duplo grau assegura o julgamento da causa em primeira instância e a revisão da sentença por órgão diverso. O recurso que traduz por excelência o princípio do duplo grau é a apelação, a qual devolve ao Tribunal, para nova análise, toda a matéria de fato e de direito. Como Laura será julgada diretamente pelo Tribunal de Justiça, não terá direito ao duplo grau de jurisdição, mas isso não a impede de exercer o contraditório e nem a ampla defesa, estando-lhe assegurado, assim, o devido processo legal.

Obs.: Não serão pontuadas respostas contraditórias.

40. A questão objetiva do examinando demonstração de conhecimento acerca de institutos relativos à execução penal, bem como de entendimento jurisprudencialmente consolidado acerca do tema.

Com efeito, o artigo 112 parágrafo 6° da LEP dispõe que o cometimento de falta grave interrompe o prazo de concessão do benefício de progressão de regime. Todavia, tal situação (progressão de regime) é diversa daquela narrada na questão, que trata de instituto distinto, qual seja, o livramento condicional.

Nesse sentido, a resposta do examinando deve ser dividida em duas alegações complementares: partindo-se da premissa que o art. 83 do CP não prevê a interrupção do prazo se cometida falta grave, é forçoso reconhecer a total ausência de previsão legal. Aliás, é pacífico o entendimento, tanto na doutrina quanto na jurisprudência, no sentido de que o cometimento de falta grave, por falta de previsão legal, não interrompe o prazo para aquisição do benefício do livramento condicional, o que se subsume, inclusive, pelo teor do verbete 441 da Súmula do STJ, in verbis: "A falta grave não interrompe o prazo para obtenção de livramento condicional".

Por fim, levando-se em conta o comando da questão, o examinando deve concluir seu raciocínio acerca da impossibilidade do pleito Ministerial com base em institutos principiológicos. Nesse sentido, cabe ressaltar que a alegação do Ministério Público configura ofensa ao princípio da legalidade; ofende, outrossim, a vedação de dupla punição (princípio do ne bis in idem).

Ressalte-se que com a finalidade de privilegiar a demonstração de conhecimento jurídico também poderá ser aceito desenvolvimento no sentido de que o objetivado pelo Parquet permitiria, em última análise, analogia in malam partem, o que também é vedado pelo Direito Penal, tendo em vista o já mencionado princípio da legalidade.

41. Na presente questão cabe ao examinando identificar o instituto por ela versado, qual seja, o erro de tipo acidental, na modalidade do resultado diverso do pretendido, previsto no art. 74 do CP.

Referido instituto traz como consequência, para o caso sob exame, a punição do agente por crime doloso em relação ao objetivo por ele almejado (que no caso foi o crime de dano previsto no art. 163 do CP), bem como a sua punição na modalidade culposa pelo resultado não intencional por ele alcançado, desde que o tal delito admita a modalidade culposa.

Nesse sentido, observa-se que o outro resultado alcançado foi o crime de homicídio, que admite a modalidade culposa, de acordo com o art. 121, § 3º, do CP.

Sendo assim, uma vez tendo, Maria, alcançado os dois resultados, deverá ser punida por ambos (dano doloso e homicídio culposo) na forma do art. 70 do CP, ou seja, em concurso formal próprio, que determina a majoração da pena do crime mais grave de 1/6 até 1/2.

42. a) O órgão competente é a Justiça Estadual, haja vista que as duas cidades mencionadas ficam no Brasil (Porto Vera Cruz é município do Rio Grande do Sul e Foz do Iguaçu é município do Paraná) e que não há qualquer menção à transposição de fronteira nacional. A competência somente poderia ser atribuída à Justiça Federal se José tivesse cometido o crime de tráfico internacional de entorpecentes (objetivo de traficar para o exterior), na forma do disposto no art. 70, *caput*, da Lei n. 11.343/2006 e do verbete 522 da Súmula do STF.

b) Sim, é competente a Justiça Estadual, pois conforme já mencionado não houve dolo de traficar para o exterior.

43. Segundo os dados narrados na questão, Wilson, por ser salva-vidas, tem o dever legal de agir para evitar o resultado e, naquele momento, podia perfeitamente agir. Assim, trata-se de agente garantidor. Nesse caso, responde por delito comissivo por omissão, qual seja, homicídio doloso praticado via omissão imprópria: art. 121 c/c art. 13, § 2º, a, ambos do CP. Erika, por sua vez, por ter instigado Wilson a não realizar o salvamento de Ana Paula, responde como partícipe de tal homicídio, nos termos do art. 29 do CP. Não há que se falar em omissão de socorro por parte de Erika, pois, conforme dados expressos no enunciado, ela não sabia nadar e nem tinha como chamar por ajuda.

44. a) Agravo em execução (art. 197 da LEP).

b) Não, pois de acordo com o verbete 493 da Súmula do STJ, é inadmissível a fixação de pena substitutiva (art. 44 do CP) como condição especial ao regime aberto.

Ademais, embora ao Juiz seja lícito estabelecer condições especiais para a concessão do regime aberto, em complementação daquelas previstas na LEP (art. 115 da LEP), não poderá adotar a esse título nenhum efeito já classificado como pena substitutiva (art. 44 do CP), porque aí ocorreria o indesejável bis in idem, importando na aplicação de dúplice sanção. Além disso, o art. 44 do CP é claro ao afirmar a natureza autônoma das penas restritivas de direitos que, por sua vez, visam substituir a sanção corporal imposta àqueles condenados por infrações penais mais leves. Diante do caráter substitutivo das sanções restritivas, vedada está sua cumulatividade com a pena privativa de liberdade, salvo expressa previsão legal, o que não é o caso.

Precedente: STJ – Habeas Corpus 218.352-SP – (2011/0218345-1).

45. a) Cabível a interposição de recurso especial, com fulcro no art. 105, III, "a", da CF.

b) Deve ser salientado que não agiu corretamente o Tribunal de Justiça ao fixar as condições do sursis, pois tal tarefa cabia ao juiz a quo e, como ele não o fez, bem como não houve impugnação por parte do Ministério Público acerca de tal omissão, a atitude do Tribunal configura verdadeira reformatio in pejus, vedada pelo art. 617 do CPP.

46. A questão objetiva busca extrair do examinando conhecimento de institutos relativos à dosimetria da pena, em especial no tocante à circunstância judicial dos maus antecedentes e à agravante da reincidência. Munido de tal conhecimento, o examinando deve ser capaz de identificar os institutos e também diferenciá-los quando diante de um caso concreto. Nesse sentido, relativamente ao item "a", percebe-se que Ricardo possui bons antecedentes.

Eventual sentença condenatória ainda não transitada em julgado não tem o condão de implicar-lhe maus antecedentes, pois isso significaria acréscimo de tempo em sua pena e contrariaria, assim, o princípio do estado de inocência, constitucionalmente previsto.

No item "b", atendendo-se ao comando da questão, o examinando deve indicar que Ricardo é primário. Isso porque a extorsão foi cometida em 10.09.2009, antes, portanto, do trânsito em julgado da sentença que o condenou pelo roubo (ocorrido em 15.05.2010), tal como manda o art. 63 do CP. Não obstante a primariedade de Ricardo, ele é portador de maus antecedentes, pois na data da sentença relativa ao delito de extorsão (18.10.2010) já havia ocorrido o trânsito em julgado da sentença do crime de roubo.

Por fim, em relação ao item "c", o examinando deve indicar que ainda permanece a primariedade de Ricardo, pois o delito de estelionato foi cometido antes do trânsito em julgado de qualquer outro delito. Perceba-se que um indivíduo somente pode ser considerado reincidente se o crime pelo qual está sendo julgado tiver sido cometido após o trânsito em julgado de sentença que lhe haja condenado por delito anterior, nos termos do art. 63 do CP. Todavia, Ricardo é portador de maus antecedentes, pois na data da sentença relativa ao estelionato já havia ocorrido o trânsito em julgado de duas outras sentenças condenatórias.

47. A questão objetiva extrair do examinando conhecimento acerca da absolvição sumária, bem como dos elementos essenciais à configuração da tipicidade penal de uma conduta.

a) O juiz deve absolver sumariamente a ré, devendo fundamentar sua decisão no art. 397, III, do CPP.

b) Está ausente a tipicidade material. Isso porque, pela moderna doutrina, somente haverá tipicidade se, além da tipicidade formal (subsunção do fato à norma), estiver presente, também, a tipicidade material, assim entendida como efetiva lesão relevante ou ameaça de lesão ao bem jurídico tutelado.

48. Deve ser arguida exceção de incompetência com fundamento no art. 108 do CPP OU preliminar de incompetência na resposta à acusação. O estelionato é crime material e se consuma no local onde ocorreu o efetivo prejuízo econômico. No caso em tela, o efetivo prejuízo econômico se deu no lugar onde o título foi recusado, ou seja, na comarca "Z". Assim, aplica-se o disposto no verbete 521 da Súmula do STF e o verbete 244 da Súmula do STJ . Consequentemente, deve ser feito pedido de remessa do feito à comarca "Z", onde poderão ser ratificados os atos até o momento praticados, prosseguindo-se na instrução.

49. A situação narrada configura hipótese de flagrante preparado (ou provocado). Tal prisão em flagrante é nula e deve ser imediatamente relaxada, haja vista o fato de ter sido preparada por um agente provocador, que adotou medidas aptas a impedir por completo a consumação do crime. Inclusive, o verbete 145 da Súmula do STF disciplina que nas situações como a descrita no enunciado inexiste crime.

Aplica-se, também, o art. 17 do CP: o flagrante preparado constitui hipótese de crime impossível.

Sendo assim, a melhor tese defensiva aplicável a Ricardo é aquela no sentido de excluir a prática de crime com base no verbete 145, da Súmula do STF, e no art. 17 do CP.

Note-se que o enunciado da questão deixa claro que busca a melhor tese defensiva no campo jurídico-penal. Assim, eventuais respostas indicativas de soluções no âmbito processual (tais como: prisão ilegal que deve ser relaxada), ainda que corretas, não serão consideradas para efeito de pontuação, haja vista o fato de não responderem ao questionado.

50. O examinando deve responder que Félix não deve ser responsabilizado por tentativa de homicídio, pois a hipótese narrada enquadra-se naquela descrita no art. 15 do CP, em sua primeira parte, ou seja, trata do instituto da desistência voluntária. Isso porque, conforme narrado no enunciado, percebe-se que o agente (Félix), desistiu de prosseguir na execução do delito, quando ainda lhe sobrava, do ponto de vista objetivo, margem de ação. Assim, conforme o dispositivo legal supracitado, Félix responderia apenas por eventuais atos praticados. Note-se, entretanto, que os atos praticados pelo agente não traduzem a prática de crime, razão pela qual Félix não responde por nada.

51. a) Como se trata de decisão proferida pelo juiz da execução penal, o recurso cabível é o agravo, previsto no art. 197 da Lei de Execução Penal – 7.210/84.

b) O prazo para a interposição do recurso é de 05 (cinco) dias, contados da data da publicação da decisão no D.O., conforme dispõem as Súmulas do STF 699 e 700.

Súmula 699 – "O prazo para interposição de agravo, em processo penal, é de cinco dias, de acordo com a Lei 8.038/1990, não se aplicando o disposto a respeito nas alterações da Lei 8.950/1994 ao Código de Processo Civil".

Súmula 700 – "É de cinco dias o prazo para interposição de agravo contra decisão do juiz da execução penal".

c) Via de regra, o recurso de Agravo em Execução não tem efeito suspensivo, conforme previsão do art. 197 da LEP. Todavia, a hipótese tratada no enunciado é a única exceção à regra supramencionada, i.e., o agravo possui, na hipótese do enunciado, efeito suspensivo, conforme previsto no art. 179 da LEP.

Portanto, a interposição desse recurso suspende a eficácia da sentença.

52. A questão objetiva extrair do examinando conhecimento acerca do iter criminis e dos crimes praticados por particular contra a Administração Pública. Nesse sentido, relativamente à alternativa "A", o examinando deve lastrear sua resposta no sentido de que o delito de corrupção ativa (art. 333 do CP) é crime formal que não admite, via de regra, a modalidade tentada (exceto, como exemplo recorrente na doutrina, se o crime for praticado via escritos). Além disso, levando em conta a narrativa do enunciado, percebe-se que o delito em análise sequer teve o início da execução e, muito menos, atingiu a consumação. Isso porque a corrupção ativa somente se consuma com o efetivo oferecimento ou promessa de vantagem indevida, o que não ocorreu no caso narrado. Consequentemente, a conduta levada a efeito por Gustavo é atípica.

No que se refere à alternativa "B", por sua vez, o examinando deve indicar que, caso Gustavo pagasse a quantia solicitada pelo policial, ele não responderia por corrupção ativa, pelo simples fato de que tal conduta sequer está descrita no tipo penal do art. 333 do CP, configurando, portanto, fato atípico.

53. A questão trata do crime de furto e busca extrair do examinando conhecimento específico sobre dois pontos importantes acerca do tema: o momento consumativo do delito e a incidência do privilégio. A primeira indagação tem cunho eminentemente teórico, enquanto a segunda é de caráter prático, pois exige que o examinando saiba interpretar informações dadas no enunciado e, a partir delas, identificar a incidência do privilégio, o que será capaz de reduzir significativamente a resposta penal a ser dada ao personagem da questão. Nesse sentido, para fazer jus aos pontos relativos ao item "A", o examinando deve responder afirmativamente, indicando que o furto atingiu a consumação. Com efeito, diversas teorias existem sobre o momento consumativo do crime de furto, sendo certo que a predominante, tanto na doutrina quanto na jurisprudência dos Tribunais Superiores, é a Teoria da Amotio, segundo a qual a consumação ocorre quando a coisa subtraída passa para o poder do agente, mesmo que num curto espaço de tempo – tal como ocorreu no caso narrado –, independentemente de deslocamento ou posse mansa e pacífica da coisa. Também merece destaque, embora não seja o entendimento majoritário, reflexão sobre o momento consumativo do crime de furto narrado no enunciado, com a adoção da Teoria da Ablatio. Perceba-se que, ainda assim, a resposta seria a mesma: o furto foi consumado. Isso porque, para aqueles que adotam a Teoria da Ablatio, o furto consuma-se quando o agente, depois de apoderar-se da coisa, consegue deslocá-la de um lugar para o outro – fato que, da mesma forma, foi narrado no enunciado. Cabe ressaltar que a banca examinadora, com o intuito de privilegiar a demonstração de conhecimento jurídico, aceitará como justificativa correta ambas as fundamentações acima expostas, sem perder de vista que os Tribunais Superiores adotam a Teoria da Amotio. Pelo mesmo motivo, entretanto, não será pontuada a resposta que traga apenas a afirmativa "sim", desprovida de qualquer justificativa ou mesmo com justificativa equivocada.

No tocante ao item "B", para que receba a pontuação respectiva, o examinando deve indicar que, de acordo com a questão, desconsiderando a argumentação no sentido de aplicação do princípio da insignificância (que pelo próprio enunciado afigura-se como inaplicável), a principal tese defensiva deve ser o reconhecimento do furto qualificado e privilegiado (art. 155, § 2° c/c art. 155, § 4°, III, ambos do CP). Isso porque a qualificadora da utilização de chave falsa possui natureza objetiva, sendo compatível com o furto privilegiado, que é de ordem subjetiva. O reconhecimento do furto privilegiado ou mínimo deve ser o argumento defensivo em sede de apelação, por trazer vários benefícios a Antônio, como a substituição da pena de reclusão pela pena de detenção, a diminuição da pena de um a dois terços ou aplicação da pena de multa. Cabe destacar que, há muito tempo, a controvérsia sobre a possibilidade de furto privilegiado e qualificado foi superada, existindo diversos julgados, tanto no STF quanto no STJ, sobre o tema. Inclusive, o próprio STF, no Informativo 580, manifestou-se sobre a possibilidade de tal combinação, sendo, portanto, a melhor tese defensiva.

54. Não obstante Jeremias ter sido condenado pela Justiça Federal, a competência para o processamento do pedido é da Justiça Estadual, haja vista que Jeremias cumpre pena em estabelecimento sujeito à jurisdição ordinária; daí a transferência de competência da execução penal para a Justiça Estadual, conforme preceitua a Súmula 192 do STJ.

Súmula 192 – "Compete ao Juízo das Execuções Penais do Estado a execução das penas impostas a sentenciados pela Justiça Federal, Militar ou Eleitoral, quando recolhidos a estabelecimentos sujeitos à Administração Estadual."

55. A questão objetiva extrair do examinando conhecimento atualizado acerca da jurisprudência do STF.

Nesse sentido, relativamente ao item "A", a resposta deve ser lastreada no sentido de que cabe, sim, impugnação ao regime inicial fechado, fixado exclusivamente com base no art. 2°, § 1°, da Lei n. 8.072/90. Isso porque o STF, no HC 111.840/ES, declarou inconstitucional a previsão, na Lei dos Crimes Hediondos, da exigência da fixação do regime inicial fechado. Na oportunidade, a Corte se manifestou no sentido de que a definição do regime deveria sempre ser analisada independentemente da natureza da infração. A CF/1988 contemplaria as restrições aplicadas à Lei n. 8.072/90, dentre as quais não estaria a obrigatoriedade de imposição de regime extremo para início de cumprimento de pena. Tal posicionamento vem sendo reiterado pela Suprema Corte, sendo certo que a fixação do regime inicialmente fechado deve conter uma fundamentação em concreto, sob pena de ofensa à individualização da pena.

No tocante ao item "B", devemos observar que o STF, no HC 97.256/RS, decidiu que o art. 33, § 4°, da Lei n. 11.343/2006 é inconstitucional, ao vedar a conversão da pena privativa de liberdade em pena restritiva de direitos. Após a reiteração do entendimento pela Suprema Corte, foi editada a Res. 5 do Senado, com o seguinte teor: "art. 1° É suspensa a execução da expressão 'vedada a conversão em penas restritivas de direitos' do § 4° do art. 33, da Lei 11.343, de 23 de agosto de 2006, declarada inconstitucional por decisão definitiva do Supremo Tribunal Federal nos autos do Habeas Corpus 97.256/RS." Desta forma, é possível a conversão da pena privativa de liberdade em pena restritiva de direitos, desde que o réu preencha os requisitos do art. 44 do CP.

56. A questão objetiva extrair do examinando conhecimento acerca da teoria geral das nulidades no Processo Penal. Nesse sentido, para garantir os pontos relativos à questão, o examinando deve, na alternativa "A", indicar que a hipótese é de nulidade absoluta, nos termos do art. 564, III, "i" c/c art. 572, ambos do CPP. Em relação à alternativa "B", o examinando deve lastrear sua resposta no sentido de que não foi correta a atitude do Tribunal de Justiça. Isso porque, de acordo com o Verbete 160 da Súmula do STF, o Tribunal de Justiça não pode acolher, contra o réu, nulidade não aventada pela acusação em seu recurso. Assim agir significaria desrespeito ao princípio da vedação à reformatio in pejus indireta.

O enunciado da questão foi claro ao informar que o recurso do Ministério Público não alegou nenhuma nulidade. Destarte, levando em conta que o réu foi absolvido em relação ao delito de homicídio, o reconhecimento de nulidade implicar-lhe-á em prejuízo.

57. A questão objetiva extrair do examinando conhecimento acerca da lei penal no tempo (regramento legal e entendimento jurisprudencial), bem como da execução penal. Nesse sentido, relativamente à alternativa "A", o examinando deve indicar que o recurso a ser interposto é o agravo, previsto no art. 197 da LEP.

Tendo em conta a própria natureza do Exame de Ordem, a mera indicação do dispositivo legal não será pontuada. No que tange ao item "B", por sua vez, a resposta deve ser lastreada no sentido de que, de acordo com os Verbetes 26 da Súmula Vinculante do STF e 471 da Súmula do STJ, Mário, por ter cometido o crime hediondo antes da Lei n. 11.464/2007, não se sujeita ao art. 2°, § 2°, da Lei n. 8.072/1990, por se tratar de novatio legis in pejus, devendo ocorrer sua progressão de regime com base no art. 112 da LEP, observando o quantum de 1/6 de cumprimento de pena.

Cabe destacar que tal entendimento surgiu do combate ao art. 2°, § 2°, da Lei n. 8.072/90, que previa o cumprimento de pena no regime integralmente fechado para os crimes hediondos ou equiparados. Após longo debate nos Tribunais Superiores, reconheceu-se a inconstitucionalidade da previsão legal, por violação ao princípio da individualização da pena, culminando na progressão de regime com o quórum até então existente, qual seja, 1/6 com base no art. 112 da LEP.

O legislador pátrio, após o panorama jurisprudencial construído, alterou a redação do art. 2°, § 2°, da Lei n. 8.072/90, autorizando a progressão de regime de forma mais gravosa para aqueles que cometeram crimes hediondos, por meio do cumprimento de 2/5 para os réus primários e 3/5 para os reincidentes.

No entanto, a nova redação conferida ao artigo supracitado, por meio da Lei n. 11.464/2007, externa-se de forma prejudicial àqueles que cometeram crimes hediondos em data anterior à sua publicação, tendo em vista que os Tribunais Superiores autorizavam a sua progressão com o cumprimento de 1/6 da pena. Diante dessa construção jurisprudencial, os Tribunais Superiores pacificaram o entendimento, por meio dos Verbetes 26 da Súmula Vinculante do STF e 471 da Súmula do STJ.

Observação: Problema anterior à entrada em vigor da Lei 13.964, de 2019, que alterou a redação do artigo 112 da LEP e os respectivos prazos para obtenção da progressão de regime.

58. A Constituição da República, em seu art. 109, IV, estabelece que compete à Justiça Federal o julgamento das infrações penais praticadas em detrimento de bens, serviços ou interesse da União ou de suas entidades autárquicas ou empresas públicas. Trata-se de competência determinada ratione personae. Assim, para se estabelecer a competência de julgamento dos crimes mencionados no enunciado, o examinando deverá, em primeiro lugar, levar em consideração a natureza jurídica da pessoa lesada. Destarte, no caso do item "A", a competência para julgamento do crime em que foi lesada a CEF é da Justiça Federal, nos termos do art. 109, IV, da CF/88. Relativamente ao item "B", levando-se em conta que o lesado foi o Banco do Brasil, a competência para o julgamento do crime praticado é da Justiça Estadual, pois, como visto anteriormente, referida instituição está fora do alcance da regra insculpida no art. 109, IV, da CF/88, sendo certo que a competência da Justiça Estadual é residual. Além disso, há, também, o Verbete 42 da Súmula do STJ sobre o tema: "Compete à Justiça Comum Estadual processar e julgar as causas cíveis em que é parte sociedade de economia mista e os crimes praticados em seu detrimento".

59. De acordo com a jurisprudência atualizada, tanto do STJ como do STF, bem como com o mandamento descrito no art. 105, II, a, da CF/88, em habeas corpus caberá recurso ordinário. O art. 30 da Lei n. 8.038/90 determina ser de 5 (cinco) dias o prazo para interposição de recurso ordinário contra decisão denegatória de habeas corpus proferida pelos Tribunais dos Estados. No caso narrado no enunciado, o recurso deve ser dirigido ao Superior Tribunal de Justiça, conforme informa o art. 105, II, a, CF/88, já que se trata de decisão proferida pelo Tribunal de Justiça.

60. A questão tem como objetivo extrair do examinando conhecimento acerca do tema Execução Penal. Conforme o enunciado informa, o Decreto de Indulto previa que apenas impediria o benefício a punição pela prática de falta grave nos 12 meses anteriores à sua publicação. Diante disso, a jurisprudência vem entendendo que a prática de falta grave após a publicação do Decreto, ainda que antes da análise do requerimento do benefício pelo órgão competente, não impede sua concessão, respeitando-se, assim, o princípio da legalidade. Miguel faz jus ao benefício, motivo pelo qual deve o seu advogado interpor Agravo de Execução da decisão do juiz da VEP, sendo o seu prazo de 5 dias, conforme arts. 197 da Lei n. 7.210/84 c/c art. 586 do CPP e Súmula 700 do STF. (Conforme gabarito provisório)

61. a) A questão exigia do candidato conhecimento acerca do tema prisão. Durante muito tempo se controverteu sobre a possibilidade de o magistrado decretar a prisão preventiva de ofício, em especial durante as investigações policiais. A Lei n. 12.403/2011 conferiu novo tratamento ao tema. Na hipótese narrada, o juiz, ainda durante a fase de investigação, sem ação penal em curso, decretou a prisão preventiva do indiciado de ofício, o que não é admitido pelo art. 311 do CPP, tendo em vista que violaria o princípio da imparcialidade, o princípio da inércia e até mesmo o sistema acusatório.

b) Ainda que a decretação da prisão preventiva de ofício neste momento fosse admitida, a fundamentação apresentada seria insuficiente, pois a gravidade em abstrato do crime não pode justificar a aplicação de medidas cautelares pessoais. O juiz não fundamentou a prisão preventiva, medida excepcional considerando o princípio da presunção de inocência e o direito à liberdade, com circunstâncias em concreto do caso. (Conforme gabarito provisório)

62. a) Deve o advogado de Raquel impetrar de imediato habeas corpus visando ao "trancamento" da ação penal, pois o fato ainda não é típico.

b) A situação narrada representa constrangimento ilegal a Raquel, pois, de acordo com a Súmula Vinculante 24, não se tipifica crime material contra a ordem tributária antes do lançamento definitivo do tributo. Dessa forma, vêm entendendo os Tribunais Superiores que, antes do esgotamento da instância administrativa com lançamento do tributo, não pode ser oferecida denúncia pela prática do crime (art. 1°, I ao IV, da Lei n. 8.137/90). (Conforme gabarito provisório)

63. a) A questão exige do candidato conhecimento acerca do tema prescrição. O enunciado deixa claro a data de nascimento de Julia, demonstrando que esta era menor de 21 anos na data dos fatos. Entre o recebimento da denúncia e a data da publicação da sentença condenatória foram ultrapassados mais de 3 anos. A pena privativa de liberdade definitiva aplicada para Julia foi de 1 ano, que, na forma do art. 109, V, do CP, prescreve em 4 anos. Ocorre que, como Julia era menor de 21 anos na data dos fatos, o prazo prescricional deverá ser contado pela metade, conforme prevê o art. 115 do CP.

b) Ultrapassado o prazo prescricional de 2 anos entre os marcos interruptivos da prescrição, deverá ser reconhecida a extinção da punibilidade de Julia pela prescrição da pretensão punitiva retroativa, na forma do art. 107, IV, do CP. Cabe destacar que como a prescrição a ser reconhecida foi da pretensão punitiva, a ação penal e até mesmo a condenação com trânsito em julgado não produzirá qualquer efeito para Julia, não servindo para configurar reincidência, maus antecedentes ou funcionar como título executivo no juízo cível. (Conforme gabarito provisório)

64. a) A questão narra que Carlos foi condenado pela prática de um crime de tráfico de drogas e posse de arma de fogo de uso permitido. Em que pese o crime de tráfico ser equiparado a hediondo, hoje o entendimento que prevalece no âmbito do Supremo Tribunal Federal é no sentido de que é possível a aplicação de regime inicial de cumprimento de pena diverso do fechado, sendo a previsão do art. 2°, § 1°, da Lei n. 8.072/90 inconstitucional, pois violadora do princípio da individualização da pena. Assim, analisando as circunstâncias do caso concreto, nada impede que o magistrado fixe o regime semiaberto ao caso, até porque a pena-base não se afastou do mínimo legal, o que indica que as circunstâncias do art. 59 do CP são favoráveis.

b) Ainda consta do enunciado que o Tribunal de Justiça, em julgamento exclusivo da defesa, optou por realizar uma reclassificação da conduta, aplicando a causa de aumento de pena do art. 40, IV, da Lei n. 11.343/2006, em vez de manter a condenação pelo crime de posse de arma de fogo. Não poderia, porém, o Tribunal ter adotado essa conduta, pois ela é prejudicial ao réu. Como o recurso foi exclusivo da defesa, a reclassificação viola o princípio da vedação da reformatio in pejus. O prejuízo da nova classificação decorre de alguns fatores: para o cálculo de eventual prescrição, tendo em vista que a causa de aumento é considerada para fixação do prazo prescricional, enquanto, havendo dois crimes, o prazo seria fixado de maneira separada para cada um; um dos crimes é punido com detenção, o que impede a fixação do regime inicial fechado, deixando isso de ocorrer com a causa de aumento; na execução, a progressão de regime, no caso da causa de aumento, será calculada em 2/5 (ou 3/5, se reincidente) do total de 6 anos, enquanto, se mantidas as condenações separadas, esse percentual somente seria aplicado sobre a pena de 5 anos, pois sobre 1 ano seria aplicado o percentual de 1/6, já que a posse de arma de fogo não é crime hediondo.

Observação: Problema anterior à entrada em vigor da Lei 13.964, de 2019, que alterou a redação do artigo 112 da LEP e os respectivos prazos para obtenção da progressão de regime.

65. a) Luan foi condenado pela prática de crimes de estupro e atentado violento ao pudor em concurso material. O entendimento que prevalecia antes da edição da Lei n. 12.015/2009 era a da impossibilidade de aplicação da continuidade delitiva entre essas duas infrações, pois não seriam crimes da mesma espécie. Ocorre que, com a inovação legislativa ocorrida no ano de 2009, a conduta antes prevista no art. 214 do Código Penal passou a ser englobada pela figura típica do art. 213 do CP. Apesar de não ter havido abolitio criminis, certo é que a lei é mais benéfica. Sendo assim, poderá retroagir para atingir situações anteriores e caberá a redução de pena de Luan. A jurisprudência amplamente majoritária entende que, de acordo com a nova redação, o art. 213 do CP passou a prever um tipo misto alternativo. Assim, quando praticada conjunção carnal e outro ato libidinoso diverso em um mesmo contexto e contra a mesma vítima, haveria crime único. Outros, minoritariamente, entendem que o artigo traz um tipo misto cumulativo, de modo que ainda seria possível punir o agente que pratica conjunção carnal e outro ato libidinoso diverso por dois crimes. De qualquer forma, mesmo para essa segunda corrente, caberia a redução de pena de Luan, pois agora seria possível a aplicação da continuidade delitiva, já que os crimes são de mesma espécie. O examinando poderá adotar qualquer uma das duas correntes, desde que assegure a aplicação da nova lei mais benéfica para Luan.

b) O órgão competente perante o qual deverá ser formulado o pedido de aplicação da lei mais benigna e, consequentemente, da redução da pena é o juízo da Vara de Execuções Penais, considerando que já ocorreu o trânsito em julgado da sentença condenatória, na forma da Súmula 611 do STF ou do art. 66, I, da LEP.

66. a) O crime praticado por Rubens e Enrico foi o de injúria, na forma do art. 140 do Código Penal. Apesar das ofensas serem relacionadas à pessoa que pratica crimes, já que Eduardo foi chamado de "ladrão" e "estelionatário", não há que se falar em crime de calúnia. A calúnia exige, para sua configuração, que seja atribuída ao ofendido a prática de determinado fato que configure crime. No caso, porém, não foram atribuídos fatos, mas sim qualidades pejorativas. Em razão disso, o crime praticado foi o de injúria.

b) O argumento a ser formulado pela defesa é o de que o perdão do ofendido oferecido a um dos querelados a todos aproveita (art. 51 do CPP), gerando a extinção da punibilidade dos coautores, caso seja aceito (art. 107, V, do CP). Ao conceder perdão para Rubens, necessariamente esse perdão deve ser estendido para Enrico, de modo que, com sua aceitação, haverá extinção da sua punibilidade.

67. a) Considerando que o enunciado narra que foi realizada validamente a prisão em flagrante de Wesley pela prática do crime de receptação simples, a medida processual a ser formulada é o pedido de liberdade provisória, evitando que seja decretada a prisão preventiva do indiciado.

b) A representação da autoridade policial não foi elaborada de maneira adequada em relação à sua fundamentação, pois não estão preenchidos os requisitos do art. 313 do Código de Processo Penal, sendo estes indispensáveis para a conversão da prisão em flagrante em preventiva. O crime praticado pelo indiciado não tem pena privativa de liberdade máxima superior a 4 anos. Ademais, não é o acusado reincidente na prática de crime doloso, devendo ser destacado que a existência de ação em curso não afasta a ausência de configuração do inc. II do art. 313. Os requisitos do inc. III também não estão atendidos, sendo incabível a prisão preventiva, independentemente da fundamentação com os pressupostos do art. 312 do CPP.

68. a) Foi imputado um crime de furto qualificado, pois houve rompimento de obstáculo. Ocorre que, para a punição por essa modalidade qualificada do crime, é necessária a realização de exame de local e a constatação do rompimento de obstáculo por prova pericial (art. 158 do CPP). Assim têm decidido de maneira recorrente os Tribunais Superiores, não sendo suficiente a simples afirmação dos policiais, no sentido de que Rodrigo narrou que tinha subtraído os cigarros, pois essa confirmação foi apenas quanto à subtração, e os agentes da lei nem mesmo compareceram ao estabelecimento para verificar se, de fato, houve tal rompimento. Assim, diante da ausência de comprovação pericial da qualificadora, o crime praticado foi de furto simples.

b) Em caso de acolhimento da tese defensiva, com a consequente desclassificação da conduta de Rodrigo de furto qualificado para furto simples, não poderá ser o acusado de imediato condenado, devendo o magistrado abrir vista para que o Ministério Público se manifeste sobre a possibilidade de oferecer proposta de suspensão condicional do processo, pois a pena mínima passou a ser de 1 ano de reclusão. Nesse sentido, é o enunciado 337 da Súmula do STJ, que permite que, em caso de desclassificação ou procedência parcial, seja oferecida proposta de suspensão condicional do processo, ainda que encerrada a instrução.

69. a) Deveria o examinando demonstrar que a prisão preventiva decretada em desfavor de Jorge, com base no art. 313, III, do Código de Processo Penal, não é válida no caso concreto. De início, é possível perceber que os requisitos previstos no art. 313, I e II, do CPP não estão presentes, pois a pena máxima para o crime praticado é inferior a 4 anos e Jorge é primário e de bons antecedentes. Em relação ao inc. III do art. 313, não basta que o crime seja praticado em situação de violência doméstica e familiar contra mulher. Para regularidade da prisão, é preciso que seja aplicada pra garantir execução de medida protetiva de urgência. Dessa forma, somente será cabível caso exista uma medida protetiva anteriormente aplicada e descumprida ou, ao menos, que, após aplicação da medida protetiva, exista risco concreto de descumprimento. No caso, de imediato o magistrado, após requerimento do Ministério Público, decretou a prisão preventiva, sem que houvesse medida protetiva de urgência previamente aplicada. Assim, não foi válida a prisão.

b) Deveria o examinando esclarecer que o crime de ameaça é de ação penal pública condicionada à representação, nos termos do art. 147, § 2º, do Código Penal, de modo que é possível a retratação do direito de representação. Como o crime foi praticado em situação de violência doméstica e familiar contra a mulher, contudo, alguns requisitos são trazidos pela lei de modo a garantir que essa manifestação foi livre de pressões. Tais requisitos são trazidos pelo art. 16 da Lei n. 11.340/2006, que admite a retratação antes do recebimento da denúncia, desde que realizada em audiência especial, na presença do magistrado, após manifestação do Ministério Público.

70. a) A medida processual é exceção de incompetência. Pela narrativa apresentada no enunciado é possível concluir que o crime foi praticado, inclusive consumado, na cidade de Santos, logo, na forma do art. 70 do Código de Processo Penal, o juízo competente será o da comarca de Santos e não o de Mogi das Cruzes. Considerando a incompetência territorial existente, deveria o advogado de Antônio formular uma exceção de incompetência, no prazo de defesa, nos termos do art. 108 do CPP A Banca considerou também como resposta correta a apresentação de preliminar de incompetência na resposta à acusação, nos termos do art. 396-A, do CPP, diante do entendimento existente de que todas as regras de competência no Processo Penal têm natureza absoluta.

b) Envolvendo o mérito, deve o examinando expor que, ainda que confessados os fatos, não houve emprego de arma na hipótese, de modo que deveria ser afastada a majorante do art. 157, § 2º, I, do Código Penal. A hipótese narrada deixa claro que Antônio abordou Ruth e empregou grave ameaça, mas que, em momento algum, utilizou, mencionou ou mostrou a arma que portava quando de sua prisão em flagrante. O argumento de que a faca, por ser arma branca, não é suficiente para o reconhecimento da causa de aumento não é adequado. O que se exigia era a demonstração de que, no caso concreto, não houve efetivo emprego da arma, como exige o dispositivo supramencionado.

71. a) O ofendido, por intermédio de um advogado, poderia apresentar recurso de apelação, ainda que não tenha se habilitado, em momento anterior, como assistente de acusação. Prevê o art. 598 do Código de Processo Penal que, se da sentença não for interposta apelação pelo Ministério Público no prazo legal, o ofendido, ainda que não tenha se habilitado como assistente de acusação, poderá interpor apelação. O prazo será de 15 dias a partir do fim do prazo do Ministério Público. No caso, houve omissão do Ministério Público, então caberá o recurso do ofendido, sendo certo que, diante da sentença absolutória, além da legitimidade existe interesse recursal. Deve ser esclarecido que não basta o examinando afirmar que deveria Flavio habilitar-se como assistente de acusação, caso esta afirmação não venha acompanhada da possibilidade de interposição de recurso de apelação.

b) No mérito, o examinando deveria demonstrar o equívoco da decisão do magistrado. A hipótese narrada indica que a ingestão de bebida alcoólica foi consciente e intencional, ainda que o resultado embriaguez não tenha sido. Contudo, prevê o art. 28, II, do Código Penal que a embriaguez, voluntária ou culposa, não exclui a imputabilidade penal. Assim, somente a embriaguez completa, decorrente de caso fortuito ou força maior, poderia afastar a culpabilidade, levando a uma absolvição.

72. a) A questão exige do candidato conhecimento do tema da prescrição. Foi narrada, na hipótese, a condenação de Karen por quatro crimes de furto qualificado, sendo de 2 anos a pena definitiva de cada um deles. Reconhecida a continuidade delitiva, a pena final fixada foi de 2 anos e 6 meses de reclusão. Prevê o art. 119 do CP que, em caso de concurso de crimes, a análise da prescrição deverá ser feita sobre a pena de cada um dos crimes isoladamente. Assim, no caso, a prescrição deveria considerar a pena aplicada de 2 anos para cada um dos delitos, não de 2 anos e 6 meses. A pena fixada entre 1 e 2 anos prescreverá em 4 anos, na forma do art. 109, V, do Código Penal. Entre o recebimento da denúncia e a publicação da sentença condenatória, foram ultrapassados mais de 4 anos; logo, ocorreu a prescrição da pretensão punitiva do Estado. Diante do exposto, a tese defensiva a ser alegada é a ocorrência da prescrição da pretensão punitiva do Estado em sua modalidade retroativa.

b) A consequência jurídica do acolhimento da tese é o reconhecimento da extinção da punibilidade de Karen, na forma do art. 107, IV, do Código Penal. Além disso, considerando que a prescrição foi da pretensão punitiva, essa condenação não gerará qualquer efeito, não podendo funcionar como maus antecedentes, reincidência ou título executivo na esfera cível.

73. a) A defesa técnica de João poderia requerer a aplicação da lei nova, que é mais benéfica para o acusado. A redação anterior do art. 288, parágrafo único, do CP previa que, no caso daquele crime ser praticado com armas de fogo, a pena seria dobrada. Hoje, o dispositivo prevê que a pena, nessa mesma hipótese, será "apenas" aumentada de, no máximo, metade. Assim, no caso de João, como sua pena-base foi aplicada em 3 anos, a pena final restaria em, no máximo, 4 anos e 6 meses. A nova lei, então, é favorável ao condenado, de modo que pode retroagir para atingir situações pretéritas, na forma do art. 2º, parágrafo único, do CP.

b) Considerando que já houve trânsito em julgado da sentença condenatória, o juízo competente para formulação do requerimento é o da Vara de Execuções Penais, na forma do enunciado 611 da Súmula do STF ou do art. 66, I, da LEP.

74. a) A decisão dos jurados não foi manifestamente contrária à prova dos autos, tendo em vista que o acusado e sua namorada alegaram a existência de legítima defesa. De fato, a namorada da vítima e uma testemunha afirmaram que esta causa excludente da ilicitude não existiu. Contudo, existem duas versões nos autos, com provas em ambos os sentidos, logo os jurados são livres para optar por uma delas, de acordo com a íntima convicção. Não houve arbitrariedade ou total dissociação da prova dos autos, mas apenas escolha de uma das versões. Assim, a soberania dos vereditos deve prevalecer, não cabendo ao Tribunal fazer nova análise do mérito, se a decisão não foi manifestamente contrária às provas produzidas.

b) Não poderá o Tribunal anular o julgamento com base na existência de nulidade ocorrida durante a sessão plenária. De fato, prevê o art. 448, IV, do CPP, que estão impedidos de servir no mesmo Conselho os irmãos. Ocorre que o enunciado 713 da Súmula do STF afirma categoricamente que "o efeito devolutivo da apelação contra decisões do júri é adstrito aos fundamentos de sua interposição". O Ministério Público apresentou apelação apenas com fundamento na alínea d do art. 593, III, do Código de Processo Penal. Assim, está limitado o efeito devolutivo, de modo que o Tribunal somente poderá analisar a existência de decisão manifestamente contrária à prova dos autos. Decisão em contrário prejudicaria a ampla defesa, pois eventual nulidade não foi combatida pela defesa em sede de contrarrazões. Poderia, ainda, o candidato basear sua resposta no enunciado 160 da Súmula do STF, que afirma que é nula a decisão que acolhe, contra réu, nulidade não arguida pela acusação.

75. a) A medida processual a ser adotada pelo advogado de John é a interposição de recurso de Embargos Infringentes, na forma do art. 609, parágrafo único, do CPP, considerando que a decisão proferida em sede de Apelação não foi, em relação à substituição da pena, unânime.

b) Para fazer prevalecer o voto vencido, deverá o examinando demonstrar a possibilidade de ser substituída a pena privativa de liberdade por restritiva de direitos, tendo em vista que foi reconhecido que o acusado é primário, de bons antecedentes e que não se dedica ao crime e nem integra organização criminosa. Em que pese o art. 33, § 4º, da Lei n. 11.343/2006, vedar a substituição da pena privativa de liberdade por restritiva de direitos, o Supremo Tribunal Federal, em sede de controle difuso de inconstitucionalidade, entendeu que tal vedação viola o princípio da individualização da pena. Ademais, diante dessa decisão o Senado Federal editou a Resolução 5, suspendendo a eficácia da parte da redação do art. 33, § 4º, da Lei n. 11.343/2006, que veda a substituição.

76. a) O recurso cabível da sentença do magistrado que condenou João é o recurso de apelação, cujo prazo de interposição é de 05 dias e o fundamento é o art. 593, I, do Código de Processo Penal.

b) A principal tese jurídica a ser apresentada é o requerimento de absolvição do acusado, pois, em que pese ter havido violação do dever objetivo de cuidado, essa violação não representou incremento do risco no caso concreto, pois, ainda que observada a velocidade máxima prevista para a pista, com respeito ao dever de cuidado, o resultado teria ocorrido da maneira como ocorreu. Dessa forma, o examinando pode fundamentar o pedido de absolvição com base na ausência de incremento do risco, sendo essa ausência, de acordo com a Teoria da Imputação Objetiva, fundamento para absolvição. De qualquer maneira, o cerne da resposta é a indicação de que não foi a violação do dever de cuidado a responsável pelo resultado lesivo, de modo que não deveria João ser por ele responsabilizado. A Banca também considerou como correta a resposta que indicava a inexistência de culpa, apesar da violação do dever objetivo de cuidado, em razão da ausência do elemento previsibilidade, sob a alegação de que João não poderia prever que uma bicicleta atravessaria seu caminho em uma rodovia de tráfego intenso, em local inadequado.

77. a) Sim, existe medida a ser buscada pelo advogado de Ronaldo para evitar sua punição. Ronaldo foi denunciado pela prática do delito previsto no art. 2º da Lei n. 12.850/2013. Ocorre que o art. 4º, I, deste mesmo diploma legal prevê o instituto da "colaboração premiada", que poderá ocorrer quando o agente colaborar efetiva e voluntariamente com investigação, resultando na identificação dos demais coautores e partícipes da organização criminosa e das infrações por eles praticadas. Diante da vontade de Ronaldo de esclarecer sobre quem seriam os demais integrantes da organização criminosa, deveria o seu advogado buscar um acordo de colaboração premiada, sendo certo que algumas das consequências do acordo que podem ser aplicadas pelo juiz são o perdão judicial ou a substituição de pena privativa de liberdade por restritiva de direitos.

b) Ainda que o acordo de "colaboração premiada" seja válido, de maneira adequada estabeleceu o legislador a impossibilidade de condenação exclusivamente com base nas declarações do agente colaborador, nos termos do art. 4º, § 16, da Lei n. 12.850/2013. Para um decreto condenatório, é necessário que as declarações de Ronaldo sejam confirmadas por outros elementos de prova. Os Tribunais Superiores vêm decidindo que as informações procedentes da "colaboração premiada" precisam ser confirmadas por outros elementos de prova – a chamada prova de corroboração.

78. a) O examinando deveria alegar que, em relação à Vanessa, o processo é nulo desde a citação. Quando Vanessa foi citada por edital, ela estava presa em estabelecimento na mesma unidade da Federação do juízo processante, logo sua citação foi nula, conforme Enunciado 351 da Súmula de Jurisprudência do STF. Como ela não tomou conhecimento da ação e nem mesmo foi interrogada, pois teve sua revelia decretada, o prejuízo é claro. Assim, em sede de apelação, antes de enfrentar o mérito da apelação, deveria o advogado buscar a anulação de todos os atos após sua citação, inclusive da sentença. Poderia, ainda, o candidato justificar a nulidade na exigência trazida pelo art. 360 do CPP, que prevê que o réu preso deve ser citado pessoalmente.

b) Vanessa não foi corretamente condenada pela prática do crime de peculato. Em que pese o art. 30 do Código Penal prever que as "circunstâncias" de caráter pessoal se comunicam quando elementares do crime, não é possível, no caso concreto, a aplicação desse dispositivo, porque o enunciado deixa claro que Vanessa não tinha conhecimento da condição de funcionário público de João, não sendo possível responsabilizá-la por peculato. A simples afirmação de que as circunstâncias pessoais não se comunicam é insuficiente para atribuição da pontuação, pois, quando elementares, poderá haver comunicação, desde que o agente tenha conhecimento dessa situação. Da mesma forma, inadequada a afirmativa no sentido de que o particular não pode ser responsabilizado pelo crime próprio de peculato, pois insuficiente.

79. a) A medida processual a ser apresentada pelo advogado de Carlos é o agravo previsto no art. 197 da Lei n. 7.210/84, também conhecido como agravo de execução ou agravo em execução. Prevê o mencionado dispositivo que, das decisões proferidas em sede de execução, será cabível o recurso de agravo. No caso, o enunciado deixa claro que houve decisão condenatória com trânsito em julgado e que a decisão a ser combatida foi proferida pelo Juízo da Execução, analisando progressão de regime.

b) O argumento a ser apresentado pelo advogado de Carlos é o de que a decisão do magistrado foi equivocada, pois não é possível fixar, como condição especial ao regime aberto, o cumprimento de prestação de serviços à comunidade. O art. 115 da LEP prevê expressamente que o magistrado, no momento de fixar o regime aberto, poderá fixar condições especiais, além das obrigatórias e genéricas estabelecidas nos incisos desse dispositivo. Ocorre que a legislação penal não disciplina quais seriam essas condições especiais, de forma que surgiu a controvérsia sobre a possibilidade de serem fixadas penas substitutivas em atenção a esta previsão. O tema, porém, foi pacificado pelo Superior Tribunal de Justiça, que, no Enunciado 493 de sua Súmula de Jurisprudência, estabeleceu a inadmissibilidade de serem fixadas penas substitutivas (art. 44 do Código Penal) como condições especiais ao regime aberto. A ideia que prevaleceu foi a de que, apesar de ser possível o estabelecimento de condições especiais, estas não podem ser penas previstas no Código Penal, sob pena de bis in idem ou dupla punição.

80. a) Tratando-se de crime culposo, o fato de a pena ter ficado acomodada em mais de 04 anos, por si só, não impede a substituição da pena privativa de liberdade por restritiva de direitos, sendo certo que o encarceramento deve ser deixado para casos especiais, quando se manifestar extremamente necessário. O art. 44, I, do Código Penal, afirma expressamente que caberá substituição, independente da pena aplicada, se o crime for culposo. No caso, como o fundamento exclusivo do magistrado foi a pena aplicada, é possível afastá-lo e, consequentemente, buscar a substituição em sede de recurso.

b) O fato de o acusado não ter comparecido ao interrogatório, por si só, não justifica o decreto prisional, devendo ser entendida a sua ausência como extensão do direito ao silêncio. Hoje, o interrogatório é tratado pela doutrina e pela jurisprudência não somente como meio de prova, mas também como meio de defesa. Por sua vez, o direito à ampla defesa inclui a defesa técnica e a autodefesa. No exercício da autodefesa, pode o acusado permanecer em silêncio durante seu interrogatório. Da mesma forma, poderá deixar de comparecer ao ato como extensão desse direito, sendo certo que no caso não haveria qualquer prejuízo para a instrução nesta ausência, já que a audiência seria apenas para interrogatório. A prisão, antes do trânsito em julgado da decisão condenatória, reclama fundamentação concreta da necessidade da medida, não podendo ser aplicada como forma de antecipação de pena. A banca examinadora considerou como adequada a alegação do não cabimento da prisão preventiva pelo fato de o crime praticado por Fausto ser culposo, não atendendo, assim, o requisito do art. 313, I, do CPP. A mera alegação, em abstrato, de ausência dos requisitos da prisão preventiva foi considerada insuficiente, bem como a mera citação do dispositivo legal acima destacado.

81. a) No caso concreto, a autoridade policial não poderia ter representado pela prisão temporária de Lúcio. De início, deve ser destacado que o crime de receptação, ainda que em sua modalidade qualificada, não está previsto no rol de delitos estabelecido pelo art. 1°, III, da Lei n. 7.960/89. Isso, por si só, já afastaria a possibilidade de ser decretada a prisão temporária. Ademais, os outros requisitos trazidos pelos incisos I e II do art. 1° do mesmo diploma legal também não estão preenchidos, uma vez que Lúcio possui residência fixa e a medida não se mostra imprescindível para as investigações do inquérito policial. Ressalta-se que a prisão temporária não se confunde com a preventiva, de modo que a fundamentação com base nos arts. 312 e 313 do CPP será considerada insuficiente.

b) O crime praticado por Lúcio foi o de receptação simples e não em sua modalidade qualificada. Prevê o art. 180, § 1°, do Código Penal, que a pena será de 03 a 08 anos, quando o agente "Adquirir, receber, transportar, conduzir, ocultar, ter em depósito, desmontar, montar, remontar, vender, expor à venda, ou de qualquer forma utilizar, em proveito próprio ou alheio, no exercício de atividade comercial ou industrial, coisa que deve saber ser produto de crime". A ideia do legislador foi punir mais severamente aquele comerciante que se aproveita de sua profissão para ter um acesso facilitado ou maior facilidade na venda de bens produtos de crimes. Assim, para tipificar a modalidade qualificada, é necessária que a receptação tenha sido praticada pelo agente no exercício de atividade comercial ou industrial. Não basta que o autor seja comerciante. No caso concreto, apesar de comerciante, Lúcio não teve acesso ao celular produto de crime em razão de sua atividade comercial, pois o adquiriu de seu vizinho. Além disso, essa mesma atividade comercial não facilitaria eventual revenda do bem, já que sua intenção foi ficar com o celular para si. Dessa forma, configurado, apenas, o crime de receptação simples.

82. a) A tese de direito material a ser alegada pelo advogado de Andy é que, no caso, não poderia ele ter sido punido pela tentativa, tendo em vista que houve desistência voluntária. Prevê o art. 15 do CP que o agente que voluntariamente desiste de prosseguir na execução responde apenas pelos atos já praticados e não pela tentativa do crime inicialmente pretendido. Isso porque o agente opta por não prosseguir quando pode, ao contrário da tentativa, quando o agente não pode prosseguir por razões alheias à sua vontade. No caso, a execução já tinha sido iniciada, quando Andy empregou fraude. O benefício, porém, não foi obtido, sendo certo que o crime não se consumou pela vontade do próprio agente. Assim, sua conduta se torna atípica e deveria ele ser absolvido.

b) Não há vedação legal, podendo Andy fazer jus ao benefício da suspensão condicional do processo. O crime de estelionato possui pena mínima de 01 ano, o que está de acordo com as exigências do art. 89 da Lei n. 9.099/95. Ademais, prevê o dispositivo que não caberá suspensão se o agente já houver sido condenado ou se responder a outro processo pela prática de crime. Todavia, no caso, Andy havia sido condenado pela prática de contravenção penal, logo não há vedação à concessão do benefício.

83. Importante: pergunta elaborada antes da vigência da Lei 14532/23.

a) Não agiu corretamente a autoridade policial ao indiciar Patrícia pela prática do crime de racismo, tendo em vista que o delito praticado foi de injúria racial, previsto no art. 140, § 3°, do Código Penal. Enquanto a injúria racial consiste em ofender a honra de alguém valendo-se de elementos referentes à raça, cor, etnia, religião ou origem, o crime de racismo atinge uma coletividade indeterminada de indivíduos, discriminando toda a integralidade de uma raça, ainda que a discriminação tenha sido praticada em determinado momento contra apenas uma pessoa. Ao contrário da injúria racial, o crime de racismo é inafiançável e imprescritível. No caso, não houve discriminação de Joana em razão de sua cor. Não foi, em razão de sua cor, Joana proibida de frequentar determinado local ou adotar determinada conduta. Ocorre, por parte de Patrícia, uma ofensa à honra subjetiva de Joana, para tanto valendo-se de elementos referentes à sua cor, de modo que o delito praticado foi de injúria racial.

b) O argumento defensivo é que o crime de injúria racial é de ação penal pública condicionada à representação e que, passados mais de 06 meses desde a data do fato e conhecimento da autoria, a vítima não teve interesse em ver a autora criminalizada, de modo que deve ser reconhecida a decadência e, consequentemente, o inquérito ser arquivado.

Obs.: se a conduta fosse praticada após a vigência da Lei 14532/23, configuraria o crime previsto na nova redação do art. 2º-A da Lei 7716/89 (Lei do Crime Racial), que é mais grave, e tem ação pública incondicionada.

84. a) O enunciado narra a prática de um crime de furto simples consumado, praticado por Jorge contra sua tia Marta, com quem ele coabitava. Diante dessa relação de coabitação e parentesco, a ação penal pela prática de tal delito tem natureza de ação pública condicionada à representação. Isso porque o art. 182, inciso III, do Código Penal prevê que somente se procede mediante representação a ação penal pela prática de crime contra o patrimônio em desfavor de tio, com quem o agente coabita. Não houve violência ou grave ameaça e a vítima não era maior de 60 anos, logo inaplicável o art. 183 do Código Penal. Sendo a ação condicionada à representação, e não tendo ocorrido no prazo de 06 meses, ocorreu a decadência, de modo que a punibilidade de Jorge deve ser extinta (art. 107, IV, do Código Penal).

b) Não poderia o magistrado condenar o denunciado nos termos da imputação original, pois tal conduta violaria os princípios da ampla defesa e do contraditório, além, do princípio da correlação. Ademais, de acordo com art. 384, § 4º, do Código de Processo Penal, o juiz ficará adstrito aos termos do aditamento.

85. a) Não é possível a condenação de Lívia na hipótese narrada. Os policiais militares responsáveis pela prisão em flagrante não foram ouvidos em juízo, logo não foram produzidas provas testemunhais pela acusação sob o crivo do contraditório, sendo certo que o art. 155 do Código de Processo Penal impede que uma condenação seja baseada exclusivamente em elementos informativos produzidos durante o inquérito. Por sua vez, o vídeo, acostado aos autos, deve ser considerado prova ilícita, pois realizado em um interrogatório sem assegurar as garantias constitucionais, quais sejam, a de o preso permanecer em silêncio e estar acompanhado por um advogado. Há quem defenda que a gravação por um dos interlocutores, por si só, não constitui prova ilícita. Ocorre que, no caso concreto, a particularidade é que foi feito um interrogatório sem as garantias constitucionais, o que a jurisprudência tem chamado de "interrogatório sub-reptício".

b) Sim, é possível a substituição da pena privativa de liberdade aplicada pela restritiva de direito. A redação do art. 33, § 4º, da Lei n. 11.343/2006, veda expressamente esta substituição. Ocorre que, em sede de controle difuso de constitucionalidade, o STF considerou tal vedação em abstrato inconstitucional, por violar o princípio da individualização da pena. Em razão disso, o Senado, através da Resolução n. 05 de 2012, suspendeu a eficácia desta parte do dispositivo. Nada impede, assim, que, avaliando as particularidades do caso concreto, ocorra a substituição. Lívia é primária e de bons antecedentes, não tendo praticado crime com violência ou grave ameaça à pessoa, logo a substituição é adequada.

86. a) O examinando deve defender que não foi praticado crime contra a honra de funcionário público por parte de João, pois este estava apenas atuando na condição de advogado de Pedro, não ultrapassando os limites daquilo que sua função lhe permite. Em tese, o crime praticado por João seria o de injúria. Ocorre que, nos termos do art. 142, I, do Código Penal, não constitui crime de injúria a ofensa irrogada em juízo, na discussão da causa, pela parte ou por seu procurador. Assim, a conduta de João foi atípica, não configurando a prática de crime contra a honra, pois a possível ofensa praticada foi na discussão da causa, defendendo o interesse de Pedro em juízo.

b) O examinando deveria manifestar-se pela nulidade do processo a partir do ato ilegal de destituição do advogado legalmente constituído ou da sentença, pois não poderia o magistrado ter desconstituído de ofício o advogado, sendo uma escolha da parte indicar a defesa técnica de sua confiança. No caso de ser necessário outro defensor, deveria o juiz intimar o acusado para que manifeste seu interesse em constituir outro advogado ou ser assistido pela Defensoria Pública. Na hipótese, a desconstituição de João e a posterior nomeação de Defensor Público para elaborar alegações finais, sem nem mesmo ter conversado com Pedro, prejudicou sua ampla defesa, garantida pelo art. 5º, LV, da CRFB/88, razão pela qual deve a sentença ser anulada.

87. a) Deveria o advogado buscar a absolvição de Maria pelo fato de não ter praticado dolosamente o abandono de incapaz ou, ao menos, a desclassificação para homicídio culposo. O crime de abandono de incapaz somente pode ser praticado de forma dolosa, não admitindo a responsabilização criminal do agente a título de culpa. Na hipótese, de acordo com o texto apresentado, Maria não teve a intenção de abandonar a criança no veículo, tendo, de forma negligente, a esquecido no interior do carro. Dessa forma, não há como ser mantida a condenação pelo crime de abandono de incapaz. O art. 133, § 2º, do Código Penal, apesar de ser aplicável quando o resultado morte decorrer de culpa, exige que haja dolo na conduta antecedente, qual seja, abandono de incapaz, o que não ocorreu na presente hipótese.

b) Para garantir a liberdade imediata de Maria, o advogado deveria impetrar habeas corpus visando restabelecer a liberdade da ré até o trânsito em julgado da sentença condenatória. A regra geral, que obviamente admite exceções, é a de que o acusado deve apelar na mesma condição em que se encontrava no curso da instrução. Estando solto, apela solto; estando preso e sendo condenado em primeira instância, em especial à pena em regime de cumprimento fechado, poderá ser mantida a prisão. No caso concreto deveria ser combatida a decisão que decreta a prisão preventiva de Maria. Alguns argumentos poderiam ser apresentados pelo examinando. Primeiramente, poderia ele alegar que não houve circunstância fática nova a justificar a decretação da prisão preventiva, que é medida cautelar e não antecipação do cumprimento da pena. Da mesma forma, poderia esclarecer que a motivação pela comoção social é insuficiente, pois não confunde com o risco para a ordem pública, ademais, de acordo com jurisprudência firme dos Tribunais Superiores, comoção social não enseja prisão cautelar. A sentença condenatória não inovou a situação de modo a justificar a alteração do status libertatis. Por fim, poderia o examinando alegar que Maria foi condenada a 04 anos de reclusão, em regime inicial aberto. A imposição de prisão preventiva, que é medida cautelar, acabaria sendo mais gravosa do que a medida final aplicada, o que violaria o princípio da homogeneidade.

88. a) O(A) examinando(a) deve concluir pela incompetência do Juízo, tendo em vista que o crime praticado não é doloso contra a vida. Nos termos do art. 74, § 1º, do Código de Processo Penal (ou art. 5º, XXXVIII, alínea d, da CRFB), ao Tribunal do Júri cabe apenas o julgamento dos crimes dolosos contra a vida e os conexos. No caso, mesmo de acordo com a imputação contida na denúncia, o resultado de morte foi culposo; logo, a competência é do juízo singular.

b) O (A) examinando(a) deve defender que não poderia Júlio responder pelo crime de lesão corporal seguida de morte, porque aquele resultado não foi causado a título de dolo nem culpa. O crime de lesão corporal seguida de morte é chamado de preterdoloso. A ação é dirigida à produção de lesão corporal, sendo o resultado morte produzido a título de culpa. Costuma-se dizer que há dolo no antecedente e culpa no consequente. Um dos elementos da culpa é a previsibilidade objetiva, somente devendo alguém ser punido na forma culposa quando o resultado não querido pudesse ser previsto por um homem médio, sendo que a ausência de previsibilidade subjetiva, capacidade do agente, no caso concreto, de prever o resultado, repercute na culpabilidade. Na hipótese, não havia previsibilidade objetiva, o que impede a tipificação do delito de lesão corporal seguida de morte. Também poderia o candidato responder que havia uma concausa preexistente, relativamente independente, desconhecida, impedindo Júlio de responder pelo resultado causado. Em princípio, a concausa relativamente independente preexistente não impede a punição do agente pelo crime consumado. Contudo, deve ela ser conhecida do agente ou ao menos existir possibilidade de conhecimento, sob pena de responsabilidade penal objetiva.

89. A questão exige do(a) examinando(a) conhecimento sobre os crimes em espécie previstos na Lei n. 10.826/2003, bem como sobre a extensão dos princípios do contraditório e da ampla defesa. Narra o enunciado que Vinícius foi condenado pela prática do crime de porte de arma de fogo de uso permitido, pois tinha o material bélico, devidamente municiado, em seu local de trabalho. Consta, ainda, que o laudo de exame pericial da arma de fogo e das munições apreendidas somente foi juntado após manifestação das partes em alegações finais, tendo o magistrado proferido sentença condenatória de imediato.

a) Em sede de apelação, deveria o advogado de Vinícius buscar o reconhecimento da nulidade da sentença, tendo em vista que, após manifestação da defesa, houve juntada de laudo de exame de arma de fogo, ou seja, de prova pericial, sem que fosse aberta vista às partes em relação à documentação. O não acesso pela defesa ao laudo de exame pericial violou o princípio da ampla defesa, em sua vertente da defesa técnica, além do próprio princípio do contraditório, já que aquela prova não lhe foi submetida. Assim, deveria a sentença ser anulada, sendo certo que o prejuízo foi constatado com a condenação do réu.

b) A tese de direito material a ser apresentada pela defesa técnica de Vinícius para buscar uma condenação mais branda é de que o delito praticado pelo réu foi de posse de arma de fogo e não de porte de arma de fogo, tendo em vista que o agente possuía, em seu local de trabalho, arma de fogo de uso permitido. Prevê o art. 12 da Lei n. 10.826/2003 que o crime de posse de arma de fogo poderá ocorrer não apenas quando o material bélico estiver na residência do agente, mas também em seu local de trabalho, desde que o agente seja o titular ou responsável legal pelo estabelecimento. No caso, todos os requisitos foram observados, já que a arma estava no local de trabalho de Vinícius, estabelecimento do qual o agente era proprietário e sócio-gerente. Assim, deveria a defesa buscar a desclassificação para o delito previsto no art. 12 da Lei n. 10.826/2003.

90. a) A tese jurídica a ser apresentada pela defesa de Paulo para garantir sua absolvição é de insuficiência probatória, já que o magistrado não pode fundamentar sua decisão exclusivamente com base em elementos informativos, nos termos do art. 155 do Código de Processo Penal. Claramente o magistrado considerou apenas os elementos informativos produzidos em sede policial, que não foram submetidos ao princípio do contraditório. O conceito de prova exige o respeito a esse princípio. Os elementos informativos somente podem embasar um decreto condenatório se confirmados por provas produzidas sob o crivo do contraditório. Ademais, não estamos diante de nenhuma das exceções trazidas pelo art. 155, in fine, do CPP. Considerando que a decisão do magistrado baseou-se exclusivamente nas palavras da vítima em sede policial e na confissão do acusado na delegacia, não havendo provas produzidas em juízo, a condenação foi indevida.

b) Em busca da redução da pena aplicada, deveria o(a) advogado(a) de Paulo defender que o aumento da pena-base em razão da ameaça de morte empregada representa violação ao princípio do ne bis in idem, tendo em vista que a grave ameaça constitui elementar do tipo de roubo, e que deveria ser reconhecida a atenuante da confissão, pois, ainda que qualificada, escorou o decreto condenatório do magistrado, nos termos da Enunciado 545 da Súmula de Jurisprudência do Superior Tribunal de Justiça. Ademais, o Superior Tribunal de Justiça vem reconhecendo, de maneira tranquila, que a confissão qualificada, ou seja, aquela que presenta causa excludente da ilicitude ou da culpabilidade, apesar de o agente confessar os fatos, é suficiente para o reconhecimento da atenuante.

91. a) Sim, existem argumentos a serem apresentados pelo(a) advogado(a) de Diana para evitar o prosseguimento da ação penal. De fato, em princípio, a conduta de Diana se adequa perfeitamente ao previsto no art. 171, § 2º, VI, do Código Penal, tendo em vista que emitiu cheque sem provisão de fundos. O Supremo Tribunal Federal pacificou o entendimento, através do Enunciado 554 da Súmula de Jurisprudências, de que o pagamento dos valores após o recebimento da denúncia não obsta o prosseguimento da ação penal; todavia, a contrario sensu, pacificaram a jurisprudência e a doutrina a posição de que, se o pagamento do cheque for realizado antes do recebimento da denúncia, haverá obstáculo ao prosseguimento da ação. Alguns foram os fundamentos que justificaram tal posição jurisprudencial, mas trata-se, principalmente, do princípio da intervenção mínima, característica do Direito Penal, e da ideia de que aquele que efetua o pagamento antes do recebimento da denúncia indica a inexistência de dolo de enganar e de obter vantagem ilícita em detrimento alheio. No caso apresentado, Diana efetuou o pagamento do cheque antes de o inquérito ser encaminhado ao Ministério Público com relatório final, logo antes do recebimento da denúncia, de modo que pode ser buscado, inclusive por meio de habeas corpus, o imediato trancamento da ação penal.

b) Entende o Supremo Tribunal Federal que o crime de estelionato é delito de natureza material, de modo que estará consumado no momento da recusa de pagamento do cheque sem provisão de fundos pelo sacado. Nos termos do art. 70 do Código de Processo Penal, será competente para processamento e julgamento o foro da comarca onde ocorreu o resultado do crime (Comarca de Santos). Assim, nos termos do Enunciado 521 da Súmula de Jurisprudência do Supremo Tribunal Federal, "o foro competente para processo e julgamento dos crimes de estelionato, sob a modalidade de emissão dolosa de cheques sem provisão de fundos, é o do local onde se deu a recusa do pagamento pelo sacado".

92. A questão exige do examinando conhecimento sobre os delitos tipificados na Lei n. 11.343/2006, além dos requisitos para decretação válida de interceptação telefônica.

a) A tese de direito processual a ser suscitada para defesa de Cássio para afastar a prova obtida é a invalidade da decisão que determinou a interceptação telefônica de Cássio, tendo em vista que, de início, foi determinada pelo prazo de 30 dias. Inicialmente deve ser destacado que a autoridade policial possui legitimidade para representar pela decretação da interceptação de comunicações telefônicas, nos termos do art. 3º, I, da Lei n. 9.296/96. Ademais, o crime investigado é punido com pena de reclusão e consta do enunciado que a prova não poderia ser obtida por outros meios disponíveis. Todavia, prevê o art. 5º do mesmo diploma legal que a decisão que concede a medida deverá ser fundamentada e que não poderá exceder o prazo de 15 dias, renovável por igual período se comprovada a indispensabilidade do meio de prova. Diante disso, ainda que possa o período de 15 dias ser renovado, não pode, de início, a autoridade judicial determinar a interceptação por mais de 15 dias, sob pena de nulidade.

b) A tese de direito material a ser alegada para tornar a conduta de Cássio menos gravosa é que foi praticado o delito previsto no art. 33, § 3°, da Lei n. 11.343/2006, já que o agente oferecia drogas, de maneira eventual, sem objetivo de lucro, para seus amigos para juntos consumirem. Não há, assim, que se falar em prática de tráfico do art. 33 da Lei n. 11.343/2006 e nem mesmo na aplicação do § 4° do mesmo dispositivo, já que o agente era portador de maus antecedentes.

93. a) Sim, o advogado de Antônio, já no momento de apresentar resposta à acusação, deveria apresentar exceção de suspeição em face da Promotora de Justiça, tendo em vista a presença da causa de suspeição prevista no art. 254, I e IV, do Código de Processo Penal (CPP). Prevê o dispositivo em questão que o juiz dar-se-á por suspeito quando for amigo íntimo de alguma das partes ou quando tiver aconselhado uma das partes. Carla é muito amiga da genitora da vítima e ainda aconselhou a ofendida e sua família sobre como agir diante do ocorrido. Ademais, o art. 258 do CPP estabelece que as previsões referentes às causas de impedimento e suspeição do magistrado são aplicáveis, no que couber, ao Ministério Público. Claro está o envolvimento de Carla com a causa, de modo que sua suspeição deve ser reconhecida. Considerando que a mesma não se declarou suspeita, oferecendo denúncia, caberia ao advogado apresentar exceção de suspeição, nos termos do art. 95, I, do CPP, e do art. 104 do CPP.

b) A principal alegação defensiva, de mérito, de direito material, é a de que houve erro de tipo por parte do denunciado, nos termos do art. 20 do Código Penal, de modo que fica afastado o seu dolo. Diante da situação apresentada, claro está que Antônio não tinha conhecimento que Joana tinha apenas 13 anos de idade, merecendo destaque que as partes se conheceram em uma festa de música eletrônica, ocasião em que a ofendida afirmara estar na faculdade, o que, por si só, já afastaria as suspeitas de que fosse menor de 14 anos. Ainda que se entendesse que o erro foi vencível, não poderia Antônio ser responsabilizado, tendo em vista que esse afasta o dolo e não há previsão de responsabilização culposa pelo crime de estupro de vulnerável. No caso, é irrelevante a posição dos Tribunais Superiores no sentido de que o passado sexual da vítima não deve ser analisado, bastando que a mesma tenha, objetivamente, menos de 14 anos de idade. Ocorre que o problema apresentado em nada com esse tema se confunde, já que sequer sabia o réu a idade da vítima, que é uma das elementares do tipo.

94. a) Apesar de a contravenção penal causar prejuízo ao patrimônio de autarquia federal, a Justiça Federal não é competente para julgar a infração penal, tendo em vista que o art. 109, IV, da Constituição da República Federativa do Brasil prevê expressamente que a Justiça Federal terá competência para julgar infrações penais praticadas em detrimento de bens, serviços ou interesses da União e de suas entidades autárquicas e empresas públicas, excluídas as contravenções penais. Diferente da regra geral, as contravenções penais, ainda que nas circunstâncias do dispositivo acima mencionado, devem ser julgadas perante a Justiça Estadual, no caso, Juizado Especial Criminal Estadual.

b) Apesar de Maurício ter iniciado a execução de uma contravenção penal e a mesma não ter se consumado por circunstâncias alheias à vontade do agente, o que, em tese, configura tentativa, que, pela regra do Código Penal, impõe a punição pelo crime pretendido com redução de pena, na hipótese apresentada, a infração penal que não restou consumada foi uma contravenção. Nos termos do previsto no art. 4° do Decreto-Lei n. 3.688/41, não se pune a tentativa de contravenção penal. Assim, no momento em que Maurício não conseguiu consumar o delito por circunstâncias alheias à sua vontade, sua conduta não é punível.

95. a) A defesa de Marcos deverá formular requerimento de relaxamento da prisão, tendo em vista que não havia situação de flagrante a justificar a formalização do Auto de Prisão em Flagrante. Narra o enunciado que, de fato, Marcos, mediante grave ameaça, inclusive com emprego de simulacro de arma de fogo, subtraiu coisas alheias móveis de Diego e Julio, logo praticou dois crimes de roubo. As vítimas reconheceram o acusado, de modo que há justa causa para o oferecimento de denúncia. Todavia, não havia situação de flagrante a justificar a prisão do acusado. Isso porque o reconhecimento e prisão de Marcos ocorreram mais de 07 horas após o fato, sendo certo que não houve perseguição e nem com o agente foram encontrados instrumentos ou produtos do crime. Dessa forma, nenhuma das situações previstas no art. 302 do Código de Processo Penal restou configurada. Em sendo a prisão ilegal, o requerimento a ser formulado é de relaxamento da prisão. Insuficiente, no caso, o examinando apresentar requerimento de liberdade provisória. Primeiro porque, em sendo a prisão ilegal, sequer deveriam ser analisados os pressupostos dos arts. 312 e 313 do Código de Processo Penal nesse momento. Além disso, a princípio, não seria caso de reconhecimento de ausência dos motivos da preventiva, já que foi praticado crime com circunstâncias graves e o agente é triplamente reincidente.

b) O equívoco a ser alegado em relação à capitulação delitiva refere-se ao concurso de crimes. Sem dúvidas, confirmados os fatos, houve crime de roubo, já que foram subtraídas coisas alheias móveis e houve emprego de grave ameaça, ainda que apenas através de palavras de ordem e emprego de simulacro de arma de fogo. Da mesma forma, dois foram os crimes patrimoniais praticados. Isso porque dois patrimônios foram atingidos e presente o elemento subjetivo, tendo em vista que Marcos sabia que estava subtraindo pertences de duas pessoas diversas. Todavia, com uma só ação, mediante uma ameaça, foram subtraídos bens de dois patrimônios diferentes. Assim, deverá ser reconhecido o concurso formal de delitos, aplicando-se a regra da exasperação da pena, e não o concurso material, com aplicação do cúmulo material de sanções.

96. a) A defesa deveria alegar que a prova obtida a partir da apreensão da faca é ilícita, não podendo ser valorada no momento da sentença. Estabelece o art. 5º, XI, da CRFB/88 que a casa é asilo inviolável, não podendo nela ninguém ingressar sem consentimento do morador. A própria Constituição, todavia, traz exceções a esta regra, como na hipótese de flagrante delito ou mediante ordem judicial, durante o dia. Não havia, no caso apresentado, situação de flagrante delito, já que a simples posse de faca não configura crime e, em relação ao crime/ato infracional praticado no dia anterior, não havia situação de flagrância, pois ausentes os requisitos do art. 302 do CPP. Ademais, não houve autorização do morador e nem existia ordem judicial de busca e apreensão, já que os policiais decidiram ingressar no imóvel porque viram a arma suja de sangue através da janela aberta.

b) Sim, existe, tendo em vista que José Barbosa não poderia ser denunciado pela prática de crime de homicídio qualificado, já que era inimputável na data dos fatos. O Código Penal, para definir o momento do crime, adota a Teoria da Atividade, prevendo o art. 4º que se considerado praticado o crime no momento da ação ou omissão, ainda que em outro seja produzido o resultado. Dessa forma, o crime foi praticado no dia 07.03.2016, quando José Barbosa tinha 17 anos. Estabelece o art. 27 do CP que será inimputável o menor de 18 anos. O fato de a consumação do delito só ter ocorrido após a maioridade penal de José Barbosa é irrelevante para o caso concreto, já que outro foi o momento da ação.

97 a) Narra o enunciado que Gabriel cumpria pena privativa de liberdade pela prática de crime de porte de arma de fogo, quando obteve livramento condicional. No curso do livramento condicional, todavia, vem a ser condenado pela prática de crime de roubo, tendo o magistrado da execução decidido pela revogação do benefício e também por desconsiderar o período de pena cumprido em livramento. Da decisão proferida pelo juízo da execução cabe Agravo em Execução, na forma do art. 197 da Lei de Execuções Penais, com prazo de interposição de 05 dias. Não há previsão expressa em lei sobre o procedimento a ser adotado no recurso de agravo, de modo que pacificou a doutrina e a jurisprudência que o processamento a ser adotado é semelhante ao do recurso em sentido estrito. Diante disso, cabível o juízo de retratação pelo magistrado competente para execução.

b) O argumento a ser apresentado pela defesa de Gabriel é que não poderiam ter sido desconsiderados os dias de livramento condicional como pena cumprida. De fato, Gabriel foi condenado, definitivamente, pela prática de crime no curso do livramento condicional, logo cabível a revogação do benefício. Trata-se, inclusive, de hipótese de revogação obrigatória. Ocorre que a condenação que justificou a revogação foi em razão da prática de delito anterior à obtenção do benefício, e não de novo crime praticado no curso do livramento. Dessa forma, as condições do livramento condicional vinham sendo regularmente cumpridas pelo apenado, de modo que os dias em que ficou em livramento deverão ser computados como pena cumprida e não desconsiderados. Assim, errou o magistrado ao afirmar que deveria Gabriel cumprir 01 ano e 06 meses de pena, desconsiderando os 06 meses cumpridos de livramento. Nos termos do aqui exposto estão as previsões dos art. 86 e do art. 88, ambos do Código Penal.

98. a) Sim, de acordo com a jurisprudência do Supremo Tribunal Federal, é possível a revogação do benefício da transação penal, com posterior oferecimento de denúncia pelo Ministério Público, caso as condições impostas venham a ser descumpridas, nos termos do Enunciado 35 da Súmula Vinculante do STF. Durante muito tempo se controverteu sobre as consequências do descumprimento das condições impostas quando da transação penal, alguns defendendo que apenas seria cabível a execução das mesmas, pois, uma vez homologada, haveria imediata extinção da punibilidade, enquanto outros admitiam a revogação do benefício, que estaria condicionado ao cumprimento das imposições. O STF, diante da controvérsia, pacificou o entendimento, por meio de enunciado vinculante, entendendo que a decisão homologatória de transação penal, nos termos do art. 76 da Lei n. 9.099/95, não faz coisa julgada material, de modo que, descumpridas suas cláusulas, a situação anterior deve ser retomada, inclusive possibilitando ao Ministério Público o oferecimento de denúncia.

b) Embora, literalmente, os fatos praticados por Cláudio se adequem à figura típica descrita no art. 154-A do Código Penal, não é possível a responsabilização penal do autor pelo crime em questão, tendo em vista que os fatos ocorreram antes da entrada em vigor da Lei n. 12.737/2012, de modo que não pode uma lei mais grave ao acusado retroagir para prejudicá-lo. O princípio da legalidade impõe que não é possível a punição de qualquer pessoa por fato que a lei não define como crime no momento de sua ocorrência. Como consequência desse princípio, estabeleceu o art. 5°, XL, da CRFB/88 que a lei não retroagirá, salvo para favorecer o réu. No mesmo sentido as previsões do art. 1° do Código Penal. Assim, diante da irretroatividade da lei penal desfavorável, considerando que os fatos ocorreram em 29.12.2011 e a Lei que introduziu o art. 154-A no Código Penal somente foi editada no ano de 2012, incabível a punição de Cláudio pelo delito em questão, ainda que a denúncia seja em momento posterior.

99. a) A capitulação delitiva realizada pelo Ministério Público não está integralmente correta, pois, em que pese exista prova da materialidade e indícios de autoria em relação ao crime de homicídio culposo, não poderia ter sido imputada a causa de aumento prevista no art. 121, § 4°, do CP, tendo em vista que a idade da vítima somente é relevante, no momento de analisar tal causa de aumento, quando o homicídio é de natureza dolosa. Assim, deveria ser afastada a causa de aumento imputada.

b) O argumento a ser apresentado pela defesa técnica é da aplicação do perdão judicial, devendo o juiz deixar de aplicar a pena. De acordo com o art. 121, § 5º, do CP, o juiz poderá deixar de aplicar a pena se as consequências da infração atingirem o próprio agente de forma tão grave que a sanção se torne desnecessária. De fato, pelas circunstâncias narradas no enunciado, houve crime de homicídio culposo, já que Manoel conduzia sua bicicleta em alta velocidade, com o filho de 02 anos no colo, sem observância do dever objetivo de cuidado. Todavia, seu comportamento causou a morte de seu próprio filho, o que, por si só, demonstra que as consequências da infração já foram graves o suficiente para o autor do fato, tornando a sanção penal efetivamente desnecessária.

100. a) Deveria o advogado de Arnaldo buscar sua absolvição em razão da ausência de prova da materialidade, tendo em vista que o crime deixou vestígios e não consta dos autos exame pericial. Não foi acostado boletim de atendimento médico ou exame de corpo de delito, direto ou indireto, de Severino, que sequer foi ouvido em juízo para confirmar as lesões. As testemunhas ouvidas, em que pese tenham confirmado que Arnaldo desferiu um soco na vítima, também não foram capazes de assegurar a existência de lesão corporal. Por fim, o art. 158 do Código de Processo Penal prevê expressamente que, quando a infração deixar vestígios, é indispensável o exame de corpo de delito, não o suprindo a confissão do acusado.

b) Sim, existe o benefício da suspensão condicional da pena, previsto no art. 77 do Código Penal, em especial em seu § 2º, no caso concreto. Caso mantida a condenação e a pena aplicada, Arnaldo não poderia ser beneficiado com a substituição da pena privativa de liberdade por restritiva de direitos, já que o crime foi praticado mediante violência, não atendendo ao disposto no art. 44 do Código Penal. Nada impede, porém, que seja buscada a suspensão condicional da pena, tendo em vista que todos os requisitos estão preenchidos. A regra, de acordo com o Código Penal, é que a pena aplicada em até 02 anos, respeitados os demais requisitos, possa ter sua execução suspensa. Todavia, Arnaldo era maior de 70 anos na data dos fatos, o que permite a aplicação do art. 77, § 2º, do CP, também conhecido como sursis etário, que traz como requisito objetivo a aplicação de pena privativa de liberdade em até 4 anos e não apenas de 2 anos.

101. a) Sim, existe. A medida judicial a ser apresentada em favor de Túlio é a ação de impugnação conhecida como Revisão Criminal, com fundamento no art. 621, inciso II ou inciso III, do Código de Processo Penal. Isso porque, após a sentença condenatória com trânsito em julgado, foi verificado que o documento de identificação de Maria era ideologicamente falso, já que constava data nascimento diferente da real. A mudança na data de nascimento de Maria altera o fundamento para condenação, tendo em vista que, na realidade, era maior de 14 anos na data dos fatos. O examinando pode, ainda, defender o cabimento do instituto da revisão criminal com base no surgimento de provas novas, após a sentença, que comprovem a inocência do acusado, quais sejam as fotografias e declarações dos pais no sentido de que a certidão de nascimento da filha era falsa e que, na verdade, Maria era maior de 14 anos na data dos fatos.

b) O argumento a ser apresentado é de atipicidade da conduta praticada por Túlio, tendo em vista que Maria era maior de 14 anos na data dos fatos. O art. 217-A do Código Penal prevê o crime de estupro de vulnerável, sendo uma de suas hipóteses quando o agente pratica conjunção carnal ou ato libidinoso diverso com menor de 14 anos. Mesmo que Túlio acreditasse que Maria era menor de 14 anos, objetivamente ela não o era, uma vez que nasceu em 09 de julho de 2000. Provado que seu nascimento ocorreu mais de 14 anos antes dos fatos, necessária a absolvição de Túlio em razão da atipicidade da conduta. Importante destacar que os atos sexuais praticados foram consentidos por Maria, logo não há que se falar em crime de estupro do art. 213 do Código Penal.

102. A questão exige do candidato conhecimento sobre as previsões da Lei n. 12.850/2013. Durante muito tempo a doutrina e a jurisprudência controverteram sobre o conceito do crime de organização criminosa, definição esta que não era trazida diretamente pela legislação brasileira. Superando a controvérsia, a Lei n. 12.850/2013, conhecida como Lei de Organizações Criminosas, trouxe o conceito de organização criminosa em seu art. 1°, §1°. Da mesma forma, a Lei n. 12.850/2013 trouxe uma série de instrumentos de investigação e obtenção de meios de prova.

a) A infiltração de agentes determinada pela autoridade policial não foi válida, pois não houve autorização judicial e porque havia outros meios de investigação para obtenção de provas, como o próprio enunciado demonstra. O art. 3° da Lei n. 12.850/2013 prevê como meio de obtenção de prova a infiltração, por policial, em atividade de investigação, na forma do art. 11 do mesmo diploma legal. Ocorre que os arts. 10 e 11 trazem uma série de requisitos para a validade desse meio de obtenção de prova. A infiltração de agentes deverá ser precedida de circunstanciada, motivada e sigilosa autorização judicial, autorização essa que não ocorreu no caso apresentado. Ademais, além dos indícios da prática do crime de organização criminosa, necessário que as provas não possam ser obtidas por outros meios. Na hipótese apresentada, as provas poderiam ser obtidas de outra forma, tanto que assim efetivamente o foram. Diante disso, a infiltração de agentes não foi válida.

b) A defesa deveria buscar a não condenação dos denunciados pelo fato de o crime imputado não ter sido praticado, já que não estão presentes todas as elementares do tipo. Isso porque o art. 2° da Lei n. 12.850/2013 estabelece que é crime promover, constituir, financiar ou integrar organização criminosa. Já o art. 1°, § 1° do mesmo diploma traz o conceito de organização criminosa, definindo que seria a associação de 4 ou mais pessoas (requisito atendido), estruturalmente organizada e com divisão de tarefas, ainda que informal (requisito atendido), com objetivo de obter vantagem de qualquer natureza (requisito atendido), mediante a prática de infrações penais cujas penas máximas sejam superiores a 4 anos ou que sejam de caráter internacional (requisito não atendido). O grupo de denunciados se organizou para prática de crimes de receptação simples, cuja pena máxima não ultrapassa 4 anos. Assim, a conduta praticada não se adequa ao tipo imputado.

103. a) A defesa de Pablo deverá formular pedido de liberdade provisória, tendo em vista que, apesar de ostentar diversas condenações pela prática de crimes graves, na situação apresentada, com base nas informações constantes do auto de prisão em flagrante, poderá o juiz verificar que Pablo agiu amparado por causa excludente da ilicitude, de modo que poderá conceder liberdade provisória, mediante termo de comparecimento a todos os atos do processo, conforme previsão do art. 310, parágrafo único, do CPP.

b) O argumento de direito material a ser apresentado é que Pablo deverá ser absolvido do crime imputado porque agiu amparado por estado de necessidade, que é causa excludente da ilicitude. Todos os requisitos estabelecidos pelo art. 24 do CP estão preenchidos, tendo em vista que havia situação de perigo atual ao seu filho, não provocada por Pablo, e não tinha ele outra maneira de agir para proteção, tendo em vista que o cão adotava comportamento agressivo e tentava atacar a criança. Além disso, em que pese a relevância da vida de um cachorro para o seu dono, o sacrifício da vida de uma criança não era razoável exigir nas circunstâncias do caso concreto. Não há que se falar em legítima defesa, porém, pois esta pressupõe injusta agressão, o que, por sua vez, somente se configura com um comportamento humano.

104 a) O argumento a ser apresentado pela defesa de Lucas é que o período de pena provisória cumprido deverá ser computado para aplicação do regime inicial do cumprimento de pena, nos termos do art. 387, § 2° do Código de Processo Penal, de modo que o regime a ser fixado é o aberto. De início, destaca-se que a questão não apresentava elementos suficientes para justificar um pedido de redução de pena, de modo que a pena final aplicada fosse de até 04 anos e permitisse a aplicação do regime aberto. Ademais, o próprio enunciado da questão requer que o patrono de Lucas apresente argumento para alteração do regime ainda que mantida a pena de 04 anos e 03 meses de reclusão. Em princípio, estabelece o art. 33, § 2°, "b", do Código Penal, que cabível o regime semiaberto ao condenado não reincidente, quando a pena aplicada for superior a 04 anos ou não exceda a oito, como é a situação de Lucas. Ao mesmo tempo, estabelece o art. 42 do Código Penal que será computado, na pena privativa de liberdade, o tempo de prisão provisória, disciplinando, assim, o instituto conhecido como detração. Outrossim, o art. 387, § 2°, do Código de Processo Penal, acrescentado pela Lei n. 12.736/2012, prevê expressamente que o tempo de prisão provisória será computado para fins de determinação do regime inicial de pena privativa de liberdade. No caso, Lucas ficou preso por período superior a 08 meses, período esse que deve ser computado como pena cumprida, na forma da detração, para determinação do regime inicial. Assim, considerando os oitos meses apenas para fins de aplicação do regime inicial, seria possível a aplicação do regime aberto.

b) Na sentença condenatória, entendeu o magistrado que os dias-multa deveriam ser fixados no valor de 3 vezes o salário mínimo em razão das circunstâncias do fato. Ocorre que é pacificado o entendimento jurisprudencial, em especial diante da previsão do art. 60 do Código Penal, que o critério para fixação do VALOR do dia-multa será o da capacidade econômica do réu. Na situação apresentada, Lucas era pessoa humilde, que recebia, antes da prisão, remuneração de meio salário mínimo em razão da prestação de serviços informais, logo não se justifica o fundamento apresentado pelo magistrado para fixação do valor do dia-multa.

105. a) Sim, existe argumento. Inicialmente deve ser destacado que o delito imputado a Rodrigo, ainda que considerando a aplicação da pena de maneira triplicada em razão do resultado morte, é de menor potencial ofensivo. Prevê o art. 76 da Lei n. 9.099/95 que o Ministério Público poderá oferecer proposta de aplicação imediata de pena restritiva de direitos ou multa, caso não haja composição dos danos e não seja hipótese de arquivamento. Todavia, o próprio art. 76, em seu § 2°, traz hipóteses em que a proposta de transação penal não poderá ser realizada. O inciso I do dispositivo mencionado afirma que não caberá a proposta quando o autor da infração já tiver sido condenado, pela prática de crime, por sentença definitiva, à pena privativa de liberdade. Na hipótese apresentada, Rodrigo possuía condenação anterior com trânsito em julgado, mas apenas ao cumprimento de pena de multa e não pena privativa de liberdade. Assim, não há vedação legal, podendo o Ministério Público oferecer proposta de transação penal.

b) Rodrigo deve ser absolvido pois sua omissão ocorreu em erro de tipo. Para configuração do delito de omissão de socorro, previsto no art. 135 do Código Penal, é preciso que a omissão tenha ocorrido quando era possível ao agente prestar assistência sem risco pessoal. Rodrigo somente não agiu porque acreditava que existia risco para si, já que não sabia nadar e a criança estava se afogando na lagoa. Em que pese a lagoa fosse rasa e não apresentasse risco para Rodrigo, ele não tinha conhecimento de tal situação, logo agiu em erro sobre a elementar "sem risco pessoal". Havendo erro sobre elementar do tipo, a consequência é o afastamento do dolo, somente podendo o agente ser responsabilizado se o erro for evitável e prevista a modalidade culposa do delito, nos termos do art. 20 do Código Penal. No caso, o crime do art. 135 do Código Penal não traz a modalidade culposa, logo o fato é atípico.

106. a) O advogado de Eduardo deve alegar que ocorreu cerceamento de defesa, havendo violação aos princípios do contraditório e da ampla defesa, tendo em vista que não houve intimação em relação à expedição da carta precatória, conforme determina o CPP, que prevê expressamente, em seu art. 222, que as partes deverão ser intimadas. De fato, conforme consta do enunciado, a expedição de carta precatória, de acordo com o art. 222, § 1°, do CPP, não gera suspensão do processo. Todavia, essa informação não se confunde com a necessidade de intimação da defesa em relação à expedição. A jurisprudência admite que não ocorra intimação da defesa em relação à data da audiência a ser realizada no juízo deprecado somente no caso de ter ocorrido a devida intimação em relação à expedição da carta precatória, nos termos da Súmula 273 do Superior Tribunal de Justiça, o que não ocorreu na hipótese

b) O argumento a ser apresentado é o de que, apesar de Eduardo ter oferecido vantagem indevida para o segurança do estabelecimento para que ele não praticasse ato de seu ofício, não há que se falar em crime de corrupção ativa. O crime de corrupção ativa, previsto no art. 333 do Código Penal, é crime praticado por particular contra a Administração Pública em Geral. Ocorre que, no caso, a vantagem foi oferecida para particular e não funcionário público, logo o fato é atípico.

107. a) O argumento de direito processual a ser apresentado seria no sentido de que não poderia o magistrado, de imediato, condenar o réu pela prática do crime de apropriação indébita simples, tendo em vista que com o afastamento da causa de aumento, a pena mínima prevista para o delito do art. 168, *caput*, do Código Penal admite o oferecimento de proposta de suspensão condicional do processo, de modo que deveria o magistrado ter encaminhado os autos ao Ministério Público para manifestação sobre o previsto no art. 89 da Lei n. 9.099/95. Ressalta-se que todos os demais requisitos previstos no dispositivo estão preenchidos, já que Francisco era primário, de bons antecedentes e as circunstâncias do crime eram favoráveis. Ademais, o Superior Tribunal de Justiça, na Súmula 337, prevê expressamente que é cabível a suspensão condicional do processo na desclassificação do crime ou na procedência parcial do pedido.

b) O argumento de direito material a ser apresentado em busca de evitar a punição de Francisco é da aplicação da previsão do art. 181, II, do Código Penal, que traz o instituto conhecido como escusa absolutória. Em que pese a conduta praticada por Francisco abstratamente se adeque as previsões do art. 168, *caput*, do Código Penal, de acordo com o dispositivo antes mencionado, é isento de pena quem comete crime previsto no título contra descendente, sendo certo que nenhuma das exceções trazidas pelo art. 183 do Código Penal ocorreu. Assim, em sendo o autor do fato pai da vítima e não havendo violência ou grave ameaça à pessoa, é ele isento de pena, não podendo ser criminalmente punido.

108. a) O argumento de direito processual a ser apresentado em sede de recurso é que o mandado de busca e apreensão que justificou a realização de diligência na residência de Gabriel é inválido, tendo em vista que genérico. O mandado de busca e apreensão em determinada residência, por ser uma restrição aos direitos fundamentais da inviolabilidade de domicílio, trazido pelo art. 5°, XI, da CRFB/88, e privacidade deve ser determinado e amparado em fundadas razões no envolvimento com ilícito. No caso, o mandado foi genérico, sem indicar o endereço exato onde deveria ser cumprido o mesmo, apesar de as residências do condomínio serem separadas e identificadas. Por essas mesmas razões, houve violação, ainda, da previsão do art. 243, I, do CPP, que diz que no mandado deve ser indicada o mais precisamente possível a casa onde será realizada a diligência.

b) Ainda que diante do descumprimento da medida de prestação de serviços à comunidade, não poderia ser convertida esta em pena privativa de liberdade. Desde a Lei n. 11.343/2006, o crime de posse de material entorpecente para consumo próprio deixou de ser punido com pena privativa de liberdade, apesar de prevalecer o entendimento de que a conduta não deixou de ser considerada crime. De acordo com o art. 28, II, da Lei n. 11.343/2006, uma das sanções que pode ser imposta em caso de condenação é a prestação de serviços à comunidade, podendo esta ser fixada pelo prazo de 10 meses em razão da reincidência. Em que pese a prestação de serviços à comunidade ser pena restritiva de direitos de acordo com o Código Penal, o que, em tese, admitiria a conversão em pena privativa de liberdade diante de descumprimento, o tratamento trazido pela Lei n. 11.343/2006 é peculiar. Estabelece o art. 28, § 6°, da Lei n. 11.343/2006 que, em caso de descumprimento da medida imposta em sentença, em busca de sua execução, pode ser aplicada multa ou admoestação verbal, permanecendo, porém, a vedação na imposição de sanção penal privativa de liberdade, tendo em vista que a prestação de serviços à comunidade não foi aplicada como pena substitutiva da privativa de liberdade como ocorre no Código Penal.

109. a) A defesa de Roberto poderia buscar a restituição do bem apreendido, tendo em vista que o mesmo não tem qualquer relação com o fato, logo não interessa ao processo (Art. 118 do CPP). Ademais, há nota fiscal a demonstrar a propriedade do bem, logo o pedido de restituição poderia ser formulado diretamente nos autos aos magistrados, já que não há controvérsia sobre a propriedade do bem (Art. 120 do CPP). Da mesma forma, o celular de Roberto não é produto e nem instrumento do crime, não havendo qualquer vedação em sua restituição (Art. 119 do CPP).

b) Ainda que confessados os fatos, existe argumento de direito material para buscar evitar a condenação do crime de roubo. Em que pese Pedro tenha sido vítima de violência e, também, tenha tido seu celular subtraído, não há que se falar em crime de roubo por parte de Roberto. Isso porque a violência empregada não foi com o objetivo de subtrair coisa alheia móvel, como exige o art. 157 do Código Penal. Pelo contrário, Arthur, Adriano e Junior queriam praticar crime de lesão corporal. Por sua vez, Roberto subtraiu o celular que caiu do bolso de Pedro, não se utilizando, porém, de grave ameaça ou violência para subtrair a coisa. Tanto é assim que Roberto não tinha vínculo com os agentes quando da prática dos atos de violência, apenas se aproveitando da facilidade na subtração gerada pela situação. Logo, deve ser afastada a prática delitiva do crime de roubo majorado, ainda que reste a possibilidade de desclassificação e condenação pelo crime de furto.

110. QUESTÃO DESATUALIZADA A PARTIR DA ENTRADA EM VIGOR DA LEI 13.968/19.

111. a) O recurso cabível da decisão de rejeição da queixa-crime é o recurso de apelação, com prazo de 10 dias, conforme previsão do art. 82 da Lei n. 9.099/95. O advogado de Renata apresentou queixa-crime em face de Larissa pela prática do crime de dano simples, delito esse de menor potencial ofensivo, logo aplicáveis as previsões da Lei n. 9.099/95. Da decisão de rejeição da denúncia ou queixa, como regra, caberá recurso em sentido estrito, no prazo de 05 dias, conforme o art. 581, I, do CPP. Todavia, o procedimento sumaríssimo dos Juizados Especiais Criminais prevê peculiaridades que o afasta do procedimento comum ordinário do CPP. De acordo com o art. 82 da Lei n. 9.099/95, da sentença e da decisão de rejeição de denúncia ou queixa caberá recurso de apelação, sempre com o prazo de 10 dias.

b) O argumento para combater a decisão do magistrado é o de que a contagem do prazo decadencial somente se inicia na data do conhecimento da autoria do crime e não necessariamente na data dos fatos. Em sendo crime de ação penal privada, o dano está sujeito ao prazo decadencial de 06 meses previsto no art. 38 do CPP. Ocorre que este dispositivo estabelece que tal prazo somente se iniciará no dia em que o ofendido vier a saber quem é o autor do crime e não da data dos fatos. Na situação apresentada, Renata somente tomou conhecimento da autoria em 23 de outubro de 2017, de modo que nesse dia o prazo se iniciou, e não em 20 de julho de 2017. Dessa forma, não há que se falar em decadência.

112. a) O argumento de direito processual é que houve nulidade da sentença em razão da existência de cerceamento de defesa, uma vez que a testemunha Carla poderia ter sido ouvida pelo magistrado. Primeiramente ressalta-se que Carla é classificada pela doutrina como testemunha referida, tendo em vista que somente se teve conhecimento da mesma e de que esta presenciou os fatos quando da oitiva da vítima em juízo. O art. 209 do CPP menciona a possibilidade de oitiva das testemunhas referidas. Ademais, o art. 401, § 1º, do CPP estabelece que as testemunhas referidas, assim como as que não prestem compromisso, não serão computadas no número máximo de 08 testemunhas a serem ouvidas. Dessa forma, a decisão do magistrado, que reconheceu a conveniência da oitiva, mas indeferiu apenas por já ter atingido a defesa o limite máximo de testemunhas, foi equivocada e gerou um cerceamento no exercício do direito de defesa, precisando ser ressaltado que o advogado manifestou de imediato seu inconformismo com a decisão.

b) O argumento de direito material em busca da redução da sanção aplicada é o de que o aumento realizado na terceira fase de aplicação da pena deveria ser do mínimo legal, ou seja, de 1/3, uma vez que não foi apresentada fundamentação razoável para aumento acima do mínimo. Certo é que a mera indicação do número de majorantes – fundamento este exclusivo utilizado pelo magistrado – é considerado insuficiente para justificar o aumento acima do mínimo, nos termos da Súmula 443 do Superior Tribunal de Justiça. Assim, diante da ausência de fundamentação para o aumento de 3/8, o aumento deveria ser da fração mínima de 1/3.
Não será considerado suficiente pela Banca a afirmativa de não aplicação das causas de aumento pelo fato de o coautor não ser identificado.

113. a) O argumento de direito processual a ser apresentado é o de que houve violação ao princípio da correlação, o que gera a nulidade da sentença por violação ao princípio da ampla defesa e ao princípio do contraditório. Isso porque a denúncia narrou que Lucas guardava, em seu local de trabalho, duas armas de fogo de calibre restrito. Sem que houvesse aditamento da denúncia, o magistrado condenou o réu pela prática de dois crimes de porte de arma de fogo de numeração suprimida, previsto no art. 16, parágrafo único, inciso IV, da Lei n. 10.826/2003. Apesar do crime imputado na denúncia e o reconhecido na sentença estarem previsto no mesmo dispositivo legal, eles não se confundem e a narrativa dos fatos é diferente. O réu somente se defendeu sobre as armas apreendidas como sendo de uso restrito, não podendo, então, o magistrado modificar os fatos para dar nova capitulação jurídica, nos termos do art. 384 do CPP. Se não houvesse alteração dos fatos, poderia o juiz aplicar o art. 383 do CPP, mas não foi isso que ocorreu na hipótese narrada. Dessa forma, deve ser reconhecida a nulidade da sentença.

b) Em busca de questionar o mérito da decisão, o advogado deveria argumentar que a conduta de Lucas de guardar, em seu local de trabalho, duas armas de fogo com numeração suprimida configura crime único previsto no art. 16, parágrafo único, inciso IV, da Lei n. 10.826/2003 e não dois crimes autônomos, seja em concurso material ou formal. As armas estavam sendo guardadas em um mesmo contexto, logo a violação ao bem jurídico protegido foi única, podendo, porém, a quantidade de armas ser considerada no momento da aplicação da pena.

114. a) A delação foi realizada de maneira inadequada sob o aspecto formal, podendo o novo advogado de Francisco buscar desconstituí-la. De acordo com o art. 4º, § 6º, da Lei n. 12.830/2013, o juiz não participará do acordo de delação premiada. Em que pese o magistrado sempre deva assegurar o respeito ao direito dos envolvidos e a paridade de armas, fato é que nas negociações do acordo de colaboração o juiz deve se manter inerte, cabendo apenas a ele homologar o acordo caso tenham sido observadas as formalidades legais. No momento em que o magistrado participou das negociações, a ilegalidade do acordo restou configurada, podendo ser o mesmo desconstituído.

b) O argumento de direito material em busca de questionar a capitulação jurídica e, consequentemente, da absolvição, é o de que apesar de o crime envolver 05 agentes e haver plena divisão de tarefas, a reunião e comunhão de esforços era voltada para a prática de um crime específico e não de vários delitos, não havendo estabilidade e permanência a justificar a imputação do crime do art. 2º da Lei n. 12.850/2013. Para a configuração do crime imputado, não basta a reunião com a intenção de praticar um crime específico, como consta do enunciado. Ainda que apenas um delito tenha sido praticado, a intenção do grupo deve ser a prática de CRIMES (no plural) e não uma infração penal em comunhão de ações e desígnios. A mera alegação em abstrato de que os requisitos do art. 2º da Lei n. 12.850/2013 não foram preenchidos, sem enfrentar especificamente a pluralidade de crimes ou a exigência de estabilidade/permanência, não será considerada suficiente para a atribuição de pontos.

115. a) A questão narra que Maria foi pronunciada pela suposta prática de crime de homicídio qualificado, sendo que, ao final da primeira fase do procedimento do Tribunal do Júri, entendeu o magistrado por pronunciar Maria nos termos da denúncia. Da decisão de pronúncia caberá recurso em sentido estrito, nos termos do art. 581, inciso IV, do CPP. Caso a decisão proferida pelo magistrado fosse de impronúncia, não haveria que se falar em recurso em sentido estrito. Antes da edição da Lei n. 11.689/2008, a decisão de impronúncia também era combatida através de recurso em sentido estrito. Todavia, houve alteração legislativa e, desde então, da decisão de impronúncia, por ser terminativa, caberá recurso de apelação, assim como ocorreria na absolvição sumária, conforme previsão do art. 416 do CPP.

b) A tese de direito material seria que Maria agiu em legítima defesa putativa, nos termos do art. 20, § 1º, do Código Penal, tendo em vista que acreditava estar atuando em legítima defesa. Isso porque Clara havia ameaçado Maria de morte caso essa realizasse um xingamento, o que foi feito por Maria. Ainda que diante de eventual injúria, se verídica, a conduta de Clara de efetuar disparo de arma de fogo configuraria uma injusta agressão, pois, no mínimo, haveria excesso em sua conduta. Caso, de fato, Clara tivesse pego, em sua bolsa, sua arma de fogo, configurada estaria a legítima defesa e, consequentemente, a conduta de Maria seria legítima. Todavia, na verdade Maria supôs situação que não existia, já que Clara apenas pegou seu celular para realizar uma ligação. Diante disso, a atuação em legítima defesa foi apenas putativa.

116. A questão exige do examinando conhecimento sobre os princípios aplicáveis ao Processo Penal, bem como sobre as previsões do Código de Processo Penal sobre o tema "Prisão".

a) Com base nas informações constantes do enunciado, não poderia Matheus ser obrigado a realizar o teste de bafômetro nos termos informados pela autoridade policial. Matheus foi o autor de um atropelamento de vítima que sofreu lesões corporais em razão de sua conduta com violação do dever objetivo de cuidado. Independentemente, a autoridade policial não poderia exigir a contribuição de Matheus para produção de provas contra ele próprio em relação ao crime do Art. 306 da Lei n. 9.503/97 (CTB). O princípio do nemo tenetur se detegere, trazido, dentre outros diplomas, pelo Pacto de San Jose da Costa Rica, estabelece que ninguém é obrigado a produzir provas contra si. Apesar de haver controvérsia sobre a extensão desse princípio, em relação à exigência de conduta positiva do investigado/acusado na produção de prova que pode lhe prejudicar, prevalece o entendimento no sentido de que não existe obrigatoriedade na contribuição. O exame de etilômetro exige que o investigado adote um comportamento positivo, já que é preciso que ele sopre ar em determinado aparelho, de modo que não pode Matheus ser obrigado a realizar tal teste se assim não o desejar, podendo o crime do Art. 306 do CTB ser identificado por outros meios de prova.

b) Em busca da liberdade de Matheus, o advogado deveria formular requerimento de relaxamento da prisão, tendo em vista que a decretação da prisão preventiva exige a presença dos requisitos e pressupostos trazidos pelos Arts. 312 e 313 do Código de Processo Penal. Independentemente do risco de reiteração delitiva, os pressupostos do Art. 313 do CPP não foram atendidos. O crime imputado não é doloso e não tem pena máxima superior a 04 anos, ainda que considerada eventual causa de aumento. Em relação à reincidência, o Art. 313, inciso II, do CPP apenas admite a prisão se aquela for em crimes dolosos. No caso, o enunciado deixa claro que Matheus era reincidente específico na prática de crimes culposos, logo, não preenchidos os requisitos legais desde o início, a decretação da prisão torna-se ilegal, devendo ser relaxada, nos termos do Art. 5º, inciso LXV, da CRFB/88.

117. a) Sim, existe argumento em busca da aplicação do regime inicial semiaberto para cumprimento da pena. De acordo com a literalidade do Art. 33, § 2º, do Código Penal, em sendo o réu reincidente, cabível a aplicação do regime inicial fechado. Ocorre que tal previsão poderá ser extremamente severa diante de situações concretas em que outro regime de cumprimento de pena se mostre mais adequado. Diante disso, procurando mitigar as consequências dessa previsão do Código Penal, a jurisprudência dos Tribunais Superiores, inclusive através da Súmula 269 do Superior Tribunal de Justiça, admite a aplicação do regime inicial semiaberto aos reincidentes condenados ao cumprimento de pena fixada em até 04 anos, desde que favoráveis as demais circunstâncias judiciais. No caso, apesar da reincidência, a pena foi aplicada em 1 ano e 06 meses de reclusão, não sendo reconhecidas circunstâncias judiciais desfavoráveis. Ademais, a reincidência anterior sequer era específica. Diante disso, possível ao advogado de Hugo pleitear a fixação do regime inicial semiaberto de cumprimento de pena. A mera indicação do candidato de que com base na pena imposta o regime inicial adequado seria aberto não é suficiente para atribuição de pontos.

b) Sim, é possível ao advogado buscar a substituição da pena privativa de liberdade por restritiva de direitos. De fato, como destacado pelo magistrado, a princípio, o Art. 44, inciso II, do Código Penal, veda a substituição da pena privativa de liberdade por restritiva de direitos na hipótese de o réu ser reincidente na prática de crimes dolosos. Não há dúvida que Hugo era reincidente, já que possuía condenação pela prática de crime doloso anterior, com trânsito em julgado, sendo o crime de apropriação indébita praticado posteriormente. Todavia, o próprio Art. 44, § 3º, do Código Penal admite a substituição, mesmo diante de reincidência, desde que essa não seja específica e a medida seja socialmente recomendável. Na situação apresentada, Hugo não é reincidente específico sequer na prática de crimes contra o patrimônio, já que a condenação anterior refere-se ao crime de lesão corporal dolosa. Ademais, com base nas informações expostas, a medida seria socialmente recomendável, tendo em vista que Hugo estava trabalhando e cuidava de filhos menores de idade. O crime não envolveria violência ou grave ameaça à pessoa. Assim, excepcionalmente, possível a substituição da pena privativa de liberdade por restritiva de direitos.

118. A questão exige do examinando conhecimento sobre o tema Execução Penal. Narra o enunciado que Leal, apenado em regime inicial semiaberto, após estar cumprindo pena há 11 meses, considerando a prestação de serviços extramuros, pretende a progressão para o regime aberto, ressaltando que não sofreu qualquer sanção administrativa.

a) Sim, os requisitos legais estão preenchidos. De acordo com o Art. 112 da Lei n. 7.210/84, o requisito objetivo para progressão de regime é o cumprimento de 1/6 da pena aplicada, que, no caso, significaria 01 ano de pena privativa de liberdade. Segundo consta do enunciado, Leal ficou 11 meses preso em cumprimento da pena, o que, a princípio, não atenderia ao requisito objetivo. Todavia, há período de pena remida que justifica a progressão de regime. Leal trabalhou por 120 dias, o que gera uma remição de 40 dias de acordo com o Art. 126 da LEP, devendo ser esclarecido que o "trabalho extramuros" justifica a remição de pena, nos termos da Súmula 562 do STJ. Ademais, o tempo remido será computado como pena cumprida para todos os efeitos (Art. 128 da LEP). Dessa forma, cumprido mais de 01 ano da pena aplicada, possível a progressão de regime.

b) A inexistência de vagas em regime compatível não é fundamento idôneo para manutenção do apenado em regime mais severo, nos termos da Súmula Vinculante 56 do STF. Preenchidos os requisitos legais, o apenado possui direito à progressão para regime compatível ao cumprimento de sua pena, não podendo a deficiência do Estado prejudicá-lo. De acordo com a jurisprudência do STF, havendo déficit de vagas, deverão ser determinados: (i) a saída antecipada de sentenciado no regime com falta de vagas; (ii) a liberdade eletronicamente monitorada ao sentenciado que sai antecipadamente ou é posto em prisão domiciliar por falta de vagas; (iii) o cumprimento de penas restritivas de direito e/ou estudo ao sentenciado que progride ao regime aberto. Até que sejam estruturadas as medidas alternativas propostas, poderá ser deferida a prisão domiciliar ao sentenciado.

Observação: Problema anterior à entrada em vigor da Lei 13.964, de 2019, que alterou a redação do artigo 112 da LEP e os respectivos prazos para obtenção da progressão de regime.

119. a) Será competente para julgamento de Talles o juízo da Comarca de Cardoso Moreira, local onde teria sido praticado o crime de roubo. De acordo com as informações constantes do enunciado, três crimes de furto foram praticados em conexão com um crime de roubo, tendo em vista que o agente, em continuidade, subtraiu bens de estabelecimentos diversos para obter instrumentos para a prática do crime de roubo. A conexão probatória, então, é clara. Havendo conexão entre crimes que foram praticados em diferentes comarcas, sendo que todos os juízos seriam de mesma categoria, aplicam-se as previsões do Art. 78, inciso II, do Código de Processo Penal. Não há que se falar em competência da cidade de São Fidélis, pois nenhum dos crimes foi consumado do local, somente lá ocorrendo a prisão em flagrante. Restariam as cidades de Bom Jesus de Itabapoana e Cardoso Moreira. De acordo com o Art. 78, inciso II, alínea a, do CPP, o primeiro critério a ser observado é o local onde foi praticado o crime ao qual for cominada a pena mais grave. O crime mais grave imputado é o de roubo majorado, logo, competente a Comarca de Cardoso Moreira. O critério do número de crimes praticados somente seria relevante se a todos os delitos fosse prevista a mesma pena.

b) O argumento de direito material é o de que não haveria que se falar em crime de roubo majorado pela restrição da liberdade da vítima, tendo em vista que a restrição em questão foi a normal do tipo para subtração dos bens, não se estendendo por tempo significativo relevante, para além daquele necessário para a subtração, conforme exige a doutrina e a jurisprudência.

120. a) Sim, a capitulação jurídica realizada pelo Ministério Público e acolhida na sentença poderá ser questionada, tendo em vista que não deveria ter sido imputada a qualificadora do concurso de agentes. O Art. 155, § 4°, inciso IV, do CP prevê qualificadora do furto quando este for praticado mediante concurso de duas ou mais pessoas. Ocorre que, apesar de Caio e Bruno serem irmãos e terem praticado crimes de furto no mesmo local, data e horário, não houve concurso de agentes. Dentre os requisitos para configuração do concurso de agentes, está o liame subjetivo, que não restou configurado na hipótese apresentada. A todo momento o enunciado deixa claro que Caio e Bruno sequer sabiam da conduta um do outro, não havendo que se falar, então, em comunhão de ações e desígnios e, consequentemente, concurso de agentes, apesar de configurado o crime de furto simples em relação a ambos.

b) Mesmo em caso de manutenção da capitulação apresentada, ou seja, de furto qualificado, seria possível a redução da pena aplicada em razão do privilégio previsto no Art. 155, § 2°, do CP. Apesar de os agentes responderem a outras ações penais, nos termos da Súmula 444 do STJ, não havendo sentença condenatória anterior com trânsito em julgado, são considerados tecnicamente primários e de bons antecedentes. Ademais, as coisas furtadas podem ser consideradas de pequeno valor, não havendo que se falar em insignificância na hipótese, seja pelo valor dos bens, seja porque o enunciado indaga sobre a redução da pena aplicada e não afastamento da tipicidade da conduta.

É preciso, ainda, ressaltar que os Tribunais Superiores pacificaram o entendimento de que a figura do furto privilegiado poderá ser reconhecida ainda que o crime em questão seja de furto qualificado, topograficamente localizado após a disciplina do privilégio, nos termos da Súmula 511 do Superior Tribunal de Justiça.

121. Narra o enunciado que Caio teria efetuado disparos de arma de fogo, no interior de seu quintal, na direção da parede do imóvel em que residia, estando a casa vazia. Ademais, consta a informação de que os disparos foram realizados do quintal para o interior da residência, sendo que as munições ficaram alojadas na parede. Os fatos, porém, foram descobertos por policiais militares, vindo Caio a ser denunciado pela suposta prática do crime previsto no Art. 15 da Lei n. 10.826/2003.

a) A decisão do magistrado não foi correta. De fato, uma vez que o denunciado não foi localizado para citação pessoal, seria cabível sua citação por edital. Em consequência, não comparecendo o denunciado e nem constituindo advogado, em razão da natureza de citação ficta, o processo, assim como o curso do prazo prescricional, deve ficar suspenso. Ocorre que uma suspensão indefinida do prazo prescricional acabaria por criar um crime, na prática, imprescritível, o que, de acordo com grande parte da doutrina, não poderia ocorrer por meio de legislação ordinária. Diante disso, por intermédio da Súmula 415 do STJ, foi pacificado o entendimento de que a suspensão do prazo prescricional somente poderia durar o período do prazo prescricional, regulado pela pena máxima do crime imputado. O delito do Art. 15 da Lei n. 10.826/2003 tem pena máxima prevista de 04 anos, de modo que o prazo prescricional seria de 08 anos. Desde a suspensão do processo, na forma do Art. 366 do CPP, passaram-se mais de 08 anos, logo, o prazo prescricional deveria voltar a correr em abril de 2016, sendo equivocada a decisão do magistrado de, em 2018, determinar que fosse mantida a suspensão do prazo prescricional.

b) Sim, existe argumento de direito material a ser apresentado pela defesa técnica de Caio em busca de sua absolvição. Deveria o advogado alegar a atipicidade da conduta, tendo em vista que nem todas as elementares do crime do Art. 15 da Lei n. 10.826/2003 foram preenchidas. Em que pese tenha Caio realizado disparos de arma de fogo, não haveria que se falar no crime imputado, pois os disparos não foram realizados em via pública e nem em direção à via pública. Apesar de a rua da residência do denunciado ser habitada, os disparos foram realizados dentro de um quintal, em direção à parede da casa onde não havia ninguém. Independentemente de a conduta ser moralmente reprovável, não foi praticado o delito imputado.

122. A questão exige do candidato conhecimento sobre uma pluralidade de temas, destacando-se os temas prova ilícita, Lei n. 11.343/2006 e crimes hediondos.

Narra o enunciado que Wesley foi abordado por policiais militares e, apesar de nada ilícito ter sido encontrado com ele, os policiais, sem autorização, apreenderam seu celular e obtiveram acesso às conversas de Wesley via aplicativo WhatsApp e ao álbum de fotografias, onde encontraram imagens de Wesley supostamente com armas de fogo. Com base nesse conteúdo do celular, Wesley foi preso em flagrante, denunciado e condenado como incurso nas sanções penais do Art. 35 da Lei n. 11.343/2006.

a) Sim, existe argumento para questionar as provas que serviram de fundamento para a condenação, tendo em vista que se tratam de provas ilícitas. As provas utilizadas pelo magistrado foram obtidas com violação ao direito à intimidade, já que os policiais obtiveram acesso ao teor das conversas de Wesley por mensagens e às suas fotografias sem sua autorização ou sem prévia autorização judicial. Ocorreu violação à garantia de inviolabilidade da intimidade e vida privada, assegurada no Art. 5°, inciso X, da CRFB, já que não houve o indispensável requerimento (e autorização judicial) de quebra de sigilo de dados. Dessa forma, estamos diante de provas ilícitas, que devem ser desentranhadas do processo, nos termos do Art. 157 do CPP.

b) O argumento a ser apresentado para questionar a sanção penal aplicada é o de que o crime de associação para o tráfico não é delito equiparado a hediondo, diferente do tráfico do Art. 33, *caput*, da Lei n. 11.343/2006, tendo em vista que não está previsto no rol taxativo do Art. 1° da Lei n. 8.072/90. Em respeito ao princípio da legalidade, não há que se falar em analogia in malam partem. Considerando que o crime de associação para o tráfico não está previsto na Constituição como equiparado a hediondo e nem é mencionado no Art. 1° da Lei de Crimes Hediondos, não pode o magistrado conferir tal natureza em sua decisão, ainda que exista previsão no sentido de que o prazo do livramento condicional será de mais de 2/3, prazo esse típico dos crimes hediondos e equiparados. Ademais, ainda que fosse considerada a natureza hedionda do delito, a previsão de regime inicial fechado obrigatória vem sendo considerada inconstitucional pelos Tribunais Superiores (Art. 2°, § 1°, da Lei n. 8.072/90) por violar o princípio da individualização da pena.

123. a) O advogado de Antônio poderá buscar o reconhecimento da nulidade da sentença condenatória em razão da violação ao devido processo legal. Isso porque, de acordo com o Art. 400 do CPP, na audiência, primeiro devem ser ouvidas as testemunhas da acusação. Somente após a produção de provas pela acusação poderiam ser ouvidas as testemunhas de defesa e interrogado o acusado. Violando a ordem da oitiva das testemunhas, tendo a defesa se insurgido contra tal inversão e ficando claro o prejuízo com a condenação e alteração dos fatos por parte de Pablo, deverá ser reconhecida a nulidade do processo desde a primeira audiência de instrução e julgamento.

b) A conduta de Pablo de, em audiência de instrução e julgamento de processo criminal, fazer afirmação falsa como testemunha, a princípio, configura o crime realmente imputado: Art. 342, § 1°, do CP. Ocorre que, até como forma de incentivar a retratação e minorar os prejuízos causados em processos, previu o legislador, no Art. 342, § 2°, do CP, que, se o agente se retrata ou declara a verdade antes da sentença ser proferida no processo em que ocorreu o ilícito, o fato deixa de ser punível. No caso, Pablo se retratou, narrou a verdade, antes mesmo de ser proferida a sentença condenatória de Antônio. Dessa forma, não poderia o magistrado reconhecer que tal retratação funcionaria apenas como atenuante do Art. 65, inciso III, alínea b, do CP, ou arrependimento posterior, devendo reconhecer a extinção da punibilidade do agente, já que o fato deixa de ser punível.

124. a) Em busca da absolvição de Beto, a defesa técnica deve alegar que as provas obtidas foram ilícitas, tendo em vista que os policiais apreenderam documentos em local amparado pela inviolabilidade de domicílio. O Art. 5°, inciso XI, da CRFB/88, garante a todos a inviolabilidade de domicílio, prevendo exceção no caso de cumprimento de ordem judicial ou flagrante delito, o que não restou configurado no caso. Ademais, o próprio Art. 150, § 4o do CP e o Art. 246 do CPP dizem que a expressão "casa" compreende aposento ocupado de habitação coletiva, sendo pacífico o entendimento dos Tribunais Superiores no sentido de que quarto de hotel, em especial quando habitado com certa permanência, está abrangido pela inviolabilidade de domicílio. Em sendo os documentos apreendidos com violação deste direito fundamental as únicas provas, impossível a condenação.

b) Para questionar a capitulação jurídica formulada pelo Ministério Público na denúncia, a defesa técnica deveria esclarecer que não houve concurso de crimes, mas sim crime único de tráfico, tendo em vista que os verbos núcleos do tipo "guardar" e "trazer" estavam sendo praticados em um único contexto. De fato, a apreensão de drogas destinadas à venda configura crime de tráfico, sendo certo que a diligência foi válida porque havia situação de flagrante delito a justificar o ingresso dos policiais no quarto do hotel. O crime de tráfico de drogas é tipo misto alternativo, de modo que a prática de mais de um verbo em um mesmo contexto configura crime único, em respeito ao princípio da alternatividade. Apenas quando os verbos são praticados em contextos diversos é possível a imputação de delitos autônomos ao mesmo agente, o que não ocorreu na situação narrada.

125. a) Considerando que a decisão do magistrado foi de absolvição sumária, nos termos do Art. 416 do CPP, caberá à defesa apresentar recurso de apelação.

b) Não poderia o magistrado ter absolvido Carleto, com aplicação de medida de segurança, em razão da inimputabilidade, tendo em vista que esta não era a única tese apresentada pela defesa. Pelo contrário, a defesa de Carleto defendeu que o fato sequer seria ilícito, em razão de legítima defesa, tese que, se acolhida pelos jurados, nem mesmo levaria à análise da culpabilidade do agente. Sendo a absolvição própria pela legítima defesa, não seria cabível a aplicação de medida de segurança. Para que esta seja aplicada, em razão da reconhecida inimputabilidade do agente devido à doença mental, exige-se que o mesmo tenha praticado um fato típico e ilícito. Em se tratando de crime doloso contra a vida, a competência para o julgamento respectivo é do Tribunal do Júri, cabendo aos jurados a decisão se o acusado atuou sob a escora de excludente de ilicitude, no caso a da legítima defesa, que encontrava amparo em uma das vertentes dos autos. O Art. 415, parágrafo único, do CPP, autoriza a absolvição sumária em razão da inimputabilidade do agente, quando esta for a única tese defensiva. Na hipótese, a tese principal é a de excludente de ilicitude.

126. A questão exige do examinando conhecimentos sobre o tema concurso de crimes, além dos **direitos básicos dos acusados.**

Narra o enunciado que Eduardo teria praticado cinco crimes de roubo, contra vítimas diferentes, todos no bairro de Moema, com curto intervalo de tempo entre os fatos, com o mesmo modo de agir, sendo seu objetivo obter dinheiro suficiente para a compra de uma motocicleta.

a) O argumento a ser apresentado, em sede de recurso, para desconstituir a sentença condenatória, é o de que haveria violação ao princípio da ampla defesa, em sua vertente de defesa técnica, tendo em vista que as alegações finais foram apresentadas pela Defensoria Pública, não sendo o acusado intimado para, querendo, constituir novo patrono. De acordo com o que consta do enunciado, durante a instrução processual, Eduardo foi assistido por Pedro, advogado por ele constituído. Ocorre que, ao tomar conhecimento de que Pedro teria falecido, de imediato o magistrado encaminhou os autos à Defensoria Pública para apresentação de alegações finais, o que foi incorreto, já que o réu deveria ter sido intimado pessoalmente, pois estava preso, para esclarecer se teria interesse em ser assistido pela Defensoria ou se pretendia constituir novo advogado. Ao retirar esse direito do réu, o magistrado violou direito do acusado e o princípio da ampla defesa.

b) Em sede de apelação, poderia ser buscado o reconhecimento da continuidade delitiva, o que geraria redução da sanção penal aplicada. De acordo com o que consta do enunciado, de fato foram praticados cinco crimes de roubo. Mesmo sem emprego de arma de fogo ou simulacro de arma de fogo, houve grave ameaça na subtração dos bens de cinco vítimas diferentes, logo cinco patrimônios foram atingidos e cinco crimes autônomos foram praticados. Ainda que Eduardo tenha confessado os fatos, a pena mínima foi aplicada, não cabendo redução com fundamento na atenuante do Art. 65, III, d, do CP, nos termos da Súmula 231 do STJ. Todavia, o magistrado reconheceu o concurso material de crimes e somou a pena aplicada para cada um dos delitos. De acordo com o Art. 71 do CP, a pena de apenas um dos crimes será aplicada e aumentada de 1/6 a 2/3 quando o agente, mediante mais de uma ação, pratica dois ou mais crimes da mesma espécie, nas mesmas condições de tempo, lugar, maneira de execução, sendo os subsequentes continuação do primeiro. Todas as exigências legais foram preenchidas. Os delitos foram praticados no mesmo bairro, com intervalo de 30 minutos entre eles, sempre com o mesmo modo de execução. A intenção do agente sempre foi praticar vários crimes, um em continuidade do outro, para obter dinheiro suficiente para comprar uma motocicleta. Assim, ao invés do cúmulo material, deveria o magistrado ter aumentado a pena de um dos delitos (04 anos) em 1/6 a 2/3, ou, até mesmo, aplicar a previsão do Art. 71, parágrafo único, do CP.

127. A questão exige do examinando conhecimento sobre uma pluralidade de temas, mas em especial sobre os elementos do fato típico e sobre as formas de intimação das sentenças condenatórias.

Narra o enunciado que Maria foi denunciada pela suposta prática de crime de descaminho, crime esse que teria gerado um prejuízo aos cofres públicos no valor de aproximadamente R$500,00 (quinhentos reais), estando incursa nas sanções do Art. 334 do CP.

a) O advogado, ao ser procurado pela família de Maria, deveria esclarecer que a intimação de Maria do teor da sentença condenatória não foi correta, tendo em vista que ela encontrava-se presa por outro crime, fato do conhecimento do Ministério Público. De acordo com o Art. 392 do CPP, a intimação da sentença deverá ser pessoal se o réu estiver preso, ainda que a prisão seja decorrente de outro processo. A intimação por edital deve ocorrer quando o réu estiver em local incerto e não sabido, quando não for possível sua localização, ou em alguma das situações previstas no Art. 392, incisos IV, V e V, do CPP, o que não foi o caso. A intimação por edital, como forma de intimação ficta, prejudicou Maria, que ainda não tinha conhecimento do teor da sentença condenatória.

b) O argumento seria de que a conduta praticada por Maria é atípica em razão da aplicação do princípio da insignificância. O conceito de crime envolve um fato típico, ilícito e culpável. Dentro da tipicidade, está a tipicidade material, que é a lesão relevante ao bem jurídico protegido. Em relação aos crimes tributários, a jurisprudência é tranquila no sentido de que haveria atipicidade material sempre que o valor do imposto sonegado não ultrapassar aquele que a Fazenda Pública considera baixo o suficiente para não justificar uma cobrança através de execução fiscal. Ainda que exista controvérsia se tal valor seria de R$ 10.000,00 ou R$ 20.000,00, fato é que, na presente hipótese, considerando que o valor do tributo não ultrapassaria R$ 500,00, o princípio da insignificância deveria ser aplicado. A lesão constatada não é grave o suficiente para justificar a intervenção do Direito Penal, diante de sua característica de subsidiariedade/*ultima ratio*.

128. A) Sim, o advogado de Gilberto poderá requerer a imediata extinção da punibilidade, tendo em vista que houve reparação do dano antes de ser proferida sentença irrecorrível. Gilberto foi denunciado pela prática do crime de peculato culposo, delito esse previsto no Art. 312, § 2º, do Código Penal. O Art. 312, § 3º, do CP, prevê uma peculiaridade para essa espécie de crime: a reparação do dano, se precede à sentença irrecorrível, extingue a punibilidade do agente. Em geral, a reparação do dano, quando antes da denúncia, poderá funcionar como causa de diminuição de pena do arrependimento posterior. Em crimes que não admitem arrependimento posterior ou quando a reparação do dano for posterior ao recebimento da denúncia, aplica-se, em regra, a atenuante prevista no Art. 65, inciso III, alínea b, do CP. Considerando, porém, a peculiaridade da natureza culposa do delito, admitiu o legislador a extinção da punibilidade no crime de peculato praticado culposamente.

B) O argumento é o de que houve nulidade em razão da ausência de notificação do réu para apresentação de defesa prévia, desrespeitando-se o Art. 514 do CPP, que traz regras próprias para o procedimento dos crimes praticados por funcionário público. No caso, os crimes foram praticados por funcionários públicos contra a Administração Pública. Diante disso, antes mesmo do recebimento da denúncia, caberia notificação dos réus para apresentação de defesa, o que não foi determinado pelo magistrado, que recebeu a denúncia sem qualquer manifestação das partes. Cabe destacar que não se aplica a Súmula 330 do STJ, porque a ação penal não foi instruída por prévio inquérito policial. Diante do desrespeito à previsão do Art. 514 do CPP, caberia reconhecimento de que houve violação ao princípio da ampla defesa ou do devido processo legal.

129. A questão exige do examinando conhecimento sobre uma pluralidade de temas. Narra o enunciado que foi praticado um crime de lesão corporal culposa na direção de veículo automotor, sendo que o autor do fato estava embriagado e causou lesões de natureza grave na vítima. A ofendida não tinha interesse em representar em face do autor do fato, mas ainda assim o Ministério Público ofereceu denúncia imputando não somente o crime de lesão corporal culposa qualificada, mas também o do Art. 306 do CTB.

A) Para contestar a capitulação, deveria a defesa alegar aplicação do princípio da consunção, ficando o crime do Art. 306 do CTB absorvido pelo crime do Art. 303, § 2°, do CTB, tendo em vista que a circunstância da condução do veículo sob a influência de álcool, com capacidade psicomotora alterada, é elementar deste crime. Para que seja tipificada a forma qualificada do § 2° do Art. 303 da Lei 9.503/97, têm que restar demonstrada a conduta culposa do agente na direção de veículo automotor, o estado de embriaguez e o resultado lesão grave ou gravíssima. Presentes esses requisitos, a forma qualificada deve ser reconhecida, não podendo haver concurso com o crime do Art. 306 do mesmo diploma legal, porquanto aquele estado do agente é elementar do delito qualificado reconhecido.

B) Sim, o Ministério Público tem legitimidade para oferecimento da denúncia na presente hipótese. A princípio, os crimes de lesão corporal culposa, praticados ou não na direção de veículo automotor, são de ação penal pública condicionada à representação, nos termos do Art. 88 da Lei n° 9.099/95. O Art. 291, §1°, do CTB confirma a aplicabilidade do Art. 88 da Lei n° 9.099/95. Ocorre que esse mesmo dispositivo legal traz exceções. Apesar de a vítima não ter querido representar contra o acusado, considerando que o motorista dirigia sob a influência de substância alcoólica, na forma do Art. 291 § 1°, inciso I, da Lei n° 9.503/97, a ação penal é pública incondicionada, tendo o Ministério Público legitimidade para o oferecimento da denúncia.

130. Narra o enunciado que Carlos foi condenado definitivamente ao cumprimento da pena privativa de liberdade de 02 anos, em regime inicial aberto, substituída por duas restritivas de direito. Todavia, Carlos se mudou sem informar ao juízo e acabou por não dar início ao cumprimento da pena restritiva de direito imposta, de modo que o magistrado converteu a PRD em pena privativa de liberdade, após requerimento do Ministério Público.

A) A Pena Restritiva de Direito (PRD), em caso de descumprimento, poderá ser convertida em privativa de liberdade, desde que o descumprimento seja injustificado, nos termos do Art. 44, § 4°, do CP. Exatamente pela exigência de que o descumprimento seja injustificado que deve o apenado ser intimado para manifestação, em especial para esclarecer os motivos pelos quais não vem cumprindo a PRD imposta. Não se controverte que para garantir a efetividade das penas restritivas de direitos, faz-se necessária a existência de regras rígidas no sentido de que o seu descumprimento acarrete uma consequência rigorosa para o condenado faltoso. Assim, é prevista a conversão da PRD em PPL quando do seu descumprimento injustificado. Desta forma, antes da conversão, a defesa deve ser intimada para justificar aquele descumprimento, não podendo ser abandonados os princípios do contraditório e da ampla defesa. Na hipótese, a conversão ocorreu sem a oitiva da defesa previamente, o que acarreta a nulidade da decisão respectiva.

B) Sim, o argumento é o de que ocorreu prescrição da pretensão executória, de modo que deve ser reconhecida a extinção da punibilidade do agente. Transitada em julgado a decisão condenatória, se inicia o prazo da prescrição da pretensão executória, que tem por base a pena aplicada, nos termos do Art. 110 do CP. Na hipótese, foi aplicada a pena de 02 anos de reclusão, de modo que o prazo prescricional é de 04 anos, com base no Art. 109, inciso V, do CP. Entre a data do trânsito em julgado (25/11/15) e a data da prisão de Carlos (20/12/19) foi ultrapassado o prazo prescricional de 04 anos. Assim, deverá ser declarada extinta a punibilidade pela prescrição da pretensão executória, nos termos do Art. 107, inciso IV, do CP.

131. Narra o enunciado que Paulo praticou um crime de furto, já que subtraiu, sem violência ou grave ameaça à pessoa, dinheiro da loja de conveniência de determinado posto de gasolina. Após a consumação do delito, encontrou Jaqueline, sua ex-namorada, narrando sobre o crime praticado. Jaqueline, então, auxilia Paulo a deixar o local dos fatos. Após descoberta do ocorrido, o Ministério Público denunciou Jaqueline e Paulo pelo crime de furto qualificado pelo concurso de agentes, aplicando, dentre outras, a cautelar de suspensão do exercício de atividade de natureza econômica à Jaqueline.

A) O argumento é o de que Jaqueline não praticou crime de furto, já que sua contribuição ocorreu após a consumação do delito patrimonial. Não há que se falar em participação após a consumação do delito, salvo se a contribuição, apesar de ocorrer após a consumação, já houver sido previamente ajustada. No caso em tela, Jaqueline não havia ajustado previamente com Paulo que o auxiliaria na empreitada criminosa, tendo concorrido para o crime somente após a consumação deste por Paulo. Sendo assim, não há que se falar em concurso de pessoas, não devendo Jaqueline responder pela prática do furto qualificado. Nesse sentido, Paulo deveria responder apenas pelo crime de furto simples (Art. 155, *caput*, do CP).

B) Nos termos do Art. 319 do CPP é possível ao magistrado aplicar medidas cautelares alternativas. Para evitar a prisão, incentiva-se a aplicação de medidas cautelares alternativas. Ademais, o Art. 319, inciso VI, do CPP, prevê que poderá ser aplicada cautelar de suspensão do exercício da função pública ou de atividade de natureza econômica, desde que haja justo receio de sua utilização para prática de novas infrações penais. O simples fato de Jaqueline ser denunciada por crime contra o patrimônio (de maneira inadequada, ainda!) não torna a medida de suspensão da atividade de natureza econômica adequada, qual seja atuar em comércio de roupas em estabelecimento do qual seria proprietária. Jaqueline era primária, de bons antecedentes e sem qualquer envolvimento pretérito com o aparato policial ou judicial, nada no enunciado permitindo concluir que haveria justo receio na utilização da atividade econômica para prática de novas infrações.

132. A) A defesa técnica de Gabriel deveria argumentar que sua prisão em flagrante foi ilegal, o que ensejaria o relaxamento da mesma. Isso porque nenhuma das situações do Art. 302 do CPP restou configurada. Em que pese houvesse drogas sendo guardadas na residência de Jorge no momento da prisão em flagrante, não havia atuação deste em comunhão de ações e desígnios com Gabriel. Gabriel, em tese, teria praticado crime de tráfico ao transportar material entorpecente e entregá-lo para Jorge em 27 de maio de 2019. Ocorre que a apreensão do material só ocorreu em 29 de maio de 2019, logo não estava Gabriel cometendo o crime, não tinha acabado de cometê-lo, não foi perseguido logo após a infração e nem encontrado com instrumentos do delito que fizessem presumir a autoria. Diante da ausência das situações previstas no Art. 302 do CPP, impossível a prisão em flagrante de Gabriel.

B) Sim, o argumento de direito material a ser apresentado pela defesa técnica de Gabriel é o de que houve erro de proibição, afastando o potencial conhecimento da ilicitude indispensável para o reconhecimento da culpabilidade como elemento do crime. Para a doutrina majoritária, crime seria um fato típico, ilícito e culpável. Sem dúvida, a conduta de Gabriel de transportar drogas seria típica e ilícita. Ocorre que o agente agiu por acreditar que, naquela situação, sua conduta seria lícita, já que estaria transportando droga para fins medicinais, conforme aprendeu em livro oficial obtido em faculdade pública. Diante disso, fica afastado o elemento da culpabilidade do potencial conhecimento da ilicitude. Cabe esclarecer que não estamos diante de hipótese de erro de tipo, já que ele tinha conhecimento sobre todas as elementares do crime e não houve falsa percepção da situação fática. Gabriel sabia estar transportando drogas. Também não há que se falar em desconhecimento da lei, que é inescusável. Gabriel sabia que o tráfico configura crime, apenas atuando em erro sobre a ilicitude do fato, nos termos da parte final do Art. 21 do CP. O advogado deveria defender que o erro foi inevitável, logo buscando a isenção de pena, ou, ao menos, que houve erro evitável, o que poderia funcionar como causa de diminuição de pena.

133. A) Luiz não poderá ser beneficiado por eventual reconhecimento de causa de diminuição de pena de participação de menor importância, enquanto poderá ser beneficiado em caso de reconhecimento da modalidade tentada do delito, ainda que não tenha apresentado recurso de apelação questionando tal tema. De acordo com o Art. 580 do CPP, no caso de concurso de agentes, a decisão do recurso interposto por um dos réus, se fundado em motivos que não sejam de caráter exclusivamente pessoal, aproveitará aos outros. A causa de diminuição de pena da tentativa é dado objetivo, não sendo de caráter pessoal, já que o crime restou ou não consumado em relação a todos os agentes. Assim, reconhecida a modalidade tentada, possível a extensão dos efeitos ao corréu que não recorreu. Por outro lado, a participação de menor importância, trazida pelo Art. 29, § 1°, do CP, é dado exclusivamente pessoal. Luiz adotou conduta relevante na execução do crime, sendo o executor direto da grave ameaça e da subtração da televisão. A situação de José seria diferente, já que sua participação poderia vir a ser considerada de menor relevância. Luiz sequer é partícipe, mas sim autor. Dessa forma, mesmo que reconhecida a causa de diminuição de pena do Art. 29, § 1°, do CP, para José, não haverá extensão para Luiz.

B) Sim, existe argumento a ser apresentado em busca da redução da pena base aplicada, tendo em vista que ações em curso não podem ser valorizadas de maneira negativa no momento da aplicação da pena base. Durante muito tempo se controverteu sobre a possibilidade de as ações em curso, com ou sem condenações sem trânsito em julgado, poderem ser reconhecidas como maus antecedentes. Prevaleceu o entendimento pela impossibilidade, sob pena de violação ao princípio da presunção de inocência. Contudo, diversos magistrados valorizavam essas ações em curso como condição social negativa ou personalidade voltada para prática de crimes, aumentando a pena base. Ocorre que o Superior Tribunal de Justiça, por meio da Súmula 444, afastou a possibilidade de tal conduta por parte dos magistrados, já que decidiu que as ações em curso e inquéritos policiais não poderão ser considerados no momento da aplicação da pena base como um todo e não apenas como maus antecedentes, sob pena de violação transversa/indireta ao princípio da não culpabilidade.

Obs.: não será suficiente a mera afirmativa de que ações em curso não podem funcionar como maus antecedentes, já que esse não foi o argumento utilizado pelo magistrado para aumento da pena base.

134. A questão exige do examinando conhecimento sobre os temas recursos e execução penal. Narra o enunciado que Fabrício cumpria pena pela prática de crime de extorsão, entendendo o apenado que teria direito à extinção da punibilidade em razão do indulto, já que preencheria os requisitos objetivos (temporal) e subjetivos (ausência de falta grave nos últimos 12 meses). Ocorre que, após o requerimento de indulto, Fabrício foi punido por falta grave, constando do enunciado que os fatos que justificaram a punição teriam ocorrido após a publicação do decreto de indulto, ou seja, após o preenchimento dos requisitos previstos na legislação, bem como que a punição aplicada pelo diretor do presídio foi coletiva.

A) De acordo com o Art. 105, inciso II, alínea a, da CRFB, caberá ao Superior Tribunal de Justiça, em sede de recurso ordinário constitucional, julgar os habeas corpus decididos em única ou última instância pelos Tribunais estaduais quando denegatória a decisão. Assim, considerando que o Tribunal denegou a ordem de habeas corpus pleiteada pela defesa, o único recurso cabível seria o Recurso Ordinário Constitucional. Poderia, também, a defesa apresentar novo habeas corpus ao STJ, mas o questionamento formulado era sobre o recurso cabível.

B) Existem dois principais argumentos em busca da extinção da punibilidade com o reconhecimento do indulto: proibição de sanções disciplinares coletivas e aplicação do princípio da legalidade, o que impediria o magistrado de considerar faltas graves praticadas após a publicação do decreto de indulto, ainda que tivessem sido validamente reconhecidas. A sentença que tem por objeto o indulto tem natureza meramente declaratória, na medida em que o direito já fora constituído pelo decreto presidencial concessivo do benefício, devendo ser examinado se o apenado satisfazia os requisitos legais na data de sua edição, não podendo interferir no exame respectivo fato posterior. Fato é que Fabrício não praticou falta grave nos 12 meses anteriores ao decreto, logo, em respeito ao princípio da legalidade, não poderia o magistrado vedar a concessão do benefício com esse fundamento. Ademais, ainda que pudesse ser considerado no exame do requisito subjetivo fato posterior à edição do decreto presidencial, a LEP veda expressamente a punição coletiva (Art. 45, § 3°, da Lei n° 7.210), sendo o que ocorreu na hipótese vertente, porquanto o diretor do presídio puniu todos os apenados da galeria ao não identificar aqueles que efetivamente participaram da rebelião.

135. Narra o enunciado que Maria foi vítima de um crime de lesão corporal leve praticado no contexto da violência doméstica e familiar contra a mulher, sendo apontado como autor seu marido Francisco. O Ministério Público teria oferecido proposta de acordo de não persecução penal (ANPP), considerando apenas a pena do delito em tese praticado a primariedade e a confissão plena. Diante disso, Maria demonstrou interesse em intervir no processo.

A) Sim, existem argumentos para questionar a proposta de acordo de não persecução penal (ANPP) formulada pelo Ministério Público. De fato, considerando unicamente a pena de detenção de 3 meses a 3 anos prevista para o delito em tese praticado e a confissão, seria possível a proposta do acordo de não persecução penal (ANPP), pois a pena mínima cominada é inferior a 4 anos. Contudo, o Art. 28-A do CPP estabelece que o crime não poderá ter sido praticado com violência ou grave ameaça à pessoa. Ademais, em seu parágrafo 2°, inciso IV, o dispositivo veda a aplicação do instituto quando o crime for praticado no contexto da violência doméstica e familiar contra a mulher, como na situação apresentada. A vítima era do sexo feminino, as partes tinham relação de matrimônio e a motivação do delito foi relacionada à condição de mulher.

B) Sim, a vítima poderia, por meio de seu advogado, se habilitar como assistente de acusação, na forma do Art. 268 do CPP. De acordo com o dispositivo, em todos os termos da ação pública, poderá intervir, como assistente do Ministério Público, o ofendido. No caso, temos uma vítima determinada, Maria. Ademais, a ação penal é pública incondicionada, já que não se aplicam as previsões da Lei nº 9.099/95, nos termos do Art. 41 da Lei nº 11.340/06. Uma vez habilitada como assistente de acusação, Maria poderá interferir de diversas maneiras no processo, inclusive para propor meios de prova, realizar perguntas para testemunhas, apresentar manifestações de mérito e recursos, tudo na forma do Art. 271 do CPP

136. A questão exige do examinando conhecimento sobre o tema dos Crimes contra a Saúde Pública, mais especificamente sobre o delito previsto no Art. 282 do Código Penal, além de conhecimentos básicos sobre o conceito analítico de crime. Narra o enunciado que Jorge, em diversas oportunidades, realizou "atendimentos médicos" urgentes, o que, em tese, poderia configurar o crime de exercício ilegal da medicina, disciplinado no artigo antes mencionado. Todavia, algumas peculiaridades da situação justificariam um pedido, por parte da defesa técnica, de absolvição em razão da atuação em situação de estado de necessidade.

A) Sim, existe argumento a ser apresentado pelo advogado de Jorge em busca de sua absolvição. O conceito de crime, de acordo com a doutrina majoritária, envolve o fato típico, ilícito e culpável. A princípio, a conduta de Jorge seria típica, já que realizou, com habitualidade, ao longo de um ano, atendimentos médicos sem autorização para exercer a profissão, sendo certo, porém, que tais atendimentos somente eram realizados em situações de emergência. No caso, a conduta narrada seria típica de acordo com as previsões do Art. 282 do Código Penal. Todavia, claramente há situação de estado de necessidade. A todo momento consta do enunciado que Jorge somente atuava em situações de risco e urgência para vida e saúde das pessoas, sendo ainda destacado que a pequena cidade não tinha médico e que a obtenção de um profissional demandaria longo tempo. Assim, todos os requisitos do Art. 24 do Código Penal foram preenchidos. Jorge agiu para salvar perigo atual, que não provocou por sua vontade, cujo sacrifício não era exigível na situação. Em razão disso, o advogado deveria pleitear o reconhecimento do estado de necessidade e, consequentemente, a exclusão da ilicitude da conduta.

B) O argumento a ser apresentado é que, ainda que se considere que o crime foi praticado, haveria crime único do Art. 282 do CP e não concurso de delitos. A capitulação imputada pelo Ministério Público e acolhida pelo magistrado foi equivocada, não se tratando de erro apenas no momento de aplicação da pena. A acusação imputou na denúncia 10 CRIMES autônomos do Art. 282 do CP, o que era equivocado. O crime do Art. 282 do Código Penal é classificado, pela doutrina e pela jurisprudência, como crime de natureza habitual, ou seja, a própria configuração do delito exige situação de habitualidade, reiteração na prática dos atos. Apesar de realizados 10 "atendimentos médicos", essas condutadas reiteradas configurariam, em tese, um crime de exercício ilegal da medicina, que pressupõe essa habitualidade. Assim, deveria a defesa técnica esclarecer que houve equívoco na imputação de 10 crimes, buscando o reconhecimento de delito único e, consequentemente, redução da pena com o afastamento da causa de aumento da continuidade delitiva.

137. A) O argumento é o de que não foram observadas as formalidades legais, tendo em vista que a queixa-crime foi apresentada por procurador sem poderes especiais. De acordo com o Art. 44 do Código de Processo Penal, a queixa-crime poderá ser apresentada por procurador, desde que sejam concedidos poderes especiais. Na hipótese, de acordo com o enunciado, a procuração concedida pelo querelante apenas previa poderes gerais; logo, a queixa deveria ser rejeitada.

B) A intenção de Bernardo era causar um dano à loja de Bruno, tendo o agente iniciado a execução desse ato, o que configuraria crime de tentativa de dano. Ocorre que, por política criminal, no Art. 74 do Código Penal, o legislador previu o instituto do "resultado diverso do pretendido" ou aberratio criminis, estabelecendo que quando, por erro na execução, advém resultado diverso do pretendido, o agente responde por culpa se o fato é previsto como culposo. Somente se ocorrer, também, o resultado inicialmente pretendido, será aplicada a regra do concurso formal. Diante da previsão legal, o crime de dano inicialmente pretendido fica afastado. Se houvesse dano e lesão, haveria concurso formal. Não ocorrendo o dano, o crime de tentativa de dano fica afastado, restando apenas o crime de lesão corporal culposa, que efetivamente foi imputado pelo Ministério Público, diante da previsão do Art. 74 do CP.

138. A questão exige do examinando conhecimentos sobre os temas recursos e culpabilidade. Narra o enunciado que José teria cometido um crime de lesão corporal qualificada no contexto de violência doméstica e familiar contra a mulher, figurando como vítima sua esposa Beatriz. Apresentada denúncia pelo Ministério Público imputando a José a prática do crime do Art. 129, § 9°, do CP, o magistrado competente optou pela rejeição da inicial acusatória sob o fundamento de que José seria inimputável na data dos fatos, afastada a culpabilidade.

A) A decisão do magistrado foi de rejeição da inicial acusatória. Contra a decisão de rejeição da denúncia, segundo o Art. 581, inciso I, do CPP, cabe recurso em sentido estrito, a ser apresentado no prazo de 05 dias.

B) Sim, existe, tendo em vista que a paixão não exclui a culpabilidade, nos termos do Art. 28, inciso I, do CP. De acordo com a doutrina majoritária, existe crime quando for praticado fato típico, ilícito e culpável. O magistrado entendeu que, apesar de praticado fato típico e ilícito, não haveria culpabilidade em razão da inimputabilidade momentânea do agente. Um dos elementos da culpabilidade é a imputabilidade, relacionada à capacidade do agente ter consciência de seus atos e determinar-se de acordo com esse entendimento. Ocorre que o Art. 28, inciso I, do CP, prevê expressamente que a emoção e a paixão não excluem a imputabilidade penal, de modo que não poderia o magistrado deixar de receber a denúncia sob o fundamento de que, em razão da paixão, o agente não tinha capacidade de determinar-se de acordo com seu entendimento e, consequentemente, a culpabilidade estaria afastada.

139. A) Sim, de acordo com o Art. 76, § 5°, da Lei n° 9.099/95, da decisão que homologa a transação penal caberá recurso de apelação, nos termos do Art. 82 do mesmo diploma legal. Diferente do que ocorre com a sentença que homologa composição civil dos danos, que é irrecorrível, conforme Art. 74 da Lei n° 9.099/95, a sentença que homologa a transação penal pode ser questionada por meio de recurso.

B) O advogado de Talita deverá esclarecer que existe argumento para questionar a proposta de transação penal oferecida pelo Ministério Público. Com base na Folha de Antecedentes Criminais do autor do fato, ele é, tecnicamente, primário. Ademais, o benefício da transação penal anterior foi oferecido, cumprido e extinto há mais de 05 anos, de modo que não haveria impedimento, com base no Art. 76 da Lei n° 9.099/95. O Art. 291 do CTB (Lei n° 9.503/97), a princípio permite que sejam aplicados os institutos da composição dos danos civis, transação penal e exigência de representação da vítima nos crimes de lesão corporal culposa praticadas na condução de veículo automotor. Ocorre que o próprio Art. 291, § 1°, inciso III, do CTB, prevê que não serão aplicáveis tais institutos despenalizadores quando o crime for praticado por agente que esteja transitando em velocidade acima da máxima permitida para a via em 50 km/h. No caso, a velocidade máxima da via era de 50 km/h e Lauro conduzia seu automóvel a 120km/h, afastando a possibilidade de oferecimento de proposta de transação penal. Não será considerado suficiente pela Banca apenas a afirmativa de que a pena máxima prevista para o delito supera 02 anos, tendo em vista que, mesmo com essa pena, se não constatadas as situações dos incisos I, II ou III do Art. 291, § 1º, do CTB, a proposta seria possível.

140. A) O argumento de direito processual é o de que a produção de provas não foi integralmente válida, tendo em vista que o reconhecimento do réu não foi realizado observando as formalidades legais. De acordo com o Art. 226 do CPP, o reconhecimento, em sendo possível, deverá ser realizado na presença de outras pessoas com características semelhantes àquelas da pessoa a ser reconhecida. No caso, o reconhecimento foi na própria sala de audiência, apenas com o réu presente na condição de preso, então claramente foi viciado. Dessa forma, aquela prova não poderia ser considerada na sentença condenatória. Havia outros presos disponíveis para serem colocados ao lado do denunciado em sala especial para reconhecimento, não sendo o argumento de economia suficiente para afastar as exigências legais.

B) O argumento é o de que deveria ter sido reconhecida a atenuante da reparação do dano, prevista no Art. 65, inciso III, alínea b, do CP. De acordo com o enunciado, antes mesmo do oferecimento da denúncia, logo após a prática delitiva, o autor do fato procurou minorar as consequências de seu ato e reparou o dano, de modo que aplicável a atenuante antes mencionada. Não haveria de se falar em tentativa a justificar o reconhecimento de causa de diminuição de pena, já que o crime se consumou por ocasião do constrangimento. Ademais, mesmo a reparação tendo ocorrido antes do oferecimento da denúncia, não caberia aplicação da causa de diminuição de pena do arrependimento posterior, prevista no Art. 16 do Código Penal, pois o crime foi praticado com grave ameaça à pessoa.

141. A) O argumento a ser apresentado é que não poderia ter havido transcrição das conversas travadas entre o investigado e sua defesa técnica. Inicialmente, é importante mencionar que, com base no exposto no enunciado, não haveria como o examinando questionar o deferimento da interceptação das conversas telefônicas em si, observadas as exigências da Lei nº 9.296/96. O crime investigado é punido com pena de reclusão; havia indícios de autoria, tanto que Flávio figurava como indiciado; e não havia outros meios investigatórios para obtenção da prova. O prazo fixado pela autoridade judicial também está dentro do autorizado pela lei. Ocorre que, apesar de a interceptação em si ser válida, de acordo com a jurisprudência dos Tribunais Superiores, não pode haver transcrição, ou seja, a conversa travada entre o investigado e seu advogado não poderá ser utilizada como meio de prova, quando este não for alvo da investigação. Ademais, não estava o advogado praticando novo crime com seu cliente, mas tão só prestando assistência jurídica, de modo que o sigilo na relação advogado-cliente deverá ser resguardado. A garantia do sigilo das comunicações entre advogado e cliente não confere imunidade para a prática de crimes no exercício da advocacia, o que não ocorreu na hipótese. No mesmo sentido, a previsão do Art. 7º, incisos II e III, do Estatuto da OAB.

B) Não poderia o magistrado ter determinado a realização de perícia de voz em Flávio, sem a sua concordância, tendo em vista que ninguém é obrigado a produzir prova contra si. O princípio do nemo tenetur se detegere tem previsão não apenas na legislação nacional, mas também em tratados internacionais, sendo direito relevante de todo aquele que figure como réu ou investigado. Sempre que a prova depender de uma participação ou contribuição positiva do réu, esta somente poderá ser determinada se houver concordância do acusado, sob pena de violação ao princípio supramencionado. Considerando que Flávio não concordou em se submeter à perícia de voz e, ainda, considerando que tal exame dependeria do fornecimento de sua voz para padrão de comparação, não poderia o magistrado ter imposto a produção da prova.

142. A) A citação de Carla não foi válida, pois a citação por edital é cabível quando o denunciado está em local incerto e não sabido, o que não é o caso, tendo em vista que o oficial de justiça confirmou que Carla residia no endereço informado pelo Ministério Público, apenas alegando que ela estava se ocultando para não ser citada. Em tese, estando se ocultando, pode ocorrer a citação com hora certa, prevista no Art. 362 do CPP, mas, para tanto, deve o Oficial de Justiça comparecer mais vezes ao local, na tentativa de citar a ré.

B) O argumento é no sentido de que houve crime de falsidade ideológica, previsto no Art. 299 do CP, e que tem a pena mais branda do que o crime imputado. O documento é falso em relação ao seu conteúdo e não em relação à sua forma. Não houve falsificação de documento particular, com sua alteração ou elaboração por quem não deveria. Pelo contrário, Carla era responsável por preencher o documento, que, quanto à forma, era hígido. Todavia, inseriu informação falsa em seu conteúdo para prejudicar direito de terceiro, o que tipifica a conduta de falsidade ideológica.

143. A) Como se trata de crime que deixa vestígio, seria necessária a realização de exame pericial dos medicamentos apreendidos – Art. 158 do CPP, sendo esse um ônus da acusação. Essa diligência também poderia ter sido determinada de ofício e supletivamente pelo juiz – Art. 156 e inciso II do CPP.

B) Inexistência de prova do fato. Os documentos laboratoriais do fabricante não servem para a condenação. Não houve comprovação do crime por falta de prova pericial, sendo o caso de absolvição - Art. 386, inciso II, do CPP. Nenhum consumidor que adquiriu o medicamento do lote de fabricação UR031FT-PLANT fez qualquer reclamação, tendo sido vendidas 15 (quinze) unidades. Cabimento também da absolvição por estar provado que os recorrentes não concorreram para eventual infração penal (Art. 386, inciso IV, do CPP). O aviso do fabricante era desconhecido dos apelantes ou de qualquer outro funcionário, posto que a correspondência não foi entregue ao farmacêutico da loja e nem sequer foi aberta.

144. A) O examinando deve apontar que o recurso adequado a impugnar a decisão que não admitiu a apelação é o Recurso em Sentido Estrito, nos termos do Art. 581, inciso XV, do CPP. Como fundamento para questionar a inadmissão do recurso de Apelação, deveria indicar que a negativa da suspensão condicional da pena ocorreu em sede de sentença penal condenatória, proferida por juiz de primeiro grau. Desse modo, a defesa técnica interpôs corretamente o Recurso de Apelação para questionar a sentença, pois, como dispõe o Art. 593, § 4°, do CPP, quando cabível a apelação, não poderá ser usado o recurso em sentido estrito, ainda que somente de parte da decisão se recorra. Desse modo, como disciplina o próprio Art. 593, inciso I, o recurso adequado para impugnar as sentenças de mérito, de condenação ou absolvição, é a apelação, no prazo de 5 dias, e não poderia o juízo a quo ter inadmitido o recurso defensivo.

B) O examinando deveria desenvolver raciocínio no sentido de que existe tese de direito material a ser alegada no caso concreto, objetivando a concessão do sursis. É que o magistrado negou a suspensão condicional da pena sustentando que o condenado era reincidente. De fato, Pedro ostentava condenação definitiva anterior à prática do crime de roubo tentado. Ocorre que o agente fora anteriormente condenado à pena de multa e, nos termos do Art. 77, § 1°, do Código Penal, a condenação anterior a pena de multa não impede a concessão da suspensão condicional da pena. Desse modo, Pedro faz jus ao benefício.

145. A) Atipicidade objetiva da conduta, pois a figura delitiva da perseguição (Art. 147-A do CP) adota verbo nuclear no infinitivo ("perseguir"), o que denota crime habitual, a exigir reiteração do comportamento para a caracterização da tipicidade objetiva. No caso concreto, inexistiu reiteração, tratando-se de episódio isolado, ocorrido num único dia.

B) A medida a ser adotada pelo defensor técnico do acusado para viabilizar proposta de transação penal é requerer ao Juízo a remessa dos autos ao órgão superior do Ministério Público para reexame do cabimento dessa proposta. Isso porque a extinção da pena há mais de cinco anos deixa de produzir efeitos jurídicos (Art. 64, inciso I, do CP).

146. A) Em preliminar de defesa, deve ser alegada a extinção de punibilidade pela decadência, na forma do Art. 38 do CPP c/c. o Art. 107, inciso IV, do CP. Em se tratando de imputação pelo crime de lesão corporal leve, previsto no Art. 129, *caput*, do CP, a ação é penal pública condicionada à representação, conforme o Art. 88 da Lei nº 9.099/95. No caso, Paulo somente apresentou a representação após 6 meses do conhecimento da autoria do fato, quando transcorrido o prazo decadencial previsto no Art. 38 do CPP.

B) Fábio atuou em legítima defesa, uma vez que, usando moderadamente dos meios necessários, repeliu injusta e iminente agressão de Paulo, que foi em sua direção para lhe dar um soco com o intuito de quebrar seu nariz. Assim, houve exclusão da ilicitude do fato e Fábio não responde por crime algum, na forma do Art. 23, inciso II, c/c. o Art. 25, *caput*, ambos do CP.

147. A) Nulidade da intimação e dos demais atos, na forma do Art. 564, inciso IV, do CPP. A intimação deveria ter sido feita na pessoa do réu, Arnaldo, de modo que ele ficou privado de efetuar sua autodefesa na audiência de instrução e julgamento, restando evidente o prejuízo diante da condenação. Houve, portanto, violação ao Princípio da Ampla Defesa e do Contraditório ou ao Princípio do Devido Processo Legal, na forma do Art. 5º, incisos LV e LIV, da CRFB/88.

B) Arnaldo deve ser absolvido, na forma do Art. 386, inciso III, do CPP, porque o delito de estupro de vulnerável tem como vítima pessoa menor de 14 anos, conforme o Art. 217-A, *caput*, do CP. Mônica tinha 14 anos e, portanto, capacidade para consentir a relação sexual. Dessa forma, o fato é atípico.

148. A) A tese jurídica de mérito é a ocorrência de consunção, pois o crime-meio de falsificação de documento particular é absorvido pelo crime-fim de estelionato, nos termos da Súmula nº 17 do STJ ("Quando o falso se exaure no estelionato, sem mais potencialidade lesiva, é por este absorvido.") B) A tese jurídica processual que pode ser invocada pela defesa técnica de Ana Beatriz é a necessidade de rejeição da denúncia por falta representação da vítima, pois, a partir da Lei nº 13.964/19, o crime de estelionato, em regra, comporta ação penal de iniciativa pública condicionada à representação (Art. 171, § 5º, do CP).

149. A) A tese de mérito a ser invocada pelo defensor técnico de David é a da atipicidade por insignificância da conduta, pois a União está dispensada de ajuizar ações de cobrança de tributos cujo valor esteja aquém do patamar de R$ 20.000.00 (vinte mil reais), com as atualizações efetivadas pelas Portarias nº 75 e 130, ambas do Ministério da Fazenda. Note-se que o valor de R$ 1.000,00 (mil reais) segue insignificante, se considerarmos o valor previsto no Art. 20, § 2º, da Lei nº 10.522/02. B) A questão preliminar ao mérito a ser invocada pelo defensor técnico de David é a da necessidade de remessa dos autos à autoridade superior do Ministério Público Federal nos termos da Súmula nº 696 do STF, pois a condenação anterior à pena de multa não inviabiliza a suspensão condicional do processo, por aplicação analógica do Art. 77, § 1º, do Código Penal.

150. A questão envolve conhecimentos de execução penal e de recursos. Nesse sentido, A) Nota-se que a decisão que inadmite o Agravo em Execução desafia Carta Testemunhável, na forma do Art. 639, inciso I, do CPP. B) Quanto ao direito material, apenas o regime aberto inadmite a remição de penas por trabalho, sendo inviável, em direito penal, a aplicação de analogia prejudicial ao réu. Assim, conclui-se que há expressa previsão legal de admissibilidade da remissão por trabalho no regime semiaberto, na forma do Art. 126, *caput*, da LEP, a qual deve ser admitida.

151. A questão envolve conhecimentos acerca de antecedentes criminais e reincidência. O conceito de reincidência é normativo, não se identifica pela mera existência de condenação anterior, na forma do art. 63, do CP, necessário que o trânsito em julgado da condenação anterior tenha ocorrido antes do novo fato. De resto, o fato anterior, com trânsito em julgado posterior ao novo ilícito pode ensejar o reconhecimento de maus antecedentes, mas não, de reincidência. A aceitação de suspensão condicional do processo não enseja o reconhecimento de maus antecedentes, assim como a existência de ações penais em curso, nos termos do enunciado nº 444, da Súmula da Jurisprudência do STJ. Entretanto, há óbice normativo expresso à oferta de ANPP a quem, nos cinco anos anteriores, recebeu proposta de suspensão condicional do processo. A) Assim, em vista de tais informações, certo é que apenas Leila e Bruno estão impedidos de se beneficiar de Acordo de Não Persecução Penal, devendo ser mencionado o Art. 28-A, § 2º, incisos II e III, respectivamente, do CPP. B) Quanto a questão material, apenas Leila é reincidente, incidindo na obrigatoriedade de regime inicial, ao menos, semiaberto. Todos os demais podem, em tese, serem beneficiados com o regime aberto, pois considerados primários. Art. 33, § 2º, alínea c, do CP.

152. A) Embora tenha feito o registro de ocorrência sobre o fato, dias após e antes do oferecimento da denúncia, Geraldo manifestou na Delegacia que não tinha interesse em processar Júnior. Houve, portanto, retratação da representação, na forma do Art. 25, a contrario sensu, do CPP. Ausente a condição de procedibilidade para a ação penal pública condicionada, a denúncia deve ser rejeitada pelo juiz, na forma do Art. 395, inciso II, do CPP. B) Não. Houve erro de tipo acidental, erro quanto à pessoa, previsto no Art. 20, § 3º, do CP. Nesse caso, não se consideram as condições ou qualidades da vítima, senão as da pessoa contra quem o agente queria praticar o crime. Júnior, pensando que seu amigo ia embora, arremessou uma caneca de cerveja no intuito de lesioná-lo. Entretanto, Júnior acabou acertando Geraldo, seu irmão, causando-lhe lesão leve. Alternativamente, admite-se aplicação do Art. 73, do CP, com a conclusão de ter havido erro na execução. De todo modo, Júnior está incurso nas sanções do crime de lesão corporal leve, na forma do Art. 129, *caput*, do CP, devendo ser afastada a agravante do Art. 61, inciso II, alínea e, do CP.

153. A) Tendo em vista que foi prolatada decisão pelo Juízo de Execução Penal, a decisão deve ser atacada pela via de agravo em execução, na forma do Art. 197 da LEP. B) O advogado de Luís deve alegar que a pena de prestação pecuniária é limitada ao valor de 360 salários mínimos, conforme Art. 45, § 1º, do Código Penal.

154. A) A questão processual envolve conhecimentos sobre a (i)licitude de provas produzidas mediante gravação ambiental, sem autorização judicial e sem conhecimento de qualquer dos interlocutores, devendo ser destacada a inexistência de qualquer objetivo de autodefesa. Assim, a conduta de Jenifer viola o direito à intimidade das quereladas, tratando-se de prova ilícita, ante a violação expressa do que dispõe o Art. 8º-A da Lei nº 9.296/96 (ou Art. 157, do CPP ou Art. 5º, inciso LVI, da CRFB/88). A conduta de Jenifer, inclusive, poderia em tese ser tipificada no Art. 10-A, da mesma lei, pois não autorizada por nenhuma das interlocutoras. B) Quanto à questão material, deve ser observado que o delito de injúria se caracteriza por ser um delito doloso, requer o dolo direto de causar ofensa à honra subjetiva da vítima. Dessa forma, somente é possível a prática do delito se houver intenção deliberada de atingir o destinatário da ofensa, o que não ocorreu no caso presente, pois Débora e Cristiane conversavam entre si, sem qualquer expectativa de fazer chegar à Jéssica as ofensas proferidas. Por isso, deve ser reconhecida a atipicidade da conduta.

155. A questão versa sobre concurso de pessoas, a comunicabilidade de circunstâncias e o reflexo sobre o direito processual penal. A) Não, pois a dinâmica delitiva deixa claro que ambos agiram com dolo, conhecimento e vontade de empregar a arma de fogo na atividade criminosa. Nesse sentido, era exigido do examinando o conhecimento do Art. 30 do Código Penal, que trata sobre a incomunicabilidade das circunstâncias pessoais, salvo quando elementares do crime. Assim, pouco importa se quem portava a arma era Lúcio, havendo concurso de pessoas, e sendo o emprego de arma uma circunstância objetiva, há comunicabilidade a todos os co-autores. Por isso, a alegação de que apenas Lúcio portava a arma não poderia, no caso, prejudicá-lo ou conceder a Adamastor tratamento penal mais vantajoso. B) Em razão do exposto acima, quanto à questão processual, esperava-se a resposta positiva, pois o efeito extensivo do recurso beneficia Lúcio por ser embasado em circunstância objetiva, na forma do Art. 580, do CPP.

156. A questão versa sobre recursos e aplicação da pena. A) Tendo em vista que o enunciado relata situação de contradição no julgado, e espera peça a ser oposta pela defesa, são cabíveis embargos de declaração, no prazo de dois dias, na forma do Art. 382 do CPP. B) O fundamento de direito material é que a opinião do julgador sobre a gravidade abstrata do delito não autoriza a fixação de regime inicial mais severo que o permitido pela pena aplicada, consoante enunciados das Súmulas 718 ou 719 do STF ou 440 do STJ ou do Art. 33, § 2°, do CP.

157. A questão retrata uma situação de violência doméstica e familiar contra a mulher (Art. 5°, inciso III, da Lei n° 11.340/06). O Art. 41 da Lei n° 11.340/06 exclui a incidência aos delitos praticados com violência ou grave ameaça à mulher das disposições da Lei n° 9099/95, o que inclui o Artigo 88, que condiciona o delito de lesão corporal à representação. A) A partir de 09.10.24 o crime de ameaça contra a mulher por razões do sexo feminino passou a ser de ação penal pública incondicionada por força da Lei 14.994. Desta forma nenhum dos crimes está sujeito à representação caso praticados após esta data. Se praticados antes desta data, então apenas o delito de ameaça, por estar sujeito à representação (Art. 147, parágrafo único, do CP), admite a retratação da representação, que deve observar a forma do Art. 16 da Lei n° 11.340/06, qual seja, em audiência especialmente designada para tal fim, antes do recebimento da denúncia. Já o delito de lesão corporal, nos termos da Súmula 542 do STJ, está sujeito à ação penal p&uacu te;blica incondicionada, sendo inadmissível, portanto, a retratação. B) O delito de lesão corporal deixa vestígios, por sua natureza não transeunte, tornando-se indispensável o exame de corpo de delito ou boletim de atendimento médico, na forma do Art. 158, do CPP ou Art. 12, § 3°, da Lei n° 11.340/06, sem o que não há prova da materialidade do fato.

158. A questão exige do examinando conhecimento sobre as formalidades da prisão em flagrante e sobre as elementares do delito de moeda falsa. A) O delito de moeda falsa é doloso e exige que a falsificação seja eficiente para abalar a fé pública e que a moeda tenha curso legal no Brasil ou no estrangeiro. Logo, a descrição do enunciado indica que Rodrigo possuía um documento evidentemente inidôneo para tal fim (seja por incapacidade de abalar a fé pública, seja por não ter curso legal em qualquer país ou por ausência de dolo), tratando-se de absoluta impropriedade do objeto, diante a falsificação grosseira.

Assim, deve ser alegada a atipicidade da conduta de Rodrigo, ante a impossibilidade de consumação do crime (crime impossível por absoluta impropriedade do objeto), na forma do Art. 17 do CP. B) Deve ser alegada a nulidade da prisão em flagrante com o consequente relaxamento da prisão, na forma do Art. 310, inciso I, do CPP, ou do Art. 5°, inciso LXV, da CRFB/88, pois o auto de prisão em flagrante não observou as formalidades exigidas pelo Art. 304, *caput*, do CPP, notadamente, a oitiva do custodiado ou do condutor do flagrante ou da testemunha, ou a entrega da nota de culpa ao custodiado.

159. A questão trabalha conhecimentos de reincidência, prescrição e perempção. De acordo com o enunciado, o advogado do querelante manifestou-se em alegações finais, e em seguida, foi postulada a manifestação da defesa. Por isso, era imprescindível que o examinando identificasse que o processo está na fase de alegações finais defensivas. A) Em relação ao Direito Penal aplicável, deve-se postular pelo reconhecimento da prescrição da pretensão punitiva, pois, nos termos da Súmula 220 do STJ, a reincidência não influi no prazo de prescrição da pretensão punitiva. Assim, tendo havido o transcurso de mais de 3 anos desde a data do recebimento da queixa-crime, sem que tenha sido prolatada sentença, é imperioso concluir pela ocorrência da prescrição da pretensão punitiva. Como o próprio dispositivo legal se refere à prescrição "após o trânsito em julgado", também admite-se, com igual pontuação, a referência ao Art. 110 do CP. B) A tese de direito processual a ser defendida pela defesa de Elisa é a perempção, nos termos do Art. 60, inciso III, do CPP, pois não houve o pedido de condenação da acusada nas alegações finais.

160. A questão exige do examinando conhecimento sobre o crime de terrorismo e suas elementares, bem como a lei de organização criminosa e os requisitos necessários para a infiltração virtual de agentes policiais. A) no que toca ao argumento de direito material, nota-se que Guilherme foi acusado de terrorismo. Contudo, por expressa disposição do Art. 2°, *caput* e § 2°, da Lei n° 13.260/2016, atos com motivação política são excluídos do âmbito de incidência do tipo penal, que exige um especial fim de agir não descrito no enunciado. Logo, deve ser defendida a atipicidade da conduta de Guilherme, diante da motivação política do ato. Admite-se, igualmente, a desclassificação para o delito de explosão. B) A infiltração do agente policial por ordem direta do Delegado de Polícia encontra óbice no Art. 10, *caput* e 10-A, § 4°, da Lei n° 12.850/13, uma vez que somente a Autoridade Judicial pode autorizar a infiltração de agente policial, ainda que virtualmente. Sendo assim, deve-se concluir que a prova foi obtida por meio ilícito, na forma do Art. 157, do CPP e Art. 5°, LVI, CF.

161. A questão versa sobre medida de segurança, inimputabilidade e incidente de insanidade mental. A) Quanto à questão processual, deveria o examinando identificar que a defesa deve suscitar o incidente de insanidade mental, na forma do Art. 149 do CPP. B) Quanto à medida penal cabível, em se constatando a inimputabilidade, Manoela ficaria isenta de pena, afastando-se a sua culpabilidade, nos termos do Art. 26, do CP. Assim, seria cabível a aplicação de medida de segurança de tratamento ambulatorial ou de internação, na forma do Art. 97 do CP.

162. A questão exige do examinando conhecimentos sobre aplicação da pena e provas. A) Na questão material, era imperioso observar que o Juízo aplicou a causa de aumento em violação ao disposto no enunciado n° 443, da Súmula da Jurisprudência do Superior Tribunal de Justiça, pois a pluralidade de causas de aumento não autoriza a exasperação da pena em fração máxima ("O aumento na terceira fase de aplicação da pena no crime de roubo circunstanciado exige fundamentação concreta, não sendo suficiente para a sua exasperação a mera indicação do número de majorantes"). Também era admissível, com idêntica pontuação, a identificação de que, havendo concurso de causas de aumento previstas na parte especial, poderia o Juiz optar por uma só majoração, na forma do Art. 68, parágrafo único, do CP. B) Quanto à questão processual, deveria o examinando observar a ausência de prova da materialidade delitiva do delito de corrupção de menores, ante a ausência de prova documental idônea, nos termos do enunciado nº 74 da Súmula da Jurisprudência do Superior Tribunal de Justiça ou Art. 155, parágrafo único, do Código de Processo Penal.

163. Trata-se de questão que exige do examinando conhecimentos sobre relação de causalidade e conclusas supervenientes, bem como sobre comunicação dos atos processuais. A) Quebra do nexo de causalidade entre a conduta de Carlos e a morte de Thales, pois a causa da morte foi o projétil de arma de fogo, causa superveniente relativamente independente que, por si só, produziu o resultado. Por isso, nos termos do Art. 13, § 1º, do CP, Carlos não pode responder pelo resultado morte. Assim, Carlos deve responder apenas pelos atos já praticados, ou seja, lesão corporal culposa de trânsito. B) Caso o acusado se oculte por duas vezes para não ser citado, cabe ao oficial de justiça realizar a citação por hora certa, na forma do Art. 362 do CPP, observando o procedimento do Art. 252 do CPC. Por isso, inadmissível a citação por edital no caso narrado, pois Carlos não estava em local incerto e não sabido, nos termos do Art. 361, do CPP.

164. **(FGV OAB 40)** A questão envolve conhecimentos sobre crimes tributários e defesa na fase de resposta à acusação. A) Inicialmente, quanto à questão processual, deve ser observado que o recebimento da denúncia não é passível de recurso próprio, razão pela qual a decisão desafia habeas corpus, com fundamento no Art. 5º, LXVIII, da CF ou Art. 647 ou 648, inciso I, do CPP, ante a ausência de justa causa. Alternativamente, poderia indicar o cabimento de Reclamação ao Supremo Tribunal Federal, conforme Art. 103-A, § 3º, CF. B) O direito material envolvido é a incidência da Súmula Vinculante nº 24, que assevera a não tipificação de crime material contra a ordem tributária antes do lançamento definitivo do tributo, exatamente a hipótese dos autos.

165. **(FGV OAB 40)** A questão exige do examinando conhecimentos sobre violência doméstica e familiar contra a mulher. A) Na forma do Art. 24-A, § 2º, da Lei nº 11.340/2006, à autoridade judicial, pois somente esta pode arbitrar a fiança pelo delito de descumprimento de medida protetiva de urgência. B) Não. A vontade da vítima é desinfluente, uma vez que, nos delitos de violência doméstica e familiar contra a mulher, não se aplicam as disposições da Lei nº 9.099/1995, na forma do Art. 41 da Lei nº 11.340/2006 ou da Súmula 542 do STJ, de forma que a ação penal é pública incondicionada. Por isso, não é cabível a retratação da representação.

166. **(FGV OAB 40)** A questão exige do examinando conhecimentos sobre tráfico de drogas, execução penal e acordo de não persecução penal. Quanto à questão processual, o comando requer do examinando uma tese defensiva que obste a deflagração da ação penal. A) A fim de evitar o recebimento da denúncia, deve a defesa requerer a remessa dos autos ao órgão superior do Ministério Público, nos termos do Art. 28-A, § 14, do CPP, a fim de que seja oferecido o Acordo de Não Persecução Penal, pois presentes os requisitos objetivos e subjetivos. B) Caso efetivamente condenada à pena de reclusão em regime diverso do aberto, Júlia estaria sujeita a progressão de regime após o cumprimento de 16% das penas, conforme Art. 112, inciso I, da LEP, pois o delito de tráfico privilegiado não é violento e não é equiparado a hediondo, nos termos do Art. 112, § 5º, da LEP.

167. **(FGV OAB 40)** A questão exige do examinando conhecimento sobre o delito de explosão e sobre procedimento do Tribunal do Júri. A) Em relação à questão penal, nota-se que Helena agiu com culpa quanto ao resultado morte, sendo imperioso concluir que o fato se amolda ao delito de explosão, com causa de aumento de pena em razão do resultado morte, na forma do Art. 251, c/c o Art. 258, ambos do CP, em vista do dolo de explosão. Também seria legítimo concluir pela tipificação como homicídio culposo, na forma do Art. 121, § 3°, CP. B) O pedido processual cabível, nesta fase do procedimento, é o de desclassificação, na forma do Art. 418 ou do Art. 419, ambos do CPP.

168. **(FGV OAB 41)** A questão exige do examinando conhecimentos sobre reformatio in pejus e sobre recursos. A) Na condição de advogado(a) de Adriano, deve ser alegado o descabimento do recurso ordinário constitucional, uma vez que a decisão recorrida foi concessiva de habeas corpus. O recurso só é cabível em face de decisão denegatória, na forma do Art. 105, inciso II, alínea a, da CRFB/88 ou Art. 30, da Lei n° 8.038/90. B) A tese defensiva deduzida em favor de Adriano é a vedação à reformatio in pejus em recurso exclusivo da defesa, consoante o Art. 617 do CPP ou a Súmula 160 do STF.

169. **(FGV OAB 41)** A questão exige do examinando conhecimento sobre audiência de custódia e sobre o delito de furto. A) A pergunta inicial exige do examinando a identificação de que na audiência de custódia haverá a primeira oportunidade em que, formalmente, há participação obrigatória da defesa. Assim, na forma do Art. 310, caput, do CPP, a primeira oportunidade da defesa técnica de postular a liberdade é na audiência de custódia. B) Quanto ao direito material, nota-se que William subtraiu bens sem valor econômico e que estavam destinados a descarte. Há atipicidade formal da conduta, pois os bens foram abandonados pelo proprietário (res derelictae), não configurando coisa alheia. Com efeito, o tipo penal de furto exige que se proceda a uma subtração de patrimônio alheio. Ao subtrair bens sem valor econômico, a conduta é formal e materialmente atípica. É igualmente aceito que se manifeste pela inexistência de tipicidade material, ante a incidência do princípio da insignificância, pois os bens não possuem valor econômico significativo.

170. **(FGV OAB 41)** Trata-se de questão que exige do examinando conhecimentos sobre o delito de abandono de incapaz e sobre sentença penal condenatória. A) Quanto ao aspecto material, deveria o examinando defender a atipicidade da conduta. O crime de abandono de incapaz é de perigo concreto, exige que a integridade física da vítima seja efetivamente colocada em risco iminente. A descrição das condições de abandono, em que a criança foi cautelosamente colocada em cadeira própria e afivelada, deixada em local de grande circulação de pessoas, não configura o tipo penal, por não ensejar risco concreto à segurança do infante. B) Quanto ao direito processual, é de se notar que a sentença violou o princípio da congruência ou da correlação entre a acusação e a sentença, ao deixar de observar o procedimento previsto no Art. 384 do CPP, que determina que o Ministério Público deve aditar a denúncia e reabrir a instrução para que a defesa possa se manifestar sobre os novos fatos.

171. **(FGV OAB 41)** A questão exige do examinando conhecimentos sobre extinção da punibilidade e revisão criminal. A) Não, diante do princípio da intranscendência da pena ou o da responsabilidade pessoal ou personalidade ou intransmissibilidade da pena, a morte do condenado extingue a punibilidade, na forma do Art. 107, inciso I, do CP, ou do Art. 5°, inciso XLV, da CRFB/88 ou Artigo 5, item 3, da Convenção Americana sobre Direitos Humanos o Pacto de San José da Costa Rica (aprovada pelo Decreto 678/92). B) Janaína pode pleitear a revisão criminal em favor de seu pai, na forma do Art. 621, inciso III, ou o Art. 623, ambos do CPP.

ANEXOS

Principais Súmulas do STJ

O conhecimento das súmulas dos tribunais superiores pode melhorar muito o desempenho dos candidatos na hora da prova. Por isso, elaboramos de maneira organizada as principais súmulas do STJ e do STF em matéria criminal para seu conhecimento e estudo.

⊙ **SÚMULA 6:** Compete à Justiça Comum Estadual processar e julgar delito decorrente de acidente de trânsito envolvendo viatura de Polícia Militar, salvo se autor e vítima forem policiais militares em situação de atividade.

⊙ **SÚMULA 7:** A pretensão de simples reexame de prova não enseja recurso especial.

⊙ **SÚMULA 13:** A divergência entre julgados do mesmo tribunal não enseja recurso especial.

⊙ **SÚMULA 17:** Quando o falso se exaure no estelionato, sem mais potencialidade lesiva, é por este absorvido.

⊙ **SÚMULA 18:** A sentença concessiva do perdão judicial é declaratória da extinção da punibilidade, não subsistindo qualquer efeito condenatório.

⊙ **SÚMULA 24:** Aplica-se ao crime de estelionato, em que figure como vítima entidade autárquica da Previdência Social, a qualificadora do § 3° do art. 171 do Código Penal.

⊙ **SÚMULA 38:** Compete à Justiça Estadual Comum, na vigência da Constituição de 1988, o processo por contravenção penal, ainda que praticada em detrimento de bens, serviços ou interesse da União ou de suas entidades.

⊙ **SÚMULA 40:** Para obtenção dos benefícios de saída temporária e trabalho externo, considera-se o tempo de cumprimento da pena no regime fechado.

⊙ **SÚMULA 42:** Compete à Justiça Comum Estadual processar e julgar as causas cíveis em que é parte sociedade de economia mista e os crimes praticados em seu detrimento.

⊙ **SÚMULA 47:** Compete à Justiça Militar processar e julgar crime cometido por militar contra civil, com emprego de arma pertencente à Corporação, mesmo não estando em serviço.

⊙ **SÚMULA 48:** Compete ao juízo do local da obtenção da vantagem ilícita processar e julgar crime de estelionato cometido mediante falsificação de cheque.

⊙ **SÚMULA 51:** A punição do intermediador, no jogo do bicho, independe da identificação do "apostador" ou do "banqueiro".

⊙ **SÚMULA 53:** Compete à Justiça Comum Estadual processar e julgar civil acusado de prática de crime contra instituições militares estaduais.

⊙ **SÚMULA 59:** Não há conflito de competência se já existe sentença com trânsito em julgado, proferida por um dos juízos conflitantes.

⊙ **SÚMULA 62:** Compete à Justiça Estadual processar e julgar o crime de falsa anotação na Carteira de Trabalho e Previdência Social, atribuído à empresa privada.

⊙ **SÚMULA 64:** Não constitui constrangimento ilegal o excesso de prazo na instrução, provocado pela defesa.

⊙ **SÚMULA 73:** A utilização de papel-moeda grosseiramente falsificado configura, em tese, o crime de estelionato, da competência da Justiça Estadual.

⊙ **SÚMULA 74:** Para efeitos penais, o reconhecimento da menoridade do réu requer prova por documento hábil.

⊙ **SÚMULA 75:** Compete à Justiça Comum Estadual processar e julgar o policial militar por crime de promover ou facilitar a fuga de preso de estabelecimento penal.

⊙ **SÚMULA 83:** Não se conhece do recurso especial pela divergência, quando a orientação do tribunal se firmou no mesmo sentido da decisão recorrida.

⊙ **SÚMULA 90:** Compete à Justiça Estadual Militar processar e julgar o policial militar pela prática do crime militar, e à Comum pela prática do crime comum simultâneo àquele.

⊙ **SÚMULA 96:** O crime de extorsão consuma-se independentemente da obtenção da vantagem indevida.

⊙ **SÚMULA 98:** Embargos de declaração manifestados com notório propósito de prequestionamento não têm caráter protelatório.

⊙ **SÚMULA 99:** O Ministério Público tem legitimidade para recorrer no processo em que oficiou como fiscal da lei, ainda que não haja recurso da parte.

⊙ **SÚMULA 104:** Compete à Justiça Estadual o processo e julgamento dos crimes de falsificação e uso de documento falso relativo a estabelecimento particular de ensino.

⊙ **SÚMULA 107:** Compete à Justiça Comum Estadual processar e julgar crime de estelionato praticado mediante falsificação das guias de recolhimento das contribuições previdenciárias, quando não ocorrente lesão à autarquia federal.

⊙ **SÚMULA 108:** A aplicação de medidas socioeducativas ao adolescente, pela prática de ato infracional, é da competência exclusiva do juiz.

⊙ **SÚMULA 122:** Compete à Justiça Federal o processo e julgamento unificado dos crimes conexos de competência federal e estadual, não se aplicando a regra do art. 78, II, a, do Código de Processo Penal.

⊙ **SÚMULA 123:** A decisão que admite, ou não, o recurso especial deve ser fundamentada, com o exame dos seus pressupostos gerais e constitucionais.

⊙ **SÚMULA 126:** É inadmissível recurso especial, quando o acórdão recorrido assenta em fundamentos constitucional e infraconstitucional, qualquer deles suficiente, por si só, para mantê-lo, e a parte vencida não manifesta recurso extraordinário.

⊙ **SÚMULA 140:** Compete à Justiça Comum Estadual processar e julgar crime em que o indígena figure como autor ou vítima.

⊙ **SÚMULA 147:** Compete à Justiça Federal processar e julgar os crimes praticados contra funcionário público federal, quando relacionados com o exercício da função.

⊙ **SÚMULA 151:** A competência para o processo e julgamento por crime de contrabando ou descaminho define-se pela prevenção do juízo federal do lugar da apreensão dos bens.

⊙ **SÚMULA 164:** O Prefeito Municipal, após a extinção do mandato, continua sujeito a processo por crime previsto no art. 1º do Dec.-Lei 201, de 27.02.1967.

⊙ **SÚMULA 165:** Compete à Justiça Federal processar e julgar crime de falso testemunho cometido no processo trabalhista.

⊙ **SÚMULA 171:** Cominadas cumulativamente, em lei especial, penas privativa de liberdade e pecuniária, é defeso a substituição da prisão por multa.

⊙ **SÚMULA 172:** Compete à Justiça Comum processar e julgar militar por crime de abuso de autoridade, ainda que praticado em serviço.

⊙ **SÚMULA 191:** A pronúncia é causa interruptiva da prescrição, ainda que o Tribunal do Júri venha a desclassificar o crime.

⊙ **SÚMULA 192:** Compete ao Juízo das Execuções Penais do Estado a execução das penas impostas a sentenciados pela Justiça Federal, Militar ou Eleitoral, quando recolhidos a estabelecimentos sujeitos à Administração Estadual.

⊙ **SÚMULA 200:** O Juízo Federal competente para processar e julgar acusado de crime de uso de passaporte falso é o do lugar onde o delito se consumou.

⊙ **SÚMULA 208:** Compete à Justiça Federal processar e julgar Prefeito Municipal por desvio de verba sujeita à prestação de contas perante órgão federal.

⊙ **SÚMULA 209:** Compete à Justiça Estadual processar e julgar Prefeito por desvio de verba transferida e incorporada ao patrimônio municipal.

⊙ **SÚMULA 220:** A reincidência não influi no prazo da prescrição da pretensão punitiva.

⊙ **SÚMULA 224:** Excluído do feito o ente federal, cuja presença levara o Juiz Estadual a declinar da competência, deve o Juiz Federal restituir os autos e não suscitar conflito.

⊙ **SÚMULA 231:** A incidência da circunstância atenuante não pode conduzir à redução da pena abaixo do mínimo legal.

⊙ **SÚMULA 234:** A participação de membro do Ministério Público na fase investigatória criminal não acarreta o seu impedimento ou suspeição para o oferecimento da denúncia.

⊙ **SÚMULA 235:** A conexão não determina a reunião dos processos, se um deles já foi julgado.

⊙ **SÚMULA 241:** A reincidência penal não pode ser considerada como circunstância agravante e, simultaneamente, como circunstância judicial.

⊙ **SÚMULA 243:** O benefício da suspensão do processo não é aplicável em relação às infrações penais cometidas em concurso material, concurso formal ou continuidade delitiva, quando a pena mínima cominada, seja pelo somatório, seja pela incidência da majorante, ultrapassar o limite de 1 (um) ano.

⊙ **SÚMULA 265:** É necessária a oitiva do menor infrator antes de decretar-se a regressão da medida socioeducativa.

⊙ **SÚMULA 269:** É admissível a adoção do regime prisional semiaberto aos reincidentes condenados a pena igual ou inferior a quatro anos se favoráveis as circunstâncias judiciais.

⊙ **SÚMULA 273:** Intimada a defesa da expedição da carta precatória, torna-se desnecessária intimação da data da audiência no juízo deprecado.

⊙ **SÚMULA 320:** A questão federal somente ventilada no voto vencido não atende ao requisito do prequestionamento.

⊙ **SÚMULA 330:** É desnecessária a resposta preliminar de que trata o art. 514 do Código de Processo Penal, na ação penal instruída por inquérito policial.

⊙ **SÚMULA 337:** É cabível a suspensão condicional do processo na desclassificação do crime e na procedência parcial da pretensão punitiva.

⊙ **SÚMULA 338:** A prescrição penal é aplicável nas medidas socioeducativas.

⊙ **SÚMULA 341:** A frequência a curso de ensino formal é causa de remição de parte do tempo de execução de pena sob regime fechado ou semiaberto.

SÚMULA 342: No procedimento para aplicação de medida socioeducativa, é nula a desistência de outras provas em face da confissão do adolescente.

SÚMULA 347: O conhecimento de recurso de apelação do réu independe de sua prisão.

SÚMULA 376: Compete à Turma Recursal processar e julgar o mandado de segurança contra ato de Juizado Especial.

SÚMULA 415: O período de suspensão do prazo prescricional é regulado pelo máximo da pena cominada.

SÚMULA 438: É inadmissível a extinção da punibilidade pela prescrição da pretensão punitiva com fundamento em pena hipotética, independentemente da existência ou sorte do processo penal.

SÚMULA 439: Admite-se o exame criminológico pelas peculiaridades do caso, desde que em decisão motivada.

SÚMULA 440: Fixada a pena-base no mínimo legal, é vedado o estabelecimento de regime prisional mais gravoso do que o cabível em razão da sanção imposta, com base apenas na gravidade abstrata do delito.

SÚMULA 441: A falta grave não interrompe o prazo para obtenção de livramento condicional.

SÚMULA 442: É inadmissível aplicar, no furto qualificado, pelo concurso de agentes, a majorante do roubo.

SÚMULA 443: O aumento na terceira fase de aplicação da pena no crime de roubo circunstanciado exige fundamentação concreta, não sendo suficiente para a sua exasperação a mera indicação do número de majorantes.

SÚMULA 444: É vedada a utilização de inquéritos policiais e ações penais em curso para agravar a pena-base.

SÚMULA 455: A decisão que determina a produção antecipada de provas com base no art. 366 do CPP deve ser concretamente fundamentada, não a justificando unicamente o mero decurso do tempo.

SÚMULA 471: Os condenados por crimes hediondos ou assemelhados cometidos antes da vigência da Lei 11.464/2007 sujeitam-se ao disposto no art. 112 da Lei 7.210/1984 (Lei de Execução Penal) para a progressão de regime prisional.

SÚMULA 491: É inadmissível a chamada progressão per saltum de regime prisional.

SÚMULA 492: O ato infracional análogo ao tráfico de drogas, por si só, não conduz obrigatoriamente à imposição de medida socioeducativa de internação do adolescente.

SÚMULA 493: É inadmissível a fixação de pena substitutiva (art. 44 do CP) como condição especial ao regime aberto.

SÚMULA 500: A configuração do crime do art. 244-B do ECA independe da prova da efetiva corrupção do menor, por se tratar de delito formal.

SÚMULA 501: É cabível a aplicação retroativa da Lei n. 11.343/2006, desde que o resultado da incidência das suas disposições, na íntegra, seja mais favorável ao réu do que o advindo da aplicação da Lei n. 6.368/1976, sendo vedada a combinação de leis.

SÚMULA 502: Presentes a materialidade e a autoria, afigura-se típica, em relação ao crime previsto no art. 184, § 2º, do CP, a conduta de expor à venda CDs e DVDs "piratas".

SÚMULA 511: É possível o reconhecimento do privilégio previsto no § 2º do art. 155 do CP nos casos de crime de furto qualificado, se estiverem presentes a primariedade do agente, o pequeno valor da coisa e a qualificadora for de ordem objetiva.

SÚMULA 513: A abolitio criminis temporária prevista na Lei 10.826/2003 aplica-se ao crime de posse de arma de fogo de uso permitido com numeração, marca ou qualquer outro sinal de identificação raspado, suprimido ou adulterado, praticado somente até 23.10.2005.

SÚMULA 518: Para fins do art. 105, III, a, da Constituição Federal, não é cabível recurso especial fundado em alegada violação de enunciado de súmula.

SÚMULA 522: A conduta de atribuir-se falsa identidade perante autoridade policial é típica, ainda que em situação de alegada autodefesa.

SÚMULA 526: O reconhecimento de falta grave decorrente do cometimento de fato definido como crime doloso no cumprimento da pena prescinde do trânsito em julgado de sentença penal condenatória no processo penal instaurado para apuração do fato.

SÚMULA 527: O tempo de duração da medida de segurança não deve ultrapassar o limite máximo da pena abstratamente cominada ao delito praticado.

SÚMULA 528: Compete ao juiz federal do local da apreensão da droga remetida do exterior pela via postal processar e julgar o crime de tráfico internacional.

SÚMULA 533: Para o reconhecimento da prática de falta disciplinar no âmbito da execução penal, é imprescindível a instauração de procedimento administrativo pelo diretor do estabelecimento prisional, assegurado o direito de defesa, a ser realizado por advogado constituído ou defensor público nomeado.

SÚMULA 534: A prática de falta grave interrompe a contagem do prazo para a progressão de regime de cumprimento de pena, o qual se reinicia a partir do cometimento dessa infração.

SÚMULA 535: A prática de falta grave não interrompe o prazo para fim de comutação de pena ou indulto.

SÚMULA 536: A suspensão condicional do processo e a transação penal não se aplicam na hipótese de delitos sujeitos ao rito da Lei Maria da Penha.

SÚMULA 542: A ação penal relativa ao crime de lesão corporal resultante de violência doméstica contra a mulher é pública incondicionada.

SÚMULA 545: Quando a confissão for utilizada para a formação do convencimento do julgador, o réu fará jus à atenuante prevista no art. 65, III, d, do Código Penal.

SÚMULA 546: A competência para processar e julgar o crime de uso de documento falso é firmada em razão da entidade ou órgão ao qual foi apresentado o documento público, não importando a qualificação do órgão expedidor.

SÚMULA 567: Sistema de vigilância realizado por monitoramento eletrônico ou por existência de segurança no interior de estabelecimento comercial, por si só, não torna impossível a configuração do crime de furto.

SÚMULA 574: Para a configuração do delito de violação de direito autoral e a comprovação de sua materialidade, é suficiente a perícia realizada por amostragem do produto apreendido, nos aspectos externos do material, e é desnecessária a identificação dos titulares dos direitos autorais violados ou daqueles que os representem.

SÚMULA 575: Constitui crime a conduta de permitir, confiar ou entregar a direção de veículo automotor a pessoa que não seja habilitada, ou que se encontre em qualquer das situações previstas no art. 310 do CTB, independentemente da ocorrência de lesão ou de perigo de dano concreto na condução do veículo.

SÚMULA 582: Consuma-se o crime de roubo com a inversão da posse do bem mediante emprego de violência ou grave ameaça, ainda que por breve tempo e em seguida à perseguição imediata ao agente e recuperação da coisa roubada, sendo prescindível a posse mansa e pacífica ou desvigiada.

SÚMULA 587: Para a incidência da majorante prevista no art. 40, V, da Lei n. 11.343/2006, é desnecessária a efetiva transposição de fronteiras entre estados da Federação, sendo suficiente a demonstração inequívoca da intenção de realizar o tráfico interestadual.

SÚMULA 588: A prática de crime ou contravenção penal contra a mulher com violência ou grave ameaça no ambiente doméstico impossibilita a substituição da pena privativa de liberdade por restritiva de direitos.

SÚMULA 589: É inaplicável o princípio da insignificância nos crimes ou contravenções penais praticados contra a mulher no âmbito das relações domésticas.

SÚMULA 593: O crime de estupro de vulnerável se configura com a conjunção carnal ou a prática de ato libidinoso com menor de 14 anos, sendo irrelevante eventual consentimento da vítima para a prática do ato, sua experiência sexual anterior ou existência de relacionamento amoroso com o agente.

SÚMULA 599: O princípio da insignificância é inaplicável aos crimes contra a administração pública.

SÚMULA 600: Para a configuração da violência doméstica ou familiar prevista no art. 5° da Lei n. 11.340/2006 (Lei Maria da Penha) não se exige coabitação entre autor e vítima.

SÚMULA 604: O mandado de segurança não se presta a atribuir efeito suspensivo ao recurso criminal interposto pelo Ministério Público.

SÚMULA 605: A superveniência da maioridade penal não interfere na apuração de ato infracional nem na aplicabilidade de medida socioeducativa em curso, inclusive na liberdade assistida, enquanto na atingida a idade de 21 anos.

SÚMULA 606: Não se aplica o princípio da insignificância a casos de transmissão clandestina de sinal de internet via radiofrequência, que caracteriza o fato típico previsto no art. 183 da Lei n. 9.472/1997.

SÚMULA 607: A majorante do tráfico transnacional de drogas (art. 40, I, da Lei n. 11.343/2006) configura-se com a prova da destinação internacional das drogas, ainda que não consumada a transposição de fronteiras.

SÚMULA 617: A ausência de suspensão ou revogação do livramento condicional antes do término do período de prova enseja a extinção da punibilidade pelo integral cumprimento da pena.

SÚMULA 630: A incidência da atenuante da confissão espontânea no crime de tráfico ilícito de entorpecentes exige o reconhecimento da traficância pelo acusado, não bastando a mera admissão da posse ou propriedade para uso próprio.

SÚMULA 631: O indulto extingue os efeitos primários da condenação (pretensão executória), mas não atinge os efeitos secundários, penais ou extrapenais.

SÚMULA 636: A folha de antecedentes criminais é documento suficiente a comprovar os maus antecedentes e a reincidência.

SÚMULA 639: Não fere o contraditório e o devido processo decisão que, sem ouvida prévia da defesa, determine transferência ou permanência de custodiado em estabelecimento penitenciário federal.

SÚMULA 641: A portaria de instauração do processo administrativo disciplinar prescinde da exposição detalhada dos fatos a serem apurados.

SÚMULA 643: A execução da pena restritiva de direitos depende do trânsito em julgado da condenação.

SÚMULA 644: O núcleo de prática jurídica deve apresentar o instrumento de mandato quando constituído pelo réu hipossuficiente, salvo nas hipóteses em que é nomeado pelo juízo.

SÚMULA 645: O crime de fraude à licitação é formal, e sua consumação prescinde da comprovação do prejuízo ou da obtenção de vantagem.

SÚMULA 648: A superveniência da sentença condenatória prejudica o pedido de trancamento da ação penal por falta de justa causa feito em ***habeas corpus***.

SÚMULA 658: O crime de apropriação indébita tributária pode ocorrer tanto em operações próprias, como em razão de substituição tributária.

SÚMULA 659 STJ: A fração de aumento em razão da prática de crime continuado deve ser fixada de acordo com o número de delitos cometidos, aplicando-se 1/6 pela prática de duas infrações, 1/5 para três, 1/4 para quatro, 1/3 para cinco, 1/2 para seis e 2/3 para sete ou mais infrações.

⊙ **SÚMULA 660:** A posse, pelo apenado, de aparelho celular ou de seus componentes essenciais constitui falta grave.

⊙ **SÚMULA 661 STJ:** A falta grave prescinde da perícia do celular apreendido ou de seus componentes essenciais.

⊙ **SÚMULA 662:** Para a prorrogação do prazo de permanência no sistema penitenciário federal, é prescindível a ocorrência de fato novo; basta constar, em decisão fundamentada, a persistência dos motivos que ensejaram a transferência inicial do preso.

⊙ **SÚMULA 664:** É inaplicável a consunção entre o delito de embriaguez ao volante e o de condução de veículo automotor sem habilitação.

⊙ **SÚMULA 667:** Eventual aceitação de proposta de suspensão condicional do processo não prejudica a análise do pedido de trancamento de ação penal.

⊙ **SÚMULA 668:** Não é hediondo o delito de porte ou posse de arma de fogo de uso permitido, ainda que com numeração, marca ou qualquer outro sinal de identificação raspado, suprimido ou adulterado.

⊙ **SÚMULA 669:** O fornecimento de bebida alcoólica a criança ou adolescente, após o advento da Lei n. 13.106, de 17 de março de 2015, configura o crime previsto no art. 243 do ECA.

⊙ **SÚMULA 670:** Nos crimes sexuais cometidos contra a vítima em situação de vulnerabilidade temporária, em que ela recupera suas capacidades físicas e mentais e o pleno discernimento para decidir acerca da persecução penal de seu ofensor, a ação penal é pública condicionada à representação se o fato houver sido praticado na vigência da redação conferida ao art. 225 do Código Penal pela Lei n. 12.015, de 2009.

⊙ **SÚMULA 676:** Em razão da Lei n. 13.964/2019, não é mais possível ao juiz, de ofício, decretar ou converter prisão em flagrante em prisão preventiva.

Principais Súmulas do STF

O conhecimento das súmulas dos tribunais superiores pode melhorar muito o desempenho dos candidatos na hora da prova. Por isso, elaboramos de maneira organizada as principais súmulas do STJ e do STF em matéria criminal para seu conhecimento e estudo.

SÚMULA 145: Não há crime, quando a preparação do flagrante pela polícia torna impossível a sua consumação.

SÚMULA 146: A prescrição da ação penal regula-se pela pena concretizada na sentença, quando não há recurso da acusação.

SÚMULA 155: É relativa a nulidade do processo criminal por falta de intimação da expedição de precatória para inquirição de testemunha.

SÚMULA 156: É absoluta a nulidade do julgamento, pelo júri, por falta de quesito obrigatório.

SÚMULA 160: É nula a decisão do tribunal que acolhe, contra o réu, nulidade não arguida no recurso da acusação, ressalvados os casos de recurso de ofício.

SÚMULA 206: É nulo o julgamento ulterior pelo Júri com a participação de jurado que funcionou em julgamento anterior do mesmo processo.

SÚMULA 208: O assistente do Ministério Público não pode recorrer, extraordinariamente, de decisão concessiva de habeas corpus.

SÚMULA 210: O assistente do ministério público pode recorrer, inclusive extraordinariamente, na ação penal, nos casos dos arts. 584, § 1°, e 598 do Código de Processo Penal.

SÚMULA 246: Comprovado não ter havido fraude, não se configura o crime de emissão de cheque sem fundos.

SÚMULA 310: Quando a intimação tiver lugar na sexta-feira, ou a publicação com efeito de intimação for feita nesse dia, o prazo judicial terá início na segunda-feira imediata, salvo se não houver expediente, caso em que começará no primeiro dia útil que se seguir.

SÚMULA 320: A apelação despachada pelo juiz no prazo legal não fica prejudicada pela demora da juntada, por culpa do cartório.

SÚMULA 344: Sentença de primeira instância concessiva de habeas corpus, em caso de crime praticado em detrimento de bens, serviços ou interesses da união, está sujeita a recurso ex officio.

SÚMULA 351: É nula a citação por edital de réu preso na mesma unidade da federação em que o juiz exerce a sua jurisdição.

SÚMULA 356: O ponto omisso da decisão, sobre o qual não foram opostos embargos declaratórios, não pode ser objeto de recurso extraordinário, por faltar o requisito do prequestionamento.

SÚMULA 366: Não é nula a citação por edital que indica o dispositivo da lei penal, embora não transcreva a denúncia ou queixa, ou não resuma os fatos em que se baseia.

SÚMULA 393: Para requerer revisão criminal, o condenado não é obrigado a recolher-se à prisão.

SÚMULA 395: Não se conhece de recurso de habeas corpus cujo objeto seja resolver sobre o ônus das custas, por não estar mais em causa a liberdade de locomoção.

SÚMULA 397: O poder de polícia da Câmara dos Deputados e do Senado Federal, em caso de crime cometido nas suas dependências, compreende, consoante o regimento, a prisão em flagrante do acusado e a realização do inquérito.

SÚMULA 420: Não se homologa sentença proferida no estrangeiro sem prova do trânsito em julgado.

SÚMULA 431: É nulo o julgamento de recurso criminal, na segunda instância, sem prévia intimação, ou publicação da pauta, salvo em habeas corpus.

SÚMULA 453: Não se aplicam à segunda instância o art. 384 e parágrafo único do Código de Processo Penal, que possibilitam dar nova definição jurídica ao fato delituoso, em virtude de circunstância elementar não contida, explícita ou implicitamente, na denúncia ou queixa.

SÚMULA 497: Quando se tratar de crime continuado, a prescrição regula-se pela pena imposta na sentença, não se computando o acréscimo decorrente da continuação.

SÚMULA 498: Compete à Justiça dos Estados, em ambas as instâncias, o processo e o julgamento dos crimes contra a economia popular.

SÚMULA 499: Não obsta à concessão do sursis condenação anterior à pena de multa.

SÚMULA 508: Compete à Justiça Estadual, em ambas as instâncias, processar e julgar as causas em que for parte o Banco do Brasil S.A.

SÚMULA 522: Salvo ocorrência de tráfico para o exterior, quando, então, a competência será da Justiça Federal, compete à Justiça dos Estados o processo e julgamento dos crimes relativos a entorpecentes.

SÚMULA 523: No processo penal, a falta da defesa constitui nulidade absoluta, mas a sua deficiência só o anulará se houver prova de prejuízo para o réu.

SÚMULA 524: Arquivado o inquérito policial, por despacho do juiz, a requerimento do promotor de justiça, não pode a ação penal ser iniciada, sem novas provas.

SÚMULA 554: O pagamento de cheque emitido sem provisão de fundos, após o recebimento da denúncia, não obsta ao prosseguimento da ação penal.

SÚMULA 556: É competente a justiça comum para julgar as causas em que é parte sociedade de economia mista.

SÚMULA 603: A competência para o processo e julgamento de latrocínio é do juiz singular e não do Tribunal do Júri.

SÚMULA 608: No crime de estupro, praticado mediante violência real, a ação penal é pública incondicionada.

SÚMULA 609: É pública incondicionada a ação penal por crime de sonegação fiscal.

SÚMULA 610: Há crime de latrocínio, quando o homicídio se consuma, ainda que não realize o agente a subtração de bens da vítima.

SÚMULA 611: Transitada em julgado a sentença condenatória, compete ao juízo das execuções a aplicação de lei mais benigna.

SÚMULA 640: É cabível recurso extraordinário contra decisão proferida por juiz de primeiro grau nas causas de alçada, ou por turma recursal de juizado especial cível e criminal.

SÚMULA 691: Não compete ao Supremo Tribunal Federal conhecer de habeas corpus impetrado contra decisão do relator que, em habeas corpus requerido a tribunal superior, indefere a liminar.

SÚMULA 692: Não se conhece de habeas corpus contra omissão de relator de extradição, se fundado em fato ou direito estrangeiro cuja prova não constava dos autos, nem foi ele provocado a respeito.

SÚMULA 693: Não cabe habeas corpus contra decisão condenatória a pena de multa, ou relativo a processo em curso por infração penal a que a pena pecuniária seja a única cominada.

SÚMULA 694: Não cabe habeas corpus contra a imposição da pena de exclusão de militar ou de perda de patente ou de função pública.

SÚMULA 695: Não cabe habeas corpus quando já extinta a pena privativa de liberdade.

SÚMULA 696: Reunidos os pressupostos legais permissivos da suspensão condicional do processo, mas se recusando o promotor de justiça a propô-la, o juiz, dissentindo, remeterá a questão ao Procurador-Geral, aplicando-se por analogia o art. 28 do Código de Processo Penal.

⊙ **SÚMULA 697:** A proibição de liberdade provisória nos processos por crimes hediondos não veda o relaxamento da prisão processual por excesso de prazo.

⊙ **SÚMULA 699:** O prazo para interposição de agravo, em processo penal, é de cinco dias, de acordo com a Lei n. 8.038/1990, não se aplicando o disposto a respeito nas alterações da Lei n. 8.950/1994 ao Código de Processo Civil.

⊙ **SÚMULA 700:** É de cinco dias o prazo para interposição de agravo contra decisão do juiz da execução penal.

⊙ **SÚMULA 701:** No mandado de segurança impetrado pelo Ministério Público contra decisão proferida em processo penal, é obrigatória a citação do réu como litisconsorte passivo.

⊙ **SÚMULA 702:** A competência do tribunal de justiça para julgar prefeitos restringe-se aos crimes de competência da justiça comum estadual; nos demais casos, a competência originária caberá ao respectivo tribunal de segundo grau.

⊙ **SÚMULA 703:** A extinção do mandato do prefeito não impede a instauração de processo pela prática dos crimes previstos no art. 1° do Decreto-lei n. 201/1967.

⊙ **SÚMULA 704:** Não viola as garantias do juiz natural, da ampla defesa e do devido processo legal a atração por continência ou conexão do processo do corréu ao foro por prerrogativa de função de um dos denunciados.

⊙ **SÚMULA 705:** A renúncia do réu ao direito de apelação, manifestada sem a assistência do defensor, não impede o conhecimento da apelação por este interposta.

⊙ **SÚMULA 706:** É relativa a nulidade decorrente da inobservância da competência penal por prevenção.

⊙ **SÚMULA 707:** Constitui nulidade a falta de intimação do denunciado para oferecer contrarrazões ao recurso interposto da rejeição da denúncia, não a suprindo a nomeação de defensor dativo.

⊙ **SÚMULA 708:** É nulo o julgamento da apelação se, após a manifestação nos autos da renúncia do único defensor, o réu não foi previamente intimado para constituir outro.

⊙ **SÚMULA 709:** Salvo quando nula a decisão de primeiro grau, o acórdão que provê o recurso contra a rejeição da denúncia vale, desde logo, pelo recebimento dela.

⊙ **SÚMULA 710:** No processo penal, contam-se os prazos da data da intimação, e não da juntada aos autos do mandado ou da carta precatória ou de ordem.

⊙ **SÚMULA 711:** A lei penal mais grave aplica-se ao crime continuado ou ao crime permanente, se a sua vigência é anterior à cessação da continuidade ou da permanência.

⊙ **SÚMULA 712:** É nula a decisão que determina o desaforamento de processo da competência do júri sem audiência da defesa.

⊙ **SÚMULA 713:** O efeito devolutivo da apelação contra decisões do júri é adstrito aos fundamentos da sua interposição.

⊙ **SÚMULA 714:** É concorrente a legitimidade do ofendido, mediante queixa, e do Ministério Público, condicionada à representação do ofendido, para a ação penal por crime contra a honra de servidor público em razão do exercício de suas funções.

⊙ **SÚMULA 715:** A pena unificada para atender ao limite de trinta anos de cumprimento, determinado pelo art. 75 do Código Penal, não é considerada para a concessão de outros benefícios, como o livramento condicional ou regime mais favorável de execução.

⊙ **SÚMULA 716:** Admite-se a progressão de regime de cumprimento da pena ou a aplicação imediata de regime menos severo nela determinada, antes do trânsito em julgado da sentença condenatória.

⊙ **SÚMULA 717:** Não impede a progressão de regime de execução da pena, fixada em sentença não transitada em julgado, o fato de o réu se encontrar em prisão especial.

⊙ **SÚMULA 718:** A opinião do julgador sobre a gravidade em abstrato do crime não constitui motivação idônea para a imposição de regime mais severo do que o permitido segundo a pena aplicada.

⊙ **SÚMULA 719:** A imposição do regime de cumprimento mais severo do que a pena aplicada permitir exige motivação idônea.

⊙ **SÚMULA 720:** O art. 309 do Código de Trânsito Brasileiro, que reclama decorra do fato perigo de dano, derrogou o art. 32 da Lei das

Contravenções Penais no tocante à direção sem habilitação em vias terrestres.

SÚMULA 721: A competência constitucional do tribunal do júri prevalece sobre o foro por prerrogativa de função estabelecido exclusivamente pela constituição estadual.

SÚMULA 723: Não se admite a suspensão condicional do processo por crime continuado, se a soma da pena mínima da infração mais grave com o aumento mínimo de um sexto for superior a um ano.

SÚMULA 727: Não pode o magistrado deixar de encaminhar ao Supremo Tribunal Federal o agravo de instrumento interposto da decisão que não admite recurso extraordinário, ainda que referente a causa instaurada no âmbito dos juizados especiais.

SÚMULA 734: Não cabe reclamação quando já houver transitado em julgado o ato judicial que se alega tenha desrespeitado decisão do Supremo Tribunal Federal.

SÚMULA 735: Não cabe recurso extraordinário contra acórdão que defere medida liminar

SÚMULAS VINCULANTES

SÚMULA VINCULANTE 11: Só é lícito o uso de algemas em casos de resistência e de fundado receio de fuga ou de perigo à integridade física própria ou alheia, por parte do preso ou de terceiros, justificada a excepcionalidade por escrito, sob pena de responsabilidade disciplinar, civil e penal do agente ou da autoridade e de nulidade da prisão ou do ato processual a que se refere, sem prejuízo da responsabilidade civil do Estado.

SÚMULA VINCULANTE 14 : É direito do defensor, no interesse do representado, ter acesso amplo aos elementos de prova que, já documentados em procedimento investigatório realizado por órgão com competência de polícia judiciária, digam respeito ao exercício do direito de defesa.

SUMULA VINCULANTE 24: Não se tipifica crime material contra a ordem tributária, previsto no art. 1°, I a IV, da Lei n. 8.137/1990, antes do lançamento definitivo do tributo.

SÚMULA VINCULANTE 26: Para efeito de progressão de regime no cumprimento de pena por crime hediondo, ou equiparado, o juízo da execução observará a inconstitucionalidade do art. 2° da Lei n. 8.072, de 25 de julho de 1990, sem prejuízo de avaliar se o condenado preenche, ou não, os requisitos objetivos e subjetivos do benefício, podendo determinar, para tal fim, de modo fundamentado, a realização de exame criminológico.

SÚMULA VINCULANTE 35: A homologação da transação penal prevista no art. 76 da Lei 9.099/1995 não faz coisa julgada material e, descumpridas suas cláusulas, retoma-se a situação anterior, possibilitando-se ao Ministério Público a continuidade da persecução penal mediante oferecimento de denúncia ou requisição de inquérito policial.

SÚMULA VINCULANTE 36: Compete à Justiça Federal comum processar e julgar civil denunciado pelos crimes de falsificação e de uso de documento falso quando se tratar de falsificação da Caderneta de Inscrição e Registro (CIR) ou de Carteira de Habilitação de Amador (CHA), ainda que expedidas pela Marinha do Brasil.

SÚMULA VINCULANTE 45: A competência constitucional do Tribunal do Júri prevalece sobre o foro por prerrogativa de função estabelecido exclusivamente pela Constituição Estadual.

SÚMULA VINCULANTE 46: A definição dos crimes de responsabilidade e o estabelecimento das respectivas normas de processo e julgamento são da competência legislativa privativa da União.

SÚMULA VINCULANTE 56: A falta de estabelecimento penal adequado não autoriza a manutenção do condenado em regime prisional mais gravoso, devendo-se observar, nessa hipótese, os parâmetros fixados no RE 641.320/RS.

SÚMULA VINCULANTE 59: É impositiva a fixação do regime aberto e a substituição da pena privativa de liberdade por restritiva de direitos quando reconhecida a figura do tráfico privilegiado (art. 33, § 4°, da Lei 11.343/06) e ausentes vetores negativos na primeira fase da dosimetria (art. 59 do CP), observados os requisitos do art. 33, § 2°, alínea c, e do art. 44, ambos do Código Penal.

Bibliografia

BORTOLAI, Edson Cosac. Manual de prática forense civil. 4. ed. São Paulo: Ed. RT, 1995.

CAMARGO ARANHA, Adalberto José Q. T. de. Da prova no processo penal. 5. ed. São Paulo: Saraiva, 1999.

CAPEZ, Fernando. Curso de processo penal. 9. ed. São Paulo: Saraiva, 2003.

CHOUKR, Fauzi Hassan. Processo penal à luz da Constituição. Bauru: Edipro, 1999.

GRECO FILHO, Vicente. Manual de processo penal. 6. ed. São Paulo: Saraiva, 1999.

GRINOVER, Ada Pellegrini; GOMES FILHO, Antônio Magalhães; Scarance Fernandes, Antônio. Juizados Especiais Criminais. 2. ed. São Paulo: Ed. RT, 1997.

GRINOVER, Ada Pellegrini; GOMES FILHO, Antônio Magalhães; SCARANCE FERNANDES, Antônio. As nulidades no processo penal. 4. ed. São Paulo: Malheiros, 1995.

GRINOVER, Ada Pellegrini; GOMES FILHO, Antônio Magalhães; SCARANCE FERNANDES, Antônio. Recursos no processo penal. 3. ed. São Paulo: Ed. RT, 2001.

JESUS, Damásio Evangelista de. Código de Processo Penal anotado. 19. ed. São Paulo: Saraiva, 2002.

JESUS, Damásio Evangelista de. Código de Processo Penal interpretado. 16. ed. São Paulo: Saraiva, 1999.

JUNQUEIRA, Gustavo Octaviano Diniz. Direito penal. 4. ed. São Paulo: Premier Máxima, 2005.

JUNQUEIRA, Gustavo Octaviano Diniz; FULLER, Paulo Henrique Aranda. Legislação penal especial. São Paulo: Premier Máxima, 2005.

MACHADO, Ângela Cangiano; JUNQUEIRA, Gustavo Octaviano Diniz; FULLER, Paulo Henrique Aranda. Processo penal. 4. ed. São Paulo: Premier Máxima, 2005.

MAGALHÃES NORONHA, Edgard. Curso de direito processual penal. 17. ed. São Paulo: Saraiva, 1997.

MARQUES, José Frederico. Elementos de direito processual penal. Campinas: Bookseller, 1998.

MILHOMENS, Jônatas. Curso de direito processual penal. 28. ed. São Paulo: Saraiva, 2002.

MILHOMENS, Jônatas. Manual prático do advogado. Prática forense civil, penal e trabalhista. Rio de Janeiro: Forense, 2003.

MIRABETE, Julio Fabbrini. Código de Processo Penal interpretado. 4. ed. São Paulo: Atlas, 1996.

MIRABETE, Julio Fabbrini. Código Penal interpretado. 8. ed. São Paulo: Atlas, 2000.

MIRABETE, Julio Fabbrini. Juizados especiais criminais. 4. ed. São Paulo: Atlas, 2000.

MIRABETE, Julio Fabbrini. Processo penal. 8. ed. São Paulo: Ed. RT, 2006.

MORAES, Alexandre de. Direito constitucional. 5. ed. São Paulo: Atlas, 1999.

MOURA, Maria Thereza Rocha de Assis. Justa causa para a ação penal. São Paulo: Ed. RT, 2001.

NOGUEIRA, Carlos Frederico Coelho. Comentários ao Código de Processo Penal. Bauru: Edipro, 2002.

NUCCI, Guilherme de Souza. Código de Processo Penal interpretado. 2. ed. São Paulo: Ed. RT, 2001.

SCARANCE FERNANDES, Antônio. Processo penal constitucional. 2. ed. São Paulo: Ed. RT, 2000.

SILVA JARDIM, Afrânio. Direito processual penal. 8. ed. Rio de Janeiro: Forense, 1999.

TORNAGHI, Hélio Bastos. Curso de processo penal. 9. ed. São Paulo: Saraiva, 1995.

TOURINHO FILHO, Fernando da Costa. Manual de processo penal. 3. ed. São Paulo: Saraiva, 2001.

TOURINHO FILHO, Fernando da Costa. Prática de processo penal. 24. ed. São Paulo: Saraiva, 2003.

TOURINHO FILHO, Fernando da Costa. Processo penal. 18. ed. São Paulo: Saraiva, 1997.

EDITORA JusPODIVM
www.editorajuspodivm.com.br

Impresso por:
Docuprint
CNPJ 01.036.332/0001-99

JUS4287